Rudolf Stichweh · Paul Windolf (Hrsg.)

Inklusion und Exklusion: Analysen zur
Sozialstruktur und sozialen Ungleichheit

Rudolf Stichweh
Paul Windolf (Hrsg.)

Inklusion und Exklusion: Analysen zur Sozialstruktur und sozialen Ungleichheit

VS VERLAG FÜR SOZIALWISSENSCHAFTEN

Bibliografische Information der Deutschen Nationalbibliothek
Die Deutsche Nationalbibliothek verzeichnet diese Publikation in der
Deutschen Nationalbibliografie; detaillierte bibliografische Daten sind im Internet über
<http://dnb.d-nb.de> abrufbar.

1. Auflage 2009

Alle Rechte vorbehalten
© VS Verlag für Sozialwissenschaften | GWV Fachverlage GmbH, Wiesbaden 2009

Lektorat: Frank Engelhardt

VS Verlag für Sozialwissenschaften ist Teil der Fachverlagsgruppe Springer Science+Business Media.
www.vs-verlag.de

Das Werk einschließlich aller seiner Teile ist urheberrechtlich geschützt. Jede Verwertung außerhalb der engen Grenzen des Urheberrechtsgesetzes ist ohne Zustimmung des Verlags unzulässig und strafbar. Das gilt insbesondere für Vervielfältigungen, Übersetzungen, Mikroverfilmungen und die Einspeicherung und Verarbeitung in elektronischen Systemen.

Die Wiedergabe von Gebrauchsnamen, Handelsnamen, Warenbezeichnungen usw. in diesem Werk berechtigt auch ohne besondere Kennzeichnung nicht zu der Annahme, dass solche Namen im Sinne der Warenzeichen- und Markenschutz-Gesetzgebung als frei zu betrachten wären und daher von jedermann benutzt werden dürften.

Umschlaggestaltung: KünkelLopka Medienentwicklung, Heidelberg
Druck und buchbinderische Verarbeitung: Krips b.v., Meppel
Gedruckt auf säurefreiem und chlorfrei gebleichtem Papier
Printed in the Netherlands

ISBN 978-3-531-16235-5

Inhalt

Vorwort 7

1 Einleitung und Theorie

Einleitung:
Inklusion und soziale Ungleichheit 11
Paul Windolf

Leitgesichtspunkte einer Soziologie der Inklusion und Exklusion 29
Rudolf Stichweh

2 Bildung und Kultur

Die Auserwählten. Die verborgene Geschichte der Zulassung und Exklusion
in Harvard, Yale und Princeton 45
Jerome Karabel

Wer wird Manager? Soziale Schließung durch Bildungsabschlüsse und Herkunft
im internationalen Vergleich 71
Michael Hartmann

Soziale Inklusion und Exklusion: die Rolle von Bildung 85
Steffen Hillmert

3 Armut, Marginalisierung und Ausgrenzung

Ist die Armutsbevölkerung in Deutschland exkludiert? 103
Petra Buhr und Stephan Leibfried

Beschäftigungsflexibilisierung in Deutschland – Wen betrifft sie und wie hat
sie sich auf die Veränderung sozialer Inklusion/Exklusion in Deutschland
ausgewirkt? 123
Sandra Buchholz und Hans-Peter Blossfeld

Erwerbsverläufe in Ostdeutschland – Inklusion und Exklusion seit 1989 139
Martin Diewald und Matthias Pollmann-Schult

Räumliche Segregation und innerstädtisches Ghetto 157
Hartmut Häussermann und Martin Kronauer

4 Historische Analysen

Von der Exklusion zur Inklusion – Die Heimatvertriebenen und Flüchtlinge in Westdeutschland zwischen 1944/1945 und den sechziger Jahren.
Zur empirischen Geltung des Luhmann-Stichweh'schen Theorems 177
Uta Gerhardt

Weltwirtschaftskrise und Arbeitslosigkeit 1929-1933 203
Morten Reitmayer

5 Geld und Finanzmärkte

Geld als universales Inklusionsmedium moderner Gesellschaften 223
Christoph Deutschmann

Geld und Eigentum – Inkludierende und exkludierende Mechanismen in der Wirtschaft 241
Cornelia Bohn

Die Konstruktion des Finanzpublikums: Eine genealogische Analyse 259
Urs Stäheli

6 Netzwerke

Das Netzwerk der jüdischen Wirtschaftselite – Deutschland 1914-1938 275
Paul Windolf

Globalisierung und Entgrenzung – Die Auflösung der ‚Deutschland AG' ... 303
Jürgen Beyer

7 Arbeitsbeziehungen und Inklusion

Mitbestimmung in globalen Finanzmärkten – Inklusion/Exklusion durch institutionalisierte Mitbestimmung 325
Hermann Kotthoff

Inklusions- und Exklusionsmechanismen gewerkschaftlicher Mitgliedschaft –
Ein europäischer Vergleich 341
Bernhard Ebbinghaus, Claudia Göbel und Sebastian Koos

8 Zusammenfassung

Wo stehen wir in der Soziologie der Inklusion und Exklusion? 363
Rudolf Stichweh

Autorinnen und Autoren 373

Vorwort und Danksagung

Die ersten Entwürfe für diesen Sammelband gehen zurück auf den Sommer 2006. Die beiden Herausgeber waren im akademischen Jahr 2005/06 Fellows am Wissenschaftskolleg in Berlin und haben während dieser Zeit Inhalt und Struktur dieses Buches diskutiert.

Im Oktober 2007 fand eine Konferenz zum Thema ‚Inklusion und Exklusion' in der Europäischen Akademie in Berlin statt, die von der Deutschen Forschungsgemeinschaft finanziert wurde. Auf dieser Konferenz haben alle Autorinnen und Autoren die erste Fassung ihrer Manuskripte präsentiert. Die Themen und Thesen der Aufsätze wurden aufeinander abgestimmt. Die Konferenz diente auch dazu, die Qualität der Manuskripte in einem Peer-Review-Verfahren zu verbessern.

Unser Dank gilt dem Wissenschaftskolleg, das uns viel Freiheit gewährte und zur Innovation inspirierte. Unser Dank gilt auch der Deutschen Forschungsgemeinschaft, die diesen Sammelband finanziell unterstützt hat und der Europäischen Akademie, die die Konferenz umsichtig und professionell organisierte. Dank schulden wir auch dem Cheflektor des VS-Verlages, Frank Engelhardt, der dafür gesorgt hat, dass über die Annahme dieses Buches in einem schnellen und unbürokratischen Verfahren entschieden wurde. Schließlich bedanken sich die Herausgeber bei den Autoren und Autorinnen, ohne deren Engagement und Bereitschaft zum Dialog der Sammelband nicht hätte realisiert werden können.

R. Stichweh   P. Windolf

1 Einleitung und Theorie

Einleitung: Inklusion und soziale Ungleichheit

Paul Windolf

1. Solidarität und funktionale Differenzierung[1]

Was die Gesellschaft im Innersten zusammenhält, war für Durkheim die *soziale Solidarität*, die die Individuen aneinander bindet und ihnen reziproke Verpflichtungen auferlegt. In seiner Studie zur Arbeitsteilung konzipiert Durkheim zwei Typen sozialer Solidarität. Diese beschreiben unterschiedliche Formen gesellschaftlicher Integration und zugleich die Art und Weise, wie Individuen in die Gesellschaft „inkludiert" werden.

In traditionalen Gesellschaften sind es die gemeinsamen Normen und Werte, die die Gleichheit der Institutionen und der Sitten und Gebräuche garantieren. Sie uniformisieren das Verhalten und Bewusstsein der Individuen (Kollektivbewusstsein). Durkheim bezeichnet diese Form der kulturellen Integration als mechanische Solidarität bzw. als *„solidarité par similitude"*.[2]

In modernen Gesellschaften ist es die Arbeitsteilung, die die Individuen in eine funktionale wechselseitige Abhängigkeit einbindet. Sie sind in die Gesellschaft integriert, weil sie voneinander abhängig sind und deshalb nicht weglaufen können (organische Solidarität). Die Gesellschaftsmitglieder werden autonomer und „individualisieren" sich; gleichzeitig werden sie voneinander immer abhängiger.[3]

Luhmann ersetzt diese Solidaritäts-Typen durch eine Klassifikation von unterschiedlichen *Formen* der Differenzierung, die im Prozess der gesellschaftlichen Evolution einander ablösen. Sie unterscheiden sich nicht voneinander hinsichtlich des Grades der Differenzierung, sondern es sind qualitativ unterschiedliche Typen der Differenzierung[4]:

> „*Segmentäre Differenzierung* unter dem Gesichtspunkt der Gleichheit gesellschaftlicher Teilsysteme; *stratifikatorische Differenzierung* unter dem Gesichtspunkt der rangmäßigen Ungleichheit der Teilsysteme; *funktionale Differenzierung* unter dem Gesichtspunkt sowohl der Ungleichheit als auch der Gleichheit der Teilsysteme. Funktionssysteme sind in ihrer Ungleichheit gleich."[5]

Luhmann argumentiert weiterhin, dass die Bedingungen, unter denen Personen in gesellschaftliche Systeme inkludiert werden, mit der Form der Differenzierung variieren. Inklusion in eine stratifikatorisch differenzierte Gesellschaft vollzieht sich nach anderen Regeln

---

1   Ich danke Alois Hahn und Rudolf Stichweh für sehr hilfreiche Kommentare und Kritik.
2   Durkheim 1967: 205. Dazu auch Tyrell (1985) und König (1976).
3   Durkheim 1967: XLIII, 101; Simmel 1968: Kap. VI; Luhmann 1989b.
4   „Wir ersetzen die allzu einfache (und rasch widerlegbare) These zunehmender Differenzierung durch die These eines Wandels von Differenzierungsformen..." (Luhmann 1998: 615). Vgl. dazu auch Rüschemeyer (1985).
5   Luhmann (1998: 613) unterscheidet insgesamt *vier* Formen. Die Form „Differenzierung nach Zentrum und Peripherie" bleibt hier unerwähnt, weil sie für die weitere Argumentation vernachlässigt werden kann. Die Liste ist nicht erschöpfend und Luhmann schließt nicht aus, dass es weitere Formen der Differenzierung geben könne.

als Inklusion in eine funktional differenzierte Gesellschaft.[6] Die Form der Inklusion/Exklusion hängt also davon ab, wie die Gesellschaft strukturiert ist.

In Gesellschaften, deren Struktur durch einen Primat funktionaler Differenzierung geprägt ist, kann es keine auf die Gesamtperson bezogene Totalinklusion mehr geben. Die Teilsysteme haben ihre jeweilige Funktion monopolisiert, sie operieren als autonome und nach außen geschlossene Systeme. Dies hat Folgen für die Inklusionsbedingungen:

> „Man kann nicht Menschen den Funktionssystemen derart zuordnen, daß jeder von ihnen nur einem System angehört, also nur am Recht, aber nicht an der Wirtschaft, nur an der Politik, aber nicht am Erziehungssystem teilnimmt. Das führt letztlich zu der Konsequenz, daß man nicht mehr behaupten kann, die Gesellschaft bestehe aus Menschen; denn die Menschen lassen sich offensichtlich in keinem Teilsystem der Gesellschaft ... mehr unterbringen."[7]

Wenn man Durkheims Typologie mit den Differenzierungsformen von Luhmann vergleicht, wird deutlich, dass die organische Solidarität der funktionalen Differenzierung korrespondiert, während die mechanische Solidarität auf ihren strukturellen Aspekt reduziert wird (segmentäre Differenzierung). Eine Inklusion über Normen und Werte kommt in der Typologie von Luhmann nicht mehr vor. Man kann jedoch zeigen, dass diese Form der Inklusion für einige Teilsysteme bedeutsam ist (z.B. politische Parteien, Gewerkschaften), und wir kommen in Abschnitt 3 darauf zurück.

Die Frage, wie Personen in Funktionssysteme inkludiert werden, lässt sich in zwei Teilfragen zerlegen: Erstens, welche Positionen stellt ein Teilsystem zur Verfügung, in die Personen dann inkludiert werden können? Durch welche Strukturmerkmale lässt sich dieses Positionssystem charakterisieren (z.B.: soziale Ungleichheit)? Zweitens, unter welchen Bedingungen und nach welchen Regeln werden Personen in die jeweiligen Teilsysteme inkludiert (z.B. Chancengleichheit)? Die erste Frage wird in Abschnitt 2, die zweite Frage in den Abschnitten 3 und 4 diskutiert.

2. Soziale Ungleichheit und funktionale Differenzierung

Luhmann behauptet, dass die Teilsysteme der Gesellschaft – also Wirtschaft, Politik, Wissenschaft, Kunst, etc. – ungleich sind hinsichtlich ihrer Funktionen, ihrer Codes und Programme, dass sie aber nicht rangmäßig in eine Hierarchie gebracht werden können. Die Wirtschaft ist nicht „wichtiger" als die Politik, und kein Teilsystem kann einen funktionalen Primat für sich reklamieren. Aus dieser „Gleichheit des Ungleichen" lässt sich soziale Ungleichheit also nicht ableiten.

Soziale Ungleichheit ist aber ein zentrales Merkmal moderner ausdifferenzierter Gesellschaften, und sie hat in den vergangenen Jahrzehnten weiter zugenommen.[8] Dies gilt nicht nur für die Einkommensungleichheit, sondern auch für die ungleiche Verteilung von Bildung und kulturellen Gütern. Es gilt auch für die postsozialistischen Staaten, die mit der Einführung der Marktwirtschaft nach 1989 nicht nur ein höheres Niveau der funktionalen Differenzierung, sondern auch der sozialen Ungleichheit erreicht haben. Es stellt sich die

---

6   „Inklusionsbedingungen variieren mit gesellschaftlicher Differenzierung" (Luhmann 1998: 620).
7   Luhmann 1998: 744; Luhmann 1991.
8   Vgl. die Zeitreihe für die Einkommensungleichheit in den USA (1913-98) in Piketty/Saez (2003), für Frankreich für den Zeitraum 1901-1998 in Picketty (2003).

Frage, ob eine Theorie funktionaler Differenzierung die verschiedenen Formen sozialer Ungleichheit überhaupt erklären kann (Schwinn 2004).

Für Parsons (1979) ist soziale Ungleichheit ein evolutionäres Universal, das die adaptive Kapazität einer Gesellschaft steigert, ebenso wie Geld und Bürokratie. Die einfache Erklärung lautet also: Es gibt soziale Ungleichheit, weil sie funktional ist. Die funktionalistische Schichtungstheorie hatte soziale Ungleichheit damit erklärt, dass Talente knapp sind und qualifizierten Personen eine höhere Bezahlung angeboten werden muss, um sie zu mobilisieren und zu motivieren. Mit dieser Erklärung wird jedoch übersehen, dass die Funktion einer Institution deren Existenz nicht erklären kann. Es gibt funktionale Äquivalente, die eine gleiche oder doch zumindest ähnliche Wirkung haben können. Eine Gesellschaft, die weniger soziale Ungleichheit zulässt, könnte die dadurch verursachten Effizienzverluste z.B. durch ein höheres Niveau der Kooperation und Solidarität ausgleichen.

Luhmann wählt keinen funktionalistischen, sondern einen differenzierungstheoretischen Ansatz, um soziale Ungleichheit zu erklären. Er weist darauf hin, dass in modernen Gesellschaften verschiedene Differenzierungstypen kombiniert werden können und dass auf diese Weise *hybride* Differenzierungsformen entstehen. Auf der ersten Ebene differenziert sich die Gesellschaft in die Teilsysteme Wirtschaft, Recht, Politik, Wissenschaft, Kunst, Religion – und hier gilt das Prinzip der „Gleichheit des Ungleichen". Innerhalb jedes Teilsystems werden weitere Subsysteme ausdifferenziert, und dieser Prozess fortschreitender Ausdifferenzierung kann eine beträchtliche Tiefe erreichen. In den Teilsystemen können verschiedene Formen der Differenzierung kombiniert werden:

> „Dabei stehen im Prinzip wieder alle Formen der Systemdifferenzierung zur Verfügung, sowohl Segmentierung als auch Zentrum/Peripherie-Differenzierung, Hierarchiebildung ebenso wie weitere funktionale Differenzierung."[9]

Die These kann an zwei Beispielen illustriert werden, und zwar an der Bürokratie und an der Elite-Theorie: Die Bürokratie ist der Prototyp einer hybriden Organisationsform, in der funktionale und hierarchische Differenzierungsformen kombiniert werden. Die Bürokratie ist eine universelle Form, die in allen Teilsystemen benutzt wird: Die Wirtschaft, das Recht, die Religion, die Kunst – sie alle benutzen die Bürokratie, um ihre Operationen zu organisieren.[10]

Das Konzept der Funktions-Eliten ist ein weiteres Beispiel, das zeigt, wie funktionale Differenzierung und soziale Ungleichheit kombiniert werden können. In jedem Teilsystem differenziert sich eine spezialisierte Elite aus, die ihre Privilegien mit Hinweis auf Kompetenz und „Überlegenheit" legitimiert. Die Beziehung zwischen Elite und Masse ist asymmetrisch, und dies gilt für alle Funktionssysteme.[11]

Luhmann (1998: 776) behauptet nicht, dass es in funktional differenzierten Gesellschaften keine Ungleichheit gäbe:

---

9   Luhmann 1998: 760. Dabei ist zu berücksichtigen, dass Stratifikation in der mittelalterlichen Gesellschaft nicht dasselbe bedeutet wie die Ungleichheit der Positionen in der hierarchisch gegliederten Bürokratie eines Großunternehmens. Im einen Fall werden Positionen von Geburt an zugewiesen, im andern Fall werden sie (häufig) nach Leistung und Qualifikation verteilt.

10 Perrow (1991) weist darauf hin, dass wir in einer „Gesellschaft von Organisationen" leben. Dazu auch DiMaggio/Powell (1983).

11 Vgl. dazu Pareto 1968. In der Sprache der Systemtheorie wird aus der „Elite" die „Leistungsrolle", aus der „Masse" wird das „Publikum". Mit diesem Wechsel der Terminologie tritt die Machtbeziehung zwischen Elite und Masse, die von der Elite-Theorie betont wird, allerdings in den Hintergrund.

„Im Gegenteil: die Chancen für Segmentierungen (etwa auf Organisationsbasis) und für sich selbst verstärkende Ungleichheiten (etwa zwischen Industrieländern und Entwicklungsländern) nehmen mit der Komplexität des Gesellschaftssystems zu; und sie ergeben sich gerade daraus, daß Funktionssysteme wie das Wirtschaftssystem oder das Erziehungssystem Gleichheiten bzw. Ungleichheiten als Moment der Rationalität ihrer eigenen Operationen nutzen und damit steigern."

Es stellt sich die Frage, unter welchen Bedingungen und nach Maßgabe welcher Rationalitätskriterien die Teilsysteme Wirtschaft, Recht, Politik etc. in ihrer Tiefendifferenzierung hierarchische Formen der Differenzierung einführen. Für welche Teilsysteme ist soziale Ungleichheit ein evolutionäres Universal, das die adaptive Kapazität steigert – und für welche Teilsysteme sind hierarchische Formen der Differenzierung eher dysfunktional?

Eine Antwort auf diese Fragen bleibt Luhmann schuldig. Stattdessen erfahren wir: „Daß Ungleichheiten bestehen, ist evident, und zwar mehr als zuvor." Und zur Begründung heißt es: „Auch wirken sich naturale Vorgaben, wie Geschlecht- oder Altersdifferenzen stärker aus, als man früher angenommen hatte" (Luhmann 1998: 1058f.). Nun wüsste man gerne, wer Altersdifferenzen zur Erklärung sozialer Ungleichheit herangezogen hat. Aus der Perspektive des Längsschnittes – also der Lebensverlaufsanalyse – ist es fraglich, ob Altersdifferenzen überhaupt als soziale Ungleichheit klassifiziert werden können. Wenn eine Gesellschaft (Einkommens) Ungleichheit nach dem Senioritätsprinzip verteilt,[12] haben am Ende des Lebens alle Gesellschaftsmitglieder (zumindest theoretisch) das gleiche *Lebens*einkommen – und es gibt keine soziale Ungleichheit.

Ein alternativer Versuch, soziale Ungleichheit zu erklären, führt zu der Frage, ob *ein* Funktionssystem „gleicher ist als gleich", ob es also z.B. einen Primat der Wirtschaft geben kann. Luhmann konzediert: „Es ist möglich, ja wahrscheinlich, daß nicht alle Funktionen gleich wichtig genommen werden müssen, und daß es durchaus Tendenzen geben mag, einzelne Funktionskreise, etwa die der Wirtschaft, für besonders wichtig zu halten." Damit wird allerdings *ein* Prinzip der funktionalen Differenzierung, nämlich die „Gleichheit des Ungleichen", verletzt.[13]

Im Rahmen einer Differenzierungstheorie lässt sich Ungleichheit zunächst nur als ein Phänomen der *Binnen*differenzierung der Teilsysteme ableiten. Ungleichheit als Form der Binnendifferenzierung gibt es in allen Teilsystemen. Eine Professorin kommuniziert bedeutendere Wahrheiten im Vergleich zu einem Mitarbeiter.[14] Eine Richterin am Oberlandesgericht spricht höherwertiges Recht im Vergleich zu einem Amtsrichter. Diese Formen von Ungleichheit sind strukturell in der hybriden Differenzierungsform der Bürokratie begründet. Sie zeigen auch, dass soziale Ungleichheit nicht so sehr durch Exklusion, sondern vielmehr durch Inklusion geschaffen wird. Gerade weil Individuen in die ungleich strukturierten Teilsysteme *inkludiert* werden, sind sie im Ergebnis „ungleich".[15]

Man kann im nächsten Schritt fragen, ob das Wirtschaftssystem stärkere Formen sozialer Ungleichheit produziert als die übrigen Teilsysteme. In der Politik wird die Anhäu-

---

12 Dies gilt z.B. für die Lohndifferenzierung in japanischen Großbetrieben. Zur kulturellen Legitimierung des Senioritätsprinzips in Japan vgl. Nakane (1970).
13 Luhmann (1989a): 28; Schimank (2005).
14 Der zugrunde liegende Mechanismus ist kumulative Reputation im Wissenschaftssystem, den Merton (1988) als „Matthew effect" bezeichnet. Wenn ein Mitglied des Wissenschaftssystems (Schwinn 2004: 34f.) behauptet:: „Wissenschaft ist unzweifelhaft kaum durch soziale Ungleichheit geprägt." – hinterlässt diese Behauptung eine gewisse Verwunderung.
15 Leiharbeit, 5Euro- und 1Euro-Jobs sind Inklusions-, keine Exklusions-Phänomene.

fung von Macht durch die Verfassung begrenzt;[16] im Sport werden Leistungsdifferenzen durch quasi natürliche (physiologische) Schranken begrenzt – und können selbst durch Doping nicht beliebig vergrößert werden. Vergleichbares gilt wahrscheinlich auch für die Wissenschaft. Es sieht so aus, als ob es *nur* in der Wirtschaft keine nach oben begrenzte Skala der Ungleichheit gibt. Die Anhäufung von Reichtum findet in sich selbst keine Grenze. Ob man diese Akkumulation dann mit Hilfe von Mehrwert und Ausbeutung erklärt (Marx) oder mit Hilfe von Innovationen und charismatischem Unternehmertum (Schumpeter), macht natürlich für die Frage der *Legitimation* von Ungleichheit einen Unterschied. Für die These einer unbegrenzten Ungleichheitsproduktion im Wirtschaftssystem können diese Erklärungsdifferenzen zunächst vernachlässigt werden.

Simmel (1958: 206f.) hat das generalisierte Kommunikationsmedium „Geld", das für das Teilsystem Wirtschaft konstitutiv ist, als das „absolute Mittel" bezeichnet. Es gibt viele Beispiele dafür, dass Geld als absolutes Mittel in den anderen Teilsystemen zu einer „Nebenwährung" werden kann, die Wahrheit, Recht oder Liebe häufig ersetzt. Deutschmann (in diesem Band) schreibt dazu: Geld „ist ein universales, kein nur ‚ökonomisches' Medium, denn von ihm hängt direkt oder indirekt die Inklusion der Individuen in *alle* Teilsysteme der Gesellschaft ab."

Indifferenzkurven – Geld versus Talent

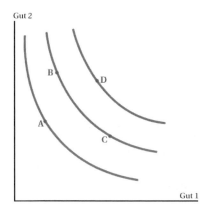

Allerdings kann man mit Geld nicht alles kaufen. Abbildung 1 illustriert diese Einschränkung mit Hilfe von Indifferenzkurven. Wir nehmen an, Gut 1 repräsentiere ökonomisches Kapital (das absolute Mittel), Gut 2 repräsentiere das kulturelle Kapital, über das eine Person verfügt (Habitus, Bildungszertifikate).[17] Die linke untere Kurve repräsentiere eine Provinzuniversität, die mittlere Kurve eine renommierte Staatsuniversität (z.B. Berkeley) und die rechte obere Kurve eine Elite-Universität (z.B. Harvard). Eine Bewegung auf der mittle-

---

16 Vgl. dazu den Begriff der „Zweitcodierung" (Luhmann 1998: 365).
17 Es ist zu berücksichtigen, dass kulturelles Kapital (Gut2) und ökonomisches Kapital (Gut1) nicht unabhängig voneinander sind. „Geld" beeinflusst die Höhe des kulturellen Kapitals, über das eine Person verfügt und das Konkurrenzvorteile im Markt für Studienplätze an Elite-Universitäten verschafft (z.B. Sozialisation in einem Oberschicht-Milieu, Besuch eines privaten Elite-Gymnasiums).

ren Kurve von Punkt B nach C kann wie folgt interpretiert werden: Ein Student mit geringen ökonomischen Ressourcen, aber hohem kulturellen Kapital kann in Berkeley studieren (Punkt B); eine höhere Ausstattung mit ökonomischem Kapital verschafft einem Studenten mit geringerem Talent ebenfalls Zugang zu Berkeley (Punkt C). Die ökonomischen Ressourcen, die *zusätzlich* aufgewandt werden müssen, um fehlendes kulturelles Kapital zu kompensieren, werden jedoch immer größer, je weiter man sich auf den Kurven nach rechts bewegt. Ökonomische Ressourcen können relativ effizient in der Umgebung der Punkte A und D eingesetzt werden: Eine moderate Erhöhung der ökonomischen Mittel kann ein beträchtliches Defizit in Bezug auf Talent und Habitus ausgleichen. Die Abbildung zeigt auch, dass ohne eine Minimal-Ausstattung mit ökonomischem Kapital die rechte obere Kurve (Harvard) überhaupt nicht erreicht werden kann (z.B. Punkt B). Dies gilt auch für das Talent: Unterhalb einer bestimmten Ausstattung mit kulturellem/schulischem Kapital (z.B. Punkt C) kann Harvard ebenfalls nicht erreicht werden – wie hoch die ökonomischen Ressourcen auch immer sein mögen. Vergleichbare Substitutionsbeziehungen gelten zwischen Geld und Recht, Geld und Liebe, etc.[18]

Es stellt sich die Frage, ob und in welchem Umfang Ungleichheiten, die in einem Teilsystem geschaffen werden, in anderen Teilsystemen reproduziert bzw. abgebildet werden können.[19] Lassen sich ökonomische Ressourcen in die „Währungen" der anderen Teilsysteme konvertieren? Bourdieu (1983, 1989) hat dafür den Begriff der „conversion" geprägt: Ökonomisches Kapital lässt sich in Bildungskapital konvertieren und dieses wiederum in ökonomisches Kapital (in der Generationenfolge). Wir werden dieses Thema im nächsten Abschnitt wieder aufgreifen, und zwar unter den Begriffen „Interdependenzunterbrechung" (Luhmann) und „Konvertibilitätssperre" (Stichweh).

3. Inklusion und Exklusion

In segmentierten Gesellschaften hatte das Individuum seinen „Platz" in der Gruppe oder im Clan, in stratifizierten Gesellschaften in der ihm zukommenden Statusgruppe (Adel, Priester, Bauer). In modernen Gesellschaften ist das Individuum nicht mehr in „die" Gesellschaft inkludiert; es gibt keine Totalinklusion. Abhängig vom Lebenszyklus werden Personen vorübergehend oder dauerhaft in die verschiedenen Teilsysteme inkludiert: in das Wirtschaftssystem über den Beruf, in das Rechtssystem im Falle des Rechtsstreits, in das politische System als Wähler oder Abgeordnete, in das Gesundheitssystem im Fall der Krankheit.

Mit diesen multiplen Inklusionen (Exklusionen) wird eine paradoxe Beziehung, auf die Durkheim in der Arbeitsteilung hingewiesen hatte, in einem neuen Sprachspiel reformuliert: Das Individuum wird zugleich autonomer, weil es nicht mehr mit seiner ganzen Existenz in *ein* System (z.B. Clan) eingebunden ist; es wird zugleich abhängiger, weil jede Partialinklusion neue (funktionale) Abhängigkeiten schafft.

---

18 Luhmann (1998) spricht in diesem Kontext von Interdependenzen auf der Ebene der Programme: „Natürlich kann man mit Geld besser forschen als ohne" (S. 367). – „Ein Kunstwerk muß dem eigenen Code stimmig/unstimmig oder, traditionell gesprochen: schön/hässlich genügen. Aber in der Wahl des sujets kam man ‚politisieren' oder auf Verkaufsmöglichkeiten achten" (S. 378). – Hier deuten sich Korridore an, die die Konvertibilitätssperren durchlöchern. Bei Bourdieu kann man in Bezug auf die „Autonomie der Felder" (Kieserling 2008) analog argumentieren.

19 Schwinn (2000) bezeichnet diesen Mechanismus als „ungleichheitsprägende Inklusionsverkettungen".

(a) Inklusion: Die Bedingungen und Selektionskriterien, die für die Inklusion von Personen von Bedeutung sind, werden in den Teilsystemen definiert. Die Aufnahme in eine Elite-Universität erfolgt nach anderen Regeln als die Wahl in den Aufsichtsrat eines Unternehmens. In einigen Systemen sind nicht Leistungskriterien, sondern normative Orientierungen die zentralen Inklusions-Kriterien. Dies gilt z.B. für politische Parteien, Gewerkschaften und religiöse Gemeinschaften (Etzioni 1961: 40-45).

Die Inklusionsprozesse verdienen eine besondere Aufmerksamkeit, weil sie die Schnittstelle bilden zwischen den Teilsystemen einerseits, deren Positionen intern hierarchisch differenziert sind (Ungleichheit) und den zur Umwelt des Systems gehörenden Individuen andererseits, die für sich die formale Gleichheit und Gleichberechtigung reklamieren.

In funktional ausdifferenzierten Gesellschaften operieren die Teilsysteme autonom und folgen den eigenen Codes und Programmen. Sie definieren die Selektionskriterien, die eine Person erfüllen muss, um Mitglied zu werden (Inklusion). Eine zentrale Frage lautet nun, ob die Inklusion in ein Teilsystem Einfluss auf die Wahrscheinlichkeit hat, dass eine Person auch in andere Teilsysteme inkludiert wird.

Luhmann (1995: 249) behauptet zunächst, dass bei der Inklusion eine Interdependenzunterbrechung stattfinde. Inklusion in ein Teilsystem beeinflusst nicht automatisch die Inklusion in andere Teilsysteme.[20] Der Erfolg, den eine Person im Wirtschaftssystem hat, bleibt ohne Einfluss auf die Position, die diese Person im politischen System oder im Kunstbetrieb einnimmt. „Extrem hoher Reichtum darf nicht Reichtum für alle Zeiten bedeuten. ... Und er darf nicht bedeuten, daß sich damit quasi automatisch der politische Einfluß oder der Kunstverstand ... der Reichen einstellen." Fragen wir zunächst, was „Reichtum für alle Zeiten" bedeutet. Die ungleiche Verteilung des Vermögens – eine dominante Dimension sozialer Ungleichheit – wird durch den Eigentumstitel grundrechtlich geschützt, und Eigentum ist in der Generationenfolge übertragbar. Reichtum bleibt auch gegenwärtig für einen langen Zeitraum in einer kleinen Gruppe von Familien konzentriert.[21]

Bezüglich der behaupteten Interdependenzunterbrechung zeigen empirische Studien für die entwickelten Staaten, dass es eine starke kausale Beziehung zwischen drei Variablen gibt: Die soziale Herkunft, d.h. die Position, die die Elterngeneration in den verschiedenen Teilsystemen einnimmt, hat einen starken Einfluss auf das Bildungsniveau der Kinder; das Bildungsniveau beeinflusst die Position, die die nachfolgende Generation in den verschiedenen sozialen Teilsystemen einnimmt.

Hartmann (in diesem Band) weist nach, dass eine Führungsposition in den Großunternehmen nicht nur vom Bildungsniveau, sondern auch von der sozialen Herkunft abhängt. Hillmert (in diesem Band) zeigt, dass das Bildungsniveau einerseits von der sozialen Herkunft beeinflusst wird und andererseits Karrierechancen der Individuen im Lebensverlauf kumulativ beeinflusst. Rössel (in diesem Band) zeigt, dass „die Besucherstruktur von Kunstmuseen weiterhin durch eine Überrepräsentation von hoch gebildeten Personen ge-

---

20 Stichweh (2004: 354) spricht von „Konvertibilitätssperren" und versteht darunter, dass Ungleichheiten „auf ein Funktionssystem begrenzt bleiben".

21 Reichtum erscheint unter den Bedingungen des Finanzmarkt-Kapitalismus nicht mehr als Besitz an einem großen Unternehmen. Er bleibt „unsichtbar" als Finanzvermögen, das global über eine große Zahl von Fonds gestreut wird (Windolf 2008). In den USA halten 1% der Haushalte ca. 34% aller Vermögenswerte (Mishel et al. 2006: Figure 5A).

prägt ist. Dies hat sich auch bei den jüngsten Blockbusterausstellungen nicht verändert." Die Interdependenzunterbrechung lässt sich in vielen Fällen nicht nachweisen; stattdessen finden wir in den oberen Sozialschichten in der Generationenfolge häufig einen Matthäus-Effekt: Wer hat, dem wird gegeben.[22]

Es ist auch wenig plausibel anzunehmen, dass extreme Einkommensungleichheit *nur deshalb* akzeptiert würde, weil der Milliardär, der sein Geld auf den Finanzmärkten gemacht hat, sich mit diesem Vermögen nicht gleichzeitig zu einem erfolgreichen Künstler oder Politiker machen kann. Das Kriterium der Interdependenzunterbrechung liefert also erstens keine zutreffende Beschreibung der sozialen Realität.[23] Es ist zweitens auch ungeeignet, soziale Ungleichheit zu legitimieren.

Man erkennt in dieser Kontroverse die Grundmuster eines Disputs, der in den 1960er Jahren in den USA zwischen *„Pluralisten"* und den Vertretern der *„power elite"*-These ausgetragen wurde. Auf der einen Seite steht die klassische Studie von Dahl (1961), der die These der „Interdependenzunterbrechung" vertritt (pluralistische, teilsystemspezifische Eliten). Auf der anderen Seite steht Domhoff (1967), der – in der Tradition von C.W. Mills – die These der „Inklusionsverkettungen" vertritt: Eliten in den Bereichen Politik, Wirtschaft und Militär kommen aus einem kleinen Kreis von Familien und sind untereinander vernetzt.

(b) Exklusion: In Bezug auf die Exklusion behauptet Luhmann, dass eine *Kumulation* von Exklusions-Ereignissen stattfinde: „Die faktische Ausschließung aus einem Funktionssystem – keine Arbeit, kein Geldeinkommen, kein Ausweis, keine stabilen Intimbeziehungen, kein Zugang zu Verträgen und zu gerichtlichem Rechtsschutz ... – beschränkt das, was in anderen Systemen erreichbar ist" (Luhmann 1998: 630).

Man kann diese Kumulation von Exklusionen als „Hauptmann-von-Köpenick-Syndrom" bezeichnen:[24] Wer keine Arbeit hat, verliert die Verfügung über Geld (das absolute Mittel), das die Inklusion in viele Teilsysteme der Gesellschaft ermöglicht.

Je mehr Güter und Dienstleistungen in einer Gesellschaft die Warenform annehmen, d.h. nur über den Markt gegen Zahlung gekauft werden können, umso länger wird die Exklusions-Sequenz bei einem Verlust der Zahlungsfähigkeit. Wer kein Geld hat, kann weder Brot kaufen noch seinen Kindern die Klassenfahrt nach Florenz finanzieren;[25] er kann auch nicht mehr zum Fußballplatz gehen – eine wichtige Institution für die „Vergesellschaftung" des Individuums.

Die von Luhmann aufgeführte Exklusions-Kette ist deshalb so lang, weil mit Inklusion häufig Konsum in der Rolle des Publikums gemeint ist (Sport, Kunst, Bildungsreise, vgl. Stichweh 2005). Die Sozialhilfe in Form von Geldzahlungen (z.B. Hartz IV) soll dann

---

22 Zum Matthäus-Effekt vgl. Merton (1988) und Stichweh (2005: 172ff.).
23 „Da die funktionellen Teilsysteme nur lose miteinander gekoppelt sind, sollten für moderne Gesellschaften teilsystemübergreifende Ungleichheitsmuster ihre Bedeutung verlieren. Dies widerspricht jedoch allen Ergebnissen der modernen Ungleichheitsforschung" (Abraham 2005: 735).
24 „Wenn ick nich jemeldet bin, krieg ich keene Arbeet, und wenn ick keene Arbeit habe, da darf ick mir nich melden." Zuckmayer, Hauptmann von Köpenick, zit. nach Fuchs und Schneider (1995: 209).
25 In diesem Bereich gibt es durch Gerichte erzwungene Inklusionen: Das Bundessozialgericht verurteilte ein Berliner Sozialamt, die Klassenfahrt des Sohnes eines Hartz IV-Empfängers nach Florenz zu zahlen. Die Festsetzung einer Obergrenze für Klassenfahrten ins Ausland (400 Euro) sei unzulässig, weil damit die „Ausgrenzung" eines Schülers verbunden sei (Az: B 14 AS 36/07 R, 13.11.2008).

Surrogat-Inklusionen ermöglichen. Das Problem wird von Buhr und Leibfried in diesem Band im Detail analysiert (Armutsbevölkerung).

Der Versuch, die wachsende Armutsbevölkerung der „Reichtums"bevölkerung entgegenzustellen und dann diese „Differenz" als „Primärdifferenzierung des Gesellschaftssystems"[26] zu bezeichnen, ist für die entwickelten Staaten des Westens mit (noch) funktionierendem Sozialsystem jedoch wenig überzeugend. Mit dieser Konstruktion würde zudem das von Luhmann konzipierte Differenzierungs-Schema inkonsistent (vgl. Abschnitt 1). Die *erste* Differenzierungsebene würde sich auf *Personen* beziehen (Armuts-/Reichtumsbevölkerung), die *zweite* auf funktional ausdifferenzierte Teilsysteme, die *dritte* auf Subsysteme, in denen Freiheitsgrade hinsichtlich der Wahl der Differenzierungsform gegeben sind. Die Armutsbevölkerung wäre von den eine Gesellschaft konstituierenden Teilsystemen komplett exkludiert – eine Konstellation, die selbst für die Entwicklungsländer kaum vorstellbar ist.

Die Exklusions-Kumulation in den Entwicklungsländern, die Luhmann zur Illustration seiner These zitiert, beruht auf anderen Mechanismen, auf die hier nicht eingegangen werden kann (z.B. partielle Modernisierung, Entwicklung der Unterentwicklung).

4. Inklusion und Chancengleichheit

Wir stellen einerseits fest, dass die Teilsysteme in ihrer Binnendifferenzierung eine Hierarchie von Positionen schaffen, die extreme Formen von Ungleichheit zulassen. In der Semantik der Gesellschaft, d.h. in ihrer Selbstbeschreibung und Selbstbeobachtung, dominiert jedoch das Postulat der Gleichheit der Individuen. Man kann diese „Differenz" als Konflikt zwischen Freiheit und Gleichheit reformulieren und fragen, ob das Prinzip der fairen Chancengleichheit zwischen diesen konfligierenden Prinzipien vermitteln kann.

Die Frage, was Chancengleichheit bedeutet, hat viele Kontroversen ausgelöst (z.B. affirmative action). Wir beschränken uns darauf, das Konzept von John Rawls zu skizzieren. Es geht um die Frage, welche Bedingungen Inklusionsregeln erfüllen müssen, um das Postulat einer fairen Chancengleichheit zu erfüllen.

Rawls (1971: 60f.) definiert zwei Prinzipien von Gerechtigkeit: Mit dem ersten Prinzip wird allen Personen ein gleiches Recht auf Grundfreiheiten zugesprochen (an equal right to the most extensive basic liberty). Im zweiten Prinzip werden Bedingungen dafür genannt, dass soziale Ungleichheit akzeptiert werden kann. Die erste Bedingung lautet, dass Ungleichheit zum Vorteil *aller* gereichen muss (to be to everyone's advantage). Diese Bedingung korrespondiert mit der These Parsons (1979), dass Ungleichheit (als evolutionäres Universal) die adaptive Kapazität einer *Gesellschaft* erhöht. Die zweite Bedingung lautet, dass die Referenz für Ungleichheit nicht Personen, sondern Positionen sind. Wir akzeptieren die Ungleichheit von Positionen, vorausgesetzt, dass sie allen offen stehen (inequalities attached to positions and offices open to all). In die Sozialstruktur sind fundamentale Ungleichheiten inkorporiert. Die Inklusionsregeln müssen gewährleisten, dass die Positionen in einem fairen Wettbewerb „offen für alle" sind.

Aber was bedeutet „offen für alle"? Nach welchen Kriterien/Merkmalen werden Personen für hohe Statuspositionen ausgewählt? Rawls (1971: 12) geht davon aus, dass die Ungleichheit der Personen durch zwei Lotteriespiele beeinflusst wird: Ein Lotteriespiel der

---

26 Luhmann 1995: 250. Vgl. dazu auch die Kritik von Deutschmann in diesem Band.

Natur, in dem die „natürlichen" Talente und Begabungen *ungleich* auf Personen verteilt werden (natural assets and abilities). Das zweite Lotteriespiel wird in der Gesellschaft als „contingency of social circumstance" gespielt. Hier werden die Vorteile der sozialen Herkunft und des ererbten Vermögens *ungleich* auf die Mitglieder der Gesellschaft verteilt.[27]

Bei der Beurteilung von Inklusionsregeln müssen also drei Variablen und deren Interaktion berücksichtigt werden: Wir haben erstens eine Sozialstruktur, die (extrem) ungleiche Positionen für Inklusionen zur Verfügung stellt (Binnendifferenzierung der Teilsysteme). Wir haben zweitens Personen, die mit „gleichen Rechten" ausgestattet sind und diese einklagen (Semantik). Diese Personen sind aber drittens in jedem Augenblick faktisch immer schon ungleich, und zwar hinsichtlich ihrer „natürlichen" Talente (natural assets)[28] und ihrer sozialen Ressourcen (ökonomisches, kulturelles, soziales Kapital).

Rawls unterscheidet nun zwei Regime, in denen Personen – ausgestattet mit gleichen Rechten – auf (ungleiche) Positionen verteilt werden, und diese Regime sind implizit auch zwei unterschiedliche Inklusions-Regime.

Im ersten Regime, das er als „system of natural liberty" bezeichnet, sind die Positionen und beruflichen Karrieren „offen für Talente". Unter diesem Regime einer *formalen* Chancengleichheit erhalten Personen mit den herausragenden Talenten und Fähigkeiten die oberen Statuspositionen – unabhängig davon, in welchem Lotteriespiel sie ihre Talente und Fähigkeiten erworben haben. Rawls bezeichnet dieses Regime als das Regime des freien Marktes und der Konkurrenz. „Intuitively, the most obvious injustice of the system of natural liberty is that it permits distributive shares to be improperly influenced by these factors[29] so arbitrary from a moral point of view."

Das zweite Regime, das Rawls (1971: 73) als „fair equality of opportunity" bezeichnet, unterscheidet sich vom ersten dadurch, dass hier versucht wird, die „Ungerechtigkeit" der Natur und der Gesellschaft auszugleichen (to mitigate the influence of social contingencies and natural fortune on distributive shares). In welcher Weise die natürlichen und sozialen Kontingenzen ausgeglichen werden können, illustriert Rawls am Beispiel des Bildungssystems. Er argumentiert zunächst: „Undeserved inequalities call for redress" (S. 100). Und „redress" bedeutet im Fall der Bildung, dass diejenigen, die durch die Natur („Intelligenz") oder die Gesellschaft (soziale Herkunft) benachteiligt wurden, einen besonderen Anspruch auf Ausbildung haben. Das Regime einer fairen Chancengleichheit kann nur realisiert werden, wenn der freie Markt in ein System von Basisinstitutionen eingebettet wird, der die „natürliche" Freiheit der Individuen begrenzt. Dies gilt analog auch für ein Inklusionsregime, wenn es an den Kriterien einer *fairen* Chancengleichheit gemessen wird.

Die Forderung Rawls, die „Ungerechtigkeit" der Natur und der Gesellschaft durch eine besondere Begünstigung der Benachteiligten auszugleichen (redress), ist auf heftige Kri-

---

27 „The contingency of social circumstance" ist eines der zentralen Themen der Soziologie Bourdieus (1989): soziale Reproduktion der Klassen.
28 Zur Verteilungsstruktur der „Intelligenz" vgl. Herrnstein und Murray (1996).
29 Rawls (1971: 72) versteht unter diesen „Faktoren" die ungleiche Verteilung der „natural assets" im Lotteriespiel der Natur. Schiller hat dieser „Ungerechtigkeit der Natur" in den „Räubern" literarischen Ausdruck verliehen. Franz sagt dort: „Ich habe große Rechte, über die Natur ungehalten zu seyn, und bey meiner Ehre! ich will sie geltend machen. Warum bin ich nicht der erste aus Mutterleib gekrochen? Warum nicht der Einzige? Warum mußte sie mir diese Bürde von Häßlichkeit aufladen? gerade mir? Gerade mir dieses Mohrenmaul? ... Wer hat ihr die Vollmacht gegeben jenem [= Karl] dieses zu verleyhen, und mir vorzuenthalten? Warum gieng sie so parteylich zu Werke?" (Erstausgabe 1781, 1. Akt, 1. Szene, dtv S. 28).

tik vor allem aus dem Lager der „libertarians" gestoßen.[30] Sie haben darin eine Verletzung der Freiheits- und Eigentumsrechte gesehen. Der von Rawls geforderte Ausgleich für „undeserved inequalities" wäre nur möglich, wenn der Staat massiv in die Lebensführung der Individuen und Familien eingreift.[31]

5. Inklusionsregime: Markt, Organisation, Netzwerke

Die Teilsysteme können Inklusionen über verschiedene Verfahren regeln. Markt, Organisation und Netzwerke sind Inklusionsregime, die in vielen Funktionssystemen institutionalisiert werden. Taufe und Heirat sind andere Formen der Inklusion, die hier aber nicht diskutiert werden.

a. Im liberalen Konkurrenzkapitalismus ist der *Markt* „offen", d.h. im Prinzip kann niemand ausgeschlossen werden. Jeder hat Zutritt, sich am Wettkampf zu beteiligen. Die Offenheit des Konkurrenzkampfes ermöglicht die *virtuelle* Inklusion aller Bürger. Es reicht die *legal citizenship*[32], d.h. die Vertragsfähigkeit und die Fähigkeit der Person, Träger von *property rights* zu sein, um in das Wirtschaftssystem inkludiert zu werden.

In der Marktkonkurrenz wird fortlaufend über Sieg (Inklusion) und Niederlage (Exklusion) entschieden. Zugleich ist der Markt Schiedsrichter in dem Sinne, dass er die Ergebnisse legitimiert. Reichtum, der in der Marktkonkurrenz erworben wurde, ist legitimer Reichtum. Niederlagen, die erlitten wurden, sind verdiente Niederlagen. Der Markt hat eine Entlastungsfunktion: Ungleichheit und Exklusionen erscheinen nicht als bewusste Entscheidungen von Akteuren, sondern als das Ergebnis anonymer Marktkräfte, für die niemand verantwortlich gemacht werden kann.[33]

Der Markt ist ein Reich der Freiheit, aber nicht der Gleichheit.[34] Im Markt können Akteure alle Trümpfe ausspielen, über die sie verfügen. In dieser Freiheit sind sie (formal) gleich. In der Konkurrenz spielt es keine Rolle, ob komparative Vorteile auf natürlicher Ungleichheit beruhen (natural contingencies), auf sozialer Ungleichheit (social contingencies) oder auf individueller Leistungsbereitschaft.

Die Marktakteure können sich dabei auf Locke berufen, der Freiheit als (naturrechtliches) Eigentum der Person an sich selbst definiert: „...every man has a property in his own person: this no body has any right to but himself" ... „...man, by being mas-

---

30 Nozick (1974) hat sein Buch „Anarchy, state, and utopia" als direkte Antwort und Kritik an Rawls „Theory of justice" geschrieben. Dazu auch Sterba (1978).
31 Die in Deutschland geführte Diskussion über die Ganztagsschule (als Korrektiv für einen Immigranten-Hintergrund) illustriert diese Kritik.
32 Vgl. dazu die Hierarchie von Inklusions-Formen bei Marshall (1950): Legal citizenship (Vertragsfähigkeit, property rights), political citizenship (Wahlen), social cititzenship (Wohlfahrtsstaat).
33 „Wenn man die ökonomische, soziale, familiäre, ja physische Existenz jemandes durch unmittelbaren Angriff derart zerstören würde, wie es durch Konkurrenz geschehen kann – indem nur eine Fabrik neben der seinigen errichtet, eine Amtsbewerbung neben der seinigen angebracht, eine Preisschrift neben der seinigen eingereicht wird – so würde sogleich das Strafgesetz eingreifen" (Simmel 1968: 227). Dieses Zitat verweist auf die enge Beziehung, die Georg Simmel und Gustav Schmoller verband.
34 Berger (2004) argumentiert, dass durch vollkommene Konkurrenz Ungleichheit vermindert werden könne. Aber diese These beruht auf einem Missverständnis der klassischen politischen Ökonomie: Der Markt ist ein „system of natural liberty".

ter of himself, and proprietor of his own person, and the actions or labour of it, had still in himself the great foundation of property."[35]

Die natürlichen Talente sind „Eigentum" der Person und niemand hat ein Recht, von einem Individuum für diese Talente Ausgleichszahlungen (redress) zu fordern. „Es ist unmoralisch, Geld von den Reichen zu nehmen und den Armen zu geben."[36]

Der Markt ist ein Inklusionsregime, das – im Vergleich zur Organisation und zum Netzwerk – unbegrenzte Ungleichheit produziert und legitimiert. Daraus folgt, dass jene Teilsysteme, die den Markt als Inklusionsregime nutzen, in ihrer Binnenstruktur die stärksten Formen sozialer Ungleichheit generieren.

b. Die *Bürokratie* ist der Prototyp einer hybriden Differenzierungsform, in der sich hierarchische und funktionale Formen der Differenzierung kreuzen. Für Max Weber (1964: 160ff.) verkörpert die Bürokratie zudem den Prototyp der rational-legalen Herrschaft, also eine Herrschaftsform, die an Regeln gebunden ist, die für alle Mitglieder gelten.

Regeln definieren in der Bürokratie den Kompetenzbereich (Funktion), den „Dienstgrad" und die Entlohnung einer Position, und dies unabhängig davon, welche Person diese Position einnimmt. Damit ist die Spannbreite sozialer Ungleichheit, die in einer Organisation verwirklicht werden kann, begrenzt. Auch virtuose Aufgabenerfüllung wird nicht dazu führen, dass der Positionsinhaber eine exorbitante Entlohnung erhält, die – wie Personalfachleute sich ausdrücken – die Gehaltsstruktur „durchbrechen" würde.[37]

Diese kurze Skizze der Organisation verdeutlicht, dass die Organisation ein Inklusionsregime ist, das sich vom Markt in zumindest zwei Merkmalen unterscheidet: Erstens, während am Markt die Freiheit der Person und ihr Eigentum als Wertprämissen uneingeschränkt gelten, werden diese Freiheiten in der Organisation durch bürokratische Regeln eingeschränkt. Zweitens und daraus folgend: Das Potential für soziale Ungleichheit ist in der Organisation begrenzt. Als Schlussfolgerung ergibt sich, dass Teilsysteme, die die Organisation (Bürokratie) als Inklusionsregime wählen, ein nur begrenztes Potential für soziale Ungleichheit haben.

c. *Netzwerke* und Sozialkapital gehören zu jenen Konzepten, die während der vergangenen Jahrzehnte durch zu häufigen Gebrauch ihre begriffliche Schärfe verloren haben. Für Luhmann (1995: 252ff.) sind Netzwerke mafiöse Verbindungen mit „partikularer, aber nicht universalistischer, und diffuser, aber nicht spezifischer Themenorientierung." Sie sind parasitär, und „dies auf Kosten der funktionssystemspezifischen Rationalitätschancen." Burt (1999) bezeichnet diesen Aspekt als „the dark side of dense networks".

Daneben gibt es eine umfangreiche empirische Forschung, die zeigt, dass Netzwerke – gerade auch in der Wirtschaft – eine effizienzsteigernde Wirkung haben. Die

---

35 Locke (1948), Chapter 5, sect. 27 und 44.
36 Milton Friedman, Interview mit der Süddeutschen Zeitung, 23.6.06. Quelle: http://sz-magazin.sueddeutsche.de/texte/anzeigen/1250 (Jan. 2008). Vgl. dazu Paul (2008).
37 Die im letzten Jahrzehnt zu beobachtende exorbitante Entlohnung der Vorstandsmitglieder der DAX-Unternehmen hat andere Ursachen. Vgl. dazu Windolf 2008 und Boyer 2005.

Literatur operiert mit den Begriffen „embeddedness", Vertrauen und Kontrolle und ist so umfangreich, dass hier nur auf sie verwiesen werden kann (Windolf 2006).

Netzwerke lassen sich als eine Form von Parallel-Inklusion beschreiben. Sie entstehen als Netzwerke-im-Markt oder als Netzwerke-in-der-Organisation. Sie entwickeln sich zwischen Marktakteuren, die über einen längeren Zeitraum in Austauschbeziehungen zueinander standen (embeddedness). Sie entstehen weiterhin innerhalb von Betrieben zwischen Mitarbeitern, die damit eine „informelle Organisation" in der Organisation aufbauen. Ein Beispiel für Inter-Organisationsnetzwerke sind multiple Inklusionen von Managern in die Aufsichtsräte der Großunternehmen, die auf diese Weise die „Deutschland AG" geschaffen haben (vgl. dazu die Beiträge von J. Beyer und P. Windolf in diesem Band).

In den Netzwerken werden Güter getauscht, die am Markt nicht gekauft werden können (z.B. Informationen, tacit knowledge, Chance zur Selbstpräsentation). Die Mitglieder des Netzwerkes inkludieren andere Personen, indem sie mit ihnen tauschen (Kooptation). Und sie exkludieren Personen, indem sie mit ihnen nicht tauschen. Der Tausch von (in der Regel) „intangible assets" bzw. die Verweigerung des Tausches markieren die Grenze des Netzwerks.[38]

Die dabei wirksamen Selektionsmechanismen beruhen überwiegend auf Ähnlichkeit hinsichtlich der gemeinsamen Normen, Werte und Überzeugungen. Die Basis von Netzwerken ist die kulturelle Integration im Sinne der „solidarité par similitude". Wir kehren damit an den Anfang unserer Überlegungen zurück: Netzwerke übernehmen häufig Integrations- und Kontrollfunktionen im Sinne der „klassischen" Soziologie von Durkheim und Parsons. Es sind Institutionen, in denen das Ausmaß sozialer Ungleichheit kontrolliert werden kann. Eine „solidarité par similitude" kann es in Netzwerken nur geben, wenn excessive Formen von Ungleichheit zwischen den Mitgliedern vermieden werden.

6. Die Beiträge in diesem Band

Die Begriffe Inklusion und Exklusion haben während der vergangenen Jahrzehnte im Wissenschaftsbetrieb Karriere gemacht. Die große Zahl von Forschungsprojekten und Publikationen, in denen Inklusions- und Exklusionsprozesse thematisiert werden, kann jedoch nicht als Mode-Erscheinung abgetan werden, sondern weist darauf hin, dass diese Begriffe inzwischen zum Basisbestand der Sozialwissenschaften gehören. Ihre Verwendung in verschiedenen Disziplinen und Kontexten macht Zusammenhänge und parallele Fragestellungen sichtbar.

Die Beiträge in diesem Band konzentrieren sich auf Probleme der Sozialstruktur und der sozialen Ungleichheit, insbesondere in der Ökonomie. An ausgewählten Beispielen soll gezeigt werden, dass die Begriffe Inklusion/Exklusion in diesen Forschungsfeldern zur analytischen Schärfe beitragen und zu neuen Einsichten führen.

---

38 In Bezug auf Netzwerke und Sozialkapital bemerkt Bourdieu (1983: 192): „Der Austausch macht die ausgetauschten Dinge zu Zeichen der Anerkennung. Mit der gegenseitigen Anerkennung und der damit implizierten Anerkennung der Gruppenzugehörigkeit wird die Gruppe konstituiert; gleichzeitig werden ihre *Grenzen* bestätigt, jenseits derer die für die Gruppe konstitutiven Austauschbeziehungen nicht stattfinden können."

Im Beitrag von R. Stichweh wird die theoretische Basis gelegt. R. Stichweh verdeutlicht den theoretischen Kontext, in dem die Begriffe Inklusion und Exklusion entwickelt und von N. Luhmann in die soziologische Diskussion eingeführt wurden.

Im Anschluss daran werden spezifische Formen von Inklusion und Exklusion analysiert, beginnend mit dem Thema *Bildung und Kultur*. Das Bildungssystem hat eine strategische Bedeutung für alle Inklusionsprozesse. Im Beitrag von J. Karabel wird die Frage gestellt, wer zu den „Auserwählten" (chosen) gehört, die in Harvard, Yale und Princeton studieren können. In Zeiten, in denen über „Exzellenz" und Elite-Universitäten diskutiert wird, kommt diesem Beitrag eine besondere Bedeutung zu. M. Hartmann setzt diese Analysen fort und beantwortet die Frage, welche Ausbildungs- und Karrierewege in die Führungsetagen der Großunternehmen führen. Er zeigt, dass soziale Herkunft und Studium für die Inklusion in die Wirtschaftselite von zentraler Bedeutung sind. S. Hillmert weitet diese Analyse aus und weist nach, dass das Bildungssystem für fast alle Lebensbereiche eine wichtige Inklusions-/Exklusionsfunktion hat. Dies gilt in besonderer Weise für die Kunst, die nur von den Mitgliedern der höheren Bildungsschichten angemessen „dekodiert" werden kann (J. Rössel).

Die Ergebnisse der Sozialstrukturanalyse weisen seit vielen Jahren darauf hin, dass die *Armutsbevölkerung* in den wohlhabenden Staaten ansteigt; dass Jugendliche, die über keinen oder nur über einen minderwertigen Bildungsabschluss verfügen, in die Arbeitslosigkeit oder in prekäre Beschäftigungsverhältnisse abgedrängt werden. Diese Formen von Exklusion werden in den Beiträgen von P. Buhr/S. Leibfried und S. Buchholz/H.P. Blossfeld analysiert. M.Diewald/M. Pollmann-Schult zeigen am Beispiele der Erwerbsverläufe in Ostdeutschland, „dass fehlende Inklusionschancen in einem Teilsystem, nämlich der Erwerbsarbeit, zum Ausgangspunkt für eine umfassendere Exklusion werden". Häußermann/Kronauer bringen die *räumliche* Dimension von Inklusions-/Exklusionsprozessen in Erinnerung. Arbeitslosigkeit, fehlende Bildungschancen und unzureichende Sozialsysteme bewirken eine Kumulation von Exklusionen, die sich in bestimmten Wohngebieten konzentrieren und dort zu Segregation, Gewalt und Instabilität führen.

Im historischen Teil der Analysen präsentiert U. Gerhardt ein Problem der Nachkriegsgeschichte Westdeutschlands, das häufig verdrängt wird: die Flüchtlinge und Vertriebenen aus den deutschen Ostgebieten. Sie zeigt, dass die „einheimische" Bevölkerung mit Exkludierung auf die Zuwanderung reagierte und dass die Inklusion nur unter massivem Druck der Besatzungsmächte möglich wurde. Der Aufsatz von M. Reitmayer widmet sich den Exklusionsprozessen während der Weltwirtschaftskrise. Die These lautet: „Mit der Weltwirtschaftskrise brach in Deutschland die ‚Autonome Regulierung' des Funktionssystems Wirtschaft zusammen; statt dessen erfolgten Prozesse der Inklusion wie der Exklusion in das Wirtschaftssystem mittels spezifisch politischer Maßnahmen und mit genuin politischen Zielsetzungen." Es ist zu erwarten, dass die Finanzmarkt-Krise von 2008 in der Wirtschaftspolitik zu einem Paradigmen-Wechsel führen wird, der in den USA unter der Formel „Bringing the state back in" diskutiert wird.

Finanzmärkte sind unter dem Regime des Finanzmarkt-Kapitalismus zum Zentrum ökonomischer Transaktionen geworden. Für C. Deutschmann ist Geld ein universales Inklusionsmedium: „Das Medium Geld vermittelt nicht nur den Zugang zu materiellen Gütern, sondern auch die Chance, Freunde einzuladen, Restaurants, Kultur- und Bildungsveranstaltungen zu besuchen, politisch aktiv zu sein. Geld gewährleistet zwar nicht schon per se die anderen Formen der Teilhabe, ist aber immer die notwendige Voraussetzung." C.

Bohn führt dieses Argument weiter und zeigt, dass Zahlungsfähigkeit in der Wirtschaft über Kreditschöpfung hergestellt wird: Wer nicht zahlungsfähig ist, kann sich durch Kredit zahlungsfähig machen lassen. C. Bohn argumentiert weiterhin, dass „die das Geldmedium auszeichnende Indifferenz gegenüber den Beteiligten im Kredit repersonalisiert wird."

U. Stäheli beleuchtet die Akteure der Finanzmärkte und zeigt, dass die Legitimation von Spekulation und Spekulanten unterschiedlich begründet wird. Max Weber forderte die Exklusion der Dilettanten, um die ökonomische Rationalität der Börse zu retten. Der US-Marktpopulismus fordert Spekulation für „*alle*": Niemand hat ein Recht, dem Publikum (Dilettanten) das Spekulieren zu verbieten. Die „Contrarier" gehen von einer Teilung des Publikums aus: Eine kleine Experten-Elite rechnet mit den Fehlern einer irrationalen Masse und hofft auf Arbitrage-Gewinne. Die Finanzmarkt-Krise von 2008 hat allerdings gezeigt, dass Expertentum nicht vor Dummheit schützt.

Netzwerke sind ein spezifisches Inklusions-Regime, das in der Ökonomie vor allem für die Koordination von Unternehmen und Märkten von Bedeutung ist. P. Windolf zeigt in einer historischen Analyse der Personalverflechtung in Deutschland (1914-38), dass jüdische Mitglieder in diesem Netzwerk eine zentrale Rolle gespielt haben. Sie haben allerdings kein separiertes „jüdisches" Netzwerk gebildet, sondern waren in das umfassende Netzwerk der „Deutschland AG" inkludiert. Die „Deutschland AG" war für mehr als einhundert Jahre ein zentrales Koordinationsinstrument der deutschen Großunternehmen. J. Beyer zeigt, dass sich dieses Netzwerk unter den Bedingungen von Globalisierung und Finanzialisierung der Unternehmen auflöst. Dies gilt sowohl für die Kapitalverflechtung (Beteiligungen) als auch für die Personalverflechtung (Selbstexklusion).

Die Interessenvertretung der Arbeitnehmer ist ein wichtiger Ordnungsfaktor auf den Arbeitsmärkten (z.B. Tarifvertrag). Die Organisationsfähigkeit (Inklusion) der Verbände entscheidet darüber, ob die Arbeitsmarkt-Akteure zur kollektiven Aktion fähig sind und die Folgebereitschaft ihrer Mitglieder sichern können. H. Kotthoff stellt die Frage: „Ist die Inklusionsleistung der Mitbestimmung am Ende?" Er zeichnet in seinem Aufsatz ein eher optimistisches Szenario: „Wenn die Folge der aktuellen Finanzkrise eine Vertrauenskrise ist, dann spricht vieles dafür, dass die Mitbestimmung, deren ‚Kernkompetenzen' die Erzeugung von Vertrauen, die Inklusion der Beschäftigten, und die Bodenhaftung wirtschaftlichen Handelns sind, wieder aktuell wird."

B. Ebbinghaus/C. Göbel/S. Koos analysieren in ihrem Aufsatz ein sehr detailliertes Datenmaterial, das es erlaubt, die Organisationsfähigkeit (Inklusion) der Gewerkschaften zwischen 19 europäischen Ländern zu vergleichen. 2002 betrug der gewerkschaftliche Organisationsgrad in Dänemark 84%, in Spanien, Portugal und Griechenland nur jeweils 11%. Deutschland liegt mit 21% im Mittelfeld. In den jüngeren Kohorten (16-34 Jahre) sind in Ostdeutschland jedoch nur noch 11% Mitglied in einer Gewerkschaft. Daraus folgt, dass die Inklusionsfähigkeit der Gewerkschaften in Zukunft wahrscheinlich weiter abnehmen wird.

Literatur

Abraham, Martin, 2005: Literaturbesprechung von: Thomas Schwinn (Hg.): Differenzierung und soziale Ungleichheit. Kölner Zeitschrift für Soziologie und Sozialpsychologie 57: S. 735-737.
Berger, Johannes, 2004: ‚Über den Ursprung der Ungleichheit unter den Menschen.' Zeitschrift für Soziologie 33: S. 354-374.
Bourdieu, Pierre, 1983: Ökonomisches Kapital, kulturelles Kapital, soziales Kapital. S. 183-198 in: Reinhard Kreckel (Hg.): Soziale Ungleichheiten. Göttingen: Schwarz.
Bourdieu, Pierre, 1989: La noblesse d'Etat: Grandes écoles et esprit de corps. Paris: Editions de Minuit.
Boyer, Robert, 2005: From shareholder value to CEO-power: The paradox of the 1990s. Competition and Change 9: 7-47.
Burt, Ronald, 1999: Entrepreneurs, distrust, and third parties: A strategic look at the dark side of dense networks. S. 213-243 in: Leigh Thompson et al. (Hg.), Shared cognition in organizations: The management of knowledge. Mahwah: Erlbaum.
Dahl, Robert, 1961: Who governs? Democracy and power in an American city. New Haven: Yale University Press.
DiMaggio, Paul und Powell, Walter, 1983: The iron cage revisited: Institutional isomorphism and collective rationality in organizational fields. American Sociological Review 48: S. 147-60.
Domhoff, William, 1967: Who rules America? Englewood Cliffs: Prentice –Hall.
Durkheim, Emile, 1967 [1893]: De la division du travail social. Paris: PUF. Dt.: Über soziale Arbeitsteilung. Frankfurt 1996: Suhrkamp.
Etzioni, Amitai, 1961: Complex organizations: On power, involvement, and their correlates. New York: Free Press.
Fuchs, Peter und Schneider, Dietrich, 1995: Das Hauptmann-von-Köpenick-Syndrom: Überlegungen zur Zukunft funktionaler Differenzierung. Soziale Systeme 1: S. 203-224.
Hahn, Alois, 2008: Exklusion und die Konstruktion personaler Identitäten, S. 65-96 in: Lutz Raphael/ Herbert Uerlings (Hg.), Zwischen Ausschluss und Solidarität. Frankfurt: Lang.
Herrnstein, Richard und Murray, Charles, 1996: Bell curve: Intelligence and class structure in American life. New York: Free Press.
Kieserling, André, 2008: Felder und Klassen: Pierre Bourdieus Theorie der modernen Gesellschaft. Zeitschrift für Soziologie 37: S. 3-24.
König, René, 1976: Emile Durkheim: Der Soziologe als Moralist. S. 312-364 in: Dirk Käsler (Hg.): Klassiker des soziologischen Denkens, Bd. I. München: Beck.
Locke, John (1948) [1690]: The Second Treatise of Civil Government. Oxford: Blackwell.
Luhmann, Niklas, 1986: Zweckbegriff und Systemrationalität. Frankfurt: Suhrkamp.
Luhmann, Niklas, 1989a: Gesellschaftsstruktur und Semantik, Bd. 1. Frankfurt: Suhrkamp.
Luhmann, Niklas, 1989b: Individuum, Individualität, Individualismus. S. 149-258 in: Drs., Gesellschaftsstruktur und Semantik, Bd. 3. Frankfurt: Suhrkamp.
Luhmann, Niklas, 1991: Die Form ‚Person'. Soziale Welt 42: S. 166-175.
Luhmann, Niklas, 1995: Inklusion und Exklusion. S. 237-264 in: Drs.: Soziologische Aufklärung Bd. 6. Opladen: Westdeutscher Verlag.
Luhmann, Niklas, 1998: Die Gesellschaft der Gesellschaft. Frankfurt: Suhrkamp.
Marshall, Thomas, 1950: Citizenship and Social Class. Cambridge: Cambridge University Press.
Merton, Robert, 1988: The Matthew effect in science, II: Cumulative advantage and the symbolism of intetellectual property. Isis 79: 606-623.
Mishel, Lawrence et al., 2006: The state of working America. Ithaca: Cornell University Press (ILR).
Nakane, Chie, 1970: Die Struktur der japanischen Gesellschaft. Frankfurt: Suhrkamp. 1970.
Nozick, Robert, 1974: Anarchy, State, and Utopia. New York: Basic Books
Pareto, Vilfredo, 1968: The rise and fall of the elites. Totowa, N.J.: Bedminster Press.
Parsons, Talcott, 1979: Evolutionäre Universalien der Gesellschaft. S. 55-74 in: Wolfgang Zapf (Hg.), Theorien des sozialen Wandels. Königstein: Athenäum.
Paul, Axel, 2008: ‚Es ist unmoralisch, Geld von den Reichen zu nehmen und den Armen zu geben': Vom Sinn des Sozialstaats. Sociologia Internationalis 46: 1-30.
Perrow, Charles, 1991: A society of organizations. Theory and Society 20: 725-762.
Piketty, Thomas, 2003: Income Inequality in France, 1901-1998. Journal of Political Economy 111: S. 1004-1042
Piketty, Thomas und Saez, Emmanuel, 2003: Income Inequality in the United States, 1913-1998. Quarterly Journal of Economics 68: S. 1-39.

Rawls, John, 1971: A theory of justice. Cambridge: Harvard University Press.
Rüschemeyer, Dietrich, 1985: Spencer und Durkheim über Arbeitsteilung und Differenzierung: Kontinuität oder Bruch? S. 163-180 in: Niklas Luhmann (Hg.): Soziale Differenzierung: zur Geschichte einer Idee. Opladen: Westdeutscher Verlag.
Schimank, Uwe, 2005: Funktionale Differenzierung und gesellschaftsweiter Primat von Teilsystemen: Offene Fragen bei Parsons und Luhmann. Soziale Systeme 11: S. 395-415.
Schwinn, Thomas, 2000: Inklusion und soziale Ungleichheit. Berliner Journal für Soziologie 10: S. 471-483.
Schwinn, Thomas, 2004: Institutionelle Differenzierung und soziale Ungleichheit. S. 9-68 in: Thomas Schwinn (Hg.), Differenzierung und soziale Ungleichheit: Die zwei Soziologien und ihre Verknüpfung. Frankfurt: Humanities Online.
Simmel, Georg, 1958 [1900]: Philosophie des Geldes. Berlin: Duncker & Humblot.
Simmel, Georg, 1968 [1908]: Soziologie: Untersuchungen über die Formen der Vergesellschaftung. Berlin: Duncker & Humblot.
Sterba, James, 1978: In defense of Rawls against Arrow and Nozick. Philosophia 7: S. 293-303.
Stichweh, Rudolf, 2004: Zum Verhältnis von Differenzierungstheorie und Ungleichheitsforschung: Am Beispiel der Systemtheorie der Exklusion. S. 353-367 in: Thomas Schwinn (Hg.), Differenzierung und soziale Ungleichheit: Die zwei Soziologien und ihre Verknüpfung. Frankfurt: Humanities Online.
Stichweh, Rudolf, 2005: Inklusion und Exklusion: Studien zur Gesellschaftstheorie. Bielefeld: transcript
Tyrell, Hartmann, 1985: Emile Durkheim – Das Dilemma der organischen Solidarität. S. 181-250 in: Niklas Luhmann (Hg.): Soziale Differenzierung: zur Geschichte einer Idee. Opladen: Westdeutscher Verlag.
Weber, Max, 1964: Wirtschaft und Gesellschaft, Erster Halbband. Köln: Kiepenheuer & Witsch.
Windolf, Paul, 2006: Unternehmensverflechtung im organisierten Kapitalismus. Zeitschrift für Unternehmensgeschichte 51: S. 191-222.
Windolf, Paul, 2008: Eigentümer ohne Risiko: Die Dienstklasse des Finanzmarkt-Kapitalismus. Zeitschrift für Soziologie 37: S. 516-535.

Leitgesichtspunkte einer Soziologie der Inklusion und Exklusion

Rudolf Stichweh

1. Inklusion und Exklusion als Grundlagentheorie des Sozialen

Die Soziologie der Inklusion und Exklusion ist eine Neuentwicklung in der Sozialwissenschaft der letzten dreißig bis vierzig Jahre. Sie nimmt einige paradigmatische Figuren der Sozialtheorie auf und rekonstruiert diese mittels der Unterscheidung von Inklusion und Exklusion. Die erste dieser paradigmatischen Figuren ist die der *Mitgliedschaft*. Dieses Paradigma denkt die kommunikative Berücksichtigung von Personen in Sozialsystemen als Mitgliedschaft nach dem Beispiel von „citizenship" oder von Organisationszugehörigkeit. Diese Denkfigur geht auf die britische Wohlfahrtsstaatstheorie von T.H. Marshall zurück.[1] Originell und für die auf Differenzierung setzende Soziologie anschlussfähig war Marshalls Theorie deshalb, weil er nicht eine singuläre Mitgliedschaftsformel vorsah, vielmehr plurale Formen der gesellschaftlichen Institutionalisierung von „citizenship" (civil, political, social) voneinander unterschied. Talcott Parsons, der in seinem Aufsatz von 1964 „Full Citizenship for the Negro American"[2] vielleicht der erste Soziologe war, der ausdrücklich von Inklusion und Exklusion sprach, schloss an Marshall an und bereitete eine analytische Perspektive vor, die die Inklusion zunehmend grösserer Bevölkerungskreise als einen Schlüsselprozess in der Ausdifferenzierung der die Moderne prägenden Funktionssysteme auffasste.

Das zweite Paradigma ist das der *Solidarität*. Es verdankt sich der Durkheimschen Tradition der französischen Sozialtheorie, die in Frankreich bis heute in weiten Bereichen und fast intuitiv den Gesellschaftsbegriff bestimmt. Exklusion ist dann der Bruch von Solidarität und das Versagen jener Bindungen, die Gesellschaft zusammenhalten. Inklusion meint alle intentionalen Anstrengungen der Integration, die die von Exklusion bedrohten Personen der Solidarität versichern. Der spektakuläre Erfolg der Unterscheidung von Inklusion und Exklusion in Frankreich – und zwar vor allem im massenmedialen, öffentlichen Diskurs – verknüpft sich vornehmlich mit diesem Paradigma der Solidarität.[3] Es ist bei Durkheim mit einer Theorie der Differenzierung verbunden; in vielen seiner populären Versionen denkt es Gesellschaft aber eher als eine relativ kompakte Einheit.

Ein drittes und das jüngste dieser Paradigmata ist das der *Disziplinierung* oder *Sozialdisziplinierung*. Disziplinierung wird bei Historikern und bei Soziologen als Spezifikum der Moderne gesehen.[4] Sie hängt mit Polizeiordnungen, mit Erziehung, mit ständischer Gesittung und mit vielen anderen Institutionen zusammen. Bei Erving Goffman und bei Michel Foucault tritt schließlich hervor, dass die Universalität der Disziplinierung die Unterschei-

---

1 Marshall 1964.
2 Parsons 1964.
3 Vgl. Evans, Paugam, und Prélis 1995, insb. 12-3; Merrien 1996, 422.
4 Siehe etwa Oestreich 1980 bzw. Elias 1976.

dung von Inklusion und Exklusion übergreift.[5] In der totalen Institution (Psychiatrie, Gefängnis) und in den anderen Institutionen des *innergesellschaflichen Ausschlusses* bedeutet Nichtzugehörigkeit gerade nicht eine Lockerung der Disziplinierungen, denen die Teilnehmer an Gesellschaft auch auf der Inklusionsseite des Systems, wenn auch in anderer Weise, unterliegen. Diesem Denkansatz fällt der Bezug auf gesellschaftliche Differenzierung leichter. Es ist von vornherein klar, dass es sich nicht um eine einzige, alles durchdringende Disziplin handeln wird, sondern um vielfältige Varianten der Disziplinierung in heterogenen Sozialsystemen.

Wie kann man mit der Verschiedenheit dieser sozialtheoretischen Paradigmata umgehen? Wir tun dies im folgenden, indem wir für eine vierte Version der sozialtheoretischen Begründung der Unterscheidung von Inklusion und Exklusion optieren. Diese setzt in der systemtheoretischen Tradition soziologischen Denkens abstrakter an, und sie kann die anderen Denkfiguren in sich einschließen. Wir behandeln Gesellschaft als Kommunikation und gehen unter dieser Voraussetzung davon aus, dass die Unterscheidung von Inklusion und Exklusion die Frage der Bezeichnung oder der Adressierung von Personen in Sozialsystemen betrifft. Eine solche Adressierung von Personen findet entweder statt oder es fällt auf, dass sie nicht erfolgt – und je nachdem wird die eine oder die andere Seite der Unterscheidung hervorgehoben. Kommunikative Akte der Adressierung können Mitgliedschaft zusprechen oder abweisen; sie können die Aktivierung oder Verweigerung von Solidarität deutlich machen, und schließlich kann in ihnen das Moment der Kontrolle und der Disziplinierung hervortreten.

Inklusion und Exklusion betreffen offensichtlich die Sozialdimension der Kommunikation (im Unterschied zur Sach- und Zeitdimension). Es geht immer um die für die Sozialdimension konstitutive Frage, wer überhaupt die Anderen sind, die für kommunikative Adressierung in Frage kommen, und von welchen Bedingungen Andersheit und die Adressierung von Andersheit abhängig ist.[6] Für die Ausformulierung der Sozialdimension ist die Unterscheidung von Inklusion und Exklusion basaler als die Unterscheidung von Konsens und Dissens, die eine vorgängige Entscheidung darüber voraussetzt, wer überhaupt als Adressat von Konsens und Dissens in Frage kommen könnte. Auch in dieser Hinsicht leuchtet ein, dass wir es mit einer Grundlagentheorie des Sozialen zu tun haben.

2. Situationen der Kommunikation

Die elementarste Form der Relevanz von Inklusion und Exklusion bezieht sich auf einzelne Situationen der Kommunikation. Diese bestehen aus kommunikativen Akten, die man unter dem Gesichtspunkt beobachten kann, wie einzelne Beteiligte kommunikativ adressiert werden und wie sie auf diese Weise in das Sozialsystem inkludiert werden. Man kann dies am Beispiel des *turn-taking* in Konversationen beobachten, das präferentiell in der Form erfolgt, dass der derzeitige Sprecher den jeweils nächsten Sprecher auswählt. In anderen Fällen bleibt es nach Abschluss der Äusserung offen, wer als nächster die Sprecherrolle

---

5   Goffman 1961; vgl. zu Foucault Ewald 1995.
6   Zu Adressenbildung als Grundbegriff Fuchs 1997; „Andersheit" ist von „Fremdheit" zu unterscheiden. Bei Fremdheit handelt es sich um eine Deutung von Andersheit, die sich bereits für „Exklusion" und nicht für „Inklusion" des als „fremd" Adressierten entschieden hat; sei es in der Form der Verweisung aus Gesellschaft, sei es in der Form des innergesellschaftlichen Ausschlusses. Vgl. zu Fremdheit und Inklusion/Exklusion Stichweh 2005: dort S. 133-144 „Inklusion/Exklusion und die Soziologie des Fremden".

übernimmt.[7] In diesen Fällen erfolgt die Inklusion in Sprecherrollen auf dem Wege der Selbstinklusion durch aktives Beanspruchen der Sprecherrolle, und dies ist oft ein kompetitiver Vorgang unter mehreren potentiellen Sprechern. Inklusion ist im übrigen nicht auf aktive Sprecherrollen beschränkt. Für Inklusion genügt es, dass für die Beteiligten erschließbar ist, dass der einzelne Teilnehmer zu jenen gehört, an die die Äusserungen adressiert werden. Inklusion ist insofern etwas, was operativ vollzogen wird, und sie nimmt in dem betreffenden Sozialsystem die Form eines Ereignisses an. Dies verlangt nicht, dass jedem individuellen Mitglied des Publikums tatsächlich aktive Aufmerksamkeit geschenkt wird. Ich kann mich als Sprecher in einer Situation auf relativ pauschale, auf etablierte soziale Kategorien gestützte Akte der Inklusion beschränken und damit befriedigende Erfolge erzielen. Wenn ich z.B. am Beginn einer Rede vor grösserem Publikum sage, „Meine Damen und Herren", ist der potentielle Inklusionseffekt relativ stark und er ist auch dauerhaft. Nur die eventuell anwesenden Kinder sind exkludiert und haben dann die Freiheit, sich entsprechend zu verhalten.

Eine wichtige Eigentümlichkeit bereits der einzelnen kommunikativen Situation ist, dass es sich mit Exklusionen ganz anders verhält. Exklusionen werden relativ selten als operative Vollzüge in der Form eines Ereignisses sichtbar gemacht. Das, „Sie werden hier nicht länger geduldet", also der explizite operative Vollzug der Exklusion, ist nicht die dominante Form des Vorkommens von Exklusionen.[8] Die meisten Exklusionen sind viel schwerer zu erschließen. Sie haben häufiger die Form eines Nichtereignisses oder einer Sequenz von Nichtereignissen als die eines fixierbaren Ereignisses. Man hat in einem Gespräch den Eindruck, nicht mitgemeint zu sein oder sogar unerwünscht zu sein; aber das ist ein Eindruck, der sich erst durch eine Kette von Momenten hindurch verfestigt und der auch schwer zu beweisen ist. Bei dem schlechten Schüler stabilisiert sich das Gefühl, dass der Lehrer ihn gar nicht mehr „drannimmt", weil der Lehrer die dann entstehenden peinlichen Situationen scheut oder um den Fortgang des Unterrichts fürchtet. Exklusion tritt insofern in der Erfahrung der Betroffenen häufig in der Form der Ungewissheit auf. Man weiß nicht, ob man im System noch dazugehört, und es liegt die Versuchung nahe, die Ungewissheit durch einen Akt der forcierten Selbstinklusion oder alternativ der Selbstexklusion aufzulösen. Negative Ausgänge werden eventuell der Ungewissheit vorgezogen.

3. Erwartungen und Rollen

Wir haben bisher unterstellt, dass Inklusion und Exklusion in Situationen gleichsam voraussetzungslos operieren. Selbst wenn dies der Fall ist, entstehen dabei aber Erwartungen. Dies ist bereits in der einzelnen Situation im Zeitablauf beobachtbar, und es gilt erst recht, wenn inklusive Kommunikationen über eine Mehrzahl von Situationen hinweg erfolgen und sich in der Sequenz kommunikativer Adressierungen einer Person Konsistenz beobachten lässt. Der Ereignischarakter tritt zurück, und die Inklusion nimmt die Form eines *set* von Erwartungen an, die wiederholt an eine Person adressiert werden.

---

7   Siehe zu den zugrunde liegenden Regelsystemen Sacks, Schegloff, und Jefferson 1974; Sacks 1992.
8   Siehe für eine detaillierte Fallstudie am Beispiel des Schulausschlusses in Schweizer Volksschulen Hürlimann 2007.

Die Wiederholung und Stabilisierung der Erwartungen definiert eine soziale Rolle, über die sich die Inklusion in das System vollzieht. Zwei hauptsächliche Typen von Inklusionsrollen sind zu unterscheiden. In der ersten Variante verdankt sich die Inklusion der Person der Übernahme einer *Leistungsrolle*. Das heißt, dass die Person für bestimmte Leistungen und Vollzüge zuständig ist, die konstitutiv für das jeweilige System sind. Der Rolleninhaber ist dann beispielsweise Arzt oder professioneller Politiker oder Hochschullehrer und trägt mit seiner Rolle einen gewissen Teil der Strukturbildungslast des Systems. Erneut aber ist Inklusion nicht davon abhängig, dass man eine Leistungsrolle übernimmt. Für alle diejenigen Personen, die nicht über Leistungsrollen am Systemgeschehen partizipieren, entsteht alternativ in vielen sozialen Systemen die Möglichkeit der Inklusion über *Komplementär- oder Publikumsrollen*, d.h. über Rollen, in denen sich die Teilnahme am Systemgeschehen in der Weise vollzieht, dass man als Leistungsabnehmer und/oder als Beobachter im Verhältnis zu den Leistungsrollen fungiert. Erst dort, wo sich Publikums- oder Komplementärrollen herausbilden, kann einem System gesellschaftsweite Bedeutung zuwachsen, weil nur auf dieser Basis denkbar und realisierbar ist, dass alle Gesellschaftsmitglieder am jeweiligen System partizipieren, entweder in Leistungs- oder in Publikumsrollen.[9] Dieses Theorem der über die Differenzierung von Leistungs- und Publikumsrollen laufenden gesellschaftsweiten Inklusion ist zu präzisieren, wenn wir uns die Funktionssysteme der modernen Gesellschaft näher ansehen.

Auf der Exklusionsseite des Systems scheint Erwartungs- und Rollenbildung in einer ersten Annäherung unwahrscheinlich zu sein. Der Begriff der Exklusion besagt gerade, dass an diejenigen, die exkludiert sind, keine Erwartungen mehr adressiert werden, und daraus folgt dann erst recht, dass dieses ‚nicht mehr in die Erwartungen des Systems Einbezogensein' nicht in der Form von Rollen kristallisiert. Das ist plausibel, ändert sich aber, sobald Gesellschaften Exklusionen als eine Sonderform von Inklusion beschreiben, sie für diesen Zweck eigene Institutionen schaffen und sich in diesen Institutionen Rollen herausbilden.[10]

4. Ebenen der Systembildung

Es ist bereits in den bisherigen Überlegungen sichtbar geworden, dass Vorgänge der Inklusion und der Exklusion auf allen Ebenen der Bildung sozialer Systeme involviert sind. Wir haben unsere Erörterungen mit Beispielen aus dem Bereich der Interaktionssysteme begonnen. Diese sind über die Anwesenheit im wechselseitigen Wahrnehmungsfeld und über die Gemeinsamkeit des „response focus" der Beteiligten konstituiert.[11] Interaktionssysteme können diejenigen, die die Bedingung der Anwesenheit erfüllen, nur schwer exkludieren. Darin liegt eine Begrenzung ihrer Leistungsfähigkeit: Wenn unwillkommene Anwesende hinzukommen, löst diese Störung das Interaktionssystem häufig auf. Viel leichter fällt die Exklusion den Organisationen. Bei Organisationen handelt es sich um die Systembildungsebene, deren Inklusionsbedingungen über Mitgliedschaft und Entscheidung über Mitgliedschaft eindeutig geregelt sind. Alle diejenigen, über deren Mitgliedschaft nicht ausdrücklich positiv entschieden worden ist, sind exkludiert, und dies ist sowohl eindeutig wie auch

---

9 Diese Überlegung ist zuerst mit Blick auf Rollen in tribalen Gesellschaften entwickelt worden von Nadel 1957; siehe ausführlicher Stichweh 2005, insb. 13-44.
10 Siehe dazu unten Abschnitt 8-10.
11 Luhmann 1975; Goffman 1983.

sozial in der Regel problemlos, weil es zahllose andere Organisationen gibt, deren Mitglied man werden kann.

Die sachthematischen Spezifikationen, die Interaktionssysteme und Organisationen wählen, sei es als dauerhafte oder als im Zeitablauf variierende Bindungen, kann man nur angemessen verstehen, wenn man sie auf gesellschaftsweite Makrosysteme bezieht, die sich auf diese Sachthemen für unbegrenzte Zeit und mit Blick auf alle Inklusionsadressen der Gesellschaft spezialisieren. Dies sind die Funktionssysteme der modernen Gesellschaft[12] – also die Wirtschaft, die Wissenschaft, die Politik, die Religion, das Krankheitssystem, der Sport, die Erziehung, das Recht, die Kunst, die Intimbeziehungen, etc.

5. Inklusion und Exklusion in Funktionssystemen

Funktionssysteme sind der zentrale und der interessanteste Gegenstand einer Soziologie der Inklusion und Exklusion. Sie sind groß, unübersichtlich, schließen der Möglichkeit nach alle Menschen auf der Erde als Inklusionsadressen ein – und aus diesen Gründen kommt in ihnen sowohl Inklusion wie Exklusion millionenfach vor. Wenn wir Funktionssysteme als historisch innovative und in ihrer Einseitigkeit zugespitzte kommunikative Spezifikationen betrachten, die in begrenzten Regionen der Welt entstehen und sich danach über eine Jahrhunderte beanspruchende Globalisierungsdynamik auszeichnen, dann ist nicht prinzipiell auszuschließen, dass Funktionssysteme irgendwann alle Menschen auf der Welt erreichen und einbeziehen könnten (Beispiel: Universalisierung der Schulpflicht als systemweit normierter Organisationsmitgliedschaft in ähnlichen Phasen des Lebenslaufs). Aber die Dynamik, die durch ein solches „Ziel" reguliert ist, ist durch historisch, regional und je nach Funktionssystem variierende Muster und Verteilungen von Inklusion und Exklusion näher charakterisiert, und diese Varianzen sind der hauptsächliche Studiengegenstand einer Soziologie der Inklusion und Exklusion.

Eine der wichtigsten Dimensionen der Variation zwischen Funktionssystemen betrifft die Unterscheidung von Leistungs- und Publikumsrollen als Modi der Inklusion, die wir oben eingeführt haben. Es gibt in dieser Hinsicht gut unterscheidbare Typen von Funktionssystemen. Am stärksten ausgeprägt ist diese Unterscheidung in Funktionssystemen, in denen eine einzige Profession eine die operativen Vollzüge des Systems kontrollierende Stellung besitzt. Dies ist am prominentesten im Krankheitssystem und im Recht, in der Religion und in der Erziehung der Fall, wenn auch in allen vier Systemen die Pluralisierung der Wissenssysteme unter Bedingungen der Globalisierung dazu führt, dass parallel zueinander eine Reihe von Professionen operieren. Überall dort, wo die Stellung der Professionen stark ist, haben wir eine eindeutige Zuordnung von Leistungs- und Publikumsrollen zu adressierbaren Personen. Der Publikumsstatus bedeutet in diesen Systemen, dass Inklusion die Form der *Betreuung* ('people processing') der Publikumsrollen durch die Leistungsrollen des Systems annimmt.[13]

---

12 Vgl. Luhmann 1987.
13 Der Zusammenhang von Professionen und „people processing" ist am besten in der Chicago-Tradition der Professionssoziologie artikuliert, siehe repräsentativ Hughes 1971; Abbott 1988; zu Professionen und funktionaler Differenzierung Stichweh 2008.

Ganz anders verhält es sich in den Systemen, in denen an die Stelle einer Profession ein symbolisch generalisiertes Medium der Kommunikation getreten ist.[14] Die gesellschaftsweite Zirkulation der Mediensymbole führt dazu, dass eine exklusive Differenzierung von Leistungs- und Publikumsrollen unwahrscheinlich wird. Alle Gesellschaftsmitglieder nehmen als Zahler und als Zahlungsempfänger an wirtschaftlichen Kommunikationen teil; Machtgebrauch ist in einer Demokratie ubiquitär; alle sind am Prozessieren von Symbolen der Liebe, der wissenschaftlichen Wahrheit, der sportlichen Leistung und des künstlerischen Gelingens beteiligt. Insofern gibt es in diesen mediengestützten Funktionssystemen keine scharfe Differenzierung von Leistungs- und Publikumsrollen und vor allem keine Betreuung des Publikums durch Leistungsrollenträger. Aber es gibt vielfältige andere Mechanismen der Entstehung von Asymmetrien und Ungleichheiten: Kumulationen von Mediensymbolen (insb. im Bereich der Macht und des Geldes); Hierarchien in Organisationen; die Entstehung von auf Hochleistungen spezialisierten Subsystemen (im Fall des Sports, der Wissenschaft und der Kunst), die die Leistungen der vielen anderen nur noch als Leistungen von Amateuren[15] erscheinen lässt. Dort, wo dies der Fall ist, entsteht ein zweiter Typus von Publikumsrollen, der im Fall des Sports, der Wissenschaft und der Kunst nicht wie in den professionalisierten Funktionssystemen bedeutet, dass das Publikum durch die Professionellen *betreut* wird, der vielmehr impliziert, dass das Publikum sich auf *Beobachten* statt auf *Leistungen* konzentriert – und im Beobachten seine Inklusion in das System erfährt.

Nur das System der auf den Liebescode gestützten Intimbeziehungen verwirklicht eine radikal andere Struktur. Es entwickelt keine Subsysteme, ist vielmehr strikt segmentär differenziert; es kennt keine Organisationsbildung; kumulativer Vorteil kommt zwar vor, ist aber unwahrscheinlich, da man nicht die Liebe vieler anderer bei sich sammeln kann und dann noch für diesen Überschuss an Symbolen eine systemintern plausible Verwendungsform zu finden imstande ist.[16] Unter diesen Bedingungen sind Liebessymbole und Liebeschancen in einem solchen Grade gleichverteilt wie keine andere gesellschaftliche Ressource – und es treten Exklusionsprobleme vor allem unter ungünstigen demographischen Bedingungen (Ungleichverteilung von Männern und Frauen) oder unter ungünstigen normativen Bedingungen (Illegitimität homosexueller Liebe) auf.

Wenn man die Inklusion in globale Funktionssysteme so skizziert, wie dies hier geschehen ist, folgt daraus, dass auch Exklusionen in zwei Formen vorkommen. Es handelt sich entweder um einen Ausschluss von den Möglichkeiten und Berechtigungen der Betreuung, wie sie die auf Professionen gestützten Funktionssysteme bieten. Im anderen denkbaren Fall geht es um den Ausschluss vom Zugang zu den generalisierten Symbolen der auf Kommunikationsmedien basierten Funktionssysteme. Es ist damit noch nichts über die Ursachen, die Dynamiken und die Inzidenz von Exklusionen in diesen Funktionssystemen gesagt; nur die Formen, in denen sie sich vermutlich ereignen werden, sind in einem ersten Zugriff identifiziert.

---

14 Ich unterstelle im folgenden die Medientheorien von Talcott Parsons (Parsons 1967, Kap. 8-11) und Niklas Luhmann (Luhmann 1997, Kap. 2). Sehr anregend ist für medientheoretische Untersuchungen auch Coleman 1990 und dessen Grundfigur des (einseitigen) Transfers von Rechten der Kontrolle über Handlungen (insb. Kap. 3-8).

15 Oder negativ ausgeflaggt: Dilettanten.

16 Ausnahmen – auf überraschende und überzeugende Weise entworfen in Truffauts „L'homme qui aimait les femmes" (1977) – sind möglich. Allerdings wird in diesem Fall die Überlastung durch die Verwaltung der kumulierten Überschüsse mit dem Leben bezahlt.

6. Der Voluntarismus globaler Funktionssysteme und das Postulat der Vollinklusion

Wir haben das Moment der Globalität der Funktionssysteme noch nicht ausdrücklich diskutiert. Warum kommt es zu Globalität und was bedeutet diese für die Wahrscheinlichkeiten und die Formen der Inklusion und Exklusion?

Aus der Sicht der einzelnen Funktionssysteme analysiert, ist der Grund für ihre globale Ausdehnung ihre Nichteinschränkbarkeit. Es gibt aus den Sinnlogiken eines Funktionssystems heraus gesprochen keinerlei denkbaren Grund, warum dieses sich seine Grenzen durch andere Funktionssysteme vorgeben lassen sollte, insbesondere nicht durch die territorialen Grenzen des modernen Nationalstaats. Sobald ich über nützliches Wissen für die Behandlung von Krankheiten verfüge oder gar wissenschaftliche Wahrheiten entdeckt habe, sobald ich optimale und langfristig erfolgreiche Anlagemöglichkeiten für Geld suche, das mir zugefallen ist; sobald ich meine sportlichen Leistungen mit der Leistungsfähigkeit relevanter Anderer zu vergleichen versuche, existieren für lokale, regionale oder nationalstaatliche Einschränkungen meines Ausgreifens – aus der Perspektive meines durch die Logik eines Funktionssystems geprägten Blicks – keine denkbaren plausiblen Argumente. Die „Entbettung" der Funktionssysteme aus anderen Relevanzen anderer Funktionssysteme ist der Grund der weltweiten kommunikativen Reichweite eines jeden von ihnen.[17] Nicht nur sind dies Dynamiken, deren Einschränkungen in den Funktionssystemen niemanden überzeugen; hinzu kommt, dass eventuelle Einschränkungen allen Beteiligten als illegitim erscheinen. Mit welchem Recht sollte man AIDS-Medikamente nur in wenigen Ländern verteilen oder verkaufen? Warum sollte es Weltregionen geben, die sich für Demokratie nicht eignen, etc.? Wenn wir hier von Voluntarismus der Funktionssysteme sprechen, ist mit diesem an Parsons anschließenden Begriff diese legitimatorische Selbstverständlichkeit gemeint, der kollektive Druck, der von der suggestiven Kraft der Symbole ausgeht.

Globalisierung und Inklusion verhalten sich wie zwei Seiten derselben Medaille. Überzeugende funktionsspezifische Symbole beanspruchen weltweite Geltung, und sie beanspruchen überall dort, wo sie Ansprüche erheben, Geltung für alle Teilnehmer an Kommunikation.[18] Postuliert werden räumliche und soziale Universalität. Ob dies effektiv etabliert werden kann, ist eine andere Frage. In einer ersten Annäherung scheint eine globale Inklusion aller auf der Erde lebenden Personen in die Kommunikationszusammenhänge eines Funktionssystems aus rein quantitativen Gründen eine äusserst unwahrscheinliche Annahme. Es gibt viel zu viele Menschen, und es kommt hinzu, dass die Funktionssysteme über keine Adressenverzeichnisse der von ihnen zu berücksichtigenden Personen verfügen und allein deshalb massenhafte Exklusion naheliegt. Dies ist nur dort anders, wo Staaten und Wohlfahrtsstaaten in ihrem zunächst politisch bestimmten Ordnungszusammenhang Adressenverzeichnisse dieses Typs als Verzeichnisse von Einwohnern und Staatsbürgern unterhalten und auf dieser Basis anderen Funktionssystemen fördernd und fordernd zur Seite stehen. Aber auch dies sind ziemlich begrenzte Kenntnisse, wie sich selbst in statistisch gut ausgestatteten Staaten leicht am Beispiel des Phänomens der illegalen Immigration belegen lässt. Man findet beispielsweise für die Vereinigten Staaten Zahlen zwischen 11 Millionen und 20 Millionen illegaler Immigranten,[19] was angesichts der Ungewissheit be-

---

17 Man kann sich für diese These gleichermaßen auf Wallerstein 1974 wie auf Polanyi 1978 stützen.
18 Siehe detailliert für die Genese des Wissenschaftssystems Stichweh 2003.
19 Siehe Bialik 2006.

reits dieser Makrodaten die Adressierbarkeit der Einzelnen als eine ziemlich unwahrscheinliche Leistung erscheinen lässt.

Die strukturelle Unwahrscheinlichkeit der Realisierung von Vollinklusion in einem globalen Gesellschaftssystem und der „Voluntarismus" der Funktionssysteme (in ihren Semantiken und Selbstbeschreibungen) bilden eine Disjunktion, die an eine frühere (Krisen-)Diagnose erinnert. Robert King Merton hatte mit Blick auf die Vereinigten Staaten eine Disjunktion zwischen einer Wertordnung, die Aufstiegshoffnungen und Erwartungen induziert, und den geringen strukturellen Wahrscheinlichkeit der Realisierung der induzierten Erwartungen festgestellt, und er hatte für diesen Konflikt den Begriff der Anomie vorgeschlagen.[20] In einem parallelen Verständnis lässt sich für die von uns diagnostizierte Disjunktion von strukturell nahegelegten Inklusionserwartungen einerseits und den faktischen Unmöglichkeiten der Realisierung von Vollinklusion andererseits die Hypothese einer Anomie der Weltgesellschaft vertreten. Diese Anomie fällt lokal unterschiedlich aus, wobei „lokal" die extreme Verschiedenheit der Kontexte in den Funktionssystemen der modernen Gesellschaft meint.

7. Semantiken, Normen, Werte

Wir haben in diesem Text bisher Inklusion und Exklusion primär auf der Ebene der Situationen und Ereignisse und danach auf der Ebene der Rollen und Erwartungsstrukturen der Systeme beschrieben. Zunehmend viele dieser sich herausbildenden Erwartungen sind normativ, und man sieht daran, wie in der Geschichte der Systeme eine eigenständige kognitive Welt der Semantiken, Normen und Werte der Inklusion und Exklusion entsteht. Diese verhalten sich zu den Wirklichkeiten der Systeme nicht nur deskriptiv und rekonstruktiv; sie wirken vielmehr auch präskriptiv und antizipativ an der Strukturbildung in den Systemen mit. Der für die Funktionssysteme nach vielen Indizien charakteristische Imperativ der Vollinklusion – i.e. der kommunikativen Berücksichtigung aller Gesellschaftsmitglieder, und zwar weltweit – hat seine Voraussetzungen außer in der Nichteinschränkbarkeit der funktionstypischen binären Codierungen vermutlich gerade auch in Semantiken und Normen, die die egalitären Impulse der Moderne für Funktionssysteme spezifizieren. Insofern ist das Studium der Mechanismen der Inklusion und Exklusion – und das wäre am Fall beliebiger Funktionssysteme zu exemplifizieren – in einer wichtigen Hinsicht ein Studium der Semantiken, Normen und Werte der Inklusion und Exklusion und der Weisen, in denen diese sich Geltung zu verschaffen verstehen.

---

20 Merton 1968. Unrealistische Situationseinschätzungen und unrealisierbare Hoffnungen müssen nicht zwangsläufig an der Realität scheitern und Enttäuschungen provozieren; sie können auch als Hoffnungen stabil bleiben und legitimatorische Wirkungen entfalten. Eine amerikanische Umfrage aus dem Jahr 2000 dokumentiert, dass 19% der US-Amerikaner sich in den obersten 1% der Einkommensverteilung vermuten und weitere 20% optimistisch sind, dass es ihnen gelingen wird, in diese Gruppe vorzustossen (Karabel 2006, 556-7).

8. Illegitimität der Exklusion – Inklusion/Exklusion als asymmetrische Unterscheidung – die Institutionen der inkludierenden Exklusion

Eine der Folgen der genannten Semantiken und Normen ist die tendenzielle Illegitimität von Exklusion in der Moderne. Die Unterscheidung von Inklusion und Exklusion ist eben auch eine *Unterscheidung* mit einem normativen *bias* für die eine Seite der Unterscheidung. Inklusion ist anzustreben, Exklusion ist zu vermeiden. Darüber besteht nahezu Konsens, ungeachtet der real anzutreffenden Verteilungen. Daraus folgt eine der wichtigsten, wenn nicht die wichtigste Charakteristik der Unterscheidung von Inklusion und Exklusion. Es handelt sich um eine *asymmetrische Unterscheidung* oder – mit einem Begriff von Louis Dumont – um eine *hierarchische Opposition*. Der Begriff der hierarchischen Opposition meint eine Unterscheidung, in der die eine der beiden Seiten der Unterscheidung die andere Seite unter sich begreift oder in sich einschließt.[21] Dies ist beispielsweise der Fall, wenn in der mittelalterlichen Unterscheidung von Staat und Kirche der Staat als der weltliche Arm der Kirche aufgefasst wird und insofern sowohl als Gegenüber der Kirche wie auch als eine ihrer Subeinheiten fungiert. Entsprechend verhält es sich mit der Logik der Unterscheidung von Inklusion und Exklusion. Unter modernen Bedingungen ist Exklusion nur „zulässig", soweit sie in die Form einer Inklusion gebracht wird. Das ist eine Bedingung, die so verschiedenartige Denker wie Michel Foucault und Niklas Luhmann einhellig herausgearbeitet haben. Das heißt, dass für jede neuerfundene und neuentstandene Form der Exklusion (z.B. der von der Strafjustiz ausgesprochene Ausschluss aus zentralen Aspekten gesellschaftlicher Kommunikation, die psychiatrische Unmündigkeitserklärung etc.) eine Institution der Inklusion erfunden und eingerichtet werden muss (das Gefängnis, die psychiatrische Klinik), die die vorgängige Exklusion auffängt und sie gewissermaßen unsichtbar macht, weil sie sie in das Gewand einer resozialisierenden (reinkludierenden) Absicht kleidet. Auch der *slum* oder die *favela* ist alles andere als außerhalb der Gesellschaft zu verorten. Sie sind gerade in der Megastädten der Dritten Welt ein Indiz dafür, dass in jenen Weltregionen, wo fast alle gesellschaftlichen Ressourcen in den städtischen Zentren konzentriert sind, die Bevölkerungsmassen, die, wenn sie auf dem Land lebten, dort marginalisiert wären, auch noch die kleinsten Chancen nutzen, um in den Städten an den Ressourcen der Zentren partizipieren zu können.[22]

9. Die Abwesenheit eines „Außen" – Reversibilität der Exklusionen

Aus der die Moderne kennzeichnenden Asymmetrie von Inklusion und Exklusion (als einer hierarchischen Opposition) folgen vier weitere Gesichtspunkte: Es gibt in der Weltgesellschaft der Gegenwart keine sozial unbesetzten Räume mehr und insofern existiert kein gesellschaftliches Außen – und es existiert schon gar nicht in der Form anderer Gesellschaften –, in das die zu exkludierenden sozialen Adressen abgeschoben werden könnten. Die Exklusion führt immer wieder in eine andere Inklusion, und sei es die Abschiebehaft für

---

21 Eine solche Unterscheidung ist immer zweistufig (hierarchisch) zu schreiben, so dass der eine der beiden Begriffe als Oberbegriff sich selbst als Unterbegriff einschließt. Also: *Inklusion = (Inklusion + Exklusion)*. Siehe Dumont 1980, 244-5. „One observes that every time a notion gains importance, it acquires the capacity to encompass its contrary." Vgl. auch Dumont 1991; Parkin 1992.
22 Vgl. Ribbeck 1997; Lenger und Tenfelde (ed.) 2006.

den illegalen Immigranten, in der dieser im äußersten Fall Jahre verbringen kann. Alle Exklusion ist innergesellschaftlich und insofern Inklusion.

Zweitens drängt sich auf der Basis dieser Überlegungen der Charakter der modernen Gesellschaft als Organisationsgesellschaft auf. Die Institutionen der inkludierenden Exklusion sind primär Organisationen (Gefängnisse, Psychiatrien, Beschäftigungsgesellschaften etc.). Sie sind insofern Indikatoren einer „künstlichen" sozialen Umwelt (i.e. einer intentional selbstproduzierten Umwelt), die konsequent innergesellschaftliche Umwelt ist.

Drittens ist zu betonen, dass die moderne Gesellschaft kaum noch Exklusionen kennt, die unwiderruflich und irreversibel sind. Selbst die gerade in der Moderne häufigen Massentötungen und Genozide konterkariert sie durch die immer prominenter hervortretende Memorialkultur der modernen Gesellschaft, eine Memorialkultur, die in vielen Hinsichten eine verbindliche Semantik und Kultur der Moderne geworden ist. Die Verbindlichkeit dieser Memorialkultur hat die relativ strenge Form angenommen, dass das Erinnern nicht genügt, das historisch geschehene Unrecht der Exklusion des Anderen muss auch bedauert werden, Schuld und Verantwortung müssen übernommen werden,[23] und wer dies nicht zu tun bereit ist, sieht sich seinerseits Exklusionen konfrontiert.

Soweit die moderne Gesellschaft aber irreversible Exklusionen hervorbringt, wird auch für diese die Form Organisation benutzt. Das Lager ist eine spezifisch moderne Erfindung. Es ist als Gefangenlager oder als Umerziehungslager eine typische Instanz der inkludierenden Exklusion, und es tritt in der Form des Vernichtungslagers als eine radikal moderne Organisationsform des Völkermords auf. Selbst die Vernichtungslager der Nazis dokumentieren die Illegitimität der Exklusion. Das Regime hat sich nicht zu ihnen bekannt, und diejenigen, die heute noch hinter dem Völkermord des NS-Regimes stehen, treten in der bizarren Verkleidung des Holocaust-Leugners auf. Sie wagen nicht zu sagen, dass sie die millionenfache Tötung der Juden gerechtfertigt finden; sie behaupten vielmehr, dass diese nie stattgefunden habe. In gewisser Hinsicht sehen sie die Bedeutung der Memorialkultur der Moderne, da ihnen daran liegt, das von ihnen bestrittene Ereignis aus dem Gedächtnis der Menschheit zu löschen.

10. Inkludierende Exklusion und exkludierende Inklusion: Strukturen und Gegenstrukturen der Moderne

Zu den bestimmenden Erfindungen der Gesellschaft des 19. und 20. Jahrhunderts gehören die Institutionen – meist sind es Organisationen – der inkludierenden Exklusion. Immer neue Institutionen kommen hinzu, die sichtbar werdenden Problemgesichtspunkten und zugehörigen Problemgruppen Rechnung tragen. Wichtige Beispiele sind die institutionellen Muster des Umgangs mit Behinderung („disability"), die auf psychophysisch bedingte Einschränkungen der Teilnahmechancen an Gesellschaft reagieren, und die Institutionen der Pflege, die die schnell zahlreicher werdenden Personen hohen Alters aufnehmen, die nur noch teilweise für sich selbst zu sorgen imstande sind.

Parallel dazu aber existiert und entsteht eine weitere Strukturbildung, die sich oppositionell zu den guten Absichten der Betreuungseinrichtungen der Organisationsgesellschaft

---

[23] Naheliegende Beispiele: Holocaust; Genozid an den Armeniern in der Türkei. Interessant am Beispiel Deutschland und im Blick auf den Sachverhalt der „erfundenen Erinnerung" in Film und Theater Reichel 2007.

verhält. Man kann dies gut an einem Beispiel erläutern: Es gibt im Bereich der Jugendsozialhilfe einerseits Einrichtungen der inkludierenden Exklusion, die für Jugendliche in problematischen Situationen Maßnahmen vorsehen, die den bekannten Mix von Restriktionen der Lebensführung (z.B. in Erziehungsanstalten) und Wiedereingliederungsabsichten als dem legitimatorischen Hintergrund dieser Restriktionen verwirklichen. Diese Einrichtungen der Jugendsozialhilfe konkurrieren aber mit kriminellen Jugendbanden, die die asymmetrische Unterscheidung von Inklusion und Exklusion invers auslegen, also mit einer Präferenz für die Seite der Exklusion. Sie bieten den Jugendlichen, die sie aufnehmen, in erster Instanz einen Kontext der Inklusion, nämlich den Gruppen- oder Bandenzusammenhang. Diese Inklusion ist dann zweitens eine „exkludierende" Inklusion, weil sie den Gruppenzusammenhang gerade über die dauerhafte oppositionelle oder zumindest deviante Stellung im Verhältnis zu den normativen Strukturen der umgebenden Gesellschaft bildet. Für die Jugendlichen in diesem Beispiel sind diese Instanzen der exkludierenden Inklusion vielfach weit attraktiver als die Institutionen der inkludierenden Exklusion.

Es ist offensichtlich, dass oppositionelle oder Gegenstrukturen des Typs, wie sie das gerade erläuterte Beispiel illustriert, von großer Bedeutung im System der modernen Gesellschaft sind und in vielen Funktionsbereichen anzutreffen sind. Ich will nur einige weitere Beispiele nennen: Politische Parteien, die Fundamentalopposition in dem Sinn betreiben, dass sie sich in einem gegebenen institutionellen Rahmen nur bewegen, um diesen am Ende umstürzen oder zerstören zu können. Auch diese sind für ihre Mitglieder Institutionen der exkludierenden Inklusion.[24] Terroristische Gruppen und millenarische religiöse Sekten; Mafia und Camorra und andere kriminelle wirtschaftliche Organisationen; Institutionen der Sterbehilfe in einem an sich auf Erhaltung und Verbesserung der Gesundheit orientierten Krankheitssystem; Gruppen von militärischen Söldnern, die an beliebigen Punkten in der Welt für beliebige Zwecke einzusetzen sind und über die ihre Auftraggeber manchmal die Kontrolle verlieren;[25] Gefängnisse, die der Staat faktisch aus seiner Kontrolle und der seines professionellen Personals entlässt und an extrem hierarchisch strukturierte Gruppenzusammenhänge von Gefangenen übergibt, die diese als Institutionen der exkludierenden Inklusion führen. Die Logik der exkludierenden Inklusion ist immer dieselbe und lässt sich auch an diesem letzten Beispiel gut erläutern. Im Moment der Überführung in das Gefängnis tritt der Aspekt der Exklusion zurück, weil deutlicher die Inklusion in das halbautonome Herrschaftssystem der Gefangenen betont wird. In diesem System aber fehlt jegliches reso-

---

24 Siehe dazu Pitts 1976b, der auch die kontraintentionale Logik herausarbeitet, dass diese gegenstrukturellen Organisationen manchmal die Rückkehr ihrer Mitglieder in die „normale" Gesellschaft vorbereiten, weil sie diesen in der terroristischen (oder millenarischen) Organisation eine Handlungsfähigkeit antrainieren, mittels deren sie ungeplant den Ausstieg aus der Organisation bewältigen (an einem anderen Beispiel – Hippies – siehe auch Pitts 1976a).

25 Ein interessanter Fall ist die Fremdenlegion, die seit 1831 existiert. Zunächst ist sie durch den Ausschluss von Ausländern vom französischen Staatsdienst entstanden (siehe Noiriel 1991, 67, Fn. 1), denen die Fremdenlegion eine Möglichkeit der Wiedereinschlusses bietet. Seither nimmt sie die Ausgeschlossenen vieler Weltregionen auf (insbesondere derer, in denen kürzlich ein Krieg oder eine andere gesellschaftliche Umwälzung stattfand), denen sie „promises a new life regardless of nationality, religion and education" (Carvajal 2006). Im Unterschied zu anderen Söldnertruppen ist sie aber relativ eindeutig eine Institution der inkludierenden Exklusion. Man schließt sich selbst von einem früheren Leben aus, nimmt in der Fremdenlegion einen neuen Namen an (obligatorisch), aber man erwirbt die französische Staatsbürgerschaft und (nach fünfzehn Jahren) eine französische Pension. Jeder hat eine Chance, aber die Auswahl ist heute hochselektiv: „We don't accept the hardened criminals anymore, the murderers or rapists." (Capt. Samir Benykrelef, zit. in Romero 2008). Dies wird unter anderem durch eine Anfrage bei Interpol gesichert.

zialisierende und insofern reinkludierende Moment. Vielmehr wird das System der Gefangenen auf Dauer in eine Nichtzugehörigkeit zur Gesellschaft manövriert.

Die folgende Tabelle versucht probeweise einige Institutionen der inkludierenden Exklusion den Institutionen der exkludierenden Inklusion gegenüberzustellen. Die Zuordnungen sind tentativ, und sie sind es auch deshalb, weil die Grenze zwischen den beiden institutionellen Formen nicht in irgendeinem Sinn präzise markiert ist, vielmehr eine bewegliche Grenze ist, die es zulässt, dass institutionelle Muster von der einen auf die andere Seite der Unterscheidung wechseln. Die Einsicht, die diese Überlegung erzeugt, ist vor allem die, dass die moderne Gesellschaft wie jede Gesellschaft ihre Gegenstrukturen selbst erzeugt und dass, wie wir spätestens seit Durkheim wissen, auch der „Verbrecher" und die ihm verwandten sozialen Figuren des Ausschlusses selbstverständlich ein Teil der Gesellschaft sind.

Inkludierende Exklusion	Exkludierende Inklusion
Psychiatrie, Hospital	Leprakolonie
Gefängnis	Gefängnis
(betrieben von Gefängniswärtnern)	(betrieben von Gefangenen)
Jugendhilfe	Jugendbande
Fanprojekt	Hooliganismus
Reeducation	
Patronage	Mafia, Camorra
Kloster	
	Prostitution
Behinderung, Disability	
Institutionen der Pflege	Sterbehilfe
Berufsarmee, Fremdenlegion	Söldner
Jihad	Terrorismus
Kirchen	Millenarische Sekten
Reformistische Sozialdemokratie	Revolutionärer Marxismus

Erläuterung zur Tabelle: Der explorative Charakter dieser Tabelle wird auch dadurch betont, dass manchmal die rechte oder die linke Seite unbesetzt bleibt. Ich habe in diesen Fällen kein institutionelles Muster gefunden, das sich als Ausfüllung der Rubrik eignen würde, und ich sehe auch keinen Grund, warum man eine Vollständigkeit des Schemas vermuten sollte.

11. Gleichheit und Ungleichheit

Die Unterscheidung von Inklusion und Exklusion verändert unser Verständnis von Gleichheit und Ungleichheit. Diese beiden Unterscheidungen sind nicht aufeinander abbildbar, weil es die Produktion von Ungleichheit (und Gleichheit) auf beiden Seiten der Unterscheidung von Inklusion und Exklusion gibt. Auf der Inklusionsseite, auf der formal Gleichheit herrscht (das gleiche Gewicht der Wählerstimmen beim allgemeinen Wahlrecht; die Chancengleichheit beim Beginn des Schulbesuchs etc.), richtet sich das analytische Interesse darauf herauszufinden, auf der Basis welcher Mechanismen (kumulativer Vorteil; Verstärkung kleiner Differenzen etc.) die Institutionen der Gleichheit (Gleichheit der Inklusion) unablässig Ungleichheit produzieren. Die Exklusionsseite ist für die zugespitzte Ungleichheit (in Frankreich oft: „grande pauvreté") zuständig, die bereits im Akt der Exklusion dramatisch etabliert wird und nicht ein unbeabsichtigter Nebeneffekt des Operierens der Systeme ist. Das analytische Interesse konzentriert sich dann darauf zu zeigen, wie die Institutionen der inkludierenden Exklusion trotz der guten Absichten, die sie verfolgen, unübersteigbare Schwellen zwischen Inklusions- und Exklusionsbereich errichten und wie sie insofern die von ihnen betreuten kommunikativen Adressen auch als re-inkludierte Adressen dauerhaft mit einem Stigma markieren.

Man kann die Beziehung von Gleichheit/Ungleichheit und Inklusion/Exklusion auch in der Weise formulieren, dass man mit Blick auf Gleichheit/Ungleichheit die Kontinuität der Unterschiede hervorhebt, die durch Ungleichheitsproduktion hervorgebracht werden. Ungleichheiten sind beliebig abstufbar. Sie entstehen auf der Basis kleiner Unterschiede und durch Mechanismen der Verstärkung kleiner Unterschiede. Die Sprache der Inklusion und Exklusion fungiert demgegenüber als eine Sprache der Diskontinuität. Sie rekonstruiert das Umrechnen kontinuierlicher Unterschiede zwischen Teilnehmern an Gesellschaft in Diskontinuitäten, und sie macht sichtbar, wie dieses Umrechnen von Kontinuitäten in Diskontinuitäten mittels Selbst- und Fremdzurechnungen erfolgt. Insofern ist die Unterscheidung von Inklusion und Exklusion auch als eine zu verstehen, die immer mit gesellschaftlichen Selbstbeschreibungen verknüpft ist, gesellschaftlichen Selbstbeschreibungen, die an bestimmten Punkten Diskontinua präferieren und diese dann als Exklusionen dramatisch markieren.

Literatur

Abbott, Andrew, 1988: The System of Professions. An Essay on the Division of Expert Labor. Chicago: Chicago University Press.
Bialik, Carl, 2006: „Fuzzy Math on Illegal Immigration." (http://online.wsj.com/article/SB11441758094051 6769.html.)
Carvajal, Doreen, 2006: In Search of Recruits, French Foreign Legion Goes Online. International Herald Tribune, 31.10.
Coleman, James S., 1990: Foundations of Social Theory. Cambridge, Mass.: Harvard University Press.
Dumont, Louis, 1980: Homo Hierarchicus. The Caste System and Its Implications. Chicago: University of Chicago Press.
Dumont, Louis, 1991: L'idéologie allemande. France-Allemagne et retour (Homo Aequalis, II). Paris: Seuil.
Elias, Norbert, 1976: Über den Prozeß der Zivilisation. Soziogenetische und psychogenetische Untersuchungen. Vol. 1-2. Frankfurt a.M.: Suhrkamp.
Evans, Martin, Serge Paugam und Joseph A. Prélis, 1995: Chunnel Vision: Poverty, Social Exclusion and the Debate on Social Welfare in France and Britain. Discussion Paper 115, Welfare State Program, London School of Economics. London: London School of Economics.
Ewald, François, 1995: Foucault: Analytique de l'exclusion. Magazine littéraire 334: S. 22-24.

Fuchs, Peter, 1997: Adressabilität als Grundbegriff der soziologischen Systemtheorie. Soziale Systeme 3: S. 57-79.
Goffman, Erving, 1961: Asyle. Über die soziale Situation psychiatrischer Patienten und anderer Insassen. Frankfurt a.M.: Suhrkamp 1973.
Goffman, Erving, 1983: The Interaction Order. American Sociological Review 48 (1): S. 1-17.
Hughes, Everett C., 1971: The Sociological Eye. Selected Papers on Institutions & Race. Chicago: Aldine Atherton.
Hürlimann, Werner, 2007: Für die Schule nicht mehr zumutbar. Der Schulausschluss als behördliche Reaktion auf abweichendes Schülerverhalten im 20. Jahrhundert in Schweizer Volksschulen. Bern: Peter Lang.
Karabel, Jerome, 2006: The Chosen. The Hidden History of Admission and Exclusion at Harvard, Yale and Princeton. Boston / New York: Houghton Mifflin.
Lenger, Friedrich und Klaus Tenfelde (Hg.), 2006: Die europäische Stadt im 20. Jahrhundert. Wahrnehmung – Entwicklung – Erosion. Köln, Weimar, Bonn: Böhlau.
Luhmann, Niklas, 1975: Einfache Sozialsysteme. S. 21-38 in: Luhmann, Niklas (Hg.): Soziologische Aufklärung 2. Opladen: Westdeutscher Verlag.
Luhmann, Niklas, 1987: Soziologische Aufklärung 4. Beiträge zur funktionalen Differenzierung der Gesellschaft. Opladen: Westdeutscher Verlag.
Luhmann, Niklas, 1997: Die Gesellschaft der Gesellschaft. Vol. 1-2. Frankfurt a.M.: Suhrkamp.
Marshall, T. H., 1964: Class, Citizenship, and Social Development. Garden City, N.Y.: Doubleday.
Merrien, Francois Xavier, 1996: État-providence et lutte contre l'exclusion. S. 417-427 in: Paugam, Serge (Hg.): L'exclusion: l'état des savoirs. Paris: Éditions la découverte.
Merton, Robert King, 1968: Social Structure and Anomie. S. 185-214 in: Merton, Robert King (Hg.): Social Theory and Social Structure. New York: Free Press.
Nadel, Siegfried F., 1957: The Theory of Social Structure. London: Cohen & West.
Noiriel, Gérard, 1991: La tyrannie du national. Le droit d'asile en Europe (1793-1993). Paris: Calmann-Lévy.
Oestreich, Gerhard, 1980: Strukturprobleme der frühen Neuzeit. Berlin: Duncker & Humblot.
Parkin, Robert, 1992: Asymétrie dualiste ou opposition hiérarchique? Le legs de Robert Hertz dans l'oeuvre de Rodney Needham et de Louis Dumont. Recherches sociologiques 31 (2-3): S. 43-68.
Parsons, Talcott, 1964: Full Citizenship for the Negro American? S. 252-291 in: Parsons, Talcott (Hg.): Politics and Social Structure. New York: The Free Press 1969.
Parsons, Talcott, 1967: Sociological Theory and Modern Society. New York: Free Press.
Pitts, Jesse R., 1976a: The Hippie Movement as a Socialization Agency. S. 377-390 in: Loubser, Jan J. (Hg.): Explorations in General Theory in Social Science. Essays in Honor of Talcott Parsons. Vol. 1. New York: Free Press.
Pitts, Jesse R., 1976b: The Millenarian Movement Organization as a Socialization Agency. S. 367-376 in: Loubser, Jan J. (Hg.): Explorations in General Theory in Social Science. Essays in Honor of Talcott Parsons. Vol. 1. New York: Free Press.
Polanyi, Karl, 1978: The Great Transformation: Politische und ökonomische Ursprünge von Gesellschaften und Wirtschaftssystemen. Frankfurt a.M.: Suhrkamp.
Reichel, Peter, 2007: Erfundene Erinnerung. Weltkrieg und Judenmord in Film und Theater. Frankfurt a.M.: Fischer Taschenbuch Verlag.
Ribbeck, Eckhart, 1997: Die post-europäische Stadt. Die alte Stadt. Zeitschrift für Stadtgeschichte, Stadtsoziologie und Denkmalpflege 24 (1): S. 35-47.
Romero, Simon, 2008: Training Legionnaires to Fight (and Eat Rodents). New York Times, 01.12.
Sacks, Harvey, 1992: Lectures on Conversation (Jefferson, Gail, Hg.). 2 vols. Oxford: Blackwell.
Sacks, Harvey, Emanuel A. Schegloff und Gail Jefferson, 1974: A Simplest Systematics for the Organization of Turn-Taking for Conversation. Language 50 (4): S. 696-735.
Stichweh, Rudolf, 2003: Genese des globalen Wissenschaftssystems. Soziale Systeme 9, (1): S. 3-26.
Stichweh, Rudolf, 2005: Inklusion und Exklusion. Studien zur Gesellschaftstheorie. Bielefeld: Transcript.
Stichweh, Rudolf, 2008: Professionen in einer funktional differenzierten Gesellschaft. S. 329-344 in: Saake, Irmhild und Werner Vogd (Hg.): Moderne Mythen der Medizin. Studien zur organisierten Krankenbehandlung. Wiesbaden: VS Verlag.
Wallerstein, Immanuel, 1974: The Modern World-System. Capitalist Agriculture and the Origins of the European World-Economy in the Sixteenth Century. New York: Academic Press.

2 Bildung und Kultur

Die Auserwählten. Die verborgene Geschichte der Zulassung und Exklusion in Harvard, Yale und Princeton[1]

Jerome Karabel

1. Einleitung

Die Aufgabe des Autors, so wurde es einst gesagt, besteht darin, das Fremdartige als vertraut zu erweisen und das Vertraute als fremd erscheinen zu lassen. In den Vereinigten Staaten unserer Tage gibt es kaum Bräuche, die vertrauter sind, als das jährliche Ritual, mittels dessen unsere führenden Universitäten jährlich Zehntausende von Bewerbungen sortieren, um zu entscheiden, welche Studierenden zu den wenigen Glücklichen gehören, die zugelassen werden. Wir sind so sehr an die Einzelheiten dieses Prozesses gewöhnt – die Empfehlungsschreiben, die persönlichen Interviews, die Betonung außerschulischer Aktivitäten und zugleich der Testscores in den „Scholastic Aptitude Tests", die Vorteile, die man Sportlern und den Kindern der Alumni einräumt, und die prononcierte Betonung subjektiver Qualitäten wie „Charakter", „Persönlichkeit" und „Führungsfähigkeit", dass wir dies alles als selbstverständlich unterstellen.

Wenn man sie aber aus einer historischen und komparativen Perspektive betrachtet, sind die Zulassungspraktiken der besten amerikanischen Colleges und Universitäten in hohem Grade fremdartig. Der Versuch, jemandem aus einem anderen Land – beispielsweise Frankreich, Japan, Deutschland oder China – zu erklären, warum die Fähigkeit, mit einem Ball laufen zu können, oder der Ort des Collegebesuchs der Eltern für die Entscheidung relevant sein soll, wer einen Platz an den angesehensten Institutionen der Hochschulbildung unseres Landes erhält, wird unmittelbar verständlich machen, wie sonderbar unsere Praktiken sind. Das hauptsächliche Ziel des vorliegenden Beitrags ist es zu erklären, woher diese seltsamen Praktiken kommen und warum sie sich als so dauerhaft erweisen.

Wie die meisten angesehenen Universitäten anderer Länder haben Harvard, Yale und Princeton – die drei Institutionen im Zentrum dieses Beitrags – für die meiste Zeit ihrer langen Geschichte Studenten fast ausschließlich auf der Basis akademischer Kriterien zugelassen. Aber dies änderte sich in den 1920er Jahren als die traditionellen akademischen Anforderungen sich nicht länger eigneten, diejenigen Studenten auszusortieren, die „sozial unerwünscht" waren. Zu diesem Zeitpunkt wurde offensichtlich, dass ein Auswahlverfahren, dass sich nur auf schulische Leistungen konzentrierte, zur Zulassung wachsender Zahlen jüdischer Studenten führen würde, von denen die meisten einen osteuropäischen Hintergrund hatten. Diese Transformation zeichnete sich gerade zu dem Zeitpunkt ab, zu dem die landesweite Bewegung der Beschränkung von Zuwanderung an Stärke gewann, und

---

[1] Bei dem hier abgedruckten Text handelt es sich um eine deutsche Übersetzung der Seiten 1-9 und 535-550 aus Jerome Karabel, The Chosen. The Hidden History of Admission and Exclusion at Harvard, Yale, and Princeton. Boston, New York: Houghton Mifflin 2006. Die sehr ausführlichen Fußnoten zu diesem Text (auf S. 559-561 und 669-672) habe ich nur auszugsweise übersetzt und mich auf die wichtigsten Literaturhinweise beschränkt (Anm. RS).

diese Veränderung war für die angelsächsischen Gentlemen inakzeptabel, die die „Großen Drei" (wie Harvard, Yale und Princeton damals genannt wurden) präsidierten. Ihre Reaktion bestand darin, ein völlig neues Zulassungssystem zu erfinden – eines, das sich sowohl von den eigenen akademischen Traditionen als auch von denen anderer führender Universitäten anderer Länder unterschied. Es ist dieses System, das – wenn auch mit wichtigen Modifikationen – bis heute fortdauert.

Das definierende Merkmal des neuen Systems war die kategorische Zurückweisung der Vorstellung, dass die Zulassung allein auf akademischen Kriterien aufruhen solle. Wenn auch die Ansicht, dass das akademische Leistungsvermögen die Zulassung bestimmen solle, im Lehrkörper verbreitet war, war den leitenden Administratoren der „Großen Drei" (und denen anderer führender Colleges wie Columbia und Dartmouth) bekannt, dass sie, wenn sie sich allein auf einen Faktor verließen – insbesondere auf einen Faktor der, wie dies bei akademischer Exzellenz der Fall ist, messbar ist –, die Kontrolle über die Zusammensetzung der Klasse der akademischen Neuankömmlinge verlieren würden. Angesichts des Auftrags des Schutzes ihrer institutionellen Interessen suchten die Präsidenten der „Großen Drei" den Spielraum, der ihnen die Zulassung der unbegabten Söhne großer Geber erlaubte, wie auch die Möglichkeit des Ausschlusses der brillanten, aber nicht hinreichend verfeinerten Kinder von Immigranten, die allein durch ihre Anwesenheit privilegierte junge angelsächsische Männer – die voraussichtlichen Führer und Donatoren von morgen – veranlasst hätten, ihre Ausbildung anderswo zu suchen. Ein solcher Entscheidungsspielraum stand einer Politik nicht zur Verfügung, die ausschließlich auf akademische Exzellenz fokussiert war.

Ernüchtert durch ihre jüngsten Erfahrungen mit dem traditionellen System der Zulassungsprüfungen, die ihnen zuletzt die „falschen" Studenten beschert hatten, ersonnen die Führer der „Großen Drei" ein neues Zulassungsregime, das ihnen erlaubte, Zulassungen und Zurückweisungen so zu handhaben, wie sie es wollten. Die Eckpfeiler des neuen Systems waren Ermessensentscheidungen und Undurchsichtigkeit – Ermessensentscheidungen, die den *gatekeepers* die Freiheit ließen, so zu verfahren, wie sie wollten, und Undurchsichtigkeit, die ihnen garantierte, dass ihr Ermessen keiner öffentlichen Prüfung unterworfen sein würde. Im Unterschied zum alten System, dessen Resultate quälend unvorhersagbar waren, erlaubte das neue System den Administratoren des College Anpassungen an sich ändernde Bedingungen. Sobald diese Fähigkeit zur Anpassung einmal etabliert war, galt ein neues Zulassungsregime, das durch das regiert wurde, was man das „eiserne Gesetz der Zulassung" nennen kann: eine Universität hält an einer bestimmten Zulassungspolitik nur solange fest, wie diese Ergebnisse produziert, die den von ihr unterstellten institutionellen Interessen entsprechen.[2]

Im Zentrum dieser neuen Politik steht „Charakter" – eine Qualität, die man bei Juden nur selten vermutete, die bei statushohen Protestanten aber im Überfluss vorhanden sein sollte. Für die Gentlemen, die Harvard, Yale und Princeton führten, fungierte „Charakter" als Kürzel, das ein ganzes Ethos und eine Lebensform einschloss. Der inhärent nicht greifbare „Charakter" konnte nur von jenen beurteilt werden, die ihn selbst besaßen. Zusammen mit dem neuen Akzent auf hochgradig subjektiven Qualitäten wie „Männlichkeit", „Persönlichkeit" und „Führerschaft" besaßen die Gatekeepers der „Großen Drei" einen breiten

---

[2] „Zulassungspolitik" meint hier die *Kriterien* (akademische, kulturelle, persönliche etc.), die Entscheidungen der Inklusion und Exklusion festlegen, die *Prozeduren* für die Bewertung von Bewerbungen und schließlich die *Praktiken* der Zulassungsstelle, die den offiziellen Kriterien und Prozeduren nicht entsprechen müssen.

Ermessensspielraum, um Bewerber auf der Basis in hohem Maße persönlicher Urteile zuzulassen oder auszuschließen.

Die Verschiebung in den 1920ern von objektiven akademischen Kriterien zu subjektiven nichtakademischen Kriterien, war Teil einer breiteren Neudefinition dessen, was „Verdienst" ist. Jedoch, obwohl diese Verschiebung sowohl der Absicht wie den Folgen nach eine Gruppe gegenüber einer anderen bevorzugte, wurde sie in universellen Termini präsentiert – ein Erfordernis in einer Gesellschaft, deren Kernideologie Chancengleichheit war und deren nationale Identität die eines Landes war, in dem im Unterschied zu den klassengebundenen Gesellschaften Europas Leistungen statt der Prärogative der Geburt das Lebensschicksal bestimmen sollten.[3] Für die Gatekeepers der „Großen Drei" bestand der Trick darin, einen Zulassungsprozess zu erfinden, der allgemein – und nicht nur von ihnen selbst – als gerecht wahrgenommen wurde. Die Ideologie des „Charakters" stellte exakt eine solche Legitimation zur Verfügung.

Da die Absolventen von Harvard, Yale und Princeton in der amerikanischen Elite immer in hohem Grade überrepräsentiert waren, hängt von der Frage, wer Zugang zu diesen Institutionen erhält, viel ab. (In 44 der 105 Jahre, die dieses Buch behandelt, saß im Weißen Haus ein Absolvent der Großen Drei. Im Jahr 2008 wird diese Zahl 47 Jahre erreichen, da George W. Bush ein Absolvent von Yale ist).[4] In den letzten Dekaden ist der Wettbewerb für den Zugang zu den Großen Drei und anderen selektiven Colleges dermaßen hart und die Obsession des Publikums mit diesen Institutionen so groß geworden, dass eine ganze Industrie entstanden ist – ein wuchernder Komplex, der Nachhilfefirmen, Ratgeberliteratur, private Tutoren, Sommerlager, Softwarepakete und persönliche Berater einschließt, die pro Student Gebühren von bis zu 29.000 $ berechnen. Hinter dieser Industrie steht die Überzeugung – die durch umfangreiche Forschung gestützt wird –, dass der Besuch eines sehr angesehenen College große Vorteile im späteren Leben mit sich bringt.[5] Die zunehmende Befassung mit Fragen der Hochschulzulassung ist alles andere als irrational, insbesondere in einer Gesellschaft, in der der Erwerb von Bildungszertifikaten neben dem direkten Transfer von Eigentum seinen Platz als eine der hauptsächlichen Weisen des Transfers von Privilegien von Eltern zu Kindern übernommen hat. Und im Maße, in dem der Abstand zwischen Gewinnern und Verlierern immer grösser wird – wie dies seit den frühen 1970ern der Fall ist –, ist der Wunsch, jeden erdenklichen Vorteil auszunutzen, immer stärker geworden.[6]

---

3 In einer entscheidenden Hinsicht – dem Bedarf der Elite für Rechtfertigung ihrer Privilegien – unterscheidet sich die amerikanische Elite nicht von der anderer Länder. Wie Max Weber geschrieben hat: „Der Glückliche begnügt sich selten mit der Tatsache des Besitzes seines Glückes. Er hat darüber hinaus das Bedürfnis: auch noch ein *Recht* darauf zu haben. Er will überzeugt sein, dass er es auch „verdiene"; vor allem: im Vergleich mit andern verdiene. ... Das Glück will „legitim" sein." (Einleitung. Die Wirtschaftsethik der Weltreligionen, zit. n. Weber 2002, 578).

4 Unsere Untersuchung des „inneren Kabinetts", des Verteidigungs-, Außen-, Finanz- und Justizministeriums, ergab, dass seit 1900 1/3 der 134 Personen, die eine dieser Positionen innehatten, ihre Undergraduate-Ausbildung in Harvard, Yale oder Princeton erhielten.

5 Die Literatur zu dem Einfluss, den der Rang eines College auf Einkommen und andere Erfolge hat, wird von Bowen und Bok (1998) kompetent zusammengefasst. Ihre Konklusion heißt: „auch wenn man Fähigkeitsunterschiede kontrolliert, werden dank des Besuchs eines selektiven College oder einer selektiven Universität hochgradig signifikante Ergebnisse erzielt." Eine abweichende Meinung bei Berg Dale/Krueger (2002).

6 Zur wachsenden Ungleichheit der Verteilung von Einkommen und Vermögen in den USA, die das am wenigsten egalitäre unter den fortgeschrittenen Ländern sind, siehe Frank/Cook (1996) und Wolff (2002).

Angesichts der hohen Einsätze, um die es geht, überrascht es nicht, dass die Kriterien, die die Zulassung zu unseren führenden Colleges und Universitäten regulieren, immer wieder der Gegenstand erbitterten Konflikts geworden sind. Im Zentrum dieser Konflikte stand die Definition von „Verdienst" („merit") – jener Qualität, die die meisten Amerikaner übereinstimmend für diejenige halten, die die Zulassung zu Colleges bestimmen sollte. Aber, während es, zumindest öffentlich, einen annähernden Konsens gab, dass in Amerika „Verdienst" – und nicht ererbtes Privileg – die Verteilung von Bildungschancen regulieren sollte, gab es keinen Konsens hinsichtlich der Frage, was „Verdienst" ist. In der Wirklichkeit existiert keine neutrale Definition von „Verdienst"; wie auch immer man diesen Begriff definiert, wird diese Definition einigen Gruppen nutzen, während sie andere disprivilegiert.

Dieses Buch prüft die vielen Definitionen von „Verdienst", die seit 1900 in Harvard, Yale und Princeton die Zulassungen reguliert haben. Es erklärt, warum es Veränderungen in den Kriterien gab, wer bei jedem dieser Wechsel gewann und verlor und was dies für das Land in seiner Gesamtheit bedeutete. Diese Geschichte ist unauflöslich mit der größeren Geschichte Amerikas in diesem Zeitraum verwoben: Wie sich dieses aus einer Nation, die von einer kleinen Gruppe privilegierter angelsächsischer Männer dominiert wurde, in eine verwandelt hat, die schrittweise zuvor exkludierte Gruppen in sich inkorporierte, darunter Juden, Schwarze und Frauen.

Aber diese Geschichte ist zugleich die Erzählung der Aufrechterhaltung einer Sozialordnung, die durch enorme Ungleichheiten von Wohlstand und Macht charakterisiert ist. Im Laufe des zwanzigsten Jahrhunderts haben einige der weitsichtigeren Führer der Großen Drei keine kleine Rolle in der Erhaltung dieses Systems gespielt. Eine der Weisen, in der sie dies getan haben, bestand darin, dass sie die Zulassungspolitik in jenen Momenten zur Beförderung individueller Mobilität benutzten, in denen die herrschende amerikanische Ideologie der Chancengleichheit durch radikale Gruppen herausgefordert wurde, die eine umfassendere Gleichheit der Startbedingungen verlangten.

Diese Unterscheidung – von *Chancengleichheit*, d.h. dem Prinzip, dass die individuelle Chance des Vorankommens nicht durch soziale Herkunft oder zugeschriebene Charakteristika wie Ethnizität und *Gender* limitiert werden sollte, und *Gleichheit der Startbedingungen*, d.h. dem Prinzip, dass die Ungleichheiten des Vermögens, der Macht und des Status auf ein Minimum beschränkt sein sollen – zieht sich durch die Geschichte der Großen Drei in diesem Jahrhundert und ist zentral für den konzeptuellen Rahmen dieses Buches.[7] In diesem Sinn ist eine Meritokratie – d.h. eine Gesellschaft, in der das Prinzip der Chancengleichheit den Vorrang genießt und jene mit den meisten „Verdiensten" regieren – nicht eine Ausdrucksform einer egalitären Gesellschaft, sondern eine Alternative zu ihr.[8]

---

7   Siehe die provokative und luzide Diskussion von „Meritokratie und Gleichheit" in Bell (1973). Wenn sich auch meine Position von der Bells' unterscheidet, ist sein Essay eine exemplarische Präsentation der zahlreichen sozialen und politischen Themen, um die es in der Diskussion über Meritokratie geht.

8   Beim Nachdenken über die Differenz zwischen den Prinzipien der Chancengleichheit und dem der Gleichheit der Startbedingungen mag sich das Bild zweier Gebäude als hilfreich erweisen: das eine ein schnittiger Wolkenkratzer, das andere ein Gebäude, das die gleiche Zahl an Menschen beherbergt, aber sich weniger vom Boden entfernt. Diejenigen, die Chancengleichheit favorisieren, sind primär mit der Fluidität der Bewegungen zwischen den oberen und unteren Etagen befasst. Es mag eine sehr große Distanz (d.h. ein erhebliches Ausmaß von Ungleichheit) zwischen dem zweiten und dem siebenundneunzigsten Stockwerk geben, aber solange ein schneller Aufzug existiert (d.h. umfangreiche soziale Mobilität), der Leute von den unteren zu den oberen Stockwerken transportiert, bringt diese Struktur keine Probleme mit sich. Aber für diejenigen, die Gleichheit der Bedingungen postulieren, ist eine solche Struktur wegen der enormen Distanz zwischen oben und unten von vornherein unerwünscht. Von diesem Standpunkt aus wäre eine wohlentworfene Struk-

In den Vereinigten Staaten hat das meritokratische Prinzip weit mehr populäre Unterstützung erfahren als das Prinzip der Gleichheit der Bedingungen. Aber die Definition von „Verdienst", die in einer je gegebenen Gesellschaft dominiert – seien dies die Vereinigten Staaten von heute oder das antike Griechenland –, formuliert im allgemeinen die Ideen und Interessen ihrer herrschenden Gruppen. In einer Kriegergesellschaft besteht „Verdienst" aus Mut und Geschicklichkeit auf dem Schlachtfeld; in einer religiös bestimmten Gesellschaft nimmt „Verdienst" die Form des Wissens der heiligen Texte an; in einer kommunistischen Gesellschaft (Maos China ist das archetypische Beispiel) setzt sich „Verdienst" aus ideologischer Korrektheit (Loyalität gegenüber den Idealen des Sozialismus) und für das Regime nützlicher Expertise zusammen.

Das Verständnis der Großen Drei von „Verdienst" hat sich im vergangenen Jahrhundert mehrmals grundlegend geändert. Um 1900 war „Verdienst" im wesentlichen akademisch und maß sich an der Beherrschung eines traditionellen Curriculums, das Latein und Griechisch einschloss. Aber in den 1920ern, im Kontext einer mächtigen nationalen Bewegung der Beschränkung von Immigration, wich diese Definition dem Ideal eines „Allroundman" mit belastbarem Charakter, gesundem Körper und passendem sozialen Hintergrund. Ein *undergraduate*, der seine Zeit seinem Club oder seiner Sportmannschaft widmete, verkörperte das Ideal. Jemand, der seine Zeit an seinem Schreibtisch verbrachte, wurde nicht nur ein „Streber" genannt, sondern sogar ein „schmieriger Streber".

In den späten 1950ern, in einer Atmosphäre intensiver Sorge um den „Verlust von Talenten", ausgelöst durch den Kalten Krieg und *Sputnik*, verlor der Allroundman gegenüber dem intellektuell begabten Bewerber an Boden, dessen außergewöhnliche Punktwerte im „Scholastic Aptitude Test" und dessen ausgezeichnete Schulnoten mit Exzellenz in einer oder mehreren extracurricularen Aktivitäten einherging. Es war in dieser Periode, dass das Wort „Meritokratie" – ein Terminus, der 1958 in Michael Youngs' brillanter Satire „The Rise of the Meritocracy" in die Sprache eingeführt wurde und dort eine Gesellschaft bezeichnet, in der das Vorankommen nicht auf den Prärogativen der Geburt, sondern auf Talent und Leistung beruht – erstmals in den populären Sprachgebrauch eintrat. Für diejenigen, die wie William F. Buckley, ein Alumnus von Yale, eine Präferenz für die Söhne der Alumni vertraten und den Großen Drei eine Schlüsselrolle in der Perpetuierung der existierenden Elite zuschrieben, war Meritokratie eine Bedrohung. Für diejenigen, die eine akademische Meritokratie analog der „École Normale Supérieure" Frankreichs oder der Universität von Tokio favorisierten, die beide Studenten allein auf der Basis von Punktzahlen oder Examensnoten aufnehmen, war Youngs' Essay ein Schlachtruf. Aber für Young verkörperte die Idee der Meritokratie – sei es die akademische Variante, die von Teilen der Fakultät befürwortet wurde, oder sei es der weniger greifbare und subjektive Typ, der die von den Administratoren der Großen Drei favorisierten extracurricularen Aktivitäten und persönlichen Eigenschaften wie „Charakter" und „Führerschaft" einschloss – selbst das Problem, denn sie lenkte die Aufmerksamkeit von den realen Themen der Armut und der Ungleichheit der Bedingungen hin zu einer schimärischen Suche nach unbegrenzter sozialer Mobilität.

Youngs' Kritik der Meritokratie fand ihren Widerhall in der radikaleren Atmosphäre der 1960er. Aber der hauptsächliche Effekt der politischen und sozialen Umwälzungen der

---

tur von vielleicht fünf oder sechs Stockwerken ohne scharfe Unterschiede zwischen oberen und unteren Stockwerken vorzuziehen und diese würde ausgedehnte öffentliche Räume bieten, um sozialen Kontakt und Kooperation unter den Bewohnern zu ermöglichen.

Dekade bestand in einer erneuten Veränderung des Verständnisses von „Verdienst", derart eine seismische kulturelle Verlagerung provozierend, die den Werten der „Diversität" und der „Inklusion" einen zentralen Platz in der Zulassungspolitik der Großen Drei zuwies. In diesem Kontext entstand eine energische ethnizitätsbezogene Politik affirmativen Handelns und wurden schließlich auch die Barrieren für die Zulassung von Frauen beiseite gedrängt.

Die Geschichte der Zulassungen bei den Großen Drei ist insofern vor allem eine Geschichte der wiederkehrenden Auseinandersetzungen über die Bedeutung von „Verdienst" gewesen. Unterhalb dieser Bewegungen jedoch gab es ein konsistentes Muster: der Sinn von „Verdienst" verschob sich in Reaktion auf die sich verändernden Machtbeziehungen zwischen Gruppen und die Veränderungen in der gesellschaftlichen Umwelt. Diese Behauptung – dass die Definition von „Verdienst" fluide ist und dass sie dazu tendiert, die Werte und Interessen jener zu reflektieren, die die Macht besitzen, ihre partikularen kulturellen Ideale anderen aufzuerlegen – macht den Kern des Arguments dieses Buches aus.

Aber die Behauptung, dass die vorherrschende Definition von Verdienst im allgemeinen die Werte und Interessen dominanter Gruppen spiegelt, bedeutet nicht, dass dies immer zutrifft. Gerade weil die Definition von Verdienst so wichtig ist, ist sie vielfach umstritten. Insbesondere in Zeiten politischer und sozialer Unruhe können Außenstehende oft erheblichen Einfluss auf Universitätszulassungen ausüben, indem sie auf alternative Verständnisse von Verdienst drängen, die mit ihren eigenen Weltsichten und Interessen übereinstimmen. Dies geschah beispielsweise in den 1960ern als, inmitten der sozialen und politischen Unruhe, eine Ideologie, die „Verdienst" mit „Diversität" verknüpfte, formuliert wurde und die Politik der „*affirmative action*" etabliert wurde. Die Geschichte der Zulassungen bei den Großen Drei ist eine Geschichte nicht nur der Dominanz von Eliten, sondern auch des Widerstands subordinierter Gruppen. Und weil die Ideologie der Chancengleichheit so zentral für die Legitimität der amerikanischen Sozialordnung ist, sind Universitäten in besonderem Grade für den Druck von Bewegungen anfällig, die sich Politiken der Inklusion widmen, die Amerikas höchste Ideale zu verwirklichen versprechen.

Obwohl Zulassungsentscheidungen von Pädagogen getroffen werden, sind sie zutiefst politisch. Wie Glenn Loury treffend bemerkt hat, sind Eliteuniversitäten ein „Ort, wo der Zugang zu Macht und Einfluss zugeteilt wird".[9] Wie einige der klügsten Zulassungsspezialisten bei den Großen Drei in Momenten der Freimütigkeit eingeräumt haben, bei der Zuweisung knapper und sehr wertvoller Plätze für Studienanfänger handelt es sich um einen inhärent politischen Prozess, zu dem Interessengruppen (z.B. das Department für Sport, der Lehrkörper) und externe Gruppen (z.B. die Alumni, wichtige zuführende Schulen, mobilisierte Minoritätengruppen) gehören, die um größere Stücke des Kuchens konkurrieren. Macht – einschließlich der Fähigkeit, die Kategorien zu beeinflussen, die man bei der Klassifikation von Kandidaten verwendet und mittels deren man spezifische Gruppen bezeichnet, die besondere Beachtung verdienen (z.B. historisch belastete und unterrepräsentierte Gruppen, aber nicht etwa benachteiligte Weiße) – steht im Zentrum dieses Prozesses. Aus

---

9   Loury fährt fort: „Als eine Folge bedeutet die Auswahl junger Leute für Erziehungsinstitutionen mit großem Prestige eine sichtbare, mit hohen Einsätzen verknüpfte, Übung in staatsbürgerlicher Pädagogik. Diese Auswahlrituale sind politische Akte mit moralischen Obertönen. Deren wahrgenommene Legitimität ist für unsere stratifizierte Gesellschaft entscheidend, in der jemandes Platz in der Statushierarchie vom Zugang zu Eliteinstitutionen abhängen kann. ... Deshalb bedeutet es viel – nicht nur für die betreffenden Colleges und Universitäten, sondern für uns alle –, wie diese Zulassungsentscheidungen getroffen werden" (Vorwort zu Bowen und Bok 1998, XXII).

diesem Blickwinkel ist jede Zulassungspolitik eine Art ausgehandeltes Abkommen unter konkurrierenden Gruppen, von denen jede die Zulassungskriterien und den tatsächlichen Auswahlprozess zu formen versucht, um die von ihr gewünschten Ergebnisse zu erzielen.

Die Geschichte der Zulassung und Exklusion in Harvard, Yale und Princeton bietet eine Linse, durch welche man einige der Hauptereignisse und Bewegungen im Amerika des zwanzigsten Jahrhunderts untersuchen kann – der Aufstieg der Vereinigten Staaten als eine imperiale Macht, Einwanderungsbeschränkungen, Antisemitismus, die Große Depression, den zweiten Weltkrieg, den Abwurf der Atombombe, den Start der Sputnik, den Kalten Krieg, die Bürgerrechtsbewegung, die Frauenbewegung, den Aufstieg der aus Asien stammenden Amerikaner, und den Triumph des Marktethos. Dies entfaltet sich durch die Augen mehrerer Individuen, die eine dauernde Prägung in der amerikanischen Hochschulerziehung hinterließen. Zu den Leuten, die in dieser Geschichte eine prominente Rolle spielen, gehört Endicott Peabody, der strenge und aristokratische Schulleiter der Groton School (1884-1940), der die vornehmen Ideale der Britischen Oberschicht in die amerikanische Erziehung einbrachte und lebenslang als ein Mentor für Franklin Delano Roosevelt und Woodrow Wilson fungierte, dessen gescheiterte Versuche, in Princeton, wo er von 1902 bis 1910 Präsident war, die „Eating Clubs" abzuschaffen, dauerhaft das Bild dieser Institution formten, während diese Jahre ihn auf den Pfad in das Weiße Haus führten.

In den frühen Jahren dieser Geschichte werden sich ihnen die Präsidenten von Harvard Charles W. Eliot (1869-1909) und A. Lawrence Lowell (1909-1933) zugesellen, zwei Brahmanen aus Boston, die insgesamt Amerikas älteste und reichste Universität für mehr als sechzig Jahre leiteten. Obwohl beide einen tadellosen patrizischen Hintergrund besaßen, waren die beiden Männer bittere persönliche und politische Feinde und ihre häufigen Zusammenstöße verkörperten einen wiederkehrenden Konflikt innerhalb der protestantischen Elite zwischen dem progressiven, Inklusion befürwortenden Flügel und dem konservativen, Exklusion favorisierenden Flügel. In den 1920ern fochten sie über religiöse Quoten in Harvard, wobei der liberale Eliot, zu diesem Zeitpunkt nahezu neunzig Jahre alt, verzweifelt darum kämpfte, Lowells' Plan der Begrenzung der Zahl jüdischer Studenten zu blockieren. Dieser epische Kampf war eine der formativen Episoden in der Geschichte der Großen Drei.

Von der Weltwirtschaftskrise bis in die Mitte des Jahrhunderts und darüber hinaus war die dominante Figur in der amerikanischen Hochschulbildung – und der zentrale Charakter in unserer Geschichte – James Bryant Conant, der brillante Chemiker, der Lowell als Präsident von Harvard folgte (1933-1953). Obwohl er herkömmlicherweise als ein Erzmeritokrat identifiziert wird, war Conant eine komplexe Persönlichkeit, die eine mächtige neue Synthese in der Handhabung von Zulassungen in Elitecolleges schuf, die einerseits auf Eliots' Leidenschaft für Chancengleichheit zurückgriff, während er andererseits an vielen von Lowells' Politiken festhielt, denen es darum ging, Harvards' vorrangig angelsächsischen Charakter zu bewahren. Jedoch, soweit Harvards' Zulassungspraktiken unter Conant in vielen Hinsichten traditionell waren, so waren es seine viel gelesenen Schriften nicht. Er polemisierte gegen die „hereditäre Aristokratie des Vermögens" und er rief zu einer energischen Verstärkung meritokratischer Prinzipien auf, selbst wenn dies Abwärtsmobilität für die Söhne der Privilegierten bedeuten würde. Conants' Schriften waren überraschend radikal. Konzipiert inmitten der Weltwirtschaftskrise, zu einem Zeitpunkt als Angriffe auf das kapitalistische System im eigenen Land und im Ausland dessen Überleben zu bedrohen schienen, entwarfen diese Schriften eine zwingende Vision einer Aufwärtsmobilität dank

Erziehung – einschließlich des Zugangs zu den führenden privaten Colleges der Nation – als ein Gegenmittel zu Klassenbewusstsein und der zunehmenden Anziehungskraft des Sozialismus.

Conants' Erbe wurde in den 1960ern, einer anderen Phase radikaler Herausforderungen für die bestehende Ordnung, von Kingman Brewster, dem eleganten Präsidenten von Yale (1963-1977), fortgesetzt. Ein gutaussehender Patrizier, dessen Vorfahren auf der *Mayflower* nach Amerika kamen, verkörperte Brewster den progressiven Flügel des protestantischen Establishment, und einige der Reformen, die er in Yale einführte, gehören zu den radikalsten Reformen in der Geschichte der Großen Drei. Aber Brewster hatte sich, wie auch Conant, der Bewahrung der existierenden Ordnung verschrieben, und er betrachtete den Glauben an die Offenheit des Systems für „Verdienst" als essentiell für dessen Legitimität. Genauso wie Conant war er der Auffassung, dass jene Mitglieder des mächtigen Segments der protestantischen Oberschicht, die sich notwendigen Reformen entgegenstellten – sei es in der Frage der Zulassungen, sei es in der Gesellschaft überhaupt – eine Gefahr für das Überleben der marktwirtschaftlichen Ordnung bedeuteten.

Keine Geschichte der Zulassungen in Harvard, Yale und Princeton wäre vollständig, wenn sie auf eine Diskussion jener Männer verzichtete, die den tatsächlichen Auswahlprozess leiteten. Seit der Erfindung des Zulassungsbüros in den frühen 1920ern, gab es drei *deans of admissions*, die nicht nur in ihrer eigenen Institution, sondern landesweit auf ihre Kollegen einen herausragenden Einfluss hatten: Radcliffe Heermance in Princeton (1922-1950), Wilbur Bender in Harvard (1952-1960) und R. Inslee („Inky") Clark in Yale (1965-1970). Der Respekt einflößende Heermance, der am längsten tätige *dean of admission* in der Geschichte der Großen Drei, tat mehr als jeder andere, um die Techniken der Exklusion der *Unerwünschten* zu verfeinern. Für mehr als ein Vierteljahrhundert trug jeder neue Aufnahmejahrgang in Princeton die unverkennbare persönliche Signatur von Heermance. Bender, ein Mennonit aus Indiana, von Conant nahe dem Ende seiner Präsidentschaft zum *dean of admission* ernannt, war vielleicht die farbigste Persönlichkeit, die je eine solche Position eingenommen hat. Ein raffinierter Modernisierer, der sich eine Anhänglichkeit an die Oberschichtjungen aus den *preparatory schools* bewahrte, die er *die Gentlemen* nannte, wurde Bender nach dem Sputnikschock ein Opfer des Drängens des Lehrkörpers auf ein größeres Gewicht der Meritokratie. Bevor er ging, publizierte Bender eine wirkungsmächtige Kritik einer allein auf akademische Kriterien gestützten Zulassungspraxis, eine Kritik, die bis zum heutigen Tag einflussreich bleibt. Und Clark, ein Mitglied von *Skull and Bones*[10] und während seiner Zeit als *undergraduate* ein typischer *Yalie*, war der unwahrscheinliche Urheber der „Revolution" in Yale – eine Transformation der Zulassungspraxis, die so radikal war, dass sie eine ausgemachte Revolte der Alumni hervorrief. Heermance, Bender und Clark, die das gesamte Spektrum von rechts bis links überspannen, repräsentieren alle Reaktionsmöglichkeiten für die wiederkehrenden Dilemmata, die durch die Zulassungspraxis aufgeworfen werden.

Wenn man die Transformation von Harvard, Yale und Princeton im Lauf des zwanzigsten Jahrhunderts nachzeichnet, wird es deutlich, dass die Veränderung in der Zulassungspolitik primär durch den Versuch der Erhaltung und der Verbesserung ihrer Position in einem hochgradig stratifizierten System der Hochschulerziehung verursacht wird.[11] Ob-

---

10 *Skull and Bones* ist eine 1832 gegründete studentische Geheimgesellschaft in Yale (Anm. RS).
11 Indem ich die zentrale Bedeutung der Position einer Universität innerhalb eines stratifizierten und segmentierten Systems der Hochschulbildung betone, bin ich Bourdieus' Feldbegriff zu Dank verpflichtet. Die

wohl sie oft als vorausschauend und als durch ihre Bindung an hohe Ideale bestimmt gesehen wurden, waren die Großen Drei oft sehr konservativ und zugleich überraschend unsicher hinsichtlich ihres Status in der akademischen Rangordnung und in hohem Grade um die Aufrechterhaltung ihrer engen Bindungen an die Privilegierten besorgt. Sofern es zu Veränderungen kam, stammten diese fast immer aus einer von zwei Quellen: Man glaubte, dass die Fortsetzung gegenwärtiger Politiken entweder vitale institutionelle Interessen bedrohe (vor allem: die Aufrechterhaltung der kompetitiven Position) oder die Erhaltung der Sozialordnung selbst gefährde, von welcher die Universitäten einen integralen – und privilegierten – Teil bilden.

Vielleicht das beste Beispiel der Verfolgung institutioneller Interessen war die Entscheidung von Yale und Princeton, schließlich Frauen zuzulassen – eine Entscheidung, die viel weniger durch ihre Verpflichtung gegenüber dem Prinzip der Chancengleichheit zu erklären ist, als vielmehr durch die Einsicht, dass ihre Fähigkeit, die „besten Jungen" an sich zu binden, durch ihren ausschließlich männlichen Charakter gravierend gefährdet wurde. Das deutlichste Beispiel der Furcht vor sozialer Desintegration war in den späten sechziger Jahren die Adoption einer energischen, ethnisch basierten Politik der *affirmative action* durch die Großen Drei – erneut eine Entscheidung, die weniger auf die moralischen Ansprüche der Bürgerrechtsbewegung reagierte (die schließlich seit der Mitte der fünfziger Jahre aktiv gewesen war), als vielmehr auf die augenfällige Gefahr eines sozialen Zusammenbruchs in der Folge der massiven Rassenunruhen von 1965 bis 1968. Es ist sicherlich davon auszugehen, dass die Männer, die die Großen Drei führten, ihre eigenen Ideale ernst meinten und manchmal erhebliche Risiken auf sich nahmen, um diesen nachzuleben. Aber für das Verständnis ihres Verhaltens ist weit mehr als auf die Prinzipien, zu denen sie sich bekennen, darauf zu sehen, dass sie unter Zwängen stehende Manager sind, die sich nicht so sehr von den Vorständen großer Korporationen unterscheiden, deren hauptsächliche Aufgabe darin besteht, die Position ihrer Organisation in einer hochgradig kompetitiven Umwelt zu verteidigen.

2. Die Schlacht um die Meritokratie

Wenn Franklin Delano Roosevelt im Herbst 2000, genau einhundert Jahre, nachdem er geduldig in der Schlange vor *Sever Hall* gestanden hatte, um sich als Studienanfänger einzuschreiben, nach Harvard zurückgekehrt wäre, wäre er schockiert gewesen. Sich umblickend würde er unmittelbar wahrgenommen haben, dass Nichtweiße (die Hälfte von ihnen asiatische Amerikaner) mehr als ein Drittel der Neuankömmlinge ausmachten. Noch frappierender wäre die Anwesenheit von Frauen, die jetzt selbstsicher über den *Harvard Yard* gehen, auf dem sie fast die Hälfte der Studenten stellen.

Feldmetapher betont die relationalen und die Machtdimensionen der Interaktionen zwischen Organisationen und Individuen auf einem bestimmten Gebiet (z.B. Religion, Kunst, Hochschulerziehung), die ihre relativ autonomen Gesetzlichkeiten besitzen. Wenn man die Zulassungspraktiken der Großen Drei verstehen will, ist die hauptsächliche Einsicht der Feldanalyse, dass die Handlungen eines jeden Mitglieds nicht ohne die intensive kompetitive Dynamik des größeren Feldes verstanden werden können, eines Feldes, das nicht nur sozial verwandte Institutionen wie Dartmouth, Williams und Stanford einschließt, sondern auch sozial entferntere Institutionen wie Columbia, MIT, Chicago und Penn. Für die Anwendung des Feldbegriffs auf Hochschulerziehung siehe Bourdieu 1996.

Vielleicht weniger auffällig wäre das außergewöhnliche Wachstum in der Zahl der Juden gewesen, deren Anteil an der Zahl der Studienanfänger sich von 7% in seiner Zeit auf mehr als 20% einhundert Jahre später verdreifacht hatte. Aber das, was Roosevelt vor allem verstanden hätte, ist, dass Harvard nicht mehr das private Eigentum seiner sozialen Gruppe ist: Weiße, angelsächsische, protestantische Männer, überwiegend aus den Oberschichten der Neuenglandstaaten und der mittelatlantischen Staaten. Einst die unbezweifelten Herrscher nicht nur von Harvard (wo sie zu der Zeit als Franklin Delano Roosevelt ein *undergratuate* war, 85% der Studenten stellten), sondern nahezu aller wichtigen Institutionen des amerikanischen Lebens, waren die weißen, angelsächsischen protestantischen Männer jetzt nur noch 20% der Studienanfänger.[12]

Die Transformation von Harvard, Yale und Princeton aus Enklaven der protestantischen Oberschicht in Institutionen mit einem beeindruckenden Grad rassischer, ethnischer und religiöser Diversität war nach jedem Maßstab historisch. Jedoch, unterhalb dieses dramatischen und hochgradig sichtbaren Wandels in der Physiognomie der studentischen Population, gab es in einer entscheidenden Hinsicht einen überraschenden Grad von Stabilität – der privilegierte Schichthintergrund der Studenten der Großen Drei. Inm Jahr 2000 hatten die Kosten eines Jahres in Harvard, Yale und Princeton die erstaunliche Summe von 35.000$ erreicht – ein Betrag, den sich weniger als 10% der amerikanischen Familien leisten könnten. (2004 waren die jährlichen Ausgaben auf mehr als 40.000$ im Jahr gestiegen). Es gab jedoch an allen drei Institutionen eine Mehrheit von Studierenden, die in der Lage war, ihre Kosten ohne finanzielle Unterstützung zu bezahlen – ein zwingender Beweis, dass mehr als dreißig Jahre nach der Einführung von Zulassungen, die vermögensunabhängig erfolgen, die Großen Drei immer noch die meisten ihrer Studenten aus den wohlhabendsten Segmenten der amerikanischen Gesellschaft rekrutieren.[13]

Während die „zahlenden Kunden" im Jahr 2000 immer noch die Mehrheit der Studenten ausmachten, war es weiterhin so, dass Studenten mit bescheidenem sozialen Hintergrund nicht nur bei den Großen Drei, sondern landesweit in den sehr selektiven Colleges weit unterrepräsentiert waren.[14] In Princeton, das in der *Ivy League* die großzügigsten Unterstützungspakete offerierte, waren Studenten aus Familien in den unteren 50% der Einkommensverteilung (i.e., unterhalb des Medianeinkommens für 1997 von 40.000$, mit jährlicher Anpassung an die Inflation) gerade einmal 10% der Studienanfänger; in Harvard war die Zahl ein wenig höher, bei ungefähr 12%, aber die Mehrzahl der Stipendienempfänger wies Familieneinkommen von über 70.000$ auf, bei fast einem Viertel waren es Ein-

---

12 Im Jahr 2000 waren 34% der Studienanfänger in Harvard Mitglieder von Minoritäten (17% asiatische Amerikaner, 8% Afroamerikaner, 7% hispanische Studenten, 1% indianische Studenten und andere Minoritäten). Außerdem gab es ungefähr 21% jüdische und 6% ausländische Studienanfänger). Damit bleiben annähernd 40% der Plätze für Studienanfänger für Amerikaner mit christlichem Hintergrund, und nahezu die Hälfte dieser Studenten waren Frauen. Von den ca. 20-22%, die männliche Christen waren, gehörte etwa ein Fünftel dem Katholizismus und nicht dem Protestantismus zu, was auf meine Folgerung hinführt, dass weniger als 20% – und vielleicht noch weniger – der Studienanfänger in Harvard im Jahr 2000 Männer mit einem WASP-Hintergrund waren.
13 Der Anteil der Studenten der Großen Drei in der Eintrittsklasse von 2000, die ein Stipendium erhielten, reichte von 48% in Harvard bis zu 35% in Yale, mit Princeton in einer mittleren Position bei 40%. Im Jahr 2004 blieb die Zahl der Studenten mit Stipendium in Harvard bei 47%, war aber in Yale auf 44% und in Princeton auf 52% gestiegen.
14 Siehe die Studie zu 19 Elitecolleges in Bowen 2005, 95-100.

kommen über 100.000$.¹⁵ In Yale, wenn auch keine Statistiken hinsichtlich der Einkommensverteilung der Studienanfänger verfügbar sind, suggeriert die Seltenheit von Studenten aus Familien mit begrenztem Bildungshintergrund ein ähnliches Muster; in 2001 kamen 8% der Studienanfänger aus Familien, in denen keiner der beiden Eltern ein College besucht hatte.

Ungeachtet ihrer konsistenten Betonung von „Diversität", wie sie kürzlich noch einmal in einer in der Rolle von Sachverständigen abgegebenen Stellungnahme gegenüber dem *Supreme Court* zu einem Rechtsstreit in Michigan über *affirmative action* hervorgehoben wurde, fehlt den Großen Drei offenkundig eine der kritischsten Dimensionen: Schichtdiversität. In einer Untersuchung des Anteils der Studenten aus Familien mit niedrigem Einkommen (gemessen durch die Zahl der vom Bund gezahlten *Pell Grants*) an den Universitäten, die gemäß den Rankings des *U.S. News and World Report* die führenden Universitäten sind, kam heraus, dass die Großen Drei zu den in ökonomischer Hinsicht am wenigsten diversen Universitäten gehören. Unter den 40 einbezogenen Universitäten lagen Harvard und Princeton an 39. bzw. 38. Stelle, Yale an 25. Stelle. Während die drei mit Blick auf ökonomische Diversität führenden Institutionen ausnahmslos öffentliche Institutionen sind (University of California, Los Angeles; University of California, Berkeley; University of California, San Diego) gehören die beiden nächsten, die University of Southern California und New York University, zu den privaten. Und eine der Universitäten unter den ersten zehn, das California Institute of Technology, gehört zu den selektivsten privaten Institutionen in den Vereinigten Staaten.¹⁶

Die großen Drei und die anderen hochgradig selektiven privaten Colleges sind sich der Seltenheit von Studenten, die aus sehr bescheidenen Verhältnissen oder aus der Arbeiterschicht kommen, sehr wohl bewusst. William Bowen und Derek Bok berichten in ihrer wegweisenden Studie *The Shape of the River*, dass nur 1% der Studenten an den selektivsten Institutionen aus Familien mit einem niedrigen sozioökonomischen Hintergrund stammen.¹⁷ Zwar sind die Autoren – frühere Präsidenten von Princeton und Harvard – über diesen Befund beunruhigt, aber sie stellen klar, dass sie glauben, dass nur wenig getan werden kann. Angesichts ihres Engagements für die Aufrechterhaltung „hoher akademischer Qualifikationen", wie sie mittels Noten und Testergebnissen gemessen werden, folgern sie, „das Problem besteht nicht darin, dass arme, aber qualifizierte Kandidaten nicht entdeckt werden, es besteht darin, dass es zu wenige dieser qualifizierten Kandidaten gibt." Selektive Institutionen, dies ist die Folgerung von Bowen und Bok, „tragen nach wie vor zu sozialer Mobilität bei, aber sie tun dies primär, indem sie Studenten mit einem Mittelschichthintergrund ausgezeichnete Bildungsmöglichkeiten bieten." Obwohl eine Reihe von Forschern schichtbasierte Formen von *affirmative action* vorgeschlagen haben, lehnen

---

15 2004 kam mehr als ein Drittel aller Stipendienempfänger in Harvard aus Familien mit Einkommen über 100.000$, und der Median des Familieneinkommens aller Studienanfänger war ungefähr 150.000$.

16 Eine kürzliche Studie von Carnevale und Rose (2004) stellt fest, dass nur 3% der Studienanfänger an den 146 selektivsten Colleges und Universitäten aus den untersten 25% der Einkommensverteilung stammen.

17 Zu den acht Colleges, die in Bowen und Boks' Studie dem höchsten Selektivitätsniveau (SEL-1) zugerechnet werden, gehören Princeton, Yale und Stanford. In ihren Analysen der amerikanischen Bevölkerung werden 28% dem niedrigen sozioökonomischen Status zugeordnet, 9% einem hohen und 64% werden in der Mitte gesehen. Obwohl nur 1% der weißen Studenten an SEL-1-Schulen einen niedrigen sozioökonomischen Status haben, beträgt unter den Schwarzen an SEL-1 Colleges der Anteil von Personen mit niedrigem sozioökonomischen Hintergrund 12% (Bowen/Bok 1998, 48-50).

Bowen und Bok eine solche Zugangsweise ab und argumentieren, dass dies „akademische Standards beschädigen würde" und „wahrscheinlich prohibitiv teuer" wäre.

Indem sie die frappierend geringe Zahl von Studenten mit niedrigem soziökonomischem Hintergrund an den führenden Universitäten der Nation als unausweichlich akzeptieren, drücken Bowen und Bok eine Attitüde der Resignation aus, die unter den *gatekeepers* der privaten Elitecolleges verbreitet ist. Aber eine solche Resignation ist ungerechtfertigt, denn es gibt in der Tat einen signifikanten *pool* von Studenten mit sozial schwachem Hintergrund und zugleich „hohen akademischen Qualifikationen", zumindest soweit diese durch den „Scholastic Aptitude Test" (SAT) gemessen werden. Im Jahr 2004 war die Zahl der Studenten mit Familieneinkommen unter 30.000$, die in den mathematischen bzw. sprachlichen Aufgabenbereichen einen *score* von mindestens 650 erreichten, 12.755 bzw. 6.995; für Schüler aus Familien, in denen keiner der beiden Eltern mehr als einen Highschool-Abschluss besaß, waren die entsprechenden Zahlen 22.477 und 14.812. In einem Land, in dem im Jahr 2004 mehr als 1,4 Millionen Schüler den SAT absolvierten, ist dies nur ein bescheidener *pool*. Zum Zweck des Vergleichs ist es lohnend zu notieren, dass dies weit höhere Zahlen sind als der *pool* von Afroamerikanern mit *scores* über 650: 2.962 (mathematisch) und 3.039 (verbal) im Jahr 2004.

Ungeachtet des kleineren *pool* schwarzer Studenten mit hohen Testergebnissen zeigen die Administratoren von Elitecolleges keine vergleichbar resignative Einstellung hinsichtlich Unterschieden der Hautfarbe. Mit Erschrecken haben sie registriert, dass eine die Unterschiede der Hautfarbe nicht beachtende Politik den Anteil schwarzer Studenten an privaten Elitecolleges auf 2% oder weniger sinken lassen würde. Die Aussicht einer solchen Reduktion hat unter den angesehensten Universitäten des Landes zu einer massiven Mobilisierung zur Erhaltung rassenbasierter *affirmative action* geführt, und dies angesichts einer ernsthaften rechtlichen und politischen Infragestellung.[18] Mein Argument an dieser Stelle ist nicht, dass eine schichtbasierte *affirmative action* an die Stelle einer rassenbasierten *affirmative action* treten sollte; es geht eher darum, dass die radikale Unterrepräsentation von Studenten mit einem bescheidenen soziökonomischen Hintergrund an den Elitecolleges der Nation ein ernsthaftes Problem ist, das unsere unmittelbare Aufmerksamkeit verlangt. Bowen selbst hat dies kürzlich anerkannt, eine Kehrtwendung vollzogen und auf überzeugende Weise für die Adoption schichtbasierter *affirmative action* plädiert – eine Verschiebung der Skala für die Bewerber aus unteren soziökonomischen Kategorien, die neben die rassensensitive Politik zu setzen wäre (also nicht an ihre Stelle träte), die an den selektiven Colleges schon lange existiert. Der Präsident von Harvard, Lawrence Summers, hat einen ähnlichen Appell zugunsten präferentieller Behandlung der soziökonomisch Benachteiligten in einer zentralen Ansprache vor dem „American Council on Education" vorgetragen: „ … in den selektivsten Colleges und Universitäten stammen nur 3% der Studenten aus dem untersten Einkommensquartil und nur 10% aus der unteren Hälfte der Einkommensverteilung."[19]

---

18 Siehe als ein Beispiel dieser Mobilisierung die in der „New York Times" nachgedruckte Stellungnahme zugunsten von Diversität in den Universitätszulassungen, die von allen 62 Mitgliedsinstitutionen der „Association of American Universities" gebilligt wurde („AAU Diversity Statement on the Importance of Diversity in University Admissions", 14. April 1997, www.aau.edu/issues/Diversity4.14.97.html).
19 Lawrence H. Summers, „Higher Education and the American Dream", 29.02. 2004, http://www.president.harvard.edu/speeches/2004/ace.html.

Aus der Perspektive eines Schlüsselarguments dieses Beitrags – dass nämlich die Zulassungspolitik Machtbeziehungen zwischen wichtigen sozialen Gruppen reflektiert – ist die ausgeprägte Betonung der Hautfarbe in den Zulassungsentscheidungen der Elitecolleges und die relativ geringe Aufmerksamkeit, die Schichtunterschiede erfahren haben, kaum überraschend. Während es in den vergangenen Jahrzehnten relativ wenige politische Mobilisierungen gab, die sich mit dem Thema der Ungleichheit der Schichten befassten, hat das Thema der Rassenungleichheit die größte politische Mobilisierung der Nation im 20. Jahrhundert hervorgebracht – die Bürgerrechtsbewegung. Angesichts der Tatsache, dass die Grundlagen der sozialen Ordnung in den späten sechziger Jahren abzubröckeln schienen, gelang es rassischen Minderheiten, wichtige Konzessionen zu erreichen und diese dann zu institutionalisieren. Die Wirkungen dieser als Dreh- und Angelpunkt fungierenden Periode beeinflussen uns immer noch; sie sind in jenes Verständnis von „Verdienst" eingeschrieben, das wir unterstellen. Dass mit Bezug auf soziale Schichtung – eine gleichermaßen wichtige Quelle der Ungleichheit der Chancen – keine parallele Umdefinition von Verdienst stattgefunden hat, reflektiert den Sachverhalt, dass untergeordneten sozialen Schichten in den Vereinigten Staaten heute die politische Macht fehlt, die rassische und ethnische Minoritäten nach Jahren eines zähen Kampfes erlangt haben.[20]

Die neue und stärker akademisch bestimmte Definition von „Verdienst", die sich in den Dekaden nach dem zweiten Weltkrieg bei den Großen Drei herausbildete, führte nicht zu einer wachsenden Zahl von Studienanfängern aus armen und aus Arbeiterfamilien. Im Gegenteil, die zunehmend rigorosen akademischen Anforderungen für die Zulassung – dazu gehörten die ansteigenden Punktzahlen im „Scholastic Aptitude Test", die im allgemeinen als ein deutliches Anzeichen einer an Bedeutung gewinnenden Meritokratie gesehen werden – mögen mit einem Rückgang der Chancen bei Studierenden mit bescheidenem sozialen Hintergrund verbunden sein. In Harvard sank in den Jahren zwischen 1952 und 1963 – ein Zeitraum, in dem der Durchschnitt der kombinierten SATs von 1181 auf 1401 stieg – der Anteil der Studienanfänger, deren Väter nicht das College besucht hatten, von 38 auf 16%. Obwohl ein Teil dieses Rückgangs auf wachsende Raten des Collegebesuchs in der Zwischenkriegsperiode zugerechnet werden kann (so dass die meisten Väter der Studierenden, die 1952 bis 1963 in Harvard eintraten, ein College besucht haben würden), war der Rückgang doch zu groß, als dass dies die primäre Erklärung für einen solchen dramatischen Wandel sein könnte.

Wenn auch die wachsende Bedeutung ausgezeichneter Schulnoten und hoher Testergebnisse die sowieso dürftigen Chancen der Studenten mit niedrigem sozioökonomischen Status für ein Studium bei den Großen Drei weiter reduzierte, haben sie andererseits einen gewissen Grad sozialer Mobilität befördert. Die hauptsächlichen Nutznießer waren die Kinder jener Familien, die, während ihnen der Reichtum der alten Oberschicht fehlt, in großem Maße mit kulturellem Kapital ausgestattet sind. 1956 übertrafen die Söhne von leitenden Angestellten (22% aller Studienanfänger) die Söhne von Professoren (5%) in einem Verhältnis von mehr als 4:1; 1976 waren die Söhne von Professoren – die vielleicht ein halbes Prozent der amerikanischen Beschäftigten sind – mehr als 12% der Studienanfänger in Harvard, verglichen mit 14% für die Söhne der leitenden Angestellten. In Prince-

---

20 Für eine ähnliche Perspektive hinsichtlich des Zugangs zu Elitecolleges siehe einen wichtigen Aufsatz von David Karen, der folgert: „Gruppen, die mobilisierten, gelang sogar das Eindringen in Eliteinstitutionen, während Gruppen, die nicht mobilisierten, keine Gewinne dieser Art aufzuweisen scheinen." (Karen 1991, hier S. 227).

ton war eine ähnliche Verschiebung wahrzunehmen; während 1954 die Söhne von Geschäftsleuten die der Eliteprofessionellen im Verhältnis von 2,5 zu 1 übertrafen (50 zu 20%), hatte sich 1976 diese Lücke auf 1,4 zu 1 verengt (32 zu 23%).

Unter dem akademisch anspruchsvolleren Zulassungsregime, das in den 1960ern die Vorherrschaft erlangt hatte, hatten die schulisch brillanten Kinder der Mittel- und der oberen Mittelschicht bessere Chancen als je zuvor, nach Harvard, Yale und Princeton zu kommen. Gleichzeitig erfuhren es die akademisch weniger begabten Kinder der alten Elite als zunehmend schwieriger, in Colleges aufgenommen zu werden, in denen die Zulassung bis vor kurzem noch selbstverständlich gewesen wäre. Diese Verschiebung hin zu dem, was der Soziologe Alvin Gouldner die „neue Klasse" genannt hat, war Teil einer genuinen Umverteilung von Chancen, in der das kulturelle Kapital, insbesondere in den Jahren nach *Sputnik*, zunehmend das pure ökonomische Kapital als den hauptsächlichen Pfad zu den Großen Drei verdrängte. Sicher, Kinder sehr wohlhabender und sehr angesehener Familien waren immer noch hochgradig überrepräsentiert. Aber, sofern sie nicht ein hohes Niveau akademischer Leistungsfähigkeit demonstrieren konnten, drohte selbst den Kindern der alten Oberschicht die Gefahr der Zurückweisung. Das Gespenst der Abwärtsmobilität dehnte sich jetzt bis zu den am meisten privilegierten Sektoren der alten Elite aus – eine Entwicklung, die die Atmosphäre der Großen Drei dauerhaft transformieren würde.

3. Chancengleichheit und die Bewahrung der amerikanischen Sozialordnung

Das ganze 20. Jahrhundert hindurch besaßen jene Männer, die die Großen Drei leiteten, ein akutes Bewusstsein, dass die Legitimität der amerikanischen Sozialordnung – und die Position der privaten Elitecolleges in dieser – verletzlich gegenüber Herausforderungen von unten waren. Zweifellos ist das amerikanische System des freien Unternehmertums für lange Zeiträume in der Geschichte der Nation als unerschütterlich erschienen. Aber es gab auch Perioden tiefgreifender Umwälzungen, in denen die existierende Ordnung sich als gefährdet darstellte – am stärksten in der *Progressive Era* (ca. 1880-1920), in der *Großen Depression* und in den 1960ern. Es sind diese Perioden, in denen liberale Reformer prominent werden, die es sich zur Aufgabe machen, das System zu verändern, um es zu erhalten. Bei den Großen Drei waren die Männer, die diesen Zweig des liberalen Reformismus verkörpern, Charles W. Eliot, James Bryant Conant und Kingman Brewster.

So sehr sie sich in Temperament und Persönlichkeit unterschieden, teilten Eliot, Conant und Brewster einen felsenfesten Glauben an das Privateigentum und das amerikanische ökonomische System. Dass dieses System riesige materielle und soziale Ungleichheiten produzierte, störte sie nicht besonders, so wie Eliot in seinem Essay „Die Funktion der Erziehung in einer demokratischen Gesellschaft" beobachtete: „Den Kindern einer demokratischen Gesellschaft sollte ... in der Schule mit größter Offenheit und anschaulichen Illustrationen vermittelt werden, dass Ungleichheiten der Lebensbedingungen eine notwendige Folge der Freiheit sind."[21] Mehr als vier Jahrzehnte später formulierte Conant eine ähnliche Perspektive, als er zu einer „offenen Anerkennung des Profitmotivs" aufrief und hinzufügte, er sei „bereit hinzunehmen, dass Einkommen in den Himmel schießen."

Für Eliot, Conant und Brewster stammte die hauptsächliche Bedrohung der Legitimität der existierenden Ordnung nicht aus den umfangreichen Ungleichheiten der Lebensbedin-

---

21 Eliot 1926, S. 110.

gungen, von denen sie glaubten, dass diese ein unvermeidliches und gerechtes Nebenprodukt des amerikanischen Systems des freien Unternehmertums seien, sie rührte vielmehr aus den Ungleichheiten der Chancen her. Während sie die immensen Ungleichheiten der Belohnungen als charakteristisch für die spezifisch amerikanische Version des Kapitalismus akzeptierten, sahen sie die Ideologie der Chancengleichheit als ein Bollwerk gegen radikale Bewegungen, die zur Umverteilung des Reichtums und, in manchen Fällen, zur Elimination des freien Unternehmertums selbst aufriefen. „Die kontinuierliche Beibehaltung und Weitergabe kleiner Unterschiede von Generation zu Generation", schrieb Conant in den 1930ern, „produziert schnell ein Klassenbewusstsein."[22] Wenn der amerikanische Traum der Aufwärtsmobilität sich verliere, drohe der Nation der Abstieg in einen Zusammenstoss zwischen den wenigen Begüterten und den vielen Eigentumslosen. Der Ausgang eines solchen Konflikts, so fürchtete Conant, werde das Ende des privaten Unternehmertums sein.

Auch Brewster folgerte, dass nur ein pulsierender Glaube an die uralte amerikanische Proposition, dass ein jeder, wie bescheiden auch immer die Umstände seiner oder ihrer Geburt seien, eine Chance habe, an die Spitze aufzusteigen, die zunehmend sichtbare Lücke zwischen den Reichen und den Armen in den Vereinigten Staaten zu legitimieren imstande sei. Aber wie in den 1930ern wurde der amerikanische Traum der Aufwärtsmobilität heftig als ein Mythos attackiert, der die Aufmerksamkeit von einem ungerechten System ablenke, und in den späten 1960ern schien die etablierte Ordnung zu wanken. Für Brewster wie für Conant bestand die Lösung darin, die Ideologie der Chancengleichheit mit neuem Leben zu erfüllen. Ein Misslingen dieses Versuchs, so warnte Brewster, könne, „die Kontinuität unserer Lebensweise gefährden."[23]

In der Sichtweise liberaler Reformer wie Brewster, Conant und Eliot besitzen die führenden Universitäten einer Nation eine besondere Verantwortung, den amerikanischen Traum von Aufwärtsmobilität mittels Erziehung zu realisieren, da sie einen entscheidenden Pfad in die Elite für talentierte Jungen aus Familien mit begrenzten Mitteln zur Verfügung stellen. Als jemand, der in einer Zeit schrieb, in der blutige städtische Rassenunruhen die Grundlagen der amerikanischen Gesellschaft erschüttert hatten und das Schreckgespenst einer kollabierenden Sozialordnung heraufbeschworen hatten, war Brewster darin explizit, dass er die Verbindung zwischen einem Glauben an das Versprechen der Chancengleichheit und dem Überleben des Systems herstellte. Als eine aus nur einer Handvoll von Institutionen, die einen hochgradig sichtbaren Weg in die Eliten des amerikanischen Lebens offerierten, musste Yale und mussten ähnliche Institutionen eine Zulassungspolitik verfolgen, die fair und offen erschien. Insbesondere in einem „politisch freien, auf Privateigentum beruhenden, vertraglich organisierten ökonomischen System", so schrieb Brewster in einer zuvor bereits zitierten Passage, „ist es außerordentlich wichtig, die weitverbreitete Überzeugung am Leben zu erhalten, dass in Amerika Erfolg eine Funktion von Verdienst und Anstrengung ist."[24] Er war fest überzeugt, dass alles, was dahinter zurückblieb, die Legitimität des Systems selbst in Frage stellen würde.

Der reformerische Impuls bei den Großen Drei war insofern auch ein Impuls der Erhaltung, entschieden, die Änderungen einzuführen, die das Überleben des Systems des freien Unternehmertums erlauben würden. Die liberalen Reformer, die aufrichtig an Chancen-

---

22 Conant 1940, S. 598.
23 Brewster 1966, S. 32.
24 Brief von Kingman Brewster an Herbert Sturdy, 11. August 1966, Yale University Archives.

gleichheit als eine Sache sowohl des Prinzips wie der Klugheit glaubten, arbeiteten daran, ihre Institutionen für talentierte junge Männer zu öffnen, wie auch immer deren soziale Herkunft aussehen mochte. Aus diesen kumulativen Bemühungen entstanden viele Reformen – darunter Harvards' *National Scholarships*, die Entstehung von Zulassungen ohne vorherige Prüfung der ökonomischen Situation, und die Suche nach talentierten Studenten in den Ghettos und ländlichen Gebieten der Nation –, die der alten Ideologie der Chancengleichheit neue Kraft verliehen. Es ist schwer zu sagen, wie effektiv solche Maßnahmen darin waren, den traditionellen amerikanischen Glauben an Aufwärtsmobilität durch Erziehung zu erneuern; schließlich waren sie nicht mehr als ein kleines Stück eines ausgedehnten Systems der Hochschulausbildung, dessen Struktur selbst – mit seinem immensen System von Community Colleges mit offenem Zugang, dem Fehlen scharfer Grenzen zwischen verschiedenen Typen von Institutionen und der Verfügbarkeit zweiter und dritter Erfolgschancen – die nationale Ideologie der Chancengleichheit zugleich verkörpert und verstärkt. Es lohnt sich, die Beobachtungen von Paul Sweezy zu registrieren, einem Mitglied der alten Elite (Exeter 1927, Harvard 1931, Harvard Ph.D. 1937), der in den 1930ern ein Marxist wurde. In einer scharfen Kritik von C. Wright Mills' *Power Elite* schalt Sweezy den bekannten Radikalen wegen seines vollständigen Scheiterns,

> „die Rolle der Vorbereitungsschulen und der Colleges als Rekrutierungsinstanzen der herrschenden Klasse zu verstehen, welche die fähigsten Elemente der unteren Klassen in sich aufsaugen und auf diese Weise die doppelte Funktion übernehmen, die herrschende Klasse mit neuer Intelligenz zu versorgen und die potentielle Führerschaft der Arbeiterklasse zu schwächen."[25]

Sweezys' Kommentare formulieren den klassischen marxistischen Gesichtspunkt, aber man muss kaum ein Marxist sein, um die entscheidende Bedeutung der Aufwärtsmobilität dank Erziehung für die Legitimation der amerikanischen Sozialordnung anzuerkennen. In der Tat hat 2003, in der Entscheidung des wegweisenden *affirmative action*-Falles *Grutter vs. Bollinger*, keine geringere Institution als der U.S. Supreme Court ausdrücklich anerkannt, dass es in den Zulassungsentscheidungen der führenden Universitäten um nicht weniger als um die Legitimität der Sozialordnung als solcher geht. In einer 5:4 Entscheidung, die die Zulassungspolitik der University of Michigan bestätigte, mit einer Begründung der Mehrheitsmeinung, die von der Richterin Sandra Day O'Connor (B.A. Stanford 1950, LL.B. Stanford 1952) geschrieben wurde, erklärte der Gerichtshof: „Um eine Gruppe von Führungspersönlichkeiten heranzubilden, die in den Augen der Bürgerschaft Legitimität genießen, ist es erforderlich, dass der Weg zu Führungspositionen auf sichtbare Weise talentierten und qualifizierten Individuen jeder Rasse und jeder Ethnie offensteht. Alle Mitglieder unserer heterogenen Gesellschaft müssen Vertrauen in die Offenheit und Integrität der Erziehungsinstitutionen besitzen können, die diese Ausbildung leisten … Der Zugang zu juristischer Ausbildung (und damit zur Profession der Juristen) muss talentierte und qualifizierte Individuen jeder Rasse und jeder Ethnie einschließen, so dass alle Mitglieder unserer heterogenen Gesellschaft an jenen Erziehungseinrichtungen partizipieren können, die die Ausbildung und Erziehung zur Verfügung stellen, die man braucht, um in Amerika Erfolg zu haben."[26] Obwohl Conant and Brewster lange tot waren, bedeutete diese Entscheidung eine überwältigende Bestätigung des Arguments, das sie Jahrzehnte davor vorgetragen hatten: die Legitimität der amerikanischen Sozialordnung ruht zu einem guten Teil auf dem

---

25 Sweezy 1956, 29.
26 Grutter v. Bollinger et al., 539 U.S. 982 (2003), 20.

Vertrauen des Publikums, dass die Wege zum Erfolg, die die führenden Universitäten der Nation bereitstellen, Individuen aus allen Gesellschaftsschichten offen stehen.

Wie die Bakke-Entscheidung ein Vierteljahrhundert davor war auch die Grutter-Entscheidung ein enormer Erfolg für die Eliteuniversitäten. Denn sie bestätigte nicht nur die Legalität der rassenbasierten *affirmative action*-Programme, die für die Identität und Mission der führenden Universitäten der Nation zentral geworden waren, sondern auch die Achtung, die der Gerichtshof der Tradition der institutionellen Autonomie gezollt hatte, die letztlich die Grundlage der Zulassungspolitik von Institutionen wie Harvard, Yale und Princeton war. Indem er erklärte, „unsere heutige Entscheidung hält an unserer Tradition fest, den akademischen Entscheidungen einer Universität einen gewissen Respekt zu zollen", betonte der Gerichtshof, dass „Universitäten eine spezielle Nische in unserer Verfassungstradition einnehmen", und registrierte seine Präferenz dafür, die „komplexen Erziehungsentscheidungen", die in Zulassungsprozessen beteiligt sind, der „Expertise der Universität" zu überlassen. Dies waren natürlich genau die Argumente, die im Fall *Bakke* von Harvards' Archibald Cox zugunsten der Universitätsautonomie vorgetragen wurden. Ihre Affirmation fünfundzwanzig Jahre später in einer Entscheidung, die sich spezifisch auf die Meinung des Richters Powell berief, „in Anerkennung einer verfassungsmäßigen Dimension der Autonomie der Erziehung, die im *First Amendment* begründet ist", waren für die Universitäten ein spektakulärer Triumph.[27]

Besonders befriedigend für die Großen Drei – und für Harvard im besonderen – war die Entscheidung des Gerichts, denselben „Harvard Plan" zu zitieren, den bereits Richter Powell als ein Modell „der flexiblen Nutzung von Rasse als einem Plus für die Institution" angeführt hatte. Indem er Harvards' Politik der Zulassung von *Undergraduates* (an der sich in den dazwischen liegenden 25 Jahren wenig geändert hatte) als vorbildlich herausstellte, erteilte der Supreme Court nicht nur der Benutzung von Rasse als einem Faktor in Auswahlentscheidungen sein Gütesiegel, sondern allgemeiner einer Politik, die viele Kriterien – einschließlich hochgradig subjektiver – bei Entscheidungen über Zulassungen und Zurückweisungen verwandte. Zusammen mit seiner laut vernehmlichen Verteidigung der Universitätsautonomie ließ die Billigung des „Harvard Plan" durch das Gericht wenig Zweifel daran, dass auch nach *Grutter* die Zulassungsspezialisten der Elitecolleges über jene Handlungsfreiheiten und Undurchsichtigkeit verfügten, die ihnen die Verfolgung institutioneller Interessen, so wie sie ihnen geboten schienen, erlaubte.

Aber der Harvard Plan, wie ihn die Richter Powell und O'Connor zitierten, besaß auch eine spezifischere Bedeutung, denn er implizierte eine entschiedene Zurückweisung der akademisch basierten Politik, die Charles W. Eliot, Harvards' größter Präsident favorisiert hatte. Registrierend, dass „das Zulassungskomitee das alleinige Kriterium der intellektuellen Exzellenz benutzen könnte und versuchen könnte, zu bestimmen, wer unter den Kandidaten akademisch am erfolgreichsten sein würde", wies Harvard diese Zugangsweise explizit zurück und insistierte, dass unter einer solchen Politik „die Qualität der Erziehungserfahrung, die allen Studenten geboten wird, leiden würde."[28] Jetzt billigte der Supreme Court, in seiner Entscheidung in dem die University of Michigan betreffenden Fall, ausdrücklich die Verfahrensweise von Harvard, und zwar wegen der Betonung einer „individualisierten Betrachtung." Gleichermaßen wurde als ein Modell die Zulassungspolitik der

---

27 Ebd. S. 16-7.
28 Sindler 1978, 323-5.

University of Michigan Law School unterstützt, deren Auswahlprozess als eine „hochgradig individualisierte, holistische Prüfung des Dossiers eines jeden Kandidaten, unter ernsthafter Berücksichtigung aller Hinsichten, in denen ein jeder Bewerber zur Diversität einer Erziehungsumwelt beitragen könnte", beschrieben wurde.[29] Nicht zufällig war dies genau die Weise, in der die meisten der privaten Eliteinstitutionen des Landes offiziell ihre Zulassungspolitik beschrieben.

4. Macht, Verdienst und die Politik der Zulassungen

Wenn auch in der Darstellung, die der Supreme Court von der Zulassungspolitik von Harvard und der University of Michigan Law School gab, nichts unzutreffend ist, so gibt sie doch nur eine partielle, ziemlich bereinigte Beschreibung des Auswahlprozesses an Eliteuniversitäten. Zweifellos führen diese Institutionen eine holistische Betrachtung der Bewerber durch, und sie besitzen ein genuines Engagement für „Diversität" (obwohl die rassische Diversität weit wichtiger ist als die Schichtendiversität). Aber der tatsächliche Auswahlprozess an den Eliteinstitutionen ist weit politischer, als solche Berichte vermuten lassen würden, und der Zulassungskuchen wird der Tendenz nach in Stücke zerteilt, deren Größe eng mit der Macht der wichtigsten Gruppen verbunden ist. Wie verschiedene Darstellungen des Zulassungsprozesses deutlich machen, haben jene Studenten, die einen „Aufhänger" besitzen – am wichtigsten: Familientradition, athletisches Talent oder die Mitgliedschaft in einer historisch unterrepräsentierten Gruppe – einen erheblichen Vorteil gegenüber denjenigen, für die dies nicht zutrifft. In Princeton werden die Mitglieder dieser drei Gruppen die „markierten Kategorien" genannt, und sie füllen ungefähr 40% der Plätze in der Gruppe der Studienanfänger. Praktisch gesehen heißt dies, dass die überwiegende Zahl der Kandidaten, die weder Traditionsträger noch Athleten noch Mitglieder der als Zielgruppen definierten Minoritäten sind, um die verbleibenden 60% der Plätze konkurrieren, in einem, wie es eine interne Studiengruppe bestätigte, balkanisierten und „mit engen Constraints ausgestatteten Zulassungsprozess".[30]

In Wirklichkeit gelingt es zentralen Einflussgruppen – den „coaches", den Beratern an zuliefernden Schulen, dem Entwicklungsbüro, einflussreichen Alumni, der Fakultät und organisierten Minoritäten – sowohl die Kriterien, die im Auswahlprozess verwendet werden, wie die Entscheidungen über einzelne Bewerber zu beeinflussen.[31] In dieser Hinsicht lohnt es sich, die antiseptische Diskussion über „Diversität" und „holistische" Beurteilung in dem *Grutter* Urteil mit der freimütigen Beschreibung von Zulassungen zu vergleichen, die John T. Osander, der frühere Direktor für Zulassungen in Princeton, offeriert:

> „ ... der Druck, den verschiedene *special interest groups* auf ein Zulassungsbüro ausüben, dauert relativ einförmig fort: Fakultät, Alumni, Trainer, Eltern, Schulvorsteher, lobbiieren von verschiedenen Gesichtspunkten aus, aber alle tun dies gegeneinander, im Wettbewerb um eine festgesetzte Zahl von Plätzen. Es hat das Jahr noch nicht gegeben, in dem das Zulassungsbüro plötzlich eines dieser Spezialinteressen ignoriert hätte. Vielmehr verhält es sich so, dass, wenn man das Webmuster Jahr für Jahr verfolgt, dies die Vermutung nahelegt, dass auch nur eine kleine Abnahme in einem Jahr eine Art von Druck erzeugt, der im nächsten Jahr

---

29 Grutter v. Bollinger, S. 25.
30 Report of the Undergraduate Admission Study Group, Princeton University, 05.10. 1998, S. 2-4.
31 Siehe einen faszinierenden Artikel zur Rolle des „Development Office" in Duke, wo die Universität „jedes Jahr 100 bis 125 unterqualifizierte Kandidaten wegen ihres Familienvermögens oder ihrer Verbindungen" akzeptiert hat, Golden 2003.

dieses messbare Item auf Kosten irgendeiner anderen Variable wachsen lässt. In anderen Worten, das Muster lässt vermuten, dass dasjenige, was Zulassungs-„Politik" genannt wird, in Wirklichkeit ein langsam evoluierender Satz von Praktiken ist, die eine Varietät von Druckmomenten balancieren oder ihnen zumindest zu genügen versuchen."

Notierend, dass dieser „ziemlich konservative Prozess der beobachteten Praxis korrespondiert, in dem jeweiligen Entscheidungszeitraum eine ganze Varietät von Faktoren im Vergleich zu den Resultaten des Vorjahrs zu messen", räumt Osander ein, dass „ein vollständig neuer und nicht erfahrener Stab sehr wohl aus dem Bewerberpool eine Studentenschaft mit ganz andersartigen individuellen und Gruppeneigenschaften auswählen könnte." Aber ein solcher Wandel ist sehr unwahrscheinlich, wie Osander beobachtet, denn „er könnte nicht vollzogen werden ... ohne jene lange Reihe von Beziehungen durcheinanderzuwerfen, die über die Jahre mit jener Varietät von involvierten Gruppen aufgebaut und erhalten worden sind, die am Ende in erheblichem Maße dafür verantwortlich sind, dass Bewerber sich für Princeton interessieren."[32]

Wegen der Abhängigkeit der Großen Drei von mächtigen externen Publika gab es historisch immer eine Neigung der Zulassungspolitik hin zu den Privilegierten. Denn es sind die Kinder der etablierten Elite, für die es am wahrscheinlichsten ist, dass sie nicht nur die großen Donatoren der Zukunft sind, sondern auch die prominenten Alumni stellen, deren späterer Erfolg das Prestige der Elitecolleges verstärkt. Aber es ist Harvard, Yale und Princeton immer auch bewusst gewesen, dass man in traditionelle Eliten auch überinvestieren kann, insbesondere, wenn diese Zeichen des Niedergangs aufweisen. Die Lösung bestand in einer Diversifikation des institutionellen Portfolios, um die Verbindungen zu aufsteigenden sozialen Gruppen zu stärken – eine Strategie, die am dramatischsten Yale in den späten 1960ern verfolgt hat, als es, im Kontext der Entstehung der postindustriellen Gesellschaft und der zunehmenden Prominenz von Wissenschaft und Technologie, seine Politik auf die brillanten Kinder der neuen Klasse der mit Abschlüssen ausgerüsteten Professionellen ausrichtete und zugleich die letzten Überreste des Antisemitismus beseitigte.

---

32   Office of Admission, „Report to the Faculty", 1967-1968, Princeton University, S. 3-4. Es gibt gute Gründe anzunehmen, dass Princetons' Beschreibung des Zulassungsprozesses als eines Prozesses, der sich hochgradig responsiv zu verschiedenen internen und externen Einflüssen verhält, gleichermaßen für Harvard und Yale zutrifft. In Harvard beschrieb ein angesehenes Fakultätskomitee, nachdem es die „ungefähren Zielgrößen" für jede Gruppe diskutiert hatte, den Zulassungsprozess in folgender Weise: „Alle diese analytischen Zerlegungen nach Herkunft wie auch Persönlichkeitstyp haben dem Komitee seine Aufgabe erleichtert, die hauptsächlichen Interessengruppen zu repräsentieren, die dem Mix zugehören, um dessen Repräsentation es in Harvard geht, wie z.B. Alumni, Privatschulen, Wissenschaftler, Schwarze, Athleten und andere. Diese und andere Gruppen, die Unterstützung von der Leitung Harvards, dem Lehrkörper, den Alumni oder in der Öffentlichkeit erfahren, kann man nicht ignorieren. Das Resultat ist ein Prozess, in dem das Zulassungskomitee ... die individuellen Stärken eines Bewerbers sorgfältig abwägt, während es auch seine Zugehörigkeit zu einem größeren Gruppenzusammenhang betrachtet" („Report of the Faculty Task Force on the Composition of the Student Body", März 1977, Harvard University, S. 14). Und in Yale sagte der langjährige Administrator Henry Chauncey, der zeitweise Direktor der Universitätszulassung war, einfach: „Kein Präsident von Yale war je so unrealistisch zu glauben, dass es keine institutionellen Gründe für die Zulassung bestimmter Leute gebe" (zit. in Oren 1985). In einem internen Dokument befürwortete Chauncey ein Zulassungsmodell, das im wesentlichen auf Interessengruppen zielt und schlägt vor: „Das Subkomitee für Zulassungen des Komitees für Erziehungspolitik sollte jene Gruppen festlegen, die in Yale repräsentiert werden müssen. Das Komitee sollte dann dem Zulassungsbüro und -komitee Fingerzeige hinsichtlich der Zahlen einer jeden Gruppe geben. Und schließlich, da es über die Zeit Veränderungen in den Gruppen geben wird, die in Yale repräsentiert werden müssen, sollte das Komitee in regelmäßigen Abständen die Frage prüfen, welche Gruppen repräsentiert werden sollen" („Yale Undergraduate Admissions", 12.01. 1972, Yale University Archives, S. 4).

In bestimmten historischen Momenten jedoch – insbesondere in Momenten sozialer Krise, in welchen die Legitimität des Systems selbst in Frage steht – werden die Elitecolleges über die Privilegierten hinaus ihre Hand zu den Disprivilegierten ausstrecken. Sie tun dies nicht, weil die sichtbare Präsenz zuvor ausgeschlossener Gruppen zur Diversität der Erziehungserfahrungen ihrer Studenten beiträgt, sondern weil sie eine Überzeugung verstärkt – die wichtig für die Aufrechterhaltung sozialer Ordnung ist –, dass Erfolg in Amerika mehr eine Funktion des individuellen Verdiensts als des Familienhintergrunds ist. Sowohl der Ursprung wie die Institutionalisierung rassenbasierter *affirmative action* kann darauf zurückgeführt werden, dass die Elitecolleges erkennen, dass die fortdauernde Exklusion eines hochgradig sichtbaren wie widerständigen Segments der Bevölkerung die Legitimität der zentralen sozialen Institutionen des Landes unterminieren würde.[33]

Diese drei Aufgaben – die Rekrutierung der Kinder der traditionellen Elite, die Inkorporation talentierter Mitglieder aufsteigender sozialer Gruppen und die Inklusion einer hinreichenden Zahl der Kinder der Disprivilegierten, um die Legitimität des Systems zu erhalten – haben die Zulassungspolitik der Großen Drei gerahmt. Aber in den vergangenen Dekaden, im Maße, in dem die Ungleichheit zugenommen hat und rebellische Bewegungen zurückgetreten sind, ist der Druck einer weiteren Inkorporation der Unterprivilegierten geschwunden und zugleich haben sich die Anstrengungen der Privilegierten, ihre Privilegien zu erhalten, intensiviert. So groß ist der Druck auf die Eliten geworden, dass in großen Städten wie New York, Boston und Washington der Wettbewerb, in jene Vorschule zu kommen, die den *Junior* auf den Weg nach Harvard setzt, heftig geworden ist. Ein immer wilderer Wettbewerb um Zulassung in den „richtigen" Kindergarten schließt sich an, einschließlich Testergebnissen, Empfehlungsbriefen und Interviews. In den letzten Jahren ist diese Raserei so groß geworden, dass Eltern begonnen haben, private Berater zu engagieren, zu Preisen von 500$ bis 4.000$, die sie durch den Kindergartenzulassungsprozess begleiten und die ihre Vierjährigen auf Interviews und Eignungstests vorbereiten.

Der Andrang auf die besten Vorschulen und Kindergärten ist nur der Anfang eines langen Prozesses, in dem privilegierte, aber ängstliche Eltern die Chancen ihrer Kinder, eine Zulassung für Harvard, Yale und Princeton und andere angesehene Colleges zu erreichen, zu maximieren versuchen. Neben dem immerwährenden Kampf, den Einlass in die besten Elementar- und Sekundarschulen zu sichern, gibt es die Frage der nichtakademischen Entwicklung des Kindes, denn einseitig intellektuelle Studenten, wie brillant auch immer, werden von den führenden Colleges nicht gern gesehen. Deshalb beginnt die Suche nach der Entwicklung von *skills* – athletische, musikalische oder artistische –, die später als „Aufhänger" dienen werden, um die Aufmerksamkeit der *Gatekeepers* der Elitecolleges auf sich zu ziehen, zu immer früheren Zeitpunkten, und teure Privatstunden und Sommercamps werden von vielen Eltern als unverzichtbar gesehen. Von der Sekundarschule ab sind Aspiranten für die Großen Drei damit beschäftigt, ihre Lebensläufe mit außercurricularen Aktivitäten anzureichern, die „Führerschaft", „Charakter" und ein Commitment für „Dienst an der Gemeinschaft" beweisen. Auf keinen Fall dürfen dabei die SATs („Scholastic Aptitude

---

33 Dieses Argument wurde mit besonderer Kraft in dem Rechtsstreit der University of Michigan in einem Schriftsatz einer Gruppe pensionierter Offiziere vorgetragen, die überzeugend ausführten, dass „in den 1960ern und 1970ern die ausgeprägte Disparität zwischen den Mannschaftsdienstgraden und dem Offizierskorps einen Zusammenbruch der Ordnung herbeiführten, der die Fähigkeit des Militärs zur Durchführung seiner Aufträge gefährdete" (Consolidated Brief of Lt.Gen. Julius W. Becton Jr. ... in *Grutter v. Bollinger*, et al., and *Gratz and Hamacher v. Bollinger* ... , 2003, S. 28).

Tests") ignoriert werden; denn schwache Testergebnisse können die Chancen von an sich viel versprechenden Bewerbern ruinieren; daher rührt das Wachstum einer umfangreichen Industrie von Coaching-Firmen wie Stanley Kaplan und Princeton Review und die Entstehung von SAT-Tutoren für die Wohlhabenden. Schließlich gibt es die Kulmination dieses gesamten Prozesses – der Akt der Auswahl, bei welchen Colleges man sich bewirbt, und die Entscheidung, wie man die Chancen des Kandidaten auf Zulassung maximiert. Eine zunehmende Zahl von Studenten – und das schließt viele an den führenden Privatschulen der Nation ein – kommen zu dem Schluss, dass die Einsätze so hoch sind und die Entscheidungen der *Gatekeeper* so mysteriös, dass es unabweisbar wird, die Unterstützung von sehr teuren College-Beratern in Anspruch zu nehmen, unter denen die begehrtesten nahezu 30.000$ pro Kandidat verlangen. So groß ist der Druck auf die Bewerber um Collegeplätze, dass der Leiter der Zulassungsbehörde von Harvard, William Fitzsimmons, und zwei seiner Kollegen kürzlich ein Papier zu „burnout" vorlegten, das einer Besorgnis Ausdruck gibt, dass zu viele Studenten „wie die benommenen Überlebenden eines verwirrenden lebenslangen Ausbildungslagers wirken."[34] Selbst den Plazierungsberatern kann es widerfahren, dass der Druck, Studenten in die Großen Drei und andere Eliteuniversitäten hineinzubekommen, zu groß wird. 1996 entdeckte ein College-Beratungsbüro an der Middlesex School, dass ein früherer Plazierungsberater und Fakultätsmitglied (selbst ein Absolvent von Middlesex und Harvard), der zu jener Zeit in einem Sabbatical in Harvard unterrichtete, Zahlen im Katalog gefälscht hatte und derart die Zahl der Studenten, die sich an *Ivy League* Universitäten einschrieben, übertrieb. Als er im Herbst 1997 nach Middlesex zurückkehrte, konfrontierte ihn der Schulleiter mit den Daten. Er gestand und bat um eine Beurlaubung. Aber ein Freund berichtet, dass er nach dem Treffen „auseinanderfiel". Eine Woche später entkleidete er sich, watete in das Meer und ertränkte sich. Sein Abschiedsbrief enthielt eine Entschuldigung und sagte neben anderem: „Bitte benutzen Sie einen Teil meiner Mittel, um die Schule für die Kosten zu entschädigen, die durch meine Handlungen entstanden sind … All die anderen Schäden, die ich verursacht habe, kann ich nicht kompensieren."[35]

Die zugrundeliegende Ursache des enormen Stress, der Collegezulassungen umgibt, besteht darin, dass selbst die privilegierten Schichten nicht mehr darauf vertrauen können, dass sie ihre Position an die nächste Generation weiterzugeben imstande sind. Es ist wahr, die Kinder der Familien mit einem hohen Niveau kulturellen und ökonomischen Kapitals genießen in dem Wettbewerb für die Zulassung zu den Elitecolleges einen enormen Vorteil, und sie nehmen in Institutionen wie Harvard, Yale und Princeton nach wie vor die große Mehrzahl der Plätze in den Eintrittsklassen ein. Aber im gegenwärtigen System sind auch sie der Konkurrenz ausgesetzt, und die Mehrzahl von ihnen wird bei dem Versuch, zu den Großen Drei zugelassen zu werden, scheitern. Selbst für jene Familien, denen es gelingt, ihre Kinder in die Vorbereitungsschulen zu bringen, die die engsten historischen Verbindungen zu den Großen Drei besitzen, ist die Wahrscheinlichkeit des Erfolgs gering; Groton, Exeter und St. Paul's, die noch 1954 ungefähr zwei Drittel ihrer Absolventen nach Harvard, Yale oder Princeton sandten, mussten zusehen, dass der Anteil ihrer Absolventen, die dort-

---

34   William R. Fitzsimmons et al., „Time Out or Burn Out for the Next Generation", Harvard University, http://www.admissions.college.harvard.edu/prospective/applying/time_off/timeoff.html.
35   Golden 2001.

hin gehen, bis zum Jahr 2000 auf 22%, 14% und 10% sank.[36] Eine Folge davon ist, dass sich große Sorgen hinsichtlich der Collegezulassung jetzt bis in die höchsten Lagen der Oberschicht erstrecken. Zugleich ist es für die Kinder der Arbeiterschicht und die Armen genauso unwahrscheinlich, wie es 1954 war, dass sie die Großen Drei besuchen können. Es ist keine Übertreibung, wenn man sagt, dass das gegenwärtige Regime in den Zulassungen für die Elitecolleges weit erfolgreicher in der Demokratisierung der Angst als in der der Chancen war.

Einzuräumen, dass das gegenwärtige Zulassungssystem die Chancen für sozioökonomisch disprivilegierte Studenten nicht verbessert hat, bedeutet nicht zu verneinen, dass es weit meritokratischer als dasjenige ist, das 1950 etabliert war. Auch heißt es nicht, dass die Verschiebung in den Zulassungen in Richtung individuelle Leistung und zunehmende Distanz vom familiären Hintergrund folgenlos war. Im Gegenteil, die Verlagerung in den Zulassungen zu einem meritokratischeren System der Auswahl an den führenden Colleges der Nation hat sowohl für die Verteilung von Chancen wie für die Wahrnehmung des Publikums hinsichtlich der Fairness des Prozesses, in dem Belohnungen in Amerika verteilt werden, enorme Folgen gehabt. Man muss nur zu denken versuchen, was geschehen wäre, wenn die Großen Drei und andere führende Colleges sich nicht verändert hätten – wenn sie de facto weiße Institutionen ohne Zugang für Frauen und voller Antisemitismus geblieben wären –, um die Größe der Transformation, die sich seit dem 2. Weltkrieg ereignet hat, zu ermessen.

Im Vergleich zum *Ancien Régime* der Zulassungen, das noch 1950 weitgehend in Kraft war, ist das System, das in der Mitte der 1970er entstanden war, in vielen Hinsichten eine Verkörperung meritokratischer Ideale. In einem Kontext, der hochgradig durch die kompetitive Situation des Kalten Krieges geformt war, fiel eine Barriere für Talente nach der anderen – zunächst die Favorisierung von Bewerbern aus Privatschulen, dann die Diskriminierung von Juden, und dann die Mehrzahl der Hemmnisse für Afroamerikaner und andere Minoritäten. Am Ende der 1960er hatten Harvard, Yale und Princeton eine Reihe dramatischer Schritte unternommen – die Einführung von Zulassungen unter Nichtbeachtung der Einkommenssituation, die Schaffung rassenbasierter *affirmative action*, und (in Yale und Princeton) die Elimination uralter Barrieren für die Einschreibung von Frauen –, um im Resultat ihre Tore für Studierende zu öffnen, die nicht dem alten Profil des der Oberschicht zugehörigen, in einer Vorbereitungsschule erzogenen, WASP (White Anglo-Saxon Protestant) jungen Mannes entsprachen, das solange die Tonlage des Campuslebens bestimmt hatte.

Mit der Ankunft geschlechtsneutraler Zulassungen in der Mitte der 1970er hatte sich der Charakter der Großen Drei unwiderruflich geändert. Im letzten Viertel des Jahrhunderts dauerte die Inkorporation neuer Gruppen talentierter Studenten fort, zunächst mit den schnell zunehmenden Einschreibungen von Amerikanern asiatischer Herkunft und dann – am Ende des Jahrhunderts – in Harvard und Yale mit der Ausweitung des meritokratischen Kernprinzips einer Zulassung, die ohne Wissen um finanzielle Ressourcen erfolgt, auf Bewerber nicht nur aus den Vereinigten Staaten, sondern aus der ganzen Welt.[37] Mittler-

---

36 Zwischen 1998 und 2001 waren 94 von 100 der Schulen, die landesweit den höchsten Anteil ihrer Absolventen nach Harvard, Yale und Princeton entsandten, private Institutionen (Yaqub 2002).
37 2004 schloss sich Princeton Harvard und Yale darin an, dass es seither internationale Studenten ohne Blick auf finanzielle Bedürfnisse zulässt („Princeton Univ., Report on Undergraduate Admission and Financial Aid", September 2004, S. 2-3).

weile hatten die in höherem Grad meritokratischen Standards des neuen Zulassungsregimes in jeder Hinsicht das intellektuelle Niveau der Studentenschaft gehoben, wie sie zugleich jene einst zahlreiche Gruppe nahezu eliminiert hatten, die Charles W. Eliot taktlos die „dummen Söhne der Reichen" nannte.[38]

Jedoch handelt es sich bei dem gegenwärtigen Zulassungssystem, wenn auch um eine entschiedene Verbesserung gegenüber dem System, das ihm vorausging, doch nicht um eine Meritokratie. So wie es im amerikanischen Kontext am eloquentesten von James Bryant Conant artikuliert wurde, verlangt das meritokratische Ideal, dass „jede Generation das Leben von neuem beginnen kann und dass harte Arbeit und Befähigung … ihre angemessene Belohnung finden." Sich auf Jeffersons' berühmten Appell beziehend, man solle „aus jeder Lagerung unseres Volkes die natürliche Aristokratie des Talents und der Tugend herausziehen" (von der Jefferson glaubte, dass „die Natur sie gleichermaßen freigebig unter den Armen wie den Reichen gesät habe"), schrieb Conant, dass das „Amerikanische Ideal" einen „kontinuierlichen Prozess verlange, mittels dessen Macht und Privileg am Ende einer jeden Generation automatisch umverteilt werden."[39]

Für Conant, wie für andere Meritokraten, war eine weitverbreitete soziale Mobilität auf der Basis von Erziehung essentiell für den Amerikanischen Traum, und die führenden Colleges der Nation besaßen eine feierliche Verpflichtung, individuelle Studenten auf der Basis individuellen Talents und individueller Leistung zuzulassen, ohne Privilegierung bestimmter Familien.

An diesem Standard gemessen entfernen sich die gegenwärtigen Praktiken von Harvard, Yale und Princeton weit von dem meritokratischen Ideal. Am offensichtlichsten zeigt sich dies in der Präferenz für Kinder von Alumni – eine seltsame Praxis, die besser zu einer feudalen Aristokratie passt, als zu einer Gesellschaft, die stolz auf ihre Verpflichtung gegenüber der Chancengleichheit ist. Dann gibt es die institutionalisierte Präferenz für Bewerber, die mit mächtigen Einflussgrössen verbunden sind – seien dies die traditionellen zuliefernden Schulen, das Entwicklungsbüro der Universität, oder das Department für Sport. Aber das tieferliegende Problem ist dem meritokratischen Prinzip selbst inhärent – bereits die Definition von „Verdienst" favorisiert die Privilegierten systematisch gegenüber den Benachteiligten. Obwohl sie im Prinzip einem jeden offenstehen, sind die Elitecolleges in Wirklichkeit nur für diejenigen jungen Männer und Frauen eine realistische Möglichkeit, deren Familien sie mit jenem Typus von kulturellem Kapital ausstatten, das implizit für die Zulassung erforderlich ist.

Die nur bescheidenen Zahlen von Studenten aus armen oder aus Arbeiterfamilien dürfen nicht als eine beabsichtigte Folge der vorherrschenden Definition von Verdienst verstanden werden, genauso wenig wie dies für die gewaltige Überrepräsentation der Kinder der Privilegierten der Fall ist. Beide sind vielmehr Produkte eines mächtigen, wenn auch verborgenen, sozialen Prozesses, der allen Gesellschaften eigen ist, dass die Qualitäten, die Verdienst definieren, dazu tendieren, Attribute zu sein, die vor allem dominante soziale Gruppen im Überfluss besitzen. Das soll nicht besagen, dass es den Privilegierten im gegenwärtigen System unter allen Umständen gelingen wird, ihre Privilegien auf ihre Kinder zu übertragen; im Gegenteil, eines der definierenden Merkmale eines über die Schule vermittelten Systems der Reproduktion von Klassen (im Gegensatz zu einem System, das

---

38   Zit. bei Bethell 1998, 22.
39   Conant 1940, 595-8.

primär auf dem direkten Transfer des Eigentums beruht), besteht darin, dass, wie Pierre Bourdieu notiert hat, es die Privilegien eines Klassensystems als Ganzem nur erhalten kann, „indem es gewisse Mitglieder der [herrschenden] Klasse opfert."[40] In einem solchen System ist soziale Mobilität in einem gewissen Umfang, und zwar aufsteigend und absteigend, nicht nur möglich, sondern notwendig.

Aber das existierende System einer dem Anschein nach meritokratischen Selektion führt nicht zu dem Resultat – ohne Jefferson und Conant zu nahe treten zu wollen –, dass die „Natur" das Talent „unter den Reichen so freigebig wie unter den Armen" gesät hat. Stattdessen stellt sich heraus, dass „Verdienst" eine starke Konzentration unter den Nachkommen der Privilegierten aufweist. Aber die dem Anschein nach vorhandene Offenheit des Systems – die Verfügbarkeit von Stipendien, die weithin publizierten Versuche der Rekrutierung unter den „Benachteiligten", und die hochgradig sichtbare rassische und ethnische Diversität der Studentenschaft – verleihen dem amerikanischen Traum der Aufwärtsmobilität durch Erziehung eine gewisse Beglaubigung. Indem es vererbbare Privilegien in „Verdienst" transformiert, bietet das bestehende System der Auswahl für Erziehungsinstitutionen, mit den Großen Drei als sein Schlussstein, den Anschein, wenn auch nicht vielleicht nicht die Substanz, der Realisierung von Chancengleichheit. Auf diese Weise legitimiert es die etablierte Ordnung als eine, die Fähigkeit und harte Arbeit über die Prärogative der Geburt stellt.

Das Problem mit einer „Meritokratie" besteht dann nicht nur darin, dass ihre Ideale routinemässig verletzt werden (obwohl dies wahr ist), sondern auch darin, dass sie die zugrundeliegenden Machtbeziehungen verhüllt. Denn die Definition von „Verdienst", und das schließt diejenige ein, die jetzt unter Amerikas führenden Universitäten vorherrscht, trägt immer das Gepräge der gesellschaftlichen Verteilung der Macht. Diejenigen, die in der Lage sind, „Verdienst" zu definieren, sind fast immer auch diejenigen, die mehr davon besitzen, und jene mit den umfangreicheren Ressourcen – kulturell, ökonomisch und sozial – können im Allgemeinen dafür sorgen, dass das Erziehungssystem ihren Kindern grössere Verdienste zuschreibt. In diesem spezifischen Sinn ist das Ideal einer Meritokratie – ein System, in dem bei der Definition von „Verdienst" die Macht keine Rolle spielt und in dem Reiche und Arme die gleichen Erfolgschancen besitzen – inhärent unerreichbar.

Literatur

Bell, Daniel, 1973: The Coming of Post-Industrial Society. New York: Basic Books.
Berg Dale, Stacy und Alan Krueger, 2002: Estimating the Payoff to Attending a More Selective College: An Application of Selection on Observables and Unobservables. Quarterly Journal of Economics 117 (4): S. 1491-1527.
Bethell, John, 1998: Harvard Observed. An Illustrated History of the University in the Twentieth Century. Cambridge, Mass.: Harvard University Press.
Bourdieu, Pierre, 1996: The State Nobility. Elite Schools in the Field of Power. Stanford, Calif.: Stanford University Press.

---

40 Bourdieu 1996, 287.

Bowen, William und Derek Bok, 1998: The Shape of the River. Long-Term Consequences of Considering Race in College and University Admissions. Princeton, N.J.: Princeton University Press.
Bowen, William G., Martin Kurzweil und Eugene M. Tobin, 2005: Equity and Excellence in American Higher Education. Charlottesville: University of Virginia Press.
Brewster, Kingman Jr., 1966: Admission to Yale: Objectives and Myths. Yale Alumni Magazine (October).
Conant, James B., 1940: Education for a Classless Society: The Jeffersonian Tradition. Atlantic Monthly (May).
Eliot, Charles, 1926: The Function of Education in Democratic Society. In: Neilson, William A. (Hg.): Charles W. Eliot. The Man and His Beliefs. Bd. 1. New York: Harper & Bros.
Frank, Robert H. und Philip J. Cook, 1996: The Winner-Take-All Society: Why the Few at the Top Get So Much More Than the Rest of Us. New York: Penguin.
Golden, Daniel, 2001: Prep Schools Buff Images to Boost College Admission. Wall Street Journal (January).
Golden, Daniel, 2003: How Much Does It Cost to Buy Your Child In. Wall Street Journal 12 (März).
Karen, David, 1991: ‚Achievement' und ‚Ascription' in Admission to an Elite College. A Political-Organizational Analysis. Sociological Forum 6 (2).
Oren, Daniel A., 1985: Joining the Club. A History of Jews and Yale. New Haven, Conn.: Yale University Press.
Sindler, Allan P., 1978: Bakke, DeFunis, and Minority Admissions. The Quest for Equal Opportunity. New York: Longman.
Sweezy, Paul, 1956: Marxian Socialism. Power Elite or Ruling Class? New York: Monthly Review Press.
Weber, Max, 2002: Schriften 1894 – 1922. (Ausgewählt von Dirk Kaesler). Stuttgart: Kröner.
Wolff, Edward N., 2002: Top Heavy. The Increasing Inequality of Income in America and What Can Be Done About It. New York: New Press.
Yaqub, Reshma Memon, 2002: Getting Inside the Ivy Gates. Worth, September, S. 94-104.

Übersetzung aus dem Amerikanischen von Rudolf Stichweh

Wer wird Manager? Soziale Schließung durch Bildungsabschlüsse und Herkunft im internationalen Vergleich

Michael Hartmann

1. Einleitung

Für den Aufstieg in das Topmanagement großer Unternehmen gibt es vier entscheidende Zugangskriterien: Bildungsabschluss, soziale Herkunft, Geschlecht und Nationalität. Traditionell gilt in den führenden Industrieländern die Regel, dass 80 bis 90 Prozent der Spitzenpositionen in den Großkonzernen von Männern besetzt werden, die im jeweiligen Land geboren sind, dort einen Hochschulabschluss erworben haben und aus dem Bürger- oder Großbürgertum stammen. Die Bedeutung der vier Kriterien variiert allerdings je nach Land und, was noch wichtiger ist, auch im Zeitverlauf.

Hinsichtlich Geschlecht und Nationalität ist seit den 1990er Jahren eine zwar nur langsam, aber dafür kontinuierlich fortschreitende Öffnung zu verzeichnen. So stellen Frauen nach einer Untersuchung der Organisation Corporate Women Directors International heute immerhin jedes neunte Boardmitglied in den 200 größten Unternehmen der Welt. Vor drei Jahren waren es noch fast zehn Prozent weniger. Allein zwischen 2004 und 2007 ist der Anteil dieser Unternehmen, die keine Frau in ihrem Board sitzen haben, von 26,5 auf 22,5 Prozent gesunken. Während für Deutschland, das mit einem Anteil von 10,9 Prozent in Europa an dritter Stelle liegt, einschränkend angemerkt werden muss, dass es sich bei den Frauen größtenteils um Arbeitnehmervertreterinnen in den Aufsichtsräten handelt, gilt diese Einschränkung für die anderen Länder wie vor allem die mit 17,6 Prozent führenden USA nicht. Die Frauen erobern im Topmanagement von Jahr zu Jahr mehr Positionen. In einzelnen Unternehmen wie beim niederländischen Handelskonzern Ahold oder beim norwegischen Ölmulti Statoil besetzen sie inzwischen sogar die Hälfte der Spitzenstellungen. Selbst in Frankreich, das mit einem Gesamtanteil von nur 7,6 Prozent weit hinten rangiert, werden mittlerweile vier der 100 größten Unternehmen (Areva, SNCF, Sonepar und der US-französische Konzern Alcatel-Lucent) von Frauen geführt. Vor wenigen Jahren war es noch kein einziges. Dieser Prozess vollzieht sich zwar langsam, er schreitet bis auf Japan aber doch unaufhaltsam voran. Ähnliches gilt auch für die Internationalisierung des Topmanagements. Auch hier findet eine allmähliche, alles in allem aber kontinuierliche Entwicklung statt. In den meisten großen Industrieländern liegt der Anteil der Ausländer an der Spitze der Großkonzerne zwar immer noch bei max. fünf Prozent, in Deutschland hat er sich aber binnen eines Jahrzehnts mehr als vervierfacht auf inzwischen neun Prozent und in Großbritannien kommt heute sogar fast jeder fünfte Spitzenmanager aus dem Ausland, gut doppelt so viele wie noch 1995.[1] In puncto Bildungsabschluss und soziale Herkunft zeichnet sich demgegenüber keine derartige Öffnung ab. Sie werden daher im Mittelpunkt der folgenden Ausführungen stehen.

---

1 Hartmann 2007: 206 ff.

2. Hochschulbesuch, bürgerliches Elternhaus und der Zugang zum Topmanagement

Alle entwickelten Industriestaaten haben in Hinblick auf die Rekrutierung von Topmanagern eines gemeinsam: ohne das Examen einer Hochschule ist es nur noch in Ausnahmefällen möglich, in eine Spitzenposition eines großen Unternehmens zu gelangen. Von den Vorstandsmitgliedern der 100 größten deutschen Unternehmen haben über 90 Prozent einen solchen Abschluss erworben. Bei den ab 1950 geborenen sind es sogar fast 95 Prozent. Ähnlich sieht es auch in den anderen Ländern wie Frankreich, Italien, Japan, Spanien oder den USA aus. Die Anteile liegen dort in der Regel sogar noch höher, da es die in Deutschland mögliche Alternative einer betrieblichen Berufsausbildung, vor allem in Form einer Banklehre, nicht gibt. Einzig Großbritannien weicht von diesem einheitlichen Bild etwas ab. Zwar haben alle ausländischen Manager an der Spitze eines der 100 größten britischen Konzerne studiert, von ihren britischen Kollegen hat aber immerhin noch gut jeder siebte an Stelle einer Hochschule ein Institut of Chartered Accountants besucht, um dort zum Wirtschaftsprüfer ausgebildet zu werden. Die Bedeutung dieser traditionellen Institution ist allerdings (wie auch die der deutschen dualen Berufsausbildung) stark rückläufig. In der Kohorte der ab 1950 geborenen britischen Manager ist es nicht einmal jeder zehnte, der diesen Ausbildungsweg gewählt hat, nur knapp halb so viele wie noch in der Kohorte der vor 1950 geborenen. Auch in Großbritannien wird ein Hochschulabschluss also wie in allen anderen Industriestaaten zur nahezu zwingenden Voraussetzung für den Zugang zu den Chefetagen der großen Unternehmen.[2]

Was die Länder aber immer noch grundsätzlich voneinander unterscheidet, das sind die Existenz und das Gewicht spezieller Elitehochschulen. Es gibt in dieser Beziehung zwei große Gruppen. Während es sowohl in Frankreich und Großbritannien als auch in Japan und den USA derartige Elitebildungseinrichtungen seit langen Jahrzehnten, wenn nicht gar Jahrhunderten gibt und ihre Abschlüsse für Topkarrieren in der Wirtschaft (wie auch in anderen Sektoren) von entscheidender Bedeutung sind, gilt das für alle anderen Staaten nicht. Hier macht es in der Regel keinen Unterschied, an welcher Universität jemand studiert hat.

So hatten z.B. die Vorstandsvorsitzenden der 100 größten deutschen Unternehmen des Jahres 1995 ihre Examina an 21 von insgesamt nur 25 Universitäten abgelegt, die es zu ihrer Studienzeit gab. Zwar waren bekannte Universitäten wie Köln, München oder Berlin mit jeweils gut fünf Prozent unter den Vorstandsvorsitzenden zahlreicher vertreten als etwa Karlsruhe, Mainz oder Würzburg, ihr Anteil entsprach aber fast genau ihrem Anteil in den entsprechenden Studentenkohorten. Zehn Jahre später bietet sich dasselbe Bild. Neun von zehn Vorstandsvorsitzenden haben studiert, jeder zweite promoviert, und all das in der Regel an denselben Universitäten wie ihre Vorgänger. Immerhin 7,6 Prozent haben ihren Abschluss aber auch schon an einer der Neugründungen der 1960er oder 1970er Jahre gemacht. Von einer Konzentration auf bestimmte Institutionen kann jedenfalls keine Rede sein. Dasselbe gilt auch für die Spitzenmanager etwa der Niederlande, Österreichs oder Spaniens. Die großen Universitäten dieser Länder wie z.B. Wien oder Madrid sind zwar

---

2 Alle Angaben beruhen auf früheren wie aktuellen eigenen Recherchen (Hartmann 1996, 1997, 1999, 2002, 2007) sowie, soweit es die Bildungs- und Karriereverläufe der britischen, deutschen, französischen und US-amerikanischen Topmanager des Jahres 2005 angeht, auf den Resultaten eines vom Verfasser geleiteten Lehrforschungsprojekts am Institut für Soziologie der TU Darmstadt und für die japanischen Topmanager auf den Ergebnissen einer am selben Institut verfassten Diplomarbeit (Gromer 2006).

stark vertreten, aber das entspricht im Großen und Ganzen nur ihrer quantitativen Bedeutung in der jeweiligen nationalen Hochschullandschaft. Eine qualitative Sonderrolle kommt ihnen nicht zu.

In Italien ist es im Grundsatz genauso. In den letzten Jahren zeichnet sich allerdings eventuell eine Veränderung ab. Von den CEO der 50 größten italienischen Unternehmen haben immerhin sechs an der (1902 gegründeten und vor allem vom Nachwuchs aus Unternehmerfamilien frequentierten) privaten Mailänder Wirtschaftshochschule Bocconi studiert. Der Erfolg der Bocconi-Ehemaligen bleibt mit Ausnahme des Pirelli-Chefs Tronchetti Provera bislang aber auf privatisierte, ehemalige staatliche Unternehmen im Finanzbereich begrenzt. Ob sich hier ein neuer Trend abzeichnet oder es sich nur um einen Sonderfall handelt, der auf die große Bedeutung von Unternehmensberatungsfirmen wie McKinsey[3] bei schnellen und umfassenden Privatisierungsprozessen gerade in diesem Sektor zurückzuführen ist, bleibt noch abzuwarten.

Die französischen und britischen Spitzenmanager unterscheiden sich in puncto Ausbildung von ihren Kollegen in Deutschland, Italien oder Spanien dagegen bereits seit Jahrzehnten durch eine sehr starke Konzentration auf wenige explizite Elitehochschulen. So hat von den PDG der 100 größten französischen Konzerne gut jeder zweite sein Studium auf einer von nur drei berühmten Grandes Écoles (Elitehochschulen) absolviert, der École Polytechnique (22), der ENA (19) und der HEC (10). Zwar haben die beiden erstgenannten in den letzten Jahren an Boden verloren – 1995 waren noch 29 aus dieser kleinen Gruppe von 100 Topmanagern auf der Polytechnique und 27 auf der ENA – und sind wieder auf das Niveau von 1972 zurückgefallen, ein Anteil von über 50 Prozent für drei Institutionen mit nicht einmal 1.000 Studienanfängern pro Jahr sucht weltweit aber immer noch seinesgleichen. Rechnet man eine Handvoll weiterer angesehener Grandes Écoles wie die École Centrale oder die Sciences Po hinzu, kommt man sogar auf einen Anteil von fast zwei Dritteln. Bei den 25 größten Konzernen des Landes sieht es noch eindeutiger aus. Sie werden sogar zu 80 Prozent von Absolventen der ENA, Polytechnique oder HEC geführt.

In Großbritannien bot sich traditionell fast das gleiche Bild. 1995 hatte noch fast jeder zweite Leiter eines der 100 größten Unternehmen in Oxford oder Cambridge studiert. Dazu kam als britische Besonderheit, dass drei Viertel der britischen Spitzenmanager zuvor noch eine der exklusiven Privatschulen (Public Schools) besucht hatten. Allein in Eton, der berühmtesten dieser Schulen, war jeder neunte, jeder vierte auf einer der Clarendon Nine, der neun ältesten und angesehensten Public Schools, und fast jeder zweite auf einer der als Eton and Rugby Groups bekannten, knapp 30 führenden Privatschulen. Diese Konzentration hat sich im letzten Jahrzehnt spürbar reduziert. So hat sich der Anteil der Etonians von fast zwölf auf „nur" noch knapp fünf Prozent mehr als halbiert. Bei den Absolventen der Clarendon Nine und der Eton und Rugby Group sieht es mit einer knappen Halbierung auf gut 13 bzw. knapp 22 Prozent fast genauso aus. Die internen Relationen innerhalb der berühmtesten Public Schools haben sich zwar kaum verschoben, ihr Gewicht hat aber massiv abgenommen. Bei der Gesamtgruppe der Public Schools bietet sich ein weniger dramatisches Bild. Immer noch über die Hälfte der Chairmen/CEO hat eine von ihnen besucht, gegenüber den mehr als drei Vierteln von 1995 allerdings auch ein Rückgang um ein knappes Drittel (Hartmann 1999: 127; Hartmann 2007: 117f.). Auch die Anzahl der Oxbridge-

---

3 Diejenigen drei der sechs Amministratori Delegati, die die größten Unternehmen leiten, waren ausnahmslos zunächst Berater bei McKinsey und ein weiterer war bei Deloitte in einer derartigen Position.

Absolventen unter den Topmanagern hat um ein Drittel abgenommen, von knapp der Hälfte auf knapp ein Drittel. Dabei hat Oxford deutlich stärker an Gewicht eingebüßt als Cambridge, dessen Verluste sich mit nur einem Sechstel in Grenzen halten. Ganz massiv aufgeholt haben demgegenüber die fast genauso alten schottischen Traditionsuniversitäten, vor allem St. Andrews, mit einer Verdoppelung ihres Anteils auf elf Prozent.

Die branchenspezifische Verteilung hat sich demgegenüber nicht verändert. Nach wie vor findet man die höchsten Anteile an Spitzenmanagern mit einer exklusiven Ausbildung im Finanzsektor. Allein drei Viertel der Etonians und über ein Drittel der Oxbridge-Absolventen sind in den großen Banken und Versicherungen tätig, ein ähnliches Verhältnis wie zehn Jahre zuvor. Trotz der deutlich gesunkenen Bedeutung der führenden Eliteinstitutionen bleibt die Konzentration auf die Elitebildungseinrichtungen alles in allem auch weiterhin sehr hoch. Bei den Hochschulen hat sich, rechnet man die ebenfalls seit Jahrhunderten bestehenden, klassischen schottischen und die renommierten Londoner Universitäten wie das Imperial College mit, prozentual sogar kaum etwas geändert. Das Spektrum der Elitehochschulen hat sich (ähnlich wie in Frankreich) nur verbreitert, allerdings in stärkerem Maße.

Auch die japanischen und US-amerikanischen Topmanager zeichnen sich durch den Besuch einiger weniger Eliteuniversitäten aus. Allein auf der berühmtesten Universität Japans, der kaiserlichen Universität von Tokio (Todai) war jeder dritte der 100 wichtigsten japanischen Firmenpräsidenten. Ein weiteres gutes Drittel hat eine der (in der Hochschulhierarchie auf die Todai folgenden) vier Universitäten Hitotsubashi, Keio, Kyodai oder Waseda besucht. In den USA ist die Streuung bei den Hochschulen zwar deutlich größer, immerhin fast jeder siebte CEO eines der 100 größten US-Unternehmen war aber an der berühmtesten Universität des Landes, Harvard, fast jeder vierte auf einer der acht Ivy-League-Hochschulen und gut jeder zweite auf einer der 20 führenden Universitäten des Landes. Die Hochburg der Absolventen von Elitehochschulen ist dabei (wie in Großbritannien) eindeutig der Bankensektor, dessen CEO zu 80 Prozent auf einer dieser 20 Universitäten und allein zu 40 Prozent in Harvard waren. Auffällig ist außerdem, dass die jüngeren, ab 1950 geborenen CEO der US-Konzerne zu einem merklich höheren Prozentsatz eine der Ivy-League-Institutionen absolviert haben. Mehr als ein Viertel von ihnen war an einer dieser nur acht Hochschulen und fast jeder sechste in Harvard, während das in der älteren Kohorte nur auf jeden fünften bzw. jeden zehnten zutrifft.

Alles ins allem kann man daher als Resümee festhalten, dass der erfolgreiche Besuch einer Hochschule für den Aufstieg in das Topmanagement großer Unternehmen eine fast zwingende Voraussetzung darstellt. Nicht einmal 10 Prozent der Spitzenmanager schaffen es ohne einen Hochschulabschluss. In vier der fünf größten Industrieländer ist es für die Mehrzahl der Toppositionen sogar erforderlich, eine der führenden Elitehochschulen des jeweiligen Landes absolviert zu haben. Ein einfaches Universitätsexamen reicht dort zumeist nicht aus. Daran hat sich trotz eines leichten Bedeutungsverlusts der traditionell führenden Elitehochschulen wie Oxford und Cambridge oder ENA und Polytechnique im Kern seit Jahrzehnten nichts geändert.

Genauso selektiv wie das Hochschulexamen wirkt nach wie vor auch die soziale Herkunft. In den großen europäischen Ländern wie auch in den USA kommen im Schnitt über drei Viertel der Topmanager aus bürgerlichen oder großbürgerlichen Familien, d.h. den oberen 3,5 Prozent der Bevölkerung.[4] Gut jeder zweite stammt allein aus dem Großbürgertum, den oberen fünf Promille der Gesellschaft (s. Tab. 1).

Tabelle 1: Die soziale Rekrutierung von Spitzenmanagern 2005 (in Prozent)[5]

	F	GB	ESP	D	IT	USA	SWE
Großbürgertum	57,0	53,2	55,0	51,7	51,6	50,0	28,6
Bürgertum	30,3	31,2	30,0	33,3	16,1	25,7	21,4
Mittelschichten/Arbeiterklasse	12,7	15,6	15,0	15,0	32,3	24,3	50,0

Quelle: eigene Recherchen

Daran hat sich seit Jahrzehnten nichts geändert.[6] Einzig der Anteil der Großbürgerkinder ist kontinuierlich, wenn auch nur langsam angestiegen. So hat er sich beispielsweise seit 1970 in Deutschland von 45,1 auf 51,7 erhöht, eine Zunahme um mehr als zehn Prozent, allerdings innerhalb eines doch relativ langen Zeitraums von dreieinhalb Jahrzehnten. Während der Anteil der Unternehmenschefs mit großbürgerlichem Hintergrund sich von Land zu Land kaum unterscheidet – den höchsten Prozentsatz weisen die französischen PDG mit 57 Prozent, den niedrigsten die US-CEO mit genau 50 Prozent auf –, variiert die soziale Zusammensetzung bei der anderen Hälfte der Spitzenmanager deutlich stärker. Stammt in Deutschland, Frankreich, Großbritannien und Spanien noch ein weiteres knappes Drittel aus bürgerlichen Haushalten, so trifft das in den USA nur auf ein gutes Viertel zu und in Italien sogar nur auf ein knappes Sechstel. Umgekehrt kommt in Italien fast ein Drittel aus den breiten Mittelschichten und der Arbeiterklasse, in den USA immerhin noch ein knappes Viertel, in den anderen vier Ländern dagegen nur ein gutes Siebtel. Dennoch bleibt die Dominanz der aus dem Bürger- oder Großbürgertum kommenden Manager in allen sechs Ländern unangefochten. Genau das gilt für die skandinavischen Staaten nicht, wie die soziale Rekrutierung der schwedischen Topmanager belegt. Zwar ist der Nachwuchs aus Bürger- und Großbürgertum auch hier weit überproportional vertreten, mit gerade einmal 50 Prozent stellt er jedoch wesentlich weniger Unternehmensleiter als in den anderen sechs Staaten, aber auch als in Ländern vergleichbarer Größe wie etwa den Niederlanden oder Österreich.

3. Soziale Selektion durch Herkunft und Bildungsabschluss – zwei Seiten derselben Medaille?

Angesichts der hohen Bildungsabschlüsse fast aller Spitzenmanager und ihrer ebenfalls fast durchgängig bürgerlich-, großbürgerlichen Herkunft stellt sich die Frage, ob diese beiden

---

4 Zur Definition von Bürger- und Großbürgertum s. Hartmann 2002: 35 ff.
5 Für Deutschland, Frankreich, Großbritannien und die USA sind die 100 größten Unternehmen, für Italien die 50 größten, für Spanien die 30 größten und für Schweden die 25 größten berücksichtigt worden. Für Japan waren entsprechenden Informationen nur für 16 der 100 Firmenpräsidenten zu ermitteln. Das reicht für eine fundierte Aussage nicht aus. In der Tendenz stimmen die Ergebnisse aber mit denen für die anderen Länder überein. Gerade einmal einer dieser 16 Männer kommt aus der breiten Bevölkerung, die anderen 15 aus dem Bürger- oder Großbürgertum.
6 Hartmann 1997, 2007.

Faktoren den Zugang zu den Chefetagen der großen Konzerne unabhängig voneinander beeinflussen oder ob die soziale Herkunft entscheidend ist, weil sie sowohl indirekt über die Bildungsabschlüsse als auch direkt wirksam wird. Zunächst ist es wohl unstrittig, dass der Besuch einer Universität stark davon abhängt, in welchem familiären Umfeld jemand groß geworden ist. Je bürgerlicher das Elternhaus, umso höher die Studienwahrscheinlichkeit, so lautet die Grundregel. Für Deutschland zeigen die regelmäßigen Erhebungen des Deutschen Studentenwerks den Zusammenhang zwischen Elternhaus und Hochschulzugang ganz eindeutig. Das obere Drittel der Bevölkerung stellt immerhin zwei Drittel der Studierenden an den Universitäten und allein das obere Siebtel ca. 40 Prozent.[7] Unter den Promovierten der für das Topmanagement entscheidenden Fächer Ingenieur-, Rechts- und Wirtschaftswissenschaften kamen bis Ende der 70er Jahre sogar über 60 Prozent aus dem Bürger- und Großbürgertum, ein Prozentsatz, der erst seit den 1980er Jahren allmählich auf unter 50 Prozent gesunken ist.[8] Angesichts der Tatsache, dass über 90 Prozent der Topmanager studiert haben und mehr als die Hälfte auch promoviert hat, sorgen ein Universitätsexamen und noch stärker ein Doktortitel schon für eine drastische soziale Einengung des für eine Spitzenposition in der Wirtschaft in Frage kommenden Personenkreises. Die indirekte Wirkung der Herkunft ist unübersehbar.

Zusätzlich gibt es aber auch noch eine massive direkte Wirkung. Wenn man den Einfluss des Bildungsabschlusses dadurch ausschaltet, dass man nur die Karriereverläufe von Personen untersucht, die mit dem Doktorgrad den höchsten Bildungstitel erworben, d.h. alle Hürden des Bildungssystems erfolgreich überwunden haben, und auch alle sonstigen Variablen wie Studiendauer, Alter etc. methodisch ausschließt, so dass nur die soziale Herkunft als Erklärung übrig bleibt, dann lagen die Chancen, in den Vorstand oder die Geschäftsführung eines der 400 größten deutschen Konzerne zu gelangen, in den letzten 40 Jahren für Promovierte aus dem Bürgertum im Durchschnitt um 70 Prozent und für die aus dem Großbürgertum um 150 Prozent höher als für die Promovierten aus den Mittelschichten und der Arbeiterklasse. Je nach Jahrgang beträgt die Differenz in der Spitze sogar bis zu 400 Prozent, mit im Zeitverlauf ansteigender Tendenz.[9] Vergleicht man die Extrempole unter den einzelnen Herkunftsgruppen, so haben die Promovierten, deren Väter schon Vorstandsmitglied oder Geschäftsführer waren, sogar durchschnittlich eine siebzehnmal, diejenigen, deren Väter leitende Angestellte waren, immerhin noch eine zehnmal so große Chance wie ihre Kommilitonen aus Arbeiterfamilien, die erste Führungsebene eines solchen Unternehmens zu erreichen. Die Bildungsexpansion hat dem Nachwuchs aus der breiten Bevölkerung zwar den Zugang zu den Hochschulen und (in deutlich geringerem Maße) auch den Erwerb des Doktortitels erleichtert, nicht jedoch den Zugang zu den Chefetagen der deutschen Wirtschaft. Der direkte Einfluss des Elternhauses ist beeindruckend groß. Die soziale Selektion durch das Bildungssystem stellt nicht mehr als eine grobe Vorauswahl dar. Das trifft, wenn auch in mehr oder minder starker Ausprägung, grundsätzlich auf die Mehrzahl der europäischen Länder zu.

Eine wesentlich stärkere Rolle spielen die Bildungsinstitutionen dort, wo es wie in Frankreich, Großbritannien, Japan oder den USA explizite Elitebildungsstätten gibt. Da ihr

---

7 Angaben aus der 17. Sozialerhebung des Deutschen Studentenwerks und eigene Berechnungen nach den Angaben über die Bildungsbeteiligung der vier dort gebildeten sozialen Herkunftsgruppen und die soziale Zusammensetzung der Studierenden an den Universitäten (Isserstedt et. al. 2004: 118, 138, 472).
8 Hartmann 2002: 56 ff.
9 Hartmann 2002: 81 ff., 204f.

Besuch für die Besetzung der Spitzenpositionen in den Großunternehmen dieser Länder von ausschlaggebender Bedeutung ist, der Zugang zugleich aber nur für einen sehr kleinen Prozentsatz der generell Studienberechtigten möglich ist, erfolgt die soziale Auslese der zukünftigen Spitzenmanager zu einem viel größeren Teil als in Staaten wie Deutschland, Italien, den Niederlanden, Österreich oder Spanien bereits an dieser Stelle. Entscheidend dafür ist die Tatsache, dass sich die Elitehochschulen der allgemeinen Bildungsexpansion haben entziehen können. Während diese Entwicklung in Deutschland (wie auch in fast allen anderen Ländern Westeuropas) die gesamte universitäre Ausbildung erfasste, auch die Promotion als exklusivsten Abschluss, blieben die Elitehochschulen davon weitgehend unberührt.

So nehmen die ENA, Polytechnique oder HEC heute kaum mehr Bewerber auf als in den 1950er oder den frühen 1960er Jahren, zwischen 100 und gut 300. Durch die strikte Begrenzung der Zulassungszahlen und das Aussieben von ca. 90 Prozent der Bewerber haben sie ihren elitären Charakter behaupten können, gerade auch in sozialer Hinsicht. Von den über den externen Concours aufgenommenen ENA-Bewerbern stammen fast 85 Prozent aus den Familien von größeren Unternehmern, akademischen Freiberuflern und höheren Beamten. Das gleiche Bild bietet sich auch an der École Polytechnique und der HEC. Dort ist der Anteil der Studierenden mit einer „origine populaire", einer Herkunft aus den Familien von Arbeitern, Bauern, unteren und mittleren Angestellten und Beamten sowie Selbständigen, mittlerweile auf knapp zehn Prozent (7,8 Prozent an der Polytechnique bzw. 11,8 Prozent an der HEC) gesunken. 2000 befanden sich unter den fast 400 Absolventen der Polytechnique gerade einmal ein Bauernsohn, ein Arbeitersohn und ein Handwerkersohn und unter den 362 Studienanfängern der HEC auch nur sieben Kinder von normalen Angestellten, drei Kinder von Bauern und ein Arbeiterkind.[10]

An den Eliteuniversitäten der USA sieht es insgesamt ähnlich aus. Zwar fällt die soziale Auslese nicht so scharf aus wie an den führenden Grandes Écoles, aber auch hier stammen immer noch vier Fünftel der Studierenden aus dem oberen Fünftel der Bevölkerung, während von den Kindern aus der unteren Hälfte gerade einmal ein Zehntel der Studienplätze besetzt wird. Allein die oberen zwei Prozent der US-Gesellschaft, Familien mit mehr als 200.000 Dollar Jahreseinkommen stellen mit 20 Prozent genauso viele Studierende wie die unteren 80 Prozent.[11] Vergleichbares dürfte auch für die britischen und die japanischen Elitehochschulen gelten, obwohl hier exakte Angaben über die soziale Zusammensetzung der Studierenden fehlen. Dafür sprechen aber sowohl Schätzungen, nach denen neun von zehn Studierenden an der Todai aus dem oberen Zehntel der japanischen Bevölkerung stammen,[12] als auch die seit Jahrzehnten stabil bei 50 Prozent liegende Rekrutierung der Oxbridge-Erstsemester aus den sozial sehr selektiven Public Schools.[13]

Vergleicht man die soziale Rekrutierung der Spitzenmanager mit der der entsprechenden Studierendenkohorten, so lässt sich die Bedeutung der indirekten sozialen Selektion qua Bildungstitel auch oberflächlich gut erkennen. Je stärker sie übereinstimmen und je kleiner die jeweilige Gruppe von in Frage kommenden Studierenden ist, umso größer ist das Gewicht des Hochschulabschlusses et vice versa. In Frankreich, wo die Differenz in puncto bürgerlich-großbürgerliches Elternhaus zwischen den Topmanagern und den Studie-

---

10 Euriat/Thelot 1995: 434f.; Eymeri 2001: 18, 25; Léotard 2001: 142f., 164.
11 Hartmann 2005: 453f.
12 Cutts 1997: 231.
13 Adonis/Pollard 1997: 56; Hartmann 2007: 72 ff.

renden der führenden Grandes Écoles bei nur ungefähr zehn Prozent und der Kreis der an diesen Elitehochschulen ausgebildeten Personen nur bei einigen Hundert pro Jahr liegt, kommt von allen Industriestaaten dem direkten Einfluss der sozialen Herkunft das geringste und dem indirekten das stärkste Gewicht zu. In Deutschland, wo die Differenz um ein Vielfaches größer ist – selbst unter den Promovierten der für Wirtschaftskarrieren entscheidenden Fächer ist der Anteil der Bürger- und Großbürgerkinder gerade einmal halb so hoch wie unter den Spitzenmanagern –, spielt die unmittelbare Wirkung der familiären Herkunft eine wesentlich zentralere Rolle. Deutschland bildet in dieser Hinsicht den Gegenpol zu Frankreich. Die anderen Staaten liegen dazwischen.

Aber selbst für Länder wie Frankreich mit ihren sehr einflussreichen Elitehochschulen darf man den direkten Einfluss des Elternhauses nicht unterschätzen. Das gilt vor allem für die Bedeutung, die dem Aufwachsen in einem großbürgerlichen Milieu zukommt. Zwar erlauben die vorhandenen Angaben zur sozialen Rekrutierung der Studierenden an den führenden Grandes Écoles keine Differenzierung zwischen den Bürger- und den Großbürgerkindern, ein Sachverhalt vor allem spricht aber dafür, dass eine großbürgerliche Herkunft auch unabhängig vom Bildungsabschluss erhebliches Gewicht hat. Während von den PDG, die aus den breiten Mittelschichten oder der Arbeiterklasse stammen, gerade einmal einer unter zwölf keinen Abschluss einer renommierten Grande École aufweisen kann, trifft das unter den Großbürgerkindern immerhin auf mehr als jeden vierten zu. Für sie reicht offensichtlich auch ein geringer bewerteter Bildungsabschluss aus, weil ihre Herkunft dieses Manko ausgleicht. Für die USA gilt diese Feststellung in noch größerem Maße. Zwar haben die Großbürgerkinder unter den CEO (anders als in Frankreich) die Elitehochschulen zu einem genau so hohen Prozentsatz besucht wie die aus der breiten Bevölkerung stammenden CEO, da aber nicht einmal jeder fünfte Studierende dort aus dem Großbürgertum kommt, jedoch jeder zweite CEO in den großen US-Konzernen, muss das Elternhaus auch ganz unmittelbar einen erheblichen Einfluss besitzen.

4. Leistung, Geld, Habitus – die entscheidenden Faktoren

Dass die soziale Herkunft durch ihren direkten wie indirekten Einfluss den wichtigsten Faktor für den Zugang zu den Spitzenpositionen großer Unternehmen bildet, ist eindeutig. Es bleibt aber zu fragen, durch welche Mechanismen sie ihre Wirkung entfaltet. Sind es vor allem die zur Verfügung stehenden finanziellen Ressourcen, die dem Nachwuchs aus Bürger- und Großbürgertum den entscheidenden Vorsprung vor ihren Konkurrenten verschaffen, sind es die Persönlichkeitsmerkmale, die im „klassenspezifischen Habitus" ihren Ausdruck finden, oder sind es doch in erster Linie die individuellen Leistungen, gerade beim Erwerb der hohen Bildungstitel, die letztlich den Ausschlag geben.

Betrachtet man zunächst, welche Rolle diese drei Faktoren für den Erwerb universitärer Bildungsabschlüsse spielen, so zeigt sich, dass alle drei entscheidend sind, ihr jeweiliges Gewicht allerdings von Land zu Land unterschiedlich ausfällt. In Deutschland wie den meisten europäischen Ländern kommt Geld nur eine indirekte Bedeutung zu. Es macht sich in erster Linie dadurch bemerkbar, dass es die Persönlichkeitsentwicklung der Kinder und Jugendlichen durch ein unterschiedliches häusliches Ambiente (Wohnlage, Wohnraum, Möbel, Bücher, Bilder etc.) sowie eine andere Freizeit- und Urlaubsgestaltung beeinflusst. Ausschlaggebend für die weit überproportionale Repräsentanz der Kinder aus den sog. „bildungsnahen" oder gar bürgerlichen Familien an den Hochschulen sind die beiden anderen Faktoren. Einmal zeigen die Kinder und Jugendlichen im Durchschnitt zweifellos deutlich bessere schulische Leistungen. Sie erfahren in ihrer familiären Umgebung in der Regel einfach stärkere intellektuelle Anregungen und, falls nötig, auch mehr Unterstützung. Außerdem ist die Motivation, die eigenen Kinder bis zum Studium zu führen, bei Eltern mit höheren Bildungsabschlüssen erheblich ausgeprägter als bei anderen. Zum anderen aber werden die gezeigten Leistungen von den Lehrkräften je nach Elternhaus auch unterschiedlich bewertet. Das gilt für die gesamte Schulzeit, lässt sich in Deutschland aufgrund des dreigliedrigen Schulsystems aber besonders deutlich beim Übergang zum Gymnasium erkennen. Kinder von qualifizierten oder leitenden Angestellten und Beamten (EGP-Klassen I und II) erhalten durch die Lehrkräfte mehr als viermal so häufig eine Gymnasialempfehlung wie Arbeiterkinder.[14] Eine zentrale Rolle spielen dabei die je nach sozialer Herkunft und damit verknüpftem Habitus stark differierenden Beurteilungen der Lehrkräfte. Die Wahrscheinlichkeit einer Gymnasialempfehlung liegt selbst bei gleichen kognitiven Grundfähigkeiten und gleicher Leseleistung für die Kinder der genannten zwei oberen EGP-Klassen immerhin mehr als zweieinhalbmal so hoch wie für Arbeiterkinder. Nach den Ergebnissen der jüngsten PISA-Studie sind die Unterschiede in den letzten Jahren sogar noch größer geworden, betragen bei gleicher Leistung im Durchschnitt mittlerweile das Vierfache, in Bayern sogar das 6,6fache. Die soziale Herkunft beeinflusst den Wechsel auf das Gymnasium ganz offensichtlich nicht nur vermittelt über Leistungs- und Motivationsdifferenzen, sondern auch ganz massiv durch die unterschiedliche Bewertung gleicher Leistungen seitens der Lehrkräfte.

Dieselben Effekte lassen sich, das hat Bourdieu in zahlreichen Analysen verdeutlicht, auch im französischen System mit seinen Elitehochschulen beobachten. Hier muss man, will man von einer der prestigereichen Grandes Écoles zugelassen werden, in den Aufnahmeprüfungen ebenfalls nicht nur hohe intellektuelle Leistungen erbringen, sondern auch den gewünschten bürgerlich-, großbürgerlichen Habitus aufweisen. Der Nachwuchs der „classe dominante" stelle an den renommierten Grandes Ècoles, so Bourdieu, vor allem deshalb die überwiegende Mehrheit der Studierenden, weil es eine strukturelle Übereinstimmung zwischen den Anforderungen dieser Elitebildungseinrichtungen und dem Habitus der Bewerber aus dieser Klasse gebe. Zum einen wiesen die für die Auswahl zuständigen Lehrpersonen eine starke habituelle Affinität den Kandidaten aus bürgerlichen Familien gegenüber auf,[15] zum anderen seien die Kategorien der schulischen Wahrnehmung und Auslese entsprechend den herrschenden Kategorien, d.h. der Hierarchie der Eigenschaften organisiert, die man gemeinhin den verschiedenen gesellschaftlichen Klassen, den „kleinen Leuten", den Kleinbürgern und den Herrschenden zuschreibe. So würden von den Prüfern die am höchsten bewerteten Eigenschaften wie inspiriert, kultiviert, offen, ungezwungen oder vielseitig den Kandidaten mit bürgerlichem Hintergrund zugeschrieben, die am geringsten bewerteten wie einfach, korrekt, oberflächlich, schüchtern oder schulisch denen aus der breiten Bevölkerung.[16] Selbst bei den guten Prüflingen werde auf diese Art und Weise eine grundsätzliche Differenz zwischen den fleißigen, bemühten und ernsthaften auf der einen und den talentierten und gebildeten auf der anderen Seite hergestellt.

---

14 Bos et al. 2004: 214.
15 Die Lehrkräfte stammen überwiegend aus einem bürgerlichen Milieu und haben zudem vielfach auch dieselben Elitebildungseinrichtungen durchlaufen (Gaillard 1987: 139 ff.; Suleiman 1978: 120).
16 Bourdieu [1989]2004: 32 ff., 49 ff., 112 ff., 128 ff., 168f.

Hier werden die im Rahmen der Familie und ihres sozialen Umfelds vermittelten Eigenschaften und Fähigkeiten zur wesentlichen Grundlage der Entscheidung gemacht, nicht das schulisch vermittelte Wissen. Soziale Ähnlichkeit wird von den Prüfern belohnt, soziale Differenz bestraft. Die Grandes Écoles sorgen im Kern vor allem für eines, dafür, dass trotz aller oberflächlich beobachtbaren Durchmischungsprozesse jene sozialen Unterschiede verewigt werden, die die Schüler schon vor der Aufnahme voneinander unterschieden.[17] An der HEC und anderen wirtschaftswissenschaftlich ausgerichteten privaten Grandes Écoles unterstützen die hohen Studiengebühren, die sich in den letzten gut zehn Jahren mehr als verdreifacht haben und mittlerweile bis zu 20.000 Euro pro Jahr betragen, die soziale Selektionswirkung.

Sie ähneln damit den US-Eliteuniversitäten, für deren Besuch den finanziellen Ressourcen eine weitaus zentralere und vor allem auch direktere Rolle zukommt, als es an den Hochschulen in Europa üblich ist. Allein die Studiengebühren von über 30.000 Dollar pro Jahr sorgen trotz aller Stipendien schon dafür, dass diese Eliteuniversitäten für die Kinder aus den unteren vier Fünfteln der Bevölkerung weitgehend verschlossen bleiben.[18] Dazu kommen dann noch die spezifischen Auswahlprozeduren, die die soziale Selektivität noch weiter verstärken. Die Entscheidung über Aufnahme oder Ablehnung erfolgt anhand von zwei zentralen Kriterien: der in erster Linie durch die SAT-Scores gemessenen intellektuellen Leistungsfähigkeit und der Persönlichkeit der Bewerber. Was den ersten Punkt betrifft, so liegen die durchschnittlichen SAT-Scores an den Spitzenuniversitäten mit 1.300 bis 1.500 Punkten außerordentlich hoch. Sie weisen aber selbst an den renommiertesten Universitäten wie Harvard oder Princeton eine Bandbreite auf, die von Durchschnittswerten von gut 1.000 bis zum Maximalwert von 1.600 Punkten reicht. Für diese recht große Spanne sorgt in erster Linie das zweite Auswahlkriterium, die Persönlichkeit.[19] Offiziell betont werden in dieser Beziehung Eigenschaften wie Charakter, Energie, Neugier und Entschlossenheit. Was die für die Kandidatenauslese zuständigen Admissions-Committees indes tatsächlich prämieren, ist vor allem eines: Übereinstimmung mit ihren eigenen Einstellungen, Verhaltens- und Denkweisen, d.h. letztlich soziale Ähnlichkeit. Karabel zitiert aus den Protokollen der Admissions Committees Passagen, die überdeutlich zeigen, wie oberflächlich und von persönlichen Vorurteilen oder Vorlieben geprägt die Beurteilungen zum Teil zustande kommen. Besonders klar offenbart sich das Ausleseprinzip in folgender Bewertung: „Diese junge Frau könnte eine der intelligentesten Bewerberinnen im Kandidatenpool sein, doch gibt es mehrere Hinweise auf Schüchternheit und der Alumnus IV [Interviewer] ist negativ".[20] Wen man sich vorstellt, wie sich jemand in einem solchen Auswahlgespräch präsentiert, der aus einer Farmer- oder Arbeiterfamilie stammt und zudem vielleicht auch noch aus einer kleineren Stadt im Mittleren Westen der USA, dann lässt sich unschwer erahnen, woher die kritisierte Schüchternheit rührt. Das Kind eines Wall-Street-Bankiers oder eines Professorenehepaars dürfte da ganz anders auftreten, weil es in der Regel nicht nur die Codes dieser Kreise seit Kindesbeinen verinnerlicht hat, sondern weil auch sein Wissen um die konkreten Prozeduren des Verfahrens größer und seine Angst entsprechend

---

17 Bourdieu [1989]2004: 195 ff., 276.
18 Hartmann 2005.
19 Diese Kriterium wurde in den 1920er Jahren in Harvard, Yale und Princeton eingeführt, um den Anteil der jüdischen Studierenden, deren Zahl aufgrund der bis dahin vor allem auf intellektuelle Leistungsfähigkeit ausgerichteten Auswahl erheblich angestiegen war, wieder deutlich zu reduzieren (Karabel 2005).
20 Karabel 2005: 509f.

geringer ist. Von gleichen Chancen für alle Bewerber kann also selbst dann nicht gesprochen werden, wenn man die je nach sozialer Herkunft sehr unterschiedlichen Voraussetzungen für den Erwerb intellektueller Fähigkeiten außer Betracht lässt. Soziale Herkunft wirkt auch hier nicht nur indirekt, sondern ganz unmittelbar.

Die Elitehochschulen in Großbritannien und Japan liegen mit ihren Auswahlprinzipien zwischen denen in Frankreich und denen in den USA. Geld spielt in Großbritannien nur insofern eine Rolle, als der Besuch der mit bis zu 25.000 Pfund außerordentlich teuren Public Schools die Aufnahme in Oxbridge enorm erleichtert. In Japan ist es in erster Linie für den Besuch der renommierten privaten Oberschulen und der zwei privaten unter den fünf angesehensten Hochschulen (Keio und Waseda) wichtig. Von den beiden anderen Faktoren ist intellektuelle Leistungsfähigkeit in Japan entscheidender, Persönlichkeit in Großbritannien. In den anderen europäischen Staaten funktioniert die Auslese im Grundsatz so wie in Deutschland, fällt aufgrund des fast überall herrschenden Gesamtschulsystems aber sozial weniger selektiv aus. Das gilt vor allem für die skandinavischen Länder mit ihren im internationalen Vergleich sehr durchlässigen Bildungssystemen.

Auch beim Zugang zu den Chefetagen der Großunternehmen spielen alle drei genannten Faktoren eine zentrale Rolle. Die individuelle Leistung wird vor allem anhand der Stationen der bisherigen beruflichen Laufbahn beurteilt. Sie bildet ebenso wie der Hochschulabschluss eine unverzichtbare, nichtsdestotrotz aber nicht ausschlaggebende Voraussetzung. Geld wirkt direkt in jenen Fällen, in denen das Eigentum an Produktivvermögen für die Besetzung von Führungspositionen unmittelbar entscheidend ist, die Erben die Leitung eines Unternehmens übernehmen. Da in vielen Ländern der Anteil der Großunternehmen, die sich noch im Besitz oder unter Kontrolle einzelner Familien befinden, ziemlich hoch ist – in Deutschland und Frankreich liegt er bei ungefähr 30 Prozent, in Italien bei 40 Prozent und in Schweden sogar bei ca. 50 Prozent –, scheint sein Gewicht auf den ersten Blick erheblich zu sein. Auf den zweiten Blick zeigt sich aber, dass die Frage, ob eine Firma von einem Erben geführt wird oder von einem externen Manager, alles in allem nur eine untergeordnete Rolle spielt. Auf die soziale Rekrutierung des Führungspersonals hat es kaum Einfluss. So liegt der Prozentsatz der aus dem Großbürgertum stammenden Topmanager in Großbritannien, wo gerade noch eines der 100 größten Unternehmen von einem Erben geleitet wird, nicht niedriger als in Spanien, wo das immerhin auf drei der 30 größten Unternehmen zutrifft, Deutschland und Frankreich, wo es ungefähr für jeden achten der 100 größten Konzerne, oder Italien, wo es sogar für jeden fünften der 50 größten gilt. Die soziale Herkunft der Topmanager von großen Familienunternehmen fällt in der Regel großbürgerlich aus, egal ob die Erben die Leitung übernehmen oder sie familienfremden Managern übergeben wird. Die für die Großkonzerne eines Landes gültigen Rekrutierungsprinzipien gelten für alle privaten Unternehmen – nur bei staatlichen oder öffentlichen gelten zumeist andere Regeln –, seien sie im Besitz einzelner Familien oder eines breit gestreuten Kreises von unterschiedlichen Aktionären. Das zeigt auch das Beispiel Schweden, wo die von den großen Familien des Landes wie vor allem den Wallenbergs kontrollierten Unternehmen fast ebenso häufig von Managern aus der breiten Bevölkerung geführt werden wie die anderen Unternehmen.

Letztlich ausschlaggebend ist in allen Fällen der Habitus der Bewerber, und zwar der im jeweiligen Land in solchen Positionen traditionell vorherrschende. Was seine Bedeutung angeht, so ist sie grundsätzlich umso größer, je geringer das Gewicht der Bildungsabschlüsse ausfällt. Er spielt in Deutschland also eine größere Rolle als in Frankreich, in Italien eine größere als in Großbritannien. In den Topetagen der deutschen Wirtschaft dominiert ein Prinzip, das man kurz und knapp mit den Worten „Bürgerkinder suchen Bürgerkinder" beschreiben könnte. Wer in den Vorstand eines deutschen Großkonzerns möchte, sollte in seinem Habitus denjenigen gleichen oder zumindest ähneln, die dort traditionell sitzen; denn die Entscheidung für oder gegen einen Kandidaten erfolgt in erster Linie anhand von vier zentralen Persönlichkeitsmerkmalen: intime Kenntnis der wesentlichen Dress- und Benimmcodes, unternehmerische Einstellung, breite bildungsbürgerliche Allgemeinbildung und vor allem persönliche Souveränität.[21] Man sucht auf Seiten der Entscheider im Grunde seinesgleichen, wenn man anhand solcher Kriterien auswählt. Der Glaube, selbst der richtige Mann am richtigen Platz zu sein, lässt es fast als zwingend, zumindest aber als geraten erscheinen, als Kollegen jemanden zu suchen, der dieselben Eigenschaften besitzt. Das aber bedeutet letztendlich, dass aus dem Bürger- oder Großbürgertum kommende Topmanager ganz eindeutig Personen bevorzugen, die aus dem gleichen Milieu stammen. Nur sie weisen in der Regel die gewünschten Eigenschaften auf. Das gilt vor allem für die wichtigste Eigenschaft, Souveränität in Auftreten und Verhalten, zu der auch die Selbstverständlichkeit im Umgang mit Macht gehört.

Selbstbewusst Macht ausüben und sich ganz selbstverständlich in den Vorstandsetagen bewegen können am einfachsten die Menschen, die in diesem oder einem vergleichbaren Milieu aufgewachsen sind. Soziale Aufsteiger lassen es fast immer an der erforderlichen oder zumindest erwünschten Souveränität mangeln. Sie vermeiden es, den offiziellen Kanon und die herrschenden Codes auch einmal gekonnt in Frage zu stellen bzw. einfach zu durchbrechen. Die erwünschte Selbstverständlichkeit des Verhaltens zeigt sich dabei gerade bei den oben als wesentlich für eine Karriere angeführten Persönlichkeitsmerkmalen. Nur wer die Codes der „besseren Gesellschaft" von Kindesbeinen an verinnerlicht hat, kann sie auch bewusst ignorieren und gerade aus diesem Abweichen von den Regeln dann einen wichtigen Vorteil ziehen. Man erkennt sich, um Bourdieu zu zitieren, gerade an der Selbstverständlichkeit und „Natürlichkeit" des Verhaltens.

5. Inklusion/Exklusion und Macht

Inklusion und Exklusion sind in systemtheoretischer Sicht „binäre Optionen", deren Realisierung, so Luhmann, in „funktional differenzierten Gesellschaften" der „autonomen Regulierung durch die Funktionssysteme überlassen" werde. Extreme Ungleichheiten in der Verteilung von Gütern, die es zweifellos gebe, könnten in modernen Gesellschaften daher nur unter der Bedingung toleriert werden, dass sie temporär und rasch veränderbar seien, auf „einzelne Funktionsbereiche begrenzt" blieben und zwischen diesen dann auch „Interdependenzunterbrechungen eingerichtet" seien. Dass dem auch wirklich so ist, dafür sorgt nach Luhmann „die Eigendynamik von Machtgewinn/Machtverlust, Geldgewinn/Geldverlust, Liebesgewinn/Liebesverlust in den einzelnen Systemen", die eine Integration untereinander ausschließe.[22]

In seiner Analyse trifft das besonders auf Inklusionsprozesse zu. Während Luhmann in seinen späten Arbeiten aufgrund von persönlichen Erfahrungen in den Favelas brasilianischer Großstädte von einer sogar recht weit gehenden Kumulierung von Exklusionsvorgän-

---

21 Zu den Kriterien s. im einzelnen Hartmann 1996, 2002.
22 Luhmann 1995: 248f.

gen spricht, bei der „der Ausschluß aus einem Funktionssystem quasi automatisch den Ausschluß aus anderen nach sich zieht",[23] bleibt er bezüglich der „Inklusion" bei einer strikten Trennung der Prozesse. Im Inklusionsbereich komme es im Gegensatz zum Exklusionsbereich, wo die Gesellschaft hoch integriert sei, zu einer erheblichen Lockerung der Integration. Die Inklusion in ein Funktionssystem lege nicht mehr fest, „wie und wie stark man an anderen Funktionssystemen beteiligt" sei. Die durchaus noch existenten allgemeinen Schichtzugehörigkeitsmerkmale seien mit der „Inklusion in Funktionssysteme nur noch lose integriert", weil die Beziehungen zwischen den Funktionssystemen fluktuierten und nicht mehr gesamtgesellschaftlich festgelegt werden könnten.[24]

Diese Feststellung kontrastiert deutlich mit den hier vorgelegten empirischen Ergebnissen zur Rekrutierung von Topmanagern. Die Geburt in eine bürgerliche oder gar großbürgerliche Familie sorgt ganz offensichtlich für eine relativ feste „Inklusion" in verschiedene „Funktionssysteme" und vor allem für eine Kumulation von Inklusionsprozessen. Das gilt gleich in dreifacher Hinsicht. Erstens können die finanziellen Ressourcen, die mit einer solchen Herkunft verbunden sind, der jeweiligen Person nicht nur beim Erwerb hoher Bildungsabschlüsse, sondern, soweit es sich um Eigentum an Unternehmen handelt, auch ganz unmittelbar bei der Besetzung von Positionen im Topmanagement einen entscheidenden Vorteil verschaffen. Zweitens, und dieser Aspekt ist noch wichtiger, sorgt der mit einer derartigen Herkunft verknüpfte Habitus sowohl im Bildungssystem als auch beim Zugang zu den Chefetagen der Großunternehmen für einen kaum aufzuholenden Vorsprung. Drittens schließlich wirken die Herkunftseffekte unabhängig voneinander, aber auch einander wechselseitig verstärkend, und das in jeder Beziehung. Diese Kumulation gilt im Übrigen auch für die anderen zentralen Eliten in Politik, Verwaltung und Justiz, allerdings je nach Land in mehr oder minder abgeschwächter Form.[25]

Grundlage der hohen Wirksamkeit sozialer Herkunft für die „Inklusion" in das Topmanagement großer Unternehmen (wie auch in die Eliten anderer gesellschaftlicher Sektoren) bildet das gesamtgesellschaftliche Machtgefüge, das für die Verteilung der (gegebenenfalls erforderlichen) finanziellen Mittel ebenso sorgt wie für die gesellschaftlich gültige Definition des „richtigen" Habitus. Ein Vergleich zwischen den beiden Extremen Frankreich und Schweden zeigt das sehr deutlich. In Frankreich mit seinem außerordentlich geschlossenen System der Elitenausbildung und -rekrutierung lässt sich eine sehr geschlossene Kette von aufeinander aufbauenden und sich gegenseitig verstärkenden „Inklusionsprozessen" beobachten. In Schweden mit seinem sehr durchlässigen Bildungssystem und seiner im internationalen Vergleich immer noch stark egalitär orientierten Bevölkerung fällt die Kumulation von „Inklusionsvorgängen" demgegenüber deutlich schwächer aus. Die kapitalistische Struktur der Gesellschaft sorgt zwar in beiden Ländern dafür, dass der Nachwuchs aus Bürger- und Großbürgertum unter den Spitzenmanagern weit überproportional vertreten ist, das Ausmaß an sozialer Schließung wird aber bestimmt durch die jeweils herrschenden Kräfteverhältnisse und gesellschaftlichen Traditionen. Die, um mit Luhmann zu sprechen, „allgemeinen Schichtzugehörigkeitsmerkmale" sind mit der „Inklusion in Funktionssysteme" also durchaus fest integriert und es gibt auch eine gesamtgesellschaftliche Festlegung der Beziehung zwischen den Einzelsystemen. Sie ist ohne den

---

23 Zur Diskussion darüber, ob damit nicht Grundpfeiler der Luhmannschen Systemtheorie weg brechen oder zumindest ins Wanken geraten, vgl. Farzin 2006, 49 ff., Kronauer 2002: 123 ff. und Nassehi 1997.
24 Luhmann 1995: 259.
25 Hartmann 2007.

Rückgriff auf die Kategorien von Macht und Herrschaft analytisch aber nicht zu entschlüsseln.

Literatur

Adonis, Andrew und Stephen Pollard, 1997: A Class Act. The Myth of Britain's Classless Society. London: Hamish Hamilton.
Bos, Wilfried et al., 2004: Schullaufbahnempfehlungen von Lehrkräften für Kinder am Ende der vierten Jahrgangsstufe IGLU. S. 191-228 in: Bos, Wilfried et al. (Hg.): IGLU. Einige Länder der Bundesrepublik Deutschland im nationalen und internationalen Vergleich. Münster: Waxmann.
Bourdieu, Pierre, [1989]2004: Der Staatsadel. Konstanz: UVK.
Cutts, Robert L., 1997: An Empire of Schools. Japan's Universities and the Molding of a National Elite. Armonk: M.E. Sharp.
Euriat, Michel und Claude Thelot, 1995: Le recrutement social de l'elite scolaire en France. Revue française de sociologie 36 (4): S. 403-438.
Eymeri, Jean-Michel, 2001: La fabrique des énarques. Paris: Èconomica.
Farzin, Sina, 2006: Inklusion/Exklusion. Entwicklungen und Probleme einer systemtheoretischen Unterscheidung. Bielefeld: transcript.
Gaillard, Jean-Michel, 1987: Tu seras président, mon fils. Anatomie des Grandes Écoles et malformations des élites. Paris: Éditions Ramsay.
Gromer, Andrea, 2006: Japans Wirtschaftselite im internationalen Vergleich. Diplomarbeit an der TU Darmstadt.
Hartmann, Michael, 1996: Topmanager – Die Rekrutierung einer Elite. Frankfurt/Main: Campus.
Hartmann, Michael, 1997: Soziale Öffnung oder soziale Schließung. Die deutsche und die französische Wirtschaftselite zwischen 1970 und 1995. Zeitschrift für Soziologie 26 (4): S. 296-311.
Hartmann, Michael, 1999: Auf dem Weg zur transnationalen Bourgeoisie? – Die Internationalisierung der Wirtschaft und die Internationalität der Spitzenmanager Deutschlands, Frankreichs, Großbritanniens und der USA. Leviathan 27 (1): S. 113-141.
Hartmann, Michael, 2002: Der Mythos von den Leistungseliten. Spitzenkarrieren und soziale Herkunft in Wirtschaft, Politik, Justiz und Wissenschaft. Frankfurt/Main: Campus.
Hartmann, Michael, 2004: Elitesoziologie. Eine Einführung. Frankfurt/Main: Campus.
Hartmann, Michael, 2005: Studiengebühren und Hochschulzugang: Vorbild USA? Leviathan, 33 (4): S. 439-463.
Hartmann, Michael, 2007: Eliten und Macht in Europa. Ein internationaler Vergleich. Frankfurt/Main: Campus.
Isserstedt, Wolfgang et al., 2004: Die wirtschaftliche und soziale Lage der Studierenden in der Bundesrepublik Deutschland 2003. 17. Sozialerhebung des Deutschen Studentenwerks. Bonn: Bundesministerium für Bildung und Forschung.
Karabel, Jerome, 2005: The Chosen. Boston: Houghton Mifflin.
Kronauer, Martin, 2002: Exklusion. Die Gefährdung des Sozialen im hoch entwickelten Kapitalismus. Frankfurt/Main: Campus.
Leotard, Marie-Laure de, 2001: Le dressage des élites. De la maternelle aux grandes écoles, un parcours pour initiés. Paris: Plon.
Luhmann, Niklas, 1995: Inklusion und Exklusion. S. 237-264 in: ders.: Soziologische Aufklärung 6: Die Soziologie und der Mensch. Opladen: Westdeutscher Verlag.
Nassehi, Armin, 1997: Inklusion, Exkusion, Ungleichheit. Eine kleine theoretische Skizze. S. 113-148 in: Heitmeyer, Wilhelm (Hg.): Was hält die Gesellschaft zusammen? Frankfurt/Main: Suhrkamp.
Suleiman, Ezra, 1978: Elites in French Society. The Politics of Survival. Princeton: Princeton University Press.

Soziale Inklusion und Exklusion: die Rolle von Bildung

Steffen Hillmert

1. Einleitung

Das Verhältnis von Bildung zu Prozessen sozialer In- und Exklusion ist in den letzten Jahren zunehmend ins öffentliche gesellschaftliche Bewusstsein gerückt. Unter sozialer Inklusion wird im Folgenden soziale und politische Teilhabe verstanden. Soziale Exklusion bedeutet dann den Verlust entsprechender Teilnahmechancen (vgl. auch Kronauer 2003; Bude/Willisch 2006). Ein relevantes In- oder Exklusionspotenzial bestimmter sozialer Prozesse ist zu erwarten, wenn sie wichtige Lebensbereiche (insbesondere Erwerbstätigkeit) betreffen, wenn sie deutliche Unterschiede produzieren und/oder wenn sie eine soziale Breitenwirkung entfalten, also wenn relativ viele Menschen davon betroffen sind. Aus der Perspektive der Lebensverlaufsforschung (Mayer 2001) lässt sich diese Definition weiter präzisieren. Paradigmatisch für die Lebensverlaufsforschung ist der Fokus auf die Mehrdimensionalität von Lebensverläufen bzw. die Verzahnung unterschiedlicher Lebensbereiche und die Bedeutung der zeitlichen Dimension. Immer wieder zeigen sich in Lebensverläufen Stabilitäten, Pfadabhängigkeiten und kumulative Entwicklungen, und dies gilt sowohl in intra-generationaler wie auch inter-generationaler Hinsicht. Daran anschließend lässt sich Exklusion also als relevanter und (in Bezug auf verschiedene Lebensbereiche) kombinierter sowie (in Bezug auf die Zeit) nachhaltiger Verlust sozialer Teilhabechancen verstehen. Die In-/Exklusionspotenziale bestimmter sozialer Faktoren und ihre jeweiligen Veränderungen lassen sich entlang dieser Dimensionen beschreiben.

Ein klarer Kandidat für einen Mechanismus mit breiten sozialen Inklusionswirkungen ist Bildung. Die besondere soziale Bedeutung von Bildung ergibt sich aus ihrer engen Verknüpfung von individuellen und kollektiven Konsequenzen. Für den *Einzelnen* geht es zunächst um den Erwerb von (Grund-)Kompetenzen, welche in vielen Bereichen des Lebens zum Einsatz kommen. Daneben hat Bildung auch einen persönlichen Eigenwert. Vor allem aber ist zertifizierte Bildung mit einer Vielzahl von sozialen Folgen und Chancen auf Belohnungen („Lebenschancen") verbunden. Eine Besonderheit ist, dass Bildung nicht nur eine individuelle Handlungs*ressource* (in Analogie etwa zu materiellen Ressourcen) darstellt; vielmehr verändern Bildungsprozesse unmittelbar auch individuelle *Präferenzen*. In kollektiver Hinsicht ist soziale Integration eine mehr oder weniger explizite Zielsetzung von Bildungsprozessen, ausgedrückt in der Weitergabe von (kollektiven) Ressourcen und sozialen Normen. Zu den *gesellschaftlichen* Funktionen von Bildung zählen wesentliche integrative Funktionen, insbesondere die kollektive Vermittlung von Wissen und Kompetenzen, die normative Sozialisation nachwachsender Generationen sowie die Selektion und Allokation auf gesellschaftlich notwendige Positionen (zur funktionalistischen Sichtweise vgl. etwa Davis/Moore 1945; Parsons 1968). Das Bildungssystem dient dabei nicht nur der Vorbereitung auf das spätere Leben, sondern stellt bereits selbst Gelegenheiten für praktische Integration zur Verfügung.

Wie im Folgenden ebenfalls deutlich werden wird, führen aber auch insgesamt „erfolgreiche" Bildungsprozesse kollektiv i. d. R. zu einem Mix aus sozialer Inklusion und Exklusion. Als soziale *Querschnittsvariable* kann Bildung in vielen Fällen eine mehrdimensionale Inklusion in verschiedenen Lebensbereichen leisten, gerade aufgrund ihrer zentralen Bedeutung besteht aber erhöhte Exklusionsgefahr für diejenigen, bei denen (absolute oder relative) Bildungsdefizite bestehen. Auch die große soziale Bedeutung von Reichtum und Armut geht letztlich darauf zurück, dass materielle Unterschiede eine Vielzahl von Lebenssituationen parallel und dauerhaft entscheidend beeinflussen. Abhängig von ihrer Größe, ihrem Zusammenwirken und ihrer Stabilität können sich Bildungseffekte somit zu Phänomenen ausgeprägter sozialer In- und Exklusion verdichten. Diese grundsätzlichen Zusammenhänge werden durch die historische Entwicklung akzentuiert, welche langfristig eine zunehmende Bedeutung formalisierter Bildungsprozesse als notwendige Basis für eine erfolgreiche Lebensgestaltung zeigt. Mit der quantitativen Verschiebung hin zu einer „Massenbildung" wird Bildung ein Breiten-Inklusionsmedium. Gleichzeitig bedeutet dies aber, dass eine besondere Exklusionsgefahr für diejenigen besteht, welche die qualifikatorischen Mindestanforderungen nicht erfüllen.

Die In- und Exklusionspotenziale von Bildung sind also zunächst vor allem *vom Ergebnis her* zu denken. Die große Bedeutung der Bildungs*konsequenzen* im Lebensverlauf ist wiederum der wesentliche Grund, der Fragen des Bildungs*zugangs* zu einem soziologischen Problem macht, und dabei werden insbesondere soziale Ungleichheiten relevant. Entsprechend ist der vorliegende Beitrag wie folgt aufgebaut: Den Ausgangspunkt bildet eine Beschreibung von Bildungseffekten in unterschiedlichen Lebensbereichen. Von da aus werden die Entstehung, die Entwicklung und Kumulation sozialer Bildungsungleichheiten im Lebensverlauf sowie ihre inter-generationale Transmission thematisiert. Zentrale Fragen sind: Wie hängt der Bildungserwerb wechselseitig mit anderen Lebensbereichen zusammen? Welche Rolle kommt Bildung bei der Entstehung und Reproduktion sozialer Ungleichheiten zu? Wie haben sich diese Zusammenhänge im Zuge der Bildungsexpansion verändert? Schließlich wird diskutiert, unter welchen Voraussetzungen und inwieweit gesellschaftliche Verhältnisse der In- und Exklusion durch bildungsbezogene Intervention beeinflusst werden können.

2. In- und Exklusion als Folge von Bildungsprozessen

2.1 *Bildungskonsequenzen in verschiedenen Lebensbereichen*

Zu den individuellen Bildungskonsequenzen zählen zunächst einmal jene formalen Berechtigungen innerhalb und außerhalb des Bildungssystems, welche in Form von Bildungsabschlüssen erworben werden: sie ermöglichen oder verwehren den Zugang zu weiterführenden Bildungsgängen oder bestimmten beruflichen Tätigkeiten. Vor allem aber handelt es sich bei Bildungskonsequenzen um in ihrer Höhe variable „Bildungsrenditen". Im engeren Sinne beziehen sich diese Bildungskonsequenzen auf Einkommen, Beschäftigungs- und Karrierechancen, im weiteren Sinne aber auch auf andere Formen sozio-kultureller Teilhabe. Im Folgenden werden exemplarisch Bildungskonsequenzen in verschiedenen Lebensbereichen dargestellt. Die vielfältigen individuellen Konsequenzen von Bildung können aber an dieser Stelle nicht abschließend aufgezählt werden. Es gibt wohl kaum eine Variable sozialer Ungleichheit, die so viele signifikante Auswirkungen zeigt wie formale Bildung, gerade auch in Bereichen, die ihrerseits wichtige Determinanten sozialer Integration sind. Damit kommt Bildung eine zentrale Rolle für Prozesse sozialer Inklusion, aber – im Falle fehlender Bildung – auch sozialer Exklusion zu.

Bildung und Arbeitsmarkt: Ein zentraler Zusammenhang zwischen Bildung und anderen gesellschaftlichen Bereichen in modernen Gesellschaften betrifft die Kopplung von Qualifikationen und Arbeitsmarkt. Bildung als Ressource kann in Arbeitseinkommen konvertiert werden, welches seinerseits eine wichtige und universale Ressource für soziale Inklusion in verschiedenen Lebensbereichen ist. Ökonomische Schätzungen gehen für Deutschland von (privaten) Bildungsrenditen von ca. 7-10 Prozent pro Bildungsjahr aus (Lauer/Steiner 2000). Die theoretische Grundlage hierfür bildet die Humankapitaltheorie (Becker 1964; Mincer 1974). Diese sieht aber ab von der konkreten Struktur der Arbeitsmärkte, die für Einstieg und Mobilität im weiteren Erwerbsverlauf von Bedeutung ist. Der Übergang in den Arbeitsmarkt in Deutschland erweist sich als in hohem Maße qualifikationsgebunden (Shavit/Müller 1998). Für beruflich und akademisch Qualifizierte bestehen große Chancen der erfolgreichen Integration in den Arbeitsmarkt (Konietzka 1999; Hillmert 2001). Dies betrifft sowohl die Zugangschancen zur Beschäftigung insgesamt als auch die ausbildungsadäquate vertikale (hinsichtlich des beruflichen Status) und horizontale Positionierung (hinsichtlich der beruflichen Tätigkeit) im Erwerbssystem. Da große Teile des Arbeitsmarktes qualifikationsbezogen strukturiert sind, kommt formalen Qualifikationen auch im weiteren Erwerbsverlauf eine weit reichende Bedeutung zu. Ein wesentlicher Grund hierfür liegt in der starken Institutionalisierung von Berufen bzw. des beruflichen Ausbildungssystems. Diese drückt sich in qualifikationsspezifischen Marktchancen, aber häufig auch in formalen Zugangskriterien aus. Der öffentliche Dienst beispielsweise hat insbesondere bei den Beamtenlaufbahnen klare qualifikationsbasierte Zulassungsregeln.

Eine wesentliche Integrationsleistung erbringen Bildung und Ausbildung auch für erfolgreich qualifizierte Personen mit Migrationshintergrund, ohne vorhandene Benachteiligungen – wie sie sich insbesondere in mangelhaften Sprachkenntnissen ausdrücken – vollständig ausgleichen zu können (Seibert/Solga 2005; Kalter 2006). Hier zeigt sich allerdings auch, dass Bildungs- und Ausbildungsabschlüsse nicht universell verwendbar sind, sondern dass für den Zugang zum (deutschen) Arbeitsmarkt vor allem einheimische Bildungsabschlüsse wichtig sind (Konietzka/Kreyenfeld 2001).

Geringqualifizierte, also jene Personen, welche die Mindeststandards von Schul- und Ausbildungsabschlüssen nicht erfüllen, stehen vor besonderen Problemen (Troltsch et al. 1999; Allmendinger/Dietrich 2003). Für sie wird gerade die „Normalitätserwartung" des Ausbildungserwerbs selbst zum Problem (Solga 2005). Zum anderen führt offensichtlich gerade die relative Stabilität der Verknüpfung von Qualifikation und Arbeitsmarkt zu verlängerten Übergangsbiografien, wenn es erforderlich ist, ganz bestimmte Qualifikationen unter allen Umständen – also auch unter Inkaufnahme längerer Wartezeiten – zu erwerben, um ein bestimmtes berufliches Niveau zu erreichen. Nicht zuletzt ist die Phase des Übergangs zwischen Schule und Arbeitsmarkt daher seit den 1980er ein zeitlich ausgedehnter Prozess geworden (vgl. Mayer 2004). Die Komplexität der Muster des Übergangs zwischen Schule und Beruf geht oft mit einer beträchtlichen zeitlichen Ausdehnung der Übergangsphasen einher. Die soziale Integration ins Erwerbsleben (und damit auch ins „Erwachsenenleben" insgesamt) erfolgt verzögert.

Bildung und Partnerwahl: Die soziale Bedeutung des Bildungserwerbs geht weit über den Arbeitsmarkt hinaus. So sind etwa Partnerschaftsformierung und Bildung eng verbunden. Diese Verbindungen betreffen sowohl die Wahrscheinlichkeit und den Zeitpunkt, dauerhafte Partnerschaften und Ehen einzugehen (Diekmann 1990; Blossfeld/Huinink 1991), wie auch das Phänomen der *selektiven Partnerwahl*, also die Muster, in denen bestimmte Individuen mit ähnlichem Bildungs- bzw. Statushintergrund als (Ehe-)Partner zusammenfinden. In der Gesellschaft hat es stets eine Tendenz zu *sozialer Homogamie* in dem Sinn gegeben, dass Partnerschaften und Ehen von Partnern mit ähnlichen soziologischen Charakteristiken eingegangen werden. Diese Zusammenhänge haben sich jedoch historisch verändert, und insbesondere Bildung hat als Merkmal sozialer Homogamie in den letzten Jahrzehnten an Relevanz gewonnen (Mare 1991; Klein 1998; Wirth 2000). Allerdings haben sich auch die Mechanismen gewandelt, welche zu diesem Ergebnis führen. Im Zuge einer Individualisierung von Bildung(sentscheidungen) im Sinne der Orientierung am eigenen Lebensverlauf hat die partnerschaftsbezogene Motivation für (weibliche) Bildung, also der Bildungserwerb zum Zweck, eine „standesgemäße" Ehe eingehen zu können, praktisch an Bedeutung verloren. Auf der anderen Seite hat der indirekte Einfluss von Gelegenheitsstrukturen an Bedeutung gewonnen, die bestimmte Konstellationen in Paaren wahrscheinlicher machen. Auf der Makroebene lassen sich Gelegenheitsstrukturen in Form der aggregierten Verteilungen der Bildungsabschlüsse von Männern und Frauen als potenziellen Partnern ausdrücken: Selbst wenn Partner zufällig zusammenfänden, würden diese Verteilungen dazu führen, dass bestimmte Partnerkonstellationen häufiger als andere sind. Mit der zunehmenden Angleichung des männlichen und weiblichen Bildungsverhaltens hat die Wahrscheinlichkeit bildungsbezogener Homogamie (statistisch) zugenommen. Auf der Mikroebene sozialen Handelns beeinflussen Bildungsinstitutionen die Paarbildung dadurch, dass sie konkrete Individuen miteinander in Kontakt bringen. Empirisch gesehen nimmt die Bildungshomogamie zu, je länger die potenziellen Partner im Bildungssystem verbleiben, da die jeweils noch verbleibende Menge zunehmend homogener wird (vgl. Blossfeld/Timm 2003). Hinzu kommt die Beeinflussung der individuellen Präferenzen. Soziale Homogamie geht mit sozialen Unterschieden im Heiratsverhalten einher. So findet sich ein besonders großes „Risiko", unverheiratet zu bleiben, bei den Gruppen der unqualifizierten Männer und der hoch qualifizierten Frauen.

Bildung und Familienbildung: Bildungs- bzw. Statusgruppen unterscheiden sich darüber hinaus hinsichtlich ihres generativen Verhaltens, und es zeigen sich teilweise Unterschiede im *Niveau*, vor allem aber auch im *Zeitpunkt* der Fertilität (Blossfeld/Jaenichen 1990; Brüderl/Klein 1991; Liefbroer/Corijn 1999). Deutlich ist insbesondere der Zeiteffekt: gerade akademisch Qualifizierte bekommen ihre Kinder relativ spät. Generell haben nur wenige junge Erwachsene Kinder, so lange sie sich im Bildungssystem befinden. Die lange Dauer der akademischen Ausbildung in Deutschland inklusive vorangehender Episoden von Bildung, Wehrdienst, Wartezeiten usw. führen zu einem relativ hohen Alter beim Abschluss und damit wiederum zu einem Aufschub der Familiengründung.

Weitere Zusammenhänge mit Bildungsprozessen betreffen beispielsweise die soziale und politische Beteiligung, Gesundheit und Krankheit bzw. das Gesundheits- und Risikoverhalten und schließlich die individuelle Lebenserwartung (Lampert 2006; Richter/Hurrelmann 2006; Becker 1998). Insgesamt unterstreichen diese Befunde die Bedeutung von Bildungsprozessen für die Prägung von Lebensverlaufsmustern. In der Verbindung von Multidimensionalität und Stabilität dieser Bildungseffekte kommt ihnen ein nennenswertes Potenzial an sozialer In- und Exklusion zu.

2.2 Erklärung von Bildungskonsequenzen

Wie lassen sich derartige Bildungseffekte erklären? In den voran stehenden Ausführungen wurde bereits deutlich, dass die unmittelbare Interpretation solcher Bildungskonsequenzen als kausale Effekte erworbener Kompetenzen – wie dies häufig alltagstheoretisch geschieht – oft nicht angemessen ist. Tatsächlich können sie auf ganz verschiedene Dimensionen von Bildung zurückgehen. So werden durch Bildungszertifikate immer auch Signale gesetzt, welche unter Bedingungen informationeller Unsicherheit relative Wettbewerbsvorteile ermöglichen (Spence 1973). Hinzu kommen Wirkungsmechanismen wie insbesondere *lebenszeitbezogene Effekte* (beispielsweise das Verschieben von Ereignissen im Lebensverlauf als Folge des Zeitbedarfs für Ausbildungen), ermöglichte *soziale Kontakte und Veränderungen in sozialen Umwelten* (soziale Interaktionen, die im Rahmen von Bildungsaktivitäten stattfinden oder durch diese nahe gelegt werden, etwa die Bekanntschaft mit potenziellen Partnern), oder die *unmittelbare Veränderung von Präferenzen* der Individuen bzw. ihre *kognitive Prägung*.

Empirisch ist die exakte Bestimmung von Bildungseffekten oft schwierig – und zwar nicht nur hinsichtlich ihrer Wirkweise, sondern bereits hinsichtlich ihrer Größe oder gar Existenz. Die Wissenschaft verfügt häufig nur über Informationen über einfache statistische Zusammenhänge von sozialen Phänomenen mit Bildung („bestimmte Bildungsgruppen zeigen tendenziell bestimmte Verhaltensweisen"). Dies kann als kausaler Effekt interpretiert werden („Bildung führt zu diesen Verhaltensweisen"), aber auch als Kompositionseffekt. Dies würde bedeuten, dass unterschiedliche Bildungsgänge tendenziell von Menschen mit systematisch unterschiedlichen Merkmalen durchlaufen werden („Bestimmte Merkmale und Verhaltensweisen führen zu bestimmter Bildung") und dass diese Merkmale auch für die anschließend beobachteten Verhaltensunterschiede verantwortlich sind. Die Bildungsteilnahme selbst muss dabei keinen Effekt auf dieses Verhalten haben; im Extremfall würden die betreffenden Menschen genau dasselbe Verhalten zeigen (bzw. eine bestimmte berufliche Position erreichen oder auch über bestimmtes Wissen verfügen), auch wenn sie diese Bildungsphasen nicht durchlaufen hätten. Solche Kompositionseffekte können durch Selektionen im Bildungssystem herbeigeführt werden (etwa wenn für bestimmte Bildungsgänge nach Fähigkeiten ausgewählt wird), oder sie können Ergebnis von „Selbstselektion" sein (bestimmte Menschen wählen von sich aus tendenziell bestimmte Bildungsgänge), und in beiden Fällen kann dies entweder bewusst oder latent geschehen. Es ist auch möglich, dass es gar keinen kausalen Zusammenhang zwischen Bildung und dem betreffenden Verhalten gibt: Drittvariablen (beispielsweise der Gesundheitszustand) könnten dann sowohl das Bildungsniveau als auch die betreffenden Verhaltensweisen beeinflussen. Bessere Ergebnisse können durch die empirische Messung relevanter Bildungsdimensionen (etwa Kompetenzen) und die Verwendung von Längsschnittdaten erzielt werden, die auch in der soziologischen Forschung zunehmend zum Einsatz kommen.

Schließlich handelt es sich bei den hier beschriebenen Bildungseffekten (wie bei den meisten empirischen Angaben) um inter-individuelle Effekte. Daraus sind nicht umstandslos entsprechende kollektive Effekte in dem Sinne abzuleiten, wie sich Veränderungen in der Bildungsverteilung auf gesamte Gesellschaften auswirken. In diesem Sinne ist auch das gesamte gesellschaftliche Inklusions- bzw. Exklusionspotenzial von Bildung nicht unbedingt an der Verteilung von Individualmerkmalen ablesbar; so kann ein verändertes kollektives Bildungsniveau etwa „günstigere Inklusionsverhältnisse" für alle schaffen, Motor gesellschaftlicher Veränderung sein (etwa der Geschlechterverhältnisse) oder auch die Grundlage der Wettbewerbsfähigkeit von Volkswirtschaften, welche wiederum die Verfügbarkeit kollektiver Ressourcen sicherstellt. Allerdings sind solche Kontexteffekte besonders schwierig zu messen bzw. Bildungsprozessen eindeutig zuzurechnen.

Ungeachtet der methodischen Schwierigkeiten einer exakten Kausalanalyse bleiben die mit Bildung (zumindest deskriptiv) einher gehenden sozialen Zusammenhänge, wie sie sich innerhalb von Gesellschaften zeigen, beachtlich. Sie werfen unmittelbar die Frage nach den Mechanismen des Bildungszugangs bzw. der Bildungsverteilung auf.

3. In- und Exklusion beim Bildungszugang

3.1 Soziale Ungleichheiten beim Bildungszugang

Fragen sozialer Bildungsungleichheit gehören zu den Kernfragen der Bildungssoziologie. Verschiedene Dimensionen sozialer Bildungsungleichheit wurden seit der unmittelbaren Nachkriegszeit in nennenswertem Umfang abgebaut. In der bundesdeutschen Bildungsdiskussion der 1960er Jahre firmiert noch das „Katholische Arbeitermädchen vom Lande" als idealtypische Verkörperung der zentralen Ungleichheitsdimensionen beim Bildungszugang. Religionsbezogene, regionale und in vielen Bereichen geschlechtsbezogene Ungleichheiten der Bildungsbeteiligung haben sich seither deutlich reduziert.

Im Hinblick auf *Geschlechterunterschiede* sind in den Sekundarschulen Mädchen seit den 1980er Jahren klar im Vorteil, wenn man Indikatoren wie Quoten des Gymnasialbesuchs oder Schulabbruchs zu Grunde legt (Diefenbach/Klein 2002). Die relativ größte „weibliche Bildungsexpansion" hat im Bereich der Berufsausbildung stattgefunden: während in der unmittelbaren Nachkriegszeit nur eine Minderheit der Frauen über einen beruflichen (oder akademischen) Ausbildungsabschluss verfügte, ist es heute die große Mehrheit, und in der Hochschulausbildung herrscht heute annähernd Gleichstand zwischen den Geschlechtern (Konsortium Bildungsberichterstattung 2006). Gleichwohl besteht sowohl im Bereich Berufsbildung als auch an den Hochschulen weiterhin eine starke und relativ konstante Geschlechtersegregation nach gewählten Berufen bzw. Studienfächern. Sie drückt sich zum Teil auch in einer institutionellen Differenzierung aus, beispielsweise der Konzentration (vollzeit-)schulischer Berufsausbildungen in Frauenberufen. Im stark beruflich strukturierten Arbeitsmarkt bleiben die Effekte geschlechtsspezifischer Selektivität der Berufswahl über die Ausbildung hinaus langfristig erhalten.

Als besonders persistent haben sich *herkunftsbezogene Ungleichheiten* erwiesen (vgl. Becker/Lauterbach 2007). Aus zahlreichen sozialwissenschaftlichen Studien ist der Zusammenhang zwischen sozialer Herkunft (insbesondere dem Einkommens- und v. a. dem Bildungsniveau der Eltern) und der Bildungsbeteiligung bzw. den erworbenen Bildungsabschlüssen bekannt, und nicht zuletzt die internationalen Schulleistungsstudien wie PISA haben dies wieder in die öffentliche Wahrnehmung gerückt. Die genaue Größenordnung dieser Unterschiede hängt jeweils stark von konkreten Vergleichsgruppen und den verwendeten Maßen ab, doch sind die Unterschiede stets deutlich. Unter den Angehörigen der westdeutschen Geburtskohorte 1964 etwa ist der Anteil der Universitätsabsolventen bei den Kindern von Eltern mit Hochschulreife rund sechsmal so hoch wie unter den restlichen Kohortenmitgliedern (Hillmert/Jacob 2008). Während herkunftsbezogene Ungleichheiten im Prinzip international gelten, ist das Ausmaß in Deutschland vergleichsweise groß. Für die Nachkriegszeit gibt es Hinweise auf einen deutlichen Rückgang herkunftsbezogener Ungleichheiten (Schimpl-Neimanns 2000), doch lässt sich dies für die letzten beiden Jahrzehnte nicht bestätigen. Erst in jüngerer Zeit stärker in den Blickpunkt gerückt sind die geringen Bildungschancen von Kindern mit Migrationshintergrund (Deutsches PISA-Konsortium 2001).

Der Einfluss der sozialen Herkunft variiert auch im Lebensverlauf. Empirisch belegt eine Reihe von Studien die *Verringerung* der Bedeutung des Familienkontextes bei späteren Übergängen: Beim Übergang nach der Grundschule in einen der weiterführenden Schulzweige ist der Herkunftseffekt am stärksten, bei der Aufnahme einer beruflichen Ausbildung bzw. eines Studiums dagegen deutlich schwächer (Müller/Haun 1994; Henz/Maas 1995). Allerdings gibt es nennenswerte Fluktuationen dazwischen, und im Hinblick auf die Bildungsergebnisse einer Kohorte nimmt die soziale Differenzierung im Lebensverlauf eher zu (Hillmert/Jacob 2008). So gibt es zwar verschiedene institutionalisierte Möglichkeiten zur Korrektur und Revision der ersten Bildungsentscheidung, diese „zweiten Chancen" führen aber nicht zu einem Ausgleich sozial unterschiedlicher Beteiligung, sondern sind eher noch ungleichheitsverstärkend. Auch eine erhöhte Durchlässigkeit von Bildungsgängen bedeutet offensichtlich nicht unmittelbar einen Chancenausgleich, sondern zunächst nur, dass individuelle Entscheidungen und Eigenschaften (Ressourcen, Präferenzen) ein relativ größeres Gewicht bekommen. Auch bei höher qualifizierenden beruflichen Aus- und Weiterbildungen wird beobachtet, dass junge Erwachsene mit höher gebildeten Eltern deutlich häufiger teilnehmen (Schömann/Becker 1995; Jacob 2004).

Bildung hat damit als Mechanismus der Statustransmission seit der Nachkriegszeit keineswegs an Bedeutung verloren (vgl. Mayer/Blossfeld 1990). Die verfügbaren Befunde legen vielmehr die Interpretation nahe, dass sich fundamentale soziale Differenzierungen weiterhin deutlich in Bildungszugang und Bildungsergebnissen ausdrücken und sich damit Differenzierungslinien der sozialen In- und Exklusion langfristig verfestigen. Wenngleich die Lebensverlaufsforschung immer erst mit einer gewissen Zeitverzögerung empirische Befunde präsentieren kann, so dürfte – jenseits eng definierter „Bildungsrenditen" – die gesamtgesellschaftliche Bedeutung von Bildungsprozessen in den letzten beiden Jahrzehnten noch zugenommen haben. Dabei verweist die soziologische Perspektive auch in Bezug auf den Bildungszugang auf die Bedeutung der Verbindung unterschiedlicher Lebensbereiche. Dies ist auch deshalb bemerkenswert, weil sich öffentliche Debatten, etwa im Anschluss an die Ergebnisse der großen Schulleistungsstudien, im Gegensatz dazu meist auf mögliche Ursachen *innerhalb* des Bildungssystems konzentriert haben.

3.2 Erklärungen für die Reproduktion sozialer Ungleichheiten über Bildung

Entlang der Bildungslaufbahn lassen sich „primäre" und „sekundäre" Effekte sozialer Ungleichheiten (Boudon 1974) unterscheiden: Erstere beziehen sich auf Leistungsunterschiede, welche bereits vor einem bestimmten Übergang (und insbesondere: bereits beim ersten Eintritt in das Bildungssystem) vorliegen. Letztere beziehen sich auf ein sozial unterschiedliches Übergangsverhalten, das sich selbst dann zeigt, wenn leistungsgleiche Personen verglichen werden. Diese Übergänge sind insbesondere der Gegenstand soziologischer Analysen gewesen. Die Unterscheidung zwischen primären und sekundären Effekten sozialer Selektivität erlaubt zumindest eine analytische Zurechnung der Ungleichheitsentwicklung zu bestimmten Entwicklungsphasen bzw. Übergängen und auch zu bestimmten Akteuren und Institutionen (Hillmert 2007). So geht beispielsweise die hohe soziale Selektivität, die sich in der Gruppe der Universitätsabsolventen zeigt, bereits zu einem großen Teil auf eine vorgelagerte Bildungsstufe, den Gymnasialbesuch, zurück, während der Zugang zu den Universitäten selbst nur in relativ geringem Ausmaß sozial selektiv ist. Ein weiterer Aspekt ist die Lebensverlaufsentwicklung von Kompetenzen, etwa im Sinne von Multiplikatoreffekten früher Bildung (Cunha et al. 2005), die ökonomisch und politisch gewendet zu Plädoyers für einen Ressourcentransfer in Richtung Frühförderung geführt haben.

Verschiedene Ansätze zur Modellierung von (rationalen) Bildungsentscheidungen sind sich in ihrer Spezifikation ähnlich. Das Grundmodell von Breen/Goldthorpe (1997) beschreibt vereinfachte Entscheidungssituationen, in denen zwischen zwei Alternativen gewählt werden muss: dem Verbleib im oder dem Verlassen des Schulsystems. Klassenspezifische Unterschiede im Entscheidungsverhalten lassen sich durch die Annahme des Bestrebens nach *Statuserhalt* aus Sicht der entscheidenden Eltern erklären. Eltern höherer Klassen versuchen, ihren Kindern über einen entsprechend hohen Bildungsabschluss, also dem relativ langen Verbleib im Schulsystem, einen Zugang zu höheren Positionen zu ermöglichen. Eltern aus mittleren und unteren Klassen begnügen sich für ihre Kinder mit mittleren Positionen am Arbeitsmarkt, wofür ein relativ geringes Bildungsniveau ausreicht. Dieses Bildungsniveau ist aber nicht nur ausreichend zum Statuserhalt, sondern auch die „sicherere" Alternative zum Erreichen mittlerer Positionen. Die *Vermeidung von Risiko* wird in diesem Modell zum zentralen Mechanismus der Bildungsungleichheit. Die Sozialschichten unterscheiden sich nicht „an sich" in ihrem Entscheidungsverhalten, sondern in den strukturellen Ausgangsbedingungen hierfür: Sie haben unterschiedlich große Abstiegsrisiken und unterschiedliche Erfolgswahrscheinlichkeiten. Aufgrund günstigerer Förderumgebungen sind Mittelschichtkinder bereits bei Schuleintritt tendenziell leistungsstärker und haben eine größere Erfolgswahrscheinlichkeit als Kinder aus unteren Schichten („primärer Herkunftseffekt"). Außerdem bedeutet eine ungleiche Ausstattung mit Ressourcen unterschiedliche (relative) Kosten der Bildungsteilnahme. All dies führt im Ergebnis dazu, dass für die Akteure aus verschiedenen Sozialschichten unterschiedliche Entscheidungen wahrscheinlich sind („sekundärer Herkunftseffekt"), die über die späteren Abschlüsse und den Arbeitsmarkt letztlich wieder zu unterschiedlicher sozialer Positionierung führen. Wichtig ist hierbei, dass die wesentlichen Bestimmungsgründe für sozial selektive Bildungsübergänge *außerhalb* des Bildungssystems zu verorten sind. Bildungsentscheidungen sind langfristige Entscheidungen, die unter großer Unsicherheit getroffen werden, und die langfristigen individuellen Perspektiven in der Gesellschaft spielen eine große Rolle für die Bewertung von Erfolgsaussichten und Erträgen. Dies lässt sich etwa auch an der Situation von Migranten veranschaulichen.

Alternative Erklärungsansätze im Anschluss an Pierre Bourdieu (Bourdieu/Passeron 1971) betonen hingegen die aktive Rolle des Bildungssystems bei der Konstruktion sozialer Ungleichheiten. Danach übersetzen sich unterschiedliche objektive Lebensbedingungen verschiedener sozialer Klassen in einen unterschiedlichen Habitus, welcher mit den Standards des Bildungssystems jeweils mehr oder weniger kompatibel ist. Es handelt sich dabei nicht um universelle Standards, die per se „vernünftiger" oder für das Bildungssystem prinzipiell geeigneter wären, sondern um den Ausdruck der Werte der mächtigen Klassen. Die Situation von Kindern mit unterschiedlicher sozialer Herkunft im Bildungssystem stellt sich damit grundverschieden dar. Während Kinder aus gehobenen Verhältnissen bereits beim Eintritt ins Bildungssystem mit den dortigen Bildungsgütern und akzeptierten („legitimen") Verhaltensweisen im Prinzip vertraut sind und sie als selbstverständlich erleben, erfahren Kinder aus unteren sozialen Schichten den Wechsel der jeweils geltenden kulturellen Verhaltensweisen in ihrer Umgebung als dramatischen Einschnitt. Besser gestellte Familien kennen sich zudem i. d. R. besser mit verschiedenen Bildungswegen und Möglichkeiten aus. Schließlich werden die Schüler von den Lehrern, welche ebenfalls tendenziell am legitimen Geschmack orientierte Sozialisationsprozesse durchlaufen haben und die herrschenden Normen vertreten, unterschiedlich behandelt und bewertet – und auch dies erfolgt i. d. R. nicht absichtlich, sondern im Sinne eines „heimlichen Lehrplans" unbewusst. Sowohl durch die unterschiedlichen Verhaltensweisen der Lernenden als auch durch selektive Wahrnehmungen und Bewertungsschemata der Lehrer entstehen unterschiedliche Bildungsergebnisse. Die *soziale Reproduktion* über das Bildungssystem ergibt sich somit zum einen aus den unterschiedlichen Voraussetzungen der Individuen aus unterschiedlichen sozialen Klassen, zum anderen aus der unterschiedlichen Definitionsmacht dieser Klassen über die im Bildungssystem geltenden Standards und Bewertungsschemata. Durch beide Prozesse werden die Machtverhältnisse in der Gesellschaft aufrechterhalten. Chancengleichheit und Leistungsgerechtigkeit sind demnach eine Illusion. Da die Pädagogik dies oft nicht erkennt bzw. die sozialen Unterschiede verschleiernd als Ausdruck individueller Leistung interpretiert, kommt ihr dabei nach Bourdieu noch eine zusätzliche ideologische Funktion zu.

Wichtig für die Beurteilung der längerfristigen In- und Exklusionswirkungen von Bildung ist die Berücksichtigung der zeitlichen Dimension bzw. die Dynamik der Effekte im Lebensverlauf. Dies betrifft zunächst die *intra-generationale* Dimension, also den individuellen Lebensverlauf. Endogene Zusammenhänge in Lebensverläufen führen zu tendenziell langfristiger Inklusion und Exklusion. Ursachen hierfür sind zum einen Stabilitäten in individuellen Fähigkeiten oder dauerhaften sozialen Differenzen in den familialen und sozialen Umwelten. Darüber hinaus gibt es pfadartige Entwicklungen, welche letztlich die Ungleichheit stabilisieren. Hierzu zählen unterschiedliche Kompetenzentwicklung (insbesondere durch unterschiedlich gute Förderung in den einzelnen Bildungszweigen) und die Kumulation von formalen Bildungstiteln. Gerade im deutschen Bildungssystem gelten an verschiedenen Stellen formalisierte Zugangsbedingungen, und vorhandene oder fehlende Qualifikationen können Zugänge ermöglichen oder dauerhaft erschließen. Schließlich ergeben sich Zusammenhänge auch durch ähnliches individuelles bzw. elterliches Entscheidungsverhalten bei aufeinander folgenden Bildungsübergängen.

Neben der Lebensverlaufsdimension bilden Prozesse *inter-generationaler Mobilität* die andere wesentliche zeitliche Dimension sozialer In- und Exklusion durch Bildung. Die Forschungen zu herkunftsbezogenen Bildungschancen stellen soziale Verbindungen zwischen mehreren Generationen her, die über Bildungsprozesse vermittelt werden. Solche Prozesse lassen sich auch als Dynamik der sozialen Positionen innerhalb einer Gesellschaft bzw. als langfristige soziale Reproduktionsprozesse interpretieren. Analysen zum Ausmaß sozialer Ungleichheit beim Bildungserwerb und zu ihren Konsequenzen auf dem Arbeitsmarkt können im Anschluss an einfache Modelle des Statuserwerbs zusammengefasst werden (Konzept des *status attainment*, vgl. etwa Blau/Duncan 1967). Statusreproduktionen werden danach unterschieden, ob sie über das Bildungssystem vermittelt werden oder nicht. Bei enger Verknüpfung von sozialer Herkunft und Bildungserwerb einerseits und formalen Qualifikationen und beruflichen Positionen andererseits übersetzen sich soziale Ungleichheiten über das Bildungssystem in Ungleichheiten im Beschäftigungssystem. Damit kommt es insgesamt zu einer „Vererbung" sozialer Ungleichheiten zwischen den Generationen.

4. Historische Veränderung durch die Bildungsexpansion

Bildungsinstitutionen stellen vielfache Gelegenheiten zu sozialer Interaktion bereit und können damit bereits intern gesellschaftlich integrativ wirken. Dies gilt insbesondere dann, wenn diese Gelegenheiten dauerhaft sind und ganz unterschiedliche soziale Gruppen beteiligt sind. Im stark gegliederten deutschen Bildungssystem entspricht allerdings im Wesentlichen nur die (relativ kurze) Phase der gemeinsamen Grundschule dem Modell der sozialen Durchmischung, während die späteren Phasen mehr oder weniger sozial selektiv sind.

Die Bildungsexpansion seit der Nachkriegszeit hat zu einer zunehmenden Beteiligung an höheren Bildungsgängen und damit zu einer deutlich längeren mittleren Dauer von Bildungsprozessen geführt. Die große Mehrzahl junger Menschen verlässt das Bildungssystem heute mindestens auf dem höheren Sekundarniveau (vgl. Konsortium Bildungsberichterstattung 2006; Cortina et al. 2008). Wenngleich die tertiäre Bildung in Deutschland weiterhin vergleichsweise gering ausgeprägt ist, so hat zwischen den Geburtskohorten um 1920 und 1971 das mittlere Alter der westdeutschen Männer beim (ersten) Bildungsabschluss von rund 18 Jahren auf rund 21 Jahre zugenommen (Hillmert 2005); die Entwicklung bei den jungen Frauen ist diesem Trend zunehmend gefolgt. Gleichzeitig hat die Zahl von Menschen ohne Schulabschluss bzw. Ausbildung kontinuierlich abgenommen. Diese „Breitenwirkung" von Bildung im Sinne zunehmender Beteiligung kann durchaus als Zunahme der gesellschaftlichen „Integrationsleistung" gerade der gehobenen und höheren Bildungsinstitutionen verstanden werden. Diese allgemeine Diagnose sollte aber nicht den Blick auf relevante Differenzierungen und Umschichtungen innerhalb des Bildungssystems im Zuge der Bildungsexpansion verstellen. So haben andere Teile des Bildungssystems ihre traditionelle Integrationsfunktion eingebüßt. Dies gilt beispielsweise für die Volksschule, die im Zuge einer Differenzierung von Bildungswegen nicht mehr die Regelschule, sondern in Gestalt der Hauptschule (wenn überhaupt) nur noch eine Schulform unter vielen darstellt, welche zudem mit besonderen Herausforderungen konfrontiert ist. Ähnliches gilt für größere Bereiche der nicht-akademischen beruflichen Bildung. Ein Indikator hierfür ist die Herausbildung eines ausgedehnten Übergangssystems für Schulabgänger, bestehend aus Angeboten der Nachqualifizierung und Berufsvorbereitung, welche aber nicht zu einem Berufsabschluss führen, aus Maßnahmen der Jugendhilfe und Warteschleifen. In diesem Phänomen drückt sich eine Unterversorgung mit regulären Ausbildungsmöglichkeiten gerade für Schulabgänger mit niedrigen Abschlüssen aus. So findet gegenwärtig nur eine Minderheit von Hauptschulabgängern eine Lehrstelle im dualen System, während die Mehrheit von ihnen ins Übergangssystem übergeht (Konsortium Bildungsberichterstattung 2006).

Hinsichtlich der *Zugangschancen* zu Bildung hat, wie erwähnt, zumindest bis in die siebziger Jahre, ein Abbau von sozialen Zugangsbarrieren stattgefunden. Hinzu kommen Veränderungen „unter der Oberfläche" formaler Bildungsstrukturen, wie sie sich in der Kombination von mehreren Bildungsgängen und einer tendenziellen Entkopplung von Schulformen und Abschlüssen zeigen (Schuchart/Maaz 2007).

Hinsichtlich der *Bildungskonsequenzen* auf dem Arbeitsmarkt hat sich in den letzten Jahrzehnten am längerfristigen Ertrag sowohl einer beruflichen Ausbildung wie gerade auch einer höheren, akademischen Ausbildung im Sinne des Schutzes vor Arbeitslosigkeit und des Erreichens höherer beruflicher Positionen vergleichsweise wenig geändert (Müller 1998; Becker/Hadjar 2006). Besonders ungünstig hat sich in den letzten Jahrzehnten die Situation der Geringqualifizierten ohne Berufsausbildung entwickelt. So ist ihre Arbeitslosenquote in Westdeutschland seit Ende der 1970er Jahre von rund 5 Prozent auf deutlich über 20 Prozent gestiegen; in Ostdeutschland liegt diese Quote noch weitaus höher (Reinberg/Hummel 2005).

Zu beachten ist allerdings, dass sich die betreffenden Qualifikationsgruppen im Laufe der Zeit verändert haben. Mit den quantitativen Verschiebungen zwischen den einzelnen Bildungszweigen und Bildungsniveaus, insbesondere der deutlichen Abnahme der Zahl der Geringqualifizierten, sind neue *Selektivitäten* bzw. Veränderungen in der Zusammensetzung der jeweiligen Teilnehmergruppen einer gegangen (Solga 2005). Die Situation der Minderheit, die weder ein hohes Leistungsniveau erreicht noch soziale Ressourcen mobilisieren kann, ist zunehmend prekär geworden, nicht zuletzt aufgrund möglicher Stigmatisierung. Während also große Teile der Menge bisher Chancenärmerer zumindest absolut Bildungsgewinne verzeichnen konnten, verschlechtert sich die relative Position einer Teilgruppe von ihnen signifikant. Insgesamt sind die Veränderungen hinsichtlich sozialer Inklusions- und Exklusionswirkungen im Zuge der Bildungsexpansion seit der Nachkriegszeit also als ambivalent zu beurteilen: einer deutlich gestiegenen Breitenwirkung auch bei früher benachteiligten sozialen Kategorien steht die besonders problematische Situation von weiterhin benachteiligten Bildungsgruppen gegenüber.

5. Exklusionspotenziale von Bildung und Möglichkeiten der Intervention

Individuelle Bildungsdefizite bergen in modernen Gesellschaften große Exklusionsrisiken. Inwiefern können diese durch eine geeignete Politik vermindert werden? Ist „präventive Sozialpolitik" in Form von Bildungsförderung (Gottschall 2004) möglich und sinnvoll? Auch wenn – wie oben dargestellt – oft einige Unsicherheit über die tatsächlich relevanten kausalen Prozesse besteht, so gilt doch als unstrittig, dass eine geeignete Bildungsförderung in konkreten Fällen das Risiko sozialer Exklusion deutlich verringern kann. Dies gilt insbesondere dann, wenn Bildungsphasen zum Chancenausgleich bzw. zur Kompensation von vorhandenen Risiken genutzt werden können. Voraussetzung hierfür sind eine individualisierte Förderung und ein offener Bildungszugang. Auch die leistungsgerechte Verteilung von Bildung kann (i. d. R. als kontrafaktisches Ideal) helfen, vorhandene Diskriminierungen (d.h. die oben erläuterten „sekundären" Herkunftseffekte) als solche aufzudecken und zu verringern. Allerdings bleibt gerade auch hier ein nennenswertes Exklusionspotenzial. Folgt man etwa Michael Young (2005), der pointiert die Utopie einer exakten gesellschaftlichen Positionszuweisung anhand gemessener Intelligenz entwirft, dann kann durchgesetzte Meritokratie zu besonders problematischen Formen der Ungleichheit führen – in diesem Fall verkörpert in wissenschaftlich bestätigter „Leistungsschwäche", welche keinen entschuldigenden Verweis auf unzulässige Diskriminierung erlaubt. Hauptgewinner einer strikten Anwendung von Leistungsprinzipien im Bildungssystem sind dann Leistungsstarke aus bislang diskriminierten Gruppen; Verlierer sind die Leistungsschwachen aus diesen

Gruppen. Eine Verbesserung für die „Mehrheit der Minderheit" geht auch hier tendenziell mit einer relativen Verschlechterung für die „verbleibende Minderheit" einher.

Entscheidend für den Erfolg einer auf Bildung basierenden Inklusionspolitik sind aber vor allem die *Folgen*, die sich an Bildungsprozesse knüpfen. Bei der Bewertung der Realisierungschancen bildungspolitischer Ziele sind zwei Arten von Bildungseffekten im sozialen Kontext zu unterscheiden. Einerseits kann Bildung zu *kollektiven* Verbesserungen führen oder *absolute individuelle* Vorteile gewähren, welche nicht mit den Erfolgen anderer rivalisieren. Dies gilt insbesondere im Hinblick auf den Erwerb von (Grund-)Kompetenzen. In solchen Fällen kann ein Mehr an Bildung tatsächlich eine Verbesserung für alle bedeuten (im Sinne einer „win-win-Situation", bei der kollektive und individuelle Ressourcen positiv zusammenwirken). Andererseits aber führt Bildung oft nur zu *relativen* Vorteilen in gegebenen kompetitiven Kontexten. In diesem Fall hat Bildung Merkmale eines *Positionsgutes* (Hirsch 1977; vgl. auch Thurow 1975), welches in seinem Nutzen nicht beliebig vermehrbar ist. Der Gewinn des einen rivalisiert also mit dem eines anderen. Im Extremfall liegt ein Nullsummenspiel vor: in dem Maße wie Bildung „Inklusionschancen" für die einen (die Erfolgreichen) bereitstellt, wirkt sie als Exklusionsmedium für die anderen. Die Unterscheidung zwischen rivalisierenden und nicht-rivalisierenden Aspekten von Bildung ermöglicht eine Abschätzung der erwartbaren Effekte einer steigenden Bildungsbeteiligung. Sind etwa hierarchisch definierte Positionen knapp, dann führt eine Expansion höherer Bildung nicht für alle zu höheren Erträgen bzw. es findet ein Bildungswettlauf statt, der die gleichen Erträge auf einem höheren Niveau des Ressourceneinsatzes ermöglicht. Anders ist die Situation im Falle von Erträgen, die mit Produktivitätszuwächsen verbunden sind, damit gleichsam eine Gegenfinanzierung enthalten und kollektiv ein höheres Wohlfahrtsniveau ermöglichen.

Die Trennlinie zwischen absoluten und relativen Erträgen ist institutionell gestaltbar. Im Hinblick auf soziale Exklusion im engeren Sinne erweisen sich vor allem zwei zusammenhängende Eigenschaften von Bildungsfolgen als problematisch: bildungsbezogene *Selektionen* und die *Kumulation* bzw. Aggregation von Ungleichheiten in verschiedenen Lebensbereichen. Die Folgen von Bildungs- und Leistungsunterschieden können fundamental unterschiedlich sein, je nachdem ob sich daran echte Auswahlen (*Selektionen*) innerhalb oder außerhalb des Bildungssystems knüpfen oder nur tendenzielle bzw. proportionale Belohnungsunterschiede. Bei ersteren werden „Gewinner" und „Verlierer" unterschieden: Der „Bessere" gewinnt, der „Schlechtere" geht leer aus. Prinzipiell können auch sehr kleine Unterschiede Grundlage dieser Aufteilung sein. Maßnahmen gegen absolute Bildungsarmut (Allmendinger 1999) werden damit durch solche Selektionsprozesse konterkariert, wenn etwa auch merkliche Leistungssteigerungen nicht ausreichen, um die Kategorie der „Verlierer" zu verlassen. Gerade unter solchen Selektionsbedingungen können sich im Zeitverlauf anfangs kleine Unterschiede schnell zu großen Ungleichheiten *akkumulieren*. Eine synchrone *Aggregation* ist dann der Fall, wenn Positionierungen in ganz unterschiedlichen Lebensbereichen auf ähnliche Auswahlprinzipien zurückgeführt werden. Empirisch gesehen ist Bildung tatsächlich eine Querschnittsvariable, die über Lebenschancen in verschiedenen Bereichen entscheidet. Bildungsarmut kann in diesem Sinne als Risikofaktor für (multiple) Exklusion verstanden werden. Die populäre Forderung nach Bildung als universaler („präventiver") Problemlösungsstrategie für das Leben in der „Wissensgesellschaft" reagiert auf solche Konzentrationsprozesse, unterstützt sie aber auch, insbesondere dann, wenn Bildung selbst als Selektionsinstanz gestärkt wird. Umgekehrt vermindert eine tendenzielle Abkopplung von (unterschiedlichen) Bereichen der Leistungserbringung – bzw. von Bereichen sozialer Anerkennung – von einer *gemeinsamen* Selektionslogik die Gefahr sozialer Exklusion. Auch hier gilt somit wieder, dass entscheidende Voraussetzungen für bildungspolitische Erfolge außerhalb des Bildungssystems liegen.

6. Fazit

Die in diesem Beitrag referierten exemplarischen Ergebnisse unterstreichen die zentrale Bedeutung von Bildungsdifferenzierungen für konkrete Lebenslagen und -entscheidungen. Lebensverlaufsmuster sind entlang des Erwerbs und der Verwendung formaler Qualifikationen differenziert und relativ stark endogen strukturiert. Es gibt deutliche Bildungs*konsequenzen* in verschiedenen Dimensionen des Lebensverlaufs, und viele dieser Konsequenzen sind sozial eindeutig bewertet. Bildungsprozesse stehen somit im Zentrum *kumulativer* lebensverlaufsbezogener Entwicklungen von sozialen Vorteilen und Nachteilen. Gleichzeitig sind aber auch wesentliche soziale Determinanten des Bildungs*zugangs* relevant geblieben, und auch diesbezüglich liegen endogene Zusammenhänge im Lebensverlauf vor, da auf früheren Stufen erworbene Bildungszertifikate häufig die notwendige Grundlage für spätere Bildungsaktivitäten bilden. Da Qualifikation und Arbeitsmarkt eng gekoppelt sind und die berufliche Erstplatzierung langfristige Konsequenzen für den weiteren Erwerbsverlauf hat, setzen sich soziale Differenzierungen von frühen Phasen an über den weiteren Lebensverlauf fort.

Nach den eingangs definierten Kriterien – Relevanz, enge Verknüpfungen und Stabilität – kommt Bildungsprozessen daher ein großes In-/Exklusionspotenzial zu. Dieses ist im Zuge der Bildungsexpansion seit der Nachkriegszeit eher noch größer geworden. Gerade für junge Frauen ist es seither zu einer tendenziellen Universalisierung des Bildungserwerbs bis zur höheren Sekundarbildung gekommen. Diese ist mit einer stärkeren Differenzierung der Bildungsverteilung zwischen Gering- und Hochqualifizierung einhergegangen. Schließlich haben auch die (zumindest subjektiv stark) zunehmende Unsicherheit von Erwerbsverläufen und die damit verbundene Hoffnung auf ausreichende Qualifizierung als „Sicherheitsnetz" zu einer relativen Aufwertung der Bedeutung von Bildung beigetragen.

Die Förderung von Bildung steht heute (wieder) auf der politischen Tagesordnung – wenn auch nicht immer mit entsprechender finanzieller Unterstützung, so doch als Absichtserklärung. Inwiefern kann man also von Bildung(sförderung) umfassende Integrationsleistungen erwarten? Zweifellos bestehen große Spielräume, die Effektivität und Effizienz des Bildungssystems und damit auch sein Integrationspotenzial zu steigern. Hierzu zählen die messbare Förderung von alltagsrelevanten Kompetenzen, eine individualisierte Lernförderung, der weitere Abbau von sozialen Bildungsungleichheiten sowie die Auflösung starrer Zuordnungen zwischen Bildungsgängen, Berechtigungen und Abschlüssen, so dass größere Teile der Bildungsteilnehmer ihre Fähigkeiten besser entfalten können.

Ob aber Bildungsinvestitionen, wie vielfach unterstellt, wirklich eine *universale* Lösung für Probleme sozialer Integration darstellen können, darf bezweifelt werden. „Bessere Bildung für alle" oder sogar nur „mehr Bildung" zu fordern, ist hierfür offensichtlich keine hinreichende Lösung. Zum einen hängt ein großer Teil der Inklusionswirkungen weniger von der formalen als vielmehr der faktischen Offenheit bzw. Durchlässigkeit des Bildungssystems ab. Diese wiederum entscheidet sich nur zu einem Teil innerhalb des Bildungssystems. Häufig sind es eher externe Voraussetzungen, die über Anreize und faktische Möglichkeiten des Bildungszugangs bestimmen. Zum anderen und vor allem aber entscheidet es sich an der Art der Folgen, ob Bildungsprozesse eher integrativ oder exklusiv wirken. Harte Selektionen und die Verknüpfung von Auswahlprinzipien in unterschiedlichen Lebensbereichen tragen dabei ein besonderes Potenzial sozialer Exklusion mit sich. In diesem Fall gehen gerade Bildungsprozesse, die in der großen Breite individuell erfolgreich verlaufen, mit dem Risiko einer Exklusion der verbleibenden Minderheiten einher.

Literatur

Allmendinger, Jutta, 1999: Bildungsarmut: Zur Verschränkung von Bildungs- und Sozialpolitik. Soziale Welt 50: S. 35-50.
Allmendinger, Jutta und Hans Dietrich, 2003: Vernachlässigte Potentiale? Zur Situation von Jugendlichen ohne Bildungs- und Ausbildungsabschluss. Berliner Journal für Soziologie 13: S. 465-476.
Becker, Gary S., 1964: Human capital: a theoretical and empirical analysis. New York: Columbia University Press.
Becker, Rolf, 1998: Bildung und Lebenserwartung in Deutschland. Eine empirische Längsschnittuntersuchung aus der Lebensverlaufsperspektive. Zeitschrift für Soziologie 27: S. 133-150.
Becker, Rolf und Andreas Hadjar (Hg.), 2006: Die Bildungsexpansion: erwartete und unerwartete Folgen. Wiesbaden: VS Verlag.
Becker, Rolf und Wolfgang Lauterbach (Hg.), 2007: Bildung als Privileg. Erklärungen und Befunde zu den Ursachen der Bildungsungleichheit. Wiesbaden: VS Verlag.
Blau, Peter M. und Otis D. Duncan, 1967: The American occupational structure. New York: Wiley.
Blossfeld, Hans-Peter und Johannes Huinink, 1991: Human capital investments or norms of role transition? How women's schooling and career affect the process of family-formation. American Journal of Sociology 97: S. 143-168.
Blossfeld, Hans-Peter und Ursula Jaenichen, 1990: Bildungsexpansion und Familienbildung. Wie wirkt sich die Höherqualifizierung der Frauen auf ihre Neigung zu heiraten und Kinder zu bekommen aus? Soziale Welt 41: S. 454-476.
Blossfeld, Hans-Peter und Andreas Timm, 2003: Who marries whom in West Germany? S. 19-35 in: dies. (Hg.): Who marries whom? Educational systems as marriage markets in modern societies. Boston: Kluwer Academic.
Boudon, Raymond, 1974: Education, opportunity, and social inequality. Changing prospects in Western society. New York: Wiley.
Bourdieu, Pierre und Jean-Claude Passeron, 1971: Die Illusion der Chancengleichheit: Untersuchungen zur Soziologie des Bildungswesens am Beispiel Frankreichs. Stuttgart: Klett.
Breen, Richard und John H. Goldthorpe, 1997: Explaining educational differentials. Towards a formal rational action theory. Rationality and Society 9: S. 275-305.
Brüderl, Josef und Thomas Klein, 1991: Bildung und Familiengründung: Institutionen- vs. Niveaueffekt. Zeitschrift für Bevölkerungswissenschaft 17: S. 323-335.
Bude, Heinz und Andreas Willisch (Hg.), 2006: Das Problem der Exklusion. Ausgegrenzte, Entbehrliche, Überflüssige. Hamburg: Hamburger Edition.
Cortina, Kai S. et al. (Hg.), 2008: Das Bildungswesen in der Bundesrepublik Deutschland. Strukturen und Entwicklungen im Überblick. Reinbek: Rowohlt.
Cunha, Flavio et al., 2005: Interpreting the Evidence on Life Cycle Skill Formation. NBER Working Paper No. 11331, Cambridge.
Davis, Kingsley und Wilbert E. Moore, 1945: Some principles of stratification. American Sociological Review 10: S. 242-249.
Deutsches PISA-Konsortium (Hg.), 2001: PISA 2000. Basiskompetenzen von Schülerinnen und Schülern im internationalen Vergleich. Opladen: Leske + Budrich.

Diefenbach, Heike und Michael Klein, 2002: „Bringing boys back in". Soziale Ungleichheit zwischen den Geschlechtern im Bildungssystem zuungunsten von Jungen am Beispiel der Sekundarschulabschlüsse. Zeitschrift für Pädagogik 48: S. 938-958.
Diekmann, Andreas, 1990: Der Einfluss schulischer Bildung und die Auswirkungen der Bildungsexpansion auf das Heiratsverhalten. Zeitschrift für Soziologie 19: S. 265-277.
Gottschall, Karin, 2004: Vom Statuserhalt zur Sozialinvestition? Erziehung und Bildung als Sozialstaatstransformation, Zeitschrift für Sozialreform 50: S. 126-147.
Henz, Ursula und Ineke Maas, 1995: Chancengleichheit durch die Bildungsexpansion? Kölner Zeitschrift für Soziologie und Sozialpsychologie 47: S. 605-633.
Hillmert, Steffen, 2001: Ausbildungssysteme und Arbeitsmarkt. Lebensverläufe in Großbritannien und Deutschland im Kohortenvergleich. Wiesbaden: Westdeutscher Verlag.
Hillmert, Steffen, 2005: From old to new structures: a long-term comparison of the transition to adulthood in West and East Germany. S. 151-173 in: Macmillan, Ross (Hg.): The structure of the life course: Standardized? Individualized? Differentiated? Advances in Life Course Research Vol. 9. Amsterdam: Elsevier.
Hillmert, Steffen, 2007: Soziale Ungleichheit im Bildungsverlauf: zum Verhältnis von Institutionen und Entscheidungen. S. 71-98 in: Becker, Rolf und Wolfgang Lauterbach (Hg.): Bildung als Privileg. Erklärungen und Befunde zu den Ursachen der Bildungsungleichheit. Wiesbaden: Verlag für Sozialwissenschaften.
Hillmert, Steffen und Marita Jacob, 2008: Selections and social selectivity on the academic track: A life-course analysis of educational attainment in Germany. Unveröff. Manuskript.
Hirsch, Fred, 1977: Social limits to growth. Cambridge: Harvard University Press.
Jacob, Marita, 2004: Mehrfachausbildungen in Deutschland: Karriere, Collage, Kompensation? Wiesbaden: Verlag für Sozialwissenschaften.
Kalter, Frank, 2006: Auf der Suche nach einer Erklärung für die spezifischen Arbeitsmarktnachteile von Jugendlichen türkischer Herkunft. Zeitschrift für Soziologie 35: S. 144-160.
Klein, Thomas, 1998: Entwicklung und Determinanten der bildungsbezogenen Partnerwahl. Zeitschrift für Bevölkerungswissenschaft 23: S. 123-149.
Konietzka, Dirk, 1999: Ausbildung und Beruf. Die Geburtsjahrgänge 1919-1961 auf dem Weg von der Schule in das Erwerbsleben. Opladen: Westdeutscher Verlag.
Konietzka, Dirk und Michaela Kreyenfeld, 2001: Die Verwertbarkeit ausländischer Bildungsabschlüsse. Das Beispiel der Aussiedler auf dem deutschen Arbeitsmarkt. Zeitschrift für Soziologie 28: S. 379-400.
Konsortium Bildungsberichterstattung (Hg.), 2006: Bildung in Deutschland. Ein indikatorengestützter Bericht mit einer Analyse zu Bildung und Migration. Bielefeld: Bertelsmann.
Kronauer, Martin, 2003: Exklusion. Die Gefährdung des Sozialen im hochentwickelten Kapitalismus. Frankfurt/Main: Campus.
Lampert, Thomas, 2006: Schichtspezifische Unterschiede im Gesundheitszustand und Gesundheits-verhalten. Berlin: Berliner Zentrum für Public Health.
Lauer, Charlotte und Victor Steiner, 2000: Returns to education in West Germany: an empirical assessment. ZEW Discussion Paper 00-04.
Liefbroer, Aart C. und Martine Corijn, 1999: Who, what, where, and when? Specifying the impact of educational attainment and labour force participation on family formation. European Journal of Population 15: S. 45-75.
Mare, Robert D., 1991: Five decades of educational assortative mating. American Sociological Review 56: S.15-32.
Mayer, Karl Ulrich, 2001: Lebensverlauf. S. 446-460 in: Schäfers, Bernhard und Wolfgang Zapf (Hg.): Handwörterbuch zur Gesellschaft Deutschlands. Opladen: Leske + Budrich.
Mayer, Karl Ulrich, 2004: Unordnung und frühes Leid? S. 201-213 in: Hillmert, Steffen und Karl Ulrich Mayer (Hg.): Geboren 1964 und 1971 – Neuere Untersuchungen zu Ausbildungs- und Berufschancen in Westdeutschland. Wiesbaden: Verlag für Sozialwissenschaften.
Mayer, Karl Ulrich und Hans-Peter Blossfeld, 1990: Die gesellschaftliche Konstruktion sozialer Ungleichheit im Lebensverlauf. S. 297-318 in: Berger, Peter A. und Stefan Hradil (Hg.): Lebenslagen, Lebensläufe, Lebensstile. Soziale Welt, Sonderband 7. Göttingen: Schwartz.
Mincer, Jacob, 1974: Schooling, experience and earnings. New York: Columbia University Press.
Müller, Walter, 1998: Erwartete und unerwartete Folgen der Bildungsexpansion. Kölner Zeitschrift für Soziologie und Sozialpsychologie. Die Diagnosefähigkeit der Soziologie. Sonderheft 38: S. 81-112.
Müller, Walter und Dietmar Haun, 1994: Bildungsungleichheit im sozialen Wandel. Kölner Zeitschrift für Soziologie und Sozialpsychologie 46: S. 1-42.
Parsons, Talcott, 1968: Die Schulklasse als soziales System. S. 161-193 in: Parsons, Talcott: Sozialstruktur und Persönlichkeit. Frankfurt/Main: Europäische Verlagsanstalt.

Reinberg, Alexander und Markus Hummel, 2005: Höhere Bildung schützt auch in der Krise vor Arbeitslosigkeit. IAB-Kurzbericht 9/2005.
Richter, Matthias und Klaus Hurrelmann (Hg.), 2006: Gesundheitliche Ungleichheit. Grundlagen, Probleme, Perspektiven. Wiesbaden: Verlag für Sozialwissenschaften.
Schimpl-Neimanns, Bernhard, 2000: Soziale Herkunft und Bildungsbeteiligung. Empirische Analysen zu herkunftsspezifischen Bildungsungleichheiten zwischen 1950 und 1999. Kölner Zeitschrift für Soziologie und Sozialpsychologie 52: S. 636-669.
Schömann, Klaus und Rolf Becker, 1995: Participation in Further Education over the Life Course: a longitudinal study of three birth cohorts in the Federal Republic of Germany. European Sociological Review 11: S. 187-208.
Schuchart, Claudia und Kai Maaz, 2007: Bildungsverhalten in institutionellen Kontexten: Schulbesuch und elterliche Bildungsaspiration am Ende der Sekundarstufe I. Kölner Zeitschrift für Soziologie und Sozialpsychologie 59: S. 640-666.
Seibert, Holger und Heike Solga, 2005: Gleiche Chancen dank einer abgeschlossen Ausbildung? Zum Signalwert von Ausbildungsabschlüssen bei ausländischen und deutschen jungen Erwachsenen. Zeitschrift für Soziologie 34: S. 364-382.
Shavit, Yossi und Walter Müller (Hg.), 1998: From school to work. A comparative study of educational qualifications and occupational destinations. Oxford: Clarendon Press.
Solga, Heike, 2005: Ohne Abschluss in die Bildungsgesellschaft: die Erwerbschancen gering qualifizierter Personen aus soziologischer und ökonomischer Perspektive. Opladen: Barbara Budrich.
Spence, Michael, 1973: Job market signalling. Quarterly Journal of Economics 87: S. 355-374.
Thurow, Lester C., 1975: Generating inequality. Mechanisms of distribution in the US economy. New York: Basic Books.
Troltsch, Klaus et al., 1999: Jugendliche ohne Berufsausbildung. Eine BiBB/EMNID-Untersuchung. Bonn: BMBF.
Wirth, Heike, 2000: Bildung, Klassenlage und Partnerwahl. Eine empirische Analyse zum Wandel der bildungs- und klassenspezifischen Heiratsbeziehungen. Opladen: Leske + Budrich.
Young, Michael, 2005: The rise of the meritocracy. New Brunswick: Transaction Publishers.

3 Armut, Marginalisierung und Ausgrenzung

Ist die Armutsbevölkerung in Deutschland exkludiert?

Petra Buhr und Stephan Leibfried

1. Einleitung: Vom Armuts- zum Ausgrenzungsdiskurs

Die Art und Weise der öffentlichen und politischen Thematisierung von Armut, die Armutsbilder und die vorrangigen Maßnahmen zur Bekämpfung von Armut in Deutschland haben sich seit den 1950er Jahren stark gewandelt.[1] Schon in den 1980er und 1990er Jahren häuften sich die Hinweise, dass Armut in Deutschland keineswegs nur ein Randproblem ist und nicht zuletzt im Gefolge der Massenarbeitslosigkeit an Bedeutung zugenommen hatte.[2] Auf der politischen Agenda herrschte allerdings bis Ende der 1990er Jahre die Tendenz vor, Armut als soziales Problem herunterzuspielen oder zu verdrängen. Erst mit der Vorlage des ersten Armuts- und Reichtumsberichts der Bundesregierung im Jahre 2001 wurden die Existenz und die Zunahme von Armut in Deutschland gewissermaßen amtlich anerkannt.

In der neuen Armutsberichterstattung spiegelt sich auch ein erweitertes Armutskonzept wider, das Armut in den Kontext sozialer Ausgrenzung stellt: Armut wird nicht mehr, zumindest nicht nur, als Mangel an Einkommen definiert, sondern – in Anlehnung an Amartya Sen – als Mangel an Verwirklichungschancen interpretiert. „Armut lässt sich so auch als ‚Ausgrenzung von gesellschaftlich bedingten Chancen' interpretieren. Armut im Sinne sozialer Ausgrenzung und nicht mehr gewährleisteter Teilhabe liegt dann vor, wenn die Handlungsspielräume von Personen in gravierender Weise eingeschränkt und gleichberechtigte Teilhabechancen an den Aktivitäten und Lebensbedingungen der Gesellschaft ausgeschlossen sind" (Bundesregierung 2005: 9).

Einerseits steht der Ausgrenzungsbegriff für ein „erweitertes – mehrdimensionales und mit gesellschaftlichen Teilhabechancen verknüpftes – Verständnis von Armut" (Böhnke 2006: 21), bei dem nicht mehr Versorgungsdefizite, sondern Integrationsdefizite im Mittelpunkt der Aufmerksamkeit stehen.[3] Andererseits handelt es sich bei dem Konzept der sozialen Ausgrenzung um ein neues Deutungsmuster für soziale Ungleichheit bzw. ein „Skandalisierungskonzept sozialer Probleme" (Bude/Willisch 2006: 11), mit dem, ähnlich wie bei dem älteren Konzept der Zwei-Drittel-Gesellschaft, auf Polarisierungs- und Spaltungstendenzen der Gesellschaft vor allem im Gefolge von Globalisierung und Wandel bzw. Umbau des Sozialstaats vom fürsorgenden zum aktivierenden Staat hingewiesen werden soll.[4]

---

1   Buhr (2003); Buhr et al. (1991).
2   Balsen et al. (1984); Hanesch et al. (1994); Hauser et al. (1981).
3   Dass Arme oder einzelne Teilgruppen, insbesondere Obdachlose, als nicht in die (Normal-) Gesellschaft integriert bzw. am Rande der Gesellschaft stehend wahrgenommen werden, ist allerdings kein neues Phänomen, sondern war z.B. bereits Thema der Randgruppenforschung in den 1970er Jahren. Auch das Konzept einer Generationen übergreifenden Kultur der Armut beruht auf der Annahme, dass die Armen „anders" sind, etwa einen besonderen Lebensstil haben, von normalen Lebensbedingungen, Wertvorstellungen usw. abgekoppelt sind.
4   Vgl. z.B. Anhorn/Bettinger (2005); Klinger/König (2006).

Armut und Ausgrenzung werden häufig in einem Atemzug genannt, teilweise sogar synonym gebraucht, was dem Eindruck Vorschub leistet, die Armutsbevölkerung sei grundsätzlich exkludiert. Ausgrenzung meint jedoch etwas qualitativ Anderes als (Einkommens-) Armut:[5]

- Bei Ausgrenzung geht es nicht nur um den Mangel an materiellen Ressourcen, sondern um eingeschränkte Teilhabechancen am gesellschaftlichen Leben.[6]
- Ausgrenzung ist mehrdimensional und zielt auf die Kumulation von Benachteiligungen.
- Bei Ausgrenzung geht es nicht um Verteilungsaspekte und nicht um Ungleichheitsstrukturen im Sinne eines oben und unten, sondern um Zugehörigkeit oder Nicht-Zugehörigkeit. Hierbei spielt auch der Zugang zu sozialen Rechten eine wichtige Rolle.
- Ausgrenzung verweist auf gesellschaftliche Instanzen und institutionelle Mechanismen, die zu Ausgrenzung führen, andererseits aber auch auf sich selbst verstärkende Prozesse auf der Ebene individueller Lebensläufe.

Eine einfache Dichotomisierung zwischen „oben" und „unten" bzw. „zugehörig" und „nicht zugehörig" wird der Realität von Armut und Ungleichheit nicht gerecht. Die herrschenden Ungleichheitsstrukturen lassen sich nur mit einem gestuften, dynamischen oder differenzierten Ausgrenzungsbegriff angemessen erfassen. Leisering (2004: 11) schlägt vor, zwischen einem starken und einem schwachen Exklusionsbegriff zu unterscheiden: „Der starke Exklusionsbegriff zielt auf Phänomene des gänzlich außerhalb von Gesellschaft Stehenden („schwarze Löcher') und ist empirisch nur begrenzt einsetzbar, während der schwache Exklusionsbegriff gestufte, strukturierte Ungleichheit meint, vor allem im unteren Bereich des Ungleichheitsspektrums, aber auch in der Mitte der Gesellschaft." Wessels und Miedema (2003: 83) unterscheiden fünf unterschiedliche Grade bzw. Formen von Ausgrenzung, nämlich „severe" (Ausgrenzung aus fast allen sozialen Institutionen und Bezügen, die Betroffenen leben in ihrer eigenen Welt), „advanced" (Ausgrenzung aus vielen sozialen Bezügen, starke Integrationsbarrieren), „intermediate" (Ausgrenzung aus einigen spezifischen institutionellen Bezügen), „preliminary" (kleinere Beeinträchtigungen, ohne dass die Teilhabechancen eingeschränkt sind) und „alternative" (bewusste Wahl eines alternativen Lebensstils).[7]

Wieweit Armut tatsächlich mit Ausgrenzung verbunden ist, ist eine offene empirische Frage und verweist auf die Schwierigkeiten, Dimensionen und Indikatoren für soziale Ausgrenzung zu entwickeln bzw. Schwellenwerte, ab denen Armut in Ausgrenzung umschlägt. Bevor geprüft wird, welche Antworten die Armutsforschung hierzu liefert, soll im nächsten Abschnitt zunächst Armut mit ihren verschiedenen Ausprägungen im Gefüge sozialer Ungleichheit verortet werden. Dabei werden auch die möglichen Ansatzpunkte bzw. Schnittstellen für die Analyse von Ausgrenzung identifiziert. Im dritten Abschnitt wird ein Überblick über Ausmaß und Entwicklung von Armut in Deutschland gegeben. Im vierten Abschnitt wird auf die Kumulation von Unterversorgungslagen und den Zusammenhang zwischen Einkommens- und Deprivationsarmut eingegangen. Im fünften Abschnitt wird unter-

---

5   Vgl. z.B. Andreß (1997); Kronauer (2002); Leisering (2000, 2004); Siebel (1997).
6   Neben ökonomischer Ausgrenzung werden vor allem Ausgrenzung am Arbeitsmarkt, kulturelle Ausgrenzung, soziale Ausgrenzung, räumliche Ausgrenzung und institutionelle Ausgrenzung unterschieden (vgl. z.B. Kronauer 1997).
7   Es handelt sich hierbei um Ergebnisse des vergleichend angelegten EU-Projektes CASE (Coping with and Avoiding Social Exclusion. Social exclusion as a multidimensional process; vgl. Steinert/Pilgram 2003).

sucht, wieweit die Ergebnisse der dynamischen bzw. lebenslauftheoretischen Armutsforschung weiter Gültigkeit haben, die auf eine Verzeitlichung und Entgrenzung von Armut hindeuten. Der sechste Abschnitt behandelt die subjektive Bewältigung von Armut und die Frage, wieweit Arme handlungsfähig sind bzw. bleiben. Im siebten Abschnitt wird ein Fazit in Hinblick auf die Exklusionsproblematik gezogen.[8]

2. Verortung von Armut und Ausgrenzung im Ungleichheitsgefüge

Armut ist der Bereich der sozialen Ungleichheit, der als „illegitim" gilt und von daher möglichst klein gehalten werden soll. Wie groß die Gruppe der Armen ist, hängt dabei davon ab, wie Armut definiert wird. In der politischen und wissenschaftlichen Diskussion gibt es keine Einigkeit über die Festlegung einer Armutsschwelle. Es gibt also keine objektive Definition, wo legitime Ungleichheit aufhört und illegitime, zu bekämpfende Ungleichheit, also Armut anfängt. Was unter Armut verstanden wird, ist immer eine Frage von Wertentscheidungen.

In der Praxis konkurrieren insbesondere zwei Ansätze: Der Ressourcenansatz, bei dem Armut als Mangel an Einkommen begriffen wird, und der Lebenslageansatz, bei dem Armut als Unterversorgung in verschiedenen Lebensbereichen konzipiert wird. Wie bereits angedeutet, besteht in der Armutsforschung mittlerweile Konsens, dass eine eindimensionale Betrachtung von Armut im Sinne einer Konzentration auf Einkommen zu einseitig ist. Und auch eine einfache Dichotomisierung zwischen Armut und Nicht-Armut greift zu kurz. Armut ist vielmehr ein multidimensionales Phänomen und zwischen Armut und Wohlstand gibt es viele Übergangszonen (Schaubild 1).[9]

Wo verläuft nun die Grenze zwischen Armut, prekärem Wohlstand und Wohlstand? Im Datenreport 2006 wird die Armutszone zwischen 0 und 50% des Äquivalenzeinkommens angesiedelt. Hierzu gehörten 2006 10,6% der Bevölkerung. Im Bereich des prekären Wohlstands zwischen 50 und 75% befanden sich 23,8% der Bevölkerung. Etwa zwei Drittel lebten also im Wohlstand, wobei diese höheren Einkommenslagen nochmals in fünf weitere Schichten unterteilt wurden (Tabelle 1). Bei Verwendung anderer Armutsschwellen ändert sich der Prozentanteil der Bevölkerung, die in Armut lebt, entsprechend (vgl. Abschnitt 3).

(Noch) schwieriger ist die Abgrenzung zwischen Armut und prekärem Wohlstand im Bereich der Lebenslage. Groh-Samberg (2004) zieht etwa die Grenze zwischen Armut und Prekarität bei zwei Deprivationserscheinungen. In einer Studie zu Armut und Benachteiligung im Vorschulalter wird zwischen Wohlergehen (keine Auffälligkeiten in vier zentralen Lebenslagedimensionen), Benachteiligung (in wenigen Bereichen Auffälligkeiten) und multipler Deprivation (Auffälligkeiten in mehreren zentralen Bereichen) unterschieden (Hock et al. 2000: 71).

---

[8] Der folgende Text baut auf Argumentationslinien auf, die in früheren Aufsätzen entwickelt wurden (vgl. insbesondere Buhr 1998, 2005).

[9] Diese Übergangszonen werden unterschiedlich benannt. So spricht etwa Hübinger (1996) von „prekärem Wohlstand". Andere, z.B. Vogel (2006) oder Groh-Samberg (2004, 2009) unterscheiden in Anlehnung an Castel (1995) verschiedene intermediäre Zonen von sozialer Verwundbarkeit und/oder Prekarität.

Schaubild 1: Verortung von Armut im Ungleichheitsgefüge

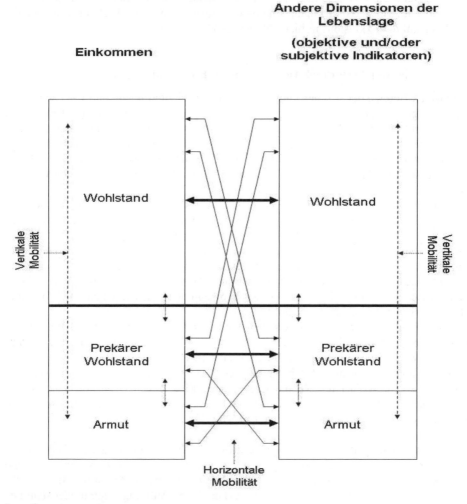

Legende:

Pfeile innerhalb der Kästen: vertikale Mobilität (Dynamik)

„kleiner Grenzverkehr" → kurzfristig und langfristig (z.B. auch generationenübergreifend)

„großer Grenzverkehr" → kurzfristig und langfristig (z.B. auch generationenübergreifend)

Pfeile zwischen den Kästen: horizontale Mobilität (Statuskonsistenz bzw. -inkonsistenz)

◄────► Konsistente Beziehung
◄────► Inkonsistente Beziehung

Quelle: eigene Darstellung

Tabelle 1: Schichtung der Bevölkerung nach relativen Einkommenspositionen (Prozent)

	1991	2005
Höherer Wohlstand (> 200%)	4	4,2
Relativer Wohlstand (150- 200%)	8,2	8,4
Gehobene Einkommenslage (125-150%)	10,9	10,1
Mittlere bis gehobene Einkommenslage (100-125%)	17,1	16,7
Untere bis mittlere Einkommenslage (75-100%)	25,0	26,3
Prekärer Wohlstand (50-75%)	25,4	23,8
Relative Armut (0-50%)	9,3	10,6

Datenbasis: SOEP 1991-2006

Quelle: Datenreport (2006: 611)

Wo bzw. wann kommt nun Ausgrenzung ins Spiel? Alle Armen umstandslos als ausgegrenzt zu bezeichnen, ist offensichtlich nicht sinnvoll. Ausgrenzung muss vielmehr irgendwo im Gefüge von horizontaler und vertikaler Mobilität verortet werden:

Bei der horizontalen Mobilität geht es um die Frage der Statuskonsistenz oder -inkonsistenz: Einkommensarmut kann, muss aber nicht mit Benachteiligungen in anderen Lebensbereichen zusammentreffen. Eine konsistente Lage liegt vor, wenn Einkommensarmut mit Armut bezogen auf andere Dimensionen der Lebenslage einhergeht. Um eine inkonsistente Lage handelt es sich dagegen, wenn Armut „nur" eine Dimension betrifft, während in der anderen prekärer Wohlstand oder sogar Wohlstand herrscht (Tabelle 2).

Tabelle 2: Konsistente und Inkonsistente Lagen

Einkommen	**Lebenslage**	
	Nicht Arm (Ohne Defizit)	Arm (Mit Defizit)
Nicht arm	Konsistenter Wohlstand	Inkonsistenter Wohlstand
Arm	Inkonsistente Armut	Konsistente Armut

Quelle: Buhr (1998: 33; nach Hübinger 1996)

Konsistente Armut, also das Zusammentreffen von Einkommensarmut und Unterversorgung in anderen Lebensbereichen[10] kann als ein Indiz für Ausgrenzungsprozesse genommen werden: „Der extreme Mangel an finanziellen Mitteln, der gleichzeitig auch mit Defiziten und Unterversorgungen in anderen Lebensbereichen verknüpft ist, entspricht einem Bild der Armut, das sich durch dauerhafte multiple Deprivation und eine umfassende Verfestigung der Ausgrenzungserscheinungen im Lebensverlauf auszeichnet ..." (Hübinger 1996: 180). Während konsistente Armutslagen also mit der Ausgrenzungsthese vereinbar sind, zeigen inkonsistente Lagen Grenzüberschreitungen zwischen Armut und Nicht-Armut an (Buhr 1998) und sprechen gegen Ausgrenzung, zumindest in ihrer starken Form (vgl. Abschnitt 4).

---

10   Andere Forscher bezeichnen die Gruppe, die sowohl einkommens- als auch deprivationsarm ist, als „truly poor" (Halleröd 1995).

Eine andere Form der Grenzüberschreitung ist die vertikale Mobilität, also Auf- und Abstiege zwischen Armut, prekärem Wohlstand und Wohlstand. In Schaubild 1 wird zwischen „kleinem Grenzverkehr" (Auf- und Abstieg über eine Zone) und „großem Grenzverkehr" (Auf- und Abstieg über zwei Zonen) unterschieden. Von Ausgrenzung kann sinnvoller Weise nur gesprochen werden, wenn die Grenzen nicht durchlässig sind und ein dauerhafter Ausschluss von gesellschaftlicher Teilhabe vorliegt (vgl. Abschnitt 5).

Eintritt und Verbleib in Armut und potenziell Ausgrenzung hängen dabei von verschiedenen Faktoren ab. Neben strukturellen Ursachen, institutionellen Mechanismen und Abgrenzungsstrategien Angehöriger höherer Klassen sind dabei auch die subjektiven Perspektiven der Betroffenen („gefühlte Armut") und ihre Bewältigungsstrategien zu betrachten, wenn man feststellen will, ob bzw. wann Armut in Ausgrenzung umschlägt (vgl. Abschnitt 6).

3. Ausmaß und Entwicklung von Einkommensarmut

Wie groß ist das Ausmaß von Armut in Deutschland und welche Gruppen sind besonders stark von Armut betroffen? Wie bereits erwähnt, hängen die Größe der Armutspopulation und ihre Entwicklung stark davon ab, wie Armut definiert bzw. wo die Armutsschwelle angesiedelt wird.

3.1 Relative Einkommensarmut

Mit dem Konzept der relativen Einkommensarmut werden die Personen als arm angesehen, deren Einkommen einen bestimmten Anteil des Durchschnittseinkommens unterschreitet. Geläufig sind 50% oder 60% des Durchschnittseinkommens. Zu entscheiden ist aber auch, wie das gewichtete Pro-Kopf-Einkommen („Äquivalenzeinkommen") berechnet werden soll.[11] Auch ist festzulegen, ob die Armutsgrenze bezogen auf den Mittelwert oder den Median des Einkommens bestimmt werden soll. Je nach Schwellenwert, Art der Einkommensmessung sowie der verwendeten Datenbasis (z.B. Sozio-ökonomisches Panel oder Einkommens- und Verbrauchsstichprobe) ergeben sich unterschiedliche Schwellenwerte, unterhalb derer von Armut gesprochen wird, und dementsprechend auch recht unterschiedliche Armutsquoten.

Im ersten Armuts- und Reichtumsbericht der Bundesregierung wurden acht verschiedene Einkommensarmuts-Grenzen verwendet (Deutscher Bundestag 2001: Tabelle I.3). Je nach dem verwendetem Armutskonzept lag das Niveau der Armut in Deutschland 1998 zwischen 5,7% und 19,6%. Unabhängig vom verwendeten Armutskonzept zeigte sich für Westdeutschland ein Anstieg der Armut seit 1973. Die Entwicklung in Ostdeutschland fiel dagegen unterschiedlich aus, je nachdem ob man von einem gesamtdeutschen Mittelwert oder getrennten Mittelwerten für Ost- und Westdeutschland ausging: Bei einem gesamtdeutschen Mittelwert war die Armutsquote in Ostdeutschland 1998 höher als im Westen und hatte sich gegenüber 1993 verringert. Bei getrennten Mittelwertberechnungen für Ost

---

11 Hierbei „konkurrieren" die ältere und die neuere OECD-Skala. Bei der älteren OECD-Skala wird die erste Person im Haushalt mit dem Faktor 1 gewichtet, weitere Personen ab 15 Jahre mit 0,7 und alle anderen mit 0,5. Die modifizierte Skala gewichtet Personen über 15 Jahre mit 0,5 und Personen unter 15 Jahre mit 0,3.

und West lag die Armutsquote im Osten wegen der dort noch geringeren Einkommensspreizung unter der im Westen und hatte sich seit 1993 erhöht.[12]

Neuerdings wird, in Anlehnung an internationale Gepflogenheiten, 60% des Medians[13] nach der modifizierten OECD-Skala als Armutsgrenze herangezogen. Nach dieser Definition hat Armut von 11,3% 1991 auf 13,2% 2005 zugenommen (Datenreport 2006: 612). Damit sind also mehr als 10 Millionen Menschen in Deutschland einkommensarm.

3.2 Bezug von Sozialhilfe bzw. sozialhilfeähnlichen Leistungen („bekämpfte Armut")

Ein anderer Ansatz zur Bestimmung der Größe der Armutspopulation geht von der Sozialhilfeschwelle als Armutsgrenze aus und definiert die Personen bzw. Personengruppen als arm, die staatliche Unterstützung in Form von Sozialhilfe beziehen – man spricht von der „bekämpften Armut" als Grenze. Da die Höhe der Sozialhilferegelsätze und die Dynamisierung politisch festgelegt werden, kann über diese Stellschraube die Größe der Armutspopulation beeinflusst und ein mehr oder weniger großer Teil der Armen in das System staatlicher Hilfe inkludiert werden. (Anders gesagt: Je mehr der Staat gewährt, um so größer ist die Armut.)

Die Zahl der Sozialhilfebeziehenden (Hilfe zum Lebensunterhalt) in Deutschland stieg seit der Verabschiedung des Bundessozialhilfegesetzes im Jahre 1961 ständig an. Ursächlich hierfür war vor allem die Massenarbeitslosigkeit seit Mitte der 1970er Jahre, wobei die Ausgrenzung bestimmter Gruppen von Arbeitslosen aus dem System der Arbeitslosenversicherung ebenfalls von Einfluss war (Balsen et al. 1984). Weitere Gründe für den Anstieg der Sozialhilfebedürftigkeit waren die Zuwanderung und der Wandel der familiären Beziehungen, was sich etwa in einer hohen Sozialhilfebetroffenheit von Alleinerziehenden niederschlägt. Ende 2004, also am „Vorabend" der Zusammenlegung von Sozialhilfe und Arbeitslosenhilfe zum Arbeitslosengeld II, waren in Deutschland 3,5% der Bevölkerung oder mehr als 2,9 Millionen Personen auf Sozialhilfe angewiesen.

Seit Einführung des ALG II ist die „klassische" Sozialhilfe nur noch für Personengruppen zuständig, die nicht erwerbsfähig sind, also nicht mindestens drei Stunden täglich arbeiten können. Entsprechend ist die Zahl der Sozialhilfebeziehenden stark gesunken. Ende 2006 gab es nach Angaben des Statistischen Bundesamtes nur noch gut 300.000 Sozialhilfebeziehende (SGB XII). Hinzu kamen gut 190.000 Bezieher von Leistungen nach dem Asylbewerberleistungsgesetz und rund 680.000 Empfänger der 2003 eingeführten bedarfsorientierten Grundsicherung im Alter und bei Erwerbsminderung.

Dagegen erhielten im Juni 2007 knapp 5,4 Millionen Personen Arbeitslosengeld II, und fast 2 Millionen nicht erwerbsfähige Angehörige, überwiegend Kinder, bekamen Sozialgeld (Bundesagentur für Arbeit 2007b: 6). Damit waren etwa 9% der Bevölkerung auf Arbeitslosengeld II bzw. Sozialgeld angewiesen. Die Gruppe der Bezieher von Arbeitslo-

---

12 Bei getrennten Schwellen wird somit der jeweilige andere Teil Deutschlands aus der Betrachtung ausgeschlossen und damit auch der Maßstab für Exklusion verändert, denn beide Teile Deutschlands schmoren sozusagen im eigenen Saft. Im Falle von Ostdeutschland blendet man den eigentlichen Maßstab (Westdeutschland) aus, von dem die Menschen sich ausgeschlossen fühlen. Im Falle von Westdeutschland wird durch die Ausblendung der ausgrenzungsgefährdeten Regionen die Ausgrenzungsproblematik relativiert.

13 Der Median teilt eine Stichprobe in zwei Hälften (d.h. 50% befinden sich unterhalb und 50% oberhalb dieses Wertes). Der Median ist robuster gegenüber Extremwerten als der Mittelwert: Während „Ausreißer" (z.B. einige wenige Fälle mit extrem hohen Einkommen) den Durchschnitt und damit auch die Armutsgrenze stark nach oben treiben können, spielt dies für den Median keine so große Rolle.

sengeld II setzt sich dabei zusammen aus ehemaligen Sozialhilfebeziehenden, ehemaligen Arbeitslosenhilfebeziehenden sowie Angehörigen von Arbeitslosenhilfebeziehenden. Ein Teil der ehemaligen Arbeitslosenhilfebeziehenden – eine aktuelle Studie spricht von 15% (Bruckmeier/Schnitzlein 2007) – ist jedoch mangels Bedürftigkeit[14] aus dem System der sozialen Sicherung herausgefallen. Arbeitslosenhilfebeziehende galten früher im Allgemeinen nicht als arm, es sei denn, sie waren auf aufstockende Sozialhilfeleistungen angewiesen. Durch die Abschaffung der Arbeitslosenhilfe und die Einführung des ALG II ist die „bekämpfte Armut" in Deutschland somit per definitionem größer zugeschnitten worden.

3.3 Nichtinanspruchnahme von Leistungen („verdeckte Armut")

Mit dem Konzept der „verdeckten Armut" soll deutlich gemacht werden, dass nicht alle potenziell Leistungsberechtigten auch tatsächlich Leistungen beziehen. Die verdeckte Armut ist für die Ausgrenzungsthematik insofern von besonderem Interesse, als Betroffene durch den Leistungsverzicht in gewisser Weise auch ihren Anspruch auf Inklusion nicht geltend machen. Denn Sozialhilfeprogramme zielen neben der Sicherung des Lebensunterhalts auch auf Verhinderung von sozialer Ausgrenzung und soziale Integration – in die Gesellschaft, vor allem aber in den Arbeitsmarkt.[15]

Es gibt eine Reihe von Untersuchungen zur Nichtinanspruchnahme von Sozialhilfeleistungen, die wegen der benutzten unterschiedlichen Methoden und Datensätze allerdings nur bedingt vergleichbar sind, insbesondere was Entwicklungen im Zeitverlauf angeht. Dennoch kann man den Schluss ziehen, dass auf jeden Hilfebeziehenden etwa eine Person kommt, die auf Leistungen verzichtet.[16] In früheren Untersuchungen zur Nichtinanspruchnahme der Sozialhilfe wurden vor allem ältere Menschen als Problemgruppe ausgemacht (Hartmann 1981: 150). Neuere Untersuchungen zeigen dagegen, dass auch Kinder und Jugendliche (Neumann 1999: 72-74) bzw. Paare mit Kindern (Becker/Hauser 2003: 162) von verdeckter Armut betroffen sind. Alleinerziehende weisen dagegen unterdurchschnittliche Nichtinanspruchnahmequoten auf.

Bei den Ursachen für die Nichtinanspruchnahme scheinen Informationsdefizite ein wesentlicher Faktor zu sein, der den Effekt von Stigmatisierung überlagert (Becker/Hauser 2003). Personen, die Sozialhilfe nicht in Anspruch nehmen, haben häufig nur geringe Leistungsansprüche. Wilde und Kubis (2004) fanden eine hohe Quote von Nicht-Inanspruch-

---

14 Verglichen mit der früheren Arbeitslosenhilfe wurden die Regelungen zur Anrechnung von (Partner-) Einkommen und Vermögen verschärft.
15 Der Integrationsgedanke kommt besonders stark in der französischen Sozialhilfe (Revenu minimum d'insertion, RMI) zum Ausdruck, ist aber auch im deutschen Sozialhilferecht enthalten (Leisering et al. 2006: 59 f.). So soll die Sozialhilfe nach § 1 SGB XII dem Berechtigten die Führung eines Lebens ermöglichen, das der Würde des Menschen entspricht. Hierzu erhält er ein sozio-kulturelles Existenzminimum, zu dem „in vertretbarem Umfang auch Beziehungen zur Umwelt und eine Teilnahme am kulturellen Leben" (§ 27 (1) SGB XII) gehören.
16 Hartmann (1985) ging für 1979 von einer Nichtinanspruchnahmequote von 48% aus, Hauser und Semrau (1990) berechneten auf Basis der EVS von 1983 eine Quote von nur 30%, während Neumann und Hertz (1998) auf Basis des Sozio-ökonomischen Panels (SOEP) für 1995 wiederum eine Quote von über 50% feststellten. Riphahn (2000) errechnete auf Basis der EVS von 1993 sogar eine Nichtinanspruchnahmequote von über 60%. Wilde und Kubis (2004) ermittelten auf Grundlage des Niedrigeinkommenspanels (NIEP) für Ende der 1990er Jahre wiederum niedrigere Quoten von gut 40%. Hauser und Becker (2004) kommen in ihrem Gutachten für den 2. Armuts- und Reichtumsbericht zu dem Ergebnis, dass die Nichtinanspruchnahmequote zwischen 34% (auf Basis des SOEP) und 42% (auf Basis des NIEP) liegt.

nahme bei Haushalten, die zumindest das physische Existenzminimum aus eigener Kraft sichern können. Vermutet wird auch, dass sich die institutionelle Ausgestaltung der Sozialhilfe, insbesondere die Unterhaltsverpflichtungen zwischen Eltern und Kindern, auf das Inanspruchnahmeverhalten auswirkt, indem potenzielle Klienten abgeschreckt werden (z.B. Behrendt 2002).[17]

Die Ausgestaltung des Arbeitslosengeldes II spricht dafür, dass die verdeckte Armut abgenommen haben könnte bzw. abnehmen wird. Im Vergleich zur früheren Arbeitslosenhilfe wird die Anrechnung von Einkommen und Vermögen beim Arbeitslosengeld II zwar restriktiver gehandhabt, was u.a. dazu geführt hat, dass ein Teil der früheren Arbeitslosenhilfebezieher keinen Anspruch mehr auf Arbeitslosengeld II hat und insoweit von sozialstaatlichen Leistungen ausgeschlossen worden ist.[18] Im Vergleich zur alten Sozialhilfe sind die Regeln allerdings insofern großzügiger, als eine gegenseitige Unterhaltspflicht zwischen Eltern und Kindern nicht vorgesehen ist.[19]

3.4 Betroffenheit von Armut bei unterschiedlichen Bevölkerungsgruppen

Das Armutsrisiko ist in der Bevölkerung nicht gleich verteilt. Überproportional häufig von Einkommensarmut betroffen sind Ausländer, Alleinerziehende und Familien mit mehreren Kindern. Stark gestiegen ist die Armutsbetroffenheit von Kindern.[20] Die Sozialhilfequote der unter 18-Jährigen stieg von 2,1% 1980 auf 7,2% im Jahre 2003 an. Bei den über 65-Jährigen ging die Quote im selben Zeitraum von 1,8% auf 1,3% zurück (Statistisches Bundesamt 2003). Von Einkommensarmut betroffen waren 2004 14,8% der unter 10-Jährigen und 18,4% der 11-20-Jährigen, aber „nur" 8,2% der 61-70-Jährigen und 11,1% der über 71-Jährigen (Datenreport 2006: 617).

Wenig überraschend gibt es auch einen starken Zusammenhang zwischen Einkommensarmut und Arbeitslosigkeit: Die Armutsquoten in Arbeitslosenhaushalten sind mehr als drei Mal so hoch wie für die Gesamtbevölkerung (Datenreport 2006: 618).

3.5 Armut trotz Erwerbstätigkeit – die „Working Poor"

Ein weiteres Phänomen, welches in den letzten Monaten in Zusammenhang mit der Mindestlohndebatte in den Blickpunkt der Öffentlichkeit gerückt und auch für den Zusammenhang von Armut und Ausgrenzung eine Rolle spielt, ist die Armut bei bzw. trotz Erwerbstätigkeit.

---

17 Diese Annahme war auch einer der Hintergründe für die Einführung einer bedarfsorientierten Grundsicherung im Alter und bei Erwerbsminderung zum 1. Januar 2003. Bei der genannten Personengruppe wird auf den Unterhaltsrückgriff gegenüber Eltern und Kindern verzichtet, zumindest sofern deren Jahreseinkommen unter 100.000 Euro liegt.
18 Becker/Hauser (2006); Bruckmeier/Schnitzlein (2007); Rudolph/Blos (2005).
19 Empirische Untersuchungen zur (Nicht-) Inanspruchnahme von ALG II liegen noch nicht vor. Becker (2006) kommt auf Basis einer Simulationsrechnung mit dem SOEP von 2004 zu dem Ergebnis, dass von 10 Millionen potenziell Berechtigten nur 7,4 Millionen Leistungen in Anspruch nehmen.
20 Zu Ausmaß und Entwicklung von Kinderarmut vgl. z.B. Butterwegge (2000), Klocke/Hurrelmann (2001), Otto (1997).

Die Armutsbetroffenheit bei Erwerbstätigkeit hängt stark von der Art der Erwerbstätigkeit, der Erwerbskonstellation im Haushalt und dem Familientyp ab.[21] Besonders betroffen sind Einverdienerhaushalte und Teilerwerbshaushalte. In bestimmten Konstellationen (Alleinerziehend, mehrere Kinder, Zuwanderer) bietet auch Vollerwerbstätigkeit keinen Schutz vor Armut. Insgesamt waren 2004 4% der Vollzeiterwerbstätigen und 13% der Teilzeiterwerbstätigen einkommensarm (Datenreport 2006: 618).

Unter den Beziehenden von Arbeitslosengeld II befanden sich im Juli 2007 knapp 1,3 Millionen Personen, die ein zu geringes Erwerbseinkommen durch staatliche Leistungen „aufstocken" mussten, darunter mehr als 500.000 Vollzeitbeschäftigte (Bundesagentur für Arbeit 2007a).[22] ALG II-Beziehende sind also nicht immer vollständig aus dem Arbeitsmarkt ausgegrenzt, viele stehen mit beiden Beinen im Arbeitsmarkt.

3.6 Bildungsarmut

Nicht zuletzt seit der PISA-Studie wird auch der Zusammenhang von Armut und Bildung verstärkt thematisiert.[23] Bildung ist in Hinblick auf die Ausgrenzungsproblematik insofern von besonderer Bedeutung, als hierdurch gerade auch über zukünftige Teilhabechancen entschieden wird. Dabei sind zwei Blickrichtungen zu unterscheiden: Mangelnde Bildung als Ursache für Armut und als Folge von Armut.

Auf der einen Seite haben Personen mit niedrigen (formalen) Bildung- und Berufsabschlüssen ein besonders hohes Armutsrisiko: 2004 waren 23,5% der Personen ohne Hauptschulabschluss, aber nur 5% der Absolventen von Fachhochschulen und Universitäten einkommensarm. Differenziert nach beruflichen Abschlüssen waren gut 13% der an- und ungelernten Arbeiter, 8% der Facharbeiter, knapp 10% der einfachen Angestellten und gut 2% der qualifizierten Angestellten von Einkommensarmut betroffen (Datenreport 2006: 618).

Auf der anderen Seite gibt es einen engen Zusammenhang zwischen sozialer Schicht und Bildungsbeteiligung und -erfolg. „Die PISA-Ergebnisse des Jahres 2000 zeigen, dass ... die Chance des Besuchs eines Gymnasiums auch unter Kontrolle der kognitiven Grundfähigkeiten und der Lesekompetenz für ein Kind aus einem Elternhaus mit hohem sozialen Status 3,1-mal so hoch wie für ein Facharbeiterkind ist" (Bundesregierung 2005: 89). In einer Längsschnittstudie, bei der Kinder vom Vorschulalter bis zum Ende der Grundschulzeit begleitet wurden, zeigte sich, dass Kinder aus armen Familien häufiger eine Klasse wiederholen mussten, schlechtere Noten hatten und seltener den Übergang aufs Gymnasium schafften (Holz et al. 2005).[24] Da eine gute (Aus-)Bildung die Voraussetzung für

---

21 Bundesregierung (2005); Hanesch/Hölzle (2000); Rheinisch-Westfälisches Institut für Wirtschaftsforschung (2004); Strengmann-Kuhn (2003).
22 Die Zahl dieser „working poor" hat sich gegenüber der Situation vor der Zusammenlegung von Arbeitslosenhilfe und Sozialhilfe *erhöht*. Ein Grund könnte sein, dass die SGB II-Beziehenden aufgrund verschärfter Zumutbarkeitsregeln vermehrt gering bezahlte Tätigkeiten annehmen. Auch gibt es Indizien dafür, dass die Eingangslöhne unter Verweis auf die Möglichkeit der Aufstockung durch Arbeitslosengeld II abgesenkt werden. Eine andere mögliche Erklärung besteht darin, dass sich das Inanspruchnahmeverhalten geändert hat und bedürftige Erwerbstätige, die früher aus Unkenntnis oder Scham auf die Inanspruchnahme von Sozialhilfe verzichtet haben, nunmehr Ansprüche auf ALG II geltend machen und somit zu einer Verminderung der „verdeckten Armut" beitragen.
23 Allmendinger/Leibfried (2002); Lauterbach et al. (2003).
24 Ob dies an mangelnder Förderung bzw. ungünstigen Rahmenbedingungen im Elternhaus liegt oder ob nicht vielmehr institutionelle Faktoren (das dreigliedrige Schulsystem) oder (Vor-)Urteile der Lehrer hierfür (mit-)verantwortlich sind, kann mit den vorliegenden Daten nicht entschieden werden.

zukünftige Berufs- und Einkommenschancen ist, wird in diesem Zusammenhang auch die Gefahr einer Weitergabe von Armut von Generation zu Generation gesehen, ohne dass hierzu bisher verlässliche Ergebnisse vorliegen.[25]

4. Kumulation von Problemlagen oder Statusinkonsistenz?

Bisher wurde nur eine Dimension von Armut betrachtet, nämlich Einkommen. Welche Beziehungen bestehen aber zwischen Einkommens- und Lebenslagearmut?[26] Wie hoch ist das Ausmaß von Statuskonsistenz und -inkonsistenz? Wie hoch ist der Anteil der Bevölkerung, die in mehreren Dimensionen arm ist und wie hat er sich entwickelt? Wie durchlässig sind also die Grenzen zwischen Armut und Nicht-Armut in horizontaler Hinsicht?

In der fast schon klassisch zu nennenden Studie von Hübinger (1996) befand sich fast die Hälfte der Untersuchungspopulation – es handelte sich um Klienten der Caritas – in einer inkonsistenten Lage: 10% waren inkonsistent arm, Einkommensarmut ging also nicht mit anderen Defiziten einher, 36% befanden sich in einer inkonsistenten Wohlstandsposition, hier lag also keine Einkommensarmut, aber mindestens eine andere Benachteiligung vor. Etwa ein Drittel war konsistent arm, hier traten somit Einkommensarmut und Defizite in anderen Bereichen zusammen auf. In einer Untersuchung zu Armut von Kindern im Vorschulalter wurde gut ein Drittel der armen Kinder als mehrfach depriviert eingestuft. Daneben fanden sich sowohl arme Kinder im „Wohlergehen", also Kinder in einkommensarmen Familien, die keinerlei Auffälligkeiten im kulturellen, sozialen oder gesundheitlichen Bereich oder im Bereich der Grundversorgung aufwiesen, als auch mehrfach deprivierte nicht arme Kinder, also Kinder in Familien oberhalb der Armutsgrenze, die in einigen Bereichen stark depriviert waren (Hock et al. 2000: 77 ff.; Holz et al. 2005: 136 ff.).

Bezogen auf die Gesamtbevölkerung spielt die Kumulation von Problemlagen eine vergleichsweise geringe Rolle. Laut Armutsbericht des DGB und des Paritätischen Wohlfahrtsverbands waren Anfang der 1990er Jahre 60% der Einkommensarmen in mindestens einem weiteren Bereich unterversorgt und insgesamt 7% bis 8% der Bevölkerung von „kumulierter Armut" betroffen (Hanesch et al. 1994: 179 ff.).[27] In einer anderen Studie (Andreß 1997, 1999) wurden insgesamt 5% der westdeutschen und 12% der ostdeutschen Bevölkerung als „deprivationsarm" eingestuft,[28] wobei die „Überlappung" zwischen Einkommens- und Deprivationsarmut bei etwa 50% lag. Anfang 2000 wurden 4% der Bevölkerung in den alten und 6% in den neuen Bundesländern als konsistent arm definiert, waren also einkommensarm und in dem als normal angesehenen Lebensstandard benachteiligt (Andreß et al. 2004: 33; Bundesregierung 2005: 30). Auch Böhnke (2006) fand mit weniger als 2% nur geringe Quoten von Personen, die in mehrfacher Hinsicht benachteiligt sind und in diesem Sinne als ausgegrenzt bezeichnet werden können. „Diese Ergebnisse widerlegen die

---

25 Prozesse der Weitergabe von Armut („Teufelskreis") sind in qualitativen Fallstudien oftmals beschrieben worden. Systematische Untersuchungen auf der Grundlage von Längsschnittdaten gibt es für Deutschland jedoch bisher nicht (Jenkins/Siedler 2007).
26 Einige Autoren sprechen auch von „Deprivationsarmut".
27 Kumulierte Armut wurde dabei definiert als Unterversorgung in mindestens zwei von vier Bereichen (Einkommen, Arbeit, Wohnraum und berufliche Bildung).
28 Die Auswertungen beziehen sich auf das Jahr 1994 und beruhen auf einem komplexen Deprivationsindex, der aus 29 Einzelitems besteht, so „keine feuchten Wände", „WC in der eigenen Wohnung", „Kontakt mit Nachbarn", „sich regelmäßig neue Kleidung kaufen", „Spielzeug für Kinder".

These, dass weite Teile der Bevölkerung von Ausgrenzungsrisiken betroffen seien. Im Gegensatz zur Verbreitung von Einkommensarmut oder einem unzureichenden Lebensstandard sind mehrfache Benachteiligungen ein eher seltenes Phänomen" (Böhnke 2006: 130).[29]

Zwar sind die vorliegenden Studien aufgrund unterschiedlicher Datenquellen, Methoden und Indikatoren nicht vollständig vergleichbar. Dennoch kann zusammenfassend der Schluss gezogen werden, dass der Anteil der Bevölkerung, die von einer Kumulation von Problemlagen betroffen ist und sich in einer konsistenten Armutslage befindet, also sowohl einkommens- als auch lebenslagearm ist, relativ gering ist. Neben konsistenten gibt es auch inkonsistente Lagen, also Einkommensarme, die nicht in anderen Dimensionen benachteiligt sind, sowie Deprivationsarme, die nicht einkommensarm sind. Solche Inkonsistenzen stehen für Grenzüberschreitungen zwischen Armut und Nicht-Armut und sprechen gegen Verfestigung und Ausgrenzung, wobei die zeitliche Perspektive bisher unbeachtet blieb. Im Folgenden werden deshalb die Zeitlichkeit von Armut und die vertikale Mobilität der Armutsbevölkerung genauer untersucht.

5. Verzeitlichung oder Verfestigung?

Wie durchlässig sind die Grenzen zwischen Armut und Nicht-Armut in vertikaler Hinsicht? Wie groß ist also die Dynamik im Bereich der Armut? Gibt es Auf- und Abstiege? Bis wohin steigen die Armen auf und wie nachhaltig ist der Aufstieg? Gibt es mehr „kleinen" oder mehr „großen Grenzverkehr"? Ist die Dynamik im Einkommensbereich höher oder niedriger als im Lebenslagebereich? Wie groß ist der Anteil der Bevölkerung im prekären Wohlstand, also im Grenzbereich zwischen Armut und Nicht-Armut?

Die dynamische Armutsforschung hat den Blick darauf gelenkt, dass es auch im unteren Bereich der Einkommensverteilung eine hohe Fluktuation gibt und der Anteil der Langzeitsozialhilfebeziehenden bzw. der Langzeitarmen vergleichsweise gering ist.[30] Im Zeitverlauf sind mehr Menschen mindestens kurzfristig arm, als jährliche Armutsquoten zum

---

29   Im Unterschied zu anderen Studien wurde hier neben Einkommensarmut und Lebensstandarddefiziten auch die subjektive Einschätzung der Teilhabemöglichkeiten durch die Betroffenen berücksichtigt. Im Jahre 2001 waren gut 9% der Bevölkerung einkommensarm, gut 8% hatten einen unzureichenden Lebensstandard (d.h. sie konnten sich mehr als sechs von 16 Basisgütern aus finanziellen Gründen nicht leisten), knapp 14% hatten schlechte Wohnverhältnisse und gut 7% waren mit ihren persönlichen Teilhabechancen unzu-frieden, was Böhnke als Marginalisierung bezeichnet. Einkommensarm und marginalisiert waren 1,6% der Bevölkerung; sozial ausgegrenzt, also in mindestens zwei von drei Lebensbereichen (Einkommen, Lebensstandard, Wohnen) benachteiligt und marginalisiert, waren 1,3%. Der Anteil der in diesem Sinne Ausge-grenzten war bei Arbeitslosen, Personen mit niedriger Bildung und in Ostdeutschland besonders hoch.

30   Zur Dauer der Sozialhilfe vgl. insbesondere die Ergebnisse der Bremer Längsschnittstudie (Buhr 1995; Buhr/Weber 1998; Leibfried et al. 1995; Leisering/Leibfried 1999). Etwa die Hälfte der Neuantragsteller der Jahre 1983 bzw. 1989 war nach längstens einem Jahr wieder aus der Sozialhilfe ausgeschieden, etwa ein Fünftel waren Langzeitbezieher mit mehr als fünfjähriger Dauer. Ähnliche Ergebnisse wurden in Studien mit anderen Datensätzen bzw. in anderen Regionen festgestellt (Gebauer et al. 2002; Golsch 2001; Kortmann/Sopp 2001; Kreher et al. 2006; Rentzsch/Olk 2002). Zur Dynamik im Bereich Arbeitslosengeld II vgl. Graf (2007). Analysen zur Dynamik im unteren Einkommensbereich und im Bereich der relativen Einkommensarmut werden seit Anfang der 1990er Jahre insbesondere mit dem Sozio-ökonomischen Panel durchgeführt (Krause 1994; Sopp 1994; Wagner/Krause 2001). Zwischen 1998 und 2003 waren 34% der Einkommensarmen lediglich in einem Jahr arm, 17% in zwei, 15% in drei, 12% in vier, 8% in fünf und 14% in allen Jahren (Becker/Hauser 2004: 220 f.).

Ausdruck bringen.³¹ Diese Ergebnisse wurden im Sinne einer Verzeitlichung und Entgrenzung von Armut interpretiert (Leibfried et al. 1995: 298 f.). Einige Differenzierungen bzw. Relativierungen sind jedoch angebracht:

1. Nicht alle Ausstiege aus der Armut sind dauerhaft, es gibt eine relativ große Gruppe von Personen mit diskontinuierlichen Verläufen, also „Pendler" zwischen Armut und Nicht-Armut.³²
2. Es gibt mehr kleinen als großen Grenzverkehr. So führen materielle Aufstiege oft nur in benachbarte Einkommensklassen bzw. die Betroffenen bleiben nach dem Ende einer Armuts- oder Sozialhilfeepisode im armutsnahen Bereich.³³
3. Verschiedene Indizien sprechen dafür, dass sich Armutslagen in den letzten Jahren verfestigt haben. Dauerhafte Armut hat zugenommen, diskontinuierliche Verläufe haben abgenommen.³⁴
4. Darüber hinaus beziehen sich dynamische Analysen häufig nur auf eine Dimension, nämlich Einkommen. Eine der wenigen Ausnahmen sind die Analysen von Groh-Samberg (2009). Dieser betrachtet die Kumulation und Dynamik von Einkommensarmut und Lebenslagearmut³⁵ über die Zeit hinweg und kommt zu dem Ergebnis, dass sich Armut und soziale Ausgrenzung strukturell verfestigt haben. Die Zone der vorgefestigten Armut ist in Westdeutschland zwischen 1984 und 2006 von 6% auf 10% angestiegen, in Ostdeutschland zwischen 1992 und 2006 von 4% auf 9%. Die Zone der Prekarität, in der die Gefahr von Abstiegen in die Armut gegeben ist, ist in beiden Teilen Deutschlands mit etwa 10% stabil geblieben. Darüber hinaus gibt es einen engen Zusammenhang zwischen Armut und Klassenstruktur, da fast drei Viertel der dauerhaft und mehrfach Armen aus der Arbeiterklasse kommen.

Es gibt also Übergänge zwischen Armut und Nicht-Armut. Diese Grenzüberschreitungen sprechen dagegen, dass die Armutsbevölkerung dauerhaft ausgegrenzt ist. Langzeitarmut dürfte jedoch seit Ende der 1990er Jahre zugenommen haben. Und wie vor allem die Ana-

---

31 Zwischen 1998 und 2003 war gut ein Viertel der Gesamtbevölkerung mindestens einmal von Armut betroffen (Becker/Hauser 2004: 220 f.).
32 In der Bremer Längsschnittstudie betrug der Anteil der Fälle mit diskontinuierlichen Verläufen 40% (Zugangskohorte 1983) bzw. 30% (Zugangskohorte 1989).
33 Das Ausmaß der Mobilität hängt allerdings vom Beobachtungszeitraum ab. So befanden sich von denen, die im Jahre 2002 über weniger als 60% des Durchschnittseinkommens verfügten, 16,2% ein Jahr später in einer Einkommensposition zwischen 60% und 80%, während nur 11,3% den Sprung in eine Position über 80% geschafft hatten. Zwischen 1998 und 2003 gelang dagegen 23% der Armen ein Aufstieg in eine Position zwischen 60% und 80% und mehr 27% ein Sprung über die 80%-Grenze (Becker/Hauser 2004: 214 ff.). Über einen längeren Zeitraum betrachtet nimmt der große Grenzverkehr somit etwas zu, wobei der Anteil der Armen, die in sehr hohe Positionen, z.B. mehr als das einheinhalbfache des Durchschnitts, aufsteigt, extrem gering ist. Zu Ausstiegen aus der Sozialhilfe siehe Buhr (2002) und Hagen (2004). Nach bisher unveröffentlichten Ergebnissen des Projektes „Verlaufs- und Ausstiegsanalyse Sozialhilfe" verblieben über 60% der Aussteiger aus der Sozialhilfe unterhalb der 60%-Armutsgrenze (Buhr et al. 2005).
34 So waren von den Armen im Jahre 2000 16% erstmalig arm, 33% permanent arm und 52% wiederkehrend. Im Jahre 2004 waren dagegen bereits 45% dauerhaft seit vier Jahren in dieser Lage, 37% hatten Wechsel zwischen Phasen der Armut und Nicht-Armut erlebt und 18% waren erstmalig arm (Datenreport 2006: 622 f.). Auch die Mobilität zwischen Einkommensquintilen ist geringer geworden. Das Risiko im untersten Quintil zu bleiben hat sich also über die Zeit erhöht und der Übergang in höhere Lagen entsprechend verringert (Datenreport 2006: 621).
35 Berücksichtigt wurden die Dimensionen Wohnen, Rücklagen und Arbeitslosigkeit. Das Untersuchungsdesign ist sehr komplex und kann hier nicht im Einzelnen dargestellt werden.

lysen von Groh-Samberg zeigen, muss die These von der Entgrenzung von Armut möglicherweise revidiert werden.

Verbleib (oder Nicht-Verbleib) in Armut und potenziell Ausgrenzung hängen von verschiedenen strukturellen und institutionellen Faktoren ab, also etwa von der Arbeitsmarktsituation und der Ausgestaltung des Systems der sozialen Sicherung. Daneben sind aber auch Abgrenzungs- oder sogar Abwehrstrategien der Mittelschichten in Rechnung zu stellen: „Ziehen die Mittelklassen in ihrem begonnenem Abwehrkampf die Grenzen neu und fester oder werfen sie sich auch für die unteren Klassen in die Bresche?" (Bude/Willisch 2006: 21). Als mögliche Formen der Abgrenzung sind hier etwa Partnerwahlprozesse, Namensgebung der Kinder und Bildungsentscheidungen (etwa der Trend zu Privatschulen) zu berücksichtigen (Kohlenberg/Uchatius 2007). Darüber hinaus sind auch individuelle Handlungs- und Bewältigungsmuster von Bedeutung. Diese werden im nächsten Abschnitt untersucht.

6. Handeln oder Erleiden?

Armut kann äußerst folgenreich für die davon Betroffenen sein. So gibt es vielfältige Hinweise darauf, dass Armut krank machen kann, die Betroffenen sich aus sozialen Bezügen zurückziehen, politisch weniger teilnehmen oder über geringere Bildungschancen verfügen.[36] Allerdings werden Armut und Ausgrenzung abhängig von individuellen und sozialen Ressourcen sowie vom biographischen Kontext unterschiedlich wahrgenommen und bewältigt.

Ob eine Situation als „Ausgrenzung" definiert wird, ist individuell verschieden. Situationen sozialer Ausgrenzung können sich „auf der subjektiven Ebene sehr viel widersprüchlicher darstellen. Weiterhin sind die subjektiven Grenzen zwischen Inklusion und Exklusion (damit auch Resignation) für die Betroffenen fließend" (Hagen/Niemann 2000: 209 f.). So gibt es auch unter Langzeitbeziehern von Sozialhilfe „subjektive Überbrücker", die die Sozialhilfe als Übergangsphase ansehen, etwa während einer Phase der biographischen Neuorientierung oder für die Zeit der Kindererziehung (Buhr/Hagen 2001).

Darüber hinaus zeigen die vorliegenden Studien auch ein hohes Aktivitätspotenzial der Betroffenen: „Gegen die verbreiteten Bilder derer, die durch Wohlfahrt abhängig gemacht würden bzw. Leute, die Leistungen strategisch ausnutzen, haben wir einen ganz anderen Typus von Akteuren gefunden: Subjekte, die aktiv schwierige Situationen sozialer Ausschließung bearbeiten" (Cremer-Schäfer 2005: 154). Allmenröder (2003) fand neben „verwalteten Armen" auch „erschöpfte Einzelkämpfer/-innen", „ambivalente Jongleure/-innen" und „vernetzte Aktive". Von den drei Typen bei Ludwig (1996) sind lediglich die Personen mit einer „verfestigten Armutskarriere" von Ausgrenzung betroffen.[37] Die Betroffenen sind

---

36 Siehe zusammenfassend Bundesregierung (2005).
37 Bei den anderen Typen handelt es sich um „konsolidierte" bzw. „optimierte" Armutskarrieren. Personen mit „konsolidierter Karriere", die man auch als „aktive Bewältiger" bezeichnen könnte, beziehen seit Längerem Sozialhilfe und haben keine oder wenig Chancen, ins Erwerbsleben zurückzukehren. Sie gehen jedoch aktiv mit ihrer Lage um, lernen, ihre Ansprüche gegenüber der Sozialbehörde durchzusetzen, entwickeln Techniken, mit dem knappen Geld umzugehen, stellen soziale Kontakte her, suchen sich ein Hobby, um die Zeit sinnvoll zu nutzen und sind in soziale Netze eingebunden. Personen mit „optimierter Karriere", die man auch als „aktive Überwinder" bezeichnen könnte, überwinden die vorübergehende Notlage oder Lebenskrise selbständig, finanziell flankiert durch die Sozialhilfe.

mehrfach benachteiligt und werden mit der Zeit immer passiver und hoffnungsloser.[38] Obwohl ein besonderer Hilfebedarf besteht, werden sie paradoxerweise häufig von sozialstaatlichen Maßnahmen ausgeschlossen: „Personen mit verfestigter Armutskarriere sind somit aus dem Arbeitsmarkt und auch aus sonstigen sozialen Bezügen ausgegrenzt. Zudem erzeugt oder verstärkt der Sozialstaat die Probleme ... durch Diskriminierung und Nichtstun. Auch der Sozialstaat grenzt aus, statt Bewältigungsversuche wirksam zu unter-stützen" (Ludwig 1996: 283).[39]

Es gibt also verschiedene Armutstypen bzw. Bewältigungsmuster. Objektive Bedingungen werden durch subjektive und biographische Aspekte überlagert und relativiert. Wie groß die Handlungsspielräume der Betroffenen sind und ob sie sich Handlungsfähigkeit und Eigeninitiative – und damit auch die Anschlussfähigkeit an die „Normalgesellschaft" und die Normalbiographie – erhalten können, hängt dabei auch von der Bereitstellung wohlfahrtsstaatlicher Ressourcen ab, insbesondere von der Sicherstellung eines ausreichenden Existenzminimums. Darüber hinaus spielen auch Netzwerke eine wichtige Rolle: „Zu einer abgeschlossenen Episode wurde soziale Ausschließung am ehesten für solche Akteure, die eine Vielfalt von primären Ressourcen (Rechte, Sozialleistungen, bezahlte Arbeit) und ‚Zugangsressourcen' kombinieren konnten. Als ‚Zugangsressourcen' haben wir solche typisiert, die auf (subkultureller, familialer) Reziprozität beruhen bzw. auf alltäglichen Zusammenschlüssen und sozialen Netzen (z.B. Nachbarschaften, informelle Arbeitsmärkte) bauen konnten" (Cremer-Schäfer 2005: 162).

7. Fazit

Der Anteil der Einkommensarmen liegt – je nach Armutsdefinition – knapp unter oder knapp über 10% der Bevölkerung und hat in den letzten Jahren zugenommen. Mehr als fünf Millionen Personen beziehen die neue „Grundsicherung für Arbeitsuchende", die 2005 durch die Zusammenlegung von Arbeitslosenhilfe und Sozialhilfe für Erwerbsfähige entstanden ist. Dabei wurde ein Teil der früheren Bezieher von Arbeitslosenhilfe aus dem Hilfesystem ausgegrenzt.

Armut ist zunächst einmal eine Kategorie zur Beschreibung der Sozialstruktur. Ob bzw. welche Exklusionen damit verbunden sind, ist eine offene Frage.

Ein nicht unbeträchtlicher Anteil von Einkommensarmen macht keine Ansprüche auf Sozialhilfe bzw. sozialhilfeähnliche Leistungen geltend. Dies kann einerseits als Selbstexklusion gedeutet werden, da die Betroffenen auf das Inklusionsmedium Geld und/oder Integrationsmaßnahmen verzichten. Dabei tragen auch verschiedene institutionelle „Abschreckungsmechanismen" dazu bei, dass die Betroffenen außerhalb des sozialen Sicherungssystems bleiben, so dass wir es hier auch mit Exklusion durch den Sozialstaat bzw.

---

38 Ähnlich resignativ stellt sich die Situation der „Optionslosen" bei Hagen (2004) dar.
39 Hier zeigen sich Ähnlichkeiten zu der Gruppe, die im zweiten Armuts- und Reichtumsbericht der Bundesregierung als „extrem Arme" bezeichnet wird. Bei diesen Armen hat sich Armut im Lebenslauf verfestigt und sie werden von Hilfeangeboten des Sozialstaats nicht oder schwer erreicht: „Mehrfachbetroffenheit durch Problemlagen wie etwa Langzeitarbeitslosigkeit, Einkommensarmut, Wohnungslosigkeit, Drogen- bzw. Suchtmittelgebrauch und Straffälligkeit sowie gesundheitliche Einschränkungen charakterisiert oft extreme Armut. Es besteht die Gefahr einer Verfestigung von Armut im Lebensverlauf. Prägend für die Situation von Menschen in extremer Armut ist, dass sie zur Bewältigung ihrer Krisensituationen durch die Hilfeangebote des Sozialstaates nur noch sehr eingeschränkt bzw. gar nicht mehr erreicht werden können" (Bundesregierung 2005: 171). Siehe auch Neumann/Mingot (2003).

seine Einrichtungen zu tun haben. Eine andere mögliche Deutung ist, dass der Verzicht auf Sozialleistungen dadurch motiviert ist, dass gerade der Übergang in den institutionalisierten Hilfebezug wegen der damit verbundenen tatsächlichen oder vermuteten Folgen (z.B. Stigmatisierung) als Exklusion erlebt wird, während allein der Status der Armut im Vergleich dazu noch als Inklusion in die Gesellschaft erscheint.

Nicht alle Einkommensarmen und Sozialhilfebeziehenden sind mehrfach unterversorgt und in diesem Sinne von sozialer Teilhabe ausgeschlossen. Der Anteil der Bevölkerung, der sich in einer konsistenten Armutslage befindet, also sowohl von Einkommensarmut als auch von Deprivationsarmut betroffen ist, liegt nach den vorliegenden Forschungsergebnissen deutlich unter 10%.

Auch wenn sich die Mobilität der Armutsbevölkerung in den letzten Jahren offenbar verringert hat und es mehr kleinere als größere Aufstiege gibt, ist Armut kein sich durchweg selbst verstärkender Prozess ohne Ausweg. Lediglich bei einer kleinen Gruppe von mehrfach deprivierten Personen ist von Verfestigungs- und Ausgrenzungstendenzen auszugehen, die zudem durch den Sozialstaat verstärkt werden können. Die meisten Armen, auch Langzeitarme, bewältigen ihre Lage aktiv, haben eine Ausstiegsperspektive und bleiben handlungsfähig. Insoweit bleibt die „Anschlussfähigkeit" an Nicht-Armut, Normalbiographie und normale Lebensführung auch bei längerfristiger Armut gewahrt. Armut kann auch ein selbst gewählter Zustand auf Zeit sein, mit dem bestimmte Exklusionen (aber eben auch Inklusionen) in Kauf genommen werden. Dies trifft etwa auf alleinerziehende Mütter zu, die sich in einem bestimmten Zeitraum für Kindererziehung und gegen Erwerbstätigkeit entscheiden. Denkbar ist auch der Fall eines einkommensarmen Akademikers auf halber oder viertel Stelle, dem die Inklusion in wissenschaftliche Kommunikationszusammenhänge wichtiger ist als die Erzielung eines höheren Einkommens außerhalb des Wissenschaftsbetriebs.

Es gibt teilweise und zeitweise Ausgrenzungen und fließende Übergänge, etwa „prekäre" Übergangszonen zwischen Armut und Nicht-Armut, in denen sowohl sozialer Aufstieg als auch Abstieg möglich ist. Ein Beispiel für Inkonsistenzen bzw. fließende Übergänge sind auch die „working poor": Sie sind in den Arbeitsmarkt integriert, verfügen aber über ein so geringes Einkommen, dass sie unter der Armutsgrenze liegen und aufstockende Sozialleistungen beantragen müssen.

Die Grenzen zwischen Armut und Nicht-Armut sind also in sachlicher (Dimensionen), zeitlicher (Dynamik) und subjektiv/biographischer (Bewältigung) Hinsicht durchlässig (Buhr 1998). Dieser Befund spricht also eher für einen abgestuften, graduellen und dynamischen Ausgrenzungsbegriff und gegen eine scharfe Trennlinie zwischen „innen" und „außen": „If we reverse the perspective it is possible to understand ‚social exclusion' as a dynamic and multi-dimensional process rather than as an all-or-nothing event and status" (Steinert 2003: 15).

Wie könnte sich Ausgrenzung in Zukunft entwickeln? Wenn Langzeitarmut zunimmt und damit die Chancen der Armut zu entkommen sinken, wofür es einige Indizien gibt, könnte der Anteil der Bevölkerung steigen, der dauerhaft ausgeschlossen ist. Für die zukünftige Entwicklung spielen insbesondere aber auch wohlfahrtsstaatliche und institutionelle Ausgrenzungsmechanismen eine Rolle: So könnte die seit langem von den Wohlfahrtsverbänden kritisierte mangelnde Bedarfsgerechtigkeit der Regelsätze der Sozialhilfe und des Arbeitslosengeldes II das Risiko sozialer Ausgrenzung z.B. in kultureller und gesundheitlicher Hinsicht erhöhen. Ein Problem sind auch die so genannten Mietobergrenzen:

Sofern diese streng gehandhabt werden und die Betroffenen gezwungen werden, sich günstigere Wohnungen zu suchen, könnte auch räumliche Ausgrenzung die Folge sein, da günstigere Wohnungen häufig nur in bestimmten, benachteiligten Stadtteilen zu finden sind (vgl. Häussermann und Kronauer in diesem Band). Zu fragen ist auch, wieweit die mit der Einführung des Arbeitslosengeldes II verbundene Politik der Aktivierung Ausgrenzung verhindern kann. Aktivierung zielt vornehmlich auf die Wiederherstellung und Erhaltung der Erwerbsfähigkeit und die Wiedereingliederung in den Arbeitsmarkt, ist also nur auf eine Teilintegration ausgerichtet. Und wie erfolgreich aktivierende Politik in Hinblick auf das Ziel der Wiedereingliederung in den Arbeitsmarkt ausfällt, ist bestenfalls umstritten. Es gibt einige Anzeichen dafür, dass bestimmte Gruppen von aktivierender Politik nicht erreicht werden – und auch nicht von einem etwaigen konjunkturellen Aufschwung profitieren werden.

Literatur

Allmendinger, Jutta und Stephan Leibfried, 2002: Bildungsarmut im Sozialstaat. S. 287-315 in: Burkart, Günter und Jürgen Wolf (Hg.): Lebenszeiten. Erkundungen zur Soziologie der Generationen. Opladen: Leske und Budrich.

Allmenröder, Sabine, 2003: Die vier Gesichter der Armut. Nachrichtendienst des Deutschen Vereins für öffentliche und private Fürsorge 83 (7): S. 320-325.

Andreß, Hans-Jürgen, 1997: Armut in Deutschland – Prozesse sozialer Ausgrenzung und die Entstehung einer neuen „Underclass"? Soziale Probleme 8 (1): S. 3-39.

Andreß, Hans-Jürgen, 1999: Leben in Armut: Analysen der Verhaltensweise armer Haushalte mit Umfragedaten. Opladen: Westdeutscher Verlag.

Andreß, Hans-Jürgen, et. al., 2004: Armut und Lebensstandard. Zur Entwicklung des notwendigen Lebensstandards der Bevölkerung 1996 bis 2003. Forschungsprojekt. Lebenslagen in Deutschland. Armuts- und Reichtumsberichterstattung der Bundesregierung.

Anhorn, Roland und Frank Bettinger, 2005 (Hg.): Sozialer Ausschluss und Soziale Arbeit. Wiesbaden: VS Verlag für Sozialwissenschaften.

Balsen, Werner et al., 1984: Die neue Armut: Ausgrenzung von Arbeitslosen aus der Arbeitslosenunterstützung. Köln: Bund-Verlag.

Becker, Irene, 2006: Armut in Deutschland: Bevölkerungsgruppen unter der ALG II-Grenze. Frankfurt/Main: Projekt „Soziale Gerechtigkeit". J.W. Goethe Universität Frankfurt a. Main.

Becker, Irene und Richard Hauser, 2003: Nicht-Inanspruchnahme zustehender Sozialhilfeleistungen (Dunkelzifferstudie). Frankfurt/Main: Universität Frankfurt a. Main.

Becker, Irene und Richard Hauser, 2004: Verteilung der Einkommen 1999-2003. Forschungsprojekt. Lebenslagen in Deutschland. Armuts- und Reichtumsberichterstattung der Bundesregierung.

Becker, Irene und Richard Hauser, 2006: Verteilungseffekte der Hartz IV-Reform. Ergebnisse von Simulationsanalysen. Berlin: edition sigma.

Behrendt, Christina, 2002: Die Effektivität der Sozialhilfe bei der Vermeidung von Armut in vergleichender Perspektive. Archiv für Wissenschaft und Praxis der sozialen Arbeit 33 (1): S. 3-13.

Böhnke, Petra, 2006: Am Rande der Gesellschaft. Risiken sozialer Ausgrenzung. Opladen: Verlag Barbara Budrich.

Bruckmeier, Kerstin und Daniel Schnitzlein, 2007: Was wurde aus den Arbeitslosenhilfeempfängern? Eine empirische Analyse des Übergangs und Verbleibs von Arbeitslosenhilfeempfängern nach der Hartz-IV-Reform. IAB Discussion Paper 24.

Bude, Heinz und Andreas Willisch, 2006: Das Problem der Exklusion. S. 7-26 in: Bude, Heinz und Andreas Willisch (Hg.): Das Problem der Exklusion. Ausgegrenzte, Entbehrliche, Überflüssige. Hamburg: Hamburger Edition.
Buhr, Petra, 1995: Dynamik von Armut: Dauer und biographische Bedeutung von Sozialhilfebezug. Opladen: Westdeutscher Verlag.
Buhr, Petra, 1998: Verschwimmende Grenzen. Wo fängt Armut an und wann hört sie auf? S. 26-51 in: Hillebrandt, Frank et al. (Hg.): Verlust der Sicherheit? Lebensstile zwischen Multioptionalität und Knappheit. Opladen: Westdeutscher Verlag.
Buhr, Petra, 2002: Ausstieg wohin? Erwerbssituation und finanzielle Lage nach dem Ende des Sozialhilfebezugs. ZeS-Arbeitspapier 4/02.
Buhr, Petra, 2003: Wege aus der Armut durch Wege in eine neue Armutspolitik? S.147-166 in: Gohr, Antonia und Martin Seeleib-Kaiser (Hg.): Sozial- und Wirtschaftspolitik unter Rot-Grün. Wiesbaden: Westdeutscher Verlag.
Buhr, Petra, 2005: Ausgrenzung, Entgrenzung, Aktivierung: Armut und Armutspolitik in Deutschland. S.185-202 in: Anhorn, Roland und Frank Bettinger (Hg.): Sozialer Ausschluss und Soziale Arbeit. Wiesbaden: VS Verlag für Sozialwissenschaften.
Buhr, Petra und Christine Hagen, 2001: Die subjektive Bedeutung von Sozialhilfeverläufen. S. 189-216 in: Kluge, Susann und Udo Kelle (Hg.): Methodeninnovation in der Lebenslaufforschung. Weinheim/München: Juventa.
Buhr, Petra et al., 1991: Armutspolitik und Sozialhilfe in vier Jahrzehnten. Leviathan. Die alte Bundesrepublik. Kontinuität und Wandel. Sonderheft 12: S. 502-546.
Buhr, Petra et al., 2005: Verlaufs- und Ausstiegsanalyse Sozialhilfe. Abschlussbericht des Forschungsprojektes im Auftrag des Bundesministeriums für Gesundheit und Soziale Sicherung. Bremen: Zentrum für Sozialpolitik.
Buhr, Petra und Andreas Weber, 1998: Social assistance and social change in Germany. S. 183-198 in: Leisering, Lutz und Robert Walker (Hg.): The Dynamics of Modern Society: Poverty, Policy and Welfare. Bristol: The Policy Press.
Bundesagentur für Arbeit, 2007a: Erwerbstätigkeit von erwerbsfähigen Leistungsbeziehern Juli 2007.
Bundesagentur für Arbeit, 2007b: Monatsbericht Juni 2007.
Bundesregierung, 2005: Lebenslagen in Deutschland. Der 2. Armuts- und Reichtumsbericht der Bundesregierung.
Butterwegge, Christoph, 2000: Kinderarmut in Deutschland. Ursachen, Erscheinungsformen und Gegenmaßnahmen. Frankfurt/Main: Campus.
Castel, Robert, 1995: Les métarmorphoses de la question sociale: une chronique du salariat. Paris: Fayard.
Cremer-Schäfer, Helga, 2005: Situationen sozialer Ausschließung und ihre Bewältigung durch die Subjekte. S. 147-164 in: Anhorn, Roland und Frank Bettinger (Hg.): Sozialer Ausschluss und soziale Arbeit. Wiesbaden: VS Verlag für Sozialwissenschaften.
Deutscher Bundestag, 2001: Unterrichtung durch die Bundesregierung. Lebenslagen in Deutschland. Erster Armuts- und Reichtumsbericht. Deutscher Bundestag.
Gebauer, Roland et al., 2002: Wer sitzt in der Armutsfalle? Selbstbehauptung zwischen Sozialhilfe und Arbeitsmarkt. Berlin: Edition Sigma.
Golsch, Katrin, 2001: Im Netz der Sozialhilfe – (auf)gefangen? Eine Verlaufsdatenanalyse zur Dynamik von Armut in Bielefeld. S. 63-89 in: Josef-Popper-Nährpflicht Stiftung (Hg.): Forschungspreis 2001. Frankfurt/Main.
Graf, Tobias, 2007: Bedarfsgemeinschaften 2005 und 2006: Die Hälfte war zwei Jahre lang bedürftig. IAB Kurzbericht Nr. 17/2007.
Groh-Samberg, Olaf, 2004: Armut und Klassenstruktur. Zur Kritik der ‚Entgrenzungsthese' aus einer multidimensionalen Perspektive. Kölner Zeitschrift für Soziologie und Sozialpsychologie 56 (4): S. 653-682.
Groh-Samberg, Olaf, 2009: Armut, soziale Ausgrenzung und Klassenstruktur. Zur Integration multidimensionaler und längsschnittlicher Perspektiven. Wiesbaden: VS Verlag für Sozialwissenschaften.
Hagen, Christine, 2004: Wege aus der Sozialhilfe – Wege aus der Armut? Lebensverläufe zwischen Integration und Ausgrenzung. Frankfurt/Main: Eigenverlag des Deutschen Vereins für öffentliche und private Vorsorge.
Hagen, Christine und Heike Niemann, 2000: Schattierungen sozialer Ausgrenzung. Befunde einer qualitativen Längsschnittuntersuchung. S. 201-211 in: Diewald, Felix et al. (Hg.): Zwischen drinnen und draußen. Arbeitsmarktchancen und soziale Ausgrenzungen in Deutschland. Opladen: Leske und Budrich.
Halleröd, Björn, 1995: The truly poor: indirect and direct consensual measurement of poverty in Sweden. Journal of European Social Policy 5 (2): S. 111-129.
Hanesch, Walter et al., 1994: Armut in Deutschland: Der Armutsbericht des DGB und des Paritätischen Wohlfahrtsverbands. Reinbek: Rowohlt.

Hanesch, Walter und Thomas Hölzle, 2000: Lebenslagen in Deutschland. Der erste Armuts- und Reichtumsbericht der Bundesregierung. Einkommenslage bei Erwerbstätigkeit und Arbeitslosigkeit. Bonn: Bundesministerium für Arbeit und Sozialordnung.
Hartmann, Helmut, 1981: Sozialhilfebedürftigkeit und Dunkelziffer der Armut. Bericht über das Forschungsprojekt zur Lage potentiell Sozialhilfeberechtigter. Stuttgart: Kohlhammer.
Hartmann, Helmut, 1985: Armut trotz Sozialhilfe – Zur Nichtinanspruchnahme von Sozialhilfe in der Bundesrepublik. S. 169-189 in: Leibfried, Stephan und Florian Tennstedt (Hg.): Politik der Armut und Die Spaltung des Sozialstaats. Frankfurt/Main: Suhrkamp.
Hauser, Richard et al., 1981: Armut, Niedrigeinkommen und Unterversorgung in der Bundesrepublik Deutschland. Frankfurt/Main/New York: Campus.
Hauser, Richard und Peter Semrau, 1990: Zur Entwicklung der Einkommensarmut von 1963 bis 1986. Sozialer Fortschritt 39 (2): S. 27-36.
Hock, Beate et al., 2000: Frühe Folgen – langfristige Konsequenzen? Armut und Benachteiligung im Vorschulalter. Frankfurt/Main: ISS Eigenverlag.
Holz, Gerda et al., 2005: Zukunftschancen für Kinder – Wirkung von Armut bis zum Ende der Grundschulzeit. Endbericht der 3. AWO-ISS-Studie im Auftrag der Arbeiterwohlfahrt Bundesverband e.V. Berlin: AWO Bundesverband e.V.
Hübinger, Werner, 1996: Prekärer Wohlstand. Neue Befunde zu Armut und sozialer Ungleichheit. Freiburg: Lambertus.
Jenkins, Stephen und Thomas Siedler, 2007: The intergenerational transmission of poverty in industrialized countries. DIW Berlin Discussion Papers 693.
Klinger, Nadja und Jens König, 2006: Einfach abgehängt. Ein wahrer Bericht über die neue Armut in Deutschland. Berlin: Rowohlt Verlag.
Klocke, Andreas und Klaus Hurrelmann, 2001: Kinder und Jugendliche in Armut. Umfang, Auswirkungen und Konsequenzen. Wiesbaden: Westdeutscher Verlag.
Kohlenberg, Kersting und Wolfgang Uchatius, 2007: Von oben geht's nach oben. Die ZEIT, 2007 Nr. 35.
Kortmann, Klaus und Peter Sopp, 2001: Forschungsprojekt. Die Bevölkerung im unteren Einkommensbereich. Demographische Strukturen, Einstiegsgründe und Ausstiegsdynamik. Bonn: Bundesministerium für Arbeit und Sozialordnung.
Krause, Peter, 1994: Zur zeitlichen Dimension von Einkommensarmut. S. 189-214 in: Hanesch, Walter et al. (Hg.): Armut in Deutschland: Der Armutsbericht des DGB und des Paritätischen Wohlfahrtsverbands. Reinbek: Rowohlt.
Kreher, Simone et al., 2006: Erste Befunde der DFG-geförderten Studie zur Armutsdynamik im ländlichen Raum Mecklenburg-Vorpommerns. (http://www.fh-fulda.de/fileadmin/Fachbereich_PG/Forschung_Praxis/DFG/Armutsdynamiken_erste_Befunde_1006.pdf)
Kronauer, Martin, 1997: ‚Soziale Ausgrenzung' und ‚underclass': Über neue Formen der gesellschaftlichen Spaltung. Leviathan 25 (1): S. 28-49.
Kronauer, Martin, 2002: Exklusion. Die Gefährdung des Sozialen im hoch entwickelten Kapitalismus. Frankfurt/Main: Campus.
Lauterbach, Wolfgang et al., 2003: Armut und Bildungschancen: Auswirkungen von Niedrigeinkommen auf den Schulerfolg am Beispiel des Überganges von der Grundschule auf weiterführende Schulformen. S. 153-170 in: Christoph Butterwege und Michael Klundt (Hg.): Kinderarmut und Generationengerechtigkeit – Familien- und Sozialpolitik im demografischen Wandel. Opladen: Leske + Budrich.
Leibfried, Stephan et al., 1995: Zeit der Armut. Lebensläufe im Sozialstaat. Frankfurt/Main: Suhrkamp.
Leisering, Lutz, 2000: ‚Exklusion' – Elemente einer soziologischen Rekonstruktion. S. 11-22 in: Büchel, Felix et al. (Hg.): Zwischen drinnen und draußen. Opladen: Leske + Budrich.
Leisering, Lutz, 2004: Desillusionierungen des modernen Fortschrittsglaubens. „Soziale Exklusion" als gesellschaftliche Selbstbeschreibung und soziologisches Konzept. S. 238-268 in: Schwinn, Thomas (Hg.): Differenzierung und soziale Ungleichheit. Die zwei Soziologien und ihre Verknüpfung. Frankfurt/Main: Humanities Online.
Leisering, Lutz et al., 2006: Soziale Grundsicherung in der Weltgesellschaft. Monetäre Mindestsicherungssysteme in den Ländern des Südens und des Nordens. Weltweiter Survey und theoretische Verortung. Bielefeld: Transcript.
Leisering, Lutz und Stephan Leibfried, 1999: Time and Poverty in Western Welfare States. United Germany in Perspective. Cambridge: Cambridge University Press.
Ludwig, Monika, 1996: Armutskarrieren: Zwischen Abstieg und Aufstieg im Sozialstaat. Opladen: Westdeutscher Verlag.

Neumann, Udo, 1999: Struktur und Dynamik von Armut: eine empirische Untersuchung für die Bundesrepublik Deutschland. Freiburg: Lambertus.
Neumann, Udo und Markus Hertz, 1998: Verdeckte Armut in Deutschland. Bonn: Friedrich-Ebert-Stiftung
Neumann, Udo und Karl Mingot, 2003: Menschen in extremer Armut. Forschungsprojekt. Lebenslagen in Deutschland. Armuts- und Reichtumsberichterstattung der Bundesregierung.
Otto, Ulrich (Hg.) 1997: Aufwachsen in Armut. Erfahrungswelten und soziale Lagen von Kindern armer Familien. Opladen: Leske und Budrich.
Rentzsch, Doris und Thomas Olk, 2002: Sozialhilfedynamik in Ostdeutschland – Sozialhilfeverläufe und zeitdynamische Problemgruppen in der Hallenschen Längsschnittstudie (HLS). S. 229-262 in: Sell, Stefan (Hg.): Armutsforschung und Armutspolitik. Bestandsaufnahme und Perspektiven im Kontext der Armutsberichterstattung. Berlin: Duncker & Humblot.
Rheinisch-Westfälisches Institut für Wirtschaftsforschung, RWI, 2004: Lebensstandarddefizite bei erwerbstätigen Haushalten („Working poor"). Forschungsprojekt. Lebenslagen in Deutschland. Armuts- und Reichtumsberichterstattung der Bundesregierung.
Riphahn, Regina T., 2000: Rational Poverty or Poor Rationality? The Take-up of Social Assistance Benefits. Bonn: Forschungsinstitut zur Zukunft der Arbeit (I Z A DP 124).
Rudolph, Helmut und Kerstin Blos, 2005: Schätzung der Auswirkungen des Hartz-IV-Gesetzes auf Arbeitslosenhilfe-Bezieher. IAB Forschungsbericht Nr. 14/2005.
Siebel, Walter, 1997: Armut oder Ausgrenzung? Vorsichtiger Versuch einer begrifflichen Eingrenzung der sozialen Ausgrenzung. Leviathan 25 (1): S. 67-75.
Sopp, Peter, 1994: Das Ende der Zwei-Drittel-Gesellschaft? Zur Einkommensmobilität in Westdeutschland. S. 47-74 in: Zwick, Michael (Hg.): Einmal arm – immer arm? Neue Befunde zur Armut in Deutschland. Frankfurt/Main: Campus.
Statistisches Bundesamt, 2003: Sozialhilfe in Deutschland. Entwicklung, Umfang, Strukturen. Wiesbaden: Statistisches Bundesamt
Statistisches Bundesamt (Hg.), 2006: Datenreport 2006. Zahlen und Fakten über die Bundesrepublik Deutschland.
Steinert, Heinz und Arno Pilgram (Hg.), 2003: Welfare policy from below. Struggles against social exclusion in Europe. Towards a dynamic understanding of participation. Aldershot: Ashgate.
Strengmann-Kuhn, Wolfgang, 2003: Armut trotz Erwerbstätigkeit. Analysen und sozialpolitische Konsequenzen. Frankfurt/Main: Campus.
Vogel, Berthold, 2006: Soziale Verwundbarkeit und prekärer Wohlstand. Für ein verändertes Vokabular sozialer Ungleichheit. S. 342-355 in: Bude, Heinz und Andreas Willisch (Hg.): Das Problem der Exklusion. Hamburg: Hamburger Edition.
Wagner, Gert und Peter Krause, 2001: Lebenslagen in Deutschland. Der erste Armuts- und Reichtumsbericht der Bundesregierung. Einkommensverteilung und Einkommensmobilität. Bonn: Bundesministerium für Arbeit uns Sozialordnung
Wessels, Bridgette und Siep Miedema, 2003: Towards understanding situations of social exclusion. S. 71-84 in: Steinert, Heinz und Arno Pilgram (Hg.): Welfare policy from below. Struggles against social exclusion in Europe. Towards a dynamic understanding of participation. Aldershot: Ashgate.
Wilde, Joachim und Alexander Kubis, 2004: Nichtinanspruchnahme von Sozialhilfe. Eine empirische Analyse des Unerwarteten. Halle: Martin-Luther-Universität Halle-Wittenberg; Wirtschaftswissenschaftliche Fakultät, Volkswirtschaftliche Diskussionsbeiträge 31.

Beschäftigungsflexibilisierung in Deutschland –
Wen betrifft sie und wie hat sie sich auf die Veränderung sozialer Inklusion/Exklusion in Deutschland ausgewirkt?

Sandra Buchholz und Hans-Peter Blossfeld

1. Einleitung

Eine dauerhafte und stabile Beschäftigung ist im so genannten konservativen deutschen Wohlfahrtsstaatsmodell für Individuen eine wichtige Quelle der sozialen Absicherung, der sozialen Teilhabe und der sozialen Anerkennung.[1] Der „Arbeitsplatzbesitz" ermöglicht dem Einzelnen nicht nur durch das aktuelle Einkommen den Zugang zu Gütern und Dienstleistungen, sondern beeinflusst im beitragsorientierten deutschen System der Sozialversicherung auch das Niveau der sozialen Sicherung im Falle von Nichterwerbstätigkeit. Die Basissicherung ist vor allem verglichen mit den skandinavischen Staaten Europas relativ gering. Beispielsweise wird die Höhe der Altersrente aus der gesamten Erwerbsgeschichte einer Person kumulativ errechnet. Die Höhe und Länge der Unterstützung im Fall von Arbeitslosigkeit hängt von den vorangegangen Beschäftigungen ab; und auch heute, nach Umsetzung der so genannten Hartz-Reformen, erhält immer noch der Teil der arbeitslosen Bevölkerung, der zuvor für einen längeren Zeitraum sozialversicherungspflichtig beschäftigt war, höhere staatliche Leistungen als der Teil, der schon länger arbeitslos ist bzw. nie erwerbstätig war. Der Zugang zum Arbeitsmarkt und zu einer stabilen Beschäftigung ist also in Deutschland ein wichtiger Mechanismus, wenn es um die Frage sozialer Inklusion/Exklusion und die soziale Teilhabe geht.

In den 1960er und 1970er Jahren war durch das hohe Wirtschaftswachstum und die in dieser Zeit vorherrschende Vollbeschäftigung die soziale Inklusion breiter Bevölkerungsmassen über den Status des Normalarbeitsverhältnisses weitgehend sicher gestellt. Die soziale und ökonomische Exklusion hatte sich vor allem auf ungelernte Arbeitskräfte auf dem sekundären Arbeitsmarkt konzentriert, wobei das Risiko, seinen Job zu verlieren, auch bei diesen Arbeitskräften vor allem durch eine gute Chance auf Wiederbeschäftigung abgefedert worden ist.[2] Vor dem Hintergrund der Arbeitskräfteknappheit in dieser Zeit zeichnete sich das Interesse von Arbeitgebern insbesondere dadurch aus, Mitarbeiter langfristig an den Betrieb zu binden. Deshalb wurden in Westdeutschland (betriebs-)interne Arbeitsmärkte umfassend ausgebaut. Zwar waren die Arbeitsmarktchancen auch in dieser Zeit nicht gleich verteilt, jedoch war das Ausmaß an Beschäftigungsstabilität und -sicherheit für den Großteil der Erwerbspersonen in Deutschland sehr hoch. Mit der steigenden Arbeitslosigkeit in den 1980er Jahren und der wachsenden Unsicherheit im Zuge der Globalisierung seit Beginn der 1990er Jahre zeichnen sich jedoch deutliche Veränderungen am Arbeits-

---

1 Esping-Andersen/Regini 2000.
2 Blossfeld 1986, 1987.

markt ab.[3] Es gibt insbesondere in Unternehmen einen zunehmenden Bedarf an Beschäftigungsflexibilität. Langfristige Bindungen zu Arbeitnehmern sind für Betriebe in Zeiten raschen wirtschaftlichen Wandels unattraktiver geworden und das unternehmerische Interesse, Marktrisiken an Arbeitnehmer weiterzugeben, statt sie vor diesen zu schützen, ist deutlich gestiegen.

Es gibt in der soziologischen Literatur verschiedene, miteinander konkurrierende Thesen, wie sich diese Veränderungen auf dem Arbeitsmarkt auf die Verschiebung der Grenzen zwischen Exklusion und Inklusion im Beschäftigungssystem auswirken. Diese reichen von der Prognose einer Auflösung dieser Grenzen durch eine allgemeine Verbreiterung der Risiken auf alle Erwerbstätigen, über die Voraussage relativer Stabilität der etablierten Inklusions- und Exklusionsmuster bis hin zur Vermutung, dass sich bestehende Ungleichheitsstrukturen weiter verstärken und zwar in dem Sinne, dass immer weniger Arbeitskräfte zu den privilegierten Insidern (d.h. Personen mit hoher Erwerbsstabilität und -sicherheit) auf dem Arbeitsmarkt gehören. Ziel unseres Beitrages ist es, diese konkurrierenden Thesen über die Verschiebung der Grenzen zwischen Inklusion und Exklusion auf dem Arbeitsmarkt im Prozess der Beschäftigungsflexibilisierung auf der Basis von aktuellen Forschungsbefunden aus zwei größeren international vergleichenden Forschungsprojekten – dem GLOBALIFE-Projekt (das von 1999 bis 2006 an den Universitäten Bielefeld und Bamberg angesiedelt war) sowie dem *flex*CAREER-Projekt (das seit 2005 an der Universitäten Bamberg und Göttingen durchgeführt wird) – zu beurteilen. Beide Projekte hatten bzw. haben zum Ziel, die Veränderung von Lebens- und Erwerbsverläufen im Globalisierungs- und Flexibilisierungsprozess zu untersuchen.

Unser Beitrag ist wie folgt aufgebaut: Zuerst stellen wir kurz dar, welche Rolle der Arbeitsmarkt für die soziale Inklusion Einzelner in Deutschland spielt und wie sich diese Rolle im Zuge der Globalisierung verändert hat. Im nächsten Schritt fassen wir die vorliegenden Thesen zusammen, die Aussagen über die Veränderung sozialer Ungleichheiten in Zeiten verstärkten Flexibilitätsbedarfs und somit Prognosen über die Veränderung des individuellen Risikos einer sozialen Exklusion in der jüngeren Vergangenheit treffen. Anschließend arbeiten wir heraus, welche dieser Thesen über die Veränderung der Grenzen zwischen Inklusion/Exklusion am Arbeitsmarkt empirische Unterstützung findet. Der Beitrag schließt mit einem kurzen Resümee.

2. Inklusion und Exklusion in Deutschland – die Rolle des Arbeitsmarktes im Wandel

In den 1960er und frühen 1970er Jahren war flexible und unsichere Beschäftigung am deutschen Arbeitsmarkt weitgehend unbekannt. Die Arbeitsmarktsituation war durch hohe wirtschaftliche Dynamik, Wachstum und Vollbeschäftigung geprägt. Durch die relative Arbeitkräfteknappheit und das stabile Wirtschaftswachstum war das Interesse der Arbeitgeber in dieser Zeit, Mitarbeiter langfristig an sich zu binden und in eine vertrauensbasierte Kooperation zu investieren. Vor allem durch die Herausbildung interner Arbeitsmärkte, die Beschäftigten nicht nur eine hohe Erwerbs*sicherheit* sondern – durch interne Karriereleitern – auch gute Aufstiegs*chancen* bieten, wurde von unternehmerischer Seite versucht, Anreize

---

3   Blossfeld et al. 2005.

zu schaffen, Beschäftigte langfristig an den Betrieb zu binden und zu motivieren.[4] Auch des Modell des so genannten Rheinische Kapitalismus mit seiner Sozialpartnerschaft zwischen Gewerkschaften und Arbeitgebern und der starken staatlichen Regulierung wirtschaftlichen Handelns durch ein umfassendes institutionelles Rahmengefüge (z.B. durch den relativ gut ausgebauten Kündigungsschutz und die hohen Kosten bei Kündigungen) hat die langfristige und vertrauensbasierte Austauschbeziehung zwischen Arbeitgebern und Arbeitnehmern gefördert.

In dieser Zeit zeichnete sich der typische Erwerbsverlauf dadurch aus, dass er hochgradig standardisiert war:[5] An den Ausbildungsabschluss schloss sich in der Regel ein unmittelbarer Übergang in ein stabiles und gut abgesichertes Vollzeitarbeitsverhältnis an, das sich auf einen oder wenige Arbeitgeber konzentrierte und lebenslang angelegt war, bevor mit Erreichen des Rentenalters der standardisierte Übergang in den Ruhestand erfolgte. Das so genannte Normalarbeitverhältnis erlebte sowohl mit Blick auf seine Verbreitung als auch in Bezug auf seine normative Bedeutung für das Arbeits- und Sozialrecht seine Blüte.[6] Als Normalarbeitsverhältnisse werden langfristige Beschäftigungsverhältnisse verstanden, die auf unbefristeter Vollzeiterwerbstätigkeit basieren.[7] Sie haben über die (dauerhafte) Integration ins Erwerbs- und Sozialsystem sowie die dauerhafte Inklusion am Arbeitsmarkt zur Vergesellschaftung breiter Bevölkerungsmassen in Deutschland beigetragen. Insgesamt ist der Status des Normalarbeitsverhältnisses in Deutschland für Individuen deswegen eine wichtige Quelle der sozialen Absicherung, der sozialen Teilhabe und der sozialen Anerkennung.

Diese Darstellung darf nicht darüber hinwegtäuschen, dass die Zusicherungen von Beschäftigungssicherheit in Deutschland nie gleich verteilt waren. Sowohl die institutionellen Regelungen des deutschen Wirtschaftssystems, insbesondere der gesetzliche Kündigungsschutz, als auch die Herausbildung interner Arbeitsmärkte hatten zur Folge, dass sich ein relativ geschlossenes Beschäftigungssystem herausbilden konnte. In geschlossenen Beschäftigungssystemen werden auf der einen Seite die „Arbeitsplatzbesitzer" bevorzugt und geschützt, auf der anderen Seite werden diejenigen benachteiligt, die nicht erwerbstätig oder noch nicht lange erwerbstätig sind.[8] Sie fördern also eine Spaltung des Arbeitsmarktes in so genannte Insider und Outsider. Ein Beispiel zur Verdeutlichung dieses Dualismus ist, dass die Dauer der Firmenzugehörigkeit den Kündigungsschutz ganz allgemein, aber auch bei Massenentlassungen erhöht. Zudem werden das Alter und die Familiensituation bei der Aufstellung von Sozialplänen einbezogen. Dies alles sind Merkmale, die generell eher auf bereits ältere und damit in der Regel am Arbeitsmarkt etablierte, meist männliche Erwerbstätige zutreffen und weniger auf junge Berufsanfänger oder auch wieder ins Erwerbsleben eingestiegene Arbeitnehmer (z.B. Frauen nach einer Familienunterbrechung oder Arbeitslose). Es lässt sich allerdings festhalten, dass durch das hohe Wirtschaftswachstums und die Arbeitskräfteknappheit in den Jahren des Wirtschaftswunders relativ *viele* Beschäftigte in den Genuss der Vorteile dieses Systems kamen und die Zusage von Beschäftigungssicherheit durch den umfassenden Ausbau interner Arbeitsmärkte auf den Großteil von Arbeitnehmern ausgeweitet wurde. Auch die Outsider des Arbeitsmarktes und die Beschäftigten

---

4   Blossfeld/Mayer 1988.
5   Kohli 1985, Blossfeld 1989.
6   Mückenberger 1985a, 1985b.
7   Vgl. z.B. Mückenberger 1985a, 1985b; Kress 1998; Hoffmann/Walwei 1998a, 1998b; Bosch 2001.
8   Vgl. z.B. Mückenberger 1985a: 429ff.

auf den sekundären Arbeitsmärkten profitierten von den hohen Wachstumsraten, da es in dieser Situation relativ einfach war, wieder eine neue Beschäftigung zu finden.

2.1 Steigender Bedarf an Beschäftigungsflexibilität im Globalisierungsprozess

Mit dem Ende des klassischen Industriezeitalters und den steigenden Arbeitslosenquoten zeichnet sich seit dem Ende der 1970er Jahre eine deutliche Veränderung der Beschäftigungsstabilität ab. Diese Entwicklung hat sich mit der einsetzenden Globalisierung seit dem Fall des Eisernen Vorhangs zu Beginn der 1990er noch massiv verstärkt.[9] Grundsätzlich wird unter Globalisierung ein Bündel von Prozessen verstanden, die zu wachsender internationaler Vernetzung führen, mit dem Ergebnis, dass sich die Welt immer mehr in einen einzigen globalen Marktplatz verwandelt.[10] Damit ist Globalisierung sicherlich kein grundsätzlich neues Phänomen[11], jedoch haben die Intensität und Reichweite grenzüberschreitender Interaktionsbeziehungen – seien es ökonomische Transaktionen oder informationelle, kulturelle und politische Austauschprozesse – in der jüngeren Vergangenheit in den meisten modernen Industrieländern schubartig zugenommen.[12] Dies hat auch mit der Entwicklung neuer Informations- und Kommunikationstechnologien zu tun, die diese globale Vernetzung noch beschleunigten und es erlaubten, in allen Lebensbereichen einen weltweiten Standard abzurufen und ein rasches Benchmarking vorzunehmen. Schließlich haben die modernen Industriestaaten seit Beginn der 1990er Jahre auf den wachsenden Standortwettbewerb auch mit einer Senkung der Unternehmenssteuern, Privatisierung, Liberalisierung und Deregulierung reagiert.

Zusammengenommen haben diese makrostrukturellen Prozesse zu einer Intensivierung des technologischen und wirtschaftlichen Fortschritts und zu einer Beschleunigung des sozialen und ökonomischen Wandels geführt.[13] Dies hat unter anderem die Unsicherheit über künftige (Markt-)Entwicklungen für Unternehmen in den der jüngeren Vergangenheit deutlich erhöht.[14] Betriebe sind in dieser neuen Umwelt immer mehr gezwungen, neue Strategien im Umgang mit dieser gestiegenen Marktunsicherheit zu finden und Möglichkeiten zu entwickeln, sich auf Veränderungen schneller einzustellen. Dies hat umfassende Restrukturierungen in Unternehmen eingeleitet: Zunehmend werden flexible Produktions-, Management- und Vertriebssysteme eingesetzt, um unter diesen neuen Bedingungen zu bestehen.[15] Damit einher geht ein verstärktes Interesse von Arbeitgebern, das im Gegensatz zu ihrer bisherigen Strategie steht, Arbeitnehmer langfristig an den Betrieb zu binden: Sie versuchen, Beschäftigungsverhältnisse zu flexibilisieren, um so durch die Weitergabe der Risiken an Arbeitnehmer die eigene gestiegene Marktunsicherheit im Globalisierungsprozess zu bewältigen.[16]

---

9   Vgl. z.B. Standing 1989, 1997; Robertson 1990, 1992; Beck 1997, 2000; Kaufmann 1998; Alasuutari 2000; Held et al. 2000; Waters 2001; Castells 2004; Mills/Blossfeld 2005.
10 Robertson 1992; Alasuutari 2000.
11 Robertson 1990; Sutcliffe/Glyn 1999; Alasuutari 2000.
12 Robertson 1990; Sutcliffe/Glyn 1999; Alasuutari 2000; Held et al. 2000; Castells 2004; Blossfeld 2006; Konjunkturforschungsstelle ETH Zürich 2006.
13 Mills/Blossfeld 2005.
14 Castells 2004.
15 Castells 2004; Piore/ Sabel 1984.
16 Breen 1997.

Im Hinblick auf Beschäftigungsflexibilität werden in der Literatur im Allgemeinen vier Formen unterschieden:[17] (1) *Numerische* Flexibilität bezieht sich auf die Leichtigkeit, mit der der Beschäftigungsstand eines Unternehmens an einen sich ändernden Bedarf angepasst werden kann (z.B. über die Erleichterung von Kündigungen); (2) *Lohnflexibilität* zielt auf den Spielraum, den Unternehmen bei der Anpassung der Löhne an veränderte Marktbedingungen haben; (3) *temporale* Flexibilität meint die Option, die Arbeitszeiten an den wechselnden Bedarf des Unternehmens anzupassen (z.B. durch Arbeitszeitkonten); und (4) *funktionale* Flexibilität bezieht sich darauf, inwieweit Beschäftigte durch Aus- und Weiterbildung sowie Anreizsysteme in der Lage sind, ein breites Spektrum von Aufgaben zu übernehmen.

Nicht alle dieser genannten Flexibilitätsformen erhöhen die Erwerbsrisiken der Arbeitskräfte und damit das Risiko ihrer sozialen Exklusion am Arbeitsmarkt. Beispielsweise sind sowohl die funktionale als auch die temporale Flexibilität in der Regel nicht mit einem erhöhten individuellen Arbeitslosigkeitsrisiko verbunden und stellen eher „sanfte", betriebsinterne Formen der Beschäftigungsflexibilisierung dar. Die Flexibilisierung von Löhnen kann sicherlich mit einer Verschlechterung der individuellen Lage verbunden sein. Internationale Vergleiche zeigen aber, dass das Instrument der Lohnflexibilisierung weniger in konservativen Wohlfahrtsstaaten wie in Deutschland zum Einsatz kommt, sondern vielmehr in den liberalen Wohlfahrtsstaaten wie den USA oder dem Vereinigten Königreich.[18] In Deutschland ist diese Form der Beschäftigungsflexibilisierung durch die Tarifautonomie nur eingeschränkt möglich und hat sich auch mit den Öffnungsklauseln nicht nachhaltig am deutschen Arbeitsmarkt durchsetzen können. Der Großteil der Arbeitnehmer, insbesondere in den alten Bundesländern, profitiert noch immer von in Tarifverträgen ausgehandelten Löhnen und der Großteil der ungebundenen Betriebe orientiert sich weiterhin an den Branchentarifverträgen und führt nur kleinere Abweichungen ein.[19] In unserem Beitrag konzentrieren wir uns deshalb auf die Auswirkungen zunehmender numerischer Flexibilität (d.h. die Befristung und Auflösung von Arbeitsverhältnissen und das erhöhte Risiko von Arbeitslosigkeit), da diese Flexibilisierungsstrategie im deutschen Insider-Outsider-Kontext mit dem höchsten Risiko sozialer Exklusion verbunden ist.

Anders als in anderen Gesellschaften (insbesondere den skandinavischen Ländern), in denen der Wohlfahrtsstaat auch die nicht erwerbstätige Bevölkerung auf relativ hohem Niveau absichert und in denen versucht wird, soziale Ungleichheiten umfassend zu reduzieren, ist in Deutschland der Zugang zu Gütern und die soziale Teilhabe stark vom „Arbeitsplatzbesitz" abhängig. Zwar gibt es staatliche Transfers für aus dem Arbeitsmarkt Herausgefallene; verglichen mit der Unterstützung in skandinavischen Ländern sind das staatliche Engagement zur Basissicherung sowie die staatlichen Bemühungen, Nichterwerbstätige wieder in den Arbeitsmarkt zu integrieren, jedoch relativ gering. Die soziale Stellung und die Chancen einer Person sind somit in Deutschland stark abhängig von ihrem „Erfolg" am Arbeitsmarkt und ihrem Zugang zu einer stabilen, dauerhaften Beschäftigung.[20]

---

17 Regini 2000.
18 Blossfeld et al. 2005.
19 Bispinck 1997; Rudolph 2005.
20 Wenn wir im Folgenden von Beschäftigungsflexibilisierung sprechen, nehmen wir also insbesondere Bezug auf die numerische Flexibilität.

3. Thesen zur Entwicklung sozialer Ungleichheiten im Prozess der Beschäftigungsflexibilisierung

Die zentrale Frage unseres Beitrages ist, wie sich die Grenze zwischen Inklusion und Exklusion am Arbeitsmarkt im Flexibilisierungsprozess entwickelt hat. Haben sich bestehende Ungleichheiten verstärkt und konzentrieren sich die Risiken einer Exklusion am Arbeitsmarkt durch Beschäftigungsflexibilisierung auf bereits benachteiligte Gruppen? Oder haben soziale Ungleichheiten abgenommen? Es gibt verschiedene, konkurrierende Thesen, wie sich soziale Ungleichheiten im Flexibilisierungsprozess entwickeln, die wir im Folgenden kurz zusammenfassen:

3.1 Auflösung sozialer Ungleichheitsstrukturen im Individualisierungsprozess

Die erste These geht auf die Arbeiten von Beck[21] und Giddens[22] zurück. Demnach sind westliche Gesellschaften heute nicht mehr als Klassengesellschaften, sondern als Risikogesellschaften zu charakterisieren.[23] Die neuen, im Globalisierungsprozess entstandenen Risiken und Unsicherheiten – wie beispielsweise die Zunahme von Beschäftigungsrisiken – brechen mit der bisher existierenden Klassenstruktur und haben damit einen „gleichmachenden" Effekt, da alle Individuen nun gleichermaßen betroffen sind, unabhängig von ihren sozialen und ökonomischen Ressourcen.[24]

Dieses Argument ist eng verbunden mit der Idee der Individualisierung, die den Einzelnen durch verschiedene Entwicklungen wie die Bildungsexpansion und die Tertiarisierung aus traditionellen Rollen und klassenspezifischen Zwängen herausgelöst hat und es den Individuen heute erlaubt, eigenständiger über die Entwicklung der eigenen Biografie zu entscheiden. Wie Giddens[25] argumentiert, haben Individuen heute „no choice but to choose", um die eigene Lebensplanung zu verwirklichen. In der Folge sollen herkömmliche Strukturen wie Familie oder die soziale Klasse, die bisher die individuelle Identität definiert und individuelle Chancen beeinflusst haben, unter Druck geraten. Insbesondere die soziale Klasse soll an Bedeutung verlieren, wenn es um die Vorhersage individueller Chancen wie beispielsweise dem Schutz gegen Arbeitslosigkeit oder die Chance einer sicheren Beschäftigung oder einer Berufskarriere geht.[26] Risiken wie Armut oder Arbeitslosigkeit sollen also in der heutigen Gesellschaft immer weniger *bestimmte* Gruppen *dauerhaft* betreffen. Vielmehr sollen sie sich auf die *gesamte* Gesellschaft ausbreiten und einen *temporären* Charakter haben.[27] Insgesamt wird damit eine Auflösung der Inklusions- und Exklusionsgrenzen sowie der bestehender Ungleichheitsstrukturen vorausgesagt.[28]

---

21 1986.
22 1990, 1994.
23 Beck 1986.
24 Beck 1986.
25 1994: 75.
26 Beck 1986, 2000.
27 Beck/Beck-Gernsheim 2001.
28 Mills et al. 2006.

3.2 Stabilität bestehender sozialer Ungleichheitsstrukturen bei gleich bleibender Beschäftigungsstabilität

Bei dem zweiten Ansatz handelt es sich weniger um eine theoretisch ausformulierte These über die Entwicklung von Inklusion/Exklusion am Arbeitsmarkt im Flexibilisierungsprozess, sondern vielmehr um eine Prognose auf Basis von empirischen Arbeiten zum Ausmaß der Beschäftigungsflexibilität in Deutschland und Beiträgen zur Klassifizierung des deutschen Arbeitsmarktes in der jüngeren Vergangenheit.

So wird in der international vergleichenden Literatur der deutsche Kurs auch trotz jüngerer Deregulierungen häufig als vergleichsweise moderate Deregulierung eingestuft.[29] Anders als andere europäische Länder wurde demnach in Deutschland Beschäftigungsflexibilität nicht als Grundprinzip am Arbeitsmarkt eingeführt, sondern stellt eher ein „reguliertes Experiment" dar.[30] Insgesamt wird der hiesige Arbeitsmarkt auch heute noch als vergleichsweise stark reguliert beschrieben, an dem numerische Beschäftigungsflexibilität in jüngster Vergangenheit nur wenig Einzug gehalten hat und weit unter dem Niveau von Ländern mit einer liberalen Arbeitsmarktpolitik liegt. Stattdessen soll in Deutschland vor allem die vergleichsweise „sanfte", funktionale Flexibilisierung zum Einsatz gekommen sein. Auch empirische Arbeiten kommen zu dem Schluss, dass sich am deutschen Arbeitsmarkt kein durchschlagender Trend der Beschäftigungsflexibilisierung feststellen lässt und keine nachhaltige Erosion des Normalarbeitsverhältnisses zu beobachten ist.[31]

So lässt sich aus diesen Beiträgen schließen, dass sich soziale Ungleichheitsmuster in Deutschland in den vergangenen Jahren nicht durchschlagend verändert haben, sondern aufgrund des geringen Ausmaßes der numerischen Beschäftigungsflexibilisierung relativ stabil geblieben sind. Problematisch ist an diesen Arbeiten jedoch, dass sie gegebenenfalls das tatsächliche Ausmaß der Beschäftigungsflexibilisierung in Deutschland unterschätzen, da übersehen wird, dass Maßnahmen zur numerischen Beschäftigungsflexibilisierung in Deutschland bisher sehr gruppenspezifisch waren.[32] Beispielsweise wird bei einer genaueren Betrachtung von Arbeitsmarktreformen schnell deutlich, dass sich bisherige Deregulierungen im Kündigungsschutz, wie beispielsweise die Ausweitung befristeter Beschäftigung, vor allem auf bestimmte Gruppen am Arbeitsmarkt, nämlich die Outsider, auswirken und nicht auf alle Arbeitnehmer gleichmäßig. Die empirische Betrachtung breit angelegter Durchschnittswerte für die *gesamte* Population der Beschäftigten sowie die einseitige Betrachtung des *allgemeinen* Kündigungsschutzniveaus bergen das Risiko, dass das tatsächliche Ausmaß von Beschäftigungsflexibilisierung in Deutschland unzureichend erfasst wird.

3.3 Verstärkung sozialer Ungleichheitsstrukturen durch die Rekommodifizierung bereits benachteiligter Gruppen

Die dritte These geht davon aus, dass Prozesse der Beschäftigungsflexibilisierung zu einer Rekommodifizierung und damit zu einer Verstärkung sozialer Ungleichheiten führen. Nach Breen[33] vollziehen sich Rekommodifizierungsprozesse vor allem durch die Verlagerung von Marktrisiken auf bereits benachteiligte soziale Gruppen. Die These Breens ist, dass für

---

29 Esping-Anderson/Regini 2000; Esping-Andersen 2000.
30 Regini 2000.
31 Siehe z.B. Erlinghagen 2002, 2005.
32 Blossfeld et al. 2005; Buchholz 2008.
33 1997.

Arbeitgeber in modernen Gesellschaften durch wachsende Konkurrenzverhältnisse die Attraktivität langfristiger Selbstbindungen sinkt und sie deswegen immer mehr versuchen, kontingente asymmetrische Selbstbindungen durchzusetzen. Damit ist gemeint, dass sich die Arbeitgeber in den Arbeitsverträgen die Option offen halten, sich in Abhängigkeit von zukünftigen Marktentwicklungen einfach aus der Vertragsbeziehung zurückzuziehen, während sich die Arbeitnehmer dieser Entscheidung beugen müssen.

Es liegen verschiedene Annahmen vor, wie sich die Weitergabe von Marktrisiken auf die unterschiedlichen Arbeitnehmergruppen verteilt und welche Gruppen von den Auswirkungen der Arbeitsmarktflexibilisierung besonders stark betroffen sind. Dabei rücken verschiedene Autoren vor allem die Art der Austauschverhältnisse in das Zentrum der Betrachtung.[34] Unterschieden wird zwischen einfachen Arbeitsverträgen und Dienstleistungsbeziehungen. Bei ersteren geht es um ganz konkrete Aufgaben und Arbeitsleistungen, die gegen Lohn getauscht werden und deren Erbringung leicht gelernt und kontrolliert werden kann. Die so genannten Dienstleistungsbeziehungen sind hingegen aufgrund des spezifischen Charakters der Arbeitsleistung – dem hoch spezialisierten Wissen, der langen Einarbeitungszeit und dem großen Maß an geforderter Eigenständigkeit und Verantwortungsbereitschaft – langfristig und diffus angelegt. In den Dienstleistungsbeziehungen ist vor allem über Selbstbindung erzeugtes Vertrauen die Grundlage der Arbeitsbeziehung (so genannte „high-trust relationships"[35]). Die Strategie der Arbeitgeber bezüglich der Dienstleistungsbeziehungen ist deshalb, diese Arbeitnehmer durch hohe Löhne (Effizienzlöhne[36]), langfristige Beschäftigungssicherheit, Aufstiegschancen sowie ein System von Anreizen und Gratifikationen langfristig an das Unternehmen zu binden. Entsprechend der Klassifikation von Erikson und Goldthorpe[37] wird angenommen, dass un- und angelernte Arbeiter am frühesten und stärksten den Flexibilisierungen der Beschäftigungsverhältnisse ausgesetzt sind, während Beschäftigte der oberen und unteren Dienstleistungsklassen (Manager, Akademiker etc.) weiterhin sehr stabile Beschäftigungsverhältnisse erwarten können.[38] Arbeitnehmer mit höheren nicht manuellen Routinetätigkeiten, sowie qualifizierte Arbeiter (Facharbeiter, Meister etc.) sollen eine mittlere Position zwischen diesen Extremen einnehmen und damit zwar nicht in dem Maße flexibilisiert werden wie die erstgenannte Gruppe, aber gleichzeitig auch nicht die Beschäftigungssicherheit und -stabilität der Dienstleistungsklassen genießen.

Die Idee, dass Arbeitgeber zwischen einer „attraktiven" Stammbelegschaft und weniger attraktiven, leichter ersetzbaren Arbeitskräften unterscheiden, ist keineswegs grundsätzlich neu. Bereits die Segmentationstheorien aus den 1970er Jahren argumentieren, dass der Arbeitsmarkt kein einheitliches Gesamtgebilde ist.[39] Vielmehr wird davon ausgegangen, dass sich in modernen Gesellschaften relativ stark voneinander abgeschottete Teilarbeits-

---

34 Vgl. Breen 1997; Goldthorpe 2000.
35 Vgl. Littek/ Charles 1995; Heisig/Littek 1995.
36 Vgl. Akerlof 1982.
37 1992.
38 Das heißt nicht, dass unter Hochqualifizierten keinerlei flexible Beschäftigung zu finden ist. So zeigt sich zum Beispiel auch unter hoch qualifizierten Arbeitsmarkteinsteigern ein vergleichsweise hohes Risiko befristeter Beschäftigung (vgl. z.B. Kurz 2005). Jedoch kann diese flexible Beschäftigung für Hochqualifizierte in der Regel nicht als unsicher charakterisiert werden kann. Für die Gruppe der Hochqualifizierten stellen befristete Verträge vielmehr ein gängiges Instrument zur Aushandlung und Erhöhung von Löhnen dar (Schömann et al. 1998; Booth et al. 2002).
39 Vgl. z.B. Doeringer/Piore 1971; Sengenberger 1978.

märkte herausgebildet haben. Als ein Grund für die Segmentierung des Arbeitsmarktes wird gesehen, dass in Unternehmen Strategien existieren, Mitarbeiter zu halten und zu motivieren. Einerseits sind Unternehmen auf loyale und qualifizierte Stammbelegschaften angewiesen, andererseits sind sie aber auch an wenig qualifizierten und daher billigen sowie in Zahl und Zusammensetzung schnell veränderbaren Arbeitskraftpotenzialen interessiert. Dies führt zu einem gespaltenen Arbeitsmarkt. Die einzelnen Teilarbeitsmärkte bieten für die Arbeitnehmer in den verschiedenen Segmenten sehr unterschiedliche Erwerbs- und Karrierechancen, einen sehr unterschiedlichen Schutz gegen Arbeitslosigkeit oder andere Erwerbsrisiken sowie eine sehr unterschiedliche Bereitschaft von Arbeitgebern, in ihre Arbeitnehmer (langfristig) zu investieren. Wie aber Breen[40] ausführt, haben Arbeitgeber in Zeiten des Wirtschaftswachstums und der Arbeitskräfteknappheit die Vorteile der besser gestellten Teilarbeitsmärkte und die Zusage von Beschäftigungssicherheit auch auf die Gruppe der weniger „attraktiven" Arbeitnehmer ausgeweitet. Im Zuge des Globalisierungsprozesses nehmen sie diese Zusage von Sicherheit allerdings wieder zurück.

4. Die Flexibilisierung der Beschäftigung in Deutschland – empirische Ergebnisse

Welche der oben genannten Thesen empirische Unterstützung findet, wollen wir im Folgenden auf Basis der Ergebnisse aus den beiden Forschungsprojekten GLOBALIFE sowie *flex*CAREER darstellen. Diese beiden Forschungsprojekte rekonstruieren die Auswirkungen zunehmender Flexibilitätsbedarfe am Arbeitsmarkt aus einer Lebensverlaufsperspektive, indem der Prozess des Erwerbseinstiegs, die mittlere Erwerbskarriere von Männern und Frauen sowie Erwerbsausstiegs- und Verrentungsprozesse getrennt voneinander untersucht wurden bzw. werden.[41]

Die Ergebnisse zeigen, dass sich in Deutschland zwar deutliche Anzeichen der Beschäftigungsflexibilisierung und der Zunahme von Erwerbsrisiken finden, jedoch wurden nicht alle Gruppen am Arbeitsmarkt in gleicher Weise getroffen. Vor allem für qualifizierte Männer in der mittleren Erwerbsphase ist die Beschäftigungsstabilität auch heute noch sehr hoch.[42] In den vergangenen Jahrzehnten zeigt sich für diese Gruppe kein klarer Trend zu einer zunehmenden Erwerbsinstabilität. Die zwischenbetriebliche Mobilität ist im Kohortenvergleich nahezu konstant geblieben und die Karrierechancen haben sich für die Angehörigen jüngerer Geburtskohorten nicht verschlechtert. Zwar zeigt sich ein Zuwachs beim Arbeitslosigkeitsrisiko, dieses konzentriert sich aber vor allem auf un- sowie gering qualifizierte männliche Erwerbstätige.[43] Auch die Betrachtung der Entwicklung befristeter Beschäftigung in Deutschland weist darauf hin, dass ältere und erfahrene Arbeitnehmer von der Durchsetzung unsicherer Beschäftigungsverhältnisse relativ stark verschont geblieben sind. So sind über 30-Jährige unterdurchschnittlich von befristeter Beschäftigung betroffen

---

40 1997: 477f.
41 Aufgrund von Datenbeschränkungen liegen leider nicht für alle Erwerbsphasen Analysen für West- und Ostdeutschland vor. Die dargestellten Ergebnisse für Männer und Frauen in der mittleren Erwerbsphase beziehen sich lediglich auf Westdeutschland, da hier auf verschiedene, westdeutsche Kohorten der Lebensverlaufsstudie zurückgegriffen wurde. Für Erwerbseinstiegsprozesse junger Menschen und Erwerbsausstiegsprozesse älterer Personen beziehen sich die Ergebnisse dagegen sowohl auf die alten als auch die neuen Bundesländer.
42 Kurz et al. 2006; Grunow 2006; Blossfeld et al. 2006a.
43 Kurz et al. 2006; Blossfeld et al. 2006a.

(2004: ca. 5 Prozent) und haben damit auch heute noch langfristig angelegte und sichere Beschäftigungsverhältnisse.[44]

Für Arbeitsmarkteinsteiger zeigt sich ein ganz anderes Bild. Hier findet sich eine massive Flexibilisierung sowie eine starke Zunahme von Erwerbsrisiken.[45] Die Chancen für einen reibungslosen Übergang ins Erwerbsleben nach Verlassen des Bildungssystems haben in den vergangenen zwei Jahrzehnten drastisch abgenommen. Nur noch 65 bis 50 Prozent der Bildungsabsolventen gelingt heute ein unmittelbarer Übergang ins Erwerbsleben ohne eine Phase der Arbeitslosigkeit zwischen Bildungsabschluss und Erwerbseinstieg. In den 1980er Jahren waren es noch bis zu 75 Prozent der Bildungsabgänger.[46] Die Arbeitslosenquote nach Bildungsabschluss beträgt für Westdeutsche heute fast 17 Prozent, in Ostdeutschland sogar knapp 31 Prozent und ein immer größerer Teil von jungen Menschen sieht sich damit konfrontiert, langfristig ohne Beschäftigung zu bleiben.[47] Zudem hat das Risiko, den Arbeitsmarkteinstieg nur über ein unsicheres, befristetes Arbeitsverhältnis zu finden, in den vergangenen zwei Jahrzehnten deutlich zugenommen. Der Anteil befristet Beschäftigter unter allen abhängig Beschäftigten unter 30 Jahren ist zwischen 1985 und 2004 von knapp 15 Prozent auf ca. 22 Prozent gestiegen.[48] Auch das Risiko, nach Auslaufen eines befristeten Arbeitsvertrages arbeitslos zu werden und keine Anschlussbeschäftigung zu finden, hat seit Mitte der 1980er Jahre signifikant zugenommen und die Dauer, bis Arbeitsmarkteinsteiger einen bedeutenden Schutz gegen Arbeitslosigkeit genießen, ist deutlich gestiegen.[49] Wie schon bei Männern in der mittleren Erwerbskarriere haben vor allem weniger gut qualifizierte Arbeitsmarkteinsteiger unter diesen Entwicklungen besonders gelitten. Im Zeitverlauf zeigt sich eine zunehmende Bedeutung des Bildungsniveaus und der Klassenposition, wenn es um die Frage nach den Erwerbsrisiken geht.[50] Die Schere zwischen den gut und gering Qualifizierten ist somit auch unter jungen Erwerbspersonen noch weiter auseinander gegangen.

Auch für Frauen zeigt sich, dass sie im Zeitverlauf zunehmend mehr Erwerbsrisiken tragen müssen. Obschon Frauen in den vergangenen Jahren in Deutschland zunehmend am Erwerbsgeschehen beteiligt sind, war diese erhöhte Erwerbsbeteiligung nicht mit besseren Erwerbs*chancen* verbunden.[51] Im Gegenteil: Frauen jüngerer Kohorten haben ein deutlich höheres Arbeitslosigkeitsrisiko, haben mehr Schwierigkeiten, die Arbeitslosigkeit wieder zu verlassen, sind – obschon sie durch die Bildungsexpansion heute deutlich höher qualifiziert sind – stärker von beruflichen Abstiegen betroffen und haben eine Verstärkung ihrer Outsider-Position am Arbeitsmarkt erfahren, da sie sich nach einem Wiedereintritt in den Arbeitsmarkt immer häufiger mit einer schlechteren beruflichen Position abfinden müssen als früher.[52] Frauen haben somit zwar auf der einen Seite von der Schaffung flexibler und atypischer Beschäftigungsformen profitiert, da ihnen dies eine Kombination der Familienrolle und der Erwerbstätigkeit erlaubt (d.h. Inklusion am Arbeitsmarkt). Jedoch ist diese

---

44 Vgl. Buchholz 2008.
45 Kurz 2005; Buchholz/Kurz 2005; Buchholz 2008; Blossfeld et al. 2005, Golsch 2004.
46 Buchholz und Kurz 2005; Buchholz 2008.
47 Buchholz und Kurz 2005; Buchholz 2008.
48 Buchholz 2008.
49 Buchholz/Kurz 2005; Buchholz 2008.
50 Buchholz/Kurz 2005; Buchholz 2008.
51 Blossfeld/Hakim 1997; Blossfeld/Drobnič 2001.
52 Buchholz/Grunow 2003, 2006; Grunow 2006; Blossfeld/Hofmeister 2006.

Inklusion am Arbeitsmarkt nicht mit einer Inklusion in das Normalarbeitsverhältnis bzw. als Insider des deutschen Arbeitsmarktes verbunden.

Insgesamt unterstützen diese Ergebnisse die These, dass sich in Deutschland die Grenze zwischen Inklusion und Exklusion im Flexibilisierungsprozess *verschoben* und *verstärkt* hat und sich das Risiko einer Exklusion systematisch in bestimmten Gruppen am Arbeitsmarkt ausgebreitet hat. So zeigt sich zum einen, dass das Bildungsniveau und die Berufsklasse nicht nur weiterhin wichtige Merkmale sind; sie sind in den vergangenen Jahren sogar *wichtiger* und *einflussreicher* geworden als Schutz gegen Erwerbsrisiken und einer Exklusion am Arbeitsmarkt. Vor allem Geringqualifizierte und Angehörige unterer Berufsklassen haben im Zeitverlauf Verluste in Bezug auf die Erwerbsstabilität zu verzeichnen. Aber nicht nur das Qualifikationsniveau hat an Einfluss gewonnen. Wie die Ergebnisse zeigen, ist das Risiko, von Beschäftigungsflexibilisierungen betroffen zu sein, auch davon abhängig, in welcher Erwerbsphase und strukturellen Position sich die Arbeitskräfte befinden. Männer in der mittleren Erwerbskarriere, die typischen Insider am deutschen Arbeitsmarkt, wurden größtenteils von Beschäftigungsflexibilisierungen verschont. Dagegen sehen sich junge Arbeitsmarkteinsteiger und Frauen, beides typische Outsider-Gruppen des Arbeitsmarktes, mit einer drastischen Verschlechterung ihrer Arbeitsmarktchancen konfrontiert.

Sowohl Regierungen als auch Arbeitnehmervertretungen haben versucht, die selektive Verteilung von Erwerbsrisiken durch die Entlastung des Arbeitsmarktes abzumildern. Besonders stark wurde der Ausbau von Frühverrentungssystemen vorangetrieben, um so die erhöhten Flexibilisierungsbedarfe an den vergleichsweise regulierten deutschen Arbeitsmarkt „sozial verträglich" durch die Ausgliederung älterer Arbeitskräfte zu bewältigen. Wie die Ergebnisse der GLOBALIFE-Studie bestätigen, zeichnet sich in der Tat am Ende des Erwerbsverlaufs eine starke Flexibilisierung ab. Seit Mitte der 1970er Jahre und mit der Verschlechterung der allgemeinen Wirtschaftslage verlassen ältere Menschen das Erwerbsleben immer früher und die Regelaltersgrenze von 65 Jahren ist quasi bedeutungslos geworden. Vor allem in den Arbeitsmarktsegmenten, die in der Vergangenheit unter starken wirtschaftlichen Druck geraten sind (z.B. verarbeitendes Gewerbe), wurde Frühverrentung überdurchschnittlich eingesetzt.[53] Jedoch ist anzumerken, dass auch diese Maßnahmen letztlich wieder die im deutschen System existierende Insider-Outsider-Logik aufgegriffen haben:[54] Durch die generösen Pensionssysteme wurde die Flexibilisierung älterer Arbeitskräfte nämlich für lange Zeit finanziell stark abgefedert. Es kam deshalb für lange Zeit zu keiner oder nur zu einer vergleichsweise geringen Verschlechterung der (finanziellen) Lebenssituation älterer Menschen. Vielmehr zeigt sich auch durch diese „Frühverrentungsstrategie" eine weitere Verstärkung sozialer Ungleichheiten nach dem Insider-Outsider-Prinzip, da die Beschäftigungsflexibilisierung älterer Menschen (bzw. der ehemaligen Insidern) durch hohe Renten vergleichsweise stark sozial abgesichert wurde.

5. Zusammenfassung

Ziel des vorliegenden Beitrages war es, die Entwicklung sozialer Inklusion/Exklusion am deutschen Arbeitsmarkt im Zuge der Beschäftigungsflexibilisierung zu untersuchen. Die

---

53   Buchholz 2006, 2007; Blossfeld et al. 2006b.
54   Blossfeld et al. 2007, Buchholz 2008.

Position am Arbeitsmarkt und eine abgesicherte Beschäftigung sind wichtige Merkmale zur Bestimmung sozialer Ungleichheiten. Der Besitz eines sicheren Arbeitsplatzes sowie ein stabiler Erwerbsverlauf sind in Deutschland wichtige Quellen der ökonomischen Absicherung, der sozialen Teilhabe und der gesellschaftlichen Anerkennung. Arbeitsmarktchancen waren in Deutschland zwar nie gleich verteilt, durch ein konstantes Wirtschaftswachstum und Vollbeschäftigung sowie die Dominanz des so genannten Normalarbeitsverhältnisses war die Inklusion *breiter* Bevölkerungsmassen am deutschen Arbeitsmarkt aber für lange Zeit relativ umfassend. In jüngerer Zeit und im Zuge des Globalisierungsprozesses zeichnet sich jedoch eine Veränderung dieses Prozesses ab. Arbeitgeber haben einen erhöhten Bedarf, Beschäftigung zu flexibilisieren, und versuchen, Marktrisiken an Arbeitnehmer weiterzugeben. Es gibt verschiedene, konkurrierende Thesen, wie sich diese Entwicklung auf soziale Inklusion/Exklusion in Deutschland ausgewirkt haben könnte. Zusammenfassen lassen sich die vorliegenden Thesen stichwortartig in (1) einer *Auflösung* sozialer Ungleichheitsstrukturen, (2) einer *Stabilität* sozialer Ungleichheitsmuster und (3) einer *Verstärkung* oder *Verschärfung* bestehender sozialer Ungleichheiten. Mit Hilfe aktueller Ergebnisse aus den beiden Forschungsprojekten GLOBALIFE und *flex*CAREER haben wir diese verschiedenen Thesen beurteilt.

Es zeigt sich im Zuge der Beschäftigungsflexibilisierung in Deutschland eine Verstärkung der schon früher existierende Spaltung am Arbeitsmarkt in Insider und Ousider – d.h. in eine hoch abgesicherte und gut verdienende Gruppe und eine zunehmend größere marginalisierte Gruppe von Menschen, die Schwierigkeiten hat, eine stabile Beschäftigung zu finden und sich somit mit dem Risiko einer sozialen Exklusion am Arbeitsmarkt konfrontiert sieht (siehe Tabelle 1). Arbeitgeber sind im Zuge des Globalisierungsprozesses bei der Bevorzugung bestimmter Arbeitnehmer „wählerischer" geworden. In Zeiten des Wirtschaftswachstums und der Arbeitskräfteknappheit haben sie die Zusicherung von Beschäftigungssicherheit auf immer größere Gruppen von Beschäftigten ausgeweitet. Dies hat sich jedoch grundlegend geändert. Durch die gestiegene Unsicherheit über künftige Marktentwicklungen im Globalisierungsprozess sowie den Überschuss an potenziellen Arbeitskräften haben Arbeitgeber bei bestimmten Gruppen von Arbeitnehmern – nämlich denen, auf die sie weniger angewiesen sind, wie z.B. Geringqualifizierte aber auch junge, relativ unerfahrene Arbeitskräfte und Frauen – die Zusage von Beschäftigungssicherheit wieder zurückgenommen. Die fest und sicher im Erwerbsleben etablierten, meist gut qualifizierten männlichen Beschäftigten konnten sich so vor einer Flexibilisierung ihrer Beschäftigung weitgehend schützen. Die Flexibilisierung fand in Deutschland vor allem bei bereits am Arbeitsmarkt benachteiligten Gruppen statt. Somit sind sowohl die These einer Auflösung als auch der relativen Stabilität sozialer Ungleichheiten nicht haltbar.

Tabelle 1: Beschäftigungsflexibilisierung in Deutschland (Lebensverlaufsperspektive) – Zusammenfassung der Ergebnisse

	Trend	*Indikatoren*
Arbeitsmarkteinsteiger und junge Erwachsene	Exklusion	Zunehmende Arbeitsmarktunsicherheit und verzögerte Integration ins Erwerbsleben	▪ Erhöhte Suchdauer für eine erste Erwerbstätigkeit ▪ Zunehmendes Risiko befristeter Beschäftigung ▪ Verstärktes Arbeitslosigkeitsrisiko nach erfolgreichem Erwerbseintritt ▪ Erhöhte Dauer bis zur Stabilisierung der Erwerbskarriere ▪ Zunehmende Bedeutung des Bildungsniveaus und der Berufsklasse als Schutz gegen eine Exklusion
Männer in der mittleren Lebensphase	Inklusion	Relative Stabilität der Erwerbsverläufe und relativ umfassender Schutz gegen Beschäftigungsflexibilisierung	▪ Stabilität zwischenbetrieblicher Mobilität ▪ Relative Stabilität der Karrierechancen ▪ Zunahme von Arbeitslosigkeit konzentriert sich auf gering qualifizierte Männer
Frauen in der mittleren Lebensphase	Exkludierende Inklusion am Arbeitsmarkt	Steigende Erwerbsbeteiligung in atypischen Beschäftigungsverhältnissen, die die Kombination der Familienrolle mit einer Erwerbstätigkeit ermöglichen	▪ Erhöhtes Risiko von Arbeitslosigkeit ▪ Steigende Probleme der Wiederbeschäftigung bei Arbeitslosigkeit ▪ Berufliche Abstiege bei Wiedereintritt nach (Familien-) Unterbrechung
Menschen im Vorruhestandsalter	Exklusion aus dem Arbeitsmarkt; jedoch: hohe Absicherung der Exklusion durch großzügige Pensionen	Beschleunigte Ausgliederung aus dem Erwerbleben durch Frühverrentung	▪ Zunehmende Frühverrentung ▪ Zugang zur Rente zunehmend nach einer Phase der Altersarbeitslosigkeit

Quelle: Eigene Darstellung auf Basis der Ergebnisse der beiden Forschungsprojekte GLOBALIFE und *flex*CAREER.

Literatur

Akerlof, George A., 1982: Labor contracts as partial gift exchange. Quarterly Journal of Economics 97: S. 543-569
Alasuutari, Perrti, 2000: Globalization and the Nation-State: An Appraisal of the Discussion. Acta Sociologica 43: S. 259-269.
Beck, Ulrich, 1986: Risikogesellschaft. Auf dem Weg in eine andere Moderne, Frankfurt/Main: Suhrkamp.
Beck, Ulrich, 1997: Was ist Globalisierung? Frankfurt/Main: Suhrkamp Verlag.
Beck, Ulrich, 2000: What is globalization? S. 99-104 in: Held, David und Anthony McGrew (Hg.): The global transformation reader. An introduction to the globalization debate. Cambridge: Polity Press.
Beck, Ulrich und Elisabeth Beck-Gernsheim, 2001: Individualization. Institutionalized Individualism and its Social and Political Consequences. London: Sage.
Bispinck, Reinhard, 1997: Deregulierung, Differenzierung und Dezentralisierung des Flächentarifvertrags. Eine Bestandsaufnahme neuerer Entwicklungstendenzen der Tarifpolitik. WSI Mitteilungen 8: S. 551-561.
Blossfeld, Hans-Peter, 1986: Career opportunities in the Federal Republic of Germany: a dynamic approach to the study of life-course, cohort, and period effects. European Sociological Review 2: S. 208-225.
Blossfeld, Hans-Peter, 1987: Karriereprozesse im Wandel der Arbeitsmarktstruktur – Ein dynamischer Ansatz zur Erklärung intragenerationaler Mobilität. Mitteilungen aus der Arbeitsmarkt- und Berufsforschung 20: S. 74-88.
Blossfeld, Hans-Peter, 1989: Kohortendifferenzierung und Karriereprozeß – eine Längsschnittstudie über die Veränderung der Bildungs- und Berufschancen im Lebenslauf. Frankfurt/Main: Campus.
Blossfeld, Hans-Peter, 2006: Globalisierung, wachsende Unsicherheit und die Veränderung der Lebensverläufe in modernen Gesellschaften. Bamberg: Universitätsverlag Bamberg.
Blossfeld, Hans-Peter, und Sonja Drobnič, 2001: Careers of couples in contemporary societies. From male breadwinner to dual earner families. Oxford: Oxford University Press.
Blossfeld, Hans-Peter, und Catherine Hakim, 1997: Between equalization and marginalization. Part-time working women in Europe and the United States of America. Oxford: Oxford University Press.
Blossfeld, Hans-Peter, und Heather Hofmeister, 2006: Globalization, uncertainty and women's careers. An international comparison. Cheltenham: Edward Elgar.
Blossfeld, Hans-Peter und Karl-Ulrich Mayer, 1988: Arbeitsmarktsegmentation in der Bundesrepublik Deutschland – eine empirische Überprüfung von Segmentationstheorien aus der Perspektive des Lebensverlaufs. Kölner Zeitschrift für Soziologie und Sozialpsychologie 40: S. 245-261.
Blossfeld, Hans-Peter et al., 2005: Globalization, uncertainty and youth in society, London: Routledge.
Blossfeld, Hans-Peter et al., 2006a: Globalization, uncertainty and men's careers. An international comparison. Cheltenham: Edward Elgar.
Blossfeld, Hans-Peter et al., 2006b: Globalization, uncertainty and late careers in society. London: Routledge.
Blossfeld, Hans-Peter et al., 2007. Globalisierung und die Veränderung sozialer Ungleichheiten in modernen Gesellschaften. Eine Zusammenfassung der Ergebnisse des GLOBALIFE-Projektes. Kölner Zeitschrift für Soziologie und Sozialpsychologie 4: S. 667-691.
Booth, Alison L. et al., 2002: Temporary Jobs: Stepping Stones or Dead Ends? The Economic Journal 112: S. 189-213.
Bosch, Gerhard, 2001: Konturen eines neuen Normalarbeitsverhältnisses. WSI Mitteilungen 54: S. 219-230.
Breen, Richard, 1997: Risk, Recommodification and Stratification. Sociology 31: S. 473-489.
Buchholz, Sandra, 2006: Men's late careers and career exits in West Germany. S. 55-77 in: Blossfeld, Hans-Peter et al. (Hg.): Globalization, Uncertainty and Late Careers in Society. London: Routledge.
Buchholz, Sandra, 2008: Die Flexibilisierung des Erwerbsverlaufs. Eine Analyse von Einstiegs- und Ausstiegsprozessen in Ost- und Westdeutschland. Wiesbaden: Verlag für Sozialwissenschaft.
GLOABALIFE Working Paper No. 47.
Buchholz, Sandra und Daniela Grunow, 2006: Women's Employment in West Germany. S. 61-83 in: Blossfeld, Hans-Peter und Heather Hofmeister (Hg.): Globalization, Uncertainty and Women's Careers: An International Comparison. Cheltenham: Edward Elgar.
Buchholz, Sandra und Karin Kurz, 2005: Increasing Labor Market Instability among Young People? Labor Market Entries and Early Careers in Germany since the mid-1980s. flexCAREER Working Paper No. 3.
Castells, Manuel, 2004: Der Aufstieg der Netzwerkgesellschaft. Das Informationszeitalter. Opladen: Leske + Budrich.
Doeringer, Peter B. und Michael J. Piore, 1971: Internal Labor Markets and Manpower Analysis. Lexington: D.C. Heath and Company.

Erikson, Robert und John H. Goldthorpe, 1992: The constant flux: a study of class mobility in industrial societies. Oxford: Clarendon Press.
Erlinghagen, Marcel, 2002: Die Entwicklung von Arbeitsmarktmobilität und Beschäftigungsstabilität im Übergang von der Industrie- zur Dienstleistungsgesellschaft. Eine deskriptive Analyse des westdeutschen Arbeitsmarktes zwischen 1976 und 1995 auf Basis der IAB-Beschäftigungsstichprobe. Mitteilungen aus der Arbeitsmarkt- und Berufsforschung 1: S. 74-89.
Erlinghagen, Marcel, 2005: Die mobile Arbeitsgesellschaft und ihre Grenzen. S. 31-51 in: Kronauer, Martin und Gudrun Linne (Hg.): Flexicurity. Die Suche nach Sicherheit in der Flexibilität. Berlin: Hans Böckler Stiftung.
Esping-Andersen, Gøsta und Marino Regini, 2000: Conclusions. S. 336-341 in: Esping-Andersen, Gøsta und Marino Regini (Hg.): Why Deregulate Labour Markets? Oxford: Oxford University Press.
Giddens, Anthony, 1990: The Consequences of Modernity. Cambridge: Polity Press.
Giddens, Anthony, 1994: Living in a Post-Traditional Society. S. 56-109 in: Beck, Ulrich et al. (Hg.): Reflexive Modernization: Politics, Tradition and Aesthetics in the Modern Social Order. Cambridge: Polity Press
Goldthorpe, John H., 2000: On Sociology – Numbers, Narratives, and the Integration of Research and Theory. Oxford: Oxford University Press.
Golsch, Katrin, 2004: The Impact of Labour Market Insecurity on the Work and Family Life of Men and Women. A Comparison of Germany, Great Britain, and Spain. Frankfurt/Main: Peter Lang.
Grunow, Daniela, 2006: Convergence, Persistence and Diversity in Male and Female Careers. Does Context Matter in an Era of Globalization? A Comparison of Gendered Employment Mobility Patterns in West Germany and Denmark. Opladen: Barbara Budrich.
Heisig, Ulrich und Wolfgang Littek, 1995: Wandel von Vertrauensbeziehungen im Arbeitsprozeß. Soziale Welt 46: S. 282-304.
Held, David et al., 2000: Rethinking Globalization. S. 99-104 in: Held, David und Anthony McGrew (Hg.): The global transformation reader. An introduction to the globalization debate. Cambridge: Polity Press.
Hoffmann, Edeltraud und Ulrich Walwei, 1998a: Längerfristige Entwicklung von Erwerbsformen in Westdeutschland. IAB Kurzbericht 2: S. 1-8.
Hoffmann, Edeltraud und Ulrich Walwei, 1998b: Normalarbeitsverhältnis: ein Auslaufmodell? Überlegungen zu einem Erklärungsmodell für den Wandel der Beschäftigungsformen. Mitteilungen aus der Arbeitsmarkt- und Berufsforschung 31: S. 409-426.
Kaufmann, Franz-Xaver, 1998: Globalisierung und Gesellschaft. Aus Politik & Zeitgeschichte B18: S. 3-10.
Kohli, Martin, 1985: Die Institutionalisierung des Lebenslaufes. Historische Befunde und theoretische Argumente. Kölner Zeitschrift für Soziologie und Sozialpsychologie 37: S. 1-29.
Konjunkturforschungsstelle ETH Zürich, 2006: KOF Index of Globalization 2006, Press release. Zürich: ETH Zürich.
Kress, Ulrike, 1998: Vom Normalarbeitsverhältnis zur Flexibilisierung des Arbeitsmarktes – ein Literaturbericht. Mitteilungen aus der Arbeitsmarkt- und Berufsforschung 31: S. 488-505.
Kurz, Karin, 2005: Beschäftigungsunsicherheiten und langfristige Bindungen. Analysen zu Partnerschaftsverhalten, Familiengründung und zum Erwerb von Wohneigentum. Bamberg: Otto-Friedrich-Universität Bamberg.
Kurz, Karin et al., 2006: Increasing instability in employment careers of West German men? A comparison of the birth cohorts 1940, 1955 and 1964. S. 75-113 in: Blossfeld, Hans-Peter et al. (Hg.): Globalization, Uncertainty and Men's Careers: An International Comparison. Cheltenham: Edward Elgar.
Littek, Wolfgang und Tony Charles, 1995: The new division of labour. Berlin: Springer.
Mills, Melinda und Hans-Peter Blossfeld, 2005: Globalization, uncertainty and the early life course. A theoretical framework. S. 1-24 in: Globalization, Uncertainty and Youth in Society. London: Routledge.
Mills, Melinda et al., 2006: Globalization, uncertainty and men's employment careers: a theoretical framework. S. 3-37 in: Blossfeld, Hans-Peter et al. (Hg.): Globalization, Uncertainty and Men's Careers: An International Comparison. Cheltenham: Edward Elgar.
Mückenberger, Ulrich, 1985a: Die Krise des Normalarbeitsverhältnisses. Hat das Arbeitsrecht noch Zukunft? (Teil 1). Zeitschrift für Sozialreform 31: S. 415-434.
Mückenberger, Ulrich, 1985b: Die Krise des Normalarbeitsverhältnisses. Hat das Arbeitsrecht noch Zukunft? (Teil 2). Zeitschrift für Sozialreform 31: S. 457-475.
Piore, Michael J. und Charles F. Sabel, 1984: The Second Industrial Divide. Possibilities for Prosperity. New York: Basic Books.
Regini, Marino, 2000: Between Deregulation and Social Pacts: The Responses of European Economies to Globalization. Politics & Society 28: S. 5-33.

Robertson, Roland, 1990: Mapping the Global Condition: Globalization as the Central Concept. Theory, Culture & Society 7: S. 15-30.
Robertson, Roland, 1992: Globality, Gloabl Culture, and Images of World Order. S. 396-412 in: Haferkamp, Hans und Neil J. Smelser (Hg.): Social Change and Modernity. Berkeley: University of California Press.
Rudolph, Helmut, 2005: Beschäftigungsformen: ein Maßstab für Flexibilität und Sicherheit? S. 97-125 in: Kronauer, Martin und Gudrun Linne (Hg.): Flexicurity. Die Suche nach Sicherheit in der Flexibilität. Berlin: Hans Böckler Stiftung.
Schömann, Klaus et al., 1998: Labour Market Efficiency in the European Union. Employment Protection and Fixed-Term Contracts. London: Routledge.
Sengenberger, Werner, 1978: Die gegenwärtige Arbeitslosigkeit – auch ein Strukturproblem des Arbeitsmarktes. Frankfurt/Main: Campus.
Standing, Guy, 1989: Global Feminization through Flexible Labor. World Development 17: S. 1077-1095.
Standing, Guy, 1997: Globalization, labor flexibility and insecurity: The era of market regulation. European Journal of Industrial Relations 3: S. 7-37.
Sutcliffe, Bob und Glyn, Andrew (1999): Still Underwhelmed: Indicators of Globalization and Their Misinterpretation. Review of Radical Political Economics 31: S. 111-132.
Waters, Malcolm, 2001: Globalization. London: Routledge.

Erwerbsverläufe in Ostdeutschland – Inklusion und Exklusion seit 1989

Martin Diewald und Matthias Pollmann-Schult

1. Einleitung

Warum in diesem Band ein eigenes Kapitel über Erwerbsverläufe speziell in Ostdeutschland – mittlerweile 20 Jahre nach dem Fall der Mauer? Lediglich in den ersten Transformationsjahren, ca. bis zur Mitte der 1990er Jahre, fand dieses Thema breites wissenschaftliches wie öffentliches Interesse. Die erste mögliche Antwort auf diese Frage lautet: weil Ostdeutschland als die „Neuen Länder" bis heute nicht zu einem bloßen, eher diffus markierten Regionalteil der gesamten Bundesrepublik geworden ist, wie etwa West-, Süd- oder Norddeutschland. Die zweite Antwort, auf die wir im Folgenden näher eingehen wollen, lautet: weil die exzeptionelle Situation der ostdeutschen Transformation, und hier nicht zuletzt der Arbeitsmarkttransformation, neben der sozialhistorischen Spezifik auch zum allgemeinen Verständnis beitragen kann, wie Erwerbskarrieren durch Institutionen, Policies, Strukturen, raschen sozialen Wandel auf der einen und individuellen Ressourcen sowie Alters- und biographische Pfadabhängigkeiten auf der anderen Seite geprägt werden. Die Analyse von Erwerbsverläufen kann generell insofern von diesem besonderen Untersuchungsfeld profitieren, als fast alle Erkenntnisse, die wir über die Mechanismen der Erwerbsbeteiligung und der beruflichen Platzierung besitzen, aus vergleichsweise stabilen Gesellschaften mit allmählichem sozialen Wandel stammen.

Schließlich wollen wir im Hinblick auf das Thema Exklusion abschließend die Frage diskutieren, welchen Stellenwert Beschäftigungssystem und Arbeitsmarkt insgesamt für die Integration eines ganzen Landes in ein anderes Land haben, welche Partizipationserfahrungen damit insgesamt verbunden sind: Inwiefern wird hier auf Grund spezifischer Bedingungen die teilsystemische Abschottung von sich zunächst unabhängig vollziehenden Inklusionsprozessen durchbrochen, so dass fehlende Inklusionschancen in einem Teilsystem, nämlich der Erwerbsarbeit, zum Ausgangspunkt für eine umfassendere Exklusion werden? Inwiefern gibt es umgekehrt kompensatorische Mechanismen, die fehlende Inklusionschancen ins Erwerbssystem durch andere gesellschaftliche Inklusionschancen auszugleichen in der Lage sind? Basis der folgenden Ausführungen sind mehrere eigene Untersuchungen zu diesem Thema[1], die hier um eine wichtige weitere Komponente ergänzt werden, nämlich die interne regionale Differenzierung von Teilhabechancen auf dem Arbeitsmarkt innerhalb von Ostdeutschland.

2. Besonderheiten der ostdeutschen Arbeitsmarkttransformation

Eine die Basisinstitutionen von Wirtschaft, Politik und Gesellschaft derart umfassend und schnell umstülpende Transformation könnte als paradigmatischer Fall einer offenen Um-

---

1 Vgl. Diewald et al. 2006a.

bruchsituation gelten. Durch die speziellen Umstände eines formellen Beitritts der ehemaligen DDR zur westdeutschen Bundesrepublik war die Situation jedoch tatsächlich weniger offen als in den meisten anderen postsozialistischen Transformationsländern. Die Zukunft war nicht eine Mischung aus den Hinterlassenschaften des Sozialismus und einer noch zu definierenden Zukunft, sondern in hohem Maße festgelegt durch die institutionelle Ordnung der bereits existierenden Bundesrepublik, die im Zuge eines Institutionentransfers in die „Neuen Länder" exportiert wurde. Auch für Beschäftigungssystem und Arbeitsmarkt galt, dass weniger das angelsächsische Flexibilisierungsmodell als vielmehr der „rheinische Kapitalismus" für die ostdeutsche Entwicklung Pate stand, ironischer Weise zu einem Zeitpunkt, als er selbst bereits wegen seiner Starrheit stark kritisiert wurde. Zwar kam es dann im Laufe der 1990er Jahre durchaus zu Flexibilisierungsbemühungen, die jedoch begrenzt blieben und keineswegs einen Schwenk hin zum angelsächsischen Modell bedeuteten.[2] Ostdeutschland schien die Gelegenheit zu bieten, quasi im Labor die als notwendig erachteten Reformen des starren westdeutschen industriellen Systems auszutesten. Es handelte sich dann um eine Art „doppelte Transformation": die westdeutschen Institutionen implementieren, um sie dabei gleichzeitig zu reformieren, womit Ostdeutschland dann zur Blaupause für westdeutsche Reformen werden könnte. In der Tat kam es in gewissem Umfang zum Unterlaufen von Flächentarifverträgen dadurch, dass Betriebe nicht zu den Arbeitgeberverbänden beitraten und lokal zur Sicherung von Beschäftigung längere Arbeitszeiten und untertarifliche Bezahlung in Kauf nahmen.[3]

Für die Erwerbsverläufe der bereits auf dem Arbeitsmarkt befindlichen Ostdeutschen war aber institutionell vor allem von Bedeutung, dass, erstens, auf Grund der traditionell hohen Zertifikatsorientierung des westdeutschen Beschäftigungssystems und, zweitens, auf Grund der fast flächendeckenden Anerkennung von DDR-Bildungs- und Ausbildungsabschlüssen im Einigungsvertrag formalen Qualifikationen ein hoher Signalwert geblieben ist.

Über den sehr rasch erfolgten Institutionentransfer eines „ready made state" (Rose 1991) hinaus waren für die ostdeutsche Arbeitsmarkttransformation vor allem zwei weitere politische Entscheidungen von herausragender Bedeutung: Zum einen war dies die rasche Wirtschafts- und Währungsunion, durch die von heute auf morgen die ostdeutsche Währung um ca. 300 bis 400 Prozent zugunsten einer drastischen Anhebung der Kaufkraft aufgewertet wurde. Die Kehrseite dieser Maßnahme bestand allerdings darin, dass Arbeit für ostdeutsche Firmen in gleichem Umfang teurer wurde. Sie verloren deshalb ihre Wettbewerbsfähigkeit auf den angestammten osteuropäischen Märkten mit einem Schlag, und zwar zur selben Zeit, als sie zusätzlich in einen unmittelbar einsetzenden, letztlich ruinösen Wettbewerb mit den weitaus produktiveren westlichen Firmen getrieben wurden. Umgekehrt hatten letztere spätestens mit der Wiedervereinigung am 3. Oktober 1990 einen ungehinderten Zugang zu Ostdeutschland, wo sie sich gegen die unterlegene heimische Konkurrenz sofort ausbreiten konnten.

Die andere weit reichende Entscheidung bestand in der ebenfalls sehr raschen und zentral gelenkten Privatisierung der ehemals Volkseigenen Betriebe durch die zu diesem Zweck neu geschaffene Treuhandanstalt. Deren primäres Ziel bestand darin, neue Investoren zu finden, wobei dem existierenden Management wenig Spielräume gewährt wurden, die Firmen selbst zu reorganisieren. Dies führte zu einer umfassenden „Landnahme" durch

---

2 Vgl. zusammenfassend Keller/Seifert 2002.
3 Vgl. Czada 1998, Hyman 2001.

nicht ostdeutsche, vor allem westdeutsche, große Investoren, die im Endeffekt einen erheblichen Teil der ostdeutschen Wirtschaft von außen kontrollieren, denn die Zentralen dieser Konzerne blieben außerhalb Ostdeutschlands.[4] Die betriebliche Reorganisation vollzog sich dann auch allzu häufig in Form klassischer extern-numerischer Flexibilisierung und „verlängerter Werkbänke" statt einer Einführung neuer Technologien und Managementkonzepte.[5]

3. Inklusionen und Exklusionen auf dem Arbeitsmarkt: Arbeitsmarktmobilität als individueller und historischer Prozess

In der Folge dieser Entscheidungen ging innerhalb weniger Jahre – Mitte 1992 war dieser Privatisierungs- und Reorganisationsprozess zum größten Teil abgeschlossen – etwa ein Drittel der Arbeitsplätze außerhalb des Öffentlichen Dienstes verloren, während für den Bereich des Öffentlichen Dienstes der Einigungsvertrag umfassende Beschäftigungsgarantien vorsah. Die rasche und entschiedene Durchsetzung dieses Transformationskurses führte demnach nicht nur zu veränderten Allokationsmechanismen, wie sie bei einem Übergang von einer Planwirtschaft zu einer Marktwirtschaft zu erwarten sind, sondern auch zu einer erheblichen und gleichzeitig raschen Umstrukturierung des ostdeutschen Arbeitsplatzangebots. Die Grausamkeiten sollten am Anfang begangen werden, so dass dann die sprichwörtlich gewordenen „blühenden Landschaften" entstehen könnten.

Der massenhafte Abbau und Aufbau von Arbeitsplätzen innerhalb einer sehr kurzen historischen Phase zwischen 1990 und etwa Mitte 1992 schuf ein so genanntes „Gelegenheitsfenster"[6], in dem Mobilitätsprozesse besonders häufig waren, während es danach zu einer deutlichen Beruhigung des Arbeitsmarktgeschehens kam. Dies betraf sowohl Auf- als auch Abstiegsprozesse, Wechsel in Arbeitslosigkeit und Wiedereintritte in Beschäftigung sowie Arbeitgeberwechsel. Hierbei stellen sich die folgenden Fragen: (1) Inwiefern folgten diese Inklusions- und Exklusionsereignisse je spezifischen statt den gleichen Regeln; (2) inwiefern veränderten sich diese Regeln über die Zeit, insbesondere im Vergleich des „Gelegenheitsfensters" zur Zeit danach; und (3) inwiefern kristallisierten sich im Zusammenspiel individueller und historischer Zeit Pfadabhängigkeiten hinsichtlich der Abfolge von Inklusions- und Exklusionsereignissen heraus?

In diesen Untersuchungen erweitern wir die klassische institutionelle Perspektive auf Inklusions- und Exklusionsprozesse in dreierlei Hinsicht: Zum ersten tritt neben die Betrachtung von Regelmechanismen die Bedeutung von Positionsstrukturen als strukturelle Gelegenheiten für Mobilitätsprozesse[7] inklusive der damit potentiell verbundenen *Änderung* von Exit- und Entry-*Regeln*.[8] Zum zweiten präsentieren wir Ergebnisse zur Frage, inwiefern diese Arbeitsmarkterfahrungen von Kontroll- und Selbstwirksamkeitsüberzeugungen beeinflusst sowie umgekehrt diese Überzeugungen von den individuellen und kollektiven Arbeitsmarkterfahrungen geprägt werden. Letzteres geschieht vor dem Hintergrund, dass die postsozialistische Transformation nicht zuletzt auch als Versprechen gese-

---

4 Siehe Windolf et al. 1999: 78f.
5 Vgl. Sorge 1993 und Windolf et al. 1999: 226.
6 Der Begriff geht auf Burkart Lutz (1996) zurück. S.a. Diewald et al. 2006b.
7 Inklusionen können prinzipiell nur stattfinden, wenn es dafür strukturelle Gelegenheiten gibt, und dies ist gerade innerhalb des Beschäftigungssystems keineswegs eine Selbstverständlichkeit.
8 Vgl. Sørensen 1986.

hen werden kann, dass bisher brach liegende Motivationen und Fähigkeiten sich nun besser entfalten könnten. Es geht dabei nicht nur um ein gesellschaftspolitisches Versprechen, sondern auch um die wissenschaftlich erwartete Akzentuierung der Bedeutung von Persönlichkeitsfaktoren in gesellschaftlichen Umbruchsituationen.[9] Zum Dritten betrachten wir nicht nur Arbeitslosigkeit, sondern auch unterwertige Beschäftigung – ein anderer Ausdruck dafür ist Überqualifikation – als Indikator dafür, dass Humankapitalinvestitionen nicht in angemessene Beschäftigung umgesetzt werden können. Neben individuellen Merkmalen können hierfür auch strukturelle Ursachen maßgeblich sein, vor allem ein persistentes Ungleichgewicht zwischen Arbeitsangebot und -nachfrage, das durch strukturelle Rigiditäten auf dem Arbeitsmarkt hervorgerufen wird.[10] Zwar war selbst bei der engen Verknüpfung von Bildungs- und Beschäftigungssystem in der DDR vor der Wende ein nicht unerhebliches Ausmaß an unterwertiger Beschäftigung vorhanden[11], doch sollte insbesondere ein rascher und umfassender wirtschaftsstruktureller Wandel dieses Risiko einer Fehlallokation zumindest kurzfristig noch einmal deutlich erhöhen. Darüber hinaus werfen wir einen Blick auf eventuelle regionale Unterschiede innerhalb Ostdeutschlands, nachdem in jüngerer Zeit in einem Ranking der Dynamik der wirtschaftlichen Entwicklung einzelne ostdeutsche Städte auf vorderen Plätzen landeten, in einem Ranking Dresden sogar auf Platz 1.[12]

4. Empirische Befunde zu Erwerbsverläufen

Wir hatten bereits erwähnt, dass die Situation bis 1992 so außerordentlich war, dass eine Untersuchung der Bedingungen verschiedener Arbeitsmarkterfahrungen diese Phase gesondert von den Jahren danach in den Blick nehmen sollte.

4.1 Das Gelegenheitsfenster 1990-1992

Die schnelle und umfassende Privatisierung der ostdeutschen Wirtschaft sowie die damit verbundenen Restrukturierungsprozesse führten zu einem erheblichen Ausmaß innerbetrieblicher Arbeitsplatzwechsel, aber vor allem – zweieinhalb Mal so häufig – zu zwischenbetrieblicher Mobilität. Das „Gelegenheitsfenster" zwischen 1990 und Mitte 1992 war jedoch nicht nur durch ein außerordentlich hohes Ausmaß an Arbeitsplatzmobilität gekennzeichnet, sondern auch durch ein historisch und im internationalen Vergleich außergewöhnliches Verhältnis zwischen Auf- und Abstiegen, d.h., Abstiege waren um etwa das 1,5fache häufiger als Aufstiege, die massenhaften Übergänge in Arbeitslosigkeit nicht einmal mitgerechnet. Während elf Prozent in dieser Zeit einen beruflichen Aufstieg erfuhren, mussten fünfundzwanzig[13] Prozent einen beruflichen Abstieg hinnehmen, und sogar vierunddreißig Prozent mindestens einmal den Gang in die Arbeitslosigkeit antreten. Insgesamt kam es

---

9   Siehe dazu Caspi/Moffit 1993.
10 Siehe dazu ausführlicher Pollmann-Schult 2006.
11 Vgl. dazu Huinink et al. 1995.
12 Vgl. Initiative neue soziale Marktwirtschaft 2007. Leipzig erreichte als zweitbeste ostdeutsche Stadt Platz 7. Im Gesamtranking der Wirtschaftskraft liegen die beiden Städte auf den Plätzen 8 und 34.
13 Auf- und Abstiege wurden dabei über eine differenzierte berufliche Stellung definiert; vgl. Diewald et al. 2006b: 70.

also zu einer recht einseitigen Öffnung der Chancenstruktur nach unten, d.h.: Risiken wogen insgesamt viel schwerer als Chancen.

Fragt man nach den Kriterien für die divergierenden Arbeitsmarktschicksale, verweisen die Ergebnisse[14] vor allem auf das Glück, zum Zeitpunkt des Mauerfalls auf einem Arbeitsplatz gewesen zu sein, der nicht durch wirtschaftsstrukturellen Wandel und Privatisierung bedroht war und zwangsweise zu riskanter Push-Mobilität bei äußerst ungünstiger Gelegenheitsstruktur zwang. Davon konnten teilweise auch ansonsten eher benachteiligte Gruppen profitieren, vor allem Frauen, die in den in der DDR wenig angesehenen und vergleichsweise schlecht bezahlten Finanzdienstleistungen beschäftigt waren. Pech hatten dagegen vor allem Arbeitnehmer, die zum Zeitpunkt der Wende einerseits nicht mehr jung genug waren, als dass man ihnen noch viel Zeit für eine Umstellung hätte einräumen wollen, andererseits aber noch nicht alt genug waren, um bereits in den Genuss der in den ersten Transformationsjahren großzügig gehandhabten Frühverrentungen zu kommen – also die zum Zeitpunkt der Wende ca. 45-50jährigen Arbeitnehmer.

Unter den individuellen Ressourcen erwiesen sich vor allem die noch aus DDR-Zeiten stammenden Bildungstitel als einflussreich, während spezifisches Humankapital in Form von Berufserfahrung und Betriebszugehörigkeit entwertet wurde. Nicht zertifizierte Kompetenzen[15] hatten dagegen in zweifacher Hinsicht einen eher begrenzten Einfluss. Zum einen wirkten sie sich, wenn überhaupt, dann lediglich auf Aufwärtsmobilität, Firmenwechsel ohne Statusverlust und Wechsel in die Selbstständigkeit als quantitativ weniger häufigen Ereignissen positiv aus. Zum anderen sind diese Einflüsse nur vereinzelt nachweisbar. Für diejenigen, die bereits zu DDR-Zeiten mobil waren und Eigeninitiative zeigten, ließen sich Vorteile vor allem im Hinblick auf erfolgreiche, d.h. ohne Statusverlust einhergehende Firmenwechsel zeigen. Sie waren jedoch weder für Aufwärtsmobilität maßgeblich, noch halfen sie viel bei der Vermeidung von Abwärtsmobilität und Arbeitslosigkeit. Für Aufwärtsmobilität lässt sich ein deutlicher Einfluss lediglich für Überzeugungsmuster nachweisen, die durch hohe internale und niedrige externale Kontrollüberzeugungen geprägt waren.[16] Auch für die Chancen, aus Arbeitslosigkeit wieder in Beschäftigung zu kommen, spielten weniger Kompetenzen als vielmehr askriptive Merkmale eine Rolle: Insbesondere Frauen und ältere Erwerbspersonen hatten schlechte Chancen.

Bemerkenswerter Weise gab es keine flächendeckende „Hexenjagd" auf ehemalige SED-Mitglieder und Funktionäre der sozialistischen Massenorganisationen. Ehemalige Funktionäre hatten zwar ein höheres Risiko beruflich abzusteigen, doch auch bessere Aufstiegschancen. Letzteres mag auf damit korrelierte, nicht separat gemessene, aber hoch bewertete Kompetenzen wie Führungserfahrung, Organisationstalent oder attraktive spezifische Ausbildungen zurückzuführen sein. Dass sie von hilfreichen Netzwerken bzw. Seilschaften profitieren konnten, scheint weniger wahrscheinlich, denn die Besonderheit der ostdeutschen Transformation als Anschluss an die alte Bundesrepublik dürfte derartige Möglichkeiten im Vergleich zu endogen gesteuerten Transformationen begrenzt haben.

---

14 Vgl. dazu ausführlich: Diewald et al. 2006b und Diewald 2007.
15 Diese Kompetenzen wurden allerdings nicht direkt gemessen. Die Untersuchungen beziehen sich diesbezüglich einerseits auf berufliche Karrieren vor 1989 und diesbezügliche Erfahrungen von eigeninitiativen Berufs- und Betriebswechseln sowie Aufstiegen, andererseits auf Kontrollüberzeugungen, die nach der Wende gemessen wurden (vgl. Diewald et al. 2006b und Diewald 2007).
16 Damit handelt es sich um Personen, die vor allem an eigene Fähigkeiten und Anstrengungen glauben und weniger an die Bedeutung von Schicksal oder Beziehungen.

4.2 Die Entwicklung seit 1992

Nach etwa Mitte 1992, nachdem der weitaus größte Teil der Privatisierung erledigt war, ging das Tempo der betrieblichen Umstrukturierung deutlich zurück. Legt man monatliche Übergangsraten zugrunde, waren zwischenbetriebliche Arbeitsplatzwechsel nach Mitte 1992 bis 1997 nur noch halb so häufig, innerbetriebliche reduzierten sich sogar noch mehr. Damit verbunden reduzierte sich die Abwärtsmobilität um ein Drittel, die Aufstiegsmobilität allerdings noch mehr, nämlich um die Hälfte. Während diese Entwicklungen auf eine Beruhigung des Arbeitsmarktgeschehens zu verweisen scheinen, deuten zwei weitere Indikatoren eher auf eine Erstarrung bzw. ein Einfrieren von Chancen auf dem Arbeitsmarkt: Während das Risiko, in Arbeitslosigkeit zu geraten, nach 1992 sogar noch etwas anstieg, sanken die Chancen auf einen Wiedereintritt in Beschäftigung aus Arbeitslosigkeit heraus.[17] Für die weitere Entwicklung bis in die Zeit nach der Jahrtausendwende lässt sich keine eindeutige Entwicklung hin zum Besseren konstatieren. Zwar ging die Abwärtsmobilität etwas zurück, doch blieben die Aufstiege deutlich unter dem westdeutschen Niveau, und Wechsel in Selbstständigkeit wurden sogar deutlich seltener. Die Arbeitslosigkeit verharrte auf hohem Niveau und verfestigte sich zunehmend zu Langzeitarbeitslosigkeit, ohne dass Neueintritte in Arbeitslosigkeit seltener oder Wiedereintritte in Beschäftigung häufiger geworden wären.[18]

Um die Dynamik des Arbeitslosigkeitsrisikos und der Beschäftigungschancen abzubilden, werden im Folgenden beispielhaft und für die letzten verfügbaren Jahrgänge des SOEP die Übergänge aus Beschäftigung in Arbeitslosigkeit sowie aus Arbeitslosigkeit in Beschäftigung untersucht. Die jeweiligen Übergänge analysieren wir anhand von Cox-Regressionen, als unabhängige Variable dient hier die Übergangsrate aus Erwerbstätigkeit in Arbeitslosigkeit bzw. aus Arbeitslosigkeit in Erwerbstätigkeit. In Tabelle 1 werden die „Hazard Ratios" für den Übergang aus Erwerbstätigkeit in Arbeitslosigkeit wiedergegeben, wobei ein Hazard-Ratio größer 1 auf ein erhöhtes Übergangsrisiko und ein Hazard-Ratio kleiner 1 auf ein vermindertes Übergangsrisiko im Vergleich zur Referenzgruppe hinweist. So verzeichnen etwa ältere Arbeitnehmer zwischen 49 und 60 Jahren ein signifikant höheres Arbeitslosigkeitsrisiko als die Personen der Referenzgruppe, den 16 bis 28-Jährigen.

17　Vgl. Diewald et al. 2006b: 72f.
18　Vgl. Diewald 2006, Table 12.2 und 12.3.

Tabelle 1: Determinanten des Übergangs aus Erwerbstätigkeit in Arbeitslosigkeit (Cox-Regression, Hazard-Ratios)

	Männer	Frauen
Migrationshintergrund	0,694	1,303
Alter: 16 bis 28 Jahre (Referenzgruppe)	-	-
Alter: 29 bis 38 Jahre	1,042	0,903
Alter: 39 bis 48 Jahre	1,092	1,167
Alter: 49 bis 60 Jahre	1,766**	1,814**
Lebens-/ oder Ehepartner	0,837⁺	0,905
Kind(er) unter 18 Jahren	1,085	1,275*
Kein Ausbildungsabschluss	0,840	1,122
Berufsausbildung (Referenzgruppe)	-	-
Hochschulabschluss	0,347**	0,365**
Betriebsgröße: bis 19 Mitarbeiter (Referenz)	-	-
Betriebsgröße: 20-199 Mitarbeiter	0,806**	0,926
Betriebsgröße: 200-1999 Mitarbeiter	0,737**	0,713**
Betriebsgröße: 2000 und mehr Mitarbeiter	0,404**	0,470**
Selbstständig beschäftigt	0,376***	0,480**
Berlin (Ost)	0,950	0,944
Mecklenburg- Vorpommern	1,084	1,261
Brandenburg (Referenzgruppe)	-	-
Sachsen-Anhalt	1,031	1,101
Thüringen	0,967	1,162
Sachsen	0,952	0,902
Zeitperiode: 1993-1996 (Referenzgruppe)	-	-
Zeitperiode: 1997-2001	1,626**	1,404**
Zeitperiode: 2002-2005	1,639**	1,175⁺
Anzahl der Job-Spells	2.760	2.461
Anzahl der Übergänge in Arbeitslosigkeit	959	786
Log Likelihood	-6.861**	-5.608**

Quelle: SOEP 1992-2006, eigene Berechnungen.

Wie Tabelle 1 zu entnehmen ist, weist die Gruppe der älteren Arbeitnehmer ohne abgeschlossene Ausbildung oder mit einer nicht akademischen Berufsausbildung, die in Kleinbetrieben beschäftigt ist, ein besonders hohes Arbeitslosigkeitsrisiko auf. Geschlechtsspezifische Unterschiede zeigen sich hinsichtlich der familialen Situation: Männer in einer Partnerschaft haben ein niedrigeres Arbeitslosigkeitsrisiko als allein stehende Männer, wogegen Frauen mit Kindern ein höheres Arbeitslosigkeitsrisiko aufweisen als kinderlose Frauen. Von besonderem Interesse sind die Ergebnisse bezüglich der Region und Zeitperiode, denn die bisher genannten Zusammenhänge sind bereits aus früheren Untersuchungen bekannt. Anders als zu vermuten wäre, erfahren Erwerbstätige in Thüringen oder Sachsen, wo ein verhältnismäßig niedriges Arbeitslosigkeitsniveau vorherrscht, kein geringeres Übergangsrisiko in Arbeitslosigkeit als Erwerbstätige, die in Brandenburg ansässig sind. Um regionale Differenzen auf einer feingliedrigeren Ebene als auf der Ebene der Bundesländer betrachten zu können, haben wir in einem weiteren Analyseschritt den Wohnort über die 23 ostdeutschen Raumordnungsregionen anstelle der sechs Bundesländer berücksichtigt. Auch in diesem Analyseschritt[19] zeigten sich so gut wie keine signifikanten Differenzen zwischen den berücksichtigten Regionen. Dieses Ergebnis ist einerseits dem Umstand geschuldet, dass innerhalb Ostdeutschlands auf Regionalebene zwar Unterschiede vorhanden sind, diese aber kein großes Ausmaß haben. Wenn es in Ostdeutschland prosperierende Wachstumsinseln mit geringen Arbeitslosenquoten gibt, so sind sie offensichtlich so kleinräumig, d.h. so sehr auf einzelne Städte beschränkt, dass sie sich im Vergleich dieser 23 ostdeutschen Raumordnungsregionen nicht identifizieren lassen. Es sind dann im Zweifelsfall wirklich nur kleine Inseln der Prosperität. Hinsichtlich des in den Analysen berücksichtigten Zeittrends ist zu erkennen, dass das Arbeitslosigkeitsrisiko gegen Ende der 1990er Jahre deutlich angestiegen ist und auch in den vergangen Jahren signifikant größer ist als in der ersten Hälfte der 1990er Jahre. Diesbezüglich handelt es sich also weniger um eine Beruhigung des Arbeitsmarktgeschehens als vielmehr um einen anhaltenden Trend der Exklusion ausgehend von einem bereits hohen Niveau.

---

19 Die Ergebnisse haben wir aus Übersichtlichkeitsgründen hier nicht separat dargestellt, können aber von den Autoren angefordert werden.

Tabelle 2: Determinanten des Übergangs aus Arbeitslosigkeit in Erwerbstätigkeit (Cox-Regression, Hazard-Ratios)

	Männer	**Frauen**
Migrationshintergrund	0,805	0,740
Alter: 16 bis 28 Jahre (Referenzgruppe)	-	-
Alter: 29 bis 38 Jahre	0,858*	0,779**
Alter: 39 bis 48 Jahre	0,605**	0,745**
Alter: 49 bis 60 Jahre	0,473**	0,376**
Lebens-/ oder Ehepartner	1,350**	1,138+
Kind(er) unter 18 Jahren	1,121	0,738**
Kein Ausbildungsabschluss	0,696**	0,689**
Berufsschulabschluss (Referenzgruppe)	-	-
Hochschulabschluss	1,054	1,404**
Berlin (Ost)	1,045	1,403*
Mecklenburg- Vorpommern	0,947	1,188
Brandenburg (Referenzgruppe)	-	-
Sachsen-Anhalt	0,971	0,930
Thüringen	1,022	1,003
Sachsen	0,959	1,016
Zeitperiode: 1993-1996 (Referenzgruppe)	-	-
Zeitperiode: 1997-2001	1,028	1,208**
Zeitperiode: 2002-2005	0,894+	1,097
Anzahl der Job-Spells	3.111	2.939
Anzahl der Übergänge in Erwerbstätigkeit	2.018	1.554
Log Likelihood	-14.612**	-11.161

Quelle: SOEP 1992-2006, eigene Berechnungen.

In Tabelle 2 betrachten wir nun die Chancen des Übergangs aus der Arbeitslosigkeit in Erwerbstätigkeit. Auch hier zeigt sich, dass ältere Personen mit einem geringen Bildungsniveau überdurchschnittlich geringe Chancen der Wiederbeschäftigung erfahren und damit deutlich schlechtere Arbeitsmarktchancen verzeichnen als jüngere, gut qualifizierte Arbeitslose. Ferner sind ebenfalls in diesem Analyseschritt geschlechterdivergente Effekte der familialen Situation erkennbar. Während Männer in einer Partnerschaft gegenüber allein stehenden Männern überdurchschnittlich gute Beschäftigungschancen aufweisen, gelingt Müttern die Wiederaufnahme einer Beschäftigung signifikant seltener als kinderlosen Frauen. Im Zeitverlauf ist keine systematische Entwicklung der Wiederbeschäftigungschancen erkennbar. Während sich für arbeitslose Männer die Chancen des Wiedereintritts in das

Beschäftigungssystem über die Zeit hinweg eher verschlechtert haben, verzeichnen Frauen tendenziell eher eine Verbesserung. In den Tabellen 1 und 2 lässt sich außerdem ablesen, dass sich lediglich für höher gebildete Frauen ein geringeres Arbeitslosigkeitsrisiko über die Zeit zeigen lässt. Und wie schon in der obigen Analyse sind auch hier keine Unterschiede zwischen den Bundesländern zu erkennen.[20]

Im Gegensatz zur Arbeitslosigkeit existierte unterwertige Beschäftigung bereits in der DDR. Da allerdings die Verknüpfung zwischen Bildungs- und Beschäftigungssystem enger war und die Allokation von Erwerbstätigen auf Arbeitsplätze effizienter gestaltet wurde als in der BRD, fiel das Ausmaß an Fehlallokationen in der DDR auch geringer aus. Allerdings ist insbesondere in den 1980er Jahren eine Zunahme der unterwertigen Beschäftigung zu beobachten, die aus zunehmenden Diskrepanzen zwischen der Qualifikationsstruktur und den tatsächlichen Arbeitsanforderungen resultierte.[21] Nach der Wiedervereinigung stieg das Ausmaß der unterwertigen Beschäftigung rasant an. Im Jahr 1991 waren 19% der Erwerbstätigen unterhalb ihres Qualifikationsniveaus beschäftigt, 1995 betrug der Anteil der ausbildungsinadäquat Erwerbstätigen 24%.[22] In den Folgejahren hat sich die Situation wieder verbessert. Tabelle 3 gibt einen Überblick über die Risikofaktoren einer unterwertigen Beschäftigung, d.h. einer Beschäftigung, bei der die berufliche Ausbildung teilweise oder vollständig ungenutzt bleibt. Anders als bei der Betrachtung des Eintritts in und Abgangs aus Arbeitslosigkeit zeigt sich, dass Alter und Berufsqualifikation zumindest für Männer keinen signifikanten Effekt auf das Risiko einer unterwertigen Beschäftigung haben. Für Frauen steigt die Wahrscheinlichkeit, unterwertig beschäftigt zu sein, mit zunehmendem Alter signifikant an. Im Gegensatz zum Eintritt und Verbleib in Arbeitslosigkeit erfahren hoch qualifizierte Frauen kein geringeres, sondern ein höheres Risiko der Ausübung einer ausbildungsinadäquaten Erwerbstätigkeit als Frauen mit einer nicht-akademischen Berufsausbildung. Wie schon in der Arbeitslosigkeitsanalyse sind auch hier keine signifikanten regionalen Unterschiede erkennbar. Analog zu den beiden oben beschriebenen Analyseschritten haben wir ebenfalls hier in einem weiteren Modell anstelle des Bundeslands die Raumordnungsregionen berücksichtigt, jedoch keine systematischen Ergebnisse erzielt. Hinsichtlich des Zeittrends ist zu erkennen, dass das Risiko einer unterwertigen Beschäftigung über die Zeit hinweg signifikant abgenommen hat. Dies gilt insbesondere für Frauen, für die sich das Risiko, ausbildungsinadäquat beschäftigt zu sein, im hier betrachteten Zeitraum um den Faktor 0,648 verringert hat.

---

20   Wiederum gilt dies gleichermaßen für die 23 ostdeutschen Raumordnungsregionen (Ergebnis hier nicht dargestellt).
21   Vgl. Huinink et al. 1995.
22   Vgl. Büchel 1998.

Tabelle 3: Determinanten der unterwertigen Beschäftigung (Logistische Regression, Odds-Ratios)

	Männer	**Frauen**
Migrationshintergrund	4,171*	5,471*
Alter: 16 bis 28 Jahre (Referenzgruppe)	-	-
Alter: 29 bis 38 Jahre	0,990	1,224
Alter: 39 bis 48 Jahre	1,106	1,732**
Alter: 49 bis 60 Jahre	1,157	1,856**
Lebens-/ oder Ehepartner	0,651**	0,859
Kind(er) unter 18 Jahren	0,864	1,150
Berufsausbildung (Referenzgruppe)	-	-
Hochschulabschluss	1,227	2,328*
Betriebsgröße: bis 19 Mitarbeiter (Referenz)	-	-
Betriebsgröße: 20-199 Mitarbeiter	0,820+	1,041
Betriebsgröße: 200-1999 Mitarbeiter	0,717*	0,700*
Betriebsgröße: 2000 und mehr Mitarbeiter	0,450**	0,647**
Selbstständig beschäftigt	1,665**	1,111
Berlin (Ost)	1,034	0,785
Mecklenburg- Vorpommern	0,969	1,039
Brandenburg (Referenzgruppe)	-	-
Sachsen-Anhalt	1,081	1,091
Thüringen	1,190	1,286
Sachsen	0,775	0,935
Zeitperiode: 1992-1996 (Referenzgruppe)	-	-
Zeitperiode: 1997-2001	0,987	0,787**
Zeitperiode: 2002-2005	0,849+	0,648**
Fallzahl (Personenjahre)	13.527	11.297
Anzahl unterwertige Beschäftigung	2.088	2.369
Log Likelihood	-5.683**	-5.624**

Quelle: SOEP 1992-2006, eigene Berechnungen.

Insgesamt widersprechen diese (Nicht-)Entwicklungen einem Szenario, nach dem gleich zu Beginn die Unbrauchbaren oder Überflüssigen aussortiert worden wären und der große Rest dann stabile Beschäftigungschancen gehabt hätte. Nach 1992 akzentuierte sich in diesem engen Arbeitsmarkt die Bedeutung von zertifizierten Qualifikationen noch mehr. Während es in der ersten Phase vor allem diejenigen ohne abgeschlossene anerkannte Berufsausbildung waren, die aussortiert wurden, traf es nach 1992 verstärkt auch diejenigen mit einer beruflichen Ausbildung, während nur noch diejenigen mit einer höheren Ausbildung ab Fachhochschulniveau vergleichsweise besser geschützt waren. Dies war jedoch nicht einem Upgrading der Beschäftigungsstruktur geschuldet, sondern einem Verdrängungswettbewerb um die wenigen Vakanzen, der mit der relativen Degradierung der alten Eliten ins zweite Glied auf Grund des Elitenimports aus Westdeutschland und der Dominanz des nicht in Ostdeutschland angesiedelten Kapitals begonnen hatte, bis hinunter zu den Un- und Angelernten, die die mit Abstand höchsten Arbeitslosigkeitsrisiken zu bewältigen hatten und immer noch haben. In der DDR ausgebildete, nicht zertifizierte Kompetenzen verloren in der zweiten Phase ihren ohnehin geringen Einfluss fast völlig, mit einer Ausnahme: hohe internale Kontrollüberzeugungen erwiesen sich auch nach 1992 als prädiktiv für Wechsel in die Selbstständigkeit und vor allem für Aufstiege, waren sonst aber ohne Bedeutung für die individuelle Arbeitsplatzmobilität.

Dagegen etablierten sich neue Pfadabhängigkeiten ausgehend von den Erfahrungen in der ersten Transformationsperiode. Vor allem das Arbeitslosigkeitsrisiko wurde durch vorherige Arbeitslosigkeit und in zweiter Linie auch durch unklare berufliche Identitäten infolge von Berufsfeldwechseln signifikant erhöht, während es durch erfolgreiche Firmenwechsel reduziert wurde. Auf- und Abstiege waren dagegen häufig „Korrekturen" vorheriger Auf- und Abstiegsprozesse, anstatt dass sie sich in der gleichen Richtung fortgesetzt hätten. Exzeptionelle Karrieren waren also selten möglich. Insgesamt war das Wohl und Wehe auf dem ostdeutschen Arbeitsmarkt demnach weniger von einer Mobilisierung von allgemeinen Kompetenzen und Persönlichkeitseigenschaften abhängig, als es der Charakter eines gesellschaftlichen Umbruchs allgemein[23] und speziell ein Wechsel von plan- zu marktwirtschaftlichen Verhältnissen nahe gelegt hätten. Dies gilt sogar für die eingegrenzte erste Transformationsphase bis Mitte 1992. Vielmehr zeigt sich insgesamt der überwältigende Einfluss des Wandels der Beschäftigungsstruktur auf der einen und Ausbildungszertifikaten als zertifizierten Qualifikationsnachweisen auf der anderen Seite.

Warum ist da so? Man könnte argumentieren, dass durch das ausgebaute, strukturierte und gleichzeitig hierarchische deutsche Ausbildungssystem – dies gilt sowohl für West- als auch Ostdeutschland – Ausbildungszertifikate bereits einen erheblichen Teil der Varianz an Kompetenzen in sich bergen und damit auch abbilden. Im internationalen Vergleich dürfte dies generell auch zutreffen[24], doch ging es in diesen Analysen auch um Kompetenzen, die damit nicht unbedingt hoch korrelieren, wie Kontrollüberzeugungen oder Mobilitätserfahrungen. Es dürfte vielmehr so sein, dass die ostdeutsche Arbeitsmarkttransformation insofern kaum dem klassischen Fall eines gesellschaftlichen Umbruchs entspricht, als es durch den unmittelbaren Institutionentransfer gar kein institutionelles Vakuum gegeben hat. Darüber hinaus limitierten fehlende strukturelle Gelegenheiten – man denke an die flächendeckende Abschaffung alter und vergleichsweise wenig umfangreiche Schaffung neuer Arbeitsplätze – die Entfaltung von Kompetenzen und Motivation. Das Versprechen einer Freisetzung bisher gefesselter Energien beim Übergang zu einem marktwirtschaftlichen Modell konnte deshalb nur sehr unvollkommen eingelöst werden.

---

23 Vgl. Caspi/Moffit 1993.
24 Vgl. Freeman/Schettkat 2001.

4.3 Die ostdeutschen Erwerbsverläufe im Vergleich zu Westdeutschland und Polen

Dass es sich hierbei durchaus um Besonderheiten der ostdeutschen Transformation handelt, zeigt der Vergleich mit Polen als einem vergleichsweise erfolgreichen postsozialistischen Transformationsfall.[25] Zwar lassen sich einige Gemeinsamkeiten feststellen. Dazu gehört eine Akzentuierung der Bedeutung allgemeinen Humankapitals in Form von Ausbildungszertifikaten, die auch für die meisten weiteren Transformationsländer festgestellt wurde[26], sowie eine Entwertung spezifischen Humankapitals in Form von Berufserfahrung und Betriebszugehörigkeitsdauer. Bemerkenswert ist auch die Übereinstimmung, dass es anfangs erhebliche Probleme gerade für Selbstständige gab, sich am Markt zu behaupten bzw. neu zu etablieren. Auch in Polen spielte nämlich fremdes Kapital von Anfang an eine starke Rolle. Im Unterschied zu Ostdeutschland entwickelt sich in Polen dann allerdings doch eher ein „Eigentümer-Kapitalismus", d.h. Selbstständige konnten sich zunehmend besser etablieren. Die vergleichsweise größere Offenheit hinsichtlich der Mobilisierung von Kompetenzen zeigt sich auch darin, *wie* sich Bildungsrenditen ergeben: In Ostdeutschland zahlen sich Ausbildungsabschlüsse nur auf ausbildungsadäquaten Arbeitsplätzen aus; in Polen zahlen sich Abschlüsse auch dann aus, wenn dies nicht der Fall ist. Insgesamt waren Diskontinuitäten in Erwerbsverläufen in Polen weniger ausgeprägt als in Ostdeutschland: Innerhalb der ersten fünf Transformationsjahre gab es in Ostdeutschland dreiundzwanzig Prozent Abstiege und vierzehn Prozent Aufstiege, in Polen nur sechzehn Prozent Abstiege und dreizehn Prozent Aufstiege, bei geringerer Arbeitslosigkeit in Polen. In den folgenden fünf Transformationsjahren beruhigte sich in beiden Ländern die Arbeitsplatzmobilität deutlich, allerdings blieb das höhere Arbeitslosigkeitsniveau in Ostdeutschland bestehen, bzw. wurde der Unterschied auf Grund des polnischen Wirtschaftswachstums sogar noch größer.

Im Vergleich zeigt sich: Beträchtliche und massenhafte reale Einkommensverbesserungen in Folge der Wirtschafts- und Währungsunion wurden in Ostdeutschland mit einem besonders hohen Ausmaß an Diskontinuität in Erwerbsverläufen und Arbeitslosigkeit bezahlt.

Hat sich nun in Ostdeutschland ein anderer Arbeitsmarkt als in Westdeutschland etabliert? Die Antwort hängt vom Blickwinkel ab, den man anlegen will. In jedem Fall sollte dafür jedoch die kurze Phase des so genannten „Gelegenheitsfensters" unberücksichtigt bleiben, da sie durch exzeptionelle Anpassungsmobilität gekennzeichnet war, die für einen Vergleich der Entwicklung nicht relevant ist. Wenn wir uns die daran anschließende weitere Entwicklung anschauen[27], zeigt sich, dass in beiden Teilen Deutschlands seit etwa Mitte der 1990er Jahre eine Zunahme von destandardisierten Beschäftigungsverhältnissen zu beobachten ist, wobei Ostdeutschland jedoch trotz der bereits erwähnten geringeren Orientierung an industriellen Beziehungen und Flächentarifverträgen keine Vorreiterrolle eingenommen hat. Richtet man den Blick auf Mobilitätsmuster, erweist sich, dass in Ostdeutschland vor allem das Arbeitslosigkeitsrisiko konstant etwa doppelt so hoch geblieben ist wie in Westdeutschland, dass Abwärtsmobilität ebenfalls signifikant häufiger ist und Aufwärtsmobilität signifikant seltener, ohne dass sich im Zeitverlauf nach 1993 etwas daran

---

25 Vgl. hierzu Diewald/Mach 2006.
26 Vgl. Nee 1989 für eine Bestätigung dieses Musters in China und Gerber/Hout 1998 für die Ausnahme der russischen Transformation, wo Ausbildung sich weniger ausgezahlt hat. Der russische Fall zeigt eindrucksvoll, dass die Akzentuierung der Bedeutung von Humankapital für Arbeitsmarktungleichheiten keinesfalls eine Selbstverständlichkeit postsozialistischer Transformationen ist.
27 Vgl. zum Folgenden Diewald 2006.

geändert hätte. Nach dem Schließen des Gelegenheitsfensters haben sich also keine neuen Gelegenheiten aufgetan. Dies zeigt sich auch darin, dass insgesamt die Beschäftigungsstabilität – vor allem gemessen an unfreiwilligen Beendigungen von Beschäftigungsverhältnissen – in Ostdeutschland geringer ist als im Westen. Für jüngere Arbeitnehmer, deren Biographien nicht mehr durch die Zäsuren des Mauerfalls geprägt sind, gleicht sich dies jedoch langsam an[28], aber es bleiben auch bei ihnen ein höheres Arbeitslosigkeitsrisiko sowie deutlich geringere Aufstiegschancen. Vor diesem Hintergrund erscheinen die Arbeitsmärkte in Ost- und Deutschland insofern weiterhin gespalten, als die Mobilitätschancen in Ostdeutschland deutlich geringer, die Arbeitslosigkeit und unfreiwillige Entlassungen hingegen häufiger geblieben sind, und sich die anhaltende Erstarrung auch in einer geringeren Sensivität für konjunkturelle Schwankungen offenbart.[29] Hinsichtlich der Arbeitsmarktchancen und -risiken lassen sich jedoch insgesamt keine größeren Unterschiede zwischen verschiedenen Gruppen auf dem Arbeitsmarkt im Ost-West-Vergleich feststellen.

Zusammenfassend manifestiert sich die auch noch heute dramatische Situation auf dem ostdeutschen Arbeitsmarkt in folgender Vergleichstabelle. Tabelle 4 gibt einen Überblick über die Struktur der qualifikationsspezifischen Arbeitslosigkeit und unterwertigen Beschäftigung in den neuen und alten Bundesländern. Das Niveau der Arbeitslosigkeit ist im Jahr 2005 in den neuen Bundesländern mit 18% deutlich höher als in den alten Ländern, wo die Arbeitslosenquote 10% beträgt. Gravierende Unterschiede im Arbeitslosigkeitsrisiko zeigen sich insbesondere in den unteren Qualifikationsgruppen. So befinden sich in den neuen Bundesländern 4 von 10 Erwerbspersonen ohne formale Berufsqualifikation in Arbeitslosigkeit, in den alten Bundesländern trifft dies auf etwa jeden vierten Geringqualifizierten zu.

Tabelle 4: Qualifikationsspezifische Arbeitslosenquoten und unterwertige Beschäftigung 2005

	Alte Bundesländer		Neue Bundesländer	
	Männer	Frauen	Männer	Frauen
Arbeitslosenquote				
Keine Ausbildung	24,7	22,7	41,7	41,3
Berufsausbildung	7,2	7,7	17,2	17,9
(Fach-) Hochschulabschluss	3,0	4,4	5,7	6,5
Insgesamt	9,6	10,6	18,0	18,6
Unterwertige Beschäftigung				
Berufsausbildung	13,4	20,1	16,1	15,1
(Fach-) Hochschulabschluss	14,9	23,6	19,5	39,1
Insgesamt	13,9	21,3	16,8	19,2

Quellen: Arbeitslosenquote: Reinberg, Alexander/Hummel, Markus (2007).
Unterwertige Beschäftigung: SOEP 2005, eigene Berechnungen.

---

28 Siehe zur Beschäftigungsstabilität Brussig/Erlinghagen 2005 und Erlinghagen 2005.
29 Siehe Brussig/Erlinghagen 2005.

Hinsichtlich des Risikos einer unterwertigen Beschäftigung sind die Unterschiede zwischen den alten und den neuen Bundesländern weniger drastisch ausgeprägt; jedoch ist auch hier ersichtlich, dass Erwerbstätige in den neuen Bundesländern zumeist schlechtere Arbeitsmarktchancen erfahren als Personen in der ehemaligen BRD. Wie Tabelle 4 zeigt, üben Frauen in den alten als auch in den neuen Bundesländern deutlich häufiger eine unterwertige Beschäftigung aus als Männer. Besonders stark von ausbildungsinadäquater Erwerbstätigkeit betroffen sind hoch qualifizierte Frauen in den neuen Bundesländern, von denen etwa 40% eine Tätigkeit ausüben, deren Qualifikationsanforderungen unter dem erworbenen Qualifikationsniveau angesiedelt sind. Ein relativ geringes Risiko der unterwertigen Beschäftigung verzeichnen dagegen ostdeutsche Frauen mit einer nichtakademischen Berufsausbildung, die seltener einer solchen Erwerbstätigkeit nachgehen als gleich qualifizierte Männer in den neuen Bundesländern. Unter den erwerbstätigen Männern erfahren sowohl Hochschulabsolventen als auch Personen mit einer nicht akademischen Berufsausbildung in der ehemaligen DDR ein höheres Risiko der unterwertigen Beschäftigung als in den alten Bundesländern. Verglichen mit der Arbeitslosigkeit bestehen hinsichtlich der unterwertigen Beschäftigung nur schwach ausgeprägte Unterschiede zwischen den alten und neuen Bundesländern. Jedoch wird deutlich, dass eine Fokussierung allein auf die Arbeitslosigkeit das Problem der Fehlallokation in den neuen Bundesländern stark unterschätzt. Eine simultane Betrachtung von Arbeitslosigkeit und unterwertiger Beschäftigung ergibt, dass hier etwa ein Drittel der Erwerbspersonen ihre Arbeitskraft gar nicht oder in nur ungenügender Weise auf dem Arbeitsmarkt verwerten kann und damit nicht voll in das Beschäftigungssystem integriert ist.

5. Zusammenfassung und Ausblick

In der Gesamtbetrachtung erweisen sich die ostdeutschen Arbeitsmarktprobleme also keineswegs als eine kurzfristige Anpassungskrise, und sie beschränken sich auch keineswegs auf diejenigen ostdeutschen Arbeitnehmer, die zum Zeitpunkt der Wende im falschen Alter auf dem falschen Arbeitsplatz gewesen sind. Dass es durch die Wende zu einer im Lebenslauf späten Generationenbildung gekommen ist, wurde in einer früheren Publikation[30] gezeigt: Insbesondere die zum Zeitpunkt der Wende etwa 50-Jährigen hatten nicht nur schlechtere Arbeitsmarktchancen. In dieser Altersgruppe bildete sich über die individuell konkreten Arbeitsmarktschicksale hinausreichend generell der Eindruck aus, dass man zwar durchaus über wichtige Kenntnisse und Fähigkeiten verfügt und sich auch gerne anstrengen würde, dass es aber darauf bei ihnen gar nicht mehr ankommt. Die weitere Entwicklung auf dem ostdeutschen Arbeitsmarkt offenbart allerdings bis heute eine auch die nachrückenden Geburtsjahrgänge betreffende längerfristige Schieflage zwischen Arbeitsangebot und -nachfrage, die Inklusionschancen – selbst verglichen mit dem eher bescheidenen westdeutschen Niveau – gering hält und hohe Exklusionsrisiken mit sich bringt.

Sie hat ein solches Ausmaß erreicht, dass in diesem Fall eine differenzierungstheoretische Prämisse ins Wanken gerät, nämlich, dass umfassende gesellschaftliche Exklusion insofern ein Ausnahmephänomen ist, als dass es sich um einen mehrdimensionalen Prozess handelt, der die teilsystemische Abschottung von sich zunächst unabhängig vollziehenden

---

30   Vgl. Diewald et al. 1996.

Inklusionsprozessen durchbricht.[31] So richtig das caveat sein mag, die Frage des Zugangs zum Arbeitsmarkt generell zum Schlüssel für alle anderen – und damit nachgeordneten – Exklusionen erklären zu wollen, so deutlich sind die Zeichen, dass im Fall der ostdeutschen Entwicklung die Arbeitsmarktentwicklung tatsächlich ein solcher Schlüssel ist, und das, obwohl die erklärte Inklusionsstrategie der ostdeutschen Transformation, nämlich die rasche und durchgreifende Verbesserung der Konsumchancen verbunden mit der westdeutschen Version des Wohlfahrtsstaats als Status- und Existenzsicherung, ja durchaus erfolgreich war. So ungünstig der Vergleich mit Polen auf der Ebene von Arbeitsmarktmobilität ausfällt, so günstig ist er bei den (Erwerbs- wie Haushalts-)Einkommen! Dagegen kam eine andere Möglichkeit, der „Mezzogiorno" als parallele Schattenwirtschaft, in der Kompetenzen eingesetzt und zusätzliche Einkommen erwirtschaftet werden könnten, nicht zum Zuge. Zusammengenommen heißt das: Den Entfaltungsmöglichkeiten individueller Kompetenzen und der Bedeutung von Anerkennung und Respekt[32] wurde möglicherweise zu Gunsten materieller Versorgung und wohlfahrtsstaatlicher Garantien zu wenig Bedeutung beigemessen. Geld allein kann solche Defizite nicht ausgleichen. Zudem werden sie immer vor dem Hintergrund sozialer Vergleichsprozesse bewertet[33], und hier liegt dann die Vermutung nahe: Die massenhaften Einkommensverbesserungen werden überschattet durch die immer noch vergleichsweise schlechtere Stellung im Vergleich zu Westdeutschen (auch im eigenen Landesteil), und die im internationalen Vergleich durchaus respektablen wohlfahrtsstaatlichen Sicherheitsgarantien des rheinischen Kapitalismus werden in Vergleich gesetzt zu den noch umfassenderen des Realsozialismus und damit subjektiv entwertet.

Das stärkste Indiz dafür, dass die schlechte Arbeitsmarktsituation *nicht* durch andere Inklusionsmöglichkeiten kompensiert wird, ist die anhaltende Abwanderung gerade der demografischen Hoffnungsträger, also jüngerer, gut ausgebildeter Menschen und hier insbesondere der Frauen. Diese Abwanderung folgt innerhalb Ostdeutschlands deutlich der Binnendifferenzierung von Pro-Kopf-Bruttosozialprodukt und Arbeitslosenquote, und entscheidend ist weiterhin, dass es aufgrund der flächendeckend schlechten Lage auch nicht zur Binnenwanderung innerhalb Ostdeutschlands kommt, sondern zu einer Wanderung von Ost- nach Westdeutschland bzw. ins Ausland.[34] Damit wird über die individuellen Folgen hinaus die weitgehend arbeitsmarktinduzierte Abwanderung zum limitierenden Faktor für die wirtschaftliche Entwicklung der gesamten Region; führt also zu einer Abwärtsspirale, die zu stoppen bisher niemand ein Rezept gefunden hat.[35]

---

31 Vgl. Stichweh 2000.
32 Vgl. zu dieser Debatte Taylor 1992 und Fraser 1998. Auch der Capabilities-Ansatz kommt zu ähnlichen Einschätzungen, vgl. Sen 1993.
33 Vgl. etwa Layard 1995.
34 Siehe dazu Mai 2004 sowie Berlin-Institut für Bevölkerung und Entwicklung 2007b.
35 Das Berlin-Institut für Bevölkerung und Entwicklung hat deshalb in einer Studie speziell für Brandenburg sogar die Schlussfolgerung gezogen, ganze Dörfer durch Umzugs-Prämien aufzugeben und so wenigstens die Kosten für Infrastrukturen zu sparen (vgl. Berlin-Institut für Bevölkerung und Entwicklung 2007a).

Literatur

Berlin-Institut für Bevölkerung und Entwicklung, 2007a: Gutachten zum demografischen Wandel im Land Brandenburg. Expertise im Auftrag des Brandenburgischen Landtages. Berlin, Mai 2007 (http://www.berlin-institut.org/pdfs/Gutachten.pdf).

Berlin-Institut für Bevölkerung und Entwicklung, 2007b: Talente, Technologie und Toleranz – wo Deutschland Zukunft hat. Berlin, September 2007 (http://www.berlin-institut.org/pdfs/talente_technologie_toleranz.pdf)

Brussig, Martin und Marcel Erlinghagen, 2005: Austritte aus Beschäftigung in Ostdeutschland. Entlassungen und Befristungen dominieren, deutscher Arbeitsmarkt nach wie vor gespalten. IAT-Report 2005-02.

Büchel, Felix, 1998: Zuviel gelernt? Ausbildungsinadäquate Erwerbstätigkeit in Deutschland. Bielefeld: Bertelsmann.

Caspi, Avshalom und Terrie E. Moffit, 1993. When do individual differences matter? A paradoxical theory of personality coherence. Psychological Inquiry, 4 (4): S. 247-271.

Czada, Roland, 1998: Vereinigungskrise und Standortdebatte. Der Beitrag der Wiedervereinigung zur Krise des westdeutschen Modells in: Leviathan 26: S. 24-59.

Diewald, Martin, 2006: The Quest for a Double Transformation. Trends of Flexibilisation in the Labor Markets of East and West Germany. S. 269-292 in: Diewald, Martin et al. (Hg.): After the Fall of the Wall. East German Life Courses in Transition. Stanford: Stanford University Press.

Diewald, Martin, 2007: Agency or constraint? The mutual shaping of control beliefs and working lives in East Germany after 1989. International Journal of Psychology 42: S. 77-84.

Diewald, Martin et al., 2006a: After the Fall of the Wall. East German Life Courses in Transition. Stanford: Stanford University Press.

Diewald, Martin et al., 2006b: Old Assets, New Liabilities? How Did Personal Characteristics Contribute to Labor Market Success or Failure After 1989? S. 65-88 in: Diewald, Martin et al. (Hg.): After the Fall of the Wall. East German Life Courses in Transition. Stanford: Stanford University Press.

Diewald, Martin und Bogdan Mach, 2006: Comparing Paths of Transition: Employment Opportunities and Earnings in East Germany and Poland During the First Ten Years of the Transformation Process. S. 237-268 in: Diewald, Martin et al. (Hg.): After the Fall of the Wall. East German Life Courses in Transition. Stanford: Stanford University Press.

Diewald, Martin et al., 1996: Lebensverläufe und Persönlichkeitsentwicklung im gesellschaftlichen Umbruch: Kohortenschicksale und Kontrollverhalten in Ostdeutschland nach der Wende. Kölner Zeitschrift für Soziologie und Sozialpsychologie 48: S. 219-248.

Erlinghagen, Marcel, 2005: Wie lange dauert es, bis Beschäftigte ihren Betrieb verlassen? Neue Ergebnisse zur Beschäftigungsstabilität in West- und Ostdeutschland. IAT-report 2005-09.

Fraser, Nancy, 1998: From Redistribution to Recognition? Dilemmas of Justice in a „Postsocialist" Age. S. 19-49 in: Willett, Cynthia (Hg.): Theorizing Multiculturalism. Oxford: Blackwell.

Freeman, Richard und Ronald Schettkat, 2001: Skill Compression, wage differential, and employment: Germany vs the US, Oxford Economic Papers 53: S. 582-603.

Gerber, Ted und Michael Hout, 1998: More Shock than Therapy: Market Transition, Employment, and Income in Russia, 1991-1995. American Journal of Sociology 104: S. 1-50.

Huinink, Johannes et al., 1995: Staatliche Lenkung und individuelle Karrierechancen: Bildungs- und Berufsverläufe. S. 89-143 in: Huinink, Johannes et al. (Hrsg.): Kollektiv und Eigensinn. Lebensverläufe in der DDR und danach, Berlin: Akademie Verlag.

Hyman, Richard, 2001: A Small Crisis in Germany. Work and Occupations 28: S. 176-182.

Initiative neue soziale Marktwirtschaft, 2007: Das Städteranking 2007. In Zusammenarbeit mit IW Consult und Wirtschaftswoche (http://www.insm-wiwo-staedteranking.de/).

Keller, Berndt und Hartmut Seiffert, 2002: Flexicurity – Wie lassen sich Flexibilität und soziale Sicherheit vereinbaren? Mitteilungen aus der Arbeitsmarkt- und Berufsforschung 35: S. 90-106.

Layard, Richard, 2005: Die glückliche Gesellschaft. Kurswechsel für Politik und Wirtschaft. Frankfurt/Main: Campus.

Lutz, Burkart, 1996: Die mühsame Herausbildung neuer Beschäftigungsstrukturen. S. 121-160 in: Lutz, Bukart et al. (Hg.): Arbeit, Arbeitsmarkt und Betriebe. Opladen: Leske und Budrich.

Mai, Ralf, 2004: Abwanderung aus Ostdeutschland. Strukturen und Milieus der Altersselektivität und ihre regionalpolitische Bedeutung. Frankfurt/Main: Peter Lang.

Nee, Victor, 1989: A Theory of Market Transition: From Redistribution to Markets in State Socialism. American Sociological Review 54: S. 663-681.

Pollmann-Schult, Matthias, 2006: Unterwertige Beschäftigung im Berufsverlauf. Eine Längsschnittanalyse für Nicht-Akademiker in Westdeutschland, Frankfurt/Main: Peter Lang.

Reinberg, Alexander und Markus Hummel, 2007: Qualifikationsspezifische Arbeitslosigkeit im Jahr 2005 und die Einführung der Hartz-IV-Reform. Empirische Befunde und methodische Probleme. IAB Forschungsbericht Nr. 9/2007.

Rose, Richard, 1991: Between State and Market. Key Indicators of Transition in Eastern Europe. Studies in Public Policy Working Paper. Glasgow: University of Strathclyde, Center for the Study of Public Policy

Sen, Amartya, 1993: Capability and Well-Being. S. 30-53 in: Nussbaum, Martha and Amartya Sen (Hg.): The Quality of Life. Oxford: Clarendon Press.

Sørensen, Aage B., 1986: Social structure and mechanisms of life-course processes. S. 177-197 in: Sørensen, Aage B. et al. (Hg.): Human development and the life course: Multidisciplinary perspectives. Hillsdale, NJ: Erlbaum.

Sorge, Arndt, 1993: Arbeit, Organisation und Arbeitsbeziehungen in Ostdeutschland. Berliner Journal für Soziologie 4: S. 549-67.

Stichweh, Rudolf, 2000: Systemtheorie der Exklusion. Zum Konflikt von Wohlfahrtsstaatlichkeit und Globalisierung der Funktionssysteme. S. 85-102 in: Die Weltgesellschaft. Frankfurt/Main: Suhrkamp.

Taylor, Charles, 1992: Multikulturalismus und die Politik der Anerkennung. Mit Kommentaren von Amy Gutmann (Hg.), Steven C. Rockefeller, Michael Walzer, Susan Wolf und mit einem Beitrag von Jürgen Habermas. Frankfurt/Main: S. Fischer.

Windolf, Paul et al., 1999: Warum blüht der Osten nicht? Zur Transformation der ostdeutschen Betriebe. Berlin: edition sigma.

Räumliche Segregation und innerstädtisches Ghetto

Hartmut Häussermann und Martin Kronauer

Tiefgreifende Veränderungen am Arbeitsmarkt und in der Beschäftigung, in den sozialen Beziehungen und den Rahmenbedingungen wohlfahrtsstaatlicher Regulierung bedrohen eine wachsende Zahl von Menschen in Deutschland damit, am gesellschaftlichen Leben nicht mehr angemessen teilhaben zu können. Die deutlichsten Anzeichen dafür sind eine in den letzten beiden Jahrzehnten drastisch, wenngleich in zyklischen Schwankungen angestiegene Arbeitslosigkeit und eine zunehmende Armut. Beide Phänomene betreffen nicht mehr nur den gesellschaftlichen ‚Rand'. Auch unter Beschäftigten, die selbst noch nicht arbeitslos geworden sind, breiten sich Unsicherheiten und Abstiegsängste aus. Das gilt mittlerweile selbst für den öffentlichen Dienst und die Kernbereiche profitabler Industrieunternehmen.

Deutschland steht mit diesen Problemen nicht allein, wenngleich sie hier in Verbindung mit der jüngsten Geschichte der deutschen Vereinigung besondere Formen annehmen. Seit dem Ende der neunzehnhundertachtziger Jahre wird in der Europäischen Union die neue soziale Frage unter dem Begriff der ‚Exklusion', der sozialen Ausgrenzung diskutiert. Er markiert eine historische Zäsur gegenüber der Phase relativer Vollbeschäftigung, zurückgehender Einkommensungleichheit und zunehmender Einbindung der arbeitenden Bevölkerungen in sozialstaatliche Rechte und Leistungen in den Jahrzehnten nach dem Zweiten Weltkrieg.

Der Strukturwandel der Arbeitsmärkte und der Beschäftigung als Folge des Wandels von der Industrie- zur ‚Dienstleistungsgesellschaft' hat zu einer Vergrößerung der Spreizung in der Einkommensverteilung und zu einem Anwachsen der Armut geführt. Negativ betroffen davon sind vor allem dauerhaft Arbeitslose und solche Erwerbstätigen, deren Einkommen nur noch für eine Lebensführung weit unterhalb der durchschnittlichen Konsumstandards ausreicht (‚working poor'). Armut ist ökonomisch-materiell definiert, üblicherweise als Einkommen unterhalb der Grenze von 50% des durchschnittlichen Einkommens. Sie hat jedoch auch soziale und kulturelle Konsequenzen, die zu einer Situation führen können, die wir als ‚Ausgrenzung' oder ‚Exklusion' bezeichnen.

Das Risiko, in die Armut zu geraten, trifft vor allem Individuen oder Haushalte, die einen niedrigen Bildungsstand und keine berufliche Qualifikation aufweisen und allein leben bzw. allein erziehend sind. Die Gefahr der Ausgrenzung wird allerdings nicht allein durch solche Faktoren bestimmt, sondern zusätzlich davon, inwieweit die Betroffenen in der Lage sind, diese Situation zu meistern bzw. wieder aus ihr herauszukommen. Dabei spielt es eine Rolle, in welchen räumlichen Zusammenhängen die Menschen bzw. Haushalte leben, die in Armut geraten sind. Die Nachbarschaft, das Quartier stellt nämlich einen Raum dar, der soziale und materielle Ressourcen bereitstellt oder den Zugang zu solchen Ressourcen erschwert bzw. verhindert.

Für soziale Gruppen, die über wenig eigene Ressourcen in Form von materiellem, sozialem oder kulturellem Kapital verfügen, hat die nähere räumliche Umgebung eine größere Bedeutung als für andere Gruppen, die überlokale Beziehungen pflegen, weil sie diesen lokalen Nahraum seltener verlassen und sich auch ihre sozialen Beziehungen dort konzentrieren. Dadurch wird das Quartier, wird der Raum zu ihrem Sozialraum. Der Sozialraum hat Einfluss auf die Einbindung in soziale Netzwerke und auf die Verfügung über Ressourcen, die nicht direkt vom Einkommen abhängig sind, der Sozialraum kann soziales Kapital bereitstellen – oder auch nicht. Das Wohnen in einem Quartier, in dem sich benachteiligte Haushalte konzentrieren, kann Armut verstärken und Ausgrenzungstendenzen unterstützen, er kann andererseits aber auch informelle Hilfen bereit stellen, einen respektvollen Umgang sichern und für soziale Einbettung sorgen – die Folgen von Armut also mildern.

Sozialräume werden durch die quartierlichen sozialen Strukturen und die Alltagspraxis ihrer Bewohner geprägt. Die soziale Zusammensetzung einer Bewohnerschaft, die vorherrschenden sozialen Lagen und die Verhaltensweisen der Bewohner formen Milieus, die ihrerseits Rückwirkungen auf die Orientierungen, die Verhaltensmöglichkeiten und Lebenschancen der Bewohner haben. Daher ist die soziale Zusammensetzung der Quartiersbevölkerung von Bedeutung. Die starke Konzentration von ökonomisch, sozial und kulturell marginalisierten Gruppen in manchen Quartieren kann daher selbst zu einem Faktor von Benachteiligung werden, man könnte auch sagen: aus benachteiligten Quartieren können benachteiligende Quartiere werden.

‚Soziales Kapital' eines Quartiers ist eine vor- bzw. außermarktliche Ressource, die auf Vertrauen und bis zu einem gewissen Grad auch auf Solidarität angewiesen ist. Ob und inwieweit auf sie zurückgegriffen werden kann, ist keineswegs selbstverständlich, denn der Prozess der ‚Modernisierung' und der ‚Individualisierung' hatte ja gerade in der Emanzipation aus lokalen oder verwandtschaftlichen Abhängigkeitsverhältnissen eine entscheidende Triebkraft. Nachdem dieser Prozess lang anhaltend gewirkt hat, ist nicht zu erwarten, dass man sich in einer Notsituation einfach wieder auf traditionale Beziehungen verlassen kann.

Um dies genauer zu erläutern, werden wir im Folgenden zunächst umreißen, wie sich die sozialen Sicherungssysteme entwickelt haben und warum die ‚neue Armut' einen so tiefen Einschnitt in der Entwicklung Deutschlands seit dem Ende des Zweiten Weltkriegs darstellt. Dann diskutieren wir, was mit Ausgrenzung und ihren verschiedenen Dimensionen genau gemeint ist. Anschließend fragen wir nach den Ursachen sozialräumlicher Segregation und fassen dann die Ergebnisse der bisherigen Forschung zu den ‚Nachbarschaftseffekten' zusammen, die als Folge der zunehmenden Konzentration von armen Haushalten in bestimmten Quartieren entstehen können.

1. Ausgrenzung und ihre Dimensionen

Gesellschaftliche Zugehörigkeit und Teilhabe wurden im ersten Vierteljahrhundert nach dem Zweiten Weltkrieg in Deutschland und anderen hoch entwickelten Industriegesellschaften Westeuropas (und in einem gewissen Umfang auch in den USA) im Wesentlichen auf zwei Wegen gefördert: durch ein starkes wirtschaftliches Wachstum, das sich in Beschäftigungs- und Einkommenswachstum übersetzte, und durch die Ausweitung und finanzielle Absicherung wohlfahrtsstaatlicher Leistungen und Schutzrechte für Lohnabhängige. Die Voraussetzungen für dieses Integrations- und Wachstumsmodell waren der Wiederaufbau und die Erneuerung von Produktionsstätten, Infrastruktur und Wohnungen und die

Einbeziehung der ländlichen Bevölkerung (und ihrer vormals noch zum Teil auf Eigenversorgung ausgerichteten Tätigkeiten) in den inneren Markt der Konsumenten und Produzenten[1]; ein hohes Maß von staatlichem Einfluss auf Investitionsbedingungen und Beschäftigungshöhe durch fiskal- und wirtschaftspolitische Maßnahmen im Rahmen nationaler Grenzen; die Anerkennung einer kollektiven Verantwortung der Gesellschaft für die Befriedigung grundlegender Bedürfnisse und die Sicherstellung vergleichbarer Lebenschancen ihrer einzelnen Mitglieder – vor dem Hintergrund der Erfahrungen mit Weltwirtschaftskrise, zwei Weltkriegen und Faschismus, aber auch in der Konfrontation des „Kalten Kriegs".

Sozialökonomische Ungleichheit wurde dadurch nicht aufgehoben. Gerade in Deutschland reproduzieren die sozialen Sicherungssysteme durch ihre Beitragsabhängigkeit Ungleichheiten der sozialen Lage, wie sie durch das Erwerbssystem vorgegeben sind. Aber Armut und Einkommensungleichheit gingen bis in die Mitte der siebziger Jahre zurück, der ‚Fahrstuhl' von Einkommen und Lebensstandard bewegte sich für (fast) alle nach oben.[2] Arbeitslosigkeit verschwand bis auf eine kleine Restgröße, die vor allem auf kurzfristige Such- und Übergangsphasen zurückzuführen war.

Zugleich wurden soziale Bürgerrechte in einem bis dahin unbekannten Maß finanziell abgesichert und in ihrer Reichweite ausgedehnt. Auch diese Entwicklung hatte ihre Kehrseite. Bürgerrechte sind an Mitgliedschaft gebunden und schließen Nicht-Bürger aus oder allenfalls partiell ein. Das galt und gilt bis heute für Migranten. Arbeitsmigranten wurden als beitragzahlende ‚Gastarbeiter' zwar in die sozialen Sicherungssysteme einbezogen, blieben aber von politischen Rechten ausgeschlossen.

Gleichwohl bestätigte sich zunächst die Erwartung des englischen Soziologen und Wohlfahrtsstaatstheoretikers Thomas H. Marshall, geäußert vier Jahre nach dem Ende des Zweiten Weltkriegs, dass das 20. Jahrhundert zu einem Jahrhundert der Ausbreitung und Durchsetzung sozialer Rechte werde (so wie das 18. Jahrhundert die persönlichen und das 19. Jahrhundert die politischen Rechte auf die Tagesordnung gesetzt habe). Soziale Rechte sollen ihm zufolge zweierlei leisten. Zum einen sollen sie allen Mitgliedern der Gesellschaft gleichen, nicht-diskriminierenden Zugang zu den zentralen gesellschaftlichen Institutionen der Vermittlung von Lebenschancen verschaffen, vor allem zu denen der Bildung, des Gesundheitswesens und der sozialen Sicherung. Sie sollen also eine Statusgleichheit der Individuen gegenüber diesen Institutionen herstellen, ungeachtet aller sonstigen ökonomischen und Herkunftsunterschiede zwischen den Bürgern. Auch im auf sozialer Ungleichheit aufbauenden Sozialversicherungssystem gilt, trotz der unterschiedlichen Beiträge und Leistungen, dass jeder Einzahler von seinem Status her gleichermaßen Anspruchsberechtigter (und nicht Bittsteller) ist. Zum anderen und zugleich sollen soziale Rechte für alle ein Minimum an gemeinsamen Lebenschancen und kulturell dem erreichten Wohlstandsniveau angemessenen Lebensstandard (einschließlich der Wohnbedingungen) gewährleisten. Also nicht nur der Zugang zu institutionellen Leistungen, sondern auch die Qualität der Leistungen sind Gegenstand sozialer Rechte.[3]

Der Gedanke, dass die Wahrnehmung persönlicher und politischer Rechte nur dadurch sichergestellt werden kann, dass soziale und materielle Absicherungen hinzukommen, und dass Individuen vor völliger Marktabhängigkeit geschützt sein müssen, ist in vielen Ländern des westlichen Europa nach dem Zweiten Weltkrieg zu einem Grundbestandteil des

---

1 Vgl. Lutz 1989, S. 194.
2 Wehler 2008.
3 Marshall 1992, S. 40, 73.

Demokratieverständnisses geworden. Er bildet den Kernbestand aller wohlfahrtsstaatlichen Programmatik, auch wenn seine institutionelle Umsetzung und das Ausmaß der Befreiung von Marktzwängen in den einzelnen Ländern beträchtlich variieren.[4]

Die hier umrissene Entwicklung weist vor allem zwei Schwachstellen auf. Zum einen gerieten Individuen und Haushalte in eine zunehmende und unwiderrufliche Abhängigkeit von Markt und Staat. Alternative Unterstützungs- und Einbindungsformen, wie die über familiäre und verwandtschaftliche Beziehungen, verloren mit dem Ende der Subsistenzwirtschaft weitgehend ihre ökonomische Eigenständigkeit. In ihren materiellen Leistungen hängen sie nun ihrerseits von markt- und staatsvermittelten Einkommen ab. Nach wie vor spielt familiäre Unterstützung, vor allem in der Generationenfolge zwar eine wichtige Rolle, aber gerade in den unteren Einkommensgruppen sind in Krisenzeiten die finanziellen Ressourcen rasch erschöpft. Das ist die bedrohliche Seite der Individualisierung.

Noch gravierender aber ist die zweite Schwachstelle. Die Finanzierung umfassender wohlfahrtsstaatlicher Leistungen hängt von einer hohen Erwerbsbeteiligung ab, oder aber, bei niedriger Erwerbsbeteiligung, von hohen Wachstumsraten und einer starken Bereitschaft zur Umverteilung zwischen Erwerbstätigen und Nicht-Erwerbstätigen. Marshall sprach deshalb in seinen Vorlesungen von einer ‚Pflicht zur Erwerbsarbeit'. Er erwähnte allerdings nicht, dass einer solchen Pflicht kein Recht auf Erwerbsarbeit gegenübersteht – und in kapitalistischen Marktwirtschaften auch nicht gegenüberstehen kann. Denn ein ‚Recht auf Arbeit' würde im Kern in das Eigentumsrecht der Kapitalbesitzer, ihre Entscheidungsgewalt über Einstellungen und Entlassungen eingreifen und somit das freie Unternehmertum grundsätzlich in Frage stellen. Allenfalls mit indirekten, fiskalischen und wirtschaftspolitischen Mitteln können Regierungen versuchen, das Beschäftigungsniveau zu beeinflussen. Die Verbindung von sozialen Rechten und kapitalistischer Marktwirtschaft birgt deshalb schon immer das Risiko, prekäre Lebenssituationen (wieder) zuzulassen. Prekär bleiben damit immer auch sozial-ökonomische Zugehörigkeit und gesellschaftliche Teilhabe.

Bis in die siebziger Jahre hinein konnte Vollbeschäftigungspolitik den latenten Konflikt überdecken. Weitreichende Umbrüche in der Erwerbsarbeit und am Arbeitsmarkt, Veränderungen in den sozialen Beziehungen und die Schwächung der Regelungs- und Ausgleichskapazitäten von Sozialstaaten werfen seitdem aber erneut und in besonderer Weise das Problem der ökonomischen und sozialen Ausgrenzung auf:

- Der Rückgang der industriellen und der Anstieg der Dienstleistungsbeschäftigung ist verbunden mit einer größeren Spreizung der Einkommen; die Verdrängung arbeitsintensiver und technologisch ausgereifter Industrien durch internationale Konkurrenz und der Einsatz neuer Technologien und neuer Formen der „flexiblen" Arbeitsorganisation in den verbleibenden Schlüsselindustrien ist verbunden mit einer drastischen Entwertung un- und angelernter Industriearbeit; die Deregulierung der Finanzmärkte und die zunehmende Bedeutung der Anlegerinteressen für die Unternehmenspolitik (‚shareholder'-Orientierung) führen häufig zu einer Reduzierung von Belegschaften und der Verletzung von Interessen anderer ‚stakeholder'. Dies sind Kennzeichen für Veränderungen in der Erwerbsarbeit mit weit reichenden Folgen. Sie wurden mit einer Rückkehr der Arbeitslosigkeit auf hohem Niveau bezahlt sowie mit einer beträchtli-

---

4 Vgl. Kaufmann 2003.

chen Unsicherheit in den Erwerbs- und Beschäftigungsaussichten für eine wachsende Zahl von Menschen.
- Wachsender Wohlstand und Bildungsexpansion nach dem Krieg, gegründet auf Vollbeschäftigung und sozialstaatliche Leistungen, haben die Spielräume für individuelle Lebens- und Karriereentwürfe erweitert, aber auch die Zwänge zur eigenständigen Gestaltung der Biografien verstärkt und den Einfluss von Konventionen und milieugestützten Sozialbindungen abgeschwächt. Die Reste einer eigenständigen Arbeiterkultur in den Städten mit Organisationen gegenseitiger Hilfe, aber auch sozialer Kontrolle auf Nachbarschaftsbasis haben sich aufgelöst.[5] Eigenarbeit und Subsistenzwirtschaft im Familienverbund sowie nachbarschaftliche Netzwerke haben im Zuge der durchgesetzten Urbanisierung ihre Kraft als Gegengewichte gegen ökonomische Notlagen verloren. Wer am Markt scheitert, ist schnell auf staatliche Hilfe angewiesen. Er oder sie hat aber auch kaum noch die Möglichkeit, dies als kollektives Schicksal zu deuten und wird gedrängt, es dem eigenen Versagen zuzurechnen.
- Der soziale Kompromiss zwischen Kapitaleignern und abhängig Beschäftigten, der die wohlfahrtsstaatliche Entwicklung nach dem Zweiten Weltkrieg getragen hat, erodiert. Die Globalisierung der Finanzmärkte, selbst ein Ergebnis politischer Entscheidungen, erweiterte die internationalen Anlagemöglichkeiten für Kapital und erschwerte den fiskalischen Zugriff in nationalen Grenzen – nach dem Zusammenbruch dieses Systems im Jahr 2008 versuchen die Regierungen, Kontrollmöglichkeiten zurückzugewinnen. Steuerbegünstigungen, um Anleger zu halten oder zu gewinnen, und Steuerflucht haben die öffentlichen Haushalte zusätzlich eingeschränkt. Bei dem in Deutschland in den ersten Jahren des 21. Jahrhunderts praktizierten ‚Umbau' des Sozialstaats mit dem Ziel, die internationale Wettbewerbsfähigkeit zu stärken, verschieben sich die Gewichte vom Schutz vor Marktabhängigkeit zur Mindestsicherung, verbunden mit der Forderung nach Eigenvorsorge am Markt. Soziale Rechte werden noch enger an individuelle Pflichten gebunden – vor allem an eine Verpflichtung zur Erwerbsarbeit um fast jeden Preis, und damit werden sie relativiert.

Durch diese Entwicklungen stehen für eine zunehmende Zahl von Menschen gesellschaftliche Zugehörigkeit und Teilhabe in wesentlichen Dimensionen in Frage:
- Die Einbindung durch Erwerbsarbeit in die gesellschaftlich anerkannte Arbeitsteilung ist gekennzeichnet durch wechselseitige (allerdings durch Machtungleichgewichte gekennzeichnete) Abhängigkeiten in formalisierten Kooperationsbeziehungen. Sie vermittelt nicht nur Einkommen, sondern auch soziale Identität, und in einer grundlegenden Weise die Erfahrung, gesellschaftlich ‚gebraucht' zu werden. Wechselseitige Abhängigkeiten in Erwerbsarbeitsverhältnissen ermöglichen Anerkennung, aber auch Widerstand gegen Bevormundung und Ausbeutung. Ausgrenzung in dieser Dimension bedeutet Marginalisierung am Arbeitsmarkt und in der Beschäftigung, bis hin zum völligen Ausschluss von Erwerbsarbeit, ohne in eine andere, gesellschaftlich anerkannte Position ausweichen zu können. Ausgegrenzt sein heißt dann, in der Gesellschaft keinen Ort zu haben, ‚überflüssig' zu sein.[6] An die Stelle der wechselseitigen

---

5 Vgl. Moser 1984.
6 Bude/Willisch 2008.

Abhängigkeiten in der Gesellschaft tritt die einseitige Abhängigkeit von der Gesellschaft: „die ‚Überzähligen' sind nicht einmal ausgebeutet"[7].
- Die Einbindung in unterstützende soziale Netze, in die informelle Reziprozität persönlicher Nahbeziehungen steht in Frage. Die Ausgrenzungsdimension besteht hier in Isolation durch eine Beschränkung der sozialen Beziehungen auf Menschen in gleicher, benachteiligter Lage und damit eine weitere Einschränkung bei Ressourcen und Möglichkeiten, die Lage zu verändern – oder aber, im Extremfall, die soziale Isolation, der weitgehende Rückzug oder Ausschluss aus sozialen Beziehungen.
- Berührt ist auch die Teilhabe am Lebensstandard und an Lebenschancen, wie sie in einer gegebenen Gesellschaft als kulturell angemessen gelten, vermittelt über Bildungseinrichtungen, Gesundheitsversorgung, rechtliche (auch tarifliche) Regelungen der Arbeitsverhältnisse und Institutionen der betrieblichen und politischen Interessenvertretung – das Anrecht auf ein Mindestmaß an materieller Sicherheit und Unterstützung auch in kritischen Lebensphasen, ohne entwürdigenden Verfahren unterworfen zu werden. Ausgrenzung in dieser Dimension kann durch die Verweigerung von Bürgerrechten und den Ausschluss von Institutionen entstehen, aber auch durch diskriminierende Behandlung in Institutionen, ungenügende Schutzrechte und Leistungen, die es nicht erlauben, entsprechend allgemein anerkannter (und damit zugleich auch erwarteter) Standards zu leben.[8] Ausgrenzung manifestiert sich dann in der Unfähigkeit, mit anderen „mitzuhalten", und der Erfahrung von Macht- und Chancenlosigkeit.[9]

Exklusion und Ausgrenzung sind multidimensionale Prozesse. Zwischen Erwerbsstatus, sozialen Beziehungsnetzen, sozial(rechtlich)er Absicherung und Höhe des Einkommens bestehen enge, empirisch nachzuweisende Zusammenhänge[10]. Anhaltende Arbeitslosigkeit erhöht die Risiken der Verarmung und der sozialen Isolation deutlich.

Erwerbsarbeit bindet Menschen in grundlegender und objektivierter Weise in die Wechselseitigkeiten sozialer Beziehungen ein – aber sie sichert nicht für alle Beschäftigten einen gesellschaftlich angemessenen Lebensstandard, und schon gar nicht für diejenigen, die nicht in dieser Form arbeiten oder arbeitslos sind. Soziale Rechte wiederum sichern im besten Fall Qualitäten der gesellschaftlichen Teilhabe in jenen Wechselseitigkeiten ab – Lebensstandard, Status, Lebensperspektiven und -chancen – und ermöglichen überdies unter bestimmten Voraussetzungen Teilhabe auch für Menschen, die nicht erwerbstätig sind. Aber sie können unter marktwirtschaftlichen Bedingungen keine Erwerbsarbeit garantieren. Schon gar nicht können sie für familiäre und freundschaftliche Beziehungen sorgen, für unterstützende persönliche Nahbeziehungen, die dritte Dimension der Ausgrenzung also. Allerdings bestehen Zusammenhänge zwischen der Reichweite und Zusammensetzung sozialer Netze auf der einen Seite und dem Erwerbsstatus auf der anderen.[11]

Die verschiedenen Integrationsinstanzen vermitteln gesellschaftliche Einbindung und Teilhabe auf unterschiedliche Weisen und nach unterschiedlichen Zuteilungslogiken. Sie leisten jeweils eigenständige Beiträge zur Integration und sind zugleich aufeinander ange-

---

7   Castel 2000, S. 19.
8   Wie solche Standards zur Bemessung von Ausgrenzung anhand von Indikatoren für „relative Deprivation" empirisch ermittelt werden können, zeigt Andreß (1999).
9   Für eine ausführliche Darstellung der Dimensionen und ihrer internen Differenzierung sowie von Erfahrungen mit Ausgrenzungsbedrohung und Ausgrenzung vgl. Kronauer 2002, S. 151 ff.
10 Vgl. Kronauer 2002, S. 151 ff.
11 Vgl. Diewald 2003; Kronauer 2002, S. 168 ff.

wiesen. Für die Auseinandersetzung mit sozialer Ausgrenzung hat dies weit reichende Folgen. Keine der Integrationsweisen für sich allein gewährleistet Zugehörigkeit und Teilhabe, jede kommt mit ihrer eigenen Qualität ins Spiel. Eingliederung in eine Erwerbsarbeit, die nicht aus der Armut heraushilft und/oder unter unwürdigen Bedingungen erbracht werden muss, bedeutet ebenso wenig gesellschaftliche Teilhabe wie ein anhaltender Ausschluss von Erwerbsarbeit mit entwürdigender Abhängigkeit von stigmatisierter Fürsorge.

Ausgrenzung hat auch eine räumliche Dimension. Gerade wenn die formalisierten Systeme von Rechten und der sozialen Sicherung gesellschaftliche Teilhabe nicht mehr hinreichend gewährleisten, gewinnt der Sozialraum, in dem man lebt, an Bedeutung.

Insbesondere durch die Diskussion um die ‚new urban underclass', die Wilson (1987) in den USA angestoßen hat, ist die räumliche Dimension von Exklusion inzwischen zu einem zentralen Thema der Sozialforschung und der Stadtpolitik geworden. Wilson hat mit der These Aufsehen erregt, dass das Leben im schwarzen Ghetto von Chicago über die rassistische Diskriminierung hinaus die Bewohner durch Sozialisationseffekte und Mobilitätsbeschränkungen benachteilige.[12] Dadurch bilde sich eine neue Unterklasse in den von Deindustrialisierung betroffenen Städten. Zwar gibt es in deutschen Städten bisher keine Parallele zu den Ghettos der Schwarzen, bei denen sich die Härte der Ausgrenzung aus rassistischer Diskriminierung, fehlenden sozialstaatlichen Sicherungen und strikt marktförmiger Wohnungsversorgung ergibt,[13] aber Auswirkungen einer sozialräumlichen Ausgrenzung sind auch in unseren Städten zu beobachten. Sie beruht auf ‚Kontexteffekten', also auf dem Einfluss des Wohngebiets auf Verhalten, Normen und Lebenschancen. Die Abkoppelung mancher Quartiere vom Trend der Gesamtstadt, gemessen vor allem in hohen Arbeitslosenquoten, niedrigem Bildungsstand und einer hohen Dichte von Sozialhilfe-Empfängern, ist der Anlass für politische Interventionen (‚area-based strategies'), die in verschiedenen europäischen Ländern seit Mitte der 1990er Jahre implementiert werden.

2. Exklusion durch Segregation

Marginalisierung auf dem Arbeitsmarkt, so die zentrale These dabei, setze sich in sozialen und kulturellen Ausschluss um und werde durch räumliche Isolation verstärkt. Der Verlust der angestammten Wohnung ist häufig der Beginn eines Ausgrenzungsprozesses, in dem buchstäblich der ‚soziale Halt' verloren geht. Durch die Vermehrung der Zahl der Haushalte, die nicht aus eigener Kraft ihre Wohnbedingungen gestalten können, bilden sich durch die Selektionsprozesse auf dem privaten Wohnungsmarkt einerseits, durch die Zuweisungsprozesse der Wohnungsämter, die nur auf ein ständig kleiner werdendes Reservoir von Belegwohnungen zurückgreifen können andererseits, marginalisierte Quartiere, in denen sich Haushalte konzentrieren, die mit einer Vielzahl von sozialen Problemen beladen sind. So bilden sich sozialräumliche Milieus, die selbst weitere Benachteiligungen und Probleme mit sich bringen.

Der Stadtteil kann einerseits als „Ressource der Lebensbewältigung"[14] dienen, kann aber – im Gegenteil – auch als Beschränkung der Lebenschancen wirken.[15] Boettner (2002,

---

12 Vgl. Häußermann et al. 2004.
13 Vgl. dazu Wacquant 2008.
14 Herlyn et al. 1991; Neef et al. 2007.
15 Vgl. Kapphan 2002.

105 f.) hat in einer Fallstudie zu Duisburg-Marxloh gezeigt, dass diese Ambivalenz in widersprüchlichen ‚Deutungsrahmen' zum Ausdruck kommt, die er als divergierende „Problemmuster" bezeichnet. Während nach der einen Deutung das homogene Milieu gleichsam sozialpflegerisch „optimiert" werden soll, legt das konträre Muster ein „Gegensteuern" nahe, also den Versuch, die Konzentration von problembeladenen Haushalten aufzulösen. Wirksame Strategien zur Verringerung der sozialräumlichen Segregation sind, obwohl die ‚soziale Mischung' als oberstes Leitziel der Stadtplanung regelmäßig beschworen wird, bisher in Deutschland allerdings nicht entwickelt worden.

Welche Mechanismen werden gedacht, wenn von ‚Kontexteffekten' die Rede ist? Mögliche Effekte eines Quartiers können in drei Dimensionen gruppiert werden:

a. Sozialisation: Durch die vorherrschenden Überzeugungen und das dominante Verhalten der Bewohner entsteht eine lokale ‚Kultur' bzw. ein Milieu, dem sich auch diejenigen nicht entziehen können, die ihm bisher nicht angehörten. Vorgestellt wird also gleichsam ein epidemischer Prozess.
b. Materielle Ausstattung: Physisch-materielle Merkmale eines Quartiers (Qualität als Wohnort, Erreichbarkeit) sowie seine institutionelle Ausstattung (Dienstleistungen und soziale Infrastruktur) machen entweder die Lebensführung beschwerlich oder schränken die Handlungsmöglichkeiten ihrer Bewohner objektiv ein.
c. Stigmatisierung: Das negative Image eines Quartiers, das aufgrund eigener Erfahrungen entsteht oder aufgrund von Vorurteilen dem Quartier aufgedrückt wird, schränkt sowohl nach innen (erfahrene Abwertung) als auch von außen (Stigmatisierung der Bewohner) die Handlungsmöglichkeiten der Bewohner weiter ein.

Normatives Regelsystem, materielle Ausstattung und symbolische Repräsentation bilden drei Dimensionen des lokalen Einflusses, die in verschiedenen Sozialräumen sehr unterschiedlich ausgeprägt sind.

Benachteiligte oder depravierte Milieus bilden sich in den verschiedensten baulichen Kulissen: die innenstadtnahen, unsanierten Altbaugebiete gehören ebenso dazu wie sanierte Quartiere in der Innenstadt, jüngere Wohnkomplexe des sozialen Wohnungsbaus ebenso wie bereits ältere Großsiedlungen am Stadtrand, insbesondere in den ostdeutschen Städten. Wenn von benachteiligten Quartieren die Rede ist, kann dies nicht gleichgesetzt werden mit einer bestimmten physisch-baulichen Struktur, vielmehr muss vom sozialen Substrat gesprochen werden.

2.1 Das soziale Milieu

Die benachteiligenden Effekte eines Milieus, das aus Benachteiligten gebildet wird, ergeben sich aus den Sozialisationseffekten und den Beschränkungen sozialer Interaktion, d.h. aus der Einschränkung der sozialen Erfahrung und aus dem restriktiven Charakter von Austauschprozessen.

Die Milieuthese geht von dem Wirken einer Subkultur aus: In einer Nachbarschaft, in der vor allem Modernisierungsverlierer, sozial Auffällige und sozial Diskriminierte wohnen und in dem vor allem bestimmte (abweichende) Normen und Verhaltensweisen repräsentiert sind, andere hingegen nicht oder immer weniger, wird ein internes Feedback erzeugt, das zu einer Dominanz abweichender Normen führt, die als Anpassungsdruck, als Homogenisierungstendenz wirkt. Sowohl durch sozialen Druck als auch durch Imitationslernen werden diese Normen im Quartier verbreitet, und eine Kultur abweichenden Verhaltens wird zur dominanten Kultur. Das so gelernte Verhalten mag durchaus funktional sein innerhalb einer Umgebung, die als ganze in vielen Dimensionen von der ‚Normalgesellschaft' ausgegrenzt ist, es wird aber dysfunktional und bildet einen Nachteil, wenn eine Integration in den Mainstream der Gesellschaft kaum mehr möglich ist. Insbesondere Kindern und Jugendlichen fehlen dann die Rollenmodelle, an denen sie ein ‚normales' soziales Verhalten erkennen und durch Imitation lernen könnten. Wenn Kinder oder Jugendliche z.B. überhaupt niemanden mehr kennen, der oder die einer regelmäßigen Erwerbsarbeit nachgeht, entwickeln sie keine Vorstellung davon, dass pünktliches und regelmäßiges Aufstehen und die Aufrechterhaltung einer äußeren Ordnung (Selbstdisziplin) eine Lebensmöglichkeit darstellen, die mit Vorteilen verbunden sein kann. Wenn Jugendliche in ihrem lokalen Bekanntenkreis niemanden mehr kennen, der mit ‚normaler' Erwerbstätigkeit seinen (wenn auch bescheidenen) Lebensunterhalt verdient, hingegen einige, die sich mit kleinkriminellen Aktivitäten ohne großen Aufwand eine spektakulärere Lebensführung ermöglichen und sich obendrein über einen perspektivlosen Schulbesuch lustig machen – welche Handlungsalternative erscheint dann nahe liegend? Die permanente Erfahrung, mit dem eigenen Verhalten und mit den angeeigneten Normen außerhalb des Milieus auf Ablehnung zu stoßen, führt zu reaktiven Verstärkungen und weiterer Distanzierung von der ‚normalen' Gesellschaft.

Die Verachtung gegenüber sinnlos erscheinenden Anstrengungen, die Attraktivität von Erfolg gegenüber Leistung,[16] wirkt sich besonders desaströs in den Schulen aus. Die Dominanz von Versagern und Leistungsverweigerern in den Schulklassen, zieht, wie die PISA-Studien immer wieder zeigen, auch diejenigen ‚nach unten', die interessiert und fähig wären, den Weg durch die Schulen erfolgreich zu gestalten.

Der Anpassungsdruck ‚nach unten' ist nicht nur für Jugendliche relevant, vielmehr werden das Selbstbild und die Selbstachtung von Erwachsenen durch die soziale Umwelt über die Bezugsgruppen ebenfalls beeinflusst. Wenn eigene Aspirationen und Normen durch die Umwelt ständig entwertet und lächerlich gemacht werden, ist es – wenn die Exit-Option, d.h. ein Wegzug, nicht möglich ist – sehr wahrscheinlich, dass eine Anpassung an diese Umwelt erfolgt.

Diese Argumente können allerdings nur dann Geltung beanspruchen, wenn sich die Erfahrungsräume und Kontaktnetze tatsächlich auf das Quartier begrenzen. Die Nachbarschaft hat wegen der enorm gesteigerten Kommunikations- und Mobilitätsmöglichkeiten über größere Entfernungen hinweg im Allgemeinen keinen besonderen Einfluss mehr auf die Reichweite und die Zusammensetzung der Verkehrskreise. Status-Homogenität ist für diese heute wichtiger als räumliche Nähe.[17] Räumliche Nähe erzeugt nicht notwendigerweise soziale Nähe, sie kann auch zu heftigen Konflikten führen.

Innerhalb sozial homogener Verkehrskreise spielt räumliche Nähe jedoch eine Rolle, weil die Kontakte häufiger und intensiver sind, wenn sie durch räumliche Nähe erleichtert werden. Das ist bei Unterschichtsangehörigen der Fall. Ihre Kontakte sind stark lokal eingegrenzt und auf das Quartier konzentriert. In der Arbeitslosigkeit verengen sich die ohnehin schon vergleichsweise kleinen Netze weiter durch Rückzug ins Private wegen Selbstzweifeln und Resignation, durch den Verlust von Kontakten, die mit dem Arbeitsplatz verbunden waren oder durch Vermeidung von Kontakten, die mit solchen Lebensweisen ver-

---

16   Neckel 2001.
17   Friedrichs 1998; Farwick 2009.

bunden sind, die man selbst gerade nicht mehr führen kann, weil sie mit Geldausgaben verbunden sind.[18]

Die sozialen Netzwerke werden nicht nur enger, sondern auch homogener, und dadurch verändert sich ihre Qualität. Lose geknüpfte soziale Netzwerke, die in ihrer sozialen Zusammensetzung heterogen sind, sind weit produktiver und ertragreicher als eng geknüpfte soziale Netze, die sozial homogen sind.[19] Daraus kann gefolgert werden: wenn ein Haushalt aufgrund von Einkommensverlusten oder durch einen Umzugsbefehl seitens des ‚Jobcenters' im Rahmen der Hartz IV-Gesetzgebung seinen Wohnstandort wechseln und in ein ‚benachteiligtes' Quartier ziehen muss, sinken seine Chancen für eine Selbstbehauptung auch in der informellen Ökonomie, denn dann wird der Bekanntenkreis vor allem von Leuten gebildet, die ähnliche Probleme haben. Auch werden die Informationskreisläufe inhaltsleerer, zumindest was die Information über offene Arbeitsstellen angeht. Die vergleichsweise engen Nachbarschaftsbeziehungen in problembeladenen Quartieren, denen unter fürsorgerischer Perspektive Respekt entgegengebracht wird, sind hinsichtlich der Erfahrungen und der Interaktionschancen, die damit verbunden sind, als ausgesprochen negativ einzustufen.

Der negative Effekt der sozial selektiven Mobilität in der Stadt besteht darin: aus den problembeladenen Stadtteilen ziehen diejenigen weg, die (noch) über das ökonomische und soziale Kapital verfügen, um den negativen Wirkungen des Quartiers zu entkommen, andererseits werden die Quartiere dadurch immer weniger heterogen und damit die Gründe für einen Wegzug weiter verstärkt. Das gleiche ist der Fall, wenn ein Quartier durch eine Arbeitsmarktkrise insgesamt in finanzielle Not gerät, wenn gleichsam durch einen Fahrstuhleffekt nach unten aus einem ‚Arbeiterquartier' ein ‚Arbeitslosenquartier' wird.

Für diejenigen, die in die Armut geraten sind und ihr wieder entkommen wollen, stellen Quartiere mit einer hohen Konzentration problembeladener Haushalte eine paradoxe Situation dar. Wie Bourdieu et al. (1997) gezeigt haben, verlangt ein Leben in Armut, das sich noch an den kulturellen Standards der Integrierten misst, eine hohe Disziplin bei der Geldeinteilung, beim Konsumverhalten und bei der zeitlichen Planung. Es müssen ‚Gewohnheiten der Notwendigkeit' entwickelt werden, eine starke Disziplin vorausschauender Planung – und selbst dann noch die Einhaltung der rechtlichen und sozialen Normen, wenn die Not groß und die Gelegenheiten für eine Übertretung günstig wären. Denn dass sich anders auch leben lässt, demonstriert die Umwelt: „man läßt sich einfach hängen und verdrängt, man nimmt Schulden für horrende Zinsen auf, um sich auch einmal etwas zu leisten, oder man flieht in die Scheinwelt der Drogen. Daß Konflikte nicht mit einem kühlen Kopf, sondern mit körperlicher Gewalt ‚gelöst' werden, daß kleinkriminelle Delikte begangen werden, anstatt zu sparen, sind weitere Beispiel für ein Verhalten, das aus den auferlegten Notwendigkeit ‚ausbricht' und dabei gegen gesellschaftliche Anstandsregeln und Normen verstößt. Solche Verhaltensweisen können kurzfristig die depravierte Lebenslage der Personen subjektiv oder objektiv verbessern. Für die benachteiligten Personen sind sie deshalb auch nicht per se irrational. Langfristig führen sie in der Regel freilich nicht aus dem Mangel heraus, sondern verfestigen und vertiefen vielmehr die Deprivationen."[20]

Der Verlust an integrierten Bewohnern (Familien, Erwerbstätige, Personen mit sozialer Kompetenz) verringert die soziale Stabilität im Quartier, weil es keine ausreichende

---

18 Vgl. Kronauer et al. 1993.
19 Wegener 1987.
20 Keller 1998, S. 123.

Zahl von (Peer-)Trägern von quartiersbezogenen Institutionen, Vereinen, Initiativen usw. mehr gibt. Familien mit Kindern, so die Annahme, kümmern sich stärker um die Qualität ihrer Wohnumwelt als mobilere und ortsunabhängigere Gruppen der Bewohner. Damit gehen konfliktmoderierende Potentiale und Gelegenheiten der Begegnung und Interaktion – insbesondere in den Bereichen Sport, Freizeit, Jugendarbeit und in der Schule – verloren. Da sich soziale Marginalität und ‚Migrationshintergrund' der Bewohner häufig überlagern, wird auch die politische Repräsentation zunehmend geschwächt: die Wahlbeteiligung ist niedrig, Ausländer haben kaum politische Rechte, gemeinsame zivile Initiativen werden unwahrscheinlich.[21]

2.2 Die materielle Dimension

Vermüllung und Verwahrlosung der öffentlichen Räume sind äußere Anzeichen einer abnehmenden Bindung an und Verantwortung für die eigene Lebensumwelt. Das Gefühl, dass es ‚abwärts' geht, verbreitet sich ebenso wie das Gefühl, ohnmächtig einer Entwicklung ausgeliefert zu sein, die den eigenen Vorstellungen widerspricht und der man am liebsten entfliehen möchte. Der ‚Kündigung durch die Gesellschaft' wird resigniert oder trotzig eine ‚Kündigung gegenüber der Gesellschaft' entgegengehalten.

Hinzu kommen Veränderungen in der infrastrukturellen Versorgung. Sinkende Kaufkraft hat ein Absinken der Qualität des Warenangebots zur Folge – bis hin zur Häufung von Geschäftsschließungen, die zu Leerständen führen. Dadurch verstärkt sich der äußere Eindruck des Niedergangs des Quartiers, der seine innere Entsprechung in einer Entwertung des Selbstwertgefühls findet – eine Verschlechterung in der materiellen Dimension, die auch eine starke symbolische Bedeutung hat.

Die als besonders problematisch bezeichneten Quartiere sind häufig durch städtebauliche Barrieren (wie Bahndämme oder breite Straßen) gegen die Nachbarschaft abgegrenzt. Dadurch werden sie von den übrigen Stadtbewohnern weder intentional noch zufällig aufgesucht, den Geschäften fehlt eine Laufkundschaft. Diese ‚Isolation' eines Quartiers hat Folgen für die interne Kultur und für das Dienstleistungsangebot: für spezialisierte Kulturangebote findet sich kein ausreichend großes Publikum, so dass in dieser Hinsicht die heterogene (ethnische und kulturelle) Zusammensetzung eher einen Nachteil als einen Reichtum darstellt; im kommerziellen Sektor ist es ähnlich: das Angebot des Handels z.B. muss sich an der Nachfrage ausschließlich aus dem Quartier orientieren, sinkt also mit sinkender Kaufkraft in Niveau und Breite (erst stirbt der Blumenladen, dann der Buchladen usw.). Es entsteht der Eindruck von Ärmlichkeit.

In den in den 1960er und 1970er Jahren entstandenen Großsiedlungen mit einem hohen Anteil an sozialem Wohnungsbau kommen häufig Erreichbarkeitsprobleme hinzu und die geringe Vielfalt von Einrichtungen für Konsum, Unterhaltung und Freizeit – und das Fehlen von Arbeitsplätzen in den ‚reinen Wohngebieten'. Mangelnde Instandhaltung erschwert das Wohnen, für Kinder und Jugendliche stellt das Quartier einen reizarmen Lebensraum dar, weshalb sie dann oft genug eine eigene Reizkultur entfalten, die von anderen wiederum als Vandalismus eingestuft wird.

---

21 Häußermann/Wurtzbacher 2005.

2.3 Die symbolische Bedeutung des Quartiers

Räume sind auch symbolische Orte, sie sind sozial konstruiert. Sie bilden gesellschaftliche Hierarchien und Machtstrukturen ab, und die Gestaltung von Räumen ist selbst ein Mittel der Herrschaft. Die Bewertung von Räumen hat Folgen für die Bewohner, und sie dient der sozialen Strukturierung des Stadtraums. Dabei geht es nicht nur um die Wechselbeziehung zwischen dem physischen Raum und den Strukturen des Sozialraums, sondern auch um Prozesse der Aneignung bzw. Entfremdung von Raum, die tief in die Lebenschancen von Bewohnern eingreifen können. Auch diese Prozesse sind widersprüchlich und werden ‚von innen' und ‚von außen' unterschiedlich bewertet bzw. erlitten[22].

Ist eine gewisse Stufe in der Abwärtsentwicklung erreicht, beginnt ein Stigmatisierungs- und Labeling-Prozess sowohl durch die Umwelt als auch durch die Bewohner selbst. Die Wahrnehmungen der Bewohner sind zwar nicht einheitlich, aber je nach Orientierungen und nach noch vorhandenen Aspirationen auf bessere Lebenschancen (bzw. ‚bessere Zeiten') äußern sie selbst sehr krasse Urteile über das soziale Milieu, in dem sie leben (müssen). Ausgegrenzte Jugendliche werten ihr eigenes Wohnquartier extrem ab[23] – in jüngerer Zeit auch öffentlich im so genannten ‚Gangsta-Rap', der eine hohe Attraktivität in diesen Stadtteilen genießt.

Die Stigmatisierung eines Quartiers beeinflusst das Selbstwertgefühl von Bewohnern, die nicht (bzw. nicht mehr) freiwillig im Gebiet wohnen. Sie fühlen sich als Gefangene. Eine stigmatisierende Außenwahrnehmung wirkt sich nachteilig auf die sozialen Teilhabechancen insbesondere bei der Lehrstellen- und Arbeitsplatzsuche aus.

Zur symbolischen Dimension gehören auch die Funktionszuweisungen durch die städtebauliche Anlage, durch die Qualität der öffentlichen Räume – ebenso die ästhetische Qualität sowohl der Gebäude als auch der Freiräume (ihr Pflegezustand usw.). Offensichtliche Desinvestition und Vernachlässigung der Bausubstanz zählen zu jenen Formen symbolischer Demütigung oder symbolischer Gewalt, denen die Bewohner hilflos ausgeliefert sind.

Eine bestimmte Lage in der Stadt ist nicht selten Anlass zur Stigmatisierung: ‚hinter dem Bahnhof', an einer verkehrsreichen Straße oder in der Nähe von Mülldeponien bzw. Recyclinganlagen. Auch die Geschichte eines Quartiers kann zu unauslöschlichem Labeling führen, was z. T. mythische Qualitäten annimmt. Es existiert eine Pfadabhängigkeit der Nutzungen bei Häusern, Plätzen oder Quartieren. Das ‚kollektive Gedächtnis' ist nur schwer zu täuschen oder zu überwinden, Lagen haben für lange Zeit ihr Image.

Bourdieu bezeichnet die symbolische Ausgrenzung als ‚Ghetto-Effekt': Das Ghetto degradiere „symbolisch seine Bewohner, indem es in einer Art Reservat Akteure sammelt, die, aller Trümpfe ledig, deren es bedarf, um bei den diversen sozialen Spielen mitmachen zu können, nichts anderes gemeinsam haben als ihre gemeinsame Exkommunikation"[24].

3. Der Stand der empirischen Forschung

Gibt es eine Evidenz dafür, dass individuelle soziale und ökonomische Chancen durch das Leben in einem bestimmten Quartier tatsächlich beeinflusst werden? Die bisherige For-

---

22 Vgl. Bourdieu et al. 1997, S. 159 ff.
23 Vgl. Dubet/Lapeyronnie, 1992, und Kronauer 2007.
24 Bourdieu 1991, S. 32 f.

schung zu den Konttexteffekten für verschiedene Gruppen der Bevölkerung (insbesondere Kinder und Jugendliche), beruht im Prinzip auf Annahmen, die mit der These von der „Armutskultur" (culture of poverty) verbunden sind. Dabei können verschiedene konzeptionelle Ansätze unterschieden werden, die die bisher genannten systematisieren und erweitern:

1. Das ‚*epidemische Modell*', indem die angenommenen Effekte vorwiegend von peer groups ausgehen und sich dadurch problematisches Verhalten verbreitet. Die sozialen Normen sind beeinflusst durch das Gewicht von unterschiedlichen Gruppen in einer Bevölkerung.
2. Alternativ dazu kann man von einem Modell ‚*Kollektiver Sozialisation*' sprechen, in welchem die in der Nachbarschaft verfügbaren Rollenmodelle und die Beobachtung von erfolgreichen Biographien einen wichtigen Bestandteil in der Sozialisation von Kindern spielen.
3. Das ‚*institutionelle Modell*' geht davon aus, dass Nachbarschaftseffekte indirekt durch die Qualität von Dienstleistungen wirken, die in einer Nachbarschaft verfügbar sind, oder durch die Schwierigkeit, besonders qualifiziertes Personal für Einrichtungen in Armutsgebieten zu finden. Dazu gehört auch finanzieller Mangel.
4. Das *Netzwerkmodell* hat einen engen Bezug zum Arbeitsmarkt. Nach diesem Modell hängt die soziale Inklusion von Verbindungen zu den stärker integrierten Gruppen der Gesellschaft ab, weil diese wichtige Informationen, materielle Unterstützung und moralische Vorbilder liefern, die nur schwer zugänglich sind, wenn man räumlich von diesen Gruppen getrennt ist. Nach dieser Vorstellung ist also die Anwesenheit von Bewohnern, die über höhere Einkommen und bessere Informationen verfügen, von Vorteil.
5. Ein alternatives ‚*Erwartungsmodell*' beruht weniger auf den Zugang zu Informationen als auf der Wahrnehmung von wahrscheinlichem Erfolg beim Ausnutzen von Gelegenheiten. Das heißt, durch die soziale Umgebung wird man ermutigt oder entmutigt, sich um etwas zu bemühen. Hier bestehen deutliche Anklänge an das Epidemie-Modell, wobei die Betonung aber darauf liegt, dass durch reale Erfahrungen (etwa durch Diskriminierung) der Erwartungshorizont gesenkt worden ist.

Ein großes Problem für die Analyse besteht in der Simultaneität der Wirkung verschiedener Effekte.[25] Die Menschen sind durch den Kontext beeinflusst, zur gleichen Zeit aber beeinflussen sie diesen Kontext. Das zweite Problem ist die Qualität und die Relevanz der Maßzahlen, besonders auf der Nachbarschaftsebene. Das dritte Problem besteht darin, dass zwar nicht alle, doch viele Bewohner sich ein Quartier ausgewählt haben, so dass eine Tendenz zu ähnlichem Verhalten möglicherweise bereits vorher gegeben war. Das wäre ein Kompositionseffekt.

4. Empirische Ergebnisse

Für Deutschland liegen inzwischen einige Studien vor, die sich der letzteren Frage zuwenden. Farwick (2001) hat einen Anstieg der Zahl von ‚Armutsgebieten' in den Städten Bremen und Bielefeld im Zuge des generellen Anstiegs der Zahl von Sozialhilfeempfängern festgestellt. Infolge zunehmender Armut kommt es also zu einer Ausweitung und Verfesti-

---

25 Vgl. Alpheis 1988.

gung der räumlichen Konzentration von Armut. Offenbar hat dies Effekte der zuvor beschriebenen Art: in Gebieten mit einer hohen Sozialhilfedichte ist auch eine längere Verweildauer in der Sozialhilfe festzustellen – und dies gilt für alle Bevölkerungsgruppen, die man nach Alter, Staatsangehörigkeit, Geschlecht usw. abgrenzen kann. Für diesen Effekt sind also Stigmatisierung und die Verbreitung abweichender Verhaltensweisen verantwortlich.[26]

In einer vergleichenden Studie von vier Kölner Stadtteilen haben Friedrichs/Blasius (2000) festgestellt, dass das Wohngebiet tatsächlich „einen Effekt auf die Bewohner der Gestalt (hat), dass sie zusätzlich benachteiligt werden" (S. 193). Die Bewohner benachteiligter Gebiete haben deutlich kleinere soziale Netzwerke, und da sie vergleichsweise viel Zeit in ihrem Quartier verbringen, haben diese geringen Kontaktmöglichkeiten eine große Bedeutung für ihren Lebensalltag. Deutsche Bewohner, insbesondere allein lebende Männer über 50, leben in großer sozialer Isolation und neigen zu Suchtverhalten (Alkoholabhängigkeit).

In der Analyse von statistischen Massendaten aus einem sozio-ökonomischen Panel in Großbritannien konnte Buck (2001) einige Effekte der räumlichen Konzentration von Armut identifizieren. Seine Fragestellung richtete sich darauf, ob sich (negative) ‚Kontext-Effekte' erkennen lassen, die durch einen politisch motivierten Eingriff in diesen Kontext verringert oder beseitigt werden können. Der ‚National Strategy Action Plan' der britischen Regierung aus dem Jahre 2001 – wie ja auch das Bund-Länder-Programm ‚Soziale Stadt' aus dem Jahr 2000 – betrachtet Nachbarschaften als Milieu-Kontext, d.h. als signifikante Dimension in der Strukturierung sozialer und ökonomischer Ungleichheit. Die britische Regierung hat sich zum Ziel der Erneuerung von Quartieren gesetzt, „innerhalb von 10 – 20 Jahren (dafür zu sorgen), dass niemand ernsthaft dadurch benachteiligt wird, wo er lebt" (SEU 2001, S. 8). Die Ungleichheiten, die durch Nachbarschaftseffekte verursacht werden, werden dabei als sich selbst verstärkend betrachtet. Es geht also – entsprechend der zuvor geführten Diskussion – um die Kontexteffekte eines benachteiligten Quartiers für die soziale Ausgrenzung. In der Untersuchung wird dies auf die Frage zugespitzt: hat ein Individuum mit bestimmten persönlichen Merkmalen, die von denjenigen der Durchschnittsbewohner des Quartiers abweichen, schlechtere Lebenschancen in einem benachteiligten Quartier? Verringert es die Lebenschancen, wenn der Nachbar eher arm als reich ist, oder wenn ein großer Teil der Bevölkerung in der Nachbarschaft arm oder in der einen oder anderen Dimension benachteiligt ist?

Ausgrenzung im Unterschied zu Armut wurde von Buck definiert als Ausschluss von den normalen Aktivitäten in einer Gesellschaft, also als „nicht-monetäre Armut": Die Haushalte sind nicht in der Lage, Formen von Konsumtion und sozialer Aktivität wahrzunehmen, die als zentrale Elemente einer vollen Partizipation in der Gesellschaft betrachtet werden können. Bei der statistischen Analyse zeigt sich, dass der Einfluss des Gebietes zwar signifikant ist, aber nicht besonders stark. Je kleiner die Gebietseinheit gewählt wurde, desto stärker war der Einfluss.[27] Das Gebiet hat einen substanziellen Einfluß auf die Wahrscheinlichkeit, auf dem Arbeitsmarkt Fuß zu fassen.

Es gibt also einen klaren Nachbarschaftseffekt bei nicht-monetärer Armut, die von der längeren Dauer der Armut in den benachteiligten Gebieten herrührt oder von einer Reihe

---

26 Farwick 2001, S. 171.
27 Gleiche Ergebnisse bei Farwick 2009.

von Hindernissen für die Partizipation und für die Konsumtion in diesen Gebieten. Die Erwartung der Menschen, wieder einen Job zu bekommen und die Wahrscheinlichkeit, tatsächlich einen zu bekommen, sind niedriger. Die Chancen, die Armut zu verlassen, sind ebenfalls niedriger, und die Wahrscheinlichkeit, wieder in die Armut zu geraten, ist größer.

Kontexteffekte haben eine verstärkende Wirkung in einer Biographie, die schon in einer bestimmten Richtung angelegt ist. Sowohl die Akkumulation von negativen Attributen als auch die geringe Wahrscheinlichkeit, positive Attribute zu erwerben, beeinflussen die Lebenschancen, indem sie inkrementale Beiträge zur Bildung von Human- oder Sozialkapital, oder sogar Finanzkapital leisten. Deutlich wird also die enge Verschränkung von sozialem und räumlichem Kontext, der sich nicht in ein einfaches Ursache-Wirkungs-Schema auflösen lässt – deutlich wird aber auch, dass die soziale Segregation Armut befestigt.

In einer Studie über die Wirkungen von Nachbarschaften auf die Gewaltbereitschaft von Jugendlichen hat Oberwittler (2004) solche Effekte nur bei männlichen Jugendlichen gefunden, die die Hauptschule besuchen und deren Verkehrskreis auf die Nachbarschaft konzentriert ist. Die sozialen Beziehungen von Jugendlichen, die höhere Schulen besuchen und aus sozial höher stehenden Elternhäusern kommen, beschränken sich dagegen nicht auf die Nachbarschaft, sind also nicht räumlich, sondern sozial strukturiert. Sie distanzieren sich vom lokalen Milieu, und daher hat dieses auch kaum einen Einfluss auf ihr Verhalten. Das Quartier ist kein völlig determinierender Zusammenhang, man kann sich gegen seinen Einfluss schützen oder sich von ihm befreien.

Wenn sich allerdings Sozialraum und soziale Deklassierung decken, entstehen destruktive Effekte, die zu Exklusion führen können. Exklusion wird zwar nicht räumlich erzeugt, aber die räumliche Konzentration von Ausgegrenzten verstärkt und verfestigt deren Effekte.

Die zunehmende soziale Polarisierung im Stadtraum[28] hat bisher zwar keine innerstädtischen Ghettos hervorgebracht, wie sie von Wilson für Chicago beschrieben worden sind. Aber die Tendenzen sind eindeutig: Dauerarbeitslosigkeit und eine gewachsene Bedeutung von Marktprozessen bei der Zuteilung von Wohnstandorten schafft Sozialräume, die Ausgrenzungsprozesse unterstützen und verfestigen.

Der Zusammenhang zwischen der Entwicklung von sozialen Rechten, materieller Absicherung in Zeiten von Arbeitslosigkeit und gesellschaftlicher Teilhabe, wie wir ihn in Abschnitt 2 diskutiert haben, zur sozialräumlichen Struktur der Städte wird nun deutlich. Wenn Arbeitsmarkt und soziale Sicherungssysteme Inklusion nicht mehr garantieren, und wenn die residentielle Segregation der so marginalisierten Bevölkerung zu einer stärkeren Konzentration von problembeladenen Haushalten führt, dann bilden Quartiere keinen ‚vormodernen' Integrationsraum – im Gegenteil: sie können die Ausgrenzung verstärken.

---

28   Vgl. Häußermann/Kapphan 2000; Kapphan 2002; Häußermann et al. 2008.

Literatur

Alpheis, Hannes, 1988: Kontextanalyse. Wiesbaden: Deutscher Universitätsverlag.
Andreß, Hans-Jürgen 1999: Leben in Armut. Analysen der Verhaltensweisen armer Haushalte mit Umfragedaten. Wiesbaden: Westdeutscher Verlag.
Boettner, Johannes, 2002: Vom tapferen Schneiderlein und anderen Helden. Fallstricke des integrierten Handelns – Eine Evaluation. S. 101–114 in: Walther, Uwe-Jens (Hg.): Soziale Stadt – Zwischenbilanzen. Opladen: Leske + Budrich.
Bourdieu, Pierre, 1991: Physischer, sozialer und angeeigneter physischer Raum. S. 25-34 in: Wentz, Martin (Hg.): Stadt-Räume. Die Zukunft des Städtischen. Frankfurt/Main: Campus.
Bourdieu, Pierre et al., 1997: Das Elend der Welt. Zeugnisse und Diagnosen alltäglichen Leidens an der Gesellschaft. Konstanz: UVK.
Buck, Nick, 2001: Identifying neighbourhood effects on social exclusion. Urban Studies 38 (12): S. 2251-2275.
Bude, Heinz und Andreas Willisch, 2008: Exklusion. Die Debatte über die ‚Überflüssigen'. Frankfurt/Main: Suhrkamp.
Castel, Robert, 2000: Die Metamorphosen der sozialen Frage. Konstanz: Universitätsverlag.
Diewald, Martin, 2003: Kapital oder Kompensation? Erwerbsbiografien von Männern und die sozialen Beziehungen zu Verwandten und Freunden. Berliner Journal für Soziologie, Band 13: S. 213-238.
Dubet, François und Didier Lapeyronnie, 1992: Im Aus der Vorstädte. Der Zerfall der demokratischen Gesellschaft. Stuttgart: Klett-Cotta.
Farwick, Andreas, 2001: Segregierte Armut in der Stadt: Ursachen und soziale Folgen der räumlichen Konzentration von Sozialhilfeempfängern. Opladen: Leske + Budrich.
Farwick, Andreas, 2009: Segregation und Eingliederung. Zum Einfluss der räumlichen Konzentration von Zuwanderern auf den Eingliederungsprozess. Wiesbaden: VS Verlag.
Friedrichs, Jürgen, 1998: Do Poor Neighbourhoods Make Their Residents Poorer? Context Effects of Poverty Neighbourhoods on Residents. S. 77-99 in: Andreß, Hans-Jürgen (Hg.): Empirical Poverty Research in a Comparative Perspective. Ashgate: Aldershot.
Friedrichs, Jürgen und Jörg Blasius, 2000: Leben in benachteiligten Wohngebieten. Opladen: Leske + Budrich.
Häußermann, Hartmut und Andreas Kapphan, 2000: Berlin: von der geteilten zur fragmentierten Stadt? Opladen: Leske + Budrich.
Häußermann, Hartmut und Jens Wurtzbacher, 2005: Die Gemeinde als Ort politischer Integration. S. 429-450 in: Heitmeyer, Wilhelm und Peter Imbusch (Hg.): Integrationspotenziale einer modernen Gesellschaft. Analysen gesellschaftlicher Integration und Desintegration. Wiesbaden: VS Verlag.
Häußermann, Hartmut et al. (Hg.), 2004: An den Rändern der Städte. Frankfurt/Main: Suhrkamp.
Häußermann, Hartmut et al., 2008: Stadtpolitik. Frankfurt/Main: Suhrkamp.
Herlyn, Ulfert et al., 1991: Armut und Milieu. Basel: Birkhäuser.
Kapphan, Andreas, 2002: Das arme Berlin: Sozialräumliche Polarisierung, Armutskonzentration und Ausgrenzung in den 1990er Jahren. Opladen: Leske + Budrich.
Kaufmann, Franz-Xaver, 2003: Varianten des Wohlfahrtsstaats. Der deutsche Sozialstaat im internationalen Vergleich. Frankfurt/Main: Suhrkamp.
Keller, Carsten, 1998: Armut in der Stadt. Opladen: Westdeutscher Verlag.
Kronauer, Martin, 2002: Exklusion. Frankfurt/Main: Campus.
Kronauer, Martin, 2007: Revolte in den Banlieues. Anmerkungen aus deutscher Sicht. Prokla 37 (149): S. 597-602.
Kronauer, Martin et al., 1993: Im Schatten der Arbeitsgesellschaft. Arbeitslose und die Dynamik sozialer Ausgrenzung. Frankfurt/Main: Campus.
Lutz, Burkart, 1989: Der kurze Traum immerwährender Prosperität. Eine Neuinterpretation der industriell-kapitalistischen Entwicklung im Europa des 20. Jahrhunderts. Frankfurt/Main: Campus.
Marshall, Thomas H., 1992: Bürgerrechte und soziale Klassen. Zur Soziologie des Wohlfahrtsstaats. Frankfurt/Main: Campus.
Moser, Josef, 1984: Arbeiterleben in Deutschland 1900-1970. Frankfurt/Main: Suhrkamp.
Neckel, Sighard, 2001: ‚Leistung' und ‚Erfolg': Die symbolische Ordnung der Marktgesellschaft. S. 245-265 in: Barlösius, Eva et al. (Hg.): Gesellschaftsbilder im Umbruch: Soziologische Perspektiven in Deutschland. Opladen: Leske + Budrich.
Neef, Rainer et al., 2007: ‚Wir sind keine Sozialen'. Marginalisierung und Ressourcen in deutschen und französischen Problemvierteln. Konstanz: UVK.

Oberwittler, Dietrich, 2004: Stadtstruktur, Freundeskreise und Delinquenz. Eine Mehrebenenanalyse zu sozialökologischen Konstexteffekten auf schwere Jugenddelinquenz. S. 135-170 in: Oberwittler, Dietrich und Susanne Karstedt (Hg.): Soziologie der Kriminalität. Wiesbaden: VS Verlag.

SEU (Social Exclusion Unit), 2001: A New Commitment to Neighbourhood Renewal: National Strategy Action Plan. London: Social Exclusion Unit, Cabinet Office.

Wacquant, Loic, 2008: Urban outcasts. A comparative sociology of advanced marginality. Cambridge: Polity Press.

Wegener, Bernd, 1987: Vom Nutzen entfernter Bekannter. Kölner Zeitschrift für Soziologie und Sozialpsychologie 39: S. 278-301.

Wehler, Hans-Ulrich, 2008: Deutsche Gesellschaftsgeschichte 1949-1990. München: Beck.

Wilson, William Julius, 1987: The truly disadvantaged: the inner city, the underclass, and public policy. Chicago: The University of Chicago Press.

4 Historische Analysen

Von der Exklusion zur Inklusion –
Die Heimatvertriebenen und Flüchtlinge in Westdeutschland zwischen 1944/1945 und den sechziger Jahren.
Zur empirischen Geltung des Luhmann-Stichweh'schen Theorems

Uta Gerhardt

Inklusion und Exklusion als Konzeptualisierung der sozialen Ungleichheit durch Niklas Luhmann wirft das Problem der *prozessualen* Funktionslogik der Sozialstruktur auf.

Die Ungleichheitsthematik wird bei Karl Marx durch die Entgegensetzung zwischen Verfügung und Nichtverfügung über Produktionsmittel und entsprechend durch den Klassengegensatz zwischen Bourgeoisie und Proletariat erfasst.[1] Bei Max Weber werden die *Strukturen* der sozialen Ungleichheit durch die Verteilung der Ressourcen sowie deren Rechtfertigung im Sinne von Ehre in den Standes- oder Vermögen (Besitz und Bildung) in den Klassengesellschaften untersucht.[2] In den vierziger und fünfziger Jahren erkannte die Forschung, dass das Prestige (Sozialprestige) von Berufspositionen in der hierarchischen Sozialstruktur ein politisch-ökonomisch neutrales Moment der sozialen Schichtung bildet.[3] *Class, Status, and Power* – so der Titel des Standardwerks[4] – waren die drei Dimensionen, die die soziale Ungleichheit messbar machten.

Ab den siebziger Jahren wurden prozessuale Gesellschaftstatsachen auf zwei Bezugsebenen reflektiert: Die biographische Dynamik – vermittelt durch Alters-, Kohorten- und Periodeneffekte – machte die Schichtzugehörigkeit zum nicht mehr lebenslang gleich bleibenden Merkmal der Person; denn die Mobilität machte den Sozialstatus angesichts von Chancenstrukturen nach oben und unten variabel.[5] Außerdem gab es inter- und intragenerationale Mobilität wegen der „Wanderung" der Berufe und Berufsgruppen im hierarchischen Aufbau der Sozialstruktur nach oben und unten angesichts des technologischen und wirtschaftlichen Wandels.[6]

Zu Beginn der achtziger Jahre wurden individualisierte Lebenswelten noch näher untersucht. Nicht mehr Klasse oder Stand – für breite Bevölkerungsgruppen – sondern kleinere Milieus als die Bezugseinheit der sozialen Ungleichheit waren für die Theorie und auch

---

1 Eine kurze Charakterisierung der Marx'schen Klassentheorie ist: Bendix und Lipset 1953/1966 b.
2 Max Weber 1922, insbes. S. 177-180.
3 Dazu: Hatt 1950; siehe auch die Yankeetown-Studie, vor allem Warner und Lunt 1941 und 1942, die die Messung der Schichtposition und Schichtstruktur durch einen Index aus Beruf, Ausbildung, Wohngegend etc. erstmals anwandte, und ferner Parsons 1940.
4 Bendix und Lipset 1966a.
5 Dazu: Elder 1974; Müller 1978.
6 Die Berufe in der Sozialstruktur wurden neu zugeordnet bei: Goldthorpe und Hope 1974; daraus ging die bahnbrechende Studie hervor, die die Mobilität und Schichtstruktur ermittelte: Goldthorpe et al. 1980. Die Messinstrumente wurden erstmals auf die Bundesrepublik übertragen in: Handl et al. 1977.

empirisch für die Soziologie interessant, d.h. Lebensstile und Milieus waren die methodologiosch relevanten Ansatzpunkte der Ungleichheit.[7]

In dieses Szenario setzte Luhmann in den neunziger Jahren die Inklusions-/Exklusions-Thematik. Er lenkte die Debatte über Sozialstruktur wieder auf die Ungleichheit, indem er herausarbeitete, dass keine äquivalenten Milieus nebeneinander stehen, sondern an den Rändern und gewissermaßen in der ‚nach unten offenen' Unterschichtung Bereiche der kumulativen Exklusion entstehen. Sie sind, so seine These, das Pendant und zugleich die Negation der Integration der modernen Gesellschaft. Zwei Arbeiten des Spätwerks sind einschlägig, ein Aufsatz (ursprünglich ein Vortrag) zu *Inklusion und Exklusion* und ein Abschnitt des Kapitels über Differenzierung in *Die Gesellschaft der Gesellschaft*. Die Thematik wird bei Stichweh zu einem Hauptproblem der Gesellschaftstheorie.

Mein Beitrag geht der Frage nach dem Erklärungswert dieses Theorems der Inklusion/Exklusion anhand empirischer Forschungsergebnisse nach. Mein Beitrag hat drei Teile. Im ersten Teil wird der begriffliche Ansatz referiert, um die Postulate zu benennen, die empirisch zu prüfen sind. Im zweiten Teil werden Forschungsergebnisse hinsichtlich der Heimatvertriebenen bzw. Flüchtlinge herangezogen, um zweierlei aufzuzeigen: Die Heimatvertriebenen bzw. Flüchtlinge waren nachweislich bei ihrer Ankunft im Westen dem Schicksal der gesellschaftlichen Exklusion ausgesetzt. Die Wege von der Exklusion zur Inklusion der Vertriebenen und Flüchtlinge in der Bundesrepublik sind nachzuzeichnen. Im dritten Teil wird der begriffliche Rahmen unter der Perspektive dieser empirischen Dynamik noch einmal in den Blick genommen. Es zeigt sich, dass das Spätwerk Parsons' – mit den Bezugspunkten Anomie und Integration sowie Gesellschaftsgemeinschaft – einen gesellschaftsgeschichtlich adäquaten Zugang zu Exklusion und Inklusion eröffnet. Jedenfalls ist das Fazit, dass der soziale Wandel von der Exklusion zur Inklusion soziologisch mit Parsons' Ansatz zu erfassen ist.

1. Begriffliche Bestimmungen

Der Gedankengang[8] in Luhmanns Aufsatz *Inklusion und Exklusion*[9] enthält sechs Schritte:
1. Der Theorieapparat der Soziologie, klassisch bei Parsons und in den achtziger Jahren verwendet bei Renate Mayntz, sehe die Verselbständigung der Funktionssysteme, bedenke aber nicht, dass bei Integration auch Ausschließung geschehe.[10]
2. Je nach der Gesellschaftsform variieren Inklusion und Exklusion: In segmentären Gesellschaften sei die Integration hermetisch, und die Exklusion – ein Leben jenseits der Abstammungsgemeinschaften – gebe es so gut wie gar nicht. In stratifizierten Gesellschaften (von Stand bis Klasse) sei das Leben jenseits der strukturierten Institutionen zwar möglich, etwa als Bettler oder Mönch, aber ohne Berufsmöglichkeiten, was wiederum die Zünfte regelten. In funktional differenzierten Gesellschaften (seit dem 18. Jahrhundert) habe sich dies drastisch verändert.

---

7   Siehe dazu: Beck 1983; Hradil 1987. Die empirische Darstellung von Milieus durch das SINUS-Institut für Marktforschung in Heidelberg wurde ihrerseits in der wissenschaftlichen Literatur anlässlich der Erfassung der sozialen Schichtug der „neuen Länder" zugrunde gelegt bei Hauser et al. 1996.
8   Ich referiere im folgenden die Argumentführung der zwei Arbeiten Luhmanns, um mein Verständnis offen zu legen, so dass zu ersehen ist, welche Interpretation meinen Überlegungen zugrunde liegt.
9   Luhmann 1995. Die folgenden vierzehn Zitate und Verweisstellen beziehen sich auf diesen Aufsatz.
10 „Theorietechnisch ist ein Begriff nur zu gebrauchen, wenn er sichtbar macht, was er ausschließt", S. 239.

3. Inklusion (Integration) in den funktional differenzierten Gesellschaften, ihren Funktionssystemen Wirtschaft, Politik, Wissenschaft etc., regele die Teilnahme nach Kriterien, die auch den Ausschluss zulassen. Etwa sei die Teilnahme am Wirtschaftssystem durch Eigentum und Einkommen, die Teilnahme am Wissenschaftssystem über Kenntnisse und auch Positionen geregelt. Aber: „Die Frage ist nur, ob wir [mit der Individualisierung des Einzelmenschen] die sozialen Folgen und die Strukturprobleme eines Gesellschaftssystems mit funktionaler Differenzierung ausreichend in den Blick bekommen."[11]

4. Aus jedem Funktionssystem werden große Teile der Bevölkerung ausgeschlossen. Soziale Inklusion heiße auch, dass diejenigen, die etwa vorgegebene Bedingungen der Teilnahme nicht erfüllen, nicht zugelassen werden, also Exklusion erfahren.[12] In den Exklusionsbereichen, so Luhmann, herrschen Klientelismus und Nutzfreundschaften, also partikulare Loyalitäten, wodurch dort die Vorteile und sogar Positionen verteilt werden: „Mit der Abkopplung von sozial fraglos bestehender Stratifikation wird das Netzwerk der Gunsterweise und Vorteilsverschiebungen gegen die tragende Sozialordnung differenziert und beginnt, parasitär zu operieren."[13] Allerdings werde im „Netzwerk der Kontakte"[14] eine Teilnahme dabei immerhin auch denen möglich, die ansonsten – weil sie nichts davon hätten – überhaupt keine Partizipation zeigten (etwa nicht zu einer Wahl gingen). Und weiter: „Das Netzwerk verfügt selbst, und zwar auf der Ebene persönlicher Aktivitäten und Entscheidungen, über einen eigenen Mechanismus der Inklusion bzw. Exklusion. Mitmachen oder Herausfallen – das ist eine Entscheidung, die laufend getroffen und erneuert werden muss, und das, ohne dass Außenfaktoren (etwa durch Inflationierung der Möglichkeiten oder durch Ressourcenentzug) entscheidend eingreifen könnten."[15] Durch „Netzwerke des wechselseitigen Gunsterweises" werden also Loyalitäten außerhalb der Funktionssysteme absorbiert. Die Struktur ist manichäisch: „Wer etwas erreichen will, muss mitmachen. Wer sich ausschließt oder ausgeschlossen wird, kann nur eine Privatexistenz führen. Die erkennbaren Konsequenzen einer Exklusion dienen zugleich als Motiv für weitere Beteiligung."[16] Kriminalität geht dabei eine Verbindung mit der Politik ein.[17] Man könne, so Luhmann, wenn man nur „das hohe Maß an Devianz" in den gesellschaftsbereichen der Exklusion betrachte, eine „misslingende Modernisierung" darin sehen.[18] Aber man müsse auch sagen: „Die Erfahrung zeigt, dass solchen Ordnungen hohe Stabilität und Reproduktionsfähigkeit innewohnt."

---

11 Ibid., S. 249.
12 Man habe gedacht, so Luhmann, dass Marktwirtschaft, Demokratie, Rechtsstaat, Alphabetisierung zur Verbesserung der Lage der Menschen überall führten, aber das sei wohl nicht so. Der Grund für dieses ‚Versagen' der modernen Gesellschaft sei vermutlich, dass die Funktionssysteme sich gegenseitig behinderten, wodurch die Effektivität der Gesellschaft insgesamt beeinträchtigt werde (S. 250). Die Erfahrungen in asiatischen Ländern wie Taiwan oder Südkorea, die nicht ins Bild der angeblich allgegenwärtigen Inklusionstendenzen passten, oder Süditalien, das auch nicht ins Bild glatter Modernisierung passe, seien diesbezüglich aufschlussreich.
13 Ibid., S. 251.
14 Ibid., S. 252.
15 Ibid., S. 253-254.
16 Ibid., S. 255.
17 Ibid., S. 256; dort auch die nächste Zitatstelle.
18 Ibid., S. 257.

5. Die „Ordnung der Exklusion"[19] schließe ganze Bevölkerungsteile aus, schaffe aber eine eigene Integration, so in den *favelas* in Brasilien oder den Ghettos in den USA: „Hier ist die Gesellschaft hoch integriert – so sehr das Soziologen überraschen mag, die mit dem Begriff der Integration im Sinne der Durkheim-Parsons Tradition positive Vorstellungen verbinden."[20] Ganze Gesellschaften seien in diesem Sinne heutzutage – per „Primärdifferenzierung der Gesellschaft nach Inklusion und Exklusion"[21] – binär gespalten.

6. Der „Status der Unterscheidung von Inklusion und Exklusion innerhalb des soziologischen Theorie" zielt auf Gesellschaften mit ihren binären Strukturen: „Die Unterscheidung Inklusion/Exklusion ist eine systeminterne Unterscheidung. Sie kann nur zur Ordnung der Kommunikation verwandt werden." Das heißt: Im Vorhinein steht fest, „ob Personen als mitwirkungsrelevant oder als nichtmitwirkungsrelevant bezeichnet werden. Im einen Fall hängt etwas davon ab, wie sie agieren und reagieren, im anderen Falle nicht."[22]

Der Kapitelabschnitt in *Die Gesellschaft der Gesellschaft*[23] beginnt mit der Feststellung, es gehe – ähnlich wie bei David Lockwoods Konzept der Sozialintegration anstatt Systemintegration[24] – um „das Verhältnis von psychischen Systemen (Individuen) und sozialen Systemen"[25]: „Das Thema Sozialintegration wollen wir durch Inklusion/Exklusion ersetzen."[26] Gegen Parsons sei zu sagen: Bei ihm fehle es an einer „ausreichenden Berücksichtigung des Negativfalles der Kategorien"[27] – wobei allerdings nur der Pol der Integration (nicht der Pol der Anomie hinsichtlich Gleichheit/Ungleichheit) bei Parsons durch Luhmann bedacht wird – bei der „soziokulturellen Evolution als Zunahme von adaptive upgrading, differentiation, inclusion und value generalization"[28]:

> „Ohne Einsichten dieser Art bestreiten zu wollen, setzen wir an die Stelle eines allzu linearen Konzeptes die Frage, wie die Variable Inklusion/Exklusion mit Formen der Systemdifferenzierung der Gesellschaft zusammenhängt."[29]

Bei der funktionalen Differenzierung der modernen Gesellschaft, so Luhmann, wird in der soziologischen Sicht und dem gesellschaftlichen Selbszbild die Exklusion ausgeblendet und die Inklusion grundsätzlich angenommen oder in Aussicht gestellt:

> „Im Prinzip sollte jeder rechtsfähig sein und über ausreichendes Geldeinkommen verfügen, um an der Wirtschaft teilnehmen zu können. Jeder sollte als Teilnehmer an politischen Wahlen auf seine Erfahrungen mit Politik reagieren können. Jeder durchläuft, soweit er es bringt, zumindest die Elementarschulen. Jeder hat

---

19 Ibid., S. 258.
20 Ibid., S. 259.
21 Ibid., S. 261; dort auch die nächsten zwei Zitatstellen.
22 Ibid., S. 261-262. Insgesamt hält Luhmann noch fest: Abschließend: Mit dem Inklusion-Exklusions-Theorem solle der Theorie der funktionalen Differenzierung lediglich ein weiteres Stück hinsichtlich „Form der Systembildung in der Gesellschaft" hinzugefügt werden; man müsse es „zusätzlich beachten".
23 Luhmann 1997, S. 618-634. Fünfzehn Zitate und Verweisstellen im Folgenden stammen aus diesem Text.
24 Lockwood 1956.
25 Luhmann 1997, S. 618-619.
26 Ibid., S. 619.
27 Ibid., S. 620.
28 Ibid., S. 621.
29 Ibid., S. 621-622. Noch einmal werden segmentäre und stratifizierte Gesellschaften abgehandelt, ehe die moderne Gesellschaft mit ihrer funktionalen Differenzierung diskutiert wird. Zu segmentären Gesellschaften: „Der Exklusionsbereich ist vor allem an der Unterbrechung der Reziprozitätserwartungen zu erkennen." (S. 622).

> Anspruch auf ein Minimum an Sozialleistungen, Krankenpflege und ordnungsgemäße Beerdigung. Jeder kann, ohne von Genehmigungen abzuhängen, heiraten. Jeder kann einen religiösen Glauben wählen oder es lassen. Und wenn jemand seine Chancen, an Inklusion teilzunehmen, nicht nutzt, wird ihm das individuell zugerechnet. Auf diese Weise erspart die moderne Gesellschaft, zunächst jedenfalls, es sich, die andere Seite der Form, die Exklusion, als sozialstrukturelles Phänomen wahrzunehmen."[30]

Darin, so Luhmann, liege indessen eine implizit totalitäre Logik: Wo die Inklusion noch nicht herrsche, müsse sie hergestellt werden. Das heißt:

> „Innerhalb der totalitären Inklusionslogik machen sich Exklusionen als ‚Rest'probleme bemerkbar, die so kategorisiert sind, dass sie die totalitäre Logik nicht in Frage stellen."

In funktional differenzierten Systemen – Wirtschaft, Kunst, Wissenschaft, Politik – müsse der Einzelne beweisen, so Luhmann, dass er „dazugehört", einen Inklusionsstatus hat. Das Postulat der Menschenrechte gelte in den modernen Gesellschaften, aber man habe sich daran gewöhnt, die Wirklichkeit der Exklusion nicht zu sehen[31]:

> „Die Idealisierung des Postulats einer Vollinklusion aller Menschen in die Gesellschaft täuscht über gravierende Probleme hinweg."[32]

Im Nebeneinander teilweise unverbundener, miteinander konkurrierender, einander behindernder Funktionssysteme, wo jeweils am unteren Ende einer hierarchischen Skala eine Exklusionspopulation entstehe, so Luhmann, geschehe nun folgendes: Die Exklusionen kumulieren sich zu einem Agglomerat bzw. einem Konglomerat der multiplizierten Exklusionsexistenz:

> „Denn die faktische Ausschließung aus einem Funktionssystem – keine Arbeit, kein Geldeinkommen, kein Zugang zu Verträgen und zu gerichtlichem Rechtsschutz, keine Möglichkeit, politische Wahlkampagnen von Karnevalsveranstaltungen zu unterscheiden, Analphabetentum und medizinische wie auch ernährungsmäßige Unterversorgung – beschränkt das, was in anderen Systemen erreichbar ist und definiert mehr oder weniger große Teile der Bevölkerung, die häufig dann auch wohnmäßig separiert und damit unsichtbar gemacht werden."[33]

Soziologisch gehe es um „negative Integration der Gesellschaft"[34]: Die Exklusionswelt, anders als die Welt der Normalen, also Inklusion, sei ein Eldorado der Unfreiheit und Willkür:

> „Die Gesellschaft ist folglich – genau umgekehrt wie unter dem Regime der Stratifikation – *in ihrer untersten Schicht stärker integriert als in ihren oberen Schichten*. Sie kann nur ‚unten' auf Freiheitsgrade verzichten."[35]

Am unteren Ende herrsche Rechtlosigkeit, so Luhmann weiter:

---

30 Ibid., S. 625.
31 Luhmann vermerkt: Nur der Calvinismus und die Rassenideologie Südafrikas – dies waren indessen Ausnahmen – beharrten auf Inklusionsregeln. Die Vorstellung, dass religiöse oder politische Konnotationen der Inklusion gelten sollten, wurde unmodern und stattdessen galt und gilt die Ideologie der scheinbar verwirklichten, aber tatsächlich in ganzen Weltregionen nicht eingehaltenen Menschen- bzw. Grundrechte: „Weltweit werden diese Vorstellungen als obsolet empfunden, sowohl in ihren religiösen als auch in ihren politischen Konnotationen, und sie werden unter dem Druck von Menschenrechtspostulaten gegenwärtig aufgegeben. Aber damit ist das Problem der Exklusion eher verdeckt als gelöst." Ibid., S. 629.
32 Ibid., S. 630; dort auch die nächste Zitatstelle.
33 Ibid., S. 630-631.
34 Ibid., S. 630.
35 Ibid., S. 631; Hervorhebung im Original.

> „Ob die Unterscheidung von Recht und Unrecht überhaupt zum Zuge kommt und ob sie nach rechtssysteminternen Programmen behandelt wird, hängt dann in erster Linie von einer vorgängigen Filterung durch Inklusion/Exklusion ab; und dies nicht nur in dem Sinne, dass Ausgeschlossene auch vom Recht ausgeschlossen sind, sondern auch in dem Sinne, dass andere, und insbesondere Politik, Bürokratie und Polizei, vom Militär ganz zu schweigen, nach eigenem Ermessen entscheiden, ob sie sich ans Recht halten wollen oder nicht."[36]

Er fügt hinzu:

> „Das heißt auch, dass die im Inklusionsbereich seit eh und je geltenden, Zeit ausdehnenden Reziprozitätserwartungen entfallen bis hin zum Zerfall familialer Bindungen. (...) Man kann nicht erwarten, dass dies Problem innerhalb der einzelnen Funktionssysteme gelöst werden kann."[37]

Diese Überlegungen Luhmanns führt Stichweh in zwei Postulaten zusammen[38]: (1) Exklusion ist Korrelat der Inklusion in den Funktionssystemen, es geht um Wirkungsprinzipien der Konkurrenz als einem Mechanismus der Systemreproduktion. (2) Exklusion ist ein aggregatives Geschehen, also ein „multidimensionaler, kumulativer und sequentiell vernetzter Vorgang eines Ausschlusses aus einer Mehrzahl von Funktionssystemen."[39] Daraus ergeben sich die folgenden Bestimmungen:

1. Exklusion ist *kumulativ* anstatt funktional spezifisch – mehrere Leistungssysteme übergreifend oder bündelnd innerhalb der Sozialstruktur. Um das Kumulative – aggregativ Negative – solcher Verortung im Gesellschaftsleben zu bezeichnen, zitiert Stichweh aus einer Rede Bill Clintons: „It's not an underclass any more. It's an outer class."[40]
2. *Kommunikationsbarrieren* bedeuten, dass Gesellschaftsgruppen, die sich zur Inklusion rechnen, denjenigen die Reziprozität verweigern, die zu den Ausgeschlossenen zählen. Dazu Stichweh: „Exklusion meint (...), dass jemand (...) nicht mehr als ein Adressat für Kommunikationen (es sei denn jene, die den Akt der Exklusion vollziehen und ihn reproduzieren) in Frage kommt."[41]
3. Drittens geht es um das *untere* Ende der grundsätzlich hierarchisch gedachten Sozialskala (bzw. der Struktur aus versäulten Funktionssystemen): Auf dem Arbeitsmarkt (Arbeitslosigkeit), in der Politik (hinsichtlich aktivem und passivem Wahlrecht) sowie in Wohngebieten (Raumzonen) sind bestimmte Bevölkerungsgruppen auf die unterste Ebene gedrängt und ausgegliedert.

Kumulative Diskriminierung, Reziprozitätsverweigerung und Zuordnung zum unteren (untersten) Ende der Statusskala werden durch zwei eigene Setzungen ergänzt:

4. Luhmann sieht in der Inklusion „schwache Beziehungen" in einer multiplen Systemwelt, in der Exklusion starke Abhängigkeiten in einer entdifferenzierten Residualwelt. Stichweh sieht im Begriffspaar Inklusion-Exklusion eine *Variable,* das Ergebnis von Wahl- und Entscheidungsprozessen in den Handlungsstrukturen.
5. Luhmann sieht in der Exklusion mafiöse Strukturen als Organisationsprinzip, also Klientelismus, der einen lokalen Boss oder Bandenchef allgewaltig macht. Die Rhetorik der Menschenrechte bestehe zwar, erreiche aber die Ghettos als Handlungsfeld

---

36 Ibid., S. 632.
37 Ibid., S. 633.
38 Stichweh 2005. Die folgenden drei Zitate und Verweisstellen beziehen sich auf diesen Text.
39 Ibid., S. 45.
40 Ibid., S. 49.
41 Ibid., S. 45.

nicht. Stichweh sieht keine partikularistischen, gewaltgeprägten Gegenwelten (Exklusion) als Gegenstück zur universalistischen Leistungswelt (Inklusion).

Mein empirisches Thema ist das gesellschaftsgeschichtliche Schicksal der Heimatvertriebenen und Flüchtlinge in Westdeutschland nach Kriegsende.[42] Daran ist nun zu zeigen, dass Inklusion und Exklusion keine gegeneinander abgegrenzten gesellschaftlichen Tatbestände bilden. Sonder im Zuge des sozialen Wandels der ganzen Gesellschaft – im damaligen Deutschland vom charismatischen Herrschaftstypus der Nazizeit zum rational-legalen Typus der Bundesrepublik (um Max Webers Herrschaftssoziologie zu verwenden) – erfolgte ein Wandel von der Exklusion hin zur Inklusion. Anhand der empirischen Vorgänge kann das Luhmann'sche Schema zu einem Verlaufsmuster modifiziert werden.

2. Die Heimatvertriebenen und Flüchtlinge in Westdeutschland

2.1 Dimensionen der Exklusion

Über den Umfang und die Dauer der Existenz des Bevölkerungssegments aus Vertriebenen und Flüchtlingen in Westdeutschland nach 1945 gibt es keine eindeutigen Aussagen.[43] Die Zahlen schwanken[44]: Die Potsdamer Konferenz erlaubte die Vertreibung von 6,6 Millionen Deutschen aus Gebieten östlich von Oder und Neiße. Bis 1949/1950 kamen etwas über acht Millionen Menschen aus diesen Gebieten nach Westdeutschland, teilweise auf dem Umweg über die sowjetisch besetzte Zone, wo sie zunächst vorübergehend angesiedelt waren. Allein im Jahr 1946 kamen 2,5 Millionen Aussiedler aus Tschechien, Polen und Ungarn, die mit Eisenbahnzügen befördert wurden; der amerikanischen Zone wurden 2,0 Millionen Zuwanderer zwischen dem Dezember 1945 und dem Juli 1946 zugewiesen.[45] Zwischen 1945 und 1961, verstärkt ab 1951, flohen außerdem 2,5 Millionen Menschen aus der sowjetischen Zone bzw. der DDR in die Bundesrepublik. (Offiziell wurden diese Flüchtlinge erst ab 1949 überhaupt aufgenommen.) Insgesamt liegen die Zahlenangaben für die Zuwanderer zwischen 12 und 16 Millionen bis in die sechziger Jahre.[46]

---

42 Die Bezeichnung gemäß dem Bundesvertriebenengesetz von 1953 war „Heimatvertriebene und Flüchtlinge". Im Zeitaufriss waren die Ankömmlinge ab 1944 Heimatvertriebene aus den ehemals deutschen Gebieten und nichtdeutschen Ländern Osteuropas. Als Flüchtlinge wurden offiziell nur die Zuwanderer aus den Gebieten westlich von Oder und Neiße bezeichnet, also der Sowjetzone oder der DDR. Im Sprachgebrauch der Einheimischen gab es von Anfang an nur eine summarische Kategorie – „Flüchtling".

43 Die Literatur zum Thema ist fast unübersehbar. Als Standardwerke können gelten: Lemberg und Edding 1959; Jolles 1965; Franzioch 1978; Hoffmann et al. 2000.

44 Die Volkszählungen des Jahres 1947 und 1950 werden der Abschätzung auch der innerdeutschen bzw. intrazonalen Wanderungsbewegungen zugrunde gelegt bei: Schäfers 1995, S. 16-17.

45 Diese Angabe bei Schraut 1993, S. 165.

46 In der Literatur zur Sozialstruktur werden meistens die Angaben aus der Volkszählung von 1950 zugrunde gelegt. Eine differenzierte Sichtweise hat Lüttinger, der die Zusatzerhebung des Mikrozensus von 1971 „Berufliche und soziale Umschichtung der Bevölkerung" verwendet, wobei nach Heimatvertriebenen, Flüchtlingen und Einheimischen unterschieden wurde. So lässt sich das Schicksal verschiedener Geburtskohorten zu vier Zeitpunkten vergleichend untersuchen – 1939, 1950, 1960, 1970. Siehe Lüttinger 1986 und 1989.

Der millionenfache Zustrom der heimatlosen Bevölkerung war umso dramatischer, als durch die Zerstörung von Wohnraum und Arbeitsstätten durch Kriegseinwirkung[47], den Zusammenbruch der deutschen Wirtschaft und die Rückkehr von 2,5 Millionen (schließlich 5 Millionen) deutschen Kriegsgefangenen ohnehin eine bedrohliche Notlage für weite Bevölkerungskreise entstand.[48]

Die Tendenz, die mittellosen Zuwanderer in eine Pariaexistenz zu drängen, also gesellschaftlich ihre Exklusion zu bewirken, soll anhand statistischer Materialien, empirischer Ergebnisse der OMGUS-Surveys[49] und zeitgenössischer Berichte skizzenhaft nachgezeichnet werden. Dabei sind drei begriffliche Kriterien wegweisend.

(1) Die *kumulative Diskriminierung* lässt sich anhand von Befunden zu den Bereichen Wohnen, Arbeit, Einkommen, Ernährung, Versorgung und Ausbildung dokumentieren:

Wohnen: Die Neuankömmlinge wurden entweder in Barackenlager eingewiesen, die bis Kriegsende durch Kriegsgefangene und Zwangsarbeiter belegt gewesen waren; diese Unterkünfte waren räumlich von den Wohngebieten der Einheimischen oftmals weit entfernt; viele Familien lebten dort bis weit in die fünfziger Jahre hinein.[50] Oder die Einheimischen wurden durch die (beim Landratsamt amtierenden) Flüchtlingskommissare oder die Polizei gezwungen, die Vertriebenen in ihre Häuser oder Wohnungen aufzunehmen; dabei wurden zuweilen leere Räume im Dachgeschoss angewiesen, die nicht heizbar waren.[51] Die Ansiedlung erfolgte weithin auf dem Land, vorwiegend in Orten unter 5000 Einwohnern, also in Raumzonen der infrastrukturell unterversorgten Peripherie.[52]

Arbeit: Da Mobilität bei Arbeitssuche, allemal wenn ein Wohnungswechsel damit verbunden war, eine Zuzugsgenehmigung erforderte, waren die Zuwanderer auf dem Arbeitsmarkt auf die Einheimischen angewiesen; diese mussten ihnen Arbeitsplätze zur Verfügung stellen, wodurch der Zuzug allerdings noch nicht gesichert war. Angesichts der allgemeinen Arbeitslosigkeit, die 1945-1946 ca. dreißig Prozent betrug[53], bevorzugten die einheimi-

---

47 Die Zerstörung von Wohnraum nach Wohnortgröße durch die Bombenangriffe wurde in der Zeit zwischen März und Juli 1945 zahlenmäßig dokumentiert in: The United States Strategic Bombing Survey 1946 (Teil II) und 1947 (Teil I).
48 Gelegentlich wird in der Literatur von einer „Zusammenbruchsgesellschaft" gesprochen, so bei Wehler 2003.
49 Zum gesellschaftlichen Kontext der *Survey Reports*, insbesondere der Demokratisierung durch die – amerikanische – Besatzungsherrschaft siehe: Gerhardt 2007, dort insbes. pp. 241-310.
50 In den Lagern wurden die Insassen kollektiv verpflegt. Zuweilen war es offenbar nicht gestattet, das Lager zu verlassen, solange den Ankömmlingen keine gültigen Papiere ausgestellt waren. Arbeitsmöglichkeiten wurden vielfach durch die Gemeindeverwaltungen – nicht im regulär bezahlten Arbeitsverhältnis, sondern als Vorhaben unter Gemeindeaufsicht – geschaffen.
51 Siehe exemplarisch die Berichte über Hessen in: Messerschmidt 1991 sowie über Württemberg-Baden in: Innenministerium Baden-Württemberg 1993.
52 Die Statistik für das Land Bayern, die auf der Volkszählung des Dezember 1949 beruhte, wies aus, dass insgesamt 54,5% der Vertriebenen in Wohnorten unter 2000 Einwohnern, weitere 20,3% in Wohnorten unter 5000 Einwohnern lebten; in Großstädten lebten demgegenüber nur 6,4% der Vertriebenen. Siehe: Bayerisches Statistisches Landesamt 1950, S. 8.
53 Diese Zahl legen die Berechnungen nahe, die im OMGUS Report # 4 enthalten waren. Dort wurde unterschieden (für die Bevölkerung der US-Zone insgesamt): 10% der Bevölkerung waren arbeitsunfähig, 30% der in Familien lebenden Erwachsenen hatten eine bezahlte Beschäftigung, 32% waren Kinder – woraus sich ergab, dass die Erwerbslosigkeit mindestens 30% betrug. Siehe: OMGUS 1946a: *Income and Expenditures of German Families in the American Zone – Winter, 1946* (Feb. 1946), S. 3.

schen Arbeitgeber vielfach Einheimische.[54] Sozialer Abstieg war ein kollektives Schicksal für etwa 60 Prozent der Vertriebenen. Viele fanden nur als Arbeiter – oftmals zunächst Landarbeiter – eine Anstellung.[55] Darüber hinaus muss man verdeckte Arbeitslosigkeit, deren Ausmaß nicht feststellbar ist, bei den Vertriebenen annehmen: Die Zeitgenossen berichten, dass die Gemeindeverwaltungen denjenigen Lagerinsassen, die acht Stunden am Tag eine Arbeit im Lager verrichteten, einen Lohn von DM 1,-- (im Jahr 1949) auszahlten.[56] Diese Personen wurden in der Arbeitslosenstatistik wohl nicht geführt, weil sie nicht als erwerbslos bei den Arbeitsämtern gemeldet waren.

Einkommen: Die Befragung der Bevölkerung der US-Zone durch die *Information Control Division* der Militärregierung erbrachte im Januar 1946, dass 15% der Familien überhaupt kein Einkommen hatten.[57] Die Forscher interpretierten den Befund, indem sie vermuteten, dass diese Deutschen von ihren Ersparnissen lebten: „It must be assumed that this group is temporarily dislocated and is living a marginal existence using its savings."[58] Die Einkommenssituation der Heimatvertriebenen der ersten Jahre ist nicht dokumentiert. Einem zeitgenössischen Bericht ist zu entnehmen, dass die Ruhestandsgehälter von Beamten, die darauf Anspruch hatten, bei Heimatvertriebenen nicht oder nur teilweise durch die Gemeindeverwaltungen oder Landesämter ausgezahlt wurden.[59] Dagegen gab es keine Rechtsmittel, sondern lediglich die Möglichkeit, Beschwerde bei der Behörde einzulegen.

Ernährung / Versorgung mit Hausrat: Da Lebensmittel rationiert waren und Hausrat und langlebige Gebrauchsgüter nur auf Bezugsschein erworben werden konnten, war die Versorgung mangelhaft. Die Betroffenen berichten, dass die Mangelversorgung weiter bestand, obwohl Bezugsscheine für Flüchtlinge ausgestellt wurden, denn diese konnten

---

54 Die Statistik für Bayern im Jahr 1950, die bereits die Veränderungen durch die Gewerbefreiheit berücksichtigen konnte, wie sie seit Januar 1949 galt, wies für die Vertriebenen in Gemeinden unter 5000 Einwohnern die höchste Arbeitslosigkeit aus – 27,4% – gegenüber 12,0% in Großstädten. Die Steigerung der Arbeitslosenrate betrug in den kleinsten Gemeinden 77% gegenüber dem Zeitpunkt drei Monate nach der Ankunft in Bayern, in den Großstädten betrug sie 21%. Bayerisches Statistisches Landesamt 1950, S. 14. Über die hohe Arbeitslosigkeit auf dem Land, wo die Mehrzahl der Vertriebenen immer noch wohnte, berichteten am Ende der fünfziger Jahre: Pfeil und Buchholz 1959, S. 70-88.
55 Lüttinger belegt mit den Daten der Zusatzerhebung zum Mikrozensus 1971, dass zwei Drittel der ehemaligen Landwirte nicht mehr in der Landwirtschaft arbeiteten und ihnen ein Drittel an- oder ungelernte Arbeiter wurden. Dasselbe galt für die ehemals Selbständigen, unter denen zwei Drittel ihre berufliche Stellung nicht wieder aufbauen konnten. Dazu: Lüttinger 1986, S. 26-27, 1989, S. 101.
56 Entsprechend der Lagerordnung vom September 1949 für die staatlichen Durchgangslager Württemberg-Badens konnten alle Männer und Frauen während des Lageraufenthalts zu Arbeiten innerhalb des Lagers herangezogen werden. Wenn die Tätigkeit mindestens acht Stunden an einem Tag dauerte, erhielten sie eine Entschädigung von DM 1,--. Die Ausübung eines Gewerbebetriebes im Umherziehen wurde den Lagerinsassen untersagt. Über Berufstätigkeit im Lager wurden keinerlei Regelungen getroffen. Dies geht aus Akten des Regierungspräsidiums Stuttgart hervor. Siehe: Innenministerium Baden-Württemberg 1993, S. 200-201.
57 Dazu berichtete OMGUS 1946a, S. 2: „Nearly one in six families said they had no income at all. A very large proportion of this dislocated group was living on its savings."
58 Ibid., S. 9.
59 Dazu wird auf der Grundlage eines Gesprächs mit einem ehemaligen Lehrer, der die Situation später in einem Buch dokumentierte, berichtet: Den nicht aus den ehemaligen Reichsgebieten stammenden Lehrern wurde zunächst die deutsche Staatsbürgerschaft abgesprochen, sie wurden als „staatenlos" bezeichnet. Ihnen wurde ein Anspruch auf erworbene Rechte abgesprochen. Viele Lehrer, die nach der Entnazifizierung ihren Beruf wieder ausüben durften, mussten, da sie nun in einem Angestelltenverhältnis beschäftigt wurden, mit der Besoldung von ganz unten anfangen: „Rechtsanspruch auf Pensionen brachte erst der Art 131 GG. Die Gleichstellung mit den Ruhebezügen der Einheimischen dauerte aber noch viele Jahre." Siehe: Innenministerium Baden-Württemberg, 1993, S. 203-205 sowie dort der Literaturhinweis: Hoffmann 1989.

zumeist nicht eingelöst werden. Diese Kunden wurden in den Läden abgewiesen, weil keine Ware vorhanden sei; es mochte auch heißen, dass die knappe Ware bereits an einheimische Kunden abgegeben worden war. Eine Beschwerde stellte fest, unter fünfundachtzig zum Bezug eines Anzugs durch Bezugsschein berechtigten entlassenen Kriegsgefangenen hätte nur ein einziger tatsächlich einen Anzug kaufen können.[60]

Ausbildung: Die Ausbildung der Schulkinder fand zunächst in den Lagern durch dafür abgeordnete Lehrer statt, oder die Kinder wurden in den Dorfschulen unterrichtet, wo bis zu sechzig Kinder in einer Klasse waren – bei einem Lehrer. Vielen Kindern standen keine Lernmittel zur Verfügung, da diese bis 1948 käuflich erworben werden mussten.[61]

Die Daten zeigen anschaulich, dass *kumulative Diskriminierung* für die Bereiche Wohnen, Arbeit, Einkommen, Ernährung, Versorgung mit Gebrauchsgütern und Ausbildung stattfand. Dass dabei ein diffuser Exklusionsstatus „Flüchtling" entstand, erweisen die Befunde zu den Kommunikationsbarrieren.

(2) Die *Kommunikationsverweigerung* der Einheimischen gegenüber den Vertriebenen – und schließlich im Gegenzug bis zu einem gewissen Grade auch der Vertriebenen gegenüber den Einheimischen – ist aus den Ergebnissen der ICD-Umfragen zu dokumentieren.

Die Reziprozitätsverweigerung bezeugen die Befunde des *Survey Report # 14A* (Befragungszeitpunkt März 1946)[62]: Obwohl bereits Hunderttausende Vertriebene in der US-Zone lebten, hatte zwei Drittel der Deutschen noch niemals mit einem Flüchtling gesprochen: „Fully a third (35%) of the resident population said they had already spoken with an evacuee."[63] Unter denjenigen, die bereits mit einem Vertriebenen gesprochen hatten, waren mehr ehemalige NSDAP-Mitglieder, also – so der Berichterstatter – „people who are in themselves poorly disposed to accept Allied policies."[64] Diese Personen berichteten zumeist, dass sie mit den Vertriebenen über etwas gesprochen hätten, das nichts mit den Alltagsproblemen der Neuankömmlinge zu tun hatte:

„The most usual response (16%) was that the expellees were glad to get away from the ‚terrible' people with whom they had been living – ... the Russians and the Czechs."

---

60 Das anonymisierte Schreiben eines Flüchtlings aus der Stadt Biedenkopf vom 10. Juni 1947, das im Hauptstaatsarchiv Wiesbaden archiviert ist, enthält die Mitteilung: „Von 85 Stück ausgegebenen Flüchtlingsscheinen für Anzüge, welche im wesentlichen an entlassene Kriegsgefangene ausgegeben worden sind, ist ein Stück beliefert worden (Feststellung der erweiterten Flüchtlings-Ausschuß-Sitzung vom 17. 4. 1947)." Das Schreiben fuhr fort: „Die Auslieferung der angelieferten Waren durch die Händler geschieht selbstverständlich auf Bezugsscheine, aber offenbar lediglich an solche, welche entweder als Alteingesessene mit den Händlern befreundet sind oder eine Gegenlieferung durchführen können." Siehe: Messerschmidt 1991, S. 100. Andererseits berichtete ein Flüchtling über Gersdorf in Hessen den *Hessischen Nachrichten,* die dies am 21.12.1946 druckten: „Wir Flüchtlinge sind fast alle gut untergebracht. Wir haben unsere Brennstelle und in gerechter Verteilung Holz, Kohle und Gartenland erhalten. Auch die zugeteilten Bezugsscheine sind in erster Linie an uns ausgegeben worden." Messerschmidt 1991, S. 83-84.
61 Heimatvertriebene der Geburtskohorten 1931-1940 hatten seltener einen Schlußabschluss als Flüchtlinge oder Einheimische, wie Lüttinger ausweist. Mehr Kinder der Heimatvertriebenen verließen also die Schule ohne jeglichen Abschluss. Siehe Lüttinger 1989, S. 328 (Tabelle 5.7).
62 OMGUS 1946b: German Attitudes Toward the Expulsion of German Nationals from Neighboring Countries (Juli 1946).
63 Ibid., S. 3.
64 Ibid., S. 4; dort auch die nächste Zitatstelle.

Der *Survey Report* # 28 berichtete anhand einer Befragung aus Württemberg-Baden vom Juli 1946[65], dass fast 20% der Einheimischen die politischen Rechte und über 15% die Berufschancen (wirtschaftliche Gleichstellung) der Vertriebenen einschränken wollten.[66] Report # 47 (Veröffentlichungsdatum Februar 1947)[67] hielt fest, dass 84% der Vertriebenen in der amerikanischen Zone, sofern sie könnten, sofort in ihr Heimatland (Herkunftsland) zurückkehren würden.[68] Unter den Einheimischen glaubte die Hälfte nicht, dass jemals ein einvernehmliches Zusammenleben mit den Vertriebenen zustande käme, und nur etwa die Hälfte sah in ihnen überhaupt Deutsche.[69] Dass die Vertriebenen keine Deutschen – sondern Ausländer – waren, glaubten im September 1947 noch 24% der Einheimischen, wie *Survey Report* # 81[70] feststellte, und 17% hatten dazu keine Meinung.[71] Allerdings glaubten nunmehr 22% der Vertriebenen und Flüchtlinge, keine Deutschen zu sein. Der Berichterstatter:

> „German natives who consider the expellees to be German citizens are more likely ... than those who do not regard them as citizens ... to think they will adjust to their new surroundings. Citizens have a better chance to ‚belong' than ‚foreigners.'"

Da die Vertriebenen vielfach nicht als Deutsche angesehen wurden, so lässt sich folgern, bestand ihnen gegenüber kein Reziprozitätsnexus, wie er zur Inklusion hinzugehört. Ein drastisches Beispiel war die Einweisung einer Flüchtlingsfamilie in ein Gehöft bei Limburg an der Lahn, worüber ein Rundschreiben des Hessischen Staatskommissars für das Flüchtlingswesen an die drei Regierungskommissare der Regierungsbezirke im September 1946 berichtete:

> „Die Leute, die trotz allem froh waren, ein Dach über dem Kopf bekommen zu haben, zeigten sich in jeder Form anständig ihrem Vermieter gegenüber. Kaum untergebracht, ließ nun J. (der Vermieter) J.P. (die Flüchtlingsfrau) zu sich kommen und erklärte: ‚Damit Sie es wissen, wenn einer Ihrer Angehörigen auf den Abort geht, hat er sofort nach der Benutzung den ganzen Abort feucht abzuwischen. Wo ein Flüchtling gesessen hat, setze ich mich nicht hin.'"[72]

(3) Die *hierarchische* Struktur, an deren *unterem* Ende die Vertriebenen und Flüchtlinge standen, lässt sich anhand authentischer Materialien – im folgenden exemplarisch den Bereichen Wohnen und Arbeit – veranschaulichen.[73]

Wohnen: Um die Überlassung von Wohnraum an Heimatvertriebene, die nach einem „Schlüssel" der Personen pro Zimmer erfolgte, zu unterlaufen, wurden Wände eingerissen, so dass Wohnraum „verschwand": Ein (nur als Durchschlag eines Schreibens ohne Absen-

---

[65] OMGUS 1946c: An Investigation to Determine Any Changes in Attitudes of Native Germans Toward the Expellees in Wuerttemberg-Baden (November 1946).
[66] Ibid., S. 5-6.
[67] OMGUS 1947a: Opinions on the Expellee Problem (February 1947).
[68] Ibid., S. 3; darunter waren 64% Antworten eines „Emphatic Yes".
[69] Ibid., S. 5. Dabei verneinten 24%, dass die Vertriebenen Deutsche wären, während 21% dazu keine Meinung äußerten. 55% in der amerikanischen Zone insgesamt und immerhin 65% in Berlin glaubten, dass es sich bei den Vertriebenen um Deutsche handele.
[70] OMGUS 1947b: German Reactions to Expellees and DPs (Dezember 1947).
[71] Ibid., S. 5; dort auch die nächste Belegstelle und die nächste Zitatstelle; deren Widergabe mit Punkten zwischen den Aussagen wie im Original.
[72] Messerschmidt 1991, S. 75-76.
[73] Da die Belege für die Benachteiligung von Heimatvertriebenen in der Erinnerungs- und Dokumentationsliteratur sehr zahlreich sind, allerdings systematisch sozialwissenschaftlich bisher nicht aufgearbeitet wurden, werden im folgenden quellenmäßig belegte Fälle exemplarisch geschildert.

der und Adressat erhaltener) Bericht über die Unterbringung in Kelkheim bei Frankfurt vom Juni 1946 hielt fest:

> „Besonders wichtig erscheint es mir, darauf hinzuwirken, den Maßnahmen der einheimischen Bevölkerung, die darauf abzielen, vorhandenen Wohnraum ‚verschwinden' zu lassen, indem Zwischenwände eingerissen werden, entgegenzuarbeiten."[74]

In demselben Schreiben wurde gerügt, dass eine Kollusion zwischen Einheimischen und einem willigen „Ostflüchtling" bestand, der Wohnungsreferent war:

> „In diesem Zusammenhang wird es wohl notwendig sein, die Tätigkeit des Wohnungsreferenten bei der Bürgermeisterei in Kelkheim, eines Ostflüchtlings, der sich überaus gut und schnell in die einheimischen Verhältnisse und ‚Beziehungen' eingearbeitet hat, einer Revision zu unterziehen."[75]

Ein Bericht über eine Kontrollfahrt eines Mitarbeiters des Hessischen Staatskommissariats für das Flüchtlingswesen (zusammen mit einem Regierungsrat) rügte, was das Gespräch mit dem Kreisflüchtlingskommissar für den Landkreis Idstein, Broy, hinsichtlich des größten Lagers, wo 600 „Neubürger" untergebracht waren, erbracht hatte:

> „Herr Broy [erklärte], das Lager sei winterfest, die sich aus größeren Familien (6-10 Personen) zusammensetzende Belegschaft sei gut untergebracht und verpflegt. Herr Reg[ierungs]-Kommissar Krüger hätte vor wenigen Tagen das Lager besucht und keinerlei Ausstellungen [Beanstandungen] gehabt. Die Besichtigung des Lagers ergab folgendes: ... Stuben, in denen 6-8 Personen liegen sollten, sind mit 20 Flüchtlingen belegt. In einem Raum hausen 3 Familien (16 Personen), wobei 8 Menschen (Fam. T.), darunter eine schwangere Frau, in 3 Betten schlafen. (...) 2 Familien, die in einer Fabrik Kohlen stahlen, um ihren Wohnraum heizen zu können, wurde von Herrn Broy die Teilnahme an der Gemeinschaftsverpflegung verboten."[76]

Arbeit: Für die Vertriebenen war die Arbeitssuche erschwert, da sie eine Wohnung nachweisen mussten, also nicht angestellt werden konnten, wenn sie in einem Lager oder einer Massenunterkunft lebten.[77] Oder die Arbeitsplätze waren vorhanden, aber

> „es [ist] nicht möglich, die erforderlichen Arbeitskräfte in der Stadt oder in den angrenzenden Gemeinden unterzubringen. Diese Arbeitskräfte sind im Kreis vorhanden und ihrerseits auf Wohlfahrtsunterstützung bzw. Arbeitslosenfürsorge angewiesen, da für sie keine Möglichkeit besteht, zu den Arbeitsplätzen zu gelangen."[78]

Gründeten die Vertriebenen selbst Firmen, um Arbeitsplätze zu schaffen bzw. ein eigenes Einkommen zu erwirtschaften, konnte geschehen, „dass sie neue Betriebe ins Lebens gerufen haben und mit geliehenen Maschinen ihre Arbeit aufnahmen. Diese Maschinen mussten nunmehr für die Reparation abgeliefert werden, so dass die Unternehmer wieder vor dem

---

74   Messerschmidt 1991, S. 71; dort auch die nächste Zitatstelle.
75   Die Bezeichnung „Ostflüchtling" könnte darauf hinweisen, dass dieser Wohnungsreferent kein Heimatvertriebener war, sondern ein Zuwanderer aus der sowjetisch besetzten Zone – wobei man hinzufügen sollte, dass die Zuwanderer aus der SBZ sich nicht mit den Heimatvertriebenen gleich setzten, sondern für sich einen „besseren" Status beanspruchen zu können meinten.
76   Messerschmidt 1991, S. 79. Die Familien, die in diesem Lager (seit 20 Wochen) lebten, konnten das Lager nicht verlassen, da sie keine Ausweise hatten. Sie erhielten keinerlei geldliche Unterstützung, wie der Bericht weiterhin ausführte.
77   Ibid., S. 70: „(Eine) Firma benötigt dringend Arbeitskräfte und hat mit Zustimmung des Flüchtlingskommissars und des zuständigen Arbeitsamtes 8-10 Flüchtlinge für ihre Arbeit angeworben. Der Arbeitseintritt kann nicht erfolgen, weil diese Flüchtlinge keine Wohnung erhalten und in der Turnhalle im Flüchtlingslager untergebracht bleiben. Wiewohl später eingetroffene Flüchtlinge bereits untergebracht worden sind, werden insbesondere den von der Firma [...] engagierten Flüchtlingen Schwierigkeiten bereitet." (Bericht über Kelkheim)
78   Ibid., S. 112. Auszug aus einem Schreiben des Landrates des Kreises Rotenburg an den Leiter des Landesamtes für Flüchtlinge vom 26. 10. 1948.

Nichts stehen."⁷⁹ Zumeist wurden indessen Betriebsgründungen von Vertriebenen gar nicht erst ermöglicht, da aufgrund der Gewerbeordnung aus dem Jahr 1934 bei Neuzulassungen eine Zustimmung der ortsansässigen Gewerbetreibenden der betreffenden Branche erforderlich bzw. einzuholen war:

„Bei Behörden und Ämtern wird auch weiter dauernd mit der Überfüllung der einzelnen Berufszweige operiert und auf den Rohstoffmangel hingewiesen, wie auch auf den Umstand, dass die bereits bestehenden Altbürgerbetriebe nicht voll ausgenützt werden können."⁸⁰

2.2 Wege der Inklusion

Die Exklusion der Heimatvertriebenen und Flüchtlinge aus der Gesellschaft Nachkriegsdeutschlands war ein zweifelsfrei dokumentiertes Geschehen.

Zwanzig Jahre nach Kriegsende waren die Heimatvertriebenen und die Flüchtlinge weitgehend in das Leben der Bundesrepublik integriert. Die Landes- und Kreiskommissariate für das Flüchtlingswesen wurden bereits in den fünfziger Jahren aufgelöst. Das Bundesministerium für Vertriebene, Flüchtlinge und Kriegsgeschädigte bestand bis zum Ende der sechziger Jahre. Die politische Partei, die die Interessen der Vertriebenen vertrat – der Block der Heimatvertriebenen und Entrechteten (BHE) – war zwar zu Beginn der fünfziger Jahre an einigen Landesregierungen beteiligt, ging indessen bereits im Jahr 1957 in der Deutschen Partei auf.

Zweifellos hat bis zu den sechziger Jahren Inklusion der Heimatvertriebenen und Flüchtlinge in die Gesellschaft Westdeutschlands stattgefunden. Die Literatur verweist auf drei Wege, wie diese Inklusion geschah:

1. *Das Besatzungsregime* sowohl der USA als auch Großbritanniens und (ab 1948) Frankreichs veranlasste die Deutschen, den Gleichheitsgrundsatz für die Vertriebenen und Flüchtlinge zu wahren.

   Drei Beispiele amerikanischer Besatzungsmaßnahmen mögen dies belegen: Um der Diskriminierung der Heimatvertriebenen entgegen zu wirken, wurde die Regierung Württemberg-Badens veranlasst, im Sommer 1946 *Vorläufige Richtlinien für die Betreuung der Flüchtlinge und Vertriebenen* zu erlassen. Dort wurde unter anderem verfügt: „§ 4. Bildungseinrichtungen. Die allgemeinen Bildungseinrichtungen stehen den Flüchtlingen und Vertriebenen nach Maßgabe der für ihre Benützung maßgeblichen Vorschriften offen. ... § 6. Teilnahme am Wirtschaftsleben. Den Flüchtlingen und Vertriebenen steht die freie Berufsausübung wie den Alteingesessenen nach Maßgabe der Gesetze und der von der Militärregierung erlassenen Anordnungen zu. § 7. Anerkennung von Berechtigungen. Hinsichtlich der durch Ablegung von Prüfungen erwor-

---

79 Ibid., S. 84. Der Bericht des Mitarbeiters des Hessischen Landesamtes für Flüchtlinge stammte vom 17. Juni 1947 und behandelte die Landkreise Frankenberg, Wolfhagen, Korbach und Kassel.
80 Ibid., S. 85. Der Bericht fuhr fort: „Die Berechtigung des Hinweises auf die Rohstoffknappheit wird von Einsichtigen noch bestritten, aber der Grund, keine Hoffnung zu haben, bleibt." Die Gewerbeordnung von 1934 war erlassen worden, um der Überfüllung von Gewerbezweigen vorzubeugen und die Rohstoffzuteilung zu rationieren, was der Vorbereitung des Zweiten Weltkrieges – und der Konzentration der gelenkten Wirtschaft auf Rüstungsgüter – diente. Die Gewerbeordnung blieb bis 1962 in Kraft. (Die Gewerbefreiheit, die die amerikanische Besatzungsmacht einseitig im Januar 1949 verfügte, wurde nicht durch die neu gegründete Bundesrepublik übernommen. Allerdings wurden [nur] die unter dem Schutz der Gewerbefreiheit bis 1953 gegründeten 250.000 Unternehmen durch den Bundestag per Gesetz anerkannt, d.h. sie durften nach dem Ende der Besatzungszeit weiter bestehen.)

benen Berechtigung zur Ausübung eines Berufs oder Gewerbes oder zur Führung eines akademischen Titels stehen die Flüchtlinge und Vertriebenen den Alteingesessenen gleich. ... § 9. Staatsbürgerliche Rechte. Den Flüchtlingen und Vertriebenen, die die deutsche Staatsbürgerschaft besitzen, stehen die staatsbürgerlichen Rechte wie anderen neu zugezogenen Deutschen zu."[81] In der Vorbereitungszeit der Richtlinien hatte Militärgouverneur William Dawson die Entwürfe der Landesregierung mehrfach an Ministerpräsident Reinhold Maier zurückverwiesen, da sie diskriminierende Bestimmungen enthielten, die für die Amerikaner nicht akzeptabel waren. So monierte ein Schreiben vom Juni 1946: „The plan for German expellees and refugees presented 11 May by the cabinet of Ministers to Military Government Württemberg-Baden appears: a. Inadequate to achieve the objectives of Military Government, b. To be organized without close reference to the basic principles approved by Military Government" – nämlich der politischen, wirtschaftlichen und kulturellen Gleichstellung zwischen Alteingesessenen und Zugewanderten.[82]

Um den Kontakt zwischen den einander meidenden Bevölkerungsgruppen zu fördern, wurden so genannte *Town Hall Meetings* durch die Liaison-Offiziere der lokalen amerikanischen Besatzungsbehörden angeregt und in Zusammenarbeit mit den Bürgermeistern in Städten (Stadtteilen) und Gemeinden durchgeführt. Anlässlich dieser Versammlungen, zu denen die gesamte Bürgerschaft geladen war und die durch amerikanische Offiziere – und Deutsche – geleitet wurden, konnten Beschwerden vorgebracht und Meinungen ausgetauscht werden – teilweise in stürmischer Atmosphäre. Immerhin wurde die Kontaktsperre zwischen den Bevölkerungsgruppen dabei überwunden.[83] Ein *Survey Report* des Jahres 1949 schilderte die Einstellungen der Bevölkerung von Reilingen in Württemberg-Baden, wo zum ersten Mal ein *Town Hall Meeting* stattgefunden hatte – wobei 19% der Reilinger daran teilgenommen und 68% davon gewusst hatten[84]: Unter ihnen dachten 29%, dass dort die Meinung frei geäußert werden konnte: „Free expression of opinion: ‚One can blow off steam without fear of

---

81 Vorläufige Richtlinien für die Betreuung der Flüchtlinge und Vertriebenen, abgedruckt im Faksimile in: Innenministerium Baden-Württemberg 1993, S. 139; Hervorhebungen und Ziffern zu den Paragraphen weggelassen.

82 Die Entwürfe der Landesregierung und die Verweigerung der Genehmigung durch die Militärregierung – bis zur Vorlage des zufrieden stellenden und genehmigungsfähigen Dokuments – sind zugänglich im Bundesarchiv (BA) sowie dem Badischen Generallandesarchiv Karlsruhe (GLAK) unter der Signatur OMGUS RG 260 – 12/63-1/7 (Mikrofiche). Dazu auch: Gerhardt und Hohenester 1997, insbes. S. 263-269.

83 Der *Survey Report # 159* ermittelte die Reaktion in Bayern auf die *Town Hall Meetings* und *Public Forums*. Es wurde berichtet, dass die Bürgerversammlungen in 15% aller Städte und Gemeinden Bayerns abgehalten wurden, vorwiegend in größeren Städten, dass 6% der Einwohner daran teilgenommen und 27% davon gehört hatten und unter diesen wiederum 78% diese Versammlungen bejahten: „Approval is higher among the people who have attended them than among those who have only heard of them." OMGUS 1949b: *Bavarian Reactions to Town Hall Meetings and Public Forums* (Feb. 1949), S. 1.

84 Reilingen wurde für die Untersuchung ausgewählt, weil es unter anderem einen hohen Anteil Flüchtlingsbevölkerung hatte: „Reilingen has a large number of expellees who are poorly housed. Protestants and Catholics were evenly divided before the expellees came in. Now there is a slight predominance of Catholics. There are no rich people in the town and no extremely poor ones either – except for the expellees. Roughly half of Reilingen's employable people work in industry, half on the farms." OMGUS 1949a: *The Town Hall Meeting in Reilingen* (Feb. 1949), S. 1.

retaliation'"[85], und 95% waren der Ansicht, dass solche Versammlungen auch zukünftig stattfinden sollten.[86]

Um neue Akzente für die Politik der Militärregierung zu setzen, lud Militärgouverneur Lucius D. Clay im Frühjahr 1948 drei international ausgewiesene Wissenschaftler als *Visiting Experts* zu einer Inspektionsreise durch die amerikanische Zone ein, um Vorschläge zur Flüchtlingspolitik zu erarbeiten.[87] Die Gutachter schlugen vor allem Maßnahmen der kulturellen Förderung – zusätzlich zur politischen und wirtschaftlichen Gleichstellung – der Vertriebenen vor. Das Gutachten Jane Careys: „The most difficult, but one of the most important aspects of assimilation is that of cultural integration into German communities."[88] Etwa könnten Industriezweige aus den Heimatländern der Vertriebenen, etwa die Glas- und Glasschmuckfabrikation oder die handwerkliche Herstellung von Lederwaren oder Taschentüchern, in Westdeutschland neu entstehen.[89] Julius Isaacs Gutachten betonte: „The development of expellees industries should become an integral part of a general plan of development, if possible, for the whole of western Germany."[90] Die Vorschläge zur Förderung von Wirtschaftszweigen, die den kulturellen Traditionen der Zuwanderer entsprachen, wurden durch die Militärregierung in die Praxis umgesetzt: Etwa unterstützten die Amerikaner nunmehr jene Kulturtage und -feste, wo ausdrücklich die Kulturleistungen der früheren Schlesier, Pommern etc. zur Schau gestellt wurden. Anlässlich der Kulturtage der Vertriebenen, die unter der Obhut der Militärregierung des Landes im Oktober 1948 in Bad Cannstatt bei Stuttgart stattfanden, hielt Militärgouverneur Charles LaFolette eine Ansprache, wo er den Deutschen nahe legte: „As the new citizens take their place alongside the old citizens during the coming years of hard work necessary for the new Germany, the ‚alt' and the ‚neu' before the buerger will gradually disappear."[91]

2. Die *Vertriebenenpolitik* der Bundesrepublik eröffnete einen weiteren Weg zur Eingliederung der Zuwanderer.[92]

Zum Thema enthält der Sammelband *Flucht – Vertreibung – Eingliederung*, der über Württemberg-Baden handelt, verschiedene Kapitel, so über „Politik, Recht, Ver-

---

85 Ibid., S. 2.
86 Ibid., S. 3.
87 Die Gutachter waren: Julius Isaac, Professor an der London School of Economics and Political Science und Autor eines Standardwerkes über Migration, Carlile A. McCartney, ehemaliger Berater des Völkerbundes zu Fragen Osteuropas, sowie Jane Carey, Professorin für Sozialwesen an der New York University.
88 Siehe: Carey 1948, S. 20. Das Gutachten ist zugänglich im BA und GLAK, OMGUS RG 260, 3/160-1/37.
89 Careys Gutachten führte im einzelnen aus: „Many newcomers were skilled at various handicrafts previous to their expulsion and flight to Germany. They were used to working in small shops. Thanks to their perseverance, they have set up a number of small industries in western Germany. Thus glass factories have been established by the Sudeten Germans long famous for glass manufacture. The writer has seen some of the lace and leather industries which have been developed in various parts of the American occupation zone, together with a number of textile factories, important because of their employment of a large number of women. Some of the artificial flower and handkerchief industries from Czechoslovakia have now appeared in Bavaria …" Carey 1948, S. 15.
90 Isaac 1948, S. 10. BA und GLAK RG 84, POLAD 822/6.
91 Siehe: Expellees – Cultural Weeks Oct. 1948, dort der Redetext: Charles M. LaFolette, Director of the Office of Military Government, Württemberg-Baden, at the opening of the Cultural Week for New Citizens in Stuttgart-Bad Cannstatt, at 1030 hours, October 16, 1948. BA und GLAK, OMGUS RG 260, 12/63-1/5.
92 Es fällt auf, dass die Literatur zu Schicksal und Leistungen der Vertriebenen im Zusammenhang der Eingliederung nur die Maßnahmen und Fortschritte der Deutschen würdigt, aber den Beitrag der Besatzungsmächte nicht erwähnt.

waltung"[93], wo „Vertriebene in der Politik (1945-1949)" und sodann der BHE gewürdigt werden, ein Kapitel „Die wirtschaftliche Eingliederung"[94], wo die noch im Jahr 1956 fast dreißigprozentige Arbeitslosigkeit der Vertriebenen und auch die Verbesserungen auf dem Arbeitsmarkt dokumentiert werden, was vor allem den Firmengründungen der Vertriebenen und den Erfolgen dieser Betriebe sowie den finanziellen Eingliederungshilfen des Landes Württemberg-Baden zu danken sei[95], und schließlich ein Kapitel „Religion, Bildung, Kunst und Brauchtum"[96], wo vor allem die Wiederbelebung des eigenen Gemeindelebens der (ehemals) Vertriebenen und die Fortführung der Bräuche der Heimat in Vereinen etc. geschildert werden. Mit anderen Worten: Die Eingliederung der Vertriebenen, die dort dargestellt wird, hieß Teilnahme am politischen, wirtschaftlichen und kulturellen Leben der Bundesrepublik – auch durch eine eigene politische Partei, eigene Wirtschaftsbetriebe und ein eigenes Kulturleben der „Neubürger".

Das Bundesministerium für Vertriebene, Flüchtlinge und Kriegsgeschädigte („Bundesvertriebenenministerium") berief im Jahr 1954 eine „Forschungsgruppe Eingliederung" aus 38 Wissenschaftlern.[97] Deren Aufgabe war, die Lage und die Leistungen der Heimatvertriebenen umfassend zu schildern, wozu im Jahr 1959 ein dreibändiges Sammelwerk vorgelegt wurde.[98] Das Besondere war, die landsmannschaftlichen Zugehörigkeiten der Vertriebenen, auch wenn sie nun Bürger der Bundesrepublik waren, herauszuheben. Für die Forschungsgruppe war wichtig, wie ein Rückblick festhielt[99], dass das Vertriebenenministerium zeigen wollte, „was noch alles zu tun sei, um von einer erfolgreichen und ‚echten Eingliederung' zu sprechen".[100] Die zukünftige Entwicklung solle „als Ringen verschiedenster Auffassungen und Kräfte" dargestellt werden: „In diesem ‚Ringen' spielte die Bedeutung des Begriffes ‚Eingliederung' eine wichtige Rolle. Zunächst wollten die Autoren dem Missverständnis vorbeugen, Eingliederung geschehe nur oder vor allem auf dem wirtschaftlichen Sektor. Diese einseitig materialistische Auffassung hätte nach ihrer Meinung dazu geführt, in der Vertreibung eine glückliche Fügung zu sehen und die Zwangswanderung nachträglich zu rechtfertigen. (...) Da sie von dem Grundsatz ausgingen, die Eingliederung versetze die Vertriebenen in die Lage, später in die Heimat zurückzukehren, mussten sie in ihren Texten zwischen den Gefahren des ‚Erfolgsberichts' und des ‚Klageliedes' den

---

93 Innenministerium Baden-Württemberg 1993, S. 166-195.
94 Ibid., S. 196-228.
95 Dabei werden die Gesamtsumme der aus öffentlichen Mitteln zur Verfügung gestellten Förderungsdarlehen und der Anteil der an Vertriebene und Zugewanderte vergebenen Finanzmittel als Teilsumme ausgewiesen für den Zeitraum 1948-1953 pauschal und sodann jährlich für die Zeit bis 1965. Siehe: Ibid. S. 228.
96 Ibid. S. 229-264.
97 Einige Wissenschaftler, die diesem Gremium angehörten, hatten während des Nationalsozialismus Forschung entsprechend den bevölkerungspolitischen Vorgaben des faschistischen Regimes durchgeführt, so etwa Max Hildebert Boehm, Karl Valentin Müller, Elisabeth Pfeil und Heinz Peter Seraphim. Der Vertriebenenminister Theodor Oberländer, der das Gremium berief, hatte während des Nationalsozialismus an der Universität Prag rassistisch ausgerichtete Bevölkerungsforschung durchgeführt, weshalb er später sein Amt niederlegen musste.
98 Lemberg und Edding 1959 schildern die Eingliederung auch als Neuanfang, der die besondere Schaffenskraft und Organisationsfähigkeit der Vertriebenen etwa durch die Gründung ganzer Vertriebenenstädte – Neugablonz, Neutraubling etc. – unter Beweis stellte.
99 Ackermann 1994.
100 Ibid., S. 13; dort auch die weiteren Zitate dieses Absatzes, Hervorhebungen weggelassen.

richtigen Weg finden."[101] Mit anderen Worten: Die Eingliederung sollte nach der Auffassung des Vertriebenenministeriums und der „Forschungsgruppe Eingliederung" eine landsmannschaftliche Identität aufrechterhalten, so dass die Vertriebenen eines Tages wieder in ihre verlorene Heimat zurückkehren könnten.

Bei der Eingliederung in den Bereichen Wohnung, Arbeit etc., so wurde in diesem Zusammenhang angenommen, sei ein Integrationswiderstand als komplementäre Größe zu berücksichtigen. Ein Band der fünfzehnbändigen Schriftenreihe *Die Entwicklung Bayerns durch die Integration der Vertriebenen und Flüchtlinge* im Auftrag des Bayerischen Staatsministeriums für Arbeit und Sozialordnung, Familie, Frauen und Gesundheit untersuchte *Die soziale und wirtschaftliche Eingliederung von Flüchtlingen und Heimatvertriebenen in Bayern* mittels derartiger Indexbildung.[102] Statistische Befunde zu den sozioökonomischen und demographischen Veränderungen bis 1961 sowie Angaben zu Wohnen, Arbeit, Ausbildung und Einkommen wurden zu einem Integrations- und dazu komplementär einem Integrationswiderstandsindex zusammengeführt. Die Messungen ergaben unterschiedliche Werte je nach der Siedlungsstruktur der „Raumzonen", wo die Vertriebenen sich ansiedelten, und nach den „sozioökonomischem Rahmenbedingungen", wobei bei den Betroffenen „Herkunftstypen" unterschieden wurden (Ungarn, frühere UdSSR, Albanien und Bulgarien etc.). Ergebnis: Durch Wohnungsbau, Wirtschaftshilfen, Neugründung ganzer Städte etc. schwächte sich der Integrationswiderstand – unterschiedlich in den verschiedenen „Raumzonen" und für verschiedene Berufszweige – bis in die sechziger Jahre erst nach und nach ab. Mit anderen Worten: Beschreibende Statistik erwies die Eingliederung als quasi naturwüchsigen Vorgang, der entsprechend den „Rahmenbedingungen" gesellschaftlicher „Raumzonen" geschehe.

3. Die dritte Konzeption zur Inklusion weist in eine andere Richtung.[103] Die Integration der Vertriebenen und Flüchtlinge war auch ein Vorgang der entstehenden Zivilgesellschaft der Bundesrepublik. Die Aufnahme in die Gesellschaft Westdeutschlands, so die hier vertretene These, geschah auf zwei Wegen. Bei *Statusintegration*[104] war die Einbindung über Beruf und Bildung – bei grundsätzlicher Chancengleichheit – entscheidend. Diesen Weg gingen, wie die Daten zeigen, vor allem Flüchtlinge, also Zuwanderer aus der SBZ und DDR. Bei *Kulturintegration*[105] war das Einleben über die Wiederbelebung der Traditionen und heimischen Industrien der Schlesier, Sudeten-

---

101 Der Text fuhr noch fort: „Um die Weltöffentlichkeit weiterhin für das deutsche Flüchtlingsproblem zu interessieren, unterstrichen sie, dass die Eingliederung nicht nur Antrieb, sondern – auch auf dem Agrarsektor – auch Belastung der deutschen Volkswirtschaft bedeute."
102 Maier und Tullio 1996.
103 Gerhardt und Hohenester 1997; Gerhardt und Hohenester 1999; Gerhardt 2000 sowie Gerhardt und Hohenester 2003.
104 Statusintegration, „also Teilhabe der Individuen an den wirtschaftlichen, politischen und persönlichen Institutionen (Berufstätigkeit, Einkommen etc.)" wird als die eine Seite eines polaren Vorgangs angesehen: „Die Gegenpole, die als Gefahren für Inklusion/Integration gelten, sind Arbeitslosigkeit, Armut und Obdachlosigkeit." Gerhardt und Hohenester 1997, S. 270.
105 Kulturintegration wird heute anhand der Einbürgerung der Ausländer bzw. Migranten in die Bundesrepublik diskutiert, wobei „Rasse, Ethnie, Nation, Kultur etc. prinzipiell als gesellschaftlich *codierte* Eigenschaften verstanden (werden); oder das zugrunde liegende Modell ist eine optimal integrierte Gesellschaft, in der … gelebte Ethnizität zur Selbstverwirklichung der kulturellen Identität des Individuums gehört" (ibid.) – beides muss man indessen ergänzen, indem man auf einen dritten Weg verweist, wie ihn die Kulturintegration der Vertriebenen darstellte.

deutschen etc. vermittelt. Diesen Weg gingen vor allem ehemalige Heimatvertriebene, wie sie schließlich trotz beruflichen Abstiegs in der Bundesrepublik ‚ankamen'. Beide Formen der Inklusion wurden durch die Besatzungsmächte gefördert – die Statusintegration bereits ab 1945 und die Kulturintegration ab 1948/1949, schließlich auch mit den beträchtlichen Finanzmitteln des Marshall-Plans. Beide Wege der gesellschaftlichen Integration wären möglicherweise gescheitert, so kann man sagen, wäre nicht – unwillkürlich – eine neue Identität entstanden. *Alle* Bürger mussten anlässlich der Gründung der Bundesrepublik im Jahr 1949, Einheimische wie Zugewanderte, ein neues nationales Selbstverständnis entwickeln. Die Identifikation mit dem demokratischen Staat musste die vergangenen Zugehörigkeiten ersetzen, ergänzen oder überhöhen – eine Identifikationsleistung, die ohne Unterschied jeder Bundesbürger zu erbringen hatte.[106] Das regionale Korrelat dieser Identifikation, wie sie ein gemeinsames Drittes für die Einheimischen *und* die Zuwanderer schuf, das nunmehr für die unterschiedlichen Gruppen dasselbe war, thematisierte Alexander von Plato für die Arbeiter im Ruhrgebiet: Ihr gemeinsames Schicksal, in einer Trümmerlandschaft ohne verbliebene eigene Habe ein neues Leben aufbauen zu müssen, habe die Einheimischen und die Vertriebenen geeint: „Die beidseitig fruchtbare Arbeitermentalität stiftete reziproke Perspektiven und darüber reziproke Mentalität."[107]

3. Soziologische Theorie und Gesellschaftsgeschichte

Die gängigen Darstellungen der Sozialstruktur der Bundesrepublik behandeln die Problematik, dass die Heimatvertriebenen und Flüchtlinge bei ihrer Ankunft im Westen eine *underclass* bildeten, allenfalls am Rande. Dass diese Menschen nicht als Deutsche angesehen wurden, bleibt unberücksichtigt. Erst Luhmann prägte den Begriff Exklusion, der es erlaubt, diese empirische Tatsache systematisch zu diskutieren.

Die Exklusion der Heimatvertriebenen und Flüchtlinge lässt sich anhand der drei Kriterien Luhmanns nachzeichnen. Kumulative Diskriminierung, Reziprozitätsverweigerung und Einordnung am unteren Ende der Statusskala waren offensichtlich:

Kumulative Diskriminierung hieß das Wohnen in Flüchtlingslagern oder zur Untermiete in Räumen, die kaum ausgestattet waren, ohne Arbeitsplatz (bzw. ohne eine Arbeitsstelle, die selbst gewählt wurde), ohne Hausrat, Kleidung oder Transportmittel (auch ohne Aussicht, diese im Rahmen der rationierten Zuteilungen zu erwerben), oftmals ohne Einkommen und auch ohne eine angemessene Schulausbildung für die Kinder. Da eine Adresse erforderlich war, um einen Arbeitsvertrag abzuschließen, kumulierte sich die Ausgrenzung zu einem Pariastatus.

Reziprozitätsbereitschaft der Einheimischen gegenüber den Zuwanderern gab es weithin nicht. Die Einheimischen unterstützten sich gegenseitig, und sie schlossen die Vertriebenen aus ihren ‚Netzwerken' aus. Reziprozitätsverweigerung war die Norm, Großzügigkeit die seltene Ausnahme. Die mangelnde Reziprozität hatte bei den Ansässigen als Rechtfertigung, dass „expellees are not Germans and do not think as Germans" – was der *Survey*

---

106 „In this vein, a new West-German national identity emerged after 1945. This identity replaced whatever remained of previous Germandom, and it was an effective alternative to nationalistic Nazi identity dominant in the so-called *Grossdeutsches Reich*." Gerhardt und Hohenester 2003, S. 165.
107 Hohenester und Gerhardt 1999, S. 429. Der Literaturbezug: Alexander von Plato 1985.

Report # 28 über 40% der Einheimischen berichtete.[108] Anekdotische Erzählungen über die Feindseligkeit der Eingesessenen füllen bsi heute die Erinnerungsliteratur zu Flucht und Vertreibung. Soziologisch sind sie der Beweis für die Nicht-Reziprozität zwischen den Bevölkerungsgruppen Nachkriegsdeutschlands.

Das *hierarchische Verhältnis* hieß, dass die Heimatvertriebenen immer unten rangierten. Die Bürokratien, die ihnen Hilfen gewähren sollten, machten sie zu hilflosen Bittstellern. Der arrogante Umgang vieler Behörden – auch der Flüchtlingskommissariate – mit den Zuwanderern, wovon deren Berichte über Behördenwillkür sattsam handeln, war empirisch Exklusion.

Man kann also festhalten: Luhmanns Kriterien der Exklusion galten für die Heimatvertriebenen und Flüchtlinge nach dem Zweiten Weltkrieg.

Vor diesem Hintergrund stellen sich nun die zwei Fragen:

1. Gab es bei dieser Exklusion mafiöse Strukturen, wodurch eine hermetische Lebenswelt der Vertriebenen entstand?
2. Was besagen die Wege der Inklusion der Zuwanderer im Laufe der etwa zwei Jahrzehnte, der Zeitspanne im Nachkriegsdeutschland, als die Exklusion abebbte bzw. nach und nach aufhörte?

1. Gab es mafiöse Strukturen in den Flüchtlingslagern bzw. bei Heimatvertriebenen?

Die Frage muss wohl verneint werden. Zwar war der Schwarzmarkt bis zur Währungsreform und darüber hinaus ein Problem, das die Bevölkerung beunruhigte – auch wenn (oder weil) bestimmte Güter nur auf dem Schwarzmarkt zu beschaffen waren. Ein Vorurteil, dass etwa vor allem Heimatvertriebene jene „Schieber" – um einen zeitgenössischen Ausdruck zu verwenden – gewesen wären, die sich durch Schwarzmarkt bereicherten, hat es zu keiner Zeit gegeben.[109] In den Flüchtlingslagern gab es keine „Lagerbosse", die das Leben und die Chancen der Bewohner dominiert hätten. Klientelismus innerhalb der Lager entstand offenbar nicht. Außerhalb der Lager – bei den Einheimischen – bestanden durchaus ‚Netzwerke' aus Nutzengemeinschaften, wie es in zeitgenössischen Quellen berichtet wird. Aber die Heimatvertriebenen waren aus derartigen ‚Netzwerken' grundsätzlich ausgeschlossen.

Mit anderen Worten: Exklusionszonen, die durch Willkürherrschaft hoch integriert waren, gab es bei der Zuwandererbevölkerung in Westdeutschland nicht, und es bestanden dort auch keine mafiösen Strukturen.

2. Was besagen die Wege der Inklusion der Zuwanderer im Laufe der etwa zwei Jahrzehnte, als die Exklusion abebbte bzw. nach und nach aufhörte?

Die Frage hat drei Antworten. *Erstens*: Die Politik der Besatzungsmächte wirkte der Exklusion entgegen. Die Deutschen wurden zur Gleichbehandlung der Zuwanderer veranlasst, etwa durch die *Richtlinien der Betreuung der Heimatvertriebenen und Flüchtlinge*, deren

---

108 OMUGS 1946c: An Investigation to Determine Any changes in Attitudes of Native Germans Toward the Expellees, S. 6.
109 Die wöchentlich bzw. monatlich angefertigten „Stimmungsberichte" – mit dem deutschen Wort – der amerikanischen Militärregierung listeten die Gerüchte und die Themen, die die Bevölkerung beschäftigten, sorgfältig auf. Der Schwarzmarkt wurde mit mafiösen Strukturen assoziiert, auch mit Fremden – etwa Ausländern aus Osteuropa oder Juden – die sich dabei bereicherten, nicht jedoch, dass die allenthalben angefeindeten Heimatvertriebenen ihn beherrschten.

Befolgung unter anderem durch Militärgouverneur Clay gegenüber den Ministerpräsidenten anlässlich der Sitzungen des Länderrats öffentlich eingefordert wurde.[110] Auch griffen die Amerikaner selbst in das Geschehen ein. So forderte zuweilen ein Flüchtlingskommissar, dem nicht gelang, die angekommenen Vertriebenen in den Häusern der Eingesessenen unterzubringen, Hilfe der amerikanischen Militärpolizei an, die ihm gewährt wurde[111]; der Leiter der *Prisoner of War and Displaced Persons Branch* in Württemberg-Baden, Col. Campbell, wandte das Militärregierungsgesetz No. 18 an, wonach Wohnraum für die Besatzungsmacht beschlagnahmt werden konnte, auch auf den Wohnraum, den die amerikanische Polizei für die Zuwanderer freimachte[112] – um zwei Beispiele anzuführen. Als Militärgouverneur Clay am 10. Januar 1949 die Gewerbefreiheit erließ, setzte er sich über den Widerstand der Landesregierungen hinweg, die sich geweigert hatten, dazu Ausführungsgesetze zu erlassen. Da Clay auf die Zustimmung der Deutschen nicht angewiesen war, oktroyierte er die Maßnahme: Im ersten Quartal des Jahres 1949 stiegen die Neuzulassungen gewerblicher Unternehmen daraufhin in Hessen von 5240 auf 20703, in Württemberg-Baden von 6598 auf 16505, und in Bayern gar von 1940 auf 55791.[113] Die Eingriffe der Besatzungsmächte zugunsten der Zuwanderer setzten sich in der Bundesrepublik fort: Der Vierteljahresbericht des Hohen Kommissars der USA für das erste Quartal des Jahres 1952 berichtete von Bauvorhaben, wo ganze Siedlungen für Zugewanderte einschließlich der Arbeitsstätten, wo sie eine Beschäftigung fanden, mit amerikanischen Finanzmitteln errichtet wurden.[114]

Zweitens: Die Inklusion war ein Vorgang der kleinen Schritte über eine lange Zeitperiode. Im Zeitaufriss waren nicht einzelne – drastische oder dramatisch wirkungsvolle – Maßnahmen der Besatzungsmächte (und/oder der Deutschen) für die Inklusion der Heimatvertriebenen und Flüchtlinge entscheidend. Sondern eine Vielzahl nach und nach erlassener und unbeirrt durchgeführter Politikprogramme hatte auf lange Sicht den segensreichen Effekt, schließlich die Inklusion der Zuwanderer zu ermöglichen. Dabei waren manche Vertreter der Besatzungsmächte ehemals emigrierte Deutsche, die nun in besonderer Mission zurückkehrten und eine neue Politik nahe legten. So wurde der Lastenausgleich, der 1953 durch den Bundestag verabschiedet wurde, bereits 1946 durch Gerhard Colm im

---

110 Clay deutete bei einem derartigen Anlass an, die Lebensmittellieferungen aus amerikanischen Beständen könnten entsprechend der Bereitschaft der Länder, den Zuwanderern gleiche Möglichkeiten zu gewähren, unterschiedlich zugeteilt werden. Siehe: Clay 1950, wo die Flüchtlingspolitik ausführlich gewürdigt und S. 100 die Rede erwähnt wird, wo Clay diese Andeutung machte.
111 Ein Schreiben des Kreiswohlfahrtsamtes des Landkreises Marburg an den Regierungspräsidenten in Kassel vom 16. August 1946 berichtete, dass ein Einheimischer den Vertriebenen, die bei ihm eingewiesen wurden, nicht möblierte Räume zur Verfügung stellte, woraufhin die *Constabulary Police*, die die Einweisung vornahm, einen anderen Raum des Hauses, der entsprechend ausgestattet war, für die Neuankömmlinge beschlagnahmte und dem Quartiergeber die leeren Räume wieder übergab. Siehe: Messerschmidt 1991, S. 67.
112 Dazu: Schraut 1994.
113 Siehe: Rupieper 1993, S. 366-383. Rupieper führt dazu aus, dass die Amerikaner in der Gewerbefreiheit das Recht auf ökonomische Selbstverwirklichung sahen, das für eine moderne Marktwirtschaft gilt, und in den Zulassungsbeschränkungen der Gewerbordnung von 1934 eine Einschränkung dieses demokratischen Grundrechts.
114 HICOG (Office of the U. S. High Commissioner for Germany) berichtete 1952 über Bauvorhaben sowie die durch die HICOG veranlassten und offenbar auch organisierten Transporte der Bewohner ganzer Flüchtlingslager oder Stadtgebiete bzw. Landstriche in die neuen Trabantenstädte, die mit amerikanischer Hilfe entstanden waren. Die Befürchtung (und zugleich Begründung für die Bauvorhaben) war, dass die Heimatvertriebenen, wenn sie nach fünf Jahren nicht endlich besser untergebracht wären, spektakuläre Protestaktionen – an Anlehnung an 1945 „Treks" genannt – veranstalten könnten.

Rahmen der Währungsreform, die dringend erforderlich sei, empfohlen – Colm, der dies als Amerikaner nahelegte.[115]

Man darf sagen: Die Inklusion war zunächst möglich, weil die Besatzungsmächte entschlossen die Deutschen beeinflussten, wodurch sie langfristig ein Gegengewicht gegen die Exklusion schufen. Dann war die mehrheitliche Reaktion der Deutschen, dass sie die Heimatvertriebenen, deren Exklusion sie bejahten und herbeiführten, dennoch als Bürger der Bundesrepublik schließlich akzeptieren mussten. Es kam hinzu, dass die Vertriebenen selbst durch die Gründung eigener Industriezweige, den BHE und auch Traditionsvereine eine Grundlage für ihre „Ankunft" in der neuen Heimat schufen.

Drittens: Weil eine neue Identität für *alle* Bürger der Bundesrepublik Deutschland nach 1949 galt, unabhängig von ihrer Herkunft und Soziallage, wurde eine Gemeinsamkeit zwischen den Einheimischen und den Vertriebenen und Flüchtlingen gestiftet. Dadurch wurde die Identifikation zwischen den Bevölkerungsgruppen möglich. Darin lag ein wesentliches Stück Inklusion der – zwar in vielen Bereichen immer noch benachteiligten – Heimatvertriebenen.

Mit anderen Worten: Die Inklusion war Endpunkt einer Entwicklung, die mit der Exklusion begann. Der inkrementelle Vorgang dauerte etwa zwei Jahrzehnte. Es war ein prozess, den zunächst die Alliierten durch gelenkten sozialen Wandel, der die Demokratie bezweckte, einleiten.[116]

Luhmanns Überlegungen erfassen diesen Übergang von der Exklusion zur Inklusion nicht zufrieden stellend. Er diskutiert die Exklusion als eine soziale Lage der multiplen Ausgrenzung am unteren Ende der Sozialskala. Er schildert – empirisch den Tatsachen angemessen – die kumulative Diskriminierung, die Reziprozitätsverweigerung und das hierarchische Gefälle. Es waren Zustände, wie sie zunächst im Nachkriegsdeutschland herrschten. Aber die Dynamik von der Exklusion zur Inklusion behandeln Luhmanns Theoreme *nicht*.

Wie der soziale Wandel von der Exklusion zur Inklusion verläuft, thematisierte Parsons in den sechziger Jahren. Die *Civil-Rights*-Bewegung, die die rechtliche, politische und wirtschaftliche Gleichstellung der farbigen Amerikaner forderte und auch deren Gleichberechtigung auf dem Wohnungsmarkt anbahnte, war für Parsons der Anlass, die Probleme der sozialen Ungleichheit neu zu bedenken. Ihm war wichtig, dass die Inklusion nicht zugleich auch Assimilation hieß. Denn der Verlust der kulturellen Identität(en) der ethnisch andersartigen Amerikaner oder (wie im Falle Nschkriegsdeutschlands) der nunmehr gleichberechtigten „Neubürger" sollte vermieden werden.

Parsons' Theoreme der sechziger Jahre gelten auch für die gesellschaftliche Dynamik der Integration der Heimatvertriebenen und Flüchtlinge nach dem Zweiten Weltkrieg.

Das erste Theorem[117]: Die Inklusion der Schwarzen hatte ein Jahrhundert Vorgeschichte, seit der Bürgerkrieg der 1860er Jahre unter dem Vorzeichen der Befreiung von der Sklaverei geführt worden war. Die drei Errungenschaften der *Citizenship* entsprechend der Konzeption T. H. Marshalls – rechtliche, politische und soziale (wohlfahrtsstaatlich-

---

115 Den Beitrag Gerhard Colms, des Beraters, der dem *Bureau of the Budget* in Washington angehörte und mit Joseph M. Dodge und Raymond Goldsmith nach einer Inspektionsreise durch die US-Zone im Jahr 1946 eine Währungsreform einschließlich Lastenausgleich vorschlug (und den Vorschlag ausgearbeitet dem Stellvertretenden Militärgouverneur Clay unterbreitete), würdigt Hoppenstedt 1997.
116 Zum gelenkten sozialen Wandel siehe: Braun et al. 2007.
117 Dazu: Parsons 1965.

ökonomische) Chancengleichheit – galten nicht von heute auf morgen. Die Gleichstellung kam zunächst den Einwanderern der Jahrhundertwende (Juden, Iren, Osteuropäern) und erst als letzten in den sechziger Jahren den schwarzen Amerikanern zugute. Der New Deal und der Zweite Weltkrieg hatten gesellschaftsgeschichtlich den Anstoß gegeben, und die Rechtsprechung der fünfziger Jahre hatte ein Fanal gesetzt – bezeichnenderweise im Bereich Bildung, also dort, wo die Fähigkeiten erworben wurden, mit denen man die Chancengleichheit auch nutzen bzw. verwirklichen kann.

Das zweite Theorem[118]: Die schrittweise Inklusion geschah in den Systemfunktionen (Funktionssystemen), nämlich *Adaptation* (Wirtschaft), *goal attainment* (Politik), *integration* („Gesellschaftsgemeinschaft") und *pattern maintenance* (Kultur). Es entwickelten sich nun anders gestaltete Interaktionen, und innerhalb der Sphären entstanden nun die dazu passenden Differenzierungen. Entscheidend war, dass die Bruchlinie zwischen Oben und Unten in der (amerikanischen, modernen) Gesellschaft nicht mehr entlang der Achse von zugeschriebener Höherwertigkeit–Minderwertigkeit verlief, wodurch bisher die Pariabevölkerung (die Schwarzen) ausgegrenzt worden war.

Das dritte Theorem[119]: Eine Gesellschaftsgemeinschaft – ein „Wir" – muss jenseits der Trennungen entstehen, auch der ethnischen und rassischen Unterschiede. Die übergreifende Identifikation musste nunmehr den Schwarzen und den Weißen – wie schon früher den Protestanten und den Katholiken oder den Einwanderern aus Europa und aus Asien – die gleichen Rechte und die gleichen Pflichten einräumen oder auferlegen. Dass dabei die neue Gleichheit auch bedeutet, dass eine ‚neue Ungleichheit' sich bildet, so Parsons, ist die unvermeidliche Folge der nun überall geltenden Leistungskonkurrenz. Die Aufhebung der askriptiven Gleichheitsbarrieren führt nämlich, wie er herausarbeitet, zu einer nunmehr meritokratisch sich rechtfertigenden Ungleichheit bezüglich Besitz, Macht, Einfluss etc.[120]

Man kann sagen: Die Exklusion der Heimatvertriebenen und Flüchtlinge aus der Gesellschaft der westlichen Besatzungszonen hatte eine Vorgeschichte bzw. eine Geschichte, denn diese Zuwanderer wurden den Ausgebombten, den Evakuierten und auch *Displaced Persons* (DPs) sowohl gleichgestellt als auch teilweise nachgeordnet – alle waren jedoch eine Pariabevölkerung mit offensichtlicher gesellschaftlicher Randexistenz. Die Inklusion der Ausgegrenzten geschah im Zuge der Modernisierung der Gesellschaft Westdeutschlands, wobei immer weitere Gesellschaftsbereiche immer weiter im Zuge des „Wirtschaftswunders" sich ausdifferenzierten, was die Lebensumstände aller Bundesbürger enorm verbesserte. Und außerdem: Der Übergang von der Diktatur zur Demokratie als Systemzuständen der Gesellschaft in (West-)Deutschland war ein Neubeginn, der eine andere Nationalität als im Deutschen Reich setzte – ein Nationalbewusstsein der Westdeutschen oder der Bürger der Bundesrepublik (nicht mehr der Deutschen überhaupt): Es war ein Meilenstein der Integration der Heimatvertriebenen und Flüchtlinge.

Abschließend seien der Ansatz Parsons' und der Luhmanns skizzenhaft gegenübergestellt:

Parsons unterscheidet zwischen der Anomie und der Integration als konträren Systemzuständen. Nicht jede Gesellschaft mit starkem Zusammenhalt und geringen Freiheitsspielräumen ist integriert. Denn Anomie, wie sie durch Gewalt und Betrug, Normenzerfall und Ritual sowie Charisma (als Herrschaftsmittel) entsteht, besteht in einem autoritären Regi-

---

118　Dazu: Parsons 1964, *Notes on the Process of Inclusion,* unveröffentlichtes Arbeitspapier.
119　Dazu: Parsons 1969a und 1969b.
120　Siehe dazu: Parsons 1970.

me, ebentuell einer Diktatur à la Nationalsozialismus.[121] Dieser war keine integrierte Gesellschaft, sondern der Nationalsozialismus war ein Regime der Anomie – ein Zwangsregime, das die Verfolgung der in die Exklusion getriebenen, angeblichen Regimefeinde zum „Kitt" des politisch-gesellschaftlichen Systems machte.[122] Integration als Gesellschaftszustand geschieht demgegenüber ohne Zwang, durch freiwillige Teilnahme, wobei die gesellschaftlichen Strukturen den Handelnden als „active, creative, evaluating creature"[123] einsetzen.

Entsprechend unterscheidet Parsons zwischen der Demokratie als dem Gemeinwesen mit gleichen Menschen- und Grundrechten auf der einen Seite und dem Totalitarismus als dem Regime der Gewalt und Unterdrückung, wo die Unfreiheit herrscht, auf der anderen Seite. Die Interaktionsmedien – Geld, Macht, Einfluss, Überzeugungen – haben dementsprechend einen Pol der Demokratie und einen der Diktatur (letzterer gleichbedeutend mit Anomie und Chaos).[124] In der demokratischen Gesellschaft mit freiheitlichen Sozialformen entsteht eine Gesellschaftsgemeinschaft – Ort und Hort der Gleichberechtigung der Bürger. Der Gegenpol ist die totalitäre Gesellschaft, „the less differentiated type of social order that meant ‚alienation of the type that Nazi-inspired German Nationalism exhibited' as ‚partial' – less general in the sense of less democratic, evidently less differentiated."[125]

Luhmann nimmt demgegenüber die beiden Parsons'schen Unterscheidungen in sein Denken nicht auf. Integration ist für Luhmann grundsätzlich hermetisch, und die eher lose Vernetzung zwischen den Funktionssystemen der demokratischen Welt nennt er „Desintegration." Demokratie ist also kein Thema der Gesellschaftstheorie. Er konstatiert lediglich den Widerspruch zwischen dem Kanon der Menschenrechte und dem Fortbestand von Arbeitshäusern und Straflagern. Für Luhmann ist die sukzessive Verbesserung der Lebenslage der Massen seit dem 19. Jahrhundert und allemal die massive Verbesserung der Lebensumstände im Übergang von der Nazidiktatur zur Bundesrepublik kein besonderes Diskussionsthema. Dass die lose Vernetzung der Funktionssysteme in den Demokratien mehr Raum für Individualität lässt, ist für ihn gesellschaftstheoretisch nicht zentral.

Wenn man die soziologische Theorie und die Gesellschaftsgeschichte bei der Analyse der Lage der Heimatvertriebenen und Flüchtlinge aufeinander bezieht, so lässt sich abschließend sagen: Luhmanns Theorie der Exklusion–Inklusion eignet sich immerhin und vor allem, die Ausgrenzung der Heimatvertriebenen und Flüchtlinge aus der Gesellschaft der frühen Nachkriegszeit zu thematisieren – was die gängigen Theorien der Ungleichheit bekanntlich nicht (mehr) vermögen. Den sozialen Wandel von der Exklusion zur Inklusion in den ersten zwei Jahrzehnten der Bundesrepublik kann man demgegenüber (nur) mit Parsons' Theorie der sechziger Jahre fassen. Parsons' Unterscheidung zwischen Anomie und Integration als den denkbaren – qua Rückfall in die Barbarei oder Modernisierung in jeder Gesellschaft möglichen – Systemzuständen kann die Dynamik der Eingliederung der Vertriebenen erfassen helfen. Dass bei Parsons Diktatur und Demokratie konträre – also nicht etwa komplementäre – Formen der sozialen Ordnung sind, trägt zum soziologischen Verständnis der gesellschaftlichen Prozesse der Überwindung der Exklusion bei den Zu-

---

121 Dazu: Gerhardt 1999.
122 Dazu: Neumann 1944.
123 Parsons 1935, S. 282.
124 Dazu: Gerhardt 2002, S. 215-216.
125 Ibid., S. 230. Das Zitat im Zitat stammt aus Parsons 1963, S. 34.

wanderern der Nachkriegszeit wesentlich bei. Wo Luhmanns Ansatz den Anfang macht, kann Parsons' Theorie weiterführend die offenen Punkte bearbeiten.

Literatur

Ackermann, Volker, 1994: Integration – Begriff, Leitbilder, Probleme. Zur Integration der Flüchtlinge und Vertriebenen im deutschen Südwesten nach 1945. Bestandsaufnahme und Perspektive der Forschung. Ergebnisse des Kolloquiums vom 11. bis 12. November 1993 in Tübingen. Schriftenreihe des Instituts für donauschwäbische Geschichte und Landeskunde: S. 11-26.
Bayerisches Statistischen Landesamt, 1950: Die Vertriebenen in Bayern. Ihre berufliche und soziale Eingliederung bis Anfang 1950. Heft 151 der Beiträge zur Statistik Bayerns.
Beck, Ulrich, 1983: Jenseits von Klasse und Stand? Soziale Ungleichheiten. Sonderheft 2 der Sozialen Welt: S. 35-74.
Bendix, Reinhard und Seymour Martin Lipset (Hg.), 1966a: Class, Status, and Power: Social Stratification in Comparative Perspective. New York: The Free Press (ursprünglich 1953).
Bendix, Reinhard und Seymour Martin Lipset, 1966b: Karl Marx's Theory of Social Classes. S. 6-11 in: Bendix, Reinhard und Seymour Martin Lipset (Hg.): Class, Status, and Power: Social Stratification in Comparative Perspective. New York: Free Press.
Braun, Hans et al. (Hg.), 2007: Die lange Stunde Null. Gelenkter sozialer Wandel in Westdeutschland durch die Besatzungsregimes nach 1945. Baden-Baden: Nomos.
Carey, Jane, 1948: Assimilation of Expellees and Refugees in Germany (October 29, 1948), Ungedrucktes Dokument, zugänglich im Bundesarchiv (BA) und Badischen Generallandesarchiv (GLAK). Mikrofiche OMGUS Record Group 260, 3/160-1/37.
Clay, Lucius D., 1950: Decision in Germany. New York: Doubleday.
Elder, Glen, 1974: Children of the Great Depression: Social Chance in Life Experience. Chicago: University of Chicago Press.
Franzioch, Marion, 1978: Die Vertriebenen. Hemmnisse und Wege ihrer Integration. Berlin: Reimers.
Gerhardt, Uta, 1999: National Socialism and the Politics of The Structure of Social Action. S. 87-164 in: Barber, Bernard und Uta Gerhardt (Hg.): Agenda for Sociology: Classic Sources and Current Uses of Talcott Parsons's Work. Baden-Baden: Nomos.
Gerhardt, Uta, 2000: Bilanz der soziologischen Literatur zur Integration der Vertriebenen und Flüchtlinge nach 1945. S. 41-63 in: Hoffmann, Dierk et al. (Hg.): Vertriebene in Deutschland. Interdisziplinäre Ergebnisse und Forschungsperspektiven. München: Oldenbourg.
Gerhardt, Uta, 2002: Talcott Parsons – An Intellectual Biography. New York: Cambridge University Press.
Gerhardt, Uta, 2007: Denken der Demokratie. Die Soziologie im atlantischen Transfer des Besatzungsregimes. Vier Abhandlungen. Stuttgart: Steiner.
Gerhardt, Uta und Brigitte Hohenester, 1997: Beruf und Kultur. Zum gesellschaftstheoretischen Verständnis der Integration von Vertriebenen/Flüchtlingen in Westdeutschland nach 1945. Soziale Welt, 48 (3): S. 253-276.
Gerhardt, Uta und Brigitte Hohenester, 2003: A Transformation of National Identity? Refugees and German Society after World War II. S. 141-172 in: Preyer, G. und M. Bös (Hg.): Borderlines in a Globalized World: New Perspectives in a Sociology of the World-System. Dordrecht: Kluwer.
Goldthorpe, John H. und Keith Hope, 1974: The Social Grading of Occupations. A New Approach and Scale. Oxford: Clarendon Press.
Goldthorpe. John H. et al., 1980: Class Mobility and Class Structure in Modern Britain. Oxford: Clarendon Press.
Handl, Johann et al., 1977: Klassenlagen und Sozialstruktur. Empirische Untersuchungen für die Bundesrepublik Deutschland. Frankfurt/Main: Campus.
Hatt, Paul, 1950: Stratification in the Mass Society. American Sociological Review, 15 (2): S. 210-216.
Hauser, Richard et al., 1996: Ungleichheit und Sozialpolitik. Berichte zum sozialen und politischen Wandel in Ostdeutschland. Bericht 2. Opladen: Leske und Budrich.
Hoffmann, Dierk, et al. (Hg.), 2000: Vertriebene in Deutschland. Interdisziplinäre Ergebnisse und Forschungsperspektiven. München: Oldenbourg.
Hoffmann, R., 1989: Eingliederung der vertriebenen und geflüchteten Lehrer aller Schulgattungen, maschinenschriftlich. Heilbronn.

Hohenester, Brigitte und Uta Gerhardt, 1999: Identität durch Integration. Vertriebene, Flüchtlinge und die Entstehung der deutschen Gesellschaftsgemeinschaft in der ersten Nachkriegszeit. S. 403-432 in: Willems, Herbert und Alois Hahn (Hg.): Identität und Moderne. Frankfurt/Main: Suhrkamp.

Hoppenstedt, Wolfram, 1997: Gerhard Colm – Leben und Werk (1897-1968). Stuttgart: Steiner.

Hradil, Stefan, 1987: Sozialstrukturanalyse in einer fortgeschrittenen Gesellschaft. Opladen: Leske und Budrich.

Innenministerium Baden-Württemberg, 1993: Flucht – Vertreibung – Eingliederung. Baden-Württemberg als neue Heimat. Bearbeitet von Immo Eberl, Sigmaringen: Thorbecke.

Isaac, Julius. 1948: The Assimilation of Expellees in Germany (Expertise, 1948). Ungedrucktes Dokument, zugänglich in BA und GLAK, Mikrofiche Record Group 84, POLAD 822/6.

Jolles, Hiddo M., 1965: Zur Soziologie der Heimatvertriebenen und Flüchtlinge. Köln/Berlin: Kiepenheuer und Witsch.

Lemberg, Eugen und Friedrich Edding, 1959: Die Vertriebenen in Westdeutschland. Ihre Eingliederung und ihr Einfluss auf Gesellschaft, Politik und Geistesleben, 3 Bände. Kiel: Hirt.

Lockwood, David, 1956: Some Remarks on ‚The Social System'. British Journal of Sociology, 7 (2): S. 134-146.

Luhmann, Niklas, 1995: Inklusion und Exklusion. S. 237-264 in: Ders.: Soziologische Aufklärung, Band 6: Die Soziologie und der Mensch. Opladen: Westdeutscher Verlag.

Luhmann, Niklas, 1997: Die Gesellschaft der Gesellschaft. Frankfurt/Main: Suhrkamp.

Lüttinger, Paul, 1986: Der Mythos der schnellen Integration. Eine empirische Untersuchung zur Integration der Vertriebenen und Flüchtlinge in der Bundesrepublik bis 1971. Zeitschrift für Soziologie, 1986 15 (1): S. 20-36.

Lüttinger, Paul,1989: Integration der Vertriebenen. Eine empirische Analyse. Frankfurt: Campus.

Maier, Jörg und Germano Tullio, 1996: Die soziale und wirtschaftliche Eingliederung von Flüchtlingen und Heimatvertriebenen in Bayern. München: judicium verlag.

Messerschmidt, Rolf, 1991: ‚Wenn wir nur nicht lästig fallen …'. Aufnahme und Eingliederung der Flüchtlinge und Vertriebenen in Hessen (1945-1955). Frankfurt: Insel Verlag.

Müller, Walter, 1978: Der Lebenslauf von Geburtskohorten. S. 38-55 in: Kohli, Martin (Hg.): Soziologie des Lebenslaufs. Neuwied: Luchterhand.

Neumann, Franz L., 1944: Behemoth: The Structure and Practice of National Socialism 1933-1943. New York: Oxford University Press.

Office of Military Government in Germany, Information Control Division, Intelligence Branch, Surveys Section 1946a: Income and Expenditures of German Families in the American Zone – Winter, 1946, Report No. 4, Intelligence Branch, ICD, OMGUS, USFET, March 25, 1946.

Office of Military Government in Germany, Information Control Division, Surveys Branch, 1946b: German Attitudes Toward the Expulsion of German Nationals from Neighboring Countries, Report No. 14A, 8 July 1946.

Office of Military Government in Germany, Information Control Division, Surveys Branch, 1946c: An Investigation to Determine Any Changes in Attitudes of Native Germans Toward the Expellees in Wuerttemberg-Baden, Report No. 28, 14 November 1946.

Office of Military Government in Germany, Information Control Division, Surveys Branch, 1947a: Opinions on the Expellee Problem, Report Number 47, 20 February 1947.

Office of Military Government in Germany, Information Control Division, Surveys Branch, 1947b: German Reactions to Expellees and DPs, Report No. 81, 3 December 1947.

Office of Military Government in Germany, Information Control Division, Surveys Branch, 1949a: The Town Hall Meeting in Reilingen, Report No. 155, 3 February 1949.

Office of Military Government in Germany, Information Control Division, Surveys Branch, 1949b: Bavarian Reactions to Town Hall Meetings and Public Forums, Report No. 159, 11 February 1949.

Office of the U. S. High Commissioner for Germany (HICOG), 1952: „West Germany's Stranded People", 10th Quarterly Report on Germany, January 1, 1952 – March 31, 1952, S. 56-62.

Parsons, Talcott, 1935: The Place of Ultimate Values in Sociological Theory. The International Journal of Ethics, 45 (3): S. 282-316.

Parsons, Talcott, 1940: An Analytical Approach to the Theory of Social Stratification. American Journal of Sociology, 45 (6): S. 841-862.

Parsons, Talcott, 1963: The Power Bank: Notes on the Problem of World Order. Unveröffentlichtes Manuskript, Harvard University Archives, Nachlass Talcott Parsons, HUG(FP) – 42.41, Box 4.

Parsons, Talcott, 1965: Full Citizenship for the Negro American? A Sociological Problem. Daedalus, vol. 94 (4): S. 1009-1054.

Parsons, Talcott, 1969a: The Concept of Society: The Components and Their Interrelations. S. 5-33 in: Ders.: Politics and Social Structure. New York: The Free Press.

Parsons, Talcott, 1969b: Theoretical Orientations on Modern Societies. S. 34-57 in: Ders.: Politics and Social Structure. New York: The Free Press.
Parsons, Talcott, 1970: Equality and Inequality in Modern Society, or Social Stratification Revisited. S. 321-380 in: Ders.: Social Systems and the Evolution of Action Theory. New York: The Free Press 1977.
Pfeil, Elisabeth und Ernst Wolfgang Buchholz, 1959, Eingliederungschancen und Eingliederungserfolge. Regionalstatistische Analysen der Erwerbstätigkeit, Berufsstellung und Behausung der Vertriebenen. Mitteilungen aus dem Institut für Raumforschung, Heft 35.
Rupieper, Hermann-Josef, 1993: Die Wurzeln der westdeutschen Nachkriegsdemokratie. Der amerikanische Beitrag 1945-1952. Opladen: Westdeutscher Verlag.
Schäfers, Bernhard, 1995: Gesellschaftlicher Wandel in Deutschland. Stuttgart: Enke.
Schraut, Silvia, 1993: Zwangswanderung und ihre sozialen Folgen. Die Aufnahme von Flüchtlingen und Ausgewiesenen in Württemberg-Baden 1945-1949. S. 164-196 in: Grosser, Christiane (Hg.): Flüchtlingsfrage – das Zeitproblem. Mannheim: Institut für Landeskunde und Regionalforschung für Mannheim.
Schraut, Silvia, 1994: Zwischen Assimilationsdiktat und Fürsorgeverpflichtung. Die amerikanische Besatzungsmacht und die Flüchtlinge. S. 77-93 in: Beer, Mathias (Hg.): Zur Integration der Flüchtlinge und Vertriebenen im deutschen Südwesten nach 1945. Sigmaringen: Thorbecke.
Stichweh, Rudolf, 2005: Inklusion und Exklusion. Studien zur Gesellschaftstheorie. Bielefeld: Transcript.
The United States Strategic Bombing Survey, 1946: The Effects of Strategic Bombing on German Morale. Washington, DC: Government Printing Office (Teil II).
The United States Strategic Bombing Survey, 1947: The Effects of Strategic Bombing on German Morale. Washington, DC: Government Printing Office (Teil I).
von Plato, Alexander, 1985: Fremde Heimat. Zur Integration von Flüchtlingen und Einheimischen in die Neue Zeit. S. 172-219 in: Niethammer, Lutz und Alexander von Plato (Hg.): ‚Wir kriegen jetzt andere Zeiten.' Auf der Suche nach der Erfahrung des Volkes in nachfaschistischen Ländern, Band 3. Bonn/Berlin: Dietz.
Warner, W. Lloyd und Paul S. Lunt, 1941: The Status System of a Modern Community. New Haven: Yale University Press.
Warner, W. Lloyd und Paul S. Lunt, 1942: The Social Life of a Modern Community. New Haven: Yale University Press.
Weber, Max, 1922: Wirtschaft und Gesellschaft. Grundriss der verstehenden Soziologie, vierte, neu herausgegebene Auflage, besorgt von Johannes Winckelmann, Tübingen: J. C. B. Mohr 1956.
Wehler, Hans-Ulrich, 2003: Deutsche Gesellschaftsgeschichte. Vierter Band Vom Beginn des Ersten Weltkriegs bis zur Gründung der beiden deutschen Staaten 1914-1949. München: C. H. Beck.

Weltwirtschaftskrise und Arbeitslosigkeit 1929-1933

Morten Reitmayer

I.

Eine Untersuchung der Auswirkungen der Weltwirtschaftskrise und der mit ihr verbundenen Massenarbeitslosigkeit auf die Sozialstruktur der deutschen Gesellschaft steht vor dem scheinbar paradoxen Befund, dass diese Auswirkungen unmittelbar enorm waren, langfristig jedoch kaum ins Gewicht fallen. So kommt es, dass Statistiken etwa der Erwerbsstruktur, sobald diese Zeitreihen auch nur eine mittlere Länge erreichen, in der Regel auf eine Differenzierung der Daten für die Krisenjahre verzichten und so die Kontinuität der Trends unterstreichen. Kurzfristig stieg offenbar die Anzahl und der relative Anteil der in der Landwirtschaft Beschäftigten und der Selbständigen stark an, und Frauen wurden aus dem Berufsleben verdrängt; Jugendlichen der Berufseinstieg verwehrt.[1] In der längerfristigen Entwicklung hingegen – und das ist eigentlich keine Überraschung – zeigt sich die deutsche Sozialstruktur als sehr zählebig. Betrachtet man die beruflich-soziale Verteilung der deutschen bzw. westdeutschen Bevölkerung im 20. Jahrhundert, so ordnen sich die Jahre 1929 bis 1933, also während der Weltwirtschaftskrise, als Theodor Geiger seine bahnbrechende Untersuchung veröffentlichte, im Wesentlichen ganz ungebrochen in die säkularen Trends ein: Der Abnahme der Selbständigen und der mithelfenden Familienangehörigen sowie der Zunahme der Beamten und vor allem der Angestellten.[2] Die Weltwirtschaftskrise stellte *in dieser Hinsicht* also nur einen vorübergehenden Einschnitt dar. Wechselt man jedoch ein wenig die Perspektive von der Sozialstruktur auf die großen Funktionssysteme der Gesellschaft, so wird die tiefe Zäsur, die dieser Zeitabschnitt darstellt, sofort sichtbar. Damit ist weniger der radikale Wechsel des politischen Systems gemeint als vielmehr das Problem, mittels welcher Mechanismen sich hier die Inklusion und Exklusion von Individuen und Gruppen vor, während und nach dieser kurzen Periode vollzog. Dieses Problem lässt sich jedoch nicht trennen von den zeitgleich erfolgten Erschütterungen des ökonomischen Systems durch die Weltwirtschaftskrise. Auch hier veränderten sich die Inklusions- und Exklusionsmechanismen nicht weniger dramatisch als im politischen System. Das Verbindungsglied zwischen beiden Funktionssystemen stellte das Medium Arbeit und sein Fehlen, also Arbeitslosigkeit, sowie die Regelung der Arbeitsbeziehungen dar. Die Bekämpfung der Arbeitslosigkeit und der Kampf um die Ausgestaltung der Arbeitsbeziehungen stellten die größten sozialpolitischen Herausforderungen der Weimarer Republik dar;[3] mit ihrer Bewältigung stand und fiel auch das politische System. Selbstverständlich bestanden noch weitere wichtige Verbindungen zwischen dem politischen und dem ökonomischen System, etwa der gesamte Bereich der Reparationen und der Auslandsverschuldung einschließlich der

---

1 Blaich 1985, S. 60-64.
2 Geißler 1996; Geiger [1932]1987.
3 Hentschel 1983, S. 55.

Währungsstabilität, oder die Frage der staatlichen Unterstützung der ostelbischen Großlandwirtschaft. Aber gerade weil die Weimarer Republik mit großen sozialpolitischen Versprechen angetreten war und angesichts ihrer schmalen Legitimationsgrundlage auch hatte antreten müssen,[4] stellte der Bereich Arbeit/Arbeitslosigkeit/Arbeitsbeziehungen das Scharnier zwischen den beiden Funktionssystemen dar.

Deshalb möchte ich im Folgenden zunächst kurz einige Überlegungen zur Natur der Weltwirtschaftskrise und ihren Verlauf in Deutschland sowie ihre Auswirkungen auf das politische System anstellen, bevor ich die Leitfragen nach Veränderungen der Mechanismen von Inklusion und Exklusion erörtere. Aus diesen Überlegungen ergeben sich einige gravierende Konsequenzen für die Einschätzung der allgemeinen Funktionsfähigkeit und Autonomie der beiden Teilsysteme zur fraglichen Zeit, besonders wenn man die Phase der Weltwirtschaftskrise als eine schwerwiegende *doppelte Systemkrise* begreift. Weil die Folgen dieser Systemkrisen aber nicht kurzfristig beseitigt werden konnten bzw. weil die Art der Krisenüberwindung länger als die Krise selbst wirksam blieb, muss die Thesenbildung an einigen Punkten über die Grenzen des Untersuchungszeitraums hinausgehen. Ohnehin hat es sich eingebürgert, in der Geschichte der deutschen Sozialpolitik und damit auch in derjenigen des Umgangs mit Massenarbeitslosigkeit und der Ausgestaltung der Arbeitsbeziehungen weder den Ausbruch der Weltwirtschaftskrise noch die nationalsozialistische „Machtergreifung" als die entscheidende Zäsur anzusehen, sondern das Jahr 1930, in dem die letzte parlamentarische Regierung der Weimarer Republik über die Finanzierung der Arbeitslosigkeit zerbrach, die Weltwirtschaftskrise Deutschland mit voller Wucht traf und die Massenarbeitslosigkeit die Probleme in Politik und Wirtschaft zur doppelten Systemkrise zusammenschnürten. Damit erst wurde der Weg frei für neue Inklusions- und Exklusionsmechanismen in beiden Systemen.

Ich möchte dabei argumentieren, dass sich in beiden Funktionssystemen die Mechanismen von Inklusion und Exklusion und damit auch die Adressierung der Individuen gravierend änderten, und dass Arbeit und Arbeitslosigkeit und allgemeiner die Institutionen des Sozialstaates den Hebel für diesen Wandel darstellten: Im ökonomischen Teilsystem richtete sich die Unterstützung derjenigen, die vorübergehend (so war es jedenfalls von Gesetzgeber gedacht) aus dem Wertschöpfungsprozess ausgeschieden waren, spätestens seit dem 1927 erlassenen Gesetz über Arbeitsvermittlung und Arbeitslosenversicherung (AVAVG) durch Geldtransfers und durch die Vermittlung einer neuen Arbeitsstätte an *anspruchsberechtigte Staatsbürger*, bevor der „autoritäre Wohlfahrtsstaat" (Sachße/Tennstedt) nach 1930 und vollends der NS in den späteren 1930er Jahren die Anspruchsberechtigung mehr und mehr aushöhlten und die Unterstützung von Arbeitslosen in eine Fürsorgeleistung verwandelten, der demütigende Bedürftigkeitsprüfungen vorausgingen, und die schließlich vom politischen Wohlverhalten und der zuvor bezeugten Opferbereitschaft der jeweiligen „Volksgenossen" – und das bedeutet: von der rassistisch definierten Zugehörigkeit zur Gesellschaft („Volksgemeinschaft") abhängig gemacht wurde. Parallel dazu adressierte das politische System der autoritären Präsidialkabinette Individuen nicht mehr als politisch partizipierende Wähler, wie es die parlamentarische Demokratie und sogar das Kaiserreich getan hatten, sondern als Untertanen ohne Mitspracherechte; der NS adressierte sie vollends als den Anweisungen des „Führers" Unterworfene bzw. – und dies verrät einen weiteren grundlegenden Wandel – nicht mehr als Individuen, sondern

---

4   Sachße/Tennstedt 1988, S. 77.

kollektiv als Volksgemeinschaft. Damit wurden also die Grenzen der Zugehörigkeit zur Gesellschaft neu definiert – nämlich entlang der „Volksgemeinschaft", das heißt mittels „völkischer", rassistischer Kriterien –, und der Wohlfahrtsstaat mit seinen Institutionen und seinem Personal spielte eine zentrale Rolle bei der Markierung dieser Grenzen.

II.

Die 1929 beginnende Weltwirtschaftskrise hat durch ihre Schwere zu ganz unterschiedlichen Deutungsversuchen herausgefordert.[5] Sieht man einmal von denjenigen Ansätzen ab, die das Ausmaß und den Verlauf der Depression in nur einer einzigen Volkswirtschaft untersuchen, wie etwa die meisten Erörterungen der so genannten Borchardt-Kontroverse der frühen 1980er Jahre über die Frage, ob die Weimarer Wirtschaft an zu hohen Löhnen gekrankt habe,[6] so stehen im Vordergrund fast aller systemischen Erklärungsmodelle Annahmen über strukturelle Disparitäten. Demnach erwuchs aus den Strukturbedingungen des Weltwirtschaftssystems eine Rezession, die schnell den Charakter einer globalen Krise des kapitalistischen Wirtschaftssystems als solchem annahm.[7] Dass sich dieser Niedergang zu einer Systemkrise auswuchs, zeigt sich gerade darin, dass die Selbstregulierungen des Systems versagten bzw. suspendiert wurden, und dass die Krise des Systems nur durch systemfremde Kräfte überwunden werden konnte. Durch dieses Ausmaß unterscheidet sich die Depression der frühen 1930er Jahre von allen anderen Wirtschaftskrisen des 20. Jahrhunderts, in denen niemals das Bestehen der privatkapitalistischen Wirtschaftsweise, selbst in den für sie zentralen westlichen Volkswirtschaften, zur Disposition stand.

Der englische Historiker Eric Hobsbawm hat vorgeschlagen, dabei zwei Perspektiven, eine internationale und eine je nationale, zu unterscheiden: Die erste konzentriert sich auf Probleme der Restriktion freier Handels- und Kapitalströme sowie auf das Fehlen eines starken Garanten, der das Funktionieren der internationalen Waren- und Kapitalbewegungen zu verbürgen vermochte, so wie Großbritannien dies bis 1914 gelungen war. Nach 1919 war die halbe Welt bei den USA verschuldet, die als mit Abstand produktivste Volkswirtschaft ihrer Zeit ihrerseits von Importen fast unabhängig waren, so dass es den Schuldnern sehr schwer fiel, die Zins- und Rückzahlungslasten ihrer Verschuldung aufzubringen (diese Skizze ist natürlich sehr verkürzt). Dieser Zustand erfuhr während der mittleren 1920er Jahre eine prekäre Stabilisierung, solange die USA genügend Kapital exportierten, um die Nachfrage nach Devisen für die Tilgung und Verzinsung von interalliierten Krediten und deutschen Reparationen sowie für notwendige Investitionen zu befriedigen. Als die USA selbst in binnenwirtschaftliche Schwierigkeiten gerieten, versiegte dieser Kapitalstrom, so dass der internationale Kapitalmarkt kollabierte. Und als die USA – ein Jahr nach dem Börsenkrach vom Oktober 1929 – in einem Akt verantwortungsloser Kurzsicht auch die Höhe ihrer Einfuhrzölle in bislang unerreichte Höhen schraubten, setzten sie eine Kettenreaktion des Protektionismus und eine fatale beggar-thy-neighbour-Politik aller wichtigen Industriestaaten in Gang, mit der bekannten Konsequenz des Zusammenbruchs des Welthandels. Bis 1933 „balkanisierte" sich die Weltwirtschaft, und um ihrem kapitalis-

---

5 Einen Überblick über die „klassischen" Theorien dazu gibt Kindleberger 1973, S. 304-22; sowie Blaich 1985, S. 76-91.
6 Borchardt 1979; Holtfrerich 1982; Krohn 1982; Maier 1985; Kruedener 1985, vgl. auch James 1988.
7 Diese Deutung v. a. bei Hobsbawm 1995, S. 115-35.

tischen Teil nach dem Zweiten Weltkrieg wieder ein selbsttragendes Wachstum zu ermöglichen, mussten zunächst durch politische Initiative Institutionen geschaffen werden, die die Dynamiken der fortbestehenden oder neuentstandenen Ungleichgewichte kanalisieren sollten und um das Versagen einer liberalen, unregulierten Marktwirtschaft in einer erneut nicht zum wechselseitigen Ausgleich der Marktkräfte tendierenden Umgebung zu verhindern. Dazu gehören etwa die im GATT institutionalisierten Anstrengungen zu multilateralen Zollsenkungen, das organisatorisch abgesicherte Weltwährungssystem oder die politisch initiierten und kontrollierten ERP-Kredite, die gerade keinen „sich selbst überlassenen" Kapitalmarkt wie in den 1920er Jahren darstellten. Die Inklusion in die und die Exklusion von den internationalen Warenmärkten erfolgte nach 1929/31, wenn sie stattfand,[8] nicht mehr durch den Preismechanismus auf allgemein zugänglichen Märkten, sondern durch die Nähe oder Ferne zu politischen Institutionen, die beeinflusst werden mussten, um Einfuhr- und Ausfuhr- sowie Devisenverkehrsgenehmigungen zu erteilen, wenn sie nicht gar herangezogen wurden, um Partner für Valuta-lose Tauschgeschäfte zu finden.[9]

Um einen möglichen Einwand gleich vorweg zu nehmen: Es kann kein Zweifel darüber bestehen, dass in dieser Perspektive bereits der Erste Weltkrieg die Selbstregulierungsmechanismen des Weltwirtschaftssystems suspendiert hatte, wie moderne Kriege mit ihren Kriegswirtschaften das eben zu tun pflegen, doch wurden nach 1919 besonders in den USA und Großbritannien – den beiden wichtigsten globalen Akteuren – sofort Anstrengungen unternommen, zum status-quo-ante zurückzukehren (etwa die Wiedereinführung des Goldstandards). Es waren jedoch gerade die skizzierten Disparitäten des Welthandelssystems und des Weltkapitalmarktes, die einen dauerhaften Erfolg dieser Versuche unmöglich machten.

Während in dieser Perspektive die Ursachen der Weltwirtschaftskrise in der Schwäche Großbritanniens und der Unfähigkeit der USA vor 1945 zu suchen sind, strukturelle Disparitäten aufzufangen bzw. zu kanalisieren (wobei nicht recht klar ist, wie eine solche Strategie hätte aussehen sollen), bestand das fundamentale Ungleichgewicht in der zweiten Perspektive darin, dass angesichts der zeitgenössischen Verteilungsstruktur ökonomischer Profite ein befriedigender Ausgleich zwischen Angebot und Nachfrage von Gütern gar nicht gefunden werden konnte, weil breite Bevölkerungsschichten in viel zu geringem Maße an der Verteilung der Gewinne beteiligt waren, denn die Löhne hielten mit den Produktivitätssteigerungen dieser Zeit nicht mit (über diesen Punkt besteht allerdings, zumindest was den deutschen Fall anbetrifft, unter Wirtschaftshistorikern keine Einigkeit – die Borchardt-Kontroverse wurde genau hierüber geführt). Jedenfalls fehlte in dieser Sichtweise gewissermaßen die kritische Wohlstandsmasse, um die dauerhafte Expansion zu erreichen, die das fordistische Wachstumsmodell (Großserienproduktion langlebiger Investitions- und Konsumgüter zu sinkenden Preisen bei steigenden Löhnen und sozialstaatlicher Absicherung) später leistete.[10]

In der deutschen Gesellschaft zeigte sich die nach 1929 abnehmende Kraft zur Selbstregulierung des Funktionssystems Wirtschaft und die neuen Formen von Inklusion und Exklusion vor allem an drei Problemzusammenhängen, die in ihrem logischen Status zu einem guten Teil eine Abfolge von Ursache-Wirkung-Beziehungen darstellten: Erstens geriet das Bankensystem unter staatliche Kontrolle, weil sich die deutschen Großbanken

---

8 Vgl. Kindlebergers 1973, S. 179 berühmtes „Spinnennetz".
9 Bernecker 2002, S. 346-59.
10 Ziebura 1984.

vorübergehend in quasistaatliche Institute verwandelten. Dieser Prozess war sicher nicht intendiert; es handelte sich keineswegs um eine geplante Verstaatlichung. Und damit zusammenhängend wurde Zweitens der Preisbildungsmechanismus für den Faktor Arbeit auf politischem Wege außer Kraft gesetzt, und zwar sowohl was das Verhältnis von Angebot und Nachfrage anbetrifft als auch die Möglichkeit der Aushandlung als solcher. Teilweise aus diesen Gründen verloren einige der wichtigsten Akteure oder Leistungsrollenträger (Gewerkschaften, Banken, Industrieunternehmer) sehr schnell die Herrschaft und Kontrolle über zentrale Aushandlungsmöglichkeiten und Allokationsentscheidungen. Und drittens wurde, ebenfalls aus politischen Gründen, mindestens ein Drittel der arbeitenden Bevölkerung im weitest möglichen Sinne aus den Kreisläufen des Wirtschaftssystems herausgedrängt und später, ebenfalls auf politischem Wege, wieder einbezogen.

III.

Das ganze Ausmaß der ökonomischen Systemkrise offenbarte sich am deutlichsten in der deutschen Bankenkrise vom Juli 1931. Ihre tieferen Ursachen lagen in den oben erläuterten Disparitäten des Weltwährungssystems. Die deutsche Wirtschaft hatte durch die Inflation der frühen 1920er Jahre und durch die Reparationsverpflichtungen ihr Investitionskapital verloren; amerikanische Banken füllten die Lücke. Weil die deutschen Großbanken nach ihrer Restituierung 1923/24 ausländischen Gläubigern ihre Profitabilität beweisen mussten, dehnten sie ihre Geschäfte bei geschrumpfter Kapitalbasis auf Kosten ihrer Liquidität stark aus. Das verschärfte die Konkurrenz untereinander und verminderte längerfristig die Gewinnmargen. Um verlorene eigene durch fremde Mittel zu ersetzen, nahmen sie in großem Umfang ausländische Kredite auf, die ihnen nach den Erfahrungen der frühen 1920er Jahre nur mit kurzen Laufzeiten und rückzahlbar in Gold oder Devisen – nicht in Mark – gewährt wurden. Diese Konstellation machte die deutschen Banken im Falle einer Wirtschaftskrise außerordentlich verwundbar. Überlagerte sich diese noch mit einer politischen Krise – wie dies in Deutschland nach 1930 geschah –, und zogen die ausländischen Gläubiger ihre Kredite zurück – wie sie es 1931 taten –, so entstand die Gefahr des Zusammenbruchs des gesamten Kreditsystems.

Genau diese Situation trat im Sommer 1931 ein: Die amerikanischen Kreditgeber forderten angesichts der politischen Friktionen in Deutschland, die hauptsächlich, wenn auch nicht ausschließlich auf den Aufstieg der NSDAP sowie auf die revisionistische Außenpolitik von Reichskanzler Brüning zurückgingen, ihr Geld zurück. Gleichzeitig gingen inländische Großkunden insolvent oder sogar betrügerisch bankrott, und die Portfolios der Banken verloren angesichts der negativen Börsenentwicklung rapide an Wert. Im Sommer 1931 waren dann alle vier privaten deutschen Großbanken sowie (aus anderen Gründen) namhafte öffentlich-rechtliche Institute zahlungsunfähig. Um ein völliges Versagen des gesamten Kreditsystems zu verhindern, übernahmen das Reich und eine Tochter der Reichsbank das (herabgesetzte) Grundkapital der vier Großbanken; zwei wurden in diesem Prozess miteinander fusioniert, das Management wurde ausgetauscht. Vorübergehend handelte es sich bei allen drei verbleibenden Banken um Quasi-Staatsinstitute.[11] Außerdem unterband die Reichsregierung durch die Zwangsbewirtschaftung aller Devisen den freien grenzüberschreitenden Kapitalverkehr – das Kernstück des internationalen Finanzsystems.

---

11 Born 1967.

Es waren bei weitem nicht die deutschen Finanzprobleme allein, die zum Zusammenbruch des Weltfinanzsystems führten (man denke nur an die Aufgabe des Goldstandards durch Großbritannien im September 1931). Aber zusammen mit den Autarkiebewegungen vieler europäischer Länder und dem Zerfall des Weltfinanz- und Welthandelssystems in voneinander abgekoppelte „Blöcke" (Sterling-, Franc- und Dollar-Block) signalisieren sie als Zusammenbruch weltweiter Kommunikationszusammenhänge eine fundamentale, wenn auch vorübergehende Entdifferenzierung des Weltwirtschaftssystems.[12]

Die deutsche Bankenkrise war keine Reinigungskrise des Finanzsystems, in dem schwache oder falsch positionierte Marktteilnehmer abgestoßen wurden. Sie war vielmehr die Folge grundlegender Disparitäten, und ihre Überwindung musste von außen erfolgen, gerade weil sich das System als unfähig zur Selbstheilung gezeigt hatte. Und ihre langfristigen Folgen gingen weit über die Rekonstruktion der betroffenen Kreditinstitute mit Staatshilfe hinaus: Für weit über vier Jahrzehnte wurde die Autonomie des Finanzsektors durch Kontroll-, Berichts- und Liquiditätsvorschriften eingeschränkt, bis die derzeitige Globalisierungswelle diese Restriktionen faktisch aushebelte. Und schließlich verloren die geschwächten privaten Banken während des Nationalsozialismus sehr weitgehend ihre Funktion des Bereitstellens oder der Vermittlung von Investitionskapital, die mittlerweile politischen, vor allem rüstungspolitischen Imperativen folgte, und die durch die staatliche Lenkung des Kapitalmarkts, zunehmend unter Umgehung des privaten Bankgewerbes gesteuert wurde. Zugang zu den eigentlichen Leistungen des Finanzsystems erhielten Industrieunternehmen nun häufig durch Zugang zum politischen System.[13]

IV.

Wie in allen Verliererstaaten des Ersten Weltkriegs (darunter auch in denjenigen, die sich zumindest selbst als Verlierer ansahen, wie Italien), und in fast allen neuen Staatsgebilden, die aus den Pariser Vorortverträgen hervorgegangen waren, geriet die liberale Demokratie auch in Deutschland während der 1920er Jahre in eine tiefe Krise. Die Inflation „machte Mitteleuropa für den Faschismus reif",[14] indem sie die Mittelschichten von den liberalen Parteien in die Arme der radikalen, antisemitischen Nationalisten trieb, die auf die Beseitigung der parlamentarischen Demokratie und eine mehr oder weniger gewaltsame Revision des Versailler Systems drängten. Damit stand aber auch die oben erläuterte Position Deutschlands im internationalen Finanz- und Weltwirtschaftssystem zur Disposition. Unter dem Eindruck der Weltwirtschaftskrise suchte die Mehrzahl der deutschen Herrschafts- und Funktionsträger in Politik, Verwaltung, Justiz, Kultur und Wirtschaft nach autoritären Lösungen für die seit langem schwelende Legitimationskrise der Weimarer Republik. Ihr Ziel war es, den demokratischen Einfluss auf Politik (und Wirtschaft) weitestmöglich zurückzudrängen. Als das SPD-geführte Kabinett des Reichskanzlers Hermann Müller 1930 über die Finanzierung der Arbeitslosenversicherung zerbrach, begann eine Politik der sukzessiven Ausschaltung des Parlaments. Das Problem der Massenarbeitslosigkeit stellte dabei den entscheidenden Hebel dar: Die Arbeitgeber behaupteten, selbst eine geringe Erhöhung der Beiträge zur Arbeitslosenversicherung sei wirtschaftlich untragbar. Die Arbeitgeber-nahe

---

12 Vgl. die Überlegungen bei Stichweh 2005.
13 Buchheim 2006; Scherner 2006; Kershaw 2002, S. 80-111; Bähr 2006; Gall et al. 1995, S. 315-408.
14 Hobsbawm 1995, S. 121.

DVP, an deren Weigerung, einer Erhöhung der Beiträge zur Arbeitslosenversicherung um einen halben Prozentpunkt mitzuverantworten, die Koalition zerbrochen war, stimmte jedoch nur wenige Monate später in einer Regierung ohne SPD-Beteiligung (und ohne Mehrheit im Reichstag) einer Beitragserhöhung um nicht weniger als insgesamt drei Prozentpunkte zu.[15] Dem schwerindustriellen Flügel der DVP ging es weniger darum, die Beitragssätze zu senken als vielmehr darum, den politischen Einfluss der SPD – immerhin der größten demokratischen und prorepublikanischen Partei – auszuschalten. Die Ursache für diese Vorgehensweise lag in der Verhärtung der sozialpolitischen Positionen der rheinisch-westfälischen Schwerindustriellen spätestens seit den „Ruhreisenstreit" vom Herbst 1928. Ihre Vorstellung von einer „freien Wirtschaft" unter der uneingeschränkten Führung und Handlungsmacht der Unternehmer stellte sie mehr und mehr in den offenen Widerspruch zu den sozialstaatlichen und parlamentarisch-demokratischen Grundlagen des politischen Systems.[16] Paul Reusch, der politisch sehr einflussreiche Generaldirektor der Oberhausener Gutehoffnungshütte, erklärte bereits 1929 die Möglichkeiten der normalen Lobbyarbeit des wichtigsten Spitzenverbandes, des Reichsverbandes der Deutschen Industrie, für ausgeschöpft. Denkschriften seien sinnlos, solange „die grundlegenden Fragen der innerpolitischen Machtverteilung" nicht im Sinne der Unternehmerschaft gelöst seien. Es müsse nun darum gehen, die Abwehrfront gegen den fortschreitenden Marxismus „mit allen Mitteln zu fördern und auf die bürgerlichen Parteien einen Druck dahin auszuüben, dass sie sich endlich zu einem wirksamen Widerstand gegen den Sozialismus auf allen Gebieten unserer Innenpolitik aufraffen".[17]

Schon die bloße Existenz der mit Unterstützung der Unternehmerschaft nun etablierten Präsidialkabinette, die sich ohne parlamentarische Mehrheit auf Notverordnungen des Reichspräsidenten stützten, stellten alsbald eine erhebliche Einschränkung des demokratischen Prinzips dar; dass der neue Reichskanzler Heinrich Brüning sich wiederholt weigerte, den Reichstag und seine Ausschüsse einzuberufen zeigt, dass es sich dabei keineswegs um einen systemischen Nebeneffekt handelte. Brüning nutzte die Massenarbeitslosigkeit der Weltwirtschaftskrise mehr oder weniger offen aus, um die westlichen Siegermächte und Reparationsgläubiger mit dem Argument zu erpressen, nur die vollkommene Streichung der Reparationen könne die politische Radikalisierung, das heißt die gewaltsame Beseitigung der Versailler Nachkriegsordnung, und die Ausbreitung des Massenelends bremsen.[18] Gerade der Zusammenbruch des internationalen Kreditsystems, der die deutsche Wirtschaft so schwer traf, sollte als Instrument zur Rückgewinnung einer deutschen Großmachtposition dienen. Seine Politik der Deflation und der Einschränkung sozialer Leistungen wollte Brüning daher unter keinen Umständen durch gegenläufige Reichstagsforderungen nach einem Ausbau sozialstaatlicher Leistungen gefährden.

Stand in dieser ersten Phase der autoritären Präsidialkabinette die Inkaufnahme der Massenarbeitslosigkeit sowie der Abbau parlamentarischer Mitwirkungsrechte und damit der politischen Partizipationsmöglichkeiten breiter Bevölkerungskreise noch ganz im Schatten außenpolitischer Zielsetzungen, so erfolgte in der zweiten Phase nicht nur ein weiterer, nun tatsächlich das bis dahin etablierte System sozialer Sicherung in seiner Substanz zerstörender Leistungsabbau, sondern auch und vor allem ein dramatisches Ausmaß

---

15 Hentschel 1983, S. 116-32.
16 Weisbrod 1978, S. 457.
17 Zitiert nach Weisbrod, S. 467.
18 Winkler 1993.

politischer Exklusion. Zwei Stichworte mögen hier genügen: der so genannte „Preußenschlag" von Sommer 1932 und die Konzeption des „neuen Staates" unter Reichskanzler Franz von Papen. Im „Preußenschlag" setzte die Reichsregierung Papens mittels einer präsidialen Notverordnung, aber durchaus unter Bruch der Reichsverfassung, die SPD-geführte preußische Landesregierung ab. Damit war das wichtigste demokratisch-republikanische „Bollwerk" Weimars geschleift, und darin bestand auch das Ziel der Aktion: In einer Situation, in der mit dem offenen Bürgerkrieg gerechnet werden musste, konnte nun der größte deutsche Sicherheitsapparat (die preußische Polizei) durch die Einsetzung eines Reichskommissars unkontrolliert vom Parlament für die antidemokratischen Ziele der Reichsregierung eingesetzt werden. Der „Preußenschlag" stellte nur einen – allerdings wichtigen – Ausschnitt der Strategie der „alten Eliten" dar, den politischen Einfluss der Arbeiterschaft zu brechen (was sich nur durch die Schwächung oder Ausschaltung demokratischer Institutionen bewerkstelligen ließ), und sich die Massenunterstützung durch die Nationalsozialisten zu sichern. Die dahinter stehenden politischen Ordnungsvorstellungen werden im Konzept des „neuen Staates" sichtbar, wie es im Umfeld des Reichskanzlers Franz von Papen diskutiert wurde. Unter diesem Begriff verbarg sich nur eines der verschiedenen zeitgenössischen, in fast ganz Europa diskutierten „organisch-korporatistischen" und antidemokratischen politischen Ordnungsmodelle, das nicht, wie die von der KPD oder der NSDAP verfochtenen Ideologien, den politischen Triumph der „Massen" propagierte (sei dies in Form der „Volksgemeinschaft" oder aber in derjenigen der revolutionären proletarischen Massen), sondern gerade die politische Ausschaltung eben der „Massen" bezweckte.[19] Dies sollte hauptsächlich durch eine Veränderung des Wahlrechts, die Einschränkung und weitgehende Entmachtung des gewählten Parlaments und durch die Formierung einer zweiten Kammer geschehen, deren Mitglieder berufsständisch zusammengesetzt und vom Reichspräsidenten ernannt werden sollten.[20]

In diesem Horizont mussten alle Präsidialregimes der Wahlbevölkerung als das erscheinen was sie waren: nämlich Versuche, die politische Ordnung in Deutschland sogar hinter den Stand des Kaiserreiches mit seinem gleichen und geheimen Männerwahlrecht zurückzudrehen. Und so konnten die Nationalsozialisten die demokratische Ordnung bekämpfen und sich gleichzeitig als Anwälte der Massenpartizipation geben. Mit anderen Worten: Während die Präsidialregimes politische und wirtschaftlich-soziale Exklusion verkörperten, bot der NS der Mehrheit der Bevölkerung politische (und wie zu zeigen sein wird: ideologisch-soziale) Inklusion.

V.

Parallel zum Verfall der Leistungskraft des Finanzsystems und seinem daraus folgenden Autonomieverlust durch graduelle politische Substituierung, und ebenfalls parallel zum weitgehenden Ausschluss der Wahlbevölkerung aus dem politischen Geschehen erfolgte, ebenfalls durch politische Eingriffe, die Zerstörung der autonomen Preisbildung für einen weiteren Produktionsfaktor, nämlich der Arbeitskraft.

---

19 Reitmayer 2009.
20 Winkler 1993, S. 524-26.

Bekanntlich stellte die Deflation von Löhnen und Preisen ein zentrales Charakteristikum der Wirtschaftspolitik von Reichskanzler Heinrich Brüning dar.[21] Eine Absenkung der Preise sollte den Umsatz der Unternehmen ankurbeln; dazu war es jedoch notwendig, parallel die Löhne der Beschäftigten zu senken. Dass in diesem Zusammenhang auch die Lebensmittelpreise hätten gesenkt werden müssen, aus politischen Gründen jedoch nicht gesenkt werden konnten (Brüning war ja gerade zum Reichskanzler ernannt worden, um die Forderungen der Landwirtschaft zu erfüllen), sei nur am Rande vermerkt. Um eine solche Politik zu verfolgen, standen im Wesentlichen zwei Mittel zur Verfügung: die Möglichkeit der staatlichen Zwangsschlichtung bei Arbeitskämpfen sowie Notverordnungen des Reichspräsidenten. Die Regierungen Brüning und Papen machten von diesen Mitteln reichlich Gebrauch:[22] Denn gesenkt wurden nicht nur die Löhne, Gehälter, Besoldungen usw. der staatlich Bediensteten, gegenüber denen das Reich unmittelbar als Arbeitgeber auftrat, sondern durch gezielte Eingriffe in das Tarifrecht wie in laufende Tarifkonflikte auch die Verdienste breiter Gruppen von Beschäftigten der Privatwirtschaft. Bereits im März 1931 wurden per Notverordnung die Möglichkeiten staatlicher Zwangsschlichtung ausgeweitet, im September des selben Jahres Lohnkürzungen im Ruhrbergbau um rund 7% verordnet, im Dezember schließlich wurden die Tarifpartner zu einer „tariflichen" Lohnsenkung um 10 bis 15% bei verlängerten Laufzeiten gezwungen. Die Regierung Papen setzte diese Linie bruchlos fort, ja verschärfte sie sogar: Im September 1932 gestattete sie den Arbeitgebern, Tariflöhne zu unterschreiten, wenn damit möglicherweise neue Arbeitsplätze geschaffen würden; im Folgemonat verbot sie Kampfmaßnahmen der Beschäftigten gegen Lohnsenkungen. Die nationalsozialistische Zerschlagung der Gewerkschaften im Mai 1933 und das „Gesetz zur Ordnung der nationalen Arbeit" vom 20.1.1934 stellten gewiss politische Radikalisierungen dieser Linie dar, die man Brünings Absichten nicht ohne weiteres wird unterstellen können (obwohl die wissenschaftliche Diskussion darüber offengeblieben ist, ob Brüning als Reichskanzler tatsächlich die Wirtschaftspolitik zur bewussten Zerschlagung der Weimarer Republik als repräsentativer und sozialstaatlich unterfütterter Demokratie instrumentalisiert hatte).[23] Doch funktional gesehen standen die Aushöhlung des Arbeitsrechts und die Beseitigung der Interessenvertretungen der Arbeitnehmer in der Kontinuität der Ausschaltung der Marktmechanismen für die Preisbildung des Faktors Arbeit.

Nun stellte das Absenken von Löhnen und Sozialversicherungsbeiträgen sowie die Schwächung der gewerkschaftlichen Verhandlungsmacht zweifellos seit Beginn der Weimarer Republik ein zentrales Anliegen der Arbeitgeber dar. Aber es wäre ein Kurzschluss, Brüning hier als Erfüllungsgehilfen industrieller Interessengruppen zu sehen: Seine Wirtschafts- und Sozialpolitik folgte wie erwähnt der Logik einer mit oberster Priorität verfolgten Außenpolitik, die auf die Revision des Versailler Vertrags und der Reparationen hinarbeitete, diesem Ziel wirtschafts- und sozialpolitische Erwägungen bedingungslos unterordnete und dabei mittelfristig auch großes soziales Elend in Kauf nahm oder sogar instrumentalisierte.[24]

Eine solche Politik tiefster Eingriffe in den Wirtschaftsprozess hätte unter anderen Umständen vermutlich den Widerstand der Betroffenen provoziert, und zwar aller Wahr-

---

21 Koops 1977, S. 852.
22 Die Ersetzung von Gesetzen durch Notverordnungen zeigt die diese Regierungspraxis quantifizierende Übersicht 136 bei Wehler 2003, S. 519.
23 Witt 1982.
24 Jochmann 1978.

scheinlichkeit nach auch den der Arbeitgeber, die zwar die „Beseitigung der Tariffesseln"[25] forderten, aber gleichzeitig fürchten mussten, dass sich derart dirigistische Eingriffe eines Tages auch gegen sie selbst richten konnten, wie es nach 1914 wiederholt geschehen war. Immerhin betrieb das Kabinett Brüning keine liberalistische Wirtschaftspolitik, die auf die möglichst ungehemmte Entfesselung der Marktkräfte oder zumindest auf die einfache Ausschaltung der Gewerkschaften setzte, um den Arbeitgebern und Kapitalbesitzern die volle und ungeteilte ökonomische Entscheidungsgewalt in die Hände zu spielen, sondern sie und ihre Nachfolger zogen im Kern ja weitere Steuerungskompetenzen über das wirtschaftliche Funktionssystem an den Staat. Offensichtlich befand sich das ökonomische System in einer derart tiefen Krise, dass seine „Außengrenzen" zu geschwächt waren, um derartige Angriffe abzuwehren, bzw. als dass sich stärkere Kräfte zu deren Verteidigung gefunden hätten. (In einer anderen Perspektive, nämlich im Sinne des Ansatzes von Hall und Soskice, schwächte der Staat seit 1931 den Marktmechanismus als Modus der Inklusion und schaltete ihn teilweise sogar aus, und etablierte an dessen Stelle eine stärkere Koordination zwischen staatlichen Institutionen und Unternehmen und ihren Verbänden unter Ausschluss der Arbeitnehmerinteressen).

VI.

Vor allem in den Großstädten zeigte sich die problematische Integration der deutschen Volkswirtschaft in die internationale Arbeitsteilung: Gute Gründe sprechen dafür, die Stabilitätsjahre der Weimarer Republik makroökonomisch als eine Phase zu interpretieren, in der von der Produktion kapitalintensiver Güter (vor allem Halbzeug) auf die Herstellung arbeitsintensiver Fertigprodukte umgeschwenkt wurde. Den Grund dafür bildete der oben skizzierte Kapitalmangel. Mit dieser Strategie scheinen die deutschen Unternehmen bis 1929/30 große Erfolge auf den Weltmärkten erzielt zu haben; in einer Zeit der Kontraktion des Welthandels nahmen die deutschen Exporte sogar zu. Der Zusammenbruch des Welthandels traf die deutsche Wirtschaft und ihre Beschäftigten doppelt schwer. Besonders in den exportsensitiven Branchen wie dem Maschinen-, Apparate- und Fahrzeugbau, in der Einsen- und Stahlindustrie sowie in der Elektroindustrie war die Arbeitslosigkeit deshalb besonders hoch: Noch im Juni 1933 war fast die Hälfte der Arbeiter im erstgenannten Industriezweig arbeitslos, in den weiteren lag die Quote noch deutlich über 40% (zum Vergleich: in der Textilindustrie hatte die Krise „nur" jeden vierten Arbeiter in die Arbeitslosigkeit gezwungen).[26] Generell versuchten Unternehmen, ihre Stammbelegschaft zu halten. Deshalb entließen sie überwiegend ihre an- und ungelernten Beschäftigten, während sie ihre Facharbeiter nur in die Kurzarbeit schickten. Und Angestellte wurden noch während der Krise vorübergehend sogar zusätzlich eingestellt. Ausweislich der Gewerkschaftsstatistiken wählte gerade die Chemieindustrie diesen Weg.

Während die Kurzarbeiter bei verringertem Einkommen in den Wirtschaftsprozess mühsam integriert blieben, sahen sich Millionen Arbeitslose bereits nach kurzer Zeit nicht einfach gezwungen, mit weniger Geld auszukommen, sondern regelrecht abgeschnitten von den Wirtschaftskreisläufen. Diese Perspektive beruht natürlich auf der Annahme, wohlfahrtsstaatliche Einrichtungen als Teil des ökonomischen Funktionssystems anzusehen,

---

25 Weisbrod 1985.
26 Hachtmann 1987.

weil sie durch deren überwiegend monetären Transferleistungen die Inklusion in die Wirtschaftskreisläufe garantieren.

Die „Reichsanstalt für Arbeitsvermittlung und Arbeitslosenversicherung", die alle Arbeiter und die Mehrzahl der Angestellten pflichtversicherte, war erst 1927 ins Leben gerufen worden. Sie gewährte bei Verlust des Arbeitsplatzes zunächst ein halbes Jahr lang, also 26 Wochen, eine Unterstützungsleistung in Höhe von 35 bis 75% des früheren Einkommens. Nach Auslaufen der halbjährigen Arbeitslosenunterstützung erhielten Erwerbslose noch einmal bis zu 26 Wochen lang Mittel aus der sog. „Krisenfürsorge". Diese stellte jedoch keine Versicherungsleistung dar und beruhte auch nicht auf einem Rechtsanspruch. Und ihr ging eine strenge Bedürftigkeitsprüfung durch das Arbeitsamt voraus. Die dritte Linie schließlich stellte die kommunale Erwerbslosenfürsorge dar. Auch hier fand vor der Unterstützung eine Bedürftigkeitsprüfung statt.

Es ist leicht einseitig, dass bei anhaltender oder gar zunehmender Massenarbeitslosigkeit Langzeitarbeitslose recht schnell auf die unterste Stufe öffentlicher Unterstützung abrutschten. Und selbst diese Stufe bewahrte angesichts zusehends überforderter Kommunalhaushalte nicht mehr vor dem Sturz ins Elend, dessen soziale und sozialpsychologische Folgen die Marienthal-Studie überliefert hat.[27] Die Zahlen sprechen hier eine deutliche Sprache: Zu Beginn der Krise, im März 1930, erhielten noch 2/3 der gemeldeten Arbeitslosen die reguläre Unterstützung der „Reichsanstalt", im Januar 1933 war es nur noch ein knappes Sechstel. Über 40% waren jetzt auf die äußerst geringe kommunale Fürsorge angewiesen, und fast 20% (beinahe 1,2 Millionen Menschen) erhielten gar keine Leistungen.

Die abschüssige Bahn der öffentlichen Unterstützung der Arbeitslosen war jedoch nicht das einzige Problem. Die Notverordnungen der Regierungen Brüning und Papen kürzten nämlich die Dauer und die Höhe der Arbeitslosenunterstützung wie der Krisenfürsorge, und vor allem koppelten sie den Etat der „Reichsanstalt" im Juni 1931 vom Staatshaushalt ab, so dass etwaige Defizite nun nicht mehr ausgeglichen wurden. Das bedeutete tatsächlich die bewusste institutionelle Demontage des Weimarer Sozialstaats. Eine zweite Route auf diesem Weg war das Abschieben der Unterstützung auf die damit völlig überforderten Kommunen, die zunehmend auf Sachleistungen statt auf monetäre Unterstützung auswichen. Das materielle Elend, das diese Maßnahmen hervorriefen, war, das muss erneut betont werden, die Folge genuin *politischer* Zielsetzungen: vorwiegend außenpolitischer unter Brüning, stärker innenpolitisch, nämlich auf die Zerstörung der Demokratie gerichteten, unter Papen. Diese politisch fabrizierte ökonomische Exklusion fand ab 1933 eine bemerkenswerte Umkehrung: Nun erfolgten Serien der politisch-ideologischen *Inklusion*, in denen die Betroffenen entlang der völkisch definierten Linie deutsch-nichtdeutsch (jüdisch) adressiert wurden. Beispielhaft dafür ist das „Winterhilfswerk", das 1930/31 aus einer Initiative der freien Wohlfahrtspflege entstand. Bekanntlich lehnten die Nationalsozialisten sowohl die Arbeit der freien Wohlfahrtspflege als auch die staatlichen Wohlfahrtsinstitutionen vor 1933 entschieden ab. Nach der „Machtergreifung" jedoch wurde das Winterhilfswerk auf spezifisch völkische Weise vom Nationalsozialismus umgeformt von einer Institution, die individuelle Schicksale unterstützen sollte, zu einer Organisation zur völkischen Vergemeinschaftung durch materielle Unterstützung.[28] Dabei kam es sofort zu ersten Maßnahmen der Exklusion, als bereits im September 1933 eine „Bettlerrazzia" durchgeführt

---

27 Jahoda et al. [1933]1982.
28 Tennstedt 1987; Vorländer 1986.

wurde, denn Bettler wurden als ernsthafte Konkurrenz zur Winterhilfe angesehen.[29] Vor allem aber zielte die Winterhilfe auf die Inklusion in die „Volksgemeinschaft", als alle „Volksgenossen" unter der Parole „Gemeinnutz vor Eigennutz" zu Spendenopfern aufgerufen wurden. Auf diese Weise band sie schnell bürgerliche Kreise ein und gewann Sympathien in der ärmeren Arbeiterbevölkerung. Die Winterhilfe bestätigte dabei einerseits den Vorrang des Volkes und der Volksgemeinschaft vor der einzelnen Person, andererseits diente sie nach der Machtergreifung der Disziplinierung und Entpolitisierung der Parteigefolgschaft.

Ähnliches gilt für die Nationalsozialistische Volkswohlfahrt, in der beispielsweise auch Frauen, die Aufgrund der Demontage des Weimarer Sozialstaats 1930/32 keine Integration mehr fanden, durch ganz neue Rollenzuweisungen einbezogen wurden. Nicht zuletzt die Tatsache, dass das Winterhilfswerk ausgerechnet dem Propagandaministerium unterstellt war, zeigt den Vorrang seiner politisch-ideologischen gegenüber der sozialstaatlich-ökonomischen Funktion.

In der zweiten Hälfte der 1930er Jahre änderten sich dann noch einmal die Paradigmen nationalsozialistischer Wohlfahrtspolitik, als unter dem Leitbild der „Volksgesundheit" wohlfahrtsstaatliche Institutionen gemeinsam mit der Polizei die mörderische Ausgrenzung der „Gemeinschaftsfremden" betrieben.[30]

VII.

Am sichtbarsten wurde die ökonomische Systemkrise am millionenfachen Ausschluss von Menschen aus den Wirtschaftskreisläufen. Allerdings ging auch diese Zerstörung des Funktionssystems zunächst auf tieferliegende Probleme der Einbettung Deutschlands in die internationale Arbeitsteilung zurück.

Im Gegensatz zur Inflation der frühen 1920er Jahre, deren Opfer im Wesentlichen die Besitzer von Geldvermögen, also hauptsächlich Angehörige der Mittelklassen, gewesen waren, traf die Weltwirtschaftskrise in erster Linie die Arbeiterschaft, und von dieser am meisten die Industriearbeiter.[31] Massenarbeitslosigkeit war das Charakteristikum der Depression in allen Industriegesellschaften; die Visualisierung der Weltwirtschaftskrise greift fast immer auf Bilder von endlosen Schlangen arbeitssuchender Menschen zurück. In Deutschland scheinen bis zu 90% der Arbeitslosen Industriearbeiter gewesen zu sein.[32] Während der gesamten Weimarer Republik, das heißt auch während der Prosperitätsphase, bestand eine hohe Sockelarbeitslosigkeit, die nur selten unter 5% sank[33] – zum Vergleich: im Vierteljahrhundert vor dem Ersten Weltkrieg scheint die Rate im Durchschnitt nur wenig über 2,5% betragen zu haben.[34] Bereits im Februar 1929 schnellte die Quote dann über 19% hinaus – das waren rund 3 Millionen Menschen,[35] um auf dem Höhepunkt der Krise im ersten Quartal 1933 fast 7,9 Millionen (nach anderen Angaben sogar 8,5 Millionen Ar-

---

29 Tennstedt 1987, S. 178.
30 Sachße/Tennstedt 1992.
31 Henning 2003, S. 343-54.
32 Wehler 2003, S. S. 318.
33 Blaich 1985, S. 59.
34 Hentschel 1983, S. 104.
35 Blaich 1985, S. 59.

beitslose Ende 1932) zu erreichen, das waren knapp 40% aller Erwerbstätigen.[36] Die Massenarbeitslosigkeit war allerdings höchst ungleich verteilt: nach Lebensalter und Geschlecht sowie nach Regionen und Branchen. Ältere Arbeitskräfte und Berufseinsteiger wurden besonders hart getroffen, außerdem Frauen. Und im Übrigen war sie das bestimmende Phänomen der großen Industriestädte. Gerade hier drückte sich zum einen die Schwere der Depression aus, von der neben der deutschen nur die US-amerikanische unter den entwickelten Gesellschaften in vergleichbarem Ausmaß getroffen wurde.

Die dramatischste Folge der Massenarbeitslosigkeit bestand sicherlich in der enorm ansteigenden Selbstmordrate. Vor allem Männer wählten diesen Weg; sie suchten den Freitod rund zweieinhalb Mal häufiger als Frauen.[37] Abschiedsbriefe belegen, dass wirtschaftliche Not die Hauptursache für die Suizidwelle darstellte. Auf dem Höhepunkt der Krise 1932 nahmen sich in Deutschland doppelt so viele Menschen wie in den USA und dreimal so viele wie in Großbritannien das Leben; mit einer Quote von 260 Selbstmorden auf eine Millionen Menschen belegte Deutschland unter den entwickelten Gesellschaften einen traurigen Spitzenplatz.[38] Doch dieses grelle Schlaglicht erhellt die wichtigsten sozialen und psychischen Folgen der Massenarbeitslosigkeit vielleicht weniger als ein Blick auf diejenigen, die der sozialen Krise am hilflosesten ausgeliefert waren: die Kinder der Arbeitslosen. Sie gehörten von Anfang an zu den Hauptopfern der großen Depression, weil sie doppelt getroffen wurden: einerseits von den materiellen und psychischen Entbehrungen der Eltern, und andererseits von der Verknappung oder dem gänzlichen Ausschluss von Nahrung, medizinischer Fürsorge und Bildung. Das preußische Ministerium für Volkswohlfahrt registrierte seit 1931 eine gravierende Verschlechterung des Ernährungsstandes der Volksschulkinder.[39] Während der tägliche Bedarf eines gesunden Kindes zwischen 6 und 14 Jahren bei 1500 bis 2000 Kalorien veranschlagt wurde, erhielten die Kinder von Arbeitslosen nur 530 bis 1140 Kalorien. Die Speisezettel der Familien sprechen diesbezüglich eine deutliche Sprache. In dem von Jahoda et al. untersuchten niederösterreichischen Industriedorf Marienthal verschwand bei jeder sechsten Familie Fleisch vollständig vom Speiseplan; ebenso viele (vermutlich die gleichen) mussten sich mit nur zwei Mahlzeiten am Tag begnügen. Die Hälfte aller Familien konnte sich nur am Sonntag Fleisch leisten.[40] Die deutschen Verhältnisse sahen offensichtlich nicht viel besser aus.[41] Häufig verzichteten Eltern, die selbst nur mit rund einem Drittel des statistischen Ernährungsminimums auskommen mussten, zu Gunsten ihrer Kinder auf Nahrung. Trotzdem konnte es bei diesen Ernährungsverhältnissen nicht ausbleiben, dass sich die Erkrankungen häuften, weil obendrein das Geld für Arztgebühren und Medizin fehlte. Bereits überwunden geglaubte Mangelkrankheiten wie Atrophie (Gewebeschwund infolge von Mangelernährung) und Rachitis breiteten sich bei Kleinkindern aus, wie das preußische Wohlfahrtsministerium im August 1931 feststellte. Der Mangel an Obst und Gemüse ließ den Skorbut in die „Elendsquartiere [sic!] der Großstädte" zurückkehren.[42] Von der mangelhaften Ernährung, dem sich verschlechternden Gesundheitszustand und den Entbehrungen der Eltern blieb auch die Psyche vieler

---

36 Hachtmann 1987, S. 180.
37 Petzina et al. 1978, S. 136.
38 Treue 1967, S. 338.
39 Winkler 1990, S. 42-46.
40 Jahoda et al. [1933]1982, S. 44-50.
41 Winkler 1990, S. 37.
42 Zitiert nach Treue 1967, S. 248.

Kinder nicht unberührt: Allenthalben registrierten Lehrer eine zunehmende Erschöpfung, Apathie, Resignation und die Flucht in Phantasiewelten, aber auch Aufsässigkeit und Neid auf bessergestellte Kinder, sowie eine abnehmende Konzentrationsfähigkeit und daraus folgend ein geringeres schulisches Leistungsvermögen, also schlechtere Schulnoten bei Kindern von Arbeitslosen. Bemerkenswerter Weise litten Mädchen hier offenbar stärker als Jungen; jedenfalls nahm bei ihnen die Häufigkeit überdurchschnittlicher Zensuren bei Arbeitslosigkeit des Vaters eher ab.[43] Noch viel wichtiger für den nachlassenden schulischen Erfolg dürfte allerdings der unmittelbare finanzielle Druck gewesen sein. Aus Marienthal ist überliefert, dass Eltern ihre Kindern nicht in die Schule ließen, weil sie keine Schuhe mehr besaßen.[44] Hinsichtlich ihrer beruflichen Zukunft verbreitete sich bei den Kindern und Heranwachsenden, die die Arbeitslosigkeit ihrer Eltern und gegebenenfalls ihrer älteren Geschwister als schicksalhaft beobachten mussten, eine ausgesprochen fatalistische und gleichgültige Haltung, weil die Vorstellung eines einigermaßen selbstbestimmten Lebenswegs jeder Erfahrung entbehrte. Gleichzeitig etablierte sich bei ihnen eine außerordentlich materialistische, auf unmittelbare dingliche Vorteile ausgerichtete Denk- und Handlungsweise.[45] Auch in den innerfamiliären Intimbeziehungen deuteten sich Verschiebungen an, nämlich eine Verlagerung von der väterlichen Autorität, deren Ernährerrolle durch die anhaltende Arbeitslosigkeit untergraben wurde, hin zur mütterlichen, denn schlechtbezahlte Arbeit fanden eher die Frauen, die obendrein die Selbstachtung des Vaters und der Kinder stützten.

Die Reaktion der etwas älteren, vor allem der großstädtischen (Arbeiter-) Jugend, sah nur auf den ersten Blick anders aus. Sie beantworteten den Ausschluss aus der Arbeitsgesellschaft und von sozialstaatlicher Absicherung, die ihnen Lehrstellen, Arbeitsplätze und Unterstützungen vorenthielten, mit der Bildung so genannter „Wilder Cliquen", in denen sich vorwiegend junge Männer zusammenfanden. Ihre Mitgliederzahl wurde in Berlin 1931 auf rund 14.000 geschätzt. Weibliche Mitglieder waren selten und häufig Objekte des sexuellen Auslebens der jungen Männer. Die wenigsten Cliquen waren explizit politisch orientiert, auch wenn gelegentlich eine gewisse Nähe zur KPD bestand, die die Jugendlichen allerdings nicht dauerhaft zu binden vermochte. Gewalttätige Zusammenstöße waren nicht selten; zum einen mit Angehörigen der bürgerlichen Jugendbewegung, zum anderen mit solchen der Hitler-Jugend. Allerdings stieg die Zahl der Straftaten, vor allem der Eigentumskriminalität, zu dieser Zeit nur geringfügig an: In dieser Hinsicht hatten das Ende des Ersten Weltkriegs und die Inflation der frühen 1920er Jahre eine viel deutlichere Spur gezogen.[46]

Die anhaltende Massenarbeitslosigkeit erzeugte also gerade bei denjenigen, die ihr am hilflosesten ausgeliefert waren, nämlich den Kindern der Arbeitslosen, eine mehr oder weniger weitgehende, in ihrer Verbreitung jedenfalls gravierende Exklusion vom Zugang zum Gesundheitssystem und zum Bildungssystem sowie veränderte Kommunikationsformen in den Intimbeziehungen.

Daneben etablierten sich allerdings auch mehr oder weniger stark offen politisierte Kommunikationsprozesse zur Kompensation zusammengebrochener Arbeitsmärkte und Sozialleistungen, nämlich Prozesse der Denunziation wie der Hilfesuche mit politischem

---

43   Winkler 1990. S. 42.
44   Jahoda et al. [1933]1982, S. 51/52.
45   Winkler 1990, S. 45/46.
46   Petzina et al. 1978, S. 137/38.

oder politisch-sozialem Hintergrund. Nachbarn oder Bekannte wurden bei den jeweiligen Arbeitgebern als Sozialdemokraten oder Kommunisten (also als Feinde der nationalen Arbeit) denunziert, oder aber die Arbeitgeber wurden aufgefordert, die betreffenden aus anderen Gründen zu entlassen, nämlich weil weitere Familienangehörige, in der Regel Ehefrauen, ja Arbeit hätten. Der Vorwurf lautete also, hier bestünde ein Doppelverdienertum. Gleichzeitig versuchten Arbeitslose unter Berufung auf ihren Status als Nationalsozialisten, bei gleichgesinnten Arbeitgebern Anstellung zu finden.[47]

VIII.

Die oben skizzierten Befunde legen den Schluss nahe, dass die Weltwirtschaftskrise zwar in der Entwicklung der deutschen Sozialstruktur keine Trendänderung bewirkte, dass es aber zu deutlichen Formveränderungen von Inklusion und Exklusion im Zeichen der Depression kam. Dabei erhielt die Massenarbeitslosigkeit ihre Schubwirkung allerdings weniger aus sich selbst heraus als vielmehr aus ihrem politisch-sozialen Kontext. Erst die mehr oder weniger bewusste Politik der Krisenverschärfung und der Instrumentalisierung der Krise aus genuin politischen Motiven – großmachtpolitischen einerseits, auf politische Exklusion abzielenden ordnungspolitischen andererseits – verlieh ihr die bekannte zerstörerische Kraft.

Alle diese Entwicklungen belegen nachdrücklich den „Primat der Politik", der ab 1930 sowohl die Demontage als auch die nachfolgende Neugestaltung sozialstaatlicher Inklusion und Exklusion kennzeichnete. Mit der Weltwirtschaftskrise brach in Deutschland für mindestens eineinhalb Jahrzehnte die „Autonome Regulierung" des Funktionssystems Wirtschaft zusammen; statt dessen erfolgten Prozesse der Inklusion wie der Exklusion in das Wirtschaftssystem mittels spezifisch politischer Maßnahmen und mit genuin politischen Zielsetzungen. Alle diese Befunde weisen auf den systemischen Charakter der Depression hin, die eben mehr darstellte als ein ungewöhnlich harter Konjunktureinbruch bei unzureichender sozialer Absicherung. Als dramatische Systemkrise forderte sie vielmehr grundsätzliche Neuarrangements des Systems zu ihrer Überwindung heraus, die dieses aus eigener Logik nicht vorzunehmen in der Lage war, und für immerhin rund ein halbes Jahrhundert Bestand hatten, bevor neue Herausforderungen ihre Fundamente unterspült zu haben scheinen.

Veränderte Formen von Inklusion und Exklusion verweisen dabei durch die geänderten sozialen Grenzziehungen auf grundsätzlich neue Formen der Selbstthematisierung der deutschen Gesellschaft: Ihre Mitglieder fanden zunächst ökonomisch-sozial und politisch keinen Zugang mehr zu den großen Funktionssystemen, bevor sie zum Objekt völkisch-rassistischer Inklusion gerieten.

---

47 Winkler 1990.

Literatur

Bähr, Johannes, 2006: Die Dresdner Bank in der Wirtschaft des Dritten Reichs. München: Oldenbourg.
Bernecker, Walther L., 2002: Europa zwischen den Weltkriegen 1949 – 1945. Stuttgart: Eugen Ulmer.
Blaich, Fritz, 1985: Der Schwarze Freitag. Inflation und Wirtschaftskrise. München: dtv.
Borchardt, Knut, 1979: Zwangslagen und Handlungsspielräume in der großen Krise der frühen dreißiger Jahre. Bayerische Akademie der Wissenschaften, Jb. 1979: S.85-132.
Born, Karl Erich, 1967: Die deutsche Bankenkrise 1931. Finanzen und Politik. München: Piper.
Buchheim, Christoph, 2006: Unternehmen in Deutschland und NS-Regime 1933 – 1945. Versuch einer Synthese. Historische Zeitschrift 282: S. 351-390.
Gall, Lothar et al., 1995: Die Deutsche Bank 1870-1995. München: C.H. Beck
Geiger, Theodor, [1932]1987: Die soziale Schichtung des deutschen Volkes. Soziographischer Versuch auf statistischer Grundlage. Stuttgart: Ferdinand Enke Verlag.
Geißler, Rainer, 1996: Die Sozialstruktur Deutschlands, Opladen: Westdeutscher Verlag.
Hachtmann, Rüdiger, 1987: Arbeitsmarkt und Arbeitszeit in der deutschen Industrie 1929 bis 1939. Archiv für Sozialgeschichte 29: S. 177-227.
Henning, Friedrich Wilhelm, 2003: Handbuch der Wirtschafts- und Sozialgeschichte Deutschlands, Bd. 3/I. Paderborn: Ferdinand Schöningh.
Hentschel, Volker, 1983: Geschichte der deutschen Sozialpolitik 1880 – 1980. Frankfurt/Main: Suhrkamp.
Hobsbawm, Eric J., 1995: Das Zeitalter der Extreme. Weltgeschichte des 20. Jahrhunderts. München: Carl Hanser.
Holtfrerich, Carl-Ludwig, 1982: Alternativen zu Brünings Wirtschaftspolitik in der Weltwirtschaftskrise. Historische Zeitschrift 235: S. 605-631.
Jahoda, Marie et al., [1933]1982: Die Arbeitslosen von Marienthal. Ein soziographischer Versuch. Frankfurt/M.: Suhrkamp.
James, Harold, 1988: Deutschland in der Weltwirtschaftskrise 1924-1936. Stuttgart: DVA.
Jochmann, Werner, 1978: Brünings Deflationspolitik und der Untergang der Weimarer Republik. S. 97-112 in: Stegmann, Dirk et al. (Hg.): Industrielles System und politisches System. Bonn: Verlag Neue Gesellschaft.
Kershaw, Ian, 2002: Der NS-Staat. Geschichtsinterpretation und Kontroversen im Überblick. Reinbek: Rowohlt.
Kindleberger, Charles P., 1973: Die Weltwirtschaftskrise 1929 – 1939. München: dtv.
Koops, Tilmann P., 1977: Zielkonflikte der Agrar- und Wirtschaftspolitik in der Ära Brüning. S. 852-868 in: Mommsen, Hans et al. (Hg.): Industrielles System und politische Entwicklung in der Weimarer Republik. Kronberg: Athenäum/Droste.
Krohn, Claus-Dieter, 1982: ‚Ökonomische Zwangslagen' und das Scheitern der Weimarer Republik. Zu Knut Borchardts Analyse der deutschen Wirtschaft in den zwanziger Jahren. Geschichte und Gesellschaft 8 (3): S. 415-426.
Kruedener, Jürgen von, 1985: Die Überforderung der Weimarer Republik als Sozialstaat. Geschichte und Gesellschaft 11(3): S. 358-376.
Maier, Charles S., 1985: „Die Nicht-Determiniertheit ökonomischer Modelle. Überlegungen zu Knut Borchardts These von der ‚kranken Wirtschaft' der Weimarer Republik. Geschichte und Gesellschaft 11(3): S. 275-294.
Petzina, Dietmar et al., 1978: Materialien zur Statistik des Deutschen Reiches 1914-1945. Sozialgeschichtliches Arbeitsbuch Bd. 3. München: C.H. Beck.
Reitmayer, Morten, 2009: Elite. Sozialgeschichte einer politisch-gesellschaftlichen Idee in der frühen Bundesrepublik. München: Oldenbourg.
Sachße, Christoph und Florian Tennstedt, 1988: Fürsorge und Wohlfahrtspflege 1871-1929. Geschichte der Armenfürsorge in Deutschland Bd. 2. Stuttgart: Kohlhammer.
Sachße, Christoph und Florian Tennstedt, 1992: Der Wohlfahrtsstaat im Nationalsozialismus. Geschichte der Armenfürsorge in Deutschland Bd. 3. Stuttgart: Kohlhammer.
Scherner, Jonas, 2006: Das Verhältnis zwischen NS-Regime und Industrieunternehmen – Zwang oder Kooperation? Zeitschrift für Unternehmensgeschichte 51 (2): S. 166-90.
Stichweh, Rudolf, 2005: Erzeugung und Neutralisierung von Ungleichheit durch Funktionssysteme. S. 163-177 in: Stichweh, Rudolf (Hg.): Inklusion und Exklusion. Bielefeld: transcript.
Tennstedt, Florian, 1987: Wohltat und Interesse. Das Winterhilfswerk des deutschen Volkes: Die Weimarer Vorgeschichte und ihre Instrumentalisierung durch das NS-Regime. Geschichte und Gesellschaft,13 (2): S. 157-180.
Treue, Wilhelm, 1967: Deutschland in der Weltwirtschaftskrise in Augenzeugenberichten. Düsseldorf: Karl Rauch Verlag.

Vorländer, Herwart, 1986: NS-Volkswohlfahrt und Winterhilfswerk des Deutschen Volkes. Vierteljahrshefte für Zeitgeschichte 34 (3): S. 341-380.
Wehler, Hans-Ulrich, 2003: Deutsche Gesellschaftsgeschichte, Bd. 4. München: C.H. Beck.
Weisbrod, Bernd, 1978: Schwerindustrie in der Weimarer Republik. Interessenvertretung zwischen Stabilisierung und Krise. Wuppertal: Peter Hammer.
Weisbrod, Bernd, 1985: Die Befreiung von den ‚Tariffesseln'. Deflationspolitik als Krisenstrategie der Unternehmer in der Ära Brüning. Geschichte und Gesellschaft 11(3): S. 295-325.
Winkler, Heinrich August, 1990: Der Weg in die Katastrophe. Arbeiter und Arbeiterbewegung in der Weimarer Republik 1930 bis 1933. Bonn: J.H.W. Dietz Nachf.
Winkler, Heinrich August, 1993: Weimar 1918 – 1933. Die Geschichte der ersten deutschen Demokratie. München: C.H. Beck.
Witt, Peter-Christian, 1982: Finanzpolitik als Verfassungs- und Gesellschaftspolitik. Überlegungen zur Finanzpolitik des Deutschen Reiches in den Jahren 1930 bis 1932. Geschichte und Gesellschaft 8 (3): S. 386-414.
Ziebura, Gilbert, 1984: Weltwirtschaft und Weltpolitik 1922/24 – 1931. Frankfurt/Main: Suhrkamp.

5 Geld und Finanzmärkte

Geld als universales Inklusionsmedium moderner Gesellschaften
Christoph Deutschmann

1. Einleitung: Das Thema Exklusion/Inklusion in der sozialpolitischen und gesellschaftstheoretischen Debatte

Das Begriffspaar Inklusion/Exklusion erlebt seit längerer Zeit in sozialwissenschaftlichen Diskussionen eine steile Karriere. Martin Kronauer[1] hat darauf hingewiesen, dass das Wort „Exklusion" schon in den sechziger und frühen siebziger Jahren in der französischen Sozialkritik auftauchte. Er sollte damals die Situation von Individuen beschreiben, die aus unterschiedlichen Gründen sich nicht in die Gesellschaft einfügen und an der allgemeinen Wohlstandssteigerung teilnehmen konnten: Drogenabhängige, psychisch Kranke, Delinquenten, ökonomisch Marginalisierte, Behinderte. Nach der Wirtschaftskrise der siebziger Jahre gewann der Begriff eine neue Bedeutung. Als „soziale Exklusion" wurden nun aus lang anhaltender Arbeitslosigkeit und Armut entstehende Zustände sozialer Isolierung von Individuen bezeichnet. Wer „ausgeschlossen" ist, ist nicht nur benachteiligt oder ausgebeutet, sondern einfach „überflüssig". In den USA hatte Gunnar Myrdal schon in den frühen sechziger Jahren den Begriff der „underclass" in die Debatte eingeführt, der die gleichen Sachverhalte beschreibt. In der sozialwissenschaftlichen Armuts- und Ungleichheitsforschung herrscht heute – so resümiert Martin Kronauer – ein breiter Konsens darüber, „daß anhaltende Arbeitslosigkeit, Unterbeschäftigung und Armut eine neue gesellschaftliche Spaltung hervorbringen, und daß sich diese Spaltung im Ausschluß von wesentlichen Teilhabemöglichkeiten an der Gesellschaft niederschlägt".[2]

Eine Karriere erfuhr der Begriff der Exklusion aber auch in einem anderen sozialwissenschaftlichen Kontext, der soziologischen Theorie. Hier war es vor allem Niklas Luhmann, der ihn in die Debatte brachte[3] und damit eine bis heute anhaltende Auseinandersetzung auslöste.[4] Während einer Brasilien-Reise hatte Luhmann die Existenz großer marginalisierter Gruppen in der dortigen Gesellschaft entdeckt. Mit Exklusion meint Luhmann eine Art negativer gesellschaftlicher Integration, die durch den sich wechselseitig verstärkenden Ausschluss von Individuen aus den gesellschaftlichen Funktionssystemen entsteht: „Denn die faktische Ausschließung aus einem Funktionssystem – keine Arbeit, kein Geldeinkommen, kein Ausweis, keine stabilen Intimbeziehungen, kein Zugang zu Verträgen und zu gerichtlichem Rechtsschutz, keine Möglichkeit, politische Wahlkampagnen von Karnevalsveranstaltungen zu unterscheiden, Analphabetentum und medizinische und auch ernährungsmäßige Unterversorgung – beschränkt das, was in anderen Systemen erreichbar ist und definiert mehr oder weniger große Teile der Bevölkerung, die häufig dann auch wohn-

---

1 Kronauer 2002, S. 40 f.
2 Kronauer 2002, S. 11.
3 Luhmann 1995, 1997.
4 Siehe z.B. Bohn/Hahn 2006, Bude/Willisch 2006.

mäßig separiert und damit unsichtbar gemacht werden".[5] Exklusion, so betonte Luhmann, lasse sich in den traditionellen soziologischen Kategorien von Klasse und Schicht nicht angemessen beschreiben; er weist solche Begriffe als „verharmlosend" zurück. Die Differenz zwischen Inkludierten und Exkludierten gehe sehr viel weiter und tiefer als Klassen und Schichtunterschiede, ja: „Das reichlich verfügbare Material legt den Schluß nahe, daß die Variable Inklusion/Exklusion in manchen Regionen des Erdballs drauf und dran ist, in die Rolle einer Meta-Differenz einzurücken und die Codes der Funktionssysteme zu mediatisieren".[6]

Soweit Luhmanns Diagnose eine empirische Komponente enthält, ist sie von dem Exklusionsbegriff der Armuts- und Ungleichheitsforschung vielleicht gar nicht so weit entfernt. Irritieren muss freilich die dramatisierende Zuspitzung. Was sich in Luhmanns „Entdeckung" offenbart, ist ja weniger ein neuer soziologischer Tatbestand – soziale Marginalisierung ist seit den Studien von Jahoda et al., Myrdal, Bourdieu, Wacquant, Sen und vielen anderen ein prominentes Thema der Sozialforschung – als vielmehr ein Problem von Luhmanns Theorie selbst: dass sie kategorial gar nicht in der Lage ist, Phänomene sozialer Inklusion und Exklusion zu erfassen. Wer Inklusion, Exklusion und soziale Ungleichheit analysieren will, muss Individuen und ihre Eigenschaften beobachten. Individuen kommen aber nur in Luhmanns Modell der ständischen, „stratifizierten" Gesellschaft vor, in der Inklusion bzw. Exklusion die Form der sozialen Schichtung annimmt. In modernen Gesellschaften dagegen fehlt eine solche im sozialen System verankerte Positionierung der Individuen, und daher werden auch Klassen- und Schichtbegriffe obsolet.[7] Systeme und Individuen treten auseinander, und auch die Theorie hat es nur noch mit funktional differenzierten, autopoetischen Systemen zu tun, nicht mehr mit Individuen.

Es ist daher nicht nur so, wie Luhmann argumentiert, dass es der modernen Gesellschaft an einer zentralen Instanz zur Steuerung der Inklusion der Individuen mangele. Vielmehr verfügt auch die Luhmann'sche Gesellschaftstheorie selbst aufgrund des Ausschlusses der Individuen aus ihrer kognitiven Landkarte über keine begrifflichen Mittel, um die Mechanismen der Inklusion und Exklusion von Individuen in soziale Systeme zu analysieren. Festgestellt werden kann allenfalls, dass die Teilsysteme in ihrer funktionalen Logik sowohl inklusiv als auch exklusiv strukturiert sind: Sie sind inklusiv strukturiert, insofern die Partizipation an der Wirtschaft, am Recht, an der Politik, der Bildung usw. grundsätzlich jedem Individuum offen steht und niemand a priori ausgeschlossen werden kann. Sie sind exklusiv strukturiert, insofern alle Partizipationen das Individuum immer nur als Träger spezifischer Rollen, nie umfassend einschließen. Erfasst werden also Inklusions- bzw. Exklusions*potentiale*. Ob und in welcher Form die Individuen aber faktisch Zugang zu den einzelnen Systemen haben, kann mit den Mitteln einer Theorie, die Individuen bzw. „psychische Systeme" aus ihrem Gegenstandsbereich ausklammert, gar nicht analysiert werden. Gegenüber Phänomenen sozialer Ungleichheit, Inklusion und Exklusion ist die Theorie funktionaler Differenzierung – darauf weist auch Nassehi[8] hin – strukturell blind.

---

5   Luhmann 1997, S. 630/631.
6   Luhmann 1997, S. 632.
7   „Die Theorie der funktional differenzierten Gesellschaft hat dagegen keinen Platz für den Klassenbegriff. Sie kann zeigen, daß bei funktionaler Differenzierung Schichtunterschiede erzeugt und sogar verschärft werden, obwohl sie funktional ohne Bedeutung sind, ja vielleicht sogar negativ auf die Gesellschaft zurückwirken" (Luhmann 1985, S. 151).
8   Nassehi 1997.

Dieser blinde Fleck muss Luhmann im Zusammenhang mit den Erfahrungen seiner Brasilien-Reise selbst irritiert haben. Die Einführung des Inklusions/Exklusions-Theorems stellt offenbar einen Versuch dar, das Manko zu beheben. Luhmann versucht, die Indifferenz der Theorie gegenüber der Individualebene zu überwinden, indem er das Konzept des „Netzwerkes" als vermittelnde Kategorie zwischen personalen und sozialen Systemen einführt. Er argumentiert nun, dass der individuelle Zugang zu Funktionssystemen durch informelle, auf persönlichen Tauschbeziehungen beruhende soziale Netzwerke hergestellt wird, die als „Türhüter" für die Aufnahme in offizielle Positionen fungieren und die Rationalität der Funktionssysteme parasitär für sich nutzen. Exklusion entsteht, wenn Individuen keinen Zugang zu solchen Netzwerken finden.[9] Diese überraschende These wirft gravierende Fragen auf: Bezieht sie sich nur auf Schwellenländer oder auch auf entwickelte moderne Gesellschaften? Müsste man nicht genauer zwischen Funktionssystemen unterscheiden, die Zugehörigkeit auf der Basis von institutionellen Kriterien regeln (und daher für den Einfluss von Netzwerken weniger anfällig sind) und anderen Funktionssystemen, in denen die Kriterien für Zugehörigkeit weniger formalisiert sind; man denke z.B. an die Unterschiede zwischen Staatsbürgerschaft und Heiratsmarkt? Und schließlich ist die Unterscheidung von Inklusion und Exklusion selbst paradox: Inklusion ist einerseits das Gegenteil von Exklusion, andererseits aber auch ihre Voraussetzung, denn Exklusion ist ja immer Exklusion *innerhalb* der Gesellschaft. Wie lassen sich diese Paradoxien auflösen?[10]

2. Zum Verhältnis von Armut und Exklusion

Das Luhmann'sche Inklusions/Exklusions-Theorem führt – soviel wird klar – in schwierige, bislang offenbar noch kaum gelöste Probleme der Theoriekonstruktion. Sein Beitrag zur sachlichen Klärung der in der Armuts- und Ungleichheitsforschung angesprochenen Probleme ist dagegen durchaus ungewiss. Ich möchte das Thema Inklusion/Exklusion in einer anderen, theoriebautechnisch weniger belasteten Perspektive diskutieren. Ausgangspunkt der Debatte ist, wie die Kronauer'sche Rekapitulation der Begriffsgeschichte gezeigt hatte, das Phänomen der Armut. Um den Unterschied zwischen Exklusion und Armut zu klären, ist zunächst eine Verständigung über den Armutsbegriff selbst notwendig. Die Forschung hat auch hier einen großen Reichtum an Definitionen – absolute, relative, politische Armut, das sog. „Lebenslagenkonzept" u.a.[11] – hervorgebracht. Die meisten Autoren sind sich noch immer darüber einig, dass das Thema „Geld" bei der Erklärung von Armut eine Schlüsselrolle spielt. Als „arm" werden Personen bezeichnet, deren Geldeinkommen nicht oder gerade ausreicht, um eine dem Existenzminimum oder zumindest dem geltenden zivilisatorischen Minimum[12] entsprechende Lebenshaltung abzudecken. Armut ist ein Zustand geringen Einkommens, der auf unterschiedliche Ursachen, meist Arbeitslosigkeit, prekäre Arbeitsverhältnisse oder Erwerbsunfähigkeit, zurückgehen kann. Auf politischer Ebene zeichnet sich jedoch, unterstützt auch durch entsprechende Initiativen der EU-Kommission seit 1990[13], die Tendenz ab, den angeblich „ökonomisch verengten" Armutsbegriff durch einen

---

9   Luhmann 1995, S. 249 f.
10 Vgl. die Kritik an Luhmann bei Kronauer 2002 und Nassehi 2006.
11 Vgl. Jacobs 2000.
12 In der Regel werden bekanntlich Armutsgrenzen zwischen 40 und 60 Prozent des individuellen Haushaltsnettoäquivalenzeinkommens herangezogen.
13 Munck 2005, S. 21 f.

umfassenderen Begriff der sozialen Exklusion zu ersetzen, der über die „bloß materielle" Dimension hinaus auf die kulturellen und politischen Formen der Teilhabe Bezug nimmt. Unterstützung erhält diese Argumentation durch die schon erwähnten Beiträge Luhmanns und anderer systemtheoretischer Autoren, die die Frage nach dem Unterschied zwischen Armut und Exklusion durch die Unterscheidung verschiedener Dimensionen gesellschaftlicher Integration beantworten: Während der Arbeitsmarkt und das Medium Geld für die „ökonomische Integration" zuständig seien, begründe politische Teilhabe die politische, die kulturelle Teilhabe die kulturelle Integration.[14] Armut kann dann als „nur" ökonomische Exklusion von „umfassender", d.h. auch politischer, sozialer und kultureller Exklusion unterschieden werden.

Hier stoßen wir erneut auf die schon erwähnte theoriebautechnische Blickverengung. Die empirische Armutsforschung seit der berühmten „Marienthal"-Studie von Jahoda et al., aber auch schon genauere Alltagsbeobachtungen liefern reichliche Evidenz dafür, dass dauerhafte Armut bereits ein Zustand umfassender sozialer Exklusion *ist*. Der durch Arbeitslosigkeit, gesundheitliche Probleme oder andere Ursachen bedingte Einkommensmangel führt *eo ipso* nicht nur zu einer materiellen Unterversorgung, sondern auch zu einer Beeinträchtigung der sozialen, politischen und kulturellen Teilhabechancen. Auch in der Deutung der Betroffenen selbst stehen, wie Böhnke[15] auf der Basis aktueller empirischer Untersuchungen gezeigt hat, Marginalisierungserfahrungen in erster Linie mit finanziellen Engpässen und einer schwierigen Arbeitsmarktanbindung in Verbindung. Das Medium Geld vermittelt nicht nur den Zugang zu materiellen Gütern, sondern auch die Chance, Freunde einzuladen, Restaurants, Kultur- und Bildungsveranstaltungen zu besuchen, politisch aktiv zu sein usw.. Es wäre willkürlich, hier zwischen „ökonomischer", „sozialer", „politischer", „kultureller" Teilhabe unterscheiden zu wollen: Geld gewährleistet zwar nicht schon per se die anderen Formen der Teilhabe, ist aber immer die notwendige Voraussetzung. Auch scheinbar rein politisch-rechtliche Formen der Marginalisierung wie die Ausgrenzung von Migranten erweisen sich als monetär fundiert: Die Illegalen oder nur Geduldeten sind in aller Regel diejenigen, die kein Geld mitbringen; Migranten dagegen, die Geld und Vermögen mitbringen, wird der rote Teppich ausgerollt. Von daher könnte man die Berechtigung einer prinzipiellen Unterscheidung zwischen Armut und Exklusion mit guten Gründen bestreiten.[16] Sinnvoll erscheint die Unterscheidung am ehesten, wenn man die Zeitdimension in den Vordergrund rückt und Exklusion als einen Zustand individueller Sekundäranpassung an dauerhafte und verfestigte Armut definiert. Die Verfestigung der Armut ist ihrerseits meist durch Langzeitarbeitslosigkeit oder eine prekäre Arbeitsmarktposition bedingt, die ihrerseits wiederum unterschiedliche Ursachen (geringe Qualifikation, ethnische Diskriminierung, gesundheitliche Probleme) haben können.

Die grundsätzlichere Frage hinter diesen Definitionsproblemen ist die nach der Rolle des Geldes als Medium gesellschaftlicher Inklusion. Luhmann betrachtet Geld als Kommunikationsmedium des Wirtschaftssystems und stellt es auf eine Ebene neben die Medien der anderen funktional spezialisierten Teilsysteme der Gesellschaft. Er lehnt ausdrücklich die Vorstellung einer „Hierarchie" beziehungsweise eines Primats eines Mediums über andere ab: „Als Form gesellschaftlicher Differenzierung betont funktionale Differenzierung mithin die Ungleichheit der Funktionssysteme. Aber in dieser Ungleichheit sind sie gleich. Das

---

14   So z.B. Münch 1997.
15   Böhnke 2006.
16   Veit-Wilson 1998.

heißt: das Gesamtsystem verzichtet auf jede Vorgabe einer Ordnung (zum Beispiel: Rangordnung) der Beziehung zwischen den Funktionssystemen".[17] Entgegen dieser Position soll hier, gestützt auf die Geldtheorie Georg Simmels, aber auch auf neuere kritische Kommentare zu Luhmann die These vertreten werden, dass eine Hierarchie der Medien durchaus möglich ist, und dass das Geld in der heutigen Gesellschaft die Rolle eines dominanten Mediums erfüllt. Es ist ein universales, kein nur „ökonomisches" Medium, denn von ihm hängt direkt oder indirekt die Inklusion der Individuen in *alle* Teilsysteme der Gesellschaft ab. Diese These möchte ich im Folgenden ausführen und begründen.

3. Die latente Dominanz des Geldmediums

Die Leistung des Mediums Geld besteht nach Luhmann darin, dass es die Kommunikation über das Problem der Güterknappheit vermittelt. Es stellt sicher, dass die einen zuschauen, während die anderen zugreifen, unter der Bedingung nämlich, dass die Zugreifenden zahlen.[18] Diese Konzeptualisierung lehnt sich eng an die ökonomische Konzeptualisierung des Geldes als „Tauschmittel" und die darauf aufbauende Parsons'sche Konzeption an. Bereits Georg Simmel hatte in seiner seit den neunziger Jahren in der Soziologie wieder verstärkt diskutierten „Philosophie des Geldes"[19] freilich deutlich gemacht, dass die ökonomische Interpretation in entscheidenden Punkten verkürzt ist und den Vermögenscharakter des Geldes vernachlässigt.[20] Simmel fasst das Geld als die abstrakteste Form der „Gegenseitigkeitsverhältnisse"[21] der Menschen. Die umfassenden, nicht nur sachlichen, sondern auch sozialen, zeitlichen räumlichen Dispositionsmöglichkeiten, die Geld seinem Eigentümer bietet, sind ein Tatbestand von weitaus mehr als nur „ökonomischer" Bedeutung. Geld vermittelt nicht nur die Kommunikation über die Verteilung knapper Güter, sondern ist Simmel zufolge die Grundlage „individueller Freiheit": Mitten in einer Gesellschaft, die die Individuen wie nie zuvor voneinander abhängig gemacht hat, bietet es den Individuen die Chance der freien Wahl der Gegenstände, Zeitpunkte, Partner ihrer Transaktionen und erlaubt es ihnen so überhaupt erst, sich zu individualisieren. Geld ist nicht nur Kaufkraft, sondern „Vermögen". Wer über es verfügt, „hat" nicht nur etwas, sondern „kann" etwas. Es ist nicht bloß Knappheitsindikator, sondern vor allem selbst knapp. Es ist sowohl extrinsisch begehrt, wegen der Güter, deren Erwerb es vermittelt, als auch intrinsisch wegen der in ihm verkörperten Wahlfreiheiten. Der Unterschied zwischen dem Reichen und dem Armen ist nicht in erster Linie der, dass dieser besser mit Gütern ausgestattet ist als jener, sondern vor allem: dass dieser wählen kann, jener nicht.[22] Die Güter selbst haben, wie die Konsumsoziologie und Lebensstilforschung seit Veblen aufgezeigt haben, vielfach auch gar keine andere Funktion, als diesen Unterschied zu symbolisieren. Der Arme kann immer nur das Notwendigste nehmen; der Reiche ist nicht nur frei in seinen Kaufentscheidungen,

---

17   Luhmann 1997, S. 746.
18   Luhmann 1988, Baecker 2006.
19   Simmel [1900]1989.
20   Deutschmann 2000, 2001, Paul 2004.
21   Simmel [1900]1989, S. 10.
22   Simmel [1900]1989, S. 277. Wie essentiell der Unterschied zwischen der Geldform und der Sachform selbst bei vergleichsweise kleinen Beträgen ist, zeigen Auseinandersetzungen wie die um das Sachleistungsprinzip in der deutschen Asylgesetzgebung. Die durch Geld verbürgte Freiheit schließt im übrigen, wie Simmel gezeigt hat, auch die Freiheit des Reichen zu freiwilliger Askese ein; auch hier zeigt sich die Oberflächlichkeit der Gleichsetzung von finanziellem Vermögen und „materiellem Wohlstand".

sondern auch frei, nichtwirtschaftliche, kulturelle, politische Tätigkeiten und Ämter zu übernehmen. Die Geldwirtschaft befreit die Menschen aus dem Zwang des „Ganz oder gar nicht"; sie ermöglicht es auch, zweckorientierte Organisationen zu bilden, ohne die Freiheit der eigenen Person zu opfern.[23] Geld ist, mit anderen Worten, die Basis moderner, funktional differenzierter Vergesellschaftung. Recht, Wissenschaft und Politik sind nicht möglich ohne Organisationen; Organisationen aber sind nicht möglich ohne Geld. Und schließlich: Indem das Geld persönliche in funktionelle Abhängigkeiten verwandelt, erlaubt es den Individuen erst, sich selbst zu finden. Damit ist das Geld nicht nur die Basis der organisierten, sondern auch der intimen Sozialgebilde, der modernen Freundschaft und Liebe, in denen die Menschen sich ganz als Individuen aufeinander beziehen.

An Simmel anschließend, hat Axel Paul[24] aufgezeigt, dass Geld sich in einer Reihe von wichtigen Aspekten von anderen Kommunikationsmedien unterscheidet. Zum einen wird Geld im Unterschied zu allen anderen Medien nicht mitgeteilt, sondern übertragen. Der Zahlende verliert, was er an den Zahlungsempfänger abgibt, die mitgeteilte Information dagegen steht dem Sender und dem Empfänger gemeinsam zur Verfügung. Im Fall des Geldes nimmt das Medium selbst eine quasi-dingliche Form an, während bei den anderen Hauptmedien (Macht, Liebe, Wahrheit) das Medium selbst in den Hintergrund tritt und die mitgeteilten Informationen nur konnotiert. Die quasi-dingliche Form ermöglicht ein weitgehend kontextfreies Funktionieren des Geldes, während bei den anderen Medien die Annahme der Botschaft nur dank der spezifischen Kontextbindung sichergestellt wird.[25] Zum zweiten: Was durch Geld übertragen wird, ist nicht Information, sondern unreduzierte Komplexität. Was der Zahlungsempfänger mit dem erhaltenen Geld anfängt, ist ihm völlig freigestellt; eben darauf beruhen die von Simmel beschriebenen „individualisierenden" Potentiale des Geldes. Dagegen ist im Fall der anderen drei Medien gerade die Akzeptanz der mit dem Medium verknüpften spezifischen Mitteilung durch den Empfänger für das Gelingen der Kommunikation wesentlich: Gerichtsvorladungen müssen befolgt, Verabredungen zwischen Liebenden eingehalten, wissenschaftliche Hypothesen punktgenau verifiziert oder falsifiziert werden. Ein dritter, damit eng zusammenhängender Aspekt ist, dass Geld im Unterschied zu den anderen Medien bereits „in oder an sich reflexiv" ist.[26] Auch Macht, Liebe, Wahrheit können als Kommunikationscodes reflexiv verwendet werden, jedoch handelt es sich dabei um historisch voraussetzungsvolle und unwahrscheinliche Errungenschaften. Geld dagegen vermittelt dagegen per se immer schon *Tauschchancen*, nicht konkrete Tauschoperationen, und diese Reflexivität lässt sich wiederum – ebenfalls im Unterschied zu den anderen Medien – in Form von Finanzmarktartefakten wie Wertpapieren oder Derivaten nahezu beliebig steigern.

Bereits aufgrund dieser Besonderheiten kann offenbar das Geld nicht einfach mit den anderen Medien auf eine Stufe gestellt werden. Aus den von Paul genannten Charakteristika der inhärenten Offenheit und Reflexivität ergibt sich, dass Geld ein erheblich höheres Maß an Komplexität prozessiert als die anderen Medien. Für die gleiche Schlussfolgerung sprechen die Unterschiede in der Reichweite der verschiedenen Medien: Liebe ist auf die Ebene der Interaktion beschränkt, Politik und Recht sind an den Rahmen des Nationalstaats

---

23 Simmel [1900]1989, S. 465.
24 Paul 2002, 2004, S. 233 f.
25 Die Aufforderung „Zahlen Sie bis zum 15.2. 1000 Euro" wird nur befolgen, wer weiß, dass es sich um einen Bescheid des Finanzamtes handelt.
26 Paul 2004, S. 240.

gebunden. Das Medium Wahrheit ist zwar nicht an nationale Grenzen gebunden, aber außerhalb des Teilsystems der Wissenschaft kommt man mit ihm nicht weit. Allein Geld ist wahrhaft universal in dem Sinne, dass es nicht nur alle Länder der Erde, sondern auch alle gesellschaftlichen Subsysteme durchdringt.[27] Es ist sowohl ein globales (a.) als auch ein systemübergreifendes (b.) Medium:

a. Wer in einem globalen kapitalistischen System über Finanzvermögen verfügt, kann nationale Grenzen leicht überwinden und immer auch woanders investieren. Ihm stehen mehr Optionen zur Verfügung als Politikern, Wissenschaftlern, Liebenden. Der Geldvermögensbesitzer ist – im Sinne Simmels[28] – der „Fremde", der bleibt, dazugehört und zugleich sich überall bewegen kann. Man muss ihn hofieren, damit er sein Geld hier und nicht woanders lässt – notfalls nicht nur durch Preisnachlässe oder Subventionen, sondern gegebenenfalls auch durch Gewährung von akademischen Ehrungen, Ehrenbürgerschaften oder Adelstiteln. Er gehört einem sozialen Bezugssystem an, das umfassender ist als Familien, Nationalstaaten oder Funktionssysteme.

b. Geld ist unentbehrlich nicht nur zur Finanzierung der Wirtschaft, sondern auch aller anderen Funktionsbereiche, von der Wissenschaft, der Politik bis hin zur Bildung und Kunst. Selbst die moderne Liebe als Verhältnis zweier autonomer Personen setzt eigenes Geld beider Partner voraus. Um sich lieben zu können, müssen beide Partner autonom sein; Autonomie ist aber in einer modernen Gesellschaft undenkbar ohne eigenes Geld.[29] Die latente Dominanz des Geldmediums erklärt sich daraus, dass die Interpenetrationsbeziehungen zwischen den verschiedenen Funktionssystemen asymmetrisch strukturiert sind: Zahlungen sind ein unentbehrlicher Teil der Programme aller Funktionssysteme, nicht dagegen Wahrheit, Liebe und Macht.[30] Die Operation der Zahlung als solche eignet sich deshalb auch noch nicht, um die Identität des Funktionssystems „Wirtschaft" zu konstituieren. Trennscharf wird die Grenze des Systems Wirtschaft zur Umwelt erst dort, wo Zahlungen reflexiv organisiert werden, d.h. auf die profitable „Regeneration" der Zahlungsfähigkeit hin orientiert werden, wie Luhmann selbst einräumen muss.[31] Gezahlt werden muss jedoch überall, auch dort, wo der Rückfluss des Geldes nicht das erklärte Ziel ist und er dann auf andere Weise (z.B. über Steuerpflichten oder Familiensolidarität) sichergestellt werden muss. Im Gegensatz zu den anderen Medien ist Geld für eine unbestimmbare Vielfalt von Verwendungen offen. Es ist, nach der Formulierung Simmels, das „absolute Mittel", das gerade wegen seines rei-

---

27 Zumindest gilt dies für das System des globalen Kapitalismus mit konvertiblen Währungen, wie es im 19. Jahrhundert existierte und heute wiedererstanden ist. Weniger offensichtlich ist es für die durch politische Konfrontationen geprägten Zeiten des Faschismus und des Kalten Krieges im 20. Jahrhundert, durch die auch das Denken Luhmanns noch stark beeinflusst zu sein scheint.

28 Simmel [1908]1992, S. 764 f.

29 Wie sehr die Beziehungen zwischen Ehepartnern durch das Fehlen eines eigenen Einkommens der Frau verzerrt werden können, zeigen die Analysen Zelizers (1994) über die Verhältnisse in bürgerlichen Hausfrauenehen in den USA zu Ende des 19. Jahrhunderts. Um Verarmung zu vermeiden, machten die Ehefrauen sich manchmal nachts heimlich an das Portemonnaie des schlafenden Ehemannes heran; über den rechtlichen Status des „Haushaltsgeldes" – darf die Frau z.B. auch ihre eigenen Ausgaben daraus decken? – mussten komplizierte juristische Auseinandersetzungen geführt werden.

30 „Wissenschaft, Politik und Familie (müssen) zwar finanziert, Produktionsprozesse und Handelsströme jedoch nicht rational begründet, kollektiv verbindlich festgelegt oder auf das Gefühlsleben seiner Liebsten hin abgestellt werden." (Paul 2004, S. 239)

31 Luhmann 1988, S 55.

nen Mittelcharakters über seinen Status als „Mittel" hinaus zu einem „das praktische Bewußtsein ganz ausfüllenden Endzweck"[32] heranwächst.

Die These der Dominanz des Geldmediums ist nicht in dem schlichten Sinne zu verstehen, dass Liebe, politische Entscheidungen, Recht, Wahrheit einfach „gekauft" werden können, obwohl selbst solche plumpen Formen von Korruption in der Wirklichkeit durchaus vorkommen. Die Mediencodes selbst lassen sich nicht aufeinander reduzieren oder ineinander übersetzen. Von „Dominanz" soll hier vielmehr im Sinne einer *latenten* Dominanz des Geldmediums aufgrund der Asymmetrien auf der Ebene der funktionsspezifischen Systemprogramme die Rede sein. Luhmann selbst räumt diese Möglichkeit ein: „Man muß sich natürlich fragen, ob über diese Kette: Geldabhängigkeit der Organisationen-Organisationsabhängigkeit der meisten Funktionssysteme nicht eine latente Dominanz der Wirtschaft in der modernen Gesellschaft sich durchsetzt".[33] Uwe Schimank[34] hat gezeigt, dass Luhmann auch in anderen Zusammenhängen immer wieder mit dem Gedanken einer Hierarchie der Kommunikationsmedien gespielt, ihn aber nie weiter verfolgt hat. In frühen Arbeiten vertritt Luhmann z.B. die These, dass die mit höherer Eigenkomplexität ausgestatteten Funktionssysteme eine gesamtgesellschaftliche Führungsrolle übernehmen können. Im Zusammenhang mit der Diskussion über die Funktion der Wissenschaft entwickelt er den gegenteiligen Gedanken, dass eine Führungsrolle gerade denjenigen Systemen zukommen könnte, die ihre Funktion *unzureichend* erfüllen und damit zum „Engpaß" gesellschaftlicher Entwicklung werden. Luhmanns Postulat, dass es keinen generell etablierten Vorrang eines Funktionssystems über andere geben kann, ist jedenfalls, wie Schimank zeigt, keineswegs stichhaltig begründet. Nicht haltbar ist insbesondere Luhmanns Argument, dass die gegenseitige Nicht-Substituierbarkeit der Teilsysteme eine hierarchische Beziehung zwischen ihnen ausschließe.

Wenn Geld gegenüber den anderen Medien eine dominante Stellung einnimmt, welche Folgerungen ergeben sich daraus im Hinblick auf die Fragen von Exklusion und Inklusion? Es folgt zunächst eine Begründung für die oben formulierte These, dass auf Dauer gestellte Einkommensarmut *mehr* ist als bloß ein Mangel an Gütern. Sie ist Exklusion, weil sie den Betroffenen die im Geld angelegten Wahlfreiheiten vorenthält und damit nicht nur materiell benachteiligt, sondern indirekt auch von anderen Formen und Ebenen der Teilhabe ausschließt. Dem Nexus von Geld, Eigentum und Arbeit kommt eine Schlüsselrolle für Inklusion wie Exklusion in der modernen Gesellschaft zu. Individuen, die aufgrund schwacher oder fehlender Arbeitsmarkteinbindung ein geringes Einkommen haben, nehmen, wie die empirische Forschung immer wieder gezeigt hat[35], auch signifikant seltener an politischen Wahlen, parteipolitischen, bürgerschaftlichen oder kulturellen Aktivitäten teil, sie sind schlechter in familiäre oder nachbarschaftliche Netzwerke eingebunden als normal bzw. überdurchschnittlich Verdienende, sie haben geringere Bildungschancen und häufiger gesundheitliche Probleme. Geld und Arbeit gewährleisten zwar nicht per se schon die soziale und kulturelle Integration von Individuen, sind aber in aller Regel ihre Voraussetzung; umgekehrt gibt es keine weiter reichende Form sozialer Exklusion erwachsener Personen als den Ausschluss von der Verfügung über Geld. Der Luhmann'sche Hinweis auf die Be-

---

32   Simmel [1900]1989, S. 298.
33   Luhmann 1988, S. 322.
34   Schimank 2005.
35   Vgl. Byrne 2005, S. 61 f. und den Überblick bei Kronauer 2002, S. 151 f.

deutung von Netzwerken wird damit zwar nicht gegenstandslos, aber er verliert seine Schlüsselfunktion für die Erklärung von Inklusion bzw. Exklusion. Auch in einer modernen Gesellschaft ist die Konstitution von Individualität keineswegs den Individuen selbst überlassen; sie muss auch hier sozial gewährleistet und fundiert werden – durch das Medium Geld. Geld ist weit mehr als ein bloß „ökonomisches" Medium. Es vermittelt nicht bloß materielle Zugriffsrechte sondern individuelle Chancen gesellschaftlicher Teilhabe. In diesem Sinne stellt es kein funktional spezialisiertes, sondern universales Medium dar.

Aber auch diese These lässt noch zahlreiche Fragen offen und bedarf weiterer Präzisierung und Vertiefung, insbesondere im Hinblick auf die schon erwähnte paradoxe Beziehung zwischen Inklusion und Exklusion. Mit Recht hat Luhmann die logische Komplementarität von Inklusion und Exklusion betont: „Also gibt es Inklusion nur, wenn Exklusion möglich ist. Erst die Existenz nichtintegrierbarer Personen oder Gruppen lässt soziale Kohäsion sichtbar werden und macht es möglich, die Bedingungen dafür zu spezifizieren".[36] Auch das universale Inklusionsmedium Geld schließt nicht nur ein, sondern grenzt auch aus. Aber diese Ausgrenzung findet, wie Simmel in seinem Exkurs über die Armen[37] gezeigt hatte, immer *in* der Gesellschaft statt. Diese Paradoxie lässt sich – hier folge ich Kronauer – nur im Rahmen einer historischen Betrachtung auflösen, die die Reflexivität und den Wandel von Inklusions-/Exlusionsverhältnissen thematisiert.

4. Die historische Dynamik der Geldinklusion

In der modernen Gesellschaft sind die Medien der einzelnen Funktionssysteme, wie Luhmann feststellt, auf Vollinklusion angelegt, freilich stets nur für ihren spezifischen Bereich: Niemand kann a priori von der Teilhabe an der Wirtschaft, am Recht, an der Staatsbürgerschaft, an der Bildung, am Heiratsmarkt ausgeschlossen werden. Diese Universalisierung war das Ergebnis eines historischen Prozesses der Modernisierung und des Abbaus ständischer Diskriminierungen. Auch beim Medium Geld lässt sich ein solcher Universalisierungsprozess beobachten, in dem das Geld als übertragbares, universales Eigentumsrecht immer größeren Personenkreisen zugänglich gemacht wurde. Idealtypisch lassen sich hier drei Etappen unterscheiden: Die ständische (a), die klassengesellschaftliche (b) und die wohlfahrtsstaatliche (c).

a. In der ständischen Gesellschaft war die Verfügung über Geld an Grund- und Sacheigentum gebunden, zunächst das feudale, später zunehmend das bürgerliche Eigentum. Auch das bürgerliche Eigentum war noch als Sacheigentum, wenn auch durch eigene Arbeit erworbenes (John Locke), definiert und legitimiert. Nichteigentümer wie Fronarbeiter, Leibeigene oder Gesellen waren aus dem Geldnexus ausgeschlossen, gleichwohl aber als Unfreie in die hierarchische Ordnung der Ständegesellschaft eingebunden. Soweit der Begriff der Exklusion hier angewandt werden kann, trifft er nur auf die so genannten „unterständischen" Gruppen, die Bettler, Vagabunden, Tagelöhner zu. In einer besonderen Stellung befanden sich die Juden, die zwar ständisch marginalisiert, dennoch aber dank ihrer Handels- und Kreditgeschäfte in den Geldnexus integriert waren; für Simmel bildeten sie das Vorbild für sein bereits erwähntes Portrait des „Fremden".

---

36 Luhmann 1998, S. 621.
37 Simmel [1908]1992, S. 512 f.

b. In der in Europa mit dem Ende des 18. Jahrhunderts beginnenden klassengesellschaftlichen Epoche entstand, freilich nur allmählich und national bzw. kulturell sehr unterschiedlichen Formen[38], ein allgemeiner Markt für Lohnarbeit. Mit der Bauernbefreiung und der Herstellung der Gewerbefreiheit kam es zu einer Erweiterung des Eigentumsbegriffs auf das menschliche Arbeitsvermögen – eine Veränderung von kaum zu überschätzender historischer Tragweite, für die Karl Polanyi mit Recht die bekannte Bezeichnung „Great Transformation" geprägt hat.[39] Nicht mehr nur Grundherrn und Besitzer von Geld- und Sachvermögen, sondern auch Arbeiter hatten nun den Status von Eigentümern und waren damit auch subjektiv (nicht bloß objektiv, wie Sklaven, die es immer gegeben hatte) in den Geldnexus einbezogen. Jeder, der arbeiten konnte und bereit war, seine Arbeitskraft zu verkaufen, konnte nun, im Prinzip unabhängig von Rasse, Stand, Religion, Nationalität, Geschlecht, dazugehören. Im Vergleich zur traditionalen Gesellschaft zeichnete sich die kapitalistische Klassengesellschaft durch einen signifikant höheren Inklusionsgrad aus. Das bedeutete im Gegensatz zur Auffassung Luhmanns gerade keine Spezifizierung, sondern im Gegenteil eine Universalisierung des Geldnexus und des Geldmediums selbst. Denn erst jetzt wurde die breite Masse der Bevölkerung systematisch in die erwerbswirtschaftliche Lebensweise einbezogen, erst jetzt wurde die elementarste aller gesellschaftlicher „Ressourcen" – das menschliche Arbeitsvermögen – dem direkten Zugriff des Geldes geöffnet und dieses selbst damit in einer nie gekannten Weise aufgewertet. Auch die funktional differenzierten modernen Systeme der Politik, des Rechts, der Wissenschaft, die durchweg Organisation und Lohnarbeit voraussetzen, konnten ihrerseits erst auf dem Boden dieser Universalisierung des Geldnexus entstehen. Gegenüber der ständischen Gesellschaft bedeutete das eine weit reichende Verschiebung der Grenzlinien gesellschaftlicher Inklusion. Die Trennlinie zwischen Inklusion und Exklusion verlief jetzt nicht mehr zwischen Untertanen und Vagabunden, sondern zwischen arbeitenden und nicht arbeitenden oder arbeitsfähigen Armen. Lohnarbeiter waren ausgebeutet und benachteiligt, ihre Integration in die Gesellschaft blieb zunächst aufgrund der noch fortbestehenden ständischen Diskriminierungen und der unzureichenden Absicherung ihrer Eigentumsrechte prekär, aber ihre Leistungen waren für die Gesellschaft unentbehrlich. Die Arbeiterbewegung machte diesen Sachverhalt nur bewusst und verschaffte ihm im Laufe der Zeit auch rechtlich, politisch und kulturell Geltung. Die aus dem Arbeitsmarkt ausgeschlossenen oder nur prekär integrierten „Paupers" dagegen wurden polizeilich diszipliniert, in Armenhäusern kaserniert, moralischen und religiösen Indoktrinierungen unterworfen. Auch die organisierte Arbeiterbewegung hielt sich von ihnen fern.

c. Die nach dem ersten Weltkrieg einsetzende Entwicklung des Wohlfahrtsstaates bedeutete einen weiteren Schritt in der Universalisierung des Geldnexus, insofern die soziale Demarkationslinie zwischen arbeitenden und nicht arbeitenden Armen reflexiv eingeholt und Rechtsansprüche für eine finanzielle Grundsicherung auch für Arbeitslose und Arbeitsunfähige geschaffen wurden. In der Regel wurde hierbei zweigleisig vor-

---

38 Biernacki 1995.
39 Genauso sieht es auch Castel: „Die Institution des freien Arbeitsmarktes ist eine zweifelsohne genauso bedeutsame rechtliche Revolution wie die industrielle Revolution, deren Entsprechung sie zudem bildet. Ihr kommt nämlich im Vergleich zu allem, was ihr vorausgeht, fundamentale Bedeutung zu." (Castel 2000, S. 29)

gegangen: Zum einen ging es um eine bessere soziale und rechtliche Absicherung der abhängig Beschäftigten in Form lohnarbeitszentrierter staatlicher Versicherungssysteme, kollektiver Lohnverhandlungen, betrieblicher Mitbestimmung u.a.. Die Mechanismen des Arbeitsmarktes sollten durch diese Systeme nicht etwa außer Kraft gesetzt, sondern im Gegenteil gestärkt werden, insofern es darum ging, die Eigentumsrechte der Arbeitenden zu sichern und ihre Leistungsfähigkeit, Qualifizierung, Flexibilität und Mobilität zu fördern. Zum anderen aber – gleichwohl nicht in völliger Unabhängigkeit davon – entstanden steuerfinanzierte Systeme der Sozialhilfe, die auch die dauerhaft Arbeitslosen und Arbeitsunfähigen einbezogen, aus der Abhängigkeit von privater, kommunaler oder kirchlicher Fürsorge befreiten und ihnen eine finanzielle Grundsicherung garantierten. Auch hier waren keineswegs allein karitative Motive maßgeblich, sondern immer auch die Absicht, wo immer möglich die individuelle Beschäftigungsfähigkeit wiederherzustellen. Das Ergebnis war, dass Grenzen des Geldnexus noch weiter hinausgeschoben wurden und auch die nicht oder nur prekär in den Arbeitsmarkt Integrierten in die Marktgesellschaft einbezogen wurden. Aber auch der Wohlfahrtsstaat schließt nicht nur ein, sondern auch aus. Er ist bis heute ein Privileg der Staatsbürger entwickelter Länder geblieben; Armutsmigranten aus dem sehr viel größeren Rest der Welt werden ausgegrenzt. Ausgeschlossen bleiben auch diejenigen, die, obwohl rechtlich befähigt, keinen Zugang zu den Hilfsangeboten des Wohlfahrtsstaates finden oder sich ihnen verweigern.

Diese knappe Skizze sollte nur eines deutlich machen: Exklusion und Inklusion sind emergente Phänomene, die sich nur in der zeitlichen bzw. historischen Perspektive angemessen analysieren lassen. Teilhabechancen entstehen und verfestigen sich zunächst auf unwillkürliche Weise. Damit werden sie zugleich in ihrem Ausgrenzungscharakter bewusst, werden reflexiv eingeholt und zum Thema individueller Aspirationen und sozialer Ansprüche. Spontane Entwicklungen des Marktes interagieren dabei mit politischen Bewegungen und staatlichen Interventionen. Letztere führen im Erfolgsfall zu einer Erweiterung der Inklusionskriterien – und damit beginnt der gleiche Prozess von vorn. Was sich so in einer Epoche als Exklusion bewusst wird, erscheint in der folgenden als überwundene Exklusion, als Inklusion. Die Paradoxie, dass Inklusion sowohl das Gegenteil als auch die Basis von Exklusion sein kann, findet in einer solchen dynamischen Perspektive ihre Auflösung. An dem Prozess der Universalisierung des Geldnexus lässt sich diese Dynamik gut beobachten.

Die aktuelle Debatte über das Thema ist freilich durch den Umstand geprägt, dass wir es heute nicht länger mit einer Dynamik der Erweiterung, sondern im Gegenteil einer erneuten Verengung der Teilhabekriterien zu tun haben. Hintergrund ist ein Trend zur Verringerung des Wirtschaftswachstums und zur Zunahme der Arbeitslosigkeit in vielen Ländern. Die aktuellen Reformen des Wohlfahrtsstaates zielen auf „Aktivierung" der Arbeitslosen, auf Verschärfung der Zumutbarkeitskriterien: „Der einzelne Arbeitslose darf daher nicht auf eine auf ihn zugeschnittene Nachfrage nur warten, ihm wird zugemutet, dass er sich beständig fortbildet, anbietet und einbringt. Anrechte auf Transfereinkommen und Sozialhilfen implizieren Verpflichtungen zur Eigeninitiative, Selbstmobilisierung und Anpassungsfähigkeit".[40] Mit der Konstruktion einer „Eigenverantwortlichkeit" der Arbeitslosen für ihre Lage wird gerade keine „Aktivierung" (die Paradoxie des Ausdrucks ist verräterisch) erreicht, im Gegenteil wird das alltägliche Leben der Betroffenen einer detaillierten

---

40 Bude/Willisch 2006, S. 13.

Kontrolle und Disziplinierung unterworfen. Unter dem Regime des traditionellen Wohlfahrtsstaates war es den Besitzern von Arbeitskraft zumindest partiell noch möglich gewesen, sich wie ein normales Marktsubjekt zu verhalten, d.h. ein Arbeitsplatzangebot bei unbefriedigenden Konditionen auch abzulehnen. Unter dem Regime der „aktivierenden" Sozialpolitik dagegen ist der Arbeitslose zur Annahme praktisch jedes Angebots gezwungen. Faktisch wird damit die Inklusion der Arbeitslosen rückgängig gemacht und die klassengesellschaftliche Abgrenzung der arbeitenden von den nicht arbeitenden und arbeitsfähigen Armen wieder eingeführt. Die Exkludierten sind – so könnte man zugespitzt formulieren – nicht länger die Inkludierten von morgen, sondern die Inkludierten der Vergangenheit.

Die Inklusionsdynamik des Geldes kann, so zeigt sich hier, keineswegs nur expansiv, sondern auch kontraktiv wirken. Es gibt kein Naturgesetz immer weiter fortschreitender Marktinklusion in Richtung einer globalen oder „kosmopolitischen"[41] Marktgesellschaft. Der gleiche Prozess kann durchaus auch rückwärts ablaufen, und auch dabei wirken spontane Marktentwicklungen, politische Bewegungen und staatliche Interventionen zusammen. In der gegenwärtigen Situation scheint zwar die Politik in Gestalt des sog. „aktivierenden" Sozialstaates die Hauptrolle als Exklusionsagent zu spielen und zieht – je nach Interessenlage der Beteiligten – entsprechend viel Kritik oder Zustimmung auf sich. Ohne die Autonomie des Politischen vernachlässigen zu wollen, darf jedoch nicht ignoriert werden, dass die Kürzungen der staatlichen Transferleistungen und die disziplinierenden Maßnahmen gegen Arbeitslose selbst eine Reaktion auf den Rückgang des wirtschaftlichen Wachstums in vielen entwickelten Industrieländern darstellen. Dieser kann selbst nicht allein politisch erklärt werden, sondern geht auf eine Vielzahl ökonomischer und gesellschaftlicher Faktoren zurück. Viele der das Wirtschaftswachstum bestimmenden Faktoren – dies ist die These, die hier abschließend vertreten und erläutert werden soll – lassen sich ihrerseits wiederum als direkte oder indirekte Wirkungen der Inklusions- bzw. Exklusionsdynamik des Geldes interpretieren.

Die Ausdehnung der Eigentumsrechte, die Abschaffung ständischer Diskriminierungen und die Einführung wohlfahrtsstaatlicher Garantien erweitern die Inklusion der Bevölkerung in den Nexus von Geld und Markt. Diese Inklusion kann individuelle Leistungs- und Aufstiegsmotive wecken und die unternehmerische Initiative mobilisieren. Die Produktivität der Arbeit steigt, mit ihr wird das wirtschaftliche Wachstum stimuliert, das wiederum die Integration weiterer Individuen in den Markt fördert. Geldinklusion – hier ist den Property-Rights-Ansätzen[42] Recht zu geben – erzeugt eine sich selbst verstärkende Dynamik: Inklusion führt zu noch mehr Inklusion. Mit der Ausdehnung der Eigentumsrechte entstehen neue marktbasierte Aufstiegschancen außerhalb der etablierten ständischen und bürokratischen Karrieresysteme für bislang nicht privilegierte Gruppen der Bevölkerung. Dass der Tellerwäscher es bis zum Millionär bringt, kam zwar entgegen der viel zitierten Legende nur selten vor; in den USA wie in den Europa stammte die große Mehrzahl der Unternehmer im späten 19. und frühen 20. Jahrhundert aus Familien des mittleren und unteren Bürgertums und der Beamtenschaft.[43] In den Mittelschichten, aber auch bei den Angehörigen bestimmter ethnischer oder religiöser Minderheiten kann die Chance des Marktaufstie-

---

41 Mit diesem Begriff operieren Beck und Grande (2004) bei ihrer Interpretation des europäischen Einigungsprozesses.
42 North 1990, Kasper/Streit 1998.
43 Kaelble 1983, Berghoff 1991, Martinelli 1994.

ges jedoch eine beträchtliche Leistungsmotivation wecken, die nicht nur die individuelle Aufwärtsmobilität, sondern auch die kollektive wirtschaftliche Dynamik vorantreibt.[44] Aber nicht nur Selbständige und Freiberufler, sondern auch Lohnarbeiter können auf eine Verbesserung ihrer Lage durch harte Arbeit hoffen, wenn schon nicht ihrer eigenen, dann wenigstens der der Kinder. Der freie Arbeiter ist, wie schon Adam Smith erkannte[45], ungleich produktiver als der Leibeigene oder der Sklave. Zusätzlich werden die Aufstiegsmotive der Arbeiterschaft durch den modernen Wohlfahrtsstaat gefördert. Wie stark das Aufstiegsmotiv gerade auch in der Industriearbeiterschaft in der wohlfahrtsstaatlichen Epoche des 20. Jahrhunderts war, ist durch die damaligen industriesoziologischen Befunde zur „Verbürgerlichung" der Arbeiterschaft[46] aufgezeigt worden.

Es wäre aber ein Trugschluss, würde man annehmen, dass die beschriebene positive Selbstverstärkung der Inklusionsdynamik des Geldes sich beliebig fortsetzen kann. Das von den Property-Rights-Theoretikern meist übersehene Problem liegt in den sozialstrukturellen Folgen gerade einer gut funktionierenden Marktinklusion. Wenn vielen Individuen der intra- oder zumindest der intergenerationale Aufstieg in die mittleren und höheren Einkommenskategorien gelingt, bedeutet das nicht nur eine Zunahme der Zirkulationsmobilität, sondern eine strukturelle Verschiebung der Gesellschaft nach oben: Die Besetzung der mittleren und oberen Statusgruppen nimmt absolut oder relativ auf Kosten der unteren zu. An die Stelle der herkömmlichen Statuspyramide tritt eine „Zwiebel" mit mehr oder weniger ausgeprägtem „Mittelschichtbauch" und am Ende vielleicht wiederum eine Pyramide, allerdings eine auf den Kopf gestellte. Der Anteil der wohlhabenden Schichten nimmt zu, die privaten Vermögen wachsen. Das bedeutet zugleich eine Veränderung in der Verteilung der Marktchancen: Der Anteil der Unterschichten, deren Mitglieder von der Marktinklusion noch etwas zu erwarten und zu gewinnen haben, nimmt ab. Der Kampf um den sozialen Aufstieg wird für sie gleichwohl schwieriger, da viele der privilegierten Positionen aufgrund der allzu schnellen Erfolge der Vorgängergeneration und wegen der von vorn herein günstigeren Startposition der Nachkommen dieser Generation bereits besetzt sind. Der Anteil derjenigen, die etwas erreicht und somit auch etwas zu verlieren haben, jedenfalls nicht länger um jeden Preis nach oben streben, nimmt dagegen zu. Auch die Nachkommen dieser Arrivierten wachsen in einem gut gepolsterten Nest auf und müssen um ihren sozialen Erfolg nicht mehr kämpfen. Die Attraktivität des Geldes als Inklusionsmedium wird dadurch zwar keineswegs geschmälert, denn vom Geld kann man, wie schon Aristoteles wusste, nie genug bekommen. Geschwächt wird jedoch der Nexus von Geld und Arbeit, denn für die Arrivierten wächst die Chance arbeitsloser finanzieller Gewinne auf der Basis von Renten- bzw. Kapitalvermögen. Die Zahl der Kapitalrentner nimmt zu, die der Unternehmer und Arbeiter dagegen sinkt.[47]

---

44 Eines der historisch eindrucksvollsten Beispiel ist zweifellos der Aufstieg der Familie Rothschild aus dem Frankfurter Judenghetto zum führenden Bankhaus Europas und der Welt im frühen 19. Jahrhundert. „Geld ist der Gott unserer Zeit und Rothschild ist sein Prophet" – so hatte Heinrich Heine die Situation seinerzeit karikiert (Ferguson 1998, S. 228).

45 „Auch lehrt die Erfahrung zu allen Zeiten und bei allen Völkern, wie ich glaube, dass die von freien Menschen geleistete Arbeit letztlich immer billiger kommt als die, welche Sklaven verrichten" Smith [1789]1978, S. 105.

46 Repräsentativ: Goldthorpe et al. (1968).

47 Ein Modell für eine solche zyklische Verschiebung des gesellschaftlichen Machtverhältnisses zwischen Unternehmern einerseits („Spekulanten") und Rentiers findet sich schon bei Pareto (vgl. Eisermann 1962, S. 181 f, S. 204 f.).

Vermögen sind Kontrakte zwischen Gläubigern und Schuldnern. Wenn die Finanzvermögen im Zuge einer wirtschaftlichen Prosperitätsphase stärker wachsen als das Sozialprodukt, dann müssen auch entsprechend mehr Schuldner gefunden werden, die bereit und in der Lage sind, die Verbindlichkeiten zins- bzw. gewinnträchtig abzuarbeiten. Aufgrund der genannten sozialstrukturellen Verschiebungen wird genau dies jedoch immer schwieriger. Denn „gute" Schuldner – und um die geht es allein, nicht um Betrüger oder um jene, denen das Wasser schon bis zum Halse steht – sind Personen, die auf die Zukunft hin leben, die sich aus als zu eng oder klein empfundenen Verhältnissen heraus sozial nach „oben" arbeiten wollen, die Marktchancen sehen und realisieren wollen, kurz: „unternehmerisch" denkende und handelnde Individuen. Aber solche Individuen werden, ungeachtet einer verbreiteten Rhetorik, in einer Gesellschaft immer seltener, die die Menschen zunehmend in zwei Gruppen teilt, von denen die eine vom Markt gar nichts mehr erwartet und zu erwarten hat und die andere nur das schon Erreichte befestigen will. Die Anlagemöglichkeiten im Inland nehmen daher im Verhältnis zu den ständig wachsenden Mengen anlagesuchenden Kapitals ab. Eine Störung des Gleichgewichts an den Vermögensmärkten kann dann nur noch über das Ventil des Kapitalexports vermieden werden. Arbeitsplätze werden damit zunehmend nur noch im Ausland geschaffen; im Inland dagegen verdrängen Finanzgeschäfte produktive unternehmerische Aktivitäten. Die wachsende Finanzlastigkeit der Wirtschaft unterbricht den Selbstverstärkungseffekt der Geldinklusion. Höhere Gewinne bedeuten jetzt nicht länger mehr Arbeitsplätze und wirtschaftliches Wachstum, sondern zunehmend das Gegenteil. Die Inklusionsspirale wird in eine negative Richtung umgelenkt; Exklusion führt nun zu weiterer Exklusion.

Es spricht vieles dafür, dass das skizzierte Szenario auf die Entwicklung der fortgeschrittenen Industrieländer (Westeuropa, USA, Japan) seit den 1970-er Jahren mehr oder weniger zutrifft. In allen Ländern ist ein Trend zu struktureller Aufwärtsmobilität und zu überproportionaler Zunahme der mittleren und oberen Dienstleistungsschichten festzustellen. Die Sozialstrukturen sind damit immer „kopflastiger" geworden.[48] Dass die zahlenmäßige Stärke und der gesellschaftliche Einfluss der „Arrivierten" zugenommen hat, zeigen die auch Daten zur Entwicklung der Finanzvermögen. Knorr-Cetina stellt unter Berufung auf eine Studie von Saskia Sassen fest, dass „the stock of financial assets has increased three times faster than the aggregate GDP of the 23 highly developed OECD countries since 1980, and the volume of trading in currencies, stocks and bonds has increased five times faster".[49] Die starke Zunahme der Finanzvermögen nicht nur bei den Oberschichten, sondern auch bei den Mittelschichten, der damit verknüpfte Bedeutungsgewinn der internationalen Finanzmärkte, sowie international operierender Investmentfonds und institutioneller Investoren sind viel diskutierte Phänomene.[50]

Auf der anderen Seite lässt sich ein Trend zur Verschlechterung sozialer und beruflicher Aufstiegschancen bei den Jüngeren feststellen. Byrne trägt die Ergebnisse mehrerer

---

48 Breen hat die Daten für 10 europäische Länder und Israel im Übergang von den siebziger zu den neunziger Jahren untersucht und eine Zunahme des Anteils der mittleren und oberen Dienstleistungsschichten von durchschnittlich 23,1 auf 30,8 der Bevölkerung festgestellt (Breen 2004, S. 46).
49 Knorr-Cetina 2007, S. 4.
50 Im Überblick: Windolf 2005. Die USA stellen den Sonderfall einer stark „finanzialisierten", aber gleichwohl durch hohe Kapitalimporte geprägten Wirtschaft dar, deren Korrelat die exorbitante Verschuldung der öffentlichen und privaten Haushalte ist. Philipps (2006) warnt vor einer aus dieser Konstellation drohenden schweren Finanzkrise. Er befürchtet, dass die USA ein ähnliches Schicksal wie das gerade an seinem Reichtum zugrunde gegangene spanische Imperium im 17. und 18. Jahrhundert erleiden könnten.

empirischer Studien zu den Veränderungen sozialer Mobilität im Generationenvergleich in den USA und Großbritannien zusammen. Sie zeigen, dass die unmittelbar nach dem 2. Weltkrieg geborene „Baby-Boom"-Generation in beiden Ländern trotz ihres viel größeren Umfangs sozial und beruflich erheblich erfolgreicher war und weiter reichende Positionsverbesserungen erzielen konnte als die nach 1965 geborene Generation. Auch die relative Einkommensdiskriminierung Jugendlicher und junger Erwachsener war in den jüngeren Generationen höher.[51] Folgt man den Ergebnissen der aktuellen „Globalife"-Studie Peter Blossfelds über 17 OECD-Länder, so scheinen die beruflichen Unsicherheiten für jugendliche Berufseinsteiger inzwischen auf breiter Front noch größer geworden zu sein.[52] Die Verschlechterung der Arbeitsmarktchancen trifft vor allem die Jugendlichen der Unterschichten, unter denen die Arbeitslosigkeit überproportional hoch ist. Vor dem Hintergrund dieser Entwicklung und ihrer negativen Wirkungen auf die Aufstiegsmotivation als einer zentralen Triebkraft wirtschaftlichen Wachstums ist der rückläufige Trend der Wachstumsraten nicht erstaunlich. Das jährliche Wachstum des Weltsozialprodukts, das im Zeitraum 1950 bis 1973 etwa drei Prozent betrug, sank in der danach einsetzenden Epoche des „Finanzmarkt-Kapitalismus" (1973-1998) auf 1,3 Prozent.[53] Das rückläufige Wirtschaftswachstum wiederum führt, wie bereits diskutiert, zu höherer Arbeitslosigkeit und schärferer sozialer Exklusion an den Rändern der Gesellschaft. Aber die Ursachen dieser Verschärfung liegen – darin ist Kronauer zuzustimmen – nicht an den Rändern, sondern in der Mitte der Gesellschaft. Wie das für Inklusion und Exklusion relevante Geschehen in der Mitte der Gesellschaft genauer gefasst werden könnte, sollte in dem skizzierten, noch auszuarbeitenden und näher zu überprüfenden Modell aufgezeigt werden.

5. Zusammenfassung

Ausgangspunkt meiner Argumentation war eine Kritik sowohl der systemtheoretischen als auch in der Armutsforschung verbreiteter Fassungen des Exklusionsbegriffs. Dauerhafte Einkommensarmut – so lautete die These – stellt nicht nur „materielle" Benachteiligung dar, sondern *ist* Exklusion. Begründet wurde diese These durch eine Kritik an der medientheoretischen Konzeptualisierung des Geldes durch Luhmann. Unter Rückgriff auf Simmel wurde argumentiert, dass Geld in einem globalen kapitalistischen System nicht nur die Rolle eines funktional spezifizierten Kommunikationsmediums unter anderen, sondern eines universalen Mediums spielt. Vor diesem Hintergrund ist auch die in vielen empirischen Untersuchungen dokumentierte Schlüsselrolle der Einbindung in den Nexus von Geld und Arbeit für soziale Teilhabe auch in anderen Bereichen zu erklären. Im dritten Schritt wurde ein dynamisches Modell der mit dem Geld verknüpften Prozesse sozialer Inklusion und Exklusion skizziert. Im Anschluss an die Property-Rights-Theorien wurde gezeigt, dass die in der Entwicklung des modernen Kapitalismus zu beobachtende Universalisierung des Geld-Markt-Nexus eine sich selbst verstärkende soziale Mobilisierungswirkung haben kann. Gerade der Erfolg dieser Mobilisierung führt jedoch zu sozialen Strukturveränderungen, die die Inklusionsdynamik des Geldes unterbrechen und in eine regressi-

---

51 Byrne 2005, S. 103/104.
52 Blossfeld 2006. Entsprechende Befunde für Japan, wo sich eine beträchtliche verdeckte Jugendarbeitslosigkeit entwickelt zu haben scheint, bei Brinton 2005.
53 Afheldt 2003, S. 127.

ve Richtung lenken können. Der aktuelle Kurswechsel des Sozialstaats in Richtung auf eine die Arbeitslosen wieder verstärkt ausgrenzende Politik könnte damit erklärt werden.

Literatur

Afheldt, Horst, 2003: Wirtschaft, die arm macht. Vom Sozialstaat zur gespaltenen Gesellschaft. München: Kunstmann.
Baecker, Dirk, 2006: Wirtschaftssoziologie. Bielefeld: Transcript.
Beck, Ulrich und Edgar Grande, 2004: Das kosmopolitische Europa. Gesellschaft und Politik in der Zweiten Moderne. Frankfurt: Suhrkamp.
Berghoff, Hartmut, 1991: Englische Unternehmer 1870-1914: eine Kollektivbiographie führender Wirtschaftsbürger in Birmingham, Bristol und Manchester. Göttingen: Vandenhoek und Ruprecht.
Biernacki, Richard, 1995: The Fabrication of Labour. Germany and Britain 1640-1914. Berkeley: University of California Press.
Blossfeld, Hans-Peter, 2006: Globalisierung, wachsende Unsicherheit und die Veränderung der Chancen der jungen Generation. Arbeit, Jg. 15, 3: S. 151-166.
Böhnke, Petra, 2006: Marginalisierung und Verunsicherung. Ein empirischer Beitrag zur Exklusionsdebatte. S. 97-120 in: Bude, Heinz und Andreas Willisch (Hg.): Das Problem der Exklusion. Ausgegrenzte, Entbehrliche, Überflüssige. Hamburg: Hamburger Edition.
Bohn, Cornelia und Alois Hahn (Hg.), 2006: Prozesse der Inklusion und Exklusion. Soziologisches Jahrbuch/Annali di Sociologia 16. Trento: Italienisch-Deutsche Gesellschaft für Soziologie.
Breen, Richard, 2004: Social Mobility in Europe. Oxford: Oxford University Press.
Brinton, Mary C., 2005: Trouble in the Paradise: Institutions in the Japanese Economy and the Youth Labor Market. S. 419-444 in: Nee, Victor und Richard Swedberg (Hg.): The Economic Sociology of Capitalism. Princeton: Princeton University Press.
Bude, Heinz und Andreas Willisch, 2006: Das Problem der Exklusion. S. 7-26 in: dies. (Hg.): Das Problem der Exklusion. Ausgegrenzte, Entbehrliche, Überflüssige. Hamburg: Hamburger Edition.
Byrne, David, 2005: Social Exclusion. New York: Open University Press.
Castel, Robert, 2000: Die Metamorphosen der sozialen Frage. Eine Chronik der Lohnarbeit. Konstanz: UVK.
Deutschmann, Christoph, 2000: Geld als ‚absolutes Mittel'. Zur Aktualität von Simmels Geldtheorie. Berliner Journal für Soziologie, Bd. 10, 3: S. 301-313.
Deutschmann, Christoph, 2001: Die Verheißung des absoluten Reichtums. Zur religiösen Natur des Kapitalismus. Frankfurt/Main: Campus.
Eisermann, Gottfried, 1962: Vilfredo Paretos System der allgemeinen Soziologie. Einleitung, Texte, Anmerkungen. Stuttgart: Enke.
Ferguson, Niall, 1998: The World's Banker. The History of the House of Rothschild. London: Weidenfeld & Nicholson.
Goldthorpe, John H. et al., 1968: The Affluent Worker. Industrial Attitudes and Behaviour. Cambridge: Cambridge University Press.
Jacobs, Herbert, 2000: Armut. S. 237-268 in: Allmendinger, Jutta und Wolfgang Ludwig-Mayerhofer (Hg.): Soziologie des Sozialstaats. Gesellschaftliche Grundlagen, historische Zusammenhänge und aktuelle Entwicklungstendenzen. Weinheim: Juventa.
Kaelble, Hartmut, 1983: Soziale Mobilität und Chancengleichheit im 19. und 20. Jahrhundert. Göttingen: Vandenhoek und Ruprecht.
Kasper, Wolfgang und Manfred E. Streit, 1998: Institutional Economics. Social Order und Public Policy. Cheltenham: Elgar.
Knorr-Cetina, Karin, 2007: Economic Sociology and the Sociology of Finance. Economic Sociology. The European Electronic Newsletter, Vol. 8, 3: S. 4-10.
Kronauer, Martin, 2002: Exklusion. Die Gefährdung des Sozialen im hoch entwickelten Kapitalismus. Frankfurt/Main: Campus.

Luhmann, Niklas, 1985: Zum Begriff der sozialen Klasse. S. 119-162 in: ders. (Hg.): Soziale Differenzierung. Zur Geschichte einer Idee. Opladen: Westdeutscher Verlag.
Luhmann, Niklas, 1988: Die Wirtschaft der Gesellschaft. Frankfurt/Main: Suhrkamp.
Luhmann, Niklas, 1995: Inklusion und Exklusion. S. 237-264 in: ders.: Soziologische Aufklärung 6. Die Soziologie und der Mensch. Opladen: Westdeutscher Verlag.
Luhmann, Niklas, 1998: Die Gesellschaft der Gesellschaft. Bd. 2. Frankfurt/Main: Suhrkamp.
Martinelli, Alberto, 1994: Entrepreneurship and Management. S. 476-503 in: Smelser, Neil und Richard Swedberg (Hg.): The Handbook of Economic Sociology. Princeton: Princeton University Press.
Münch, Richard, 1997: Elemente einer Theorie der Integration moderner Gesellschaften. Eine Bestandsaufnahme. S. 66-112 in: Heitmeyer, Wilhelm (Hg.): Was hält die Gesellschaft zusammen. Frankfurt/Main: Suhrkamp.
Munck, Ronaldo, 2005: Globalization and Social Exclusion. A Transformationalist Perspective. Bloomfield: CT.
Nassehi, Armin, 1997: Inklusion, Exklusion – Integration, Desintegration. Die Theorie funktionaler Differenzierung und die Desintegrationsthese. S. 113-149 in: Heitmeyer, Wilhelm (Hg.): Was hält die Gesellschaft zusammen? Frankfurt/Main: Suhrkamp.
Nassehi, Armin, 2006: Die paradoxe Einheit von Inklusion und Exklusion. S. 46-69 in: Bude, Heinz und Andreas Willisch (Hg.): Das Problem der Exklusion. Ausgegrenzte, Entbehrliche, Überflüssige. Hamburg: Hamburger Edition.
North, Douglass, 1990: Institutions, Institutional Change and Economic Performance. Cambridge: Cambridge University Press.
Paul, Axel, 2002: Money Makes the World Go Round. Über die Dynamik des Geldes und die Grenzen der Systemtheorie. Berliner Journal für Soziologie 12: S. 243-262.
Paul, Axel, 2004: Die Gesellschaft des Geldes. Entwurf einer monetären Theorie der Moderne. Wiesbaden: VS-Verlag.
Phillips, Kevin, 2006: American Theocracy. The Peril and Politics of Radical Religion, Oil and Borrowed Money in the 21st Century. New York: Penguin.
Schimank, Uwe, 2005: Funktionale Differenzierung und gesellschaftsweiter Primat von Teilsystemen – offene Fragen bei Parsons und Luhmann. Soziale Systeme 11, Nr. 2: S. 395-414.
Simmel, Georg, [1900]1989: Philosophie des Geldes, Gesamtausgabe, Bd. 6. Frankfurt/Main: Suhrkamp.
Simmel, Georg, [1908]1992: Soziologie. Untersuchungen über die Formen der Vergesellschaftung, Gesamtausgabe, Bd. 11. Frankfurt/Main: Suhrkamp.
Smith, Adam, [1789]1978: Der Wohlstand der Nationen. München: dtv.
Veit-Wilson, John, 1998: Armutsgrenze oder Mindesteinkommensstandards? Das Problem eines Diskurs-Konflikts. S. 25-45 in: Voges, Wolfgang und Yuri Kazepov (Hg.): Armut in Europa. Wiesbaden: Chmielorz.
Windolf, Paul (Hg.), 2005: Finanzmarkt-Kapitalismus. Analysen zum Wandel von Produktionsregimen. Kölner Zeitschrift für Soziologie und Sozialpsychologie. Sonderheft 45.
Zelizer, Viviana A., 1994: The Social Meaning of Money. New York: Basic Books.

Geld und Eigentum –
Inkludierende und exkludierende Mechanismen in der Wirtschaft

Cornelia Bohn

1. Die neue Wirtschaftssoziologie

Die Wirtschaftssoziologie hat sich in den letzten Dekaden zu einem der avanciertesten Felder soziologischer Forschung entwickelt. Dieser Forschungselan mag durch unübersehbare weltwirtschaftliche Entwicklungen wie neue Eigentums- und Produktionsregime und die Entwicklung eines globalen Geldmarktes, die Beschreibung und Analyse fordern, angestoßen sein.[1] Der Schwung jener Forschungstätigkeit verdankt sich aber auch der Einführung und Erprobung neuer Theorien, Konzepte und Methoden. Die von den USA ausgehende New Economic Sociology kreist in einer neuen Runde um die analytische Differenz von Kultur und Struktur. Sie geht einerseits von einer netzwerk- und somit informationstheoretischen Strukturanalyse mit dem Schlüsselkonzept der „Embeddedness" aus, andererseits von kultursoziologischen Konzepten, die die soziale Konstruktion und kulturelle Prägung ökonomischer Phänomene unterstreichen. Die kultursoziologische Seite hat die Debatte dynamisiert, indem sie den Nachweis erbrachte, dass Kultur Strukturen und ökonomische Rationalität limitiert, da Strukturen kulturell, kognitiv, institutionell – und nimmt man die systemtheoretische Stimme hinzu – in Systeme eingebettet sind. Alles Gesichtspunkte, die in der strukturalen Analyse inzwischen berücksichtigt werden. Während die strukturale-netzwerktheoretische Analyse der Märkte, der Entstehung von Preisen durch wechselseitige Beobachtungsverhältnisse, des Zugangs zu Jobs, Karrieren und Informationsflüssen – von Inklusionsphänomenen also – Geld als Medium der Wirtschaft eigentümlich unberührt lässt, hat Vivian Zelizer aus kulturtheoretischer Perspektive phänomenreiche Studien zu sozialen Gebrauchsweisen des Geldes vorgelegt. Mit den Konzepten „special monies" oder „multiple monies" wird hier gezeigt, dass Geld keine neutrale Substanz ist, sondern tatsächlich in einer Vielzahl kulturell beeinflusster Formen erscheint.[2]

Fast zeitgleich hat sich eine empirische Forschungsrichtung der Sociology of Finance entwickelt, die globale Finanzmärkte und Finanzorganisationen mit den Konzepten Performativität, Accountability und Kalkulation erforscht. Diese mikrosoziologisch motivierten Studien möchten zeigen, wie das Ökonomische in situ erst als solches erzeugt wird. Sie untersuchen die Methoden, die ökonomischen Praktiken zugrunde liegen und die Kontexte ihrer Herstellungsweisen. Während Zelizer Geld in der Diversität seines sozialen Gebrauchs analysiert, wird Geld bei der Untersuchung der Finanzmärkte in den Forschungen der Sociology of Finance zu einem beliebigen Gut – nur bis zur Neoklassik der ökonomischen Theorie konnte man sagen zur Ware – um den Preis allerdings, dass die Besonderheit des Geldmediums und seine Bedeutung für die Konstruktion und Ausdifferenzierung des

---

1 Boltanski/Chiapello 2003; Windolf 2005.
2 Swedberg 2004; Granovetter 1974, 1983; White 1981; Zelizer 1993, 1997.

Ökonomischen gar nicht in den Blick gerät. Mediale Aspekte dieser Analysen ökonomischer Finanzmarktpraktiken konzentrieren sich auf den zunehmenden Bedeutungsverlust der Interaktion von Brokern und ihrer fehlenden Präsenz an Börsenplätzen zugunsten der Online-Kommunikation, sie zeigen die Bedeutung der Repräsentation in schriftlichen und numerischen Notationen für die Herstellung eines ökonomischen Sinnhorizontes, der immer wieder in praxi neu gewonnen werden muss. Der strukturalen Analyse der Netzwerktheorie wird hier die praxeologische, situative, kontexturale Performanz entgegengestellt.[3]

Die Resultate jener Studien sollen hier nicht bestritten, sondern vorausgesetzt werden. Die markierte Lücke aber, eine Analyse des Geldes als Medium der Wirtschaft, ist der Ausgangspunkt der folgenden Überlegungen. So kann gezeigt werden, dass das Medium Geld nicht nur in sachlicher Hinsicht über Zugehörigkeit und Nichtzugehörigkeit zur Ökonomie durch die Ausdifferenzierung eines Sinnuniversums Wirtschaft entscheidet, sondern gerade auch in der sozialen Dimension entschieden daran beteiligt ist, wie Individuen als Personen in Ökonomie inkludiert sind; und es stellt sich die Frage, ob und in welchen Formen unter Bedingungen entwickelter Geldwirtschaft ein Ausschluss aus dem Ökonomischen überhaupt denkbar ist.

Befunde in der Sachdimension sind eindeutig: Gegen die Intuition eines allgemeinen Commodifizierungsverdachtes der modernen Geldwirtschaft stehen Semantik und Praxis der Geldkommunikation. Die Einführung der Geldwirtschaft hat keineswegs zu einer zunehmenden Commodifizierung geführt, sondern zu einer anderen Form der Einschränkung der Käuflichkeit. Während noch im europäischen Mittelalter beim Erwerb unterschiedlichster „Besitztümer" Geld im Spiel war: Ämter, Seelenheil, Status, Staaten, Adelstitel, Universitätstitel, Steuereinnahmen oder politischer Einfluss, ist eine solche Praxis in der Gegenwart allenfalls als illegitime zu beobachten und somit selbst ein Exklusionsphänomen in dem hier verwendeten Sinne.[4] Während in der Sachdimension also das Imperiale des Geldes – neben kulturellen und semantischen Limitierungen – vor den Imperien der Religion, Politik, Bildung und Wissenschaft halt macht, formuliert es aber gerade in der Sozialdimension den Anspruch einer Allinklusion: Weder Hautfarbe noch ein „unehrenhafter Beruf", Geschlecht, Alter, Ethnizität oder Nationalität können von Geldbesitz und Geldgebrauch ausschließen, umgekehrt kann aber nur Zahlungsfähigkeit und nicht etwa Bedürftigkeit, „hohe Geburt" oder der rechte Glaube in die monetäre Wirtschaft inkludieren.

Die These dieses Aufsatzes lautet, dass die Inklusion in monetäres Wirtschaften nur über den Gebrauch des Geldmediums erklärt werden kann, das schließt die Mechanismen der Geldschöpfung mit ein, während Exklusion nur als interne Ausgrenzung oder als inkludierende Exklusion in der modernen Wirtschaft beobachtbar ist. Daher werde ich erstens das Konzept der Inklusion und Exklusion im hier verwendeten Sinne erläutern, um zweitens mit Blick auf ökonomische Einsichten und historische Geldsemantiken eine soziologische Skizze der Operationsweise des Geldmediums anzufertigen. Ohne andere Formen der Inklusion und Exklusion in der Wirtschaft leugnen zu wollen, konzentriere ich mich mit dem Finanzwesen auf das „operative Kerngeschäft" der monetären Ökonomie. Es erweist sich als sinnvoll – wie im Folgenden gezeigt werden kann – im modernen Wirtschaftssystem Zentrum, Semiperipherie und Peripherie zu unterscheiden.

---

[3] Einen guten Überblick bietet der Band Beckert et al. 2007; vgl. auch Knorr-Cetina/Preda 2005; Callon/Muniesa 2005.

[4] Für das Mittelalter siehe Wood 2002, bes. Kap 3.

2. Inklusion und Exklusion als strukturierende Differenz des Wirtschaftssystems

Die Analytik der Inklusion und Exklusion löst Assimilations- und Integrationstheorien ab. Skizzenhaft könnte man die diesbezüglichen Theorien wie folgt zusammenfassen: Gegen die Assimilationstheorie spricht eine zunehmend plurale Inklusionsordnung, die Parsons für die USA der sechziger Jahre beschrieb. Die Vermehrung von Mitgliedschaftsrollen etwa in Bildung und Wirtschaft, die zunehmend unabhängig von askriptiven Merkmalen wie Herkunft, Religion, Hautfarbe werden, führen nicht nur zu einer pluralen Statusordnung, sondern auch zu einer klaren Unterscheidung zwischen Assimilation und Inklusion. Man kann als Schwarzer amerikanischer Präsident werden, als Schweizer Vorstandsvorsitzender der Deutschen Bank sein.

> „In a pluralistic social structure, membership in an ethnic or religious group does not determine *all* of the individual's social participations. His occupation, education, employing organization and political affiliation may in varying degrees be independent of his ethnicity or religion. On the whole, the trend of American development has been toward increasing pluralism in this sense and, hence, increasing looseness in the connections among the components of total social status. This trend has one particular important implication for our purposes, namely, that it is essential to make a clear distinction between *inclusion* and *assimilation*".[5]

An Parsons anschließend, ohne aber die dort noch mitgeführte normative Integrationsthese zu übernehmen, geht Luhmann davon aus, dass Inklusions- und Exklusionsordnungen historisch variieren. Er korreliert sie strikt mit der Differenzierungsform der Gesellschaft. Parsons fasst soziokulturelle Evolution als Zunahme von „adaptive upgrading", „differentiation", „inclusion" und „value generalization" auf.[6] Gegen diese allzu lineare Vorstellung setzt Luhmann einerseits die mit Inklusion einhergehende Möglichkeit der Exklusion und er reformuliert das Problem als eine ungerichtete Relation von Differenzierung und der Variable Inklusion/Exklusion. Die Differenzierungsformen sind dann „Regeln für die Wiederholung von Inklusions- und Exklusionsdifferenzen innerhalb der Gesellschaft, aber zugleich Formen, die voraussetzen, dass man an der Differenzierung selbst und ihren Inklusionsregeln teilnimmt, und nicht auch davon noch ausgeschlossen wird".[7]

Wenn Inklusion/Exklusion eine innergesellschaftliche Differenz ist, finden Inklusionen *und* Exklusionen in der Gesellschaft statt. Exklusion bezieht sich zwar noch in segmentären Gesellschaften auf ein „Außen" (Tötung, Vertreibung, jeder Kontakt wird unterbunden), sie findet aber als Operation in der Gesellschaft statt. Bereits in stratifizierten Gesellschaften wird die Differenz zunehmend *innergesellschaftlich* reformuliert, insofern die Exklusion aus einem Stratum, einem Territorium, einer Kirchengemeinde, einer Hausgemeinschaft Inklusion in eine andere Zugehörigkeitssphäre bedeutete bis hin zu Auffanglagern wie Klöstern, Arbeitshäusern, den unehrenhaften Berufen oder anderen ausgewiesenen Positionen. Exklusion – auch in Gestalt spätmittelalterlicher und frühneuzeitlicher expliziter Exklusionspolitik – bedeutet somit nicht Exklusion aus der Gesellschaft, es ist vielmehr ein innergesellschaftliches Regulativ, das in bestimmten Fällen mit Sonderstatus belegt ist.

Die Innergesellschaftlichkeit der Differenz Inklusion/Exklusion wird in der gegenwärtigen Weltgesellschaft vollends evident. Da Gesellschaft nur noch im Singular vorkommt, gibt es keine unbesetzten sozialen Räume mehr. Sozialität kann somit nicht mehr in einem Außen vorkommen. In der gegenwärtigen funktional ausdifferenzierten Gesellschaft, die

---

5 Parsons 1976, S.429.
6 Parsons 1971, S. 26 ff.
7 Luhmann 1997, S. 622.

eine Weltgesellschaft ist, stellt sich die Inklusions-/Exklusionsproblematik, so die Theorie Luhmanns, strukturell noch einmal grundsätzlich anders dar.[8] Es liegt in der Logik funktionaler Differenzierung, jedem Teilnehmer am gesellschaftlichen Leben Zugang zu allen Funktionen zu erschließen; soweit nicht die Funktion selbst es ausschließt oder sinnlos macht. In stratifizierten Gesellschaften ist Inklusion an Herkunft und an der Zugehörigkeit zu Familienhaushalten orientiert. Das trifft auch für Sklaven und Dienstboten zu. Inklusion und in der Folge die Bestimmung individueller Lebensformen werden hier durch die soziale Position konkretisiert. Erst die Auflösung des klassischen Inklusionsmusters setzt an die Schnittstelle Individuum und Gesellschaft ein kontingentes Prozessieren in Gestalt individueller Karrieren in einem allgemeinen Sinne. Berufskarrieren, Bildungskarrieren oder Ehekarrieren sind ebenso wichtig wie die Teilnahme an subsystemspezifischen Publika. Damit korrelieren die pluralisierten oder multiplen Formen der Inklusion in die Subsysteme der Gesellschaft, die nicht untereinander integriert und auch nicht ineinander konvertierbar sind. Inklusion in ein gesellschaftliches Subsystem konditioniert nicht mehr, wie und in welchem Maß man an anderen Funktionssystemen beteiligt ist, so lautet die gegen alle Einwände der Ungleichheitstheorie formulierte These. Für das Geldmedium bedeutet das: Geldbesitz präjudiziert nicht den Besitz von Bildungstiteln, guten oder schlechten Zeugnissen, Teilnahme an Intimität, Zugang zu religiösen Praktiken, Kunst- oder Wissenschaftsverständnis.[9]

Aus der Perspektive der Funktionssysteme besteht nun aber – anders als aus der Perspektive hierarchisch organisierter Subsysteme – kein Exklusionsmotiv und keinerlei Legitimation zur Exklusion. Exklusionsmotive liegen in der Moderne bei der Organisation und situativ auch in der Interaktion. Während für Organisationen im Gegenteil Exklusion aller Nicht-Mitglieder der Normalfall und durchaus legitim ist, ist Vollinklusion ein Element der Selbstbeschreibung funktionaler Differenzierung. Es gibt keine ersichtlichen Gründe jemanden von der Verwendung von Geld, vom Zugang zu Märkten, von der Rechtsfähigkeit, dem Heiraten, dem Zugang zu Bildung oder der freien Wahl eines Glaubens auszuschließen, und dennoch lassen sich – so meine ich – interne Ausgrenzungen und Formen der inkludierenden Exklusion in den modernen Subsystemen, somit auch in der modernen Wirtschaft, beobachten.

Für die Realisierung jenes Postulats des Zugangs aller zu allen Funktionssystemen bedarf es einer Vielzahl semantischer und struktureller Entwicklungen: Die Ausdifferenzierung subsystemspezifischer Publika, die Gleichheits-, Menschheits- und Menschenrechtssemantik als umfassende semantische Voraussetzung, so wie die Umschrift und Differenzierung subsystemspezifischer Semantiken. Im Fall der Wirtschaft ist das z.B. die Transformation einer Bedürftigkeitssemantik in eine verallgemeinerte und somit auch die oberen Schichten inkludierende Bedürfnissemantik. Bedürftig sind nur die Armen und Mittellosen, Bedürfnisse haben auch die Reichen und Wohlhabenden.[10] Schließlich bedarf es des Aufbaus subsystemspezifischer Strukturen, die es den Subsystemen erlauben, Inklusion und Exklusion in eigener Regie autonom zu regulieren: Allgemeine Schulpflicht für die Gesamtbevölkerung im Erziehungssystem, allgemeine Rechts- und Geschäftsfähigkeit im Rechtssystem, Eigentum und Einkommen als normalisierte Struktur für die Wirtschaft.

---

8   Vgl. Luhmann, 1995; 1997 bes. Kap. 4, passim.
9   Empirische Belege für die nur sehr begrenzte Konvertierbarkeit bzw. Kompensierbarkeit von Geld und Talent liefern zahlreiche amerikanische Studien zu Eliteuniversitäten.
10 Vgl. Appleby 1976, 1978; vgl. auch Pichler 1983.

Zunächst nimmt die Ausdifferenzierung des modernen Wirtschaftens, die sich als zunehmende Distanzierung von politischen und familialen Aspekten vollzieht, aber den Weg über den Eigentumscode. Die Differenz Eigentum/Nicht-Eigentum besagt nicht, dass nur Eigentümer in die Wirtschaft oder gar in die Gesellschaft inkludiert sind, wie das die liberale Übergangssemantik des Besitzbürgertums und des Besitzindividualismus vorsah. Nur dem Besitzenden, da er Steuern zahlte, wurde Verantwortung für die Allgemeinheit zugetraut, nur ihm wurde im Zensuswahlrecht politische Mitsprache eingeräumt.[11] Die Inklusion würde hier nur durch den positiven Wert bewirkt. Der Eigentumscode impliziert aber vielmehr, „dass in bezug auf *alle* eigentumsfähigen Güter *jeder* Eigentümer oder Nichteigentümer ist und daß dritte Möglichkeiten ausgeschlossen sind."[12] Eigentum ist immer exklusiv, insofern das Eigentum des Einen alle anderen ausschließt. Indem die Nichteigentümer aber den Ausschluss aus dem konkreten Eigentum anderer akzeptieren, sind sie in die Wirtschaft inkludiert. Nur wenn sie von jeder Möglichkeit des Eigentumserwerbs ausgeschlossen würden, wären sie aus dieser exkludiert.

Der Erstcodierung des Wirtschaftens durch den noch auf Sachbestände bezogenen Eigentumscode – Arbeit und das Eigentum am eigenen Körper waren viel diskutierte schwierige Sonderfälle – folgte dessen Zweitcodierung durch die Monetarisierung der Wirtschaft, die erst die Weitergabe des Eigentums aus seiner naturrechtlichen Begrenzung löste. Die monetarisierte Wirtschaft schließt jetzt auch Arbeit und Grundbesitz in das Medium Geld ein, da beides veräußerbar wird. Modernes Eigentum unterscheidet sich von Eigentumsauffassungen des europäischen Mittelalters durch seine geldvermittelte Übertragbarkeit auf andere.[13]

Die Zweitcodierung des Wirtschaftssystems Zahlen/Nicht-Zahlen formuliert nicht nur die im Vergleich zu anderen Subsystemen ungewöhnliche Ereignisdeterminiertheit des Systems, sie ist auch Voraussetzung für dessen zunehmende Immaterialisierung, im Sinne einer nicht mehr durch Sachwerte, Versorgungsgesichtspunkte und Gütertransfer motivierten ökonomischen Sphäre. Das betrifft sowohl die Zunahme immaterieller Besitztitel und Eigentumsrechte wie auch das exponentielle Wachstum eines Finanzsektors in den letzten dreißig Jahren. Für eine Immaterialisierung der Wirtschaft spricht das scheinbar unbegrenzte Wachstum von Finanztransaktionen und deren asymmetrische Relation zum Gütertransfer: „The volume of foreign exchange transactions is close to 1 500 trillion dollars a day, which is more than seventy times the daily volume of international trade of goods."[14] Der Zahlungsnexus dehnt sich somit nicht nur auf Nichtmaterielles, wie z.B. Wissen und Patente aus, er erfasst das Geldmedium selbst, dessen Reflexivität in Zahlungsmodi und Geschäftsformen wie Devisenhandel, Arbitrage, Derivaten, Futures zum Ausdruck kommt.

---

11 Der Liberalismus sah die politische Lösung des Eigentumsproblems, vgl. Locke [1680]1977, S. 278: „Das große und *hauptsächliche* Ziel, weshalb Menschen sich unter einem Staatswesen zusammenschließen und sich unter eine Regierung stellen, *ist* also *die Erhaltung ihres Eigentums*".
12 Luhmann 1988, S. 89.
13 Vgl. Pocock 1979.
14 Goldfinger 2000, S. 72; ders. 2002 diskutiert diese Entwicklung als „shift from tangible to intangible Economy". Schätzungen des „güterwirtschaftlichen" Anteils an den monetären Transaktionen liegen gegenwärtig bei weniger als fünf Prozent. Vgl. auch Bryan/ Rafferty 2007, die Autoren diskutieren die Bedeutung der zunehmenden Immaterialisierung der Wirtschaft für einen Geldbegriff – eine überzeugende Lösung schlagen sie nicht vor. Hilferdinger hatte zur Beschreibung ähnlicher Entwicklungen den Begriff Finanzmarktkapitalismus geprägt; auch die Forschungsrichtungen der Sociology of Finance beschäftigt sich mit Finanzpraktiken diesen Typs, zuletzt MacKenzie 2007, der von einer Virtualisierung des Geldes spricht.

Mit der Reflexivität des Geldmediums in einer monetarisierten Wirtschaft wächst somit der Anteil der aus Versprechen und Erwartungen geschöpften Elemente gegenüber den physisch vorhandenen Elementen in der Wirtschaftskommunikation. Die Frage wie „wealth of nations" geschaffen wird und wer wie überhaupt an diesen „Reichtümern" partizipiert, lässt sich daher nicht mehr nur durch die Analyse der „Arbeit" und deren Organisation, wie Smith noch argumentierte, beantworten. Das Problem der Inklusion und Exklusion in der Wirtschaft ist somit auch nicht bereits durch den Verweis auf Besitz und die Teilnahme an der so genannten Realökonomie aufzuklären. Die dargestellte Skizze einer Theorie der Inklusion und Exklusion und deren Anwendung auf das Feld der Wirtschaft möchte ich um einige Präzisierungen und weiterführende Annahmen ergänzen, von denen ich in der folgenden Argumentation ausgehen werde.

2.1 Chiasmen: Exklusion als Inklusionsfolge, interne und externe Inklusions- und Exklusionsanlässe

Ich gehe davon aus, dass sich die gegenwärtig unter dem Titel Exklusion beobachteten Phänomene bei genauer Analyse als Inklusionsfolgen beschreiben lassen. Auch wenn Funktionssysteme keine Exklusionsmotive kennen, verfügen sie gerade wegen des Postulats der Inklusion Aller und dessen Realisierungsversuchen über interne Mechanismen der inkludierenden Exklusion oder der internen Ausgrenzung.[15] Daher ist die Differenz Inklusion und Exklusion ein strukturierendes Prinzip innerhalb der Funktionssysteme. Der Konkurs infolge von Fehlinvestitionen, Fehlspekulationen oder unerwarteten konjunkturellen Entwicklungen ist das offensichtlichste Beispiel, das aber wie die meisten Exklusionsformen – nach der Einhaltung einer bestimmten Frist – durchaus reversibel ist.[16] Exklusionsanlässe in der Wirtschaft können auch fremdindiziert sein. Eine politisch motivierte Enteignung hat politische Anlässe, aber ökonomische Folgen, die keineswegs nur zur Verschlechterung der wirtschaftlichen Lage, sondern durchaus zum Ausschluss aus dem Zentrum und der Semiperipherie der Wirtschaft führt. Die den Juden im Nationalsozialismus auferlegte Einschränkung des Rechts der monetären Emigration wäre dafür ein Beispiel, die zur gleichen Zeit betriebene Devisenbewirtschaftung ein weiteres.[17] Auch kann eine im Rechtssystem entschiedene Strafe ökonomisch ruinös sein und zum Ausschluss aus Einkommensverhältnissen und sogar vom Konsum führen. Umgekehrt kann aber die Inklusion in der Wirtschaft etwa durch „unverdientes Vermögen" wie ein familiär bedingtes Erbe ökonomisch folgenreich sein, indem es zu einer Revenue verhilft, die den neuen Besitzer aus der Sphäre staatlicher Allokationen als Einkommensquelle entlässt.[18]

---

15 Für das Bildungssystem (Bourdieu et al. 1997) und für die räumliche Segregation besonders der Ghetto Poor in USA (Wilson 1996) existieren Studien, die diesen Zusammenhang nachweisen.
16 Zur Reversibilität der Exklusion vgl. Bohn 2006 und passim.
17 Vgl. Stützel 1975, bes. S. 14ff.
18 Dass soziale Veränderungen des Umgang mit Erbschaften ebenfalls gesellschaftliche Inklusions- und Exklusionsbewegungen reflektieren, zeigt Beckert 2004.

2.2 Plurale oder multiple Inklusion in der Wirtschaft

Die in der Gesamtgesellschaft zu beobachtende plurale oder multiple Inklusions- und Exklusionsordnung wiederholt sich auf der strukturellen Ebene in einzelnen Subsystemen. In der monetarisierten Wirtschaft haben sich auf der Grundlage der Allgemeinzugänglichkeit der Märkte und auf der Grundlage des normalisierten Geldgebrauchs Einkommen und Eigentum als institutionalisierte Formen ausgebildet, die die Teilnahme an der wirtschaftlichen Kommunikation regeln. Diesen Strukturen entsprechen multiple Rollen, Positionen und Adressierungsformate, durch die Individuen als Personen in die Wirtschaft inkludiert sein können: Marktteilnehmer, Besitzer von Geld und Vermögenswerten, Unternehmer, Berufstätige und Gehaltsempfänger, Positionsinhaber in einer wirtschaftlichen Organisation, Spekulanten, Hedger, Investoren, Rentiers, Kontoinhaber, Händler, Adressaten für die Botschaft von Produktwerbung, Beobachter von Preisen als Grundlage für Zahlungsentscheidungen, Aktionäre, Fondsteilnehmer, Devisenkäufer und -verkäufer, Insider, Schuldner und Gläubiger.

2.3 Die inkludierende Operation des Wirtschaftssystems: Herstellen von Zahlungsfähigkeit

Während sich strukturell und semantisch eine zunehmende Pluralisierung der Inklusion im Funktionssystem Wirtschaft beobachten lässt, verdichtet sich der operative Zugang zu diesem in einer die Systemgrenzen definierenden Operation. Die Inklusion in den operativen Vollzug des durch Einkommensbasiertheit, Eigentumsbasiertheit, Marktförmigkeit und Monetarisierung charakterisierten Wirtschaftssystems führt – so meine These – immer über den normalisierten Gebrauch des Geldmediums und das heißt über die Herstellung von Zahlungsfähigkeit, die im Zentrum des Systems, wie zu zeigen sein wird, Kreditwürdigkeit als unterstellte Zahlungsfähigkeit einschließt.

2.4 Zentrum, Semiperipherie, Peripherie

Wenig plausibel für das Wirtschaftssystem ist die an Professionsrollen orientierte Inklusionsfigur durch Leistungs- und Publikumsrollen. Weber hatte diesen Sachverhalt einer komplementären Inklusion für die Religion an der Priester- und Laienrolle plausibel gemacht. Aber wer ist das Publikum und wer sind die Laien im Wirtschaftssystem? Auch die dem Produktionsparadigma entnommene Asymmetrie von Produzenten und Konsumenten bildet die multiplen Inklusionen in der entwickelten Geldwirtschaft nicht ab. Eine Graduierung und Strukturierung des Inklusions- und Exklusionsgeschehens in der Wirtschaft lässt sich meines Erachtens genauer über die Unterscheidung von Zentrum, Semiperipherie und Peripherie einführen.

Die Analytik Zentrum, Semiperipherie, Peripherie wird in der Literatur höchst unterschiedlich gebraucht. Wallerstein hat die Begriffe im Kontext seiner Überlegungen zum modernen Weltsystem eingeführt, um die Ungleichheitsrelationen und Machtbeziehungen zwischen den Europäischen Staaten als „Mutterländern des Kapitalismus" und den peripheren Regionen der kapitalistischen Weltökonomie zu analysieren. Als Semiperipherie bezeichnet er die vom Zentrum abgefallenen oder aus früheren Peripherien aufgestiegenen Regionen, die von geopolitischen Veränderungen einer expandierenden Weltwirtschaft profitieren und als „middle areas" eine wichtige Rolle in der Machtbalance zwischen Zentrum und Peripherie spielen. Die Zentrum-Peripherie-Unterscheidung wird hier als machtgeladene Dynamik zwischen Weltregionen und letztlich als räumliches Modell aufgefasst.[19]

Eine strukturtheoretische Verwendung der Unterscheidung findet sich bei Baker, der Finanzakteure nach deren Platzierung im Zentrum, der Peripherie und der Semiperipherie des Wirtschaftssystems unterscheidet. Anhand einer statistischen Analyse der empirischen Struktur der Finanzmärkte kann er zeigen, dass keineswegs in den Banken als institutionelle Zentren der Ökonomie die Mittel zur Kontrolle der monetären Entscheidungen liegen. Der private Sektor sei als gewichtiger Kreditstifter mehr und mehr an der Geldschöpfung und an der Schöpfung von Kaufkraft beteiligt. Das impliziere, so das Ergebnis seiner Analyse, dass nicht Banken und die Zentralbanken, sondern die privaten *„nonbank* financial institutions" das Zentrum im Sinne einer Definitions- und Entscheidungsmacht der Wirtschaft innehaben.[20] Was Geld ist und was es wert ist, so Baker, entscheidet dessen tatsächlicher sich ständig wandelnder Gebrauch, Orte der Regulierung und Kontrolle dieses Gebrauchs seien keineswegs notwendigerweise die Zentralbanken. Die Zentrum-Semiperipherie-Peripherie Unterscheidung wird hier als Institutionen- und Strukturmodell vorgeführt.

Schließlich verwendet auch Luhmann in einer für unseren Zusammenhang bedeutsamen Weise, anders als Wallerstein, die Unterscheidung Zentrum/Peripherie in einem nicht lokalen Sinne, sondern als Form der Differenzierung innerhalb der gesellschaftlichen Subsysteme. Der Begriff Semiperipherie findet sich bei Luhmann nicht. Diachron und in historischer Perspektive, so kann man die Überlegungen interpretieren, haben sich die Subsysteme immer auch um institutionelle, meist organisatorische Zentren herum entwickelt. Das sind im Falle der Politik der Staatsapparat, im Feld der Religion die Kirchen, in der Wahrheitssicherung die Universitäten und in der Wirtschaft das Bankenwesen, im Recht die Gerichte, die dann als ausdifferenziertes Teilsystem des Rechtssystems bezeichnet werden.[21] Während aber Gerichte am Beginn der Ausdifferenzierung des Rechtssystems stehen, bildet das entwickelte Bankenwesen für die Ausdifferenzierung des Wirtschaftssystems eher den Abschluss. Für die synchrone, gegenwärtige Funktionsweise der Systeme weist die Unterscheidung Zentrum/Peripherie auf die Ablösung von Hierarchiemodellen hin. Am Beispiel der Rechtsprechung hat Luhmann gezeigt, wie die Organisation der Gerichtsbarkeit zu einem mit der Norm des Verbots der Justizverweigerung ausgestatteten Zentrum avanciert, während Vertragsabschlüsse und Gesetzgebung die Peripherie des Rechtssystems bilden. Zentrum und Peripherie stehen keineswegs in einem Weisungsverhältnis zueinander. In der Wirtschaft lässt sich eine vergleichbare Struktur auffinden. Das Bankensystem entwickelt sich zum Zentrum, während Produktion, Handel und Konsum zur Peripherie bzw. Semiperipherie des Systems gehören.

---

19 Wallerstein 1974; 1979.
20 Baker 1992, S.134. Für die These spricht einerseits, dass es tatsächlich die Überlegung etwa der EZB gibt, die privaten Kreditinstitute mit der Mindestreservenauflage den Banken gleichzustellen; andererseits, dass britische Wirtschaftsexperten gerade die Möglichkeit diskutieren, auch Zentralbanken seien prinzipiell von Ruin und Konkurs bedroht.
21 Luhmann 1993, bes. S. 299ff. Hahn 2008 hat auf die zunehmende Bedeutung der Differenzierung Zentrum/Peripherie innerhalb der Funktionssysteme in den späten Schriften Luhmanns aufmerksam gemacht – im Unterschied zu der vormodernen auf das Gesamtsystem der Gesellschaft bezogenen Verwendung der Zentrum/Peripherie-Differenzierung.

Weder Wallerstein noch Baker oder Luhmann haben die Unterscheidung Zentrum/Peripherie mit dem Problem der Inklusion und Exklusion verbunden. Erst in dieser Verknüpfung aber erschließt sich der Gewinn für meine Argumentation. Um beide Theoriefiguren zu verbinden, ergänze ich die drei genannten Paradigmen: die geographisch-lokale Auffassung Wallersteins, die durch Machtpotentiale gestützte Positionierung institutioneller Akteure Bakers und die durch Herausbildung organisatorischer Zentren konstituierte interne Systemdifferenzierung Luhmanns durch einen weiteren Aspekt. Ausgangspunkt meiner Überlegung ist das Medium Geld als entscheidende Errungenschaft der ausdifferenzierten Wirtschaft und die daraus hervorgegangene inkludierende Basisoperation des Wirtschaftssystems: die Herstellung von Zahlungsfähigkeit. Die Differenz von Zentrum, Semiperipherie, Peripherie orientiert sich daher in den folgenden Überlegungen strikt an den jeweiligen auf das Geldmedium bezogenen Praktiken und Operationen.

Folgt man diesem Vorschlag, so realisiert sich die Inklusion ins *Zentrum* der monetären Wirtschaft durch alle mit der *Geldschöpfung* selbst befassten Operationen. Anders als in der klassischen und neoklassischen Ökonomie kann Geld nicht mehr als ein unsichtbarer „neutraler Schleier", der sich über die von Produktion und Güterwirtschaft getriebene Realwirtschaft legt, aufgefasst werden. Für die entwickelte Geldwirtschaft kann davon ausgegangen werden, dass nicht mehr der Bedarf von Haushalten und die Versorgung mit Gütern treibende Kräfte der Wirtschaft sind, sondern die Finanzökonomie und das heißt der Geldmechanismus selbst.[22] Der Geldschöpfungsmechanismus wird nun in verschiedensten Theorievarianten – darauf komme ich zurück – als Kreditmechanismus beschrieben. Wenn das Zentrum der modernen Geldwirtschaft also nicht die Produktion, sondern das Finanzsystem ist, kann als Basisgeschehen der Inklusion in dieses Zentrum die Relation von Kreditgeber und Kreditnehmer angesehen werden.

Die Inklusion in die *Semiperipherie,* die als Sphäre von Produktion und Handel beschrieben werden kann, erfolgt über Einkommen und Besitz als Modi der Herstellung von Zahlungsfähigkeit. Spezifische Praktiken der Semiperipherie sind: Budgetierung, der haushälterische Umgang mit Geld und die Inklusion in die Arbeit als normalisierte Form des Einkommenserwerbs, aber auch die Konkurrenz um Marktanteile durch Produktinnovationen. Auch Futures oder Termingeschäfte als spezifische Handelsformen sind semiperiphere Praktiken, deren Finalität nicht der Konsum oder die Geldschöpfung, sondern die Risikominimierung von Handelsbeziehungen ist.

Schließlich lässt sich als *Peripherie* des modernen Wirtschaftssystems die Sphäre des Konsums beschreiben. Mit Geld kann man zwar handeln, aber Geld selbst ist nicht konsumierbar. Hier geht es um die Versorgung der Gesamtbevölkerung mit Gütern und Dienstleistungen. Typische Praktiken der Peripherie beruhen auf der systemexternen Zweckbestimmung von Geld.[23] In die Peripherie des Wirtschaftssystems gehört auch die Verausga-

---

22 Bereits Schumpeter [1929]2008, S. 218 ff. hatte in seinen Überlegungen zum Wesen des Geldes auf dessen „*Eigengesetzlichkeit*, die auf die Veränderung des Warenkörpers keine Rücksicht nimmt und von dieser aus sinnlos ist", hingewiesen und daraus gefolgert, dass die Recheneinheit „*in strenger Logik* von der Assoziation mit einem Güterwerte" völlig unabhängig ist.

23 Konsum ist seit dem 19. Jahrhundert weiblich konnotiert. Belege finden sich in Schössler 2005; für die Gegenwart finden sich empirische Bestätigungen der These in Burzan et al. 2008, S. 63ff. Für meine Argumentation ist interessant, dass die Semantik des 19. Jahrhunderts die aufkommende Spekulation als Zentrumsgeschehen vor Versuchungen der Peripherie (weiblicher Konsum) zu schützen versuchte, vgl. den Beitrag von Stäheli in diesem Band.

bung staatlicher Allokation, die über den Konsum wieder in den Wirtschaftskreislauf Eingang findet, aber nicht durch Inklusion ihrer Empfänger in die Semiperipherie erworben wurde. Empfänger von Allokationen, die anstatt des Geldes für Güter die Güter selbst oder zweckgebundene Gutscheine erhalten, sind auch aus der Peripherie des Wirtschaftsgeschehens exkludiert, im Sinne einer inkludierenden Exklusion, die in diesem Fall auch als exkludierende Inklusion bezeichnet werden könnte. Die Operation inkludiert in den Warenstrom, nicht aber in den Geldstrom, da sie von dem, was das Geldmedium ausmacht – die Freiheit der Wahl des Gutes, des Marktes, des Zeitpunktes der Verausgabung oder der gewinnbringenden Nicht-Verausgabung – ausschließt.

Zentren können nicht ohne Semiperipherie oder Peripherie operieren, so wie umgekehrt Peripherie und Semiperipherie nicht ohne Zentren existieren können. Daher wird hier keine Differenz des Ranges oder der gesellschaftlichen Relevanz postuliert. Vielmehr kann von einer zirkulären Vernetzung der Operationen der verschiedenen Sphären ausgegangen werden – darauf komme ich zurück. Bezogen auf das Wirtschaftssystem bedeutet dies, dass die Geldschöpfung im Zentrum, sofern es sich um Kredite für Investitionen oder Eigentumserwerb handelt, aufs engste mit der Semiperipherie verbunden ist, so wie Zahlungen in der Sphäre des Konsums an der Herstellung der Zahlungsfähigkeit in der Semiperipherie beteiligt sind. Bezogen auf die Inklusion von Personen in den Geldmechanismus bedeutet dies, dass die Inklusion in das Zentrum in der Regel abwärtskompatibel, aber die Inklusion in die Peripherie nicht aufwärtskompatibel organisiert ist. Während in der Theorie Wallersteins die „external arenas" als exkludierte Regionen der Weltwirtschaft aufgefasst werden müssten,[24] gehe ich davon aus, dass Teilhabe und interne Ausgrenzung in der modernen Wirtschaft primär über die graduierbare Exklusion und Inklusion in das Medium Geld zu ermitteln ist. Diese Graduierung ist nicht auf einer Skala mit den Polen reich und arm abzutragen. Nicht Reichtum und Armut sind die entscheidenden Variablen, vielmehr könnte man pointiert formulieren: Nur wer sein Leben unter Konkursdrohung stellt, ist in die monetäre Wirtschaft inkludiert, wer dies mit Rekurs auf Kreditierung tut, in deren Zentrum.

Die folgenden Überlegungen konzentrieren sich auf Inklusion und Exklusion im Zentrum des Wirtschaftssystems, auf die Praktiken also, die mit der Geldschöpfung selbst befasst sind. Dazu ist es nötig, den Geldmechanismus selbst und die inklusionstheoretische Relevanz spezifischer Formen des Kredites genauer zu analysieren.

3. Geld als Medium und die Kreditfähigkeit als Inklusions- und Exklusionsprinzip im Zentrum der Wirtschaft

3.1 Das Medium Geld

Als Grundprobleme moderner ökonomischer Praxis können Unsicherheit und Unvorhersehbarkeit unter Bedingungen der Knappheit angesehen werden. Auf das Problem der Unsicherheit in der Geldkommunikation reagiert der Mechanismus des Vertrauens. In der modernen Wirtschaft bedeutet dies Systemvertrauen. Indem ich Geld annehme, vertraue ich auf eine funktionierende Weltwirtschaft, d.h. darauf, dass ich es überall auf der Welt für beliebige Zwecke zu einem beliebigen Zeitpunkt auf einem beliebigen Markt in einer beliebigen Währung als Zahlungsmittel wieder einsetzen kann. Ein zeitlicher, sachlicher und

---

24 Vgl. Wallerstein 1974, S. 350.

sozialer Freiheitsgewinn wird gemeinhin dem Geldmedium zugeschrieben.[25] Auf das Problem der Unvorhersehbarkeit im Sinne der Unsicherheit zukünftiger Erwartungen reagiert Geld mit seiner Funktion, Gegenwart und Zukunft zu verbinden. Darin hatte Keynes, der bereits das Tauschparadigma verworfen hatte, die wichtigste Bedeutung des Geldmediums gesehen: „The importance of money essentially flows from its being a link between the present and the future."[26] Wertaufbewahrungsfunktion, Zahlungsfunktion, Maß- und Recheneinheit für Werte sind – neben anderen – klassische Funktionen, die dem Geld immer wieder zugeschrieben werden. Gemeinsam ist diesen Auffassungen, dass sie wesentliche Eigenschaften des Mediums Geld übersehen.

Geld soll hier als ein symbolisch generalisiertes Kommunikationsmedium aufgefasst werden.[27] Es fungiert als institutionalisiertes Zahlungsmittel, das Zahlungserwartungen ermöglicht. Nur so kann es gleichzeitig der Überbrückung der für soziale Situationen konstitutiven alter-ego-Divergenz dienen, indem es als Symbol verfügbar ist, auf das sich alter und ego gleichsinnig beziehen. Die Geschichte des Geldsymbols wird häufig als Geschichte seiner „Denaturierung" erzählt.[28] Als einschneidende Ereignisse und wichtige Etappen in diesem Prozess können die Ausgabe von Banknoten durch die Bank von England 1696 und die Konferenz von Bretton Woods bzw. die Aufkündigung der Goldreserve für den Fed-Dollar durch die amerikanische Regierung 1973 angesehen werden. Die Akzeptanz der ersten Banknoten als Zahlungsmittel wurde in England durch eine vom Parlament selbst verfügte Münzknappheit erleichtert. Wichtiger aber war noch deren Kreditwürdigkeit, die auf das gesamte, nicht näher präzisierte Steueraufkommen der Krone bezogen war.[29] Die Ablösung des Geldwertes von der Golddeckung – selbstverständlich war niemals alles Geld durch Gold gesichert – markierte insofern den Endpunkt der Entwicklung als der Wert des Geldes jetzt nicht mehr durch einen ihm äußeren Wert, sondern nur noch durch Bezug auf anderes Geld (Devisen) ermittelt und festgelegt werden konnte. Die soziologische Analyse entdeckt hier aber nicht die zunehmende Ablösung natürlicher Deckung durch die Symbolizität des Geldes selbst. Gegen diese naturalistische Interpretation spricht, dass die Bewertung und die Wahl des Goldes oder auch der Kaurimuschel selbst einer sozialen Konvention folgen. Geld ist also immer schon Symbol in dem Sinne, dass es keinen intrinsischen Wert hat und es ist generalisierbar, indem es fungibel ist für vielfältigste, kulturell festgelegte Verwendungen. Der Fungibilität, im rechtlichen und ökonomischen Sinne von Übertragbarkeit, und der sozialen Universalität des Geldmediums widerspricht nicht seine kulturell und individuell geprägte Zweckbestimmung, sondern jene ist gerade Voraussetzung dafür, dass das Geldmedium unterschiedliche Formen annehmen kann, so wäre die erwähnte Theorie Zelizers zu korrigieren. Wenn also die Symbolizität des Geldes nicht neu ist (nach Bretton Woods), so gewinnt aber die (Selbst-)beschreibung des Mediums als selbstreferentielles Medium, das seine dynamische Stabilität immer durch Bezug auf sich selbst erhält, eine neue Qualität.

Voraussetzung für dessen Selbststabilisierung ist die Knappheit des Geldes, das ja aufgrund seiner jetzt auch begriffenen Artifizialität und Symbolizität beliebig zu vermehren

---

25 Simmel hatte vor allem die soziale Dimension in einem kulturtheoretischen Sinne des individuellen Freiheitsgewinns im Blick, [1900]1989, bes. S. 400 ff. und passim.
26 Keynes 1936, S. 293.
27 Vgl. z.B. Luhmann 1988, bes. Kap 7.
28 Bloch [1936]1954.
29 Vgl. Hutter 1993, 1999; Carruthers 1996.

wäre. Mit der Institutionalisierung des Geldes als Zahlungsmittel geht daher die Notwendigkeit einer Knappheitsinstitutionalisierung einher. Nun sind die einer Gesellschaft zur Verfügung stehenden Mittel der Verknappung selbst knapp.[30] Für das moderne Geldmedium geschieht dies durch die Institutionalisierung des zweistufigen Banksystems (staatliche Zentralbank und private Geschäftsbank) seit dem 19. Jahrhundert. Geld ist also längst nicht mehr nur Bargeld oder Stück-Geld, sondern auch Bankgeld, Giral-Geld, Buchgeld, Kreditbrief-Geld, einschließlich der Derivate, und es generiert sich selbst über die Mechanismen des Kredites und der Schuldverschreibung. Der beständige Geldfluss vorhandener Geldmittel lässt sich nur mehr als Verkettung wechselseitiger Zahlungsversprechen erklären.

Was bedeutet diese Bestimmung des Geldes als fungibles symbolisches Medium, dessen dominanter Operationsmodus im Zentrum der Wirtschaft der des Zahlungsversprechens wird, für die Inklusion und Exklusion in diesem Zentrum? Wenn wir die Frage nach dem Zentrum der Geldwirtschaft weder finanzmarktsoziologisch als den Handel mit Geld behandeln noch mit Verweis auf die Organisation der Banken und Zentralbanken beantworten, sondern – so der Vorschlag dieses Textes – durch alle auf die Geldschöpfung bezogenen Operationen bestimmen, liegt es nahe, die Mechanismen der Geldschöpfung selbst in den Blick zu nehmen.

3.2 Geldschöpfung aus dem Kredit und die Kreditfähigkeit als Inklusions- und Exklusionsmechanismus

Die Annahme der Geldschöpfung aus dem Kredit findet sich in der ökonomischen Theorie in vielfältigen Varianten. Ich folge Überlegungen des Monetärkeynesianismus, der Eigentumsökonomik und dem Theorem der Giralgeldschöpfung von Samuelson, um deren Erkenntnisse für die Analyse der Inklusion und Exklusion im Zentrum des Wirtschaftssystems zu nutzen. Geld, so lässt sich die These des Monetärkeynesianismus zusammenfassen, ist nicht Kredit, weil es Zahlungsmittel ist, aber Geld entsteht aus dem Kredit. Nicht Tauschakte, so das Argument, sondern Schuldverhältnisse begründen die Geldfunktion.[31] Neben diese genealogische Annahme tritt die systematische Überlegung, dass Geldschöpfung auf einer Gläubiger-Schuldnerbeziehung beruht, bei der die Zentralbank den Gläubigerstatus – bislang ohne Gläubigerrisiko – einnimmt. Geld, so der Monetärkeynesianismus ist ein Kredit der Zentralbank, jede Zahlung wird damit zu einer Schuldverschreibung, die einen „Nachschuldner" sucht. Diese Annahme bezieht sich auf jede Zahlung mit Zentralbankgeld, das sowohl die Banken als auch Personen vom permanenten Nachweis „persönlicher" Kreditwürdigkeit entlastet. Sie gibt jedoch keine Auskunft über die inklusionstheoretisch relevante Frage, wie Personen oder Organisationen in den Besitz des „Kredits" kommen, für den sie einen Nachschuldner suchen. Jene allgemeinen auf die Systemreferenz Sozialsystem bezogenen Überlegungen zur Herstellung von Zahlungsfähigkeit aus dem Kredit ergänzt die Eigentumsökonomik durch die Annahme, die Genese des Geldes und der je aktuelle Vorgang der Geldschöpfung ließe sich durch in Aussicht gestellte Eigentumsprämien erklären.[32]

---

30 Vgl. Hahn 1987.
31 Riese 1998 und passim.
32 Heinsohn/Steiger 2006 und passim; vgl. auch Carruthers/Ariovich 2004.

In einer entwickelten Geldwirtschaft differenziert sich der dem Geldmedium zugrunde liegende Kreditmechanismus somit in eine der Zahlungsfunktion inhärente Form des Kredits (Monetärkeynesianismus) und in eine auf der Differenz Eigentum und Besitz beruhende Kreditfunktion. In letzterer erfüllt das gleiche Geld eine doppelte Aufgabe, es ist gleichzeitig im Besitz eines Schuldners und eines Gläubigers, die temporär auf ihre freien Verfügungsrechte verzichten. Geldschöpfung entsteht somit als Prämie auf ein Eigentum, auf das der Gläubiger seinen Anspruch behält, während der Schuldner es nutzt. Für die interbankäre Geldschöpfung hat Samuelson diesen Mechanismus sehr genau unter dem Titel multiple Giralgeldschöpfung analysiert: Alle Bankguthaben jenseits der von der Zentralbank festgelegten Mindestreserve, gehen danach über Gläubiger-Schuldnerrelationen in einer Kettenreaktion der Geldvermehrung mit Auswirkungen auf andere Banken ein, in deren Verlauf es zur weiteren Giralgeldschöpfung kommt.[33] Die erste Form der Schuldverhältnisse beschreibt die Inklusion aller an Zahlungen beteiligten in die Geldwirtschaft. Sie beruht auf einer fiktiven, anonymen Gläubiger-Schuldnerrelation, die das Geldmedium bei einer jeden Zahlung im Zentrum, der Semiperipherie und der Peripherie des Wirtschaftssystems auszeichnet. Die Kreditfähigkeit der beteiligten Personen steht hier gerade nicht zur Debatte. Die zweite Form fragt nach Kollateralen des Schuldners, die den Prozess der unabschließbaren Gläubiger-Schuldnerrelation überhaupt erst in Gang bringen. Durch die Repersonalisierung der im Geldmedium depersonalisierten Gläubiger-Schuldnerrelation, die folglich den Nachweis der persönlichen Kreditwürdigkeit verlangt, inkludiert sie die Person ins Zentrum der Geldwirtschaft.

Diese geldtheoretischen Einsichten sind in der Soziologie wenig beachtet worden.[34] Sie sind aber gewichtig für die Frage der Inklusion in das Zentrum des Wirtschaftssystems, wenn diese ihren Ausgangspunkt bei dem Geldmedium nimmt. Wenn im Zentrum der Geldwirtschaft also die Operation der kreditbasierten Geldschöpfung steht, ist die Inklusion in dieses Zentrum eine spezifische Form des Herstellens von Zahlungsfähigkeit, die den Weg über die Kreditfähigkeit nimmt. Die Inklusion in das Zentrum des monetären Wirtschaftssystems folgt somit der Figur der Herstellung von Zahlungsfähigkeit, nach der *Zahlungsunfähigkeit neue Zahlungsfähigkeit* erzeugt. Es ist häufig erwähnt worden, dass hier Zeit im Spiel ist. Kreditverhältnisse haben immer eine bestimmte Fristigkeit, die aber gerade auch im Interbankgeschäft wiederum durch Bonitätsüberlegungen, Kreditwürdigkeitsprüfungen und Zinsrisiken relativiert werden.[35] Ebenso wichtig für die Inklusion in das Geldmedium und das von der Logik der Geldschöpfung bestimmte Zentrum des Wirtschaftssystems ist aber die kaum beachtete Sozialdimension, das heißt die freie Wahl des

---

33 Samuelson 1998, S. 570ff. In Gang gehalten wird dieser Prozess, da die einzige Sorge der Banken der Vermeidung unverzinst brachliegender Gelder oder zu hoher Reserven gilt.

34 Parsons 1971, S. 26 hatte diese Erkenntnis der neuren Ökonomie zwar gesehen und das Prinzip als Einwand gegen Theoreme der Null-Summe auf das Machtmedium angewendet, er hatte es aber nicht mit dem Inklusionsproblem verbunden. „The same dollars" formuliert Parsons, „come to do ‚double duty', to be treated as possessions by the depositors, who retain their property rights, and also by the banker who preempts the rights to loan them, as if they were ‚his'. In any case there is a corresponding net addition to the circulating medium, measured by the quantity of new bank deposits created by the loans outstanding." Parsons 1969, S. 384.

35 Für das Interbankgeschäft formuliert Wolfgang Stützel 1983, S. 33ff. man kann die Bewältigung des Liquiditätsrisikos von Solvenzüberlegungen auf Bonitätsüberlegungen umstellen. Nicht die Fristigkeit des Aktiv- und Passivgeschäfts ist entscheidend für die Bewältigung des Liquiditätsrisikos und auch nicht der eigene Kassenbestand, sondern wesentlich die eigene Kreditwürdigkeit im Interbankgeschäft. Die aktuelle Bankenkrise ist ein Beleg für diese These.

Schuldners und die Möglichkeit des Wechsels des Schuldners. Wenn die Inklusion in das Zentrum der voll monetarisierten Wirtschaft also über den Weg der Kreditfähigkeit führt, unterscheidet sie eben diese Beteiligung an der Geldschöpfung durch Kredit von der Inklusion in Peripherie und Semiperipherie. Nicht über Finanz- und Vermögensvolumen von Eigentümern lässt sich deren Inklusion ins Zentrum der monetären Wirtschaft bestimmen, sondern über die Teilnahme an Gläubiger-Schuldnerrelationen. Die erwähnte unauflösbare Relation des Zentrums zur Semiperipherie zeigt sich nun darin, dass die Bindungen an Organisationen, bei denen Personen beschäftigt sind, deren Teilhaber oder Besitzer sie sind, die wichtigsten Kollaterale sind, um in das Zentrum auf dem Wege der Kreditfähigkeit inkludiert zu werden.[36]

Nicht Zahlungsunfähigkeit wäre somit Exklusion aus dem Zentrum des Wirtschaftssystems, sondern der Ausschluss von der Möglichkeit, über Zahlungsunfähigkeit Zahlungsfähigkeit zu generieren. Hier ist an Phänomene zu denken wie das Verfügen über eine Kreditkarte oder nicht; die vorübergehende Verwehrung der Kreditfähigkeit für Apotheker in den neuen Bundesländern als Form der Exklusion. Es ist an die Inklusion des Indianers zu denken, der von der Subsistenzbewirtschaftung auf staatliche Förderung seines Ackerbaus umstellt, die er zurückzahlen muss und damit sein Leben unter Konkursdrohung stellt. Schließlich erleben wir gegenwärtig zahlreiche Bankinsolvenzen, die zur Exklusion oder zur vorübergehenden inkludierenden Exklusion führen. Letztere ist eine gehobene Form der Sozialhilfe, da die Schulden kommunalisiert werden und somit das reale Gläubiger-Schuldner-Verhältnis temporär ausgesetzt wird.[37] Und wir erleben eine neue Inklusionsbewegung in das Zentrum des Wirtschaftssystems durch die weltweite Zunahme einer durchaus ökonomisch rentablen Institutionalisierung von Mikrokrediten.

3.3 Formen des Kredits

Formen des Kredits inkludieren und exkludieren in mehrfacher Hinsicht und sie sind in ihrer historischen Genese von höchst unterschiedlichen Motiven geleitet, die auch gegenwärtig die heterogenen Kreditformate bestimmen. Während das strukturierende Prinzip des Geldmediums gerade darin besteht, keine Reziprozität im Sinne eines Leistungsausgleichs oder einer Verpflichtungsrelation zwischen Personen in Aussicht zu stellen, repersonalisiert der Kredit die Freiheitsgrade der Geldkommunikation. Während Geld als generalisiertes Kommunikationsmedium auf alles, was einen Preis hat, anwendbar ist, repartikularisiert der Kredit, indem er bestimmt, worauf er bezogen ist. Kredite kommen durch die Obligation einer Person einer anderen gegenüber zustande, das kann durchaus eine juristische Person wie eine Bank, eine Versicherungsgesellschaft oder ein Unternehmen sein. Sie beziehen sich auf einen bestimmten Betrag, haben eine Laufzeit, Zinskonditionen und konstituieren eine Beziehung zwischen einem Kreditnehmer und einem Kreditgeber.[38] Der Universalismus des Geldmediums wird in der Kreditform repartikularisiert, die das Geldmedium aus-

---

36 Ingham 2004, bes. Kap. 6 u 7, S. 150 und passim schließt aus der zunehmenden Bedeutung der Kreditfähigkeit in der Geldwirtschaft, dass die wichtigsten gesellschaftlichen Konfliktlinien nicht mehr zwischen Arm und Reich oder im Produktionsprozess angesiedelt sind, sondern zwischen „debtor" und „creditor" verlaufen.
37 Während die Lehmann Brothers einen eindeutigen Fall der Exklusion darstellen, sind AIG, Fanny Mae und Freddie Mac Beispiele für eine inkludierende Exklusion, wenn als Inklusionskriterium die Möglichkeit über Zahlungsunfähigkeit Zahlungsfähigkeit zu generieren gelten soll.
38 Vgl. Carruthers 2005, Mennicken 2000.

zeichnende Indifferenz gegenüber den Beteiligten wird im Kredit repersonalisiert. *Kreditformen* sind *Schuldformen*, es sind auf Personen zugerechnete Zahlungserwartungen, die formell jedenfalls durch rechtliche Sanktionen gestützt werden. Je übertragbarer Kredite allerdings werden, umso geldähnlicher werden sie.[39]

Die Inklusion in das Wirtschaftssystem über Kreditwürdigkeit folgte auf den ersten Blick dem Muster einer zunehmenden Formalisierung, Anonymisierung und Internationalisierung. Frühe Formen der Kreditvergabe stützen sich auf Netzwerke, im 19. Jahrhundert versuchte man das Problem durch „insider landing" oder die Erforschung des „Charakters" des Kreditnehmers zu lösen, Selbstdarstellungen von Schuldnern bedienten sich ebenfalls dieses Stereotyps. Die netzwerkgestützte informelle Inklusion in das Wirtschaftssystem über Kreditwürdigkeit hatte den Vorteil, dass die Schuld mit legalen und sozialen Sanktionen wieder eingetrieben werden konnte.[40] Gegenwärtige Formen der Kreditvergabe haben sich längst von der Erforschung psychischer Qualitäten der Kreditnehmer abgewendet und entwickeln Verfahren wie Accounting Standards, permanentes Auditing und Offenlegungspflichten, um Unsicherheitsabsorptionen in der weltweiten Verkettung von Schuldverschreibungen scheinbar zu rationalisieren. Dass die andere Seite der Geldschöpfung aus dem Kredit die Geldvernichtung ist, zeigen eine Reihe von Finanzskandalen und Finanzkrisen – zuletzt die Subprimekrise, die seit dem Sommer 2007 vom amerikanischen Immobilienhandel ausging. Sie sind auch Ausweis dafür, dass permanent und stakkatoartig verfertigte Expertenratings weder vor Subversion noch vor Fehlinterpretationen schützen, zumal sie – wie mikrosoziologische Studien belegen – häufig auf dem Prinzip des „undoing calculation" beruhen.[41]

Die genaue Analyse der Inklusionsrelevanz des Kredits erweist, dass das Kreditwesen eine bipolare Struktur bewahrt. Bereits frühe Formen des Kreditwesens etablierten eine zweite nach wie vor wirksame Tradition der Kreditvergabe, die zunächst religiöse, karitative oder philanthropische Ziele verfolgte. Der Schutz der Armen vor dem im Windschatten von Geldverleih- und Kreditwesen gediehenen Wucher – das Diabolon des Kredits – war Gründungsmotiv für Institutionen wie monte di pietà in der Renaissance. Ihnen folgten karitative und philanthropische Stiftungen, die durch Leihgaben an Bedürftige zur Generierung von Einkommen beitrugen, um diese in die neue entstandene einkommensbasierte Wirtschaft zu inkludieren.[42] Diese Tradition findet ihre Fortsetzung in der Vergabe von Mikrokrediten durch die vom ländlichen Bangladesch ausgehende Grameen Bank, deren weltweit erfolgreiche Inklusionsbewegung interessanterweise die netzwerk- und gruppenbasierte Kreditierungspraxis der frühen Kreditorganisationen kontinuiert und modifiziert.[43]

---

39 Eine genaue Untersuchung des Kreditwesens könnte zeigen, dass hier Entscheidendes im 17. und dann wieder Ende des 20. Jahrhunderts geschehen ist.
40 Vgl. Lamoreaux 1994, Padgett 2007.
41 Kalthoff 2007, zum neuen Glauben an das Auditing vgl. Power 1997.
42 Es ist bekannt, dass viele der im 19. Jahrhundert gegründeten Sparkassen und Raiffeisenbanken nicht am Gewinnmotiv des Gläubigers, sondern am Schutz des Schuldners orientiert waren. Erfolge und Misserfolge zahlreicher urbaner und ländlicher, historischer und aktueller Mikrokreditinstitutionen (Irland, Bangladesh u.a.) analysiert Woolcock 1999.
43 Einen Überblick bieten Sengupta/Aubuchon 2008. Eine weitere inklusionstheoretische Pointe dieses erfolgreichen Modells ist, dass 95 Prozent der Kreditnehmer weiblich sind. Eher mikroökonomisch und -soziologisch orientierte Forschungen konzentrieren sich auf das Phänomen des gruppenbasierten Kreditwesens und auf die Auswertung von erfolgreichen und gescheiterten Fällen. Woolcock 1999, Anthony 2005. Die weltwirtschaftlich relevante inklusionstheoretische Beobachtung findet – wenn überhaupt – unter dem programmatischen Stichwort „die Armut bekämpfen" statt, vgl. Yunus 2007 und passim.

Die Bedeutung des Kreditwesens – einschließlich seiner Genese – für Inklusion und Exklusion in der Wirtschaft ist somit nicht schon mit der Analyse eines Doppelkreislaufs des Wirtschaftssystems beschrieben, der Zahlungsunfähigkeit auf anderen Wegen transportiert als Zahlungsfähigkeit; auch nicht mit der Beobachtung der Monetärkeynesianer, die den Blick von der Seite der Aktiva auf die Seite der Passiva wendet, weil hier die eigentlich kreative Geldschöpfung stattfindet. Kredite rekrutieren zugleich „Mitspieler" im Zentrum der Wirtschaft, indem sie Individuen als Personen inkludieren oder exkludieren – juristische Personen eingeschlossen –, denen Selektionskompetenz, Verantwortlichkeit und Schuldfähigkeit attribuiert werden.

Literatur

Anthony, Denise, 2005: Cooperation in Microcredit Borrowing Groups: Identity, Sanctions, and Reciprocity in the Production of Collective Goods. American Sociological Review 70: S. 496-515.
Appleby, Joyce Oldham, 1976: Theology and Theory: The Tension between Political and Economical Liberalism in Seventeenth-Century England. American Historical Review 81: S. 499-515.
Appleby, Joyce Oldham, 1978: Economic Thought and Ideology in Seventeenth-Century. Princeton: Princeton University Press.
Baker, Wayne E., 1992: What is money?. S. 109-144 in: Mizruchi, M. S. und M. Schwartz (Hg.): Incorporate Relations. Cambridge: Cambridge University Press.
Beckert, Jens, 2004: Unverdientes Vermögen. Soziologie des Erbrechts. Frankfurt/Main: Campus.
Beckert, Jens et al. (Hg.), 2007: Märkte als soziale Strukturen. Frankfurt/Main: Campus.
Bloch, Marc, [1936]1954: Esquisse d'une histoire monétaire de l'Europe. Paris: Armand Colin.
Bohn, Cornelia, 2006: Inklusion, Exklusion und die Person. Konstanz: Universitätsverlag Konstanz.
Boltanski, Luc und Ève Chiapello, 2003: Der neue Geist des Kapitalismus. Konstanz: Universitätsverlag Konstanz.
Bourdieu, Pierre et al., 1997: Das Elend der Welt. Zeugnisse und Diagnosen alltäglichen Leidens an der Gesellschaft. Konstanz: Universitätsverlag Konstanz.
Bryan, Dick und Michael Rafferty, 2007: Financial derivatives and the theory of money. Economy and Society 36 (1): S. 134-158.
Burzan, Nicole et al., 2008: Das Publikum der Gesellschaft. Inklusionsverhältnisse und Inklusionsprofile in Deutschland. Wiesbaden: VS Verlag.
Callon, Michel und Fabian Muniesa, 2005: Economic Markets as Calculative Collective Devices. Organization Studies 26: S. 1229-1250.
Carruthers, Bruce G., 1996: City of Capital. Politics and Markets in the English Financial Revolution. Princeton: Princeton University Press.
Carruthers, Bruce G., 2005: The Sociology of Money and Credit. S. 355-378 in: Smelser, Neil J. und Richard Swedberg (Hg.): The Handbook of Economic Sociology. Princeton: Princeton University Press.
Carruthers, Bruce G. und Laura Ariovich, 2004: The Sociology of Property Rights. Annual Review of Sociology 30: S. 23-46.
Goldfinger, Charles, 2000: Intangible Economy and Financial Markets. Communications & Strategies 40 (4): S. 59-89.
Goldfinger, Charles, 2002: Intangible Economy and Electronic Money. The Future of Money, Paris: OECD Publications: S. 87-122.
Granovetter, Mark, 1974: Getting a Job: A Study of Contacts and Careers. Cambridge: Harvard University Press.
Granovetter, Mark, 1983: The Strength of Weak Ties: A Network Theory Revisited. Sociological Theory 1: S. 203-233.

Hahn, Alois, 1987: Soziologische Aspekte der Knappheit. Kölner Zeitschrift für Soziologie und Sozialpsychologie. Soziologie des wirtschaftlichen Handelns. Sonderheft 28: S. 119-132.
Hahn, Alois, 2008: Zentrum und Peripherie. S. 411-433 in: Junge, Kay et al. (Hg.): Erleben, Erleiden, Erfahren: Die Konstitution sozialen Sinns jenseits instrumenteller Vernunft. Bielefeld: transcript.
Heinsohn, Gunnar und Otto Steiger, 2006: Eigentumsökonomik. Marburg: Metropolis-Verlag.
Hutter, Michael, 1993: The Emergence of Bank Notes in 17th Century England: A Case Study of a Communication Theory of Economic Change. Sociologia Internationalis 31: S. 23-41.
Hutter, Michael, 1999: Wie der Überfluss flüssig wurde. Zur Geschichte und zur Zukunft der knappen Ressourcen. Soziale Systeme 5 (1): S. 41-54.
Ingham, Geoffrey, 2004: The Nature of Money. Cambridge: Polity Press.
Ingham, Geoffrey, 2004a: The Emergence of Capitalist Credit Money. S. 173-223 in: Wray, Randall (Hg.): Credit and State Theories of Money: The Contribution of A. Mitchell Innes. Cheltenham: Edward Elgar.
Kalthoff, Herbert, 2000: The Inventory of Firms: How Banks Analyze Risk in Central Europe. S. 59-87 in: Kalthoff, Herbert (Hg.): Ökonomie und Gesellschaft. Facts and Figures. Economic Representations and Practices. Jahrbuch 16. Marburg: Metropolis.
Kalthoff, Herbert, 2007: Rechnende Organisationen: Zur Anthropologie des Risikomanagements. S. 151-167 in: Beckert et al. (Hg.): Märkte als soziale Strukturen. Frankfurt/Main: Campus.
Keynes, John M., 1936: The General Theorie of Employment, Interest and Money. London: Macmillan.
Knorr-Cetina, Karin und Alex Preda (Hg.), 2005: The Sociology of Financial Markets. Oxford: Oxford University Press.
Lamoreaux, Naomi, 1994: Insider Lending: Banks, Personal Connection and Economic Development in New England. Cambridge: Cambridge University Press.
Locke, John, [1680]1977: Zwei Abhandlungen über die Regierung. Frankfurt/Main: Suhrkamp Verlag.
Luhmann, Niklas, 1988: Die Wirtschaft der Gesellschaft. Frankfurt/Main: Suhrkamp Verlag.
Luhmann, Niklas, 1989: Am Anfang war kein Unrecht. S. 11-64 in ders.: Gesellschaftsstruktur und Semantik Bd. 3. Frankfurt/Main.: Suhrkamp.
Luhmann, Niklas, 1993: Das Recht der Gesellschaft. Frankfurt/Main: Suhrkamp.
Luhmann, Niklas, 1995: Inklusion und Exklusion. S. 237-265 in ders.: Soziologische Aufklärung 6. Opladen: Westdeutscher Verlag.
Luhmann, Niklas, 1997: Die Gesellschaft der Gesellschaft, 2 Bde.. Frankfurt/Main: Suhrkamp.
MacKenzie, Donald, 2007: The Material Production of Virtuality. Economy and Society 36 (3): S. 355-376.
Mennicken, Andrea, 2000: Figuring trust: The Social Organization of Credit Relations. S. 35-59 in: Kalthoff, Herbert et al. (Hg.): Ökonomie und Gesellschaft. Facts and Figures. Economic Representations and Practices. Jahrbuch 16. Marburg: Metropolis.
Padgett, John F. und Paul D. McLean, 2007: Economic Credit in Renaissance Florence. MS: Chicago.
Parsons, Talcott, 1969: On the Concept of Political Power. S. 352-404 in ders.: Politics and Social Structure. New York: Free Press.
Parsons, Talcott, 1976: Full Citizenship for the Negro American? S. 422-465 in ders.: Sociological Theory and Modern Society. New York: Free Press.
Parsons, Talcott, 1971: The System of Modern Societies. Englewood Cliffs N.J.: Prentice-Hall.
Pichler, Johannes W, 1983: Necessitas. Ein Element des mittelalterlichen und neuzeitlichen Rechts. Berlin: Duncker & Humblot.
Pocock, John G. A., 1979: The Mobility of Property and the Rise of Eighteenth-Century Sociology. S. 141-166 in: Parel, Anthony and Thomas Flanagan (Hg.): Theories of Property: Aristotle to the Present. Ontario: Waterloo.
Power, Michel, 1997: The Audit Society. Rituals of Verification, Oxford: Oxford University Press.
Riese, Hajo, 1998: Geld – das letzte Rätsel der Nationalökonomie. S. 45-63 in: Schelkle, Waltraud und Manfred Nitsch (Hg.): Rätsel Geld. Marburg: Metropolis.
Samuelson, Paul A. und William D. Nordhaus, 1998: Volkswirtschaftslehre, mit einem Vorwort von Christian v. Weizsäcker. Wien: Überreuter.
Schössler, Franziska, 2005: Die Konsumentin im Kaufhaus. Weiblichkeit und Tausch in Emil Zolas Roman Au Bonheur des Dames. S. 245-275 in: Mein, Georg und Franziska Schössler (Hg.): Tauschprozesse. Kulturwissenschaftliche Verhandlungen des Ökonomischen. Bielefeld: transcript.
Schumpeter, Joseph A., [1929]2008: Das Wesen des Geldes. Göttingen: Vandenhoeck & Ruprecht.
Sengupta, Rajdeep und Craig P. Aubuchon, 2008: The Microfinance Revolution: An Overview. Federal Reserve Bank of St. Louis Review, Jan./Feb.: S. 9-30.
Simmel, Georg, [1900]1989: Philosophie des Geldes, Gesamtausgabe Bd. 6. Frankfurt/Main: Suhrkamp.
Stichweh, Rudolf, 2005: Inklusion und Exklusion. Studien zur Gesellschaftstheorie. Bielefeld: transcript.

Stützel, Wolfgang, 1975: Über unsere Währungsverfassung. Walter Eucken Institut, Vorträge und Aufsätze 56. Tübingen: Mohr Siebeck.
Stützel, Wolfgang, 1983: Bankpolitik heute und morgen: Ein Gutachten. 3. Aufl., Frankfurt/M.
Stützel, Wolfgang, 1983a: Über unsere Währungsverhältnisse. Zehn Jahre Floating: Verheißung und Erfahrung. Walter Eucken Institut, Vorträge und Aufsätze 91. Tübingen: Mohr Siebeck.
Swedberg, Richard, 2004: What has been Accomplished in New Economic Sociology and Where is it Heading?. Archives Européennes de Sociologie 45 (3): S. 317-330.
Wallerstein, Immanuel, 1974: The Modern World-System 1, Studies in Social Discontinuity, New York: Academic Press.
Wallerstein, Immanuel, 1979: The Capitalist World-Economy. Cambridge: Cambridge University Press.
White, Harrison, 1981: Where do markets come from? American Journal of Sociology 87: S. 517-547.
Wilson, William J., 1996: When Work Disappears. The World of the New Urban Poor. New York: Knopf.
Windolf, Paul, 2005: Was ist Finanzmarktkapitalismus? Kölner Zeitschrift für Soziologie und Sozialpsychologie. Finanzmarktkapitalismus. Sonderheft 45: S. 21-84.
Wood, Diana, 2002: Medieval Economic Thought. Cambridge: Cambridge University Press.
Woolcock, Michael J.V., 1999: Learning from Failures in Microfinance: What Unsuccessful Cases Tell Us About How Group-Based Programs Work. American Journal of Economics & Sociology (58) 1: S. 17-42.
Yunus, Muhammad, 2007: Credit for the Poor. Harvard International Review, Fall 2007, 29: S. 20-24.
Zelizer, Viviana A., 1993: Making Multiple Moneys. S. 193-212 in Sweedberg, Richard (Hg.): Explorations in Economic Sociology. New York: Russel Sage.
Zelizer, Viviana, 1997: The Social Meaning of Money. Pin Money, Paychecks, Poor Relief, and Other Currencies. Princeton: Princeton University Press.

Die Konstruktion des Finanzpublikums: Eine genealogische Analyse[1]

Urs Stäheli

Ende des 19. Jahrhunderts kritisierte Max Weber[2] das Engagement „unberufener" Spekulanten an der Börse. Er wandte sich gegen jene kleinen Spekulanten, die nur über „einen Bleistift, ein Notizblock und ein gutes Mundwerk verfügen". Für Weber sind die kleinen Börsenspekulanten ungeeignet für Börsengeschäfte, da ihnen die notwendigen Voraussetzungen dazu fehlen: Ihnen mangelt es an Kapital, um auch Krisen überstehen zu können, an ökonomischem Wissen und vor allem an der Berufung. Nur das Versprechen leichten Gewinns ziehe diese an die Börse. Weber hält an der Idee eines kompetenten, gut erzogenen Börsenpublikums fest, dessen Universalisierung strikte Grenzen in der Professionalität von Spekulation findet.

Dieser Skepsis gegenüber steht die Idee des amerikanischen „Marktpopulismus"[3] oder eines „Kapitalismus für alle"[4], der geradezu von einem Recht eines jeden auf Börsenspekulation ausgeht. Die Offenheit scheint dem Markt inhärent zu sein und sogar zur politischen Tugend zu werden: Märkte sind – im Gegensatz zum politischen System – diskriminierungsfrei. Hier wird die Ausweitung des Kreises möglicher Spekulanten euphorisch begrüßt und als ökonomische Notwendigkeit betrachtet. Unabhängig davon, wie kompetent die Menge kleiner Spekulanten ist, wird durch deren Zahl die Liquidität des Marktes vergrößert.

Webers Warnung vor „unberufenen" Spekulanten und der amerikanische Marktpopulismus bezeichnen zwei diskursive Pole, die das Spektrum möglicher Konstruktionen des Börsenpublikums aufzeigen: Von einer exklusiven Position, die auf ein ökonomisch kompetentes Publikum pocht, zu einer universalistischen Position, die in der Ausweitung des Publikums einen eigenständigen Wert sieht. Deutlich wird dabei, dass das finanzökonomische Publikum zum Gegenstand diskursiver, aber auch politischer und rechtlicher Kämpfe wird. Was häufig als fraglos gegeben gilt, wird hier zum Problem: Wie sollen die Grenzen des finanzökonomischen Publikums bestimmt werden? Welche Kriterien sollen verwendet werden, um sicherzustellen, dass sich das Publikum als ökonomisches verhält – dass also durch die Publikumskonstruktion nicht die ‚Ökonomizität' der Finanzökonomie gefährdet wird?

Meine Ausführungen gehen von der These aus, dass die für die Moderne charakteristischen universalistischen Publikumskonstruktionen nicht einfach aus der Logik von Funktionssystemen abgeleitet werden können: Das Funktionieren der Finanzökonomie gibt nicht vor, wie das Finanzpublikum zu konstruieren ist.[5] Publikumskonstrukte – und damit auch

---

1 Teile des Aufsatzes beruhen auf Stäheli 2007a.
2 Weber [1894]2000, S. 647.
3 Frank 2000.
4 Legnaro et al. 2005.
5 Stäheli 2007b.

Inklusionsprofile – lassen sich also nicht aus einer vorgängigen Logik eines Funktionssystems deduzieren, sondern müssen geschaffen werden und unterliegen damit auch historischen Kontingenzen. Gerade der für moderne Publikumskonstrukte charakteristische Universalismus wird dabei zum umkämpften Gegenstand, da keineswegs evident ist, welche Publikumskonzeption auf die Ansprüche funktional differenzierter Kommunikation antwortet. In der Publikumskonstruktion findet eine offene Übersetzung der funktionalen Differenzierungsform in entsprechende Inklusions- und Exklusionskonstrukte statt. Dies bedeutet aber auch, dass wir es immer mit einer Pluralität von universalistisch angelegten Publikumssemantiken innerhalb eines Funktionssystems zu tun haben. Daher wird die Analyse von Semantiken auch inklusionstheoretisch von vordringlicher Bedeutung: Sobald man darauf verzichtet, generalisierte und universalisierte Publikumsrollen aus der Funktionslogik zu deduzieren, geraten jene semantischen Konstruktionsprozesse in den Vordergrund, durch die erst entsprechende Universalismen hergestellt werden. Für das Publikum der Finanzökonomie heißt dies, dass die formalen Zugangsbedingungen nicht viel über die entsprechenden Publikumskonstrukte und -semantiken aussagen. Die Annahme, dass jeder, der über Geld oder Kreditwürdigkeit verfügt, spekulieren kann, bestimmt noch nicht die Ausformulierung eines finanzökonomischen Universalismus. Zum Gegenstand heftiger Debatten wird etwa die Frage nach der ökonomischen Kompetenz und welche Regulierungsformen entworfen werden sollen, um sicherzustellen, dass ein ökonomisches Publikum seine Ökonomizität behaupten kann.

1. Universalisierung von Publika

Der Begriff des Publikums nimmt in der Theorie funktionaler Differenzierung eine zentrale Rolle für die Erklärung von Inklusionsprozessen ein: Die Inklusion in Funktionssysteme wird über Leistungs- und Publikumsrollen organisiert. Wir werden gleich sehen, dass in dieser Hinsicht das Börsenpublikum von besonderem Interesse ist, da es im Laien-Spekulanten Leistungs- und Publikumsrolle zusammenfallen lässt. Was sind die Charakteristika moderner Publika von Funktionssystemen? Zunächst einmal eröffnen sie *prinzipiell allen* einen Zugang zum jeweiligen System, welche die formalen, nur auf funktionsspezifischen Kriterien beruhenden Zugangskriterien erfüllen.[1] Abgesehen wird dabei von funktionsfremden Attributen wie zum Beispiel Gender, Ethnizität oder Klasse.[2] Die Publikumskonstruktionen beruhen auf der universalistischen Semantik der Moderne, welche allen gleiche Zugangsmöglichkeiten verspricht, sofern sie funktional bestimmten Kriterien genügen. Gerade in der Finanzökonomie erweisen sich jedoch die Zugangskriterien als äußerst schwach formuliert: Ich muss über Geld oder Kreditfähigkeit verfügen, um mich an ökonomischer Kommunikation beteiligen zu können. Der bloße Zugang zum symbolisch generalisierten Medium Geld wird also zum Inklusionskriterium. Es ist wichtig, den Status dieser universalistischen Konstrukte richtig einzuschätzen. Es handelt sich hier nicht um eine Beschreibung von Sozialstrukturen, sondern um eine universalistische Fiktion, welche jedoch für das Funktionieren moderner Systeme unverzichtbar ist. Diese Fiktion erzeugt einen permanenten Druck, Inklusion auszuweiten und allfällige Exklusionen funktionsspezifisch zu legitimieren.

---

1 Luhmann 1995, S. 146f.
2 Stichweh 1988, S. 262.

Die hier interessierende Frage ist also nicht, ob die universalistischen Semantiken einer ‚Realität' von Inklusions- und Exklusionsprozessen entsprechen. Diese Frage wäre schnell zu beantworten, erfüllt doch kein Funktionssystem die von ihm selbst entworfene ‚Inklusionsutopie'. Vielmehr interessiert mich die Konstruktionsweise universalistischer Publikumskonstrukte: Wie also wird der Universalismus solcher Konstruktionen hergestellt, und welche Grenzziehungen sind dazu nötig?

Stellt man die Frage so, dann wird die Analyse von Publikumssemantiken zum wichtigen soziologischen Gegenstand. Um die Verengung einer rollentheoretischen Konzeptualisierung des Publikums zu verhindern, welche die Rolle von Publikumssemantiken und -konzepten vernachlässigt, bieten sich Anleihen bei den britischen Cultural Studies an, die betonen, dass Publika einem permanenten Prozess des „audience making"[3] unterliegen. John Hartley[4] hat hervorgehoben, dass es sich beim Publikum um ein imaginäres Konstrukt handelt, mit dem Inklusionsverhältnisse reguliert werden: „Audiences are not just constructs; they are the invisible fictions that are produced institutionally in order for various institutions to take charge of the mechanisms of their own survival."[5] Mit dem hier avisierten Begriff des Populären soll genau diese Fiktionalität des Publikums in den Blick geraten. Fiktionalität meint freilich nicht, dass es sich hier um beliebige oder unwirkliche Konstruktionen handelt. Mit ihrer Hilfe werden Bilder eines ‚guten' Publikums sowie abschreckende Szenarien eines ‚schlechten' und ‚undisziplinierten' Publikums entworfen. Diese Publikumsfiktionen werden zur Grundlage von Disziplinierungs- und Kontrolltechniken. Auf dem Spiel steht damit auch die Exklusion jener, die den Universalitätsansprüchen nicht genügen.

Dieses Problem verschärft sich, wenn wir beachten, dass die Universalität eines Funktionssystems nicht ein einmal erreichter Zustand ist, sondern als nicht abschließbarer *Universalisierungsprozess* zu verstehen ist – als ständige Ausweitung von Universalitätsstandards und als damit verbundene permanente Re-Definition von Inklusionskriterien.[6] Der Universalisierungsdruck, der hauptsächlich durch die universalistisch angelegten Selbstbeschreibungen von Funktionssystemen entsteht, entfaltet Zwänge auf die Konstruktion des Publikums. Die Publikumskonstrukte befinden sich unter ständiger Selbstbeobachtung, welche überprüft, wie universalistisch die Systeminklusion funktioniert, wo Ausweitungspotentiale bestehen und welche Grenzen zu ziehen sind.

Durch den permanenten Universalisierungsprozess entstehen Grenzkonflikte um die Definition systemspezifischer Universalität: Wie weit lassen sich Publikumsrollen ausweiten, ohne das systemspezifische ‚Kompetenzprofil', das sich etwa in Akteursfiktionen wie jener des Spekulanten niederschlägt, zu gefährden? Oder anders: Wie lässt sich verhindern, dass die Ökonomizität der Spekulation sich im Spiel verliert?

---

3 Ettema/Whitney 1994.
4 Hartley 1987; 1993.
5 Hartley 1987, S. 125. Für Hartley verfehlt daher die ethnographische Wende in den Cultural Studies und der Mediensoziologie gerade das Publikum, das sie sich zu erforschen anschickt. Die ethnographische Illusion besteht darin, dass sie die Beobachtung von Publikumsinteraktionen mit der Konstruktion des Publikums in Funktionssystemen verwechselt. Die Untersuchung der diskursiven und semantischen Konstruktion des Publikums ist wichtiger als die illusionäre ‚Publikumsnähe', welcher sich ethnographische Untersuchungen von Publika verschreiben.
6 Vgl. dazu die poststrukturalistische Reformulierung des Universalismusbegriffs als Universalisierungsprozess, der jedoch in seinem Versuch, Universalität herzustellen, stets scheitern muss (Butler et al. 2000).

Eine solche Analyse interessiert sich dafür, wie die Grenze zwischen dem Publikum und seinem Außen organisiert wird – und auf welche Weise dieses Außen beschrieben wird. Das Außen befindet sich nicht in einer beliebigen und empirisch zufälligen Beziehung zur jeweiligen Publikumskonstruktion, sondern übernimmt für diese eine *konstitutive* Funktion. Wenn die Universalisierung des Publikums und seiner Figuren ein nicht abschließbarer Prozeß ist, dann formuliert dieses Außen sowohl eine *Grenze* bestehender ‚Universalitäten' wie auch ein mögliches *Ziel* für die Ausweitung der Universalitätskonstruktionen. Dieses Grenzmanagement der Publikumssemantiken habe ich als den Umgang mit dem Populären von Funktionssystemen bezeichnet, da es hier nicht zuletzt um eine Erweiterung von Zugangschancen geht.[7] Der Bezug auf das Außen von Publikumskonstrukten nimmt unterschiedliche Formen an. Einerseits dienen imaginäre Bilder des Außen als Abgrenzungsfolie. Das Publikumsaußen wird zum *Bedrohungsszenario*, das die Notwendigkeit der Begrenzung systemspezifischer Universalismen plausibel machen soll (a). Andererseits wird das Außen als *Inklusionspotential* bestimmt, also als eine Ressource für die weitere Universalisierung von Inklusionsmodi (b).[8]

a. *Das Nicht-Publikum als Bedrohung:* Das Nicht-Publikum steht zunächst für das schlechthin uninkludierbare *Andere* von Funktionssystemen. In unserem Falle also für jene nicht individualisierbare ‚Menge', die auch durch raffinierte Inklusionstechnologien nicht zum Spekulanten umgeformt werden kann. Charakteristisch für derartige Konstruktionen des Nicht-Publikums ist, dass sich Selbstbeschreibungen gegenüber diesem Nicht-Publikum keineswegs indifferent verhalten, sondern geradezu fasziniert imaginäre Bilder davon zeichnen. Das Außen wird hier in einem grundlegenden Sinn als nicht-inkludierbar aufgefasst: Das Nicht-Publikum ist nicht einfach ein anderes Publikum, das erst noch Inklusions- und Disziplinierungsprozeduren unterworfen werden muss, sondern wird als nicht individualisierbar und damit als Gefährdung der Systemrationalität vorgestellt. Daher unterläuft dieses Außen sogar die grundlegende Struktur von idealisierten Publikumskonstruktionen: Ein Publikum zeichnet sich durch die Individualität seiner Mitglieder aus – also dadurch, dass diese individuelle Entscheidungen treffen können. So wird die für jedes System überlebensnotwendige Mikrodiversität geschaffen.[9] Erst dadurch, dass nicht alle Investoren gleiche Kaufs- und Verkaufsentscheidungen treffen – also individuelle Rationalitätskalküle entstehen – kann es zu Marktfluktuationen kommen, die wiederum zur Investitionsgrundlage werden.

b. *Das Nicht-Publikum als Inklusionspotential:* Wird das Nicht-Publikum dagegen als Inklusionspotential bestimmt, dann unterliegt es den Universalisierungsprozessen des jeweiligen Funktionssystems – einer ständigen Steigerbarkeit des Publikumsumfangs, aber auch des Universalismus der Inklusionsfigur. Das Spekulations-Publikum wird als prinzipiell erweiterbar verstanden durch ‚Noch-Nicht-Spekulanten', die zu zukünf-

---

7   Stäheli 2005.
8   Eine dritte Figur des Bezugs auf das Außen ist jene der Indifferenz: Das Außen interessiert nicht, sondern nur das Funktionieren der bestehenden universalistisch gebauten Publikumsfunktion. Auch wenn gerade im ‚Normalbetrieb' diese Indifferenz häufig auftaucht, so lässt sich diese nicht mehr aufrechterhalten, sobald die Publikumskonstruktion weiter universalisiert wird. Und gerade dieser Universalisierungsdruck gehört zum grundlegenden Mechanismus von Publikumskonstruktionen, die nie vollständige Universalität erreicht haben, sondern diese stets zu steigern versuchen.
9   Luhmann 1997.

tigen Publikumsmitgliedern werden könnten. Im Prinzip sind auch die Nicht-Inkludierten inkludierbar, sofern sie sich entsprechenden Inklusionsprozessen unterwerfen und auf diese Weise gemäß systemspezifischer Kriterien individualisiert werden. Die Semantiken des ‚Noch-Nicht-Publikums' ermöglichen Regierungstechnologien im Foucaultschen Sinne der Gouvernementalität.[10] Durch solche Semantiken kann Inklusion als *Problem* bestimmt werden, zu dessen Bearbeitung Problemlösungstechniken entwickelt werden, welche die Publikumsunterscheidung überhaupt erst prozessierbar machen.[11] Denn gerade dadurch, dass das Außen als Inklusionsproblem diskutierbar wird, lassen sich Kommunikationstechniken entwerfen, die das ‚Noch-Nicht-Publikum' in ein Publikum umzuwandeln versuchen. Zu diesem Zweck werden auch geeignete Disziplinierungstechniken entworfen, die im und durch den Inklusionsprozess individualisierend wirken. Es geht also nicht nur um den Zugang zum System, sondern um die Verfertigung jener ‚Individuen', die Zugang suchen. Dieses Problem stellt sich in besonderem Maße für die Etablierung neuer Inklusionsfiguren wie jene des Spekulanten: So wird der Spieler als potentieller Spekulant bestimmt, der aber eben noch kein ökonomisches Subjekt ist, sondern mit Hilfe von Disziplinierungs- und Wissenstechniken erst zu einem solchen gemacht werden muss.

Fassen wir zusammen: Publika befinden sich, erstens, unter einem ständigen Universalisierungsdruck. Zweitens lassen sich die Universalitätssemantiken nicht von einer vorher bereits existierenden Logik eines Funktionssystems ableiten. Dies führt, drittens, zu permanenten Kämpfen um die Fixierung der Publikumsgrenzen. Das Aussen des Publikums nimmt dabei, viertens, eine ambivalente Position ein: Es kann entweder als Inklusionspotential konzipiert werden oder als das gefährliche Uninkludierbare schlechthin.

2. Publikumskonstruktionen der Finanzökonomie

Die Finanzökonomie erweist sich in unserem Zusammenhang als besonders interessant, da sich erst Ende des 19. Jahrhunderts ein legitimes Finanz- oder Börsenpublikum formiert hat. Zuvor wurden Spekulation und Geldspiel nicht voneinander unterschieden; Spekulation war in ein heterogenes Geflecht von Kommunikationen eingebettet, das vom Würfelspiel auf der Strasse, Jahrmarktattraktionen, Betrügereien und Hehlereien bis zur Börsenspekulation reichte. Die Analyse US-amerikanischer Semantiken ist deshalb besonders aufschlussreich, weil sich dort vergleichsweise früh eine diskursive ‚Ökonomisierung' der Spekulation konstatieren lässt – mehr noch, die Spekulation geradezu zum Ausdruck des Geistes der amerikanischen Nationalbewusstseins wird: So wird häufig die Entstehungsgeschichte der USA selbst als riesiges Spekulationsunternehmen beschrieben – eine Nation „born in credit".[12] Dadurch dass Spekulation mit der amerikanischen Nation in Verbindung gebracht wurde, war diese keineswegs so geächtet wie in vielen europäischen Staaten. Vielmehr entwickelte sich schon zu Beginn des 20. Jahrhunderts eine breite, populäre Spekulations-

---

10 Foucault 1991; Dean 1999.
11 Vgl. dazu Foucault (1996, S. 115) zum Begriff der Problematisierung. Foucault versteht diesen Begriff als Alternative zur klassischen Ideengeschichte. Eine Problematisierung untersucht die diskursiven und nichtdiskursiven Praktiken, durch welche ein Gegenstand – wie z.B. Schizophrenie – erst geschaffen wird.
12 Mottram 1929, S. 35.

kultur, welche die besten Voraussetzungen für eine Universalisierung des Börsenpublikums schuf.

An dieser Stelle ist es unmöglich, einen Abriss über die Genealogie der Publikumssemantiken zu geben. Ich möchte mich stattdessen auf drei idealtypische Semantiken konzentrieren: Die Kompetenzsemantik (1), die All-Inklusionssemantik (2) und die Entdisziplinierungssemantik (3).

2.1 Kompetenzsemantiken des Publikums

In den USA der Jahrhundertwende treffen wir sowohl auf die für Europa typischen Vorbehalte gegenüber einer Ausweitung des Publikums, wie aber auch auf den erwähnten Marktpopulismus. Wie argumentieren die ‚Inklusionsskeptiker'? Befürchtet wird, dass ein ‚falsches' Publikum angezogen wird, das sich durch „the *sensational* feature of trade"[13] verführen lässt – ein Publikum, das die Differenz zwischen Spiel und Spekulation nicht kennt und ganz der Oberfläche der Spekulation erliegt. Der Spielsemantik entstammt die Idee, dass jeder mit etwas Glück in der Börse schnell reich werden könnte. Immer wieder wird von den Spekulationsratgebern und Börsenpsychologen diese Fehlkonzeption der Börse beklagt; eine Fehlkonzeption, die dazu führt, dass sich selbst der Ahnungsloseste nicht von der Spekulation abhalten lässt: „Many a man or woman who would not expect to be successful as a circus clown, opera singer, or grocer, without some kind of preparation or talent, nevertheless expects to be successful right off in the stock market probably the most intricate and difficult game on earth."[14] Die Idee, „that any man who has money can speculate, yet the ordinary man, without special training", gleiche der Selbstüberschätzung des Angeklagten vor Gericht, der glaubt, sein eigener Anwalt sein zu können.[15] Hier treffen wir auf die Spannung, welche der Spekulationssemantik innewohnt. Im Prinzip sollte jeder, der über genügend Geld verfügt, Zugang zum Markt haben und spekulieren können. Allerdings wird diese All-Zugänglichkeit als große Gefahr für den individuellen Spekulanten und für die Rationalität von Finanzmärkten gesehen.

Für professionelle Finanziers und Börsenhändler, aber auch für spekulationsfreundliche Ökonomen und die Börse ist diese öffentliche Wahrnehmung der Spekulation ein Problem, wenn die Börse als Spiel für jedermann gesehen wird. Darauf hat etwa die NYSE mit einer eigenen PR-Abteilung zur Verbesserung des öffentlichen Ansehens der Börse reagiert. Zur Herausforderung wird die Art der Beschädigung des Ansehens. Denn es handelt sich hier nicht nur um eine übliche populäre Fehlwahrnehmung, sondern um ein Verständnis, das ins Herz der Ökonomizität der Spekulation trifft. Was auf den Laien attraktiv wirkt, ist die Möglichkeit des ‚something for nothing' – also Gewinne ohne Anstrengung und Aufwand zu schaffen. Das ökonomische Knappheitsproblem wird in die Vorstellung einer unerschöpflichen paradiesischen Fülle transformiert, indem „die Distanzierung der Gegenstände vom Subjekt"[16] aufgehoben wird.[17] Bedrohlich ist also, dass hier eine Inklusion

---

13 Hill [1904]1975, S. 369; meine Hervorhebung.
14 Kelly [1930]1962, S. 163.
15 Clews [1908]1973, S. 23.
16 Simmel [1901]1989, S. 53.
17 Für Simmel kann sich die Wertbildung erst aus dem Opfer und Verzicht ergeben: „Innerhalb der Wirtschaft nun verläuft dieser Prozess so, dass der Inhalt des Opfers oder Verzichts, der sich zwischen den Menschen und den Gegenstand seines Begehrens stellt, zugleich der Gegenstand des Begehrens eines Anderen ist."

vorgestellt wird, die das Grundprinzip ökonomischer Subjektivität missachtet: Die für das ökonomische Subjekt konstitutive Distanz zum Gewinn – also die Aufschiebung des Genusses – scheint hier keine Rolle mehr zu spielen. Das Verständnis des Laienspekulanten der Börse zeichnet ein Bild ökonomischer Unmittelbarkeit – eines paradiesischen Inklusionsmodus, der Gewinne jenseits ökonomischen Tuns verspricht.

Auf diese Gefahr einer unökonomischen Unmittelbarkeit wird mit dem Entwurf von Disziplinierungstechniken geantwortet. Von einer rechtlichen Regulierung des Finanzpublikums oder gar einer Exklusionspolitik wird in der Regel abgesehen, da dies mit dem ‚Grundrecht' auf ökonomische Freiheit – also des Verkaufens und Kaufens – kollidieren würde: „Speculation is inherent in the human constitution, and men have a legal and moral right to speculate, provided they do so reasonably, intelligently and at their own risks."[18] Denn jeder Versuch, unerwünschte Teilnehmer vom Markt fernzuhalten, wäre gleichzeitig ein Eingriff in die Marktlogik und damit in die erwähnte ökonomische Freiheit.

An die Stelle restriktiver rechtlicher Regelungen tritt der Versuch, das ökonomische Publikum zu disziplinieren und auf diese Weise das paradiesische Unmittelbarkeitsversprechen aufzulösen. In Spekulationsratgebern, Werbeschriften der Börse und populären Medien wird an einem Bild des Spekulanten gearbeitet, das dessen Kompetenz hervorhebt und Spekulation als harte Arbeit versteht. Der erfolgreiche Spekulant muss in der Lage sein, die Vor- und Nachteile einer Investition kalkulieren zu können, und er muss fähig sein, zukunftsträchtige Firmen und Industriezweige (wie z.B. die Eisenbahnen) von kurzlebigen Fehlentwicklungen unterscheiden zu können. Unwissende Spekulanten gelten als Gefahr für den Markt, da sie unnötige Marktbewegungen kreieren.[19]

Jeder neue Spekulant sollte eine harte Erziehung durchmachen. Denn niemand wird als Spekulant geboren – die besten Händler „have ‚gone through the mill'".[20] Mit drastischen Metaphern unterstreicht Clews, um welch schweren Eingriff es sich bei der Verfertigung des Spekulanten handelt. Den Möchtegern-Spekulanten werden „some sledgehammer blows applied to their heads to temper them, like the conversion of iron into steel".[21] Die Metapher des Stahlhammers betont, dass es sich bei der Umwandlung eines spekulationswilligen Individuums in einen Spekulanten um einen aufwendigen und arbeitsreichen Prozess handelt. Es scheint, dass nur eine Metapher aus der Welt der Produktion – dem Stahlwerk – dieser Aufgabe gerecht werden kann.

Halten wir fest: Der Gefahr einer unökonomischen Universalisierung des Spekulationspublikums wird mit Disziplinierungssemantiken begegnet. Die Universalisierung des Spekulationspublikums wird hier nicht als grenzenloser Prozess beschrieben, sondern als mühsamer und harter Lernprozess. Der Gang durch die Schule der Disziplinierung ist Voraussetzung, um zum ‚richtigen' Spekulanten zu werden. Dabei eignet sich keineswegs jeder zu dieser Disziplinierung: Denn auch ökonomische Kompetenz alleine reicht nicht aus, sondern Disziplinierung meint hier auch Willensschule. Der disziplinierte Spekulant muss seine ökonomischen Kenntnisse unmittelbar in Entscheidungen umsetzen können. Die Universalität des Finanzpublikums wird hier also über ein Kompetenzprofil re-definiert,

---

(Simmel 1989, S. 52). Gerade zu diesem Verzicht, der jede Unmittelbarkeit verunmöglicht, ist der in der Kritik beschriebene Spekulant aber nicht mehr fähig (vgl. dazu auch Rieusset-Lemarié 1992, S. 158).
18 Hill [1904]1975, S. 398.
19 Vgl. z.B. Angas 1936, S. 12; McVey 1901, S. 138.
20 Clews [1908]1973, S. 36.
21 Ebd., S. 37.

das den Inklusionsprozess selbst als Individualisierung denkt, durch den erst der Spekulant geschaffen wird.

2.2 Die All-Inklusions-Semantik: Universalismus des Publikums

Charakteristisch für die USA – im Gegensatz etwa zur deutschen Diskussion – sind aber nicht so sehr diese Disziplinierungssemantiken, sondern ein starker zweiter Strang, der in der undisziplinierten Inklusion zunächst einmal kein Problem sieht. Um die Jahrhundertwende wird in den USA eine Vorstellung nahezu unbegrenzter Ausweitung des finanzökonomischen Publikums entwickelt. Selbst der inkompetente Spekulant kann ökonomisch nützlich sein:

> Whatever it may lose in the way of business from ignorant and silly people who are driven out of blind speculative undertakings leading to losses which they can ill afford, it will gain tenfold in imparting sound information through candor and publicity. [...] Prudence, thrift, and foresight are not to be eliminated, merely because the proletariat below stairs sometimes indulges in speculation and suffers the consequences of its folly.[22]

Die Inklusion ‚Unberufener' wird hier nicht als Bedrohung der ökonomischen Rationalität gesehen – vielmehr vertraut van Antwerp in die *Vernunft der Quantität*. Selbst wenn sich unwissende Spekulanten beteiligen, so beeinträchtigt dies nicht die Güte der durch die Spekulation erzeugten Informationen, sondern erhöht die Marktliquidität. Für die Vertreter dieser Position hat die Universalisierung des Publikums zwar durchaus auch negative Auswirkungen: kleine Spekulanten werden ruiniert, Leid und Armut werden erzeugt. Aber diese negativen Auswirkungen beziehen sich nicht auf die *Struktur des Publikums* selbst, sondern ausschließlich auf individuelle Schicksale. Für die Publikumsstruktur wichtig ist vor allem die Umwandlung von großer Quantität in neue Qualität: Der einzelne Spekulant mag zwar irren, aber die Irrtümer der vielen Einzelnen gleichen sich gegenseitig aus. Daher, so das Argument der ‚Maximalisten', ist jede Verbreiterung des Finanzpublikums ökonomisch sinnvoll und geboten. Dies wird dreifach begründet: Erstens erhöht eine höhere Beteiligung die Liquidität des Marktes; zweitens wirkt die Universalisierung im Sinne des bereits erwähnten Ausgleichsmechanismus individueller Fehler und drittens wird gerade in der Tatsache des nahezu uneingeschränkten Zugangs die demokratische Qualität der Börse gesehen. Jeder soll die Chance haben zu spekulieren. Der Versuch, einzelne auszuschließen, würde in die Marktlogik eingreifen und das zerstören, was der amerikanische Marktpopulismus immer wieder hervorhebt: Die Transparenz des Marktes sei jeder politischen Transparenz überlegen, da letztere stets durch Seilschaften, Korruption und Intrigen bedroht werde. Nur die Börse biete jedermann die gleiche Möglichkeit, durch seine Kauf- und Verkaufsentscheidungen ökonomische Vernunft zu schaffen.

Welche Rolle spielt für diese universalistische Position das Außen des Finanzpublikums? Die Antwort scheint auf der Hand zu liegen: Jede und jeder kann Teil des Finanzpublikums werden; er mag sich sogar auf ein „Recht auf Spekulation" berufen. Das Außen scheint hier also eindeutig in seiner Rolle als Inklusionspotential aufzutreten: Jeder Noch-Nicht-Spekulant ist ein potentielles Publikumsmitglied, dessen Beteiligung die Qualität des Marktes erhöhen würde. Das Außen als Uninkludierbares scheint hier bedeutungslos zu sein. Die Semantiken der Universalisten, will man es verkürzt benennen, scheinen wie eine

---

22   Van Antwerp 1914, S. 60.

Illustration der Luhmannschen Inklusionssemantik. Dies ist allerdings nur das halbe Argument. Zwar treffen wir auf zahlreiche Dokumente, welche ein derartiges All-Inklusionsideal entwerfen. In die Argumentation eingelassen ist aber bereits ein weiterer Schritt, welcher die Figur des Nichtinkludierbaren plötzlich inmitten des universalisierten Publikums wieder findet: Das Publikum droht seine eigene Universalisierung zu verraten, indem sich unvorhergesehene Publikumsdynamiken entfalten.

Damit befindet sich das Außen des Publikums plötzlich in diesem Selbst. Waren die Disziplinierungssemantiken noch davon ausgegangen, dass idealerweise inkompetente und undisziplinierbare Subjekte von der Marktteilnahme ferngehalten oder abgeschreckt werden sollen, so befindet sich das Außen nun inmitten des Publikums. Gabriel Tarde hatte in seiner Theorie des Publikums auf diese prekäre Natur des Publikums hingewiesen. In jedem Publikum schlummert eine Masse – eine „foule virtuelle".[23] Jederzeit besteht die Gefahr, dass die Publikumskonstruktion zusammenbrechen könnte. Dieser ‚Absturz' des Publikums kommt nicht in erster Linie durch die Inkompetenz und durch falsche Entscheidungen des Publikums zustande. Worin aber liegt die Gefährdung des Finanzpublikums begründet, wenn es nicht dessen Inkompetenz ist?

Problematisch wird das Publikum, wenn sich in diesem emergente, selbst organisierte Strukturen bilden – und die Strukturbildung, welche beklagt wird, sind imitative Verkettungen von Entscheidungen. Edward Dies geht in seiner großen Verteidigung der Spekulation davon aus, dass die Finanzkommunikation bestens funktioniert, so lange es nicht zu imitativen Kommunikationskaskaden kommt.[24] Das Hauptproblem der Finanzökonomie besteht für ihn in der Imitation der großen und sachkundigen Finanziers durch die schwachen Populärspekulanten, die in der Folge in den Ruin getrieben werden. In der Imitation anderer Spekulanten findet die Referenzlosigkeit der Finanzökonomie ihr Äquivalent, indem Kaufhandlungen nicht durch eigenes Wissen gestützt werden, sondern nur das Derivat anderer Kaufhandlungen sind:

> In speculation, as in most other things, one individual derives confidence from one another. Such a one purchases or sells, not because he has any particular or accurate information in regard to the state of the demand and supply, but because some one else has done so before.[25]

Auf diese Weise entstehen „derivative judgements" mit fatalen Folgen, da sie eine „gegenseitige Akkumulation von Fehlern" bewirken.[26] Die gegenseitige Imitation führt zu einer Verzerrung der Zufallsverteilung ökonomischer Entscheidungen, wodurch die notwendige Varietät eines Finanzmarktes zerstört wird.

Das ökonomische Publikum produziert an Stelle einer für das Wirtschaftssystem notwendigen Mikrodiversität[27] nur eine gleichmacherische „emotional mass"[28], die sich durch ihre Gerichtetheit (Ansteckung) auszeichnet. So hält der monetaristische Ökonom Irving Fischer fest:

---

23 Tarde [1898]1989, S. 39.
24 Dies 1925.
25 McCulloch zit. in Jones 1900, S. 202.
26 Jones 1900, S. 202. Dieses Argument liegt auch einigen Arbeiten der gegenwärtigen Behavioral Economics zu Grunde. So etwa in Terrance Odeans Studien (1998; mit Gervais 2001) zum Verhalten von Kleininvestoren und der Akkumulation von Fehlern.
27 Vgl. Luhmann 1997.
28 Ross 1938, S. 159.

> Were it true that each individual speculator made up his own mind independently of every other as to the future course of events, the errors of some would probably offset by those of others. But [...] the mistakes of the common herd are usually in the same direction. [...] A chief cause of crises, panics [...] is that risks are not independently reckoned, but are a matter of imitation.[29]

Besonders bei Paniken wird die eigentümliche Verbindung von individuellem und doch gleichgesinntem Handeln betont. Paniken werden geschaffen durch „groups of men, acting individually, yet in concert".[30] Die Erschütterung des neo-klassischen Marktmodells lässt sich nur dadurch erklären, dass sich die ökonomischen Subjekte nicht an die vorgegebenen Spielregeln halten. Statt individueller Kalküle entwickelt sich eine ‚Herdenlogik' der Imitation. Auf diese Weise findet im Publikum eine durch das System selbst nicht mehr steuerbare Ordnungsbildung statt.

Die Diskussion über die Verzerrungen des Marktes durch imitative Entscheidungen verweist auf die meist unthematisierten Voraussetzungen dieses Modells: auf die Verfertigung eines unabhängig urteilenden ökonomischen Subjekts. Damit sind selbst die Vertreter eines ökonomischen All-Inklusionsmodells auf eine Grenze ihrer Publikumskonstruktion gestossen – allerdings auf eine kaum kontrollierbare Grenze. Die ökonomische All-Inklusion kann nur dann funktionieren, wenn die Grundstruktur des Publikums nicht tangiert wird – wenn eine bestimmte „Mikrodiversität" von Entscheidungen möglich ist und Entscheidungen sich nicht gegenseitig verstärken und unvorhersehbare Dynamiken entfalten. Grundlage für eine derartige Varietät von Entscheidungen besteht darin, die Individualität der Publikumsmitglieder zu garantieren. Dazu ist es nicht notwendig, kompetente Individuen zu inkludieren oder Inklusion an Kompetenzanforderungen zu knüpfen. Die Gefährdung der Publikumsstruktur wird von den ‚Universalisten' tiefer angelegt. Sie sehen in der Entindividualisierung von Spekulanten die Hauptgefahr für die ökonomische Qualität des Publikums: Ein Spekulant, der sich nicht mehr auf eigene Überlegungen, Kalkulationen oder auch nur Meinungen stützt, verändert die Struktur des Publikums. Aufgelöst werden die Millionen von isolierten Publikumselementen – die für sich selbst entscheidenden Individuen. Damit setzt auch die All-Inklusionssemantik, welche zunächst als voraussetzungslos angetreten war – ja, die sich zuweilen sogar über das Pathos der Kompetenzargumente zu amüsieren schien –, auf die Notwendigkeit von Disziplinierung einzelner Spekulanten, aber auch der Regulierung des Publikums als Gesamtheit (z.B. durch Aussetzen des Handels während einer Panik). Die nun imaginierte Disziplinierung setzt sich zum Ziel, die Individualität der einzelnen Spekulanten sicherzustellen. In die All-Inklusionssemantik des Publikums schreibt sich also eine grundlegende Ambivalenz ein. Zwar sollen möglichst alle, die minimalen ökonomischen Kriterien genüge leisten, Zugang zur Finanzökonomie erhalten. Gleichzeitig gerät nun aber eine unsteuerbare Dynamik des Publikums in den Blick – es entstehen dystopische Bilder sozialer Emergenz, wodurch das zunächst als Ausgleichsmechanismus gedachte breite Publikum als Gefahr beschrieben wird. Der Universalismus kann jederzeit zu ungewünschten Nachahmungsdynamiken führen.

---

29 Fischer 1924 zit. nach Brenner/Brenner 1990, S. 98.
30 Collman [1931]1968, S. 149.

2.3 Die halbierte Disziplinierung der Contrarier

Allerdings wird sich die Forderung, die Individualität der Publikumselemente aufrecht zu erhalten, als hochgradig problematisch erweisen. Darauf reagiert eine weitere Wendung der Publikumssemantik, die sich am besten in der Investment-Schule der Contrarier ablesen lässt. Der amerikanische Spekulant und Finanzautor Humphrey Neill gehört zu den wichtigsten Vätern dieser in den 1930er Jahren entstandenen Schule. Die Contrarier (bzw. die Neo-Contrarier) sind auch heute noch eine wichtige und einflußreiche Investmentschule, zu denen einige der angesehensten Finanziers und Traders gehören wie z.B. Robert Menschel, der Senior Director von Goldman Sachs.[31] Selbst Investmentfonds – wie z.B. der Contrafund von *Fidelity* – werden im Sinne der contrarischen Lehre gemanagt (ohne allerdings erfolgreicher als nicht-contrarische Fonds zu sein).

Der Grundsatz des Contrarismus ist einfach. Die zuvor noch als Gefährdung des Publikums beschriebenen Probleme mangelnder Kompetenz oder der Auflösung der Individualität im Massenverhalten werden als Beschreibungen akzeptiert und zur Grundlage der eigenen Lehre gemacht. Nun wird jedoch kein Programm entworfen, das sich der Erziehung oder Regulierung aller Spekulanten verschreiben würde. Nüchtern wird nach den Chancen einer irrationalen Publikumsstruktur für den gewieften Spekulanten gefragt. Die Auflösung einer idealen Publikumsstruktur – d.h. einer auf Individualität gegründeten Mikrodiversität – wird zur Grundlage erfolgreichen ökonomischen Handelns. „The crowd is usually wrong".[32] Und gerade darin liegt die Chance: „The crowd is always 75% wrong marketwise. Were it otherwise, the market would be unprofitable for the Insiders."[33] Dieser Fehler des Marktes sei nicht ein bedauernswerter Auswuchs ansonsten ‚richtiger' Marktrationalität, sondern sein Normalzustand: „The crowd always loses because the crowd is always wrong. It is wrong because it behaves normally."[34]

Der Contrarier versucht, zu ökonomischen Entscheidungen zu gelangen, indem er sich gegen die undisziplinierte ‚Publikumsmasse' stellt: Wenn die Masse normalerweise irrt, dann muss eine Haltung, die sich von der Masse entfernt, ja sich ihr entgegenstellt, richtig sein. Ich kann hier nun nicht auf die differenzierten Techniken, sich von der Masse zu distanzieren, eingehen. Zumal auch der Contrarier sieht, dass man sich nicht immer, sondern im richtigen Moment von der Masse distanzieren muss. Für unser Interesse an der Konstruktion des Finanzpublikums ist wichtig zu sehen, dass hiermit erstmals eine Semantik vorliegt, welche die ‚Korruption' der idealen Publikumsstruktur als Normalfall akzeptiert. Hatten die von der Neoklassik inspirierten Universalisierungssemantiken noch die Auflösung der ökonomischen Rationalität durch imitatives Verhalten beklagt, so wird dieses ‚irrationale' Verhalten nun zur Grundlage des contrarischen Investors. Die contrarische Publikumskonstruktion macht gerade die ungleiche Verteilung von ökonomischer Disziplinierung zur Profitchance: Der hochgradig disziplinierte contrarische Spekulant steht einer undisziplinierten Finanzmasse gegenüber. Er lebt also gleichsam von der Undiszipliniertheit der anderen, die er daher auch nicht auflösen möchte. Einzig sich selbst muss er harten Disziplinierungstechniken unterwerfen.

---

31 Vgl. Menschel 2002; Dreman 1998.
32 Neill 1967, S. 2.
33 Moore 1921, S. 113.
34 Kelly [1930]1962, S. 21.

3. Schlussfolgerungen

Damit hat sich der Status der Publikumsdisziplinierung also ein weiteres Mal verändert: Das klassische Disziplinierungsargument hatte mit der Forderung nach ökonomischer Erziehung und Willensschulung auf die übergroße Attraktivität der Börse reagiert. Die ‚Universalisten' hatten dagegen nüchtern auf die Vorstellung individueller ökonomischer Kompetenz als Inklusionskriterium verzichtet. Durch die reine Quantität an individuellen Entscheidungen, die im Einzelnen falsch sein können, ergibt sich eine übergeordnete ökonomische Rationalität. Zur Sicherstellung ihres Programms musste aber die Zersetzung des Publikums verhindert werden. Ein Publikum, in dem die Individualität seiner Mitglieder aufgelöst wird, kann letzlich keine ökonomische Rationalität mehr herstellen: Es bilden sich selbstorganisierte Muster, welche zu ökonomischer Intransparenz führen. Notwendig wird also die Aufrechterhaltung von Individualität – genau hier sollte eine grundlegende Form der Disziplinierung und Kontrolle ansetzen.

Sowohl das Kompetenz- wie auch das Universalismuskonzept gehen also von einem für das ganze Publikum gültigen Disziplinierungsannahme aus: Entweder sollen alle zu kompetenten Spekulanten gemacht werden, oder alle sollen zumindest in ihrer Individualität bestärkt werden. Das contrarische Konzept bricht mit dieser Idee, dass *alle* Teilnehmer eines Publikums den gleichen Disziplinierungsprozessen unterliegen sollen. Gerade in der Teilung des Publikums sehen diese dessen Funktionsweise begründet: ein kleiner disziplinierter, kompetenter Teil steht einer großen Masse von entindividualisierten Spekulanten gegenüber. Aufgegeben wird damit die Vorstellung einer ökonomischen Rationalität des gesamten Publikums. Die ungleiche Struktur des Publikums wird nun selbst zur Grundlage für erfolgreiches spekulatives Handeln. Würden die Idealbilder der beiden anderen Publikumsvorstellungen verwirklicht, gingen für die Contrarier wichtige Profitchancen verloren. Der von den Contrariern avisierte Inklusionsmodus ist also gespalten und sieht prinzipiell keine Grenzen vor: Nicht nur kann jeder Mitglied des Publikums werden, sondern jeder soll dies! Nur so können die irrationalen Massendynamiken verstärkt werden, nur so werden neue Gewinnchancen für den Contrarier geschaffen. Mit dem Contrarismus ist das von Tarde befürchtete Abstürzen des Publikums in die Massenlogik also zur Grundlage eines neuen Publikumskonzepts geworden. Der Contrarier entwirft ein Publikumskonzept, in dem – um es formal auszudrücken – ein Re-Entry der Publikumsunterscheidung stattgefunden hat: Das Außen des Publikums – die Masse – findet sich nun wieder im Publikum. Und der Contrarier entwirft den Spekulanten als kompetenten Manager dieses Publikums-Re-Entry – als Figur, die sich an der Differenz zwischen Publikum und Masse abarbeitet, wobei die Masse immer schon Teil des Publikums ist.

Diese Typologie ist sicherlich nicht erschöpfend, sondern zeichnet auf idealtypische Weise drei unterschiedliche Umgangsweisen mit dem Universalismus von Publikumskonstruktionen nach: Die Exklusion der Ungeeigneten zur Rettung der Ökonomizität, die All-Inklusion als größtmögliche Universalisierung sowie die Teilung des Publikums in eine irrationale Masse und wenige disziplinierte Spekulanten. Die Typologie weist darauf hin, dass wir es immer mit einer Vielzahl von universalistischen Semantiken zu tun haben, die auch nebeneinander bestehen. Diese Publikumsfiktionen überlagern sich, entwerfen eigene Schreckensbilder des Scheiterns von Inklusion, verbinden sich aber auch teilweise – etwa in ihrer Politik der ökonomischen Disziplinierung. Eine Analyse von Inklusionsprozessen muss sich daher für die historischen Konstruktionen von Universalismen interessieren. Diese wäre auch zu erweitern auf jene kritischen Re-Artikulationen der Publikumssemantik, die von der Spekulationskritik entworfen werden: So z.B. die Auffassung des Börsenpublikums als eine Versammlung von ‚Blutsaugern', die einem ‚realen' und ‚rechtschaffenen' ökonomischen Publikum gegenübergestellt werden.

Indem auf eine bloße Ableitung der Publikumsstrukturen von der funktionalen Differenzierungsform verzichtet wird, vergrößert sich das Feld der soziologischen Analyse von Inklusion. Zudem gerät der Inklusionsprozess selbst als produktiver Prozess in den Blick: Das Publikum und seine individualisierten Mitglieder müssen durch die Inklusion geschaffen werden: Es gibt keine inklusionswilligen Noch-Nicht-Investoren und -Spekulanten, die Einlass verlangen. Vielmehr werden diese durch den Inklusionsprozess erst geschaffen. Inklusion/Exklusion bewegt sich damit im Dreieck zwischen Zugänglichkeit, Publikumsfiktionen sowie individualisierenden Inklusionstechniken.

Literatur

Angas, Lawrence, 1936: Investment for Appreciation. Forecasting Movements in Security Prices. New York: Somerset Publishing.
Brenner, Reuven und Gabrielle Brenner, 1990: Gambling and Speculation. A Theory, a History, and a Future of Some Human Decisions. Cambridge: Cambridge University Press.
Butler, Judith et al., 2000: Contingency, hegemony, universality: contemporary dialogues on the left. London: Verso.
Clews, Henry, [1908]1973: Fifty Years in Wall Street. New York: New York Times Co.
Collman, Charles A., [1931]1968: Our Mysterious Panics 1830-1930. New York: Greenwood Press.
Dean, Mitchell, 1999: Governmentality, Power and Rule in Modern Society. London: Sage.
Dies, Edward J., 1925: The Wheat Pit. Chicago: The Argyle Press.
Dreman, David N., 1998: Contrarian Investment Strategies. The Next Generation. Beat the Market by Going Against the Crowd. New York: Simon & Schuster.
Ettema, James und Charles Whitney, 1994: Audience Making: How the Media Create the Audience. London: Sage.
Foucault, Michel, 1991: Governmentality. S. 73-86 in: Burchell, Graham et al. (Hg.): The Foucault Effect. Studies in Governmentality. London: London University Press.
Foucault, Michel, 1996: Diskurs und Wahrheit. Berlin: Merve.
Frank, Thomas, 2000: One Market Under God. Extreme Capitalism, Market Populism, and the End of Economic Democracy. New York: Doubleday.
Hartley, John, 1987: Invisible Fictions: Television Audiences, Paedocracy, Pleasure. Textual Practice 1 (2): S. 121-138.
Hartley, John, 1993: The Politics of Pictures. The Creation of the Public in the Age of Popular Media. London: Routledge.
Hill, John Jr., [1904]1975: Gold Bricks of Speculation. A Study of Speculation and its Counterfeits, and an Expose of the Methods of Bucketshops and ‚Get-Rich-Quick' Swindles. New York: Arno Press.
Jones, Edward D., 1900: Economic Crises. New York: Macmillan.
Kelly, Fred C., [1930]1962: Why You Win Or Lose: The Psychology of Speculation. New York: Houghton Mifflin.
Legnaro, Aldo et al., 2005: Kapitalismus für alle: Aktien, Freiheit und Kontrolle. Münster: Westfälisches Dampfboot.
Luhmann, Niklas, 1995: Inklusion und Exklusion. S. 237-264 in: ders.: Soziologische Aufklärung 6. Opladen: Westdeutscher Verlag.
Luhmann, Niklas, 1997: Selbstorganisation und Mikrodiversität: Zur Wissenssoziologie des neuzeitlichen Individualismus. Soziale Systeme 3 (1): S. 23-33.

McVey, Frank, 1901: Speculation. The Current Encyclopedia, 1 (1) (July): S. 138-140.
Menschel, Robert, 2002: Markets, Mobs, and Mayhem. A Modern Look at the Madness of Crowds. Hoboken: John Wiley & Sons.
Moore, William C., 1921: Wall Street. Its Mysteries Revealed. Its Secrets Exposed. New York: Moore William.
Mottram, Ralph H., 1929: A History of Financial Speculation. Boston: Little, Brown and Co.
Neill, Humphrey B., 1967: The Art of Contrary Thinking, Caldwell. Idaho: Caxton Printers.
Odean, Terrance, 1998: Are Investors Reluctant to Realize their Losses? Journal of Finance 53 (5): S. 1775-1798.
Odean, Terrance und Simon Gervais, 2001: Learning to be Overconfident. Review of Financial Studies 14 (1): S. 1-27.
Rieusset-Lemarié, Isabelle, 1992: Une fin de siècle épidémique. Arles: Actes Sud.
Ross, James A., 1938: Speculation, Stock Prices and Industrial Fluctuations. New York: The Ronald Press Co.
Simmel, Georg, [1901]1989: Philosophie des Geldes. Frankfurt/Main: Suhrkamp.
Stäheli, Urs, 2005: Das Populäre als Unterscheidung. S. 146-167 in: Blaseio, Gereon et al. (Hg.): Popularisierung und Popularität. Köln: DuMont.
Stäheli, Urs, 2007a: Spektakuläre Spekulation: das Populäre der Ökonomie. Frankfurt/Main: Suhrkamp.
Stäheli, Urs, 2007b: Differenzierte Moderne? Zur Heterogenität funktionaler Differenzierung am Beispiel der Finanzökonomie. S. 183-198 in: Reckwitz, Andreas und Thorsten Bonacker (Hg.): Kulturen der Moderne. Soziologische Perspektiven der Gegenwart. Frankfurt/Main: Campus.
Stichweh, Rudolf, 1988: Inklusion in Funktionssysteme moderner Gesellschaft. S. 261-293 in: Mayntz, Renate et al. (Hg.): Differenzierung und Verselbständigung: Zur Entwicklung gesellschaftlicher Teilsysteme. Frankfurt/Main: Campus.
Tarde, Gabriel, [1898]1989: L'opinion et la foule. Paris: Presses Universitaires de France.
Van Antwerp, William C., 1914: The Stock Exchange from Within. New York: Doubleday, Page & Co.
Weber, Max, [1894]2000: Die Börse II. Der Börsenverkehr. S. 619-657 in: ders.: Gesamtausgabe, Abt. 1, Bd. 5.2, Börsenwesen. Schriften und Reden 1893-1898. Tübingen: Mohr.

6 Netzwerke

Das Netzwerk der jüdischen Wirtschaftselite – Deutschland 1914-1938

Paul Windolf

1. Die Kreuzung sozialer Kreise

In einem Aufsatz über die „Kreuzung sozialer Kreise" analysiert Simmel den Prozess der sozialen Differenzierung. Familie und Dorfgemeinschaft sind „natürliche" Formen der Vergesellschaftung, in die Individuen hineingeboren werden. Mit zunehmender Ausdifferenzierung bilden sich Berufsgruppen, kulturelle und wissenschaftliche Organisationen, in denen sich Personen im Hinblick auf gemeinsame kulturelle, wirtschaftliche oder wissenschaftliche Interessen zusammenschließen. Sie gewinnen damit Distanz zur Herkunftsgruppe und bilden in den neuen Assoziationen eine neue Identität aus. Simmel bezeichnet die neuen Vergesellschaftungsformen als „assoziative Verhältnisse *homogener* Bestandteile aus *heterogenen* Kreisen".[1] Individuen, die aus verschiedenen sozialen Kreisen stammen, bilden neue Formen der Vergesellschaftung im Hinblick auf gemeinsame Merkmale und Interessen.

Homogenität und Heterogenität sind keine Eigenschaften von Personen, sondern von Kollektiven. Eine Gruppe, eine Organisation oder ein Netzwerk können in Bezug auf die persönlichen Merkmale und Interessen der Mitglieder mehr oder weniger „homogen" sein. Homogenität kann in einem Prozess der sozialen Selektion hergestellt werden. Die Inklusionsregeln, die eine Organisation für die Aufnahme neuer Mitglieder festlegt, können ihre interne Homogenität steigern oder eine Zunahme heterogener Interessen bewirken.

Die Heterogenität, die im Konzept der Kreuzung sozialer Kreise angelegt ist, lässt sich durch Selektion jedoch nicht grundsätzlich beseitigen. Jedes Mitglied einer Organisation oder eines Netzwerks repräsentiert eine Kreuzung heterogener Erwartungen und Interessen. Die Vielzahl von Rollen und Mitgliedschaften eines Individuums sind in jeder Organisation virtuell präsent und führen zu Interessenkonflikten. Die Familie, gewerkschaftliche und parteipolitische Mitgliedschaften bilden „Hintergrund-Erwartungen", die das Verhalten der Organisationsmitglieder beeinflussen.

Das Problem soll am Beispiel des Netzwerks der Wirtschaftselite verdeutlicht werden, das Gegenstand dieses Aufsatzes ist. Die Mitglieder des Netzwerks sind Unternehmer und Manager, die in den Aufsichtsräten vieler Großunternehmen vertreten sind. In ihrer Person „kreuzen" sich unterschiedliche ökonomische Interessen. Als Aufsichtsrat sind sie verpflichtet, die Interessen des jeweiligen Unternehmens zu vertreten, das sie in dieses Organ berufen hat. Interessenkonflikte sind im Feld der Großunternehmen jedoch nicht die Ausnahme, sondern eher die Regel. Die Unternehmen stehen in Konkurrenz gegeneinander und viele Beziehungen sind Null-Summen-Spiele.

---

1 Simmel (1968: 306) „ ... so schließen die höheren praktischen Gesichtspunkte die gleichen Individuen aus durchaus fremden und unverbundenen Gruppen zusammen."

Paul Silverberg saß 1928 in den Aufsichtsräten von 25 deutschen Großunternehmen. Dazu gehörten die Deutsche Bank, das RWE, die Vereinigten Stahlwerke, die Siemens-Schuckertwerke und die Universum-Film AG (UfA). Silverberg gehörte weiterhin dem Präsidium des Reichsverbands der Deutschen Industrie (RDI) an und er war Mitglied des aktienrechtlichen Arbeitsausschusses, der eine Novelle des Aktienrechts erarbeiten sollte. Unter Hinweis auf seine Erfahrungen, die er in zahlreichen Aufsichtsräten gesammelt hatte, gab er vor diesem Ausschuss zu Protokoll: „Ich habe nie anerkannt, daß ein Bankdirektor als Aufsichtsratsmitglied in einer Gesellschaft die Interessen seiner Bank zu vertreten hätte."[2]

In Paul Silverberg „kreuzen" sich die Interessen von 25 Unternehmen. Die Geschäftskreise der UfA und des RWE werden sich – wenn überhaupt – nur selten „kreuzen", während es zwischen dem RWE und Siemens zu Interessenkonflikten kommen kann. Dies gilt auch für die Deutsche Bank als Kreditgeber vieler Unternehmen. Wenn P. Silverberg an der Aufsichtsratssitzung der Deutschen Bank teilnimmt, werden die Interessen der anderen 24 Unternehmen als „Hintergrund-Erwartung" präsent sein. Er kann sich nicht ausschließlich für die Interessen *eines* Unternehmens einsetzen – ohne zu berücksichtigen, welche Rückwirkungen und Nebenfolgen seine Entscheidung in diesem Aufsichtsrat für die anderen Unternehmen haben wird. Er wird sein Verhalten an einem „Durchschnittsinteresse" ausrichten müssen, das Useem (1978) als das „generalized interest of the capitalist class" bezeichnet hat.

Die Struktur des Netzwerkes, das hier analysiert wird, kann als eine Abfolge konzentrischer Kreise modelliert werden, die sich durch den Grad der Inklusion unterscheiden. Am äußeren Rand finden wir Mitglieder mit nur wenigen Mandaten und Kontakten, das Zentrum wird durch eine relativ kleine Gruppe mit sehr vielen Mandaten und hoher Kontakthäufigkeit gebildet. Der Grad der Inklusion kann durch die Netzwerk-Dichte gemessen werden.

Wir werden zeigen, dass – je mehr wir uns dem Zentrum des Netzwerks nähern – die *Homogenität* der Mitglieder hinsichtlich ihrer persönlichen Merkmale zunimmt, dass aber gleichzeitig auch die *Heterogenität* der durch sie vertretenen Interessen anwächst. Das Zentrum des Netzwerks wird durch Personen gebildet, die im Hinblick auf symbolisches Kapital (Adel, Titel), Religion (jüdische Abstammung) und Bildungskapital ähnlich sind. Da sie aber Mitglied vieler Aufsichtsräte sind und häufig unvereinbare Interessen zu vertreten haben, können sie dieses Problem nur durch „Rollendistanzierung" lösen. *Homogenität* der persönlichen Merkmale (Selektion), Heterogenität der im Netzwerk vertretenen Interessen und Interessenvermittlung gehören zu den zentralen Themen dieses Aufsatzes.

2. Die Konstitution des Netzwerks

Eugen Gutmann, von 1872-1920 Vorstandsvorsitzender der Dresdner Bank, hatte 1914 in elf weiteren Großunternehmen einen Sitz im Aufsichtsrat. Oscar Oliven, von 1904 bis 1929 im Vorstand der Ludwig Loewe & Co. AG, hatte ebenfalls in elf weiteren Unternehmen einen Sitz im Aufsichtsrat. In sechs Unternehmen waren sowohl E. Gutmann als auch O. Oliven vertreten. Dazu gehörten u.a. die AEG, die Deutsche Waffen und Munitionsfabri-

---

2   Quelle: Protokolle in Schubert/Hommelhoff (1987: 208). Zur Rolle, die P. Silverberg während der Weimarer Republik im Netzwerk der Wirtschaftselite gespielt hat, vgl. Gehlen (2007).

ken, die Loewe & Co. AG und die Dresdner Bank.[3] Da Aufsichtsratssitzungen in der Regel zweimal im Jahr stattfanden, können wir annehmen, dass E. Gutmann und O. Oliven sich bis zu zwölf Mal im Jahr zu diesen Sitzungen trafen. Tabelle A1 im Anhang zeigt einen Ausschnitt aus dem Zentrum des Netzwerks, zu dem u.a. Carl Fürstenberg (Berliner Handels-Gesellschaft), Walther Rathenau (AEG) und Julius Stern (Bankhaus Bleichröder) gehörten. Walther Rathenau und Julius Stern trafen sich in 5 Unternehmen, Carl Fürstenberg und Emil Rathenau trafen sich in 8 Unternehmen. Das Netzwerk konstituiert sich also durch *Mehrfach-Inklusion* in die Vorstände und Aufsichtsräte der großen Unternehmen.

Exkurs: Aufsichtsrat

Mit der Aktienrechtsnovelle von 1870 wurde die Einrichtung eines Aufsichtsrates für alle Aktiengesellschaften obligatorisch. Vor 1870 musste jede Gründung einer Aktiengesellschaft durch eine staatliche Behörde genehmigt werden (Konzessions-System). Mit der Einführung des Aufsichtsrats wurde versucht, die Staatskontrolle durch eine Art Selbstkontrolle der Aktionäre zu ersetzen.[4] Die Mitglieder des Aufsichtsrats sollen – stellvertretend für die Aktionäre – die Kontrolle über das amtierende Management ausüben. An dieser Funktion hat sich bis heute wenig geändert.

Das Aktienrecht räumt dem Aufsichtsrat weitgehende Befugnisse ein. Der Aufsichtsrat ernennt den Vorstand und kontrolliert die Geschäftstätigkeit des Vorstands. Wichtige Entscheidungen bedürfen der Zustimmung des Aufsichtsrats, und seine Mitglieder können umfassende Informationen über das Unternehmen verlangen. Die Effizienz der Selbstkontrolle hängt entscheidend davon ab, welche Personen in die Aufsichtsräte berufen werden.

Das Aktienrecht definiert den Aufsichtsrat als Vertretungsorgan der Eigentümer. Die Praxis zeigt jedoch, dass die Eigentümer häufig nur in jenen Aktiengesellschaften im Aufsichtsrat vertreten sind, die sich noch weitgehend im Familienbesitz befinden. In den meisten Aktiengesellschaften wird der Aufsichtsrat zu einem Treffpunkt von Managern anderer Unternehmen, die auf diese Weise ein Netzwerk zwischen den großen Unternehmen aufspannen. Es gibt zwei Inklusionsverfahren: Wahl und Kooptation. Das Aktienrecht gibt den Eigentümern das Recht, die Mitglieder des Aufsichtsrates auf der Hauptversammlung zu wählen. In vielen Fällen wählt die Hauptversammlung jedoch Personen, die vom amtierenden Aufsichtsrat und/oder Vorstand vorgeschlagen werden. Wir können dieses Verfahren als eine Mischung von Kooptation und Wahl interpretieren.

Albert Vögler, Vorstandsvorsitzender der Vereinigten Stahlwerke, war 1928 in weiteren 24 Unternehmen im Aufsichtsrat vertreten. Personen, die viele Mandate haben, durchlaufen zahlreiche Selektionsprozesse, in denen sie von verschiedenen Unternehmen als Aufsichtsrat gewählt werden. Die Wählbarkeit einer Person wird in diesen Verfahren jeweils „ratifiziert". Das Netzwerk – im Sinne der multiplen Inklusion – konstituiert sich in diesen Mehrfachwahlen. Die Selektionskriterien, die die Wahlen/Kooptationen steuern,

---

3 In diesem Netzwerk „kreuzen" sich Verwandtschaftsbeziehungen (jüdische Heiratskreise) und ökonomische Interessen. Oskar Oliven heiratete die Tochter (Sophie) von Isidor Loewe – einer der erfolgreichsten Unternehmer des Kaiserreichs. Isidor Loewe war am Ausbau des Unternehmens seines Bruders *Ludwig Loewe & Co. AG* beteiligt, an der Gründung der *Gesellschaft für elektrische Unternehmungen* (Gesfürel) und der *Deutschen Waffen- und Munitionsfabriken*. Quelle: Neue Deutsche Biographie, Bd. 19, S. 521-522; Bd. 15, S. 77-81.
4 Vgl. dazu Hommelhoff (1985).

"homogenisieren" die ökonomische Elite in Bezug auf soziale Herkunft, symbolisches Kapital und ethnische Zugehörigkeit. In Abschnitt 6 werden die Selektionskriterien genauer analysiert.

Das Netzwerk sollte jedoch nicht mit dem Aufsichtsrat eines Unternehmens verwechselt werden. Es konstituiert sich aus Vorständen und Aufsichtsräten als eine Art *invisible college*.[5] Das Netzwerk der Wirtschaftselite hat weder ein Tagungsgebäude noch eine Gründungsurkunde, es hat keine Telefonnummer und keine Mitgliederliste. Grenzen, Struktur und Austauschprozesse müssen daher noch präzisiert werden. Dies geschieht im nächsten Abschnitt, in dem drei Typen von Netzwerken unterschieden werden: Netzwerke in der Organisation, Netzwerke im Markt, Netzwerke zwischen Organisationen (Interorganisations-Netzwerke).

3. Typen von Netzwerken

(a) Die Hawthorne Studie gilt in der Soziologie als die Geburtsstunde der informellen Organisation. In jedem Unternehmen bilden sich zwischen Mitarbeitern „Netzwerke", die unterschiedliche Funktionen erfüllen. Im Falle des Hawthorne-Werks, in dem Frauen Telefone montierten, erfüllte das Netzwerk eine Schutzfunktion gegenüber den (männlichen) Vorarbeitern.

Dieser Typ von Netzwerken kann als ein *Netzwerk-in-der-Organisation* definiert werden. Die Beschäftigten eines Unternehmens bilden einen Pool, aus dem das Netzwerk seine Mitglieder rekrutiert. Die Selektionskriterien der Organisation sind (implizit) auch die Kriterien des Netzwerks. Der Austausch, der im Netzwerk stattfindet, wird durch die formale Organisation ebenfalls beeinflusst. Die Strategien, die die Frauen im *bank wiring room* entwickelten, waren Reaktionen auf die Form der Ausbeutung, die das Management von Western Electric praktizierte (Senkung der Akkordlöhne). Häufig entwickeln sich diese Netzwerke in Opposition oder in Konkurrenz zur formalen Bürokratie.[6]

(b) Granovetter argumentiert, dass Markttransaktionen in soziale Beziehungen eingebettet sind. Der Markt ist gleichsam überzogen von einem Netz sozialer Interaktionen (embeddednes).[7] Das folgende Beispiel illustriert diesen Fall:

Elbert H. Gary, von 1901 bis 1927 Chairman der US-Steel Corporation, lud die Top-Manager der konkurrierenden Stahlunternehmen von Zeit zu Zeit zu einem abendlichen Dinner ein. Das erste Dinner fand im November 1907 statt und versammelte 51 Führungskräfte der US-Stahlindustrie. Das *Committee on Investigations of US-Steel Corp.* befragte E. Gary 1911 über diese Praktiken und er gab zu Protokoll: „ ... the question was how to get between the two extremes of securing a monopoly by driving out competition ... or how to maintain prices without making any agreement, express or implied, tacit or otherwise. And

---

[5] Robert Boyle bezeichnete im 17. Jahrhundert *invisible colleges* als Netzwerke von Wissenschaftlern, die verschiedenen Institutionen angehörten, aber ein dichtes Kontakt-Netzwerk pflegten. In einer Abbildung aus dem 17. Jahrhundert wird das *invisible college* auf Rädern dargestellt. Vgl. Solla Price (1963). Abbildung: http://en.wikipedia.org/wiki/Image:Invisiblecollege.jpg

[6] Zur Hawthorne Studie vgl. Gillespie (1991). Die Gruppe der Instandhalter, die Crozier (1963) in einer französischen Tabakfabrik beschreibt, ist ein weiteres Beispiel für ein Netzwerk-in-der-Organisation.

[7] Granovetter (1985); vgl. dazu auch das Konzept des „relational contracting": Macaulay (1963); Bernstein (1992).

so, gentlemen, I invited a large percentage of the steel interests of the country to meet me at dinner..."[8]

Eine ähnliche Funktion hatte die Villa „Herbertshof", in der Herbert M. Gutmann residierte – von 1910 bis 1931 Vorstandsmitglied der Dresdner Bank. Feste, die in dieser Villa organisiert wurden, hatten „vor allem die Funktion eines zentralen Treffpunkts der Berliner Gesellschaft und dienten wie Gutmanns exklusive Stadtwohnung am Pariser Platz der Aufrechterhaltung von Kontakten zum diplomatischen Korps, zur Berliner Ministerialbürokratie und zum Adel."[9] Man sieht, dass nicht nur der Markt, sondern auch die staatliche Bürokratie und der Adel „eingebettet" wurden.

Der Markt und die Arbeitsteilung konstituieren ein System technischer und ökonomischer Interdependenzen. Dieses Austauschsystem bildet den Kontext für ein soziales *Netzwerk-im-Markt*. Wir finden Stahlmanager, Ingenieure, Rechtsanwälte und Bankiers als Gäste von E. Gary. Es ist aber unwahrscheinlich, dass wir dort Soziologen oder Pfarrer angetroffen hätten. Das Netz bleibt hinsichtlich seiner Mitglieder, seiner Verflechtungsstruktur und den Austauschbeziehungen auf dieses System funktionaler Interdependenzen bezogen.

Granovetter argumentiert, dass Marktbeziehungen in Sozialbeziehungen eingebettet sind. Man könnte auch argumentieren, dass es eher umgekehrt ist: Sozialbeziehungen sind in Marktbeziehungen eingebettet. Das soziale Netzwerk, das Markttransaktionen gegen Opportunismus oder gegen ruinösen Wettbewerb abschirmen soll, wird durch funktionale Interdependenzen sowohl hinsichtlich seiner Mitglieder als auch hinsichtlich der Formen des Austauschs vorgeformt.

Das Netzwerk ist deshalb kein Epiphänomen des Marktes oder der Organisation, sondern konstituiert eine genuine „Form der Vergesellschaftung" (Simmel). Aber die Akteure sind jeweils dieselben: Der Verkäufer, der am Markt darüber nachdenkt, ob er sich gegenüber dem Käufer opportunistisch verhält, muss damit rechnen, dass der Käufer ihm im sozialen Netzwerk in einer anderen Rollenkonfiguration wieder begegnet. In dieser Interdependenz ist für Granovetter das Kontrollpotential von Netzwerken begründet.

(c) Das Netzwerk, das in den folgenden Abschnitten analysiert wird, ist ein *Netzwerk-zwischen-Organisationen* und kann durch die folgenden Merkmale charakterisiert werden:

- Nur Personen, die eine Position als Vorstand oder Aufsichtsrat in einem Großunternehmen haben, sind *potentielle* Mitglieder dieses Netzwerks. Damit werden seine äußeren Grenzen definiert. Das „reale" Netzwerk wird aus diesem Pool durch multiple Inklusion gebildet. Mitglieder, die zum Zentrum des Netzes gehören, haben relativ viele Positionen; sie haben Kontakte zu vielen Personen, die wiederum zu vielen Personen Kontakte haben. Es wird noch gezeigt, dass die Anzahl der Positionen auch die Verweildauer im Netzwerk beeinflusst (Stabilität).
- Das Netzwerk konstituiert sich in ständig wechselnder Zusammensetzung während der Aufsichtsrats-Sitzungen in den Großunternehmen. Es ermöglicht direkte Interaktion und wechselseitige Beobachtung. E. Gutmann und O. Oliven konnten auf vielen Auf-

---

[8] Zit. nach Laidler (1931: 47). Gary machte seine Aussagen im Rahmen der *Hearings before the Committee on Investigations of the U.S. Steel Corp., 62nd Congress, 1911-192*. Seit 1890 (Sherman Antitrust Act) sind Preisabsprachen in den USA gesetzlich verboten.
[9] Münzel (2006: 217).

sichtsratssitzungen beobachten, wie *alter ego* in Krisensituationen entscheidet und ob er gegen Opportunismus immun ist. Die Themen der Kommunikation, die Strategien, der Austausch und die Interessenkonflikte werden durch die Mitgliedschaft in verschiedenen Aufsichtsräten beeinflusst. Dies bedeutet nicht, dass das Netzwerk auf diese Themen festgelegt ist. Das Netzwerk bietet eine Gelegenheitsstruktur und ist offen für fast jede Form von Austausch.[10] Aber die Institution des Aufsichtsrates bildet den institutionellen Kontext, in dem dieser Austausch stattfindet.

- Netzwerke sind Handlungs- und Interaktionssysteme. Im Netzwerk werden nicht nur Personen, sondern auch die *legitimen* Formen der Interaktion und des Tausches selektiert. Im Netz kann (fast) alles getauscht werden – vorausgesetzt, die Standards des „ehrbaren Kaufmanns" werden dabei beachtet. Dies unterscheidet das Netz vom *clientelismo* und vom *crony capitalism*.[11]
- Das Netzwerk entsteht durch Kooptation oder Wahl von Individuen in die Aufsichtsräte der Großunternehmen. Die Entscheidungen, die von Eigentümern oder Managern getroffen werden, sind (in der Regel) voneinander unabhängig und können nicht durch einen zentralen Akteur kontrolliert werden. Die Makro-Struktur des Netzwerkes – d.h. seine Dichte, Zentralisierung und Stabilität – ist das emergente Interaktions-Produkt vieler Einzelentscheidungen. Wir können die Netzwerkstruktur als eine „*soziale Tatsache*" im Sinne Durkheims (1984) interpretieren. Die Akteure nehmen das Netzwerk als eine durch sie direkt nicht beeinflussbare, wohl aber nutzbare Gelegenheitsstruktur wahr. Sie können die Freunde der Freunde mobilisieren, müssen aber auch damit rechnen, dass entfernte Mitglieder des Netzwerks versuchen, sie auszubeuten.

4. Die jüdischen Mitglieder des Netzwerks

Zum Zentrum des Netzwerks gehören 1914 ca. 250 Vorstände und Aufsichtsräte der großen Unternehmen, 1928 sind es 400 Personen. Davon sind ca. ein Viertel jüdischer Abstammung. Zwischen 1914 und 1928 bleibt der hohe Anteil jüdischer Mitglieder relativ konstant. Der Anteil der jüdischen Bevölkerung an der Gesamtbevölkerung betrug in Deutschland 1928 weniger als 1% (Münzel 2006: 79).

Noch bis ins letzte Drittel des 19. Jahrhunderts besaß die jüdische Bevölkerung in Deutschland keine vollen Bürgerrechte. Sie war von vielen Berufen ausgeschlossen (Offizier), sie konnte keine (adligen) Güter erwerben und wurde in vielen Bereichen des gesellschaftlichen und wirtschaftlichen Lebens diskriminiert. Trotz dieser Diskriminierung sind erfolgreiche und *sehr* erfolgreiche Personen jüdischer Abstammung im Zentrum des Netzwerks der Wirtschaftselite deutlich *überrepräsentiert*. Über welche komparativen Vorteile verfügte die jüdische „community"? Wie kann man diese Überrepräsentation erklären?

In der Literatur werden vor allem *vier* Faktoren genannt, die den wirtschaftlichen Erfolg erklären könnten:

---

10 Vgl. dazu das Konzept „échange généralisé von Lévi-Strauss (1967: Kapitel 15).
11 Auf die verschiedenen Formen des *clientelismo* bezieht sich die Kritik von Luhmann (1995: 255), der argumentiert, dass Netzwerke die „funktionssystemspezifischen Rationalitätschancen" im ökonomischen System reduzieren. Burt (1999) bezeichnet diesen Aspekt der Netzwerke als „dark side of dense networks".

Zunächst wird auf die zentrale Bedeutung der religiösen Schriften und auf die damit verbundene Gelehrsamkeit als Traditionsbestand des Judentums hingewiesen. Eine durch religiöse Gebote veranlasste *Investition in Humankapital* führte dazu, dass die (männliche) jüdische Minderheit lesen (und häufig auch schreiben) konnte, während die sie umgebende Bevölkerungsmehrheit vor dem Ausbau des öffentlichen Schulwesens überwiegend aus Analphabeten bestand. Botticini und Eckstein (2005: 21) argumentieren, dass „the ability to read the Torah in Hebrew provided the Jews with a comparative advantage in high-skill occupations."[12]

Die Heiratsregeln der Juden in der Diaspora beruhten auf strenger *Endogamie*. Ihre Stellung als diskriminierte Minderheit, die einer ständigen äußeren Bedrohung ausgesetzt war, führte innerhalb des Familienverbandes zu erhöhter Solidarität und sozialer Integration. Die Familie und die weit verzweigten Verwandtschaftsnetzwerke bildeten Schutz- und Unterstützungsverbände. Im Zeitalter des *Familienkapitalismus* wurde die Familie zur zentralen Organisationsform ökonomischer Transaktionen. Die jüdischen Unternehmer konnten sich auf ein Familien-Netzwerk stützen, das aufgrund interner Solidaritätsverpflichtungen gegen Opportunismus relativ immun war. Es ist allerdings zu vermuten, dass die jüdischen Mitglieder im Zeitalter des Manager-Kapitalismus diesen komparativen Vorteil schrittweise verloren haben.[13]

Die Verwandtschaftsnetzwerke waren nicht nur national, sondern auch *transnational* organisiert. Zwischen den Privatbanken in Deutschland und den deutsch-jüdischen Investment-Banken in New York gab es z.B. zahlreiche Verwandtschaftsbeziehungen, auf die jüdische Privatbanken auch während der Weimarer Republik zurückgreifen konnten. Das Haus Rothschild war legendär wegen seines europäischen Finanznetzwerks mit den Zentren Paris, London, Wien und Frankfurt. Im Zeitalter der „ersten" Globalisierung vor dem Ersten Weltkrieg boten die transnationalen Netzwerke den jüdischen Mitgliedern einen komparativen Vorteil, über den nicht-jüdische Mitglieder der Wirtschaftselite im Durchschnitt nicht verfügten.[14]

Schließlich wird auf die traditionell starke Präsenz jüdischer Mitglieder im Bankensektor verwiesen, vor allem als Eigentümer oder Geschäftsführer von Privatbanken. Hilferding hatte in seinem Buch über das „Finanzkapital" auf die steigende Bedeutung der Banken im Zeitalter der zweiten industriellen Revolution hingewiesen. Wenn seine These von der „Herrschaft der Banken über die Industrie" auch übertrieben war und inzwischen als widerlegt gelten kann, so ist doch unbestritten, dass die Banken im Zentrum des Netzwerkes stehen und über Kredite, Depotstimmrechte und Aufsichtsratsmandate einen erheblichen Einfluss auf Nicht-Finanzunternehmen ausüben können. Wenn es zutrifft, dass der Anteil von jüdischen Mitgliedern im Bankgewerbe besonders hoch war, könnte dies zumindest *eine* Erklärung für die Überrepräsentation der Juden im Zentrum des Netzwerks liefern.[15]

---

12   Vgl. dazu auch Mosse (1989: 9-23) und Sombart (1920: 225-230).
13   Darauf weist bereits Sombart (1920: VIII) hin.
14   Zu den transatlantischen Beziehungen der Privatbanken vgl. Supple (1957) und Köhler (2000). Zum Hause Rothschild siehe Bergeron (1991). Zur These der Globalisierung vor dem 1. Weltkrieg vgl. O'Rourke /Williamson (2000, 2001).
15   Hilferding ([1910]1955). Zur Kritik an der Hilferding-These vgl. Wixforth (1995); Wellhöner (1989).

In Abschnitt 6 wird überprüft, welchen Einfluss die Variablen „Bildung", „Bankier" und „jüdische Abstammung" auf die Zugehörigkeit einer Person zum Verflechtungszentrum haben und ob es zwischen diesen Variablen Interaktionseffekte gibt.

Auch nach der weitgehenden *rechtlichen* Gleichberechtigung ist die Integration der Juden in die sie umgebende Gesellschaft als konfliktreich und ambivalent wahrgenommen worden. Für die jüdischen Familien war die Assimilation mit einem Identitätsverlust verbunden, ohne dass sie im Gegenzug soziale Gleichberechtigung und Integration hätten erwarten können.[16] In Abschnitt 7 wird eine Strukturanalyse präsentiert, die zeigen soll, wie stark die jüdischen Mitglieder in das Netzwerk der Wirtschaftselite 1914 und 1928 integriert waren. Vor allem soll überprüft werden, ob sich das Netzwerk in einen „jüdischen" und in einen „nicht-jüdischen" Block aufspalten lässt.

5. Die Stichprobe

In die Stichprobe wurden alle großen deutschen Aktiengesellschaften aufgenommen, und zwar zu den Zeitpunkten 1896, 1914, 1928, 1933 und 1938. Zusätzlich wurden wichtige große Familienunternehmen und Privatbanken aufgenommen, die nicht als Aktiengesellschaft geführt wurden. Im Folgenden werden nur die Analysen für die Jahre 1914, 1928 und 1938 präsentiert. Wir werden zeigen, welche Struktur das Netzwerk gegen Ende des Kaiserreichs (vor dem 1. Weltkrieg) hatte, welche Veränderungen während der Weimarer Republik (vor der Weltwirtschaftskrise) eingetreten sind und schließlich, wie sich vier Jahre Nazi-Herrschaft auf das Netzwerk ausgewirkt haben.[17]

Für jedes Unternehmen wurden *alle* Mitglieder des Vorstands und des Aufsichtsrats in eine Datenbank aufgenommen. Diese Datenmatrix bildet eine *incidence matrix*: Sie zeigt, welche Personen mit welchen Unternehmen verbunden sind. Durch Matrix-Multiplikation kann man aus dieser Matrix zwei weitere Matrizen berechnen: Eine Matrix (Unternehmen x Unternehmen), die die Beziehungen zwischen Unternehmen abbildet. Wir bezeichnen dieses Netzwerk als *corporate network*. Die zweite Matrix (Personen x Personen) enthält die Verflechtungen zwischen den Personen. Wir bezeichnen diese Matrix als *Elite-Netzwerk*.[18] Diese Matrix bildet die Datenbasis für die nachfolgenden Analysen. Die Zahlen in den Zellen der Matrix zeigen für jede einzelne Person, wie *häufig* sie irgendeine andere Person in verschiedenen Aufsichtsräten trifft. Die Tabellen A1 und A2 im Anhang zeigen für die Jahre 1914 und 1938 einen Ausschnitt aus der Elite-Matrix, und zwar den Ausschnitt mit der höchsten Dichte. Die dort aufgeführten Personen treffen sich sehr häufig in verschiedenen Aufsichtsräten der Großunternehmen.

Tabelle 1 gibt eine Übersicht über die trichterförmige Struktur der Stichproben. Zeile 1 zeigt die Anzahl der Großunternehmen im Sample, Zeile 2 die Anzahl der Vorstands- und Aufsichtsratsmitglieder, die insgesamt für diese Unternehmen in eine Datenbank aufgenommen wurden. Nur Personen, die wenigstens zwei Mandate in Großunternehmen haben,

---

16 Vgl. dazu das Kapitel 3 in Mosse (1989: 37-92): „Problems of Identity". Als weiteres Beispiel: Rathenau (1897).
17 Eine Liste der benutzten Handbücher und Quellen findet sich in Windolf (2006, 2007). Die Liste der Unternehmen, die in die Stichprobe aufgenommen wurden, findet sich in: http://www.uni-trier.de/uni/fb4/soziologie/apo/StartW.htm.
18 Die Matrizen (Unternehmen x Unternehmen) und (Personen x Personen) werden als *adjacency matrices* bezeichnet. Vgl. dazu Scott (1991: 45-48).

spannen das Interorganisations-Netzwerk auf. Dies sind im Durchschnitt der Jahre 42,2% aller Personen, die erfasst wurden (letzte Spalte). Im nächsten Schritt wurden diejenigen Netzwerkspezialisten (big linker) ausgesucht, die vier oder mehr Positionen in den Großunternehmen hatten.[19] Dies sind im Durchschnitt 8,7% aller erfassten Personen. Wir bezeichnen diese Gruppe als *Core A* des Netzwerks. Für diese Gruppe wurde für jedes Jahr eine Verflechtungsmatrix erstellt und mit netzwerkanalytischen Verfahren bearbeitet (reduziertes Elite-Netzwerk).

Tabelle 1: Struktur der Stichproben

		1914	1928	1938	Ø (%)
1	**Firmen**	346	377	361	
2	**Personen**	3103	5174	3256	100,0
3	**2+ Positionen**	1262	1922	1688	42,2
4	**Big Linker (Core A)**	251	398	350	8,7
5	**Zentrum (Core B)**	70	106	79	2,2

Im letzten Schritt wurde das Zentrum des Elite-Netzwerks mit Hilfe von zwei Verfahren ermittelt: Es wurden zunächst mit Hilfe einer Cluster-Analyse (*Concor*) diejenigen Personen identifiziert, die am stärksten miteinander verflochten sind. Weiterhin wurde das Bonacich-Zentralitätsmaß für alle *big linker* berechnet. Dieses Zentralitätsmaß berücksichtigt nicht nur die Anzahl der Kontakte, die eine Person hat, sondern berücksichtigt auch, ob die Person, zu der diese Kontakte bestehen, selbst viele Kontakte hat. Alle Personen, die von der Cluster-Analyse nicht erfasst wurden, aber einen hohes Zentralitätsmaß haben, wurden ebenfalls in den Core B aufgenommen.[20]

In Tabelle 1 wird eine Abfolge von zunehmend kleiner werdenden Teilstichproben abgebildet. Durch die Einführung zusätzlicher Selektionskriterien wird der Kreis der Wirtschaftselite also schrittweise reduziert. Personen mit wenigstens zwei Mandaten bilden eine Teilmenge von Zeile 2. *Big Linker*, die sehr viele Mandate haben, bilden eine Teilmenge von Zeile 3. Und das Zentrum (Core B) bildet schließlich eine Teilmenge von Zeile 4. Tabelle 1 enthält also eine Abfolge von Stichproben, die ineinander verschachtelt sind (nested samples). Bei der Selektion der Personen wurden ausschließlich Netzwerk-Kriterien benutzt, d.h. die Anzahl der Positionen, Kontakte und der Grad der Verflechtung. Im nächsten Abschnitt wird eine Beziehung zwischen Netzwerkdaten und den Merkmalen der Personen hergestellt. Wir werden zeigen, dass die Personen-Merkmale Adel, symbolische Titel

---

19 Die Untergrenze schwankt zwischen den Jahren. Für 1914 und 1938 wurden alle Personen mit mehr als 3 Mandaten in den *Core A* aufgenommen; 1928 waren es alle Personen mit mehr als 4 Mandaten.

20 Das Verfahren soll an einem Beispiel verdeutlicht werden: Dr. jur. Ernst Trendelenburg war 1938 in den Aufsichtsräten von 9 Unternehmen vertreten (darunter: RWE, VIAG). Er wurde aufgrund der Cluster-Analyse dem Core B zugerechnet. Von allen Personen, die mit Hilfe dieses Verfahrens identifiziert wurden, hatte er den kleinsten Bonacich-Index (0,064). Alle Personen, deren Bonacich-Index größer oder gleich 0,064 war und die aufgrund der Cluster Analyse noch nicht zum Core B gehörten, wurden ebenfalls in den Core B aufgenommen. In allen Jahren wurde der Core B nach diesem zweistufigen Verfahren gebildet. Er enthält also Personen, die untereinander dicht verflochten sind und/oder die viele Kontakte zu Personen haben, die selbst viele Kontakte haben. Zum Zentralitätsmaß vgl. Bonacich (1987).

(Kommerzienrat) und ethnische Zugehörigkeit (jüdische Abstammung) einen erheblichen Einfluss darauf hat, ob eine Person zum Zentrum des Netzwerks (Core) gehört.

6. Selektionskriterien im Netzwerk: Wer wird inkludiert?

Nikolaus Eich, Vorstandsvorsitzender der Mannesmann AG, schlug Otto Braunfels, einen Sekretär der Düsseldorfer Handelskammer, als Nachfolger eines verstorbenen Mitglieds für den Aufsichtsrat der Mannesmann AG vor. Max Steinthal, Vorstandsmitglied der Deutschen Bank und seit 1896 Vorsitzender des Aufsichtsrates der Mannesmann AG, schrieb daraufhin in einem Brief an Eich: „An und für sich scheint mir der Sekretär einer Handelskammer keine geeignete Persönlichkeit für die Stellung eines Aufsichtsrates zu sein, weil sie die für seinen Beruf durchaus notwendige Objektivität vermindern könnte. Dann pflegen diese Herren doch meist Juristen oder Nationalökonomen zu sein und haben gar nicht die Fühlung mit dem praktischen Leben, um der Gesellschaft Vorteile zuführen zu können. Schließlich ist auch im allgemeinen ihre Stellung nicht eine den Chefs der ersten Firmen des Bezirks gleichberechtigte. Würden z.B. nicht Lueg, Haniel, Trinkhaus oder Stumm, Krupp, Thyssen befremdet sein, mit ihrem Handelskammer-Sekretär in einem Aufsichtsrat zu sitzen?"[21]

Unser Datensatz zeigt zunächst, dass weder Thyssen noch Krupp noch sonst eine von Steinthal genannte Person 1896 oder 1914 im Aufsichtsrat von Mannesmann vertreten waren, während Otto Braunfels, der ‚Handelskammersekretär', 1914 im Aufsichtsrat von Mannesmann und der Deutschen Bank saß.

Wir können davon ausgehen, dass Max Steinthal genau wusste, dass die von ihm genannten Personen nicht im Aufsichtsrat von Mannesmann saßen. Es ist daher sinnvoll, das Zitat im Sinne eines Irrealis zu interpretieren: Wenn Thyssen Mitglied des Aufsichtsrats von Mannesmann gewesen *wäre*, dann *hätte* er der Berufung eines Handelskammersekretärs nicht zugestimmt. Implizit lassen sich aus Steinthals Bemerkung drei Typen von Inklusions-/Exklusions-Kriterien ableiten: Aufsichtsräte müssen dem Unternehmen „Vorteile zuführen können" (wobei nicht spezifiziert wird, was diese Vorteile sein könnten); sie müssen im Hinblick auf ihren Sozialstatus mit den Industriebaronen Thyssen, Lueg, oder Haniel vergleichbar sein; Akademiker werden ausgeschlossen, da sie „keine Fühlung mit dem praktischen Leben" haben.

In den folgenden Analysen soll gezeigt werden, welche Kriterien der Inklusion/Exklusion im Netzwerk *tatsächlich* wirksam waren. Wir können das Führungspersonal in unserem Datensatz auf Basis von fünf Personen-Merkmalen klassifizieren. Die Analysen werden zeigen, wie stark die Selektionswirkung der einzelnen Kriterien war.

- *Symbolisches Kapital*: Im Kaiserreich wurden viele Unternehmer und Kaufleute mit dem Titel des (Geheimen) Kommerzienrates oder mit anderen Rats-Titeln ausgezeichnet (Titularräte). Diese Titel hatten die Funktion, Unternehmer und Kaufleute für ihre unternehmerische Leistung auszuzeichnen. Weiterhin sollte damit die Unterstützung der ökonomischen Elite für das politische System des Kaiserreichs erkauft werden.
- *Adel:* Wir klassifizieren auch den Adelstitel als symbolisches Kapital, unabhängig davon, ob es sich um alten preußischen Adel handelt oder ob der Titel nach 1871 verliehen wurde. Die Konkurrenz des Wirtschaftsbürgertums um Adelstitel und Titularrä-

---

21 Brief von Steinthal an Eich, 1909, zit. nach Wellhöner (1989: 141).

te ist ein zentrales Argument in der Diskussion über die „Feudalisierung" der Unternehmer.[22]
- *Schulisches Kapital*: Im Handbuch der deutschen Aktiengesellschaften (Hoppenstedt) werden für die Aufsichtsräte und Vorstände relativ lückenlos die akademischen Titel angegeben (Ingenieure, Chemiker, Juristen). Wir interpretieren den Anteil der Personen, die über einen Universitätsabschluss verfügen, als den Grad der Professionalisierung des Netzwerks.
- *Religionszugehörigkeit:* Die Vertreibung der jüdischen Wirtschaftselite wurde während der vergangenen Jahrzehnte von der Geschichtswissenschaft detailliert dokumentiert. In diesem Aufsatz geht es weniger um die Exklusion der jüdischen Mitglieder zwischen 1933-38; vielmehr soll ihre zentrale Position im Netzwerk für die Jahre 1914 und 1928 dokumentiert werden (Inklusion). Wir können die Personen in unserem Datensatz in zwei Gruppen einteilen: jüdische Abstammung/nicht jüdische Abstammung. Die Inklusions-/Exklusionswirkung dieses Merkmals kann also überprüft werden.
- *Bankier*: Personen, die im Zeitraum 1914-1938 die Position eines Vorstandes, Teilhabers oder Geschäftsführers einer Bank hatten, werden als „Bankiers" klassifiziert. In verschiedenen Studien wurde gezeigt, dass Bankdirektoren in vielen Unternehmen vertreten sind und daher im Zentrum des Netzwerkes stehen.[23]

Tabelle 2 zeigt, welche Selektionswirkung die folgenden Merkmale hatten: jüdische Abstammung, Adel, Titular-Rat, Akademiker, Bankier. Die jeweils erste Zeile bezieht sich auf alle Mitglieder des Netzwerks (2+ Positionen), die zweite Zeile auf die Personen mit relativ vielen Mandaten (*big linker, Core A*) und die dritte Zeile auf das Zentrum des Netzwerks (Core B).

Wenn wir – im Sinne der konzentrischen Kreise – von der Peripherie zum Zentrum des Netzwerks wandern, nimmt 1914 der Anteil der jüdischen Mitglieder von 16,0% auf 40,0% zu, der Anteil der Adligen von 13,2 auf 24,3%, der Anteil der Titular-Räte von 36,1 auf 47,1%. Die Zeile „Selektion" gibt ein einfaches Maß für die Selektionsstärke des jeweiligen Merkmals: Verglichen mit der Gesamt-Stichprobe (2+ Positionen) ist der Anteil der jüdischen Mitglieder im Zentrum des Netzwerkes 2,5mal höher, der Anteil der Bankiers ist 2,0mal höher. Das schulische Kapital (Akademiker) hat praktisch keine Selektionswirkung (1,0).

Dolores Augustine hat in einer Dissertation die Unternehmer und Manager des Kaiserreichs analysiert, die im *Jahrbuch der Millionäre 1912-14* enthalten sind. Sie zeigt, dass von 482 Unternehmern, für die Daten zur Verfügung stehen, 25,1% jüdischer Abstammung waren. Dieser Anteil entspricht relativ genau dem Anteil jüdischer Mitglieder im Core A unserer Stichprobe.[24]

---

22 Kaudelka-Hanisch (1993); Berghoff (1994); Kaelble (1985).
23 Ziegler (1998); Fiedler/Lorentz (2003); Windolf (2006).
24 Augustine (1991); Angaben zu den Quellen: S. 36 ff.; Konfession der Unternehmer: Tabelle 2.18, S. 348. Augustine zeigt auch, dass der Anteil der jüdischen Mitglieder unter den britischen und irischen Unternehmer-Millionären deutlich geringer war: 17% (Tabelle 2.19, S. 349). Vgl. dazu auch die Untersuchung von Berghoff (1991: 88), der Unternehmer in drei britischen Städten untersucht (Birmingham, Bristol, Manchester; 1870-1914). Der Anteil jüdischer Unternehmer beträgt 2,3%. Allerdings ist zu vermuten, dass der Anteil in London deutlich höher gewesen ist, so dass diese Prozentzahl nicht direkt mit Tabelle 2 verglichen werden kann. Vgl. dazu auch Münzel (2006: 78f.): „ ... knapp ein Drittel aller Juden wohnte in Berlin."

Tabelle 2: Selektionswirkung der Personen-Merkmale

	Jüd.Mitgl.	Adel	Räte	Akad.	Bank
1914					
2+ Positionen	16,0	13,2	36,1	31,4	14,2
Big Linker (Core A)	25,1	21,1	47,4	34,7	21,5
Zentrum (Core B)	40,0	24,3	47,1	30,0	28,6
Selektion	**2,5**	**1,8**	**1,3**	**1,0**	**2,0**
1928					
2+ Positionen	12,7	8,9	23,6	44,1	13,4
Big Linker (Core A)	24,6	11,8	30,7	57,8	15,3
Zentrum (Core B)	31,1	16,0	26,4	63,2	22,6
Selektion	**2,4**	**1,8**	**1,1**	**1,4**	**1,7**
1938					
2+ Positionen	3,1	8,2	17,4	46,8	8,6
Big Linker (Core A)	2,9	9,4	24,0	58,6	11,1
Zentrum (Core B)	1,3	10,1	20,3	62,0	13,9
Selektion	*	**1,2**	**1,2**	**1,3**	**1,6**

1914 waren 30% der Mitglieder im Zentrum des Netzwerks Akademiker, 1928 waren es 63,2%. 1914 waren 47,1% der Mitglieder im Zentrum Titular-Räte, 1928 waren es nur noch 24,6%. Der Anteil des (Geburts-)Adels sinkt von 24,3 auf 16%. Diese Zahlen zeigen, dass sich zwischen 1914 und 1928 die Inklusions-Regeln im Netzwerk verändert haben: Das symbolische Kapital hat seine Bedeutung zwar nicht ganz verloren, aber die Selektionswirkung hat sich deutlich abgeschwächt. Das schulische Kapital ist hingegen wichtiger geworden und zeigt die zunehmende Professionalisierung des Netzwerks. Juristen, Volkswirte und Diplom-Ingenieure haben Barone und Geheime Kommerzienräte aus dem Zentrum des Netzwerks verdrängt.

Exkurs: Die jüdischen Mitglieder des Netzwerkes

Der Anteil der Juden an der Gesamtbevölkerung betrug 1860 ca. 1,4%, 1910 betrug er noch 0,95% und bis 1933 hatte er sich auf 0,77% verringert.[25] Der Anteil der jüdischen Mitglieder im Zentrum des Netzwerks betrug 1914 ca. 40% und 1928 immer noch 31,1%. Wie können wir diese starke Überrepräsentation einer ethnischen Minderheit im Zentrum des Netzwerks erklären?[26]

---

25 Münzel 2006: 79.
26 Ziegler (2000: 49) gibt den Anteil jüdischer Mitglieder unter den multiplen Direktoren (big linker) für 1906 mit 43% und für 1927 mit 46% an. Allerdings sind in seinem Sample die (Privat-)Bankiers stark überrepräsentiert: 1906: 80% von 75 multiplen Direktoren; 1927 63% von 159 multiplen Direktoren (S. 41). In unserem Sample beträgt der Anteil der Bankiers im Core A 1914 22,3%; 1928 sind es 16,6%.

Zunächst muss geklärt werden, welche Personen überhaupt als „Juden" klassifiziert wurden. Dazu werden in der Literatur in der Regel drei Kriterien genannt: Religion, Kultur und ethnische Zugehörigkeit. Das religiöse Merkmal bezieht sich auf jene Mitglieder des Netzwerks, die noch eine relativ starke Bindung an die jüdische Religionsgemeinschaft hatten. Wahrscheinlich sind sie in unserer Stichprobe eine relativ kleine Gruppe. Das Merkmal „Kultur" identifiziert jene Personen, die bereits in Distanz zu den religiösen Inhalten des Judentums stehen, aber noch starke soziale Beziehungen zu jüdischen Mitgliedern haben und sich den jüdischen Traditionsbeständen verbunden fühlen. Das Merkmal ethnische Zugehörigkeit reduziert das Merkmal Judentum schließlich auf ein Abstammungsmerkmal. Es spielt vor allem in der umfangreichen Literatur zur Vertreibung und Vernichtung des Judentums eine wichtige Rolle. Die Nazi-Rassengesetze haben „Juden" im Sinne der ethnischen Zugehörigkeit definiert, und daher steht dieses Kriterium zwangsläufig im Zentrum dieser Literatur.[27] Alle Personen, die vom Nazi-Regime als „Juden" klassifiziert wurden, waren unmittelbar von Vernichtung bedroht.

Aus der Perspektive des Jahres 1914 ist das ethnische Kriterium jedoch sehr undifferenziert. Es werden Personen als „Juden" klassifiziert, die z.B. schon in der zweiten Generation getauft waren und in großer – häufig kritischer – Distanz zu den religiösen und kulturellen Traditionen des Judentums standen.[28] Da wir im Rahmen unseres Projektes die jüdischen Mitglieder nicht identifizieren konnten, haben wir uns auf die Arbeiten von Martin Münzel gestützt, der eine umfangreiche Dissertation zum Thema der Vertreibung der jüdischen Wirtschaftselite publiziert hat.[29] In Tabelle 2 werden alle Personen als „jüdische Mitglieder" klassifiziert, die dem Kriterium der ethnischen Abstammung entsprechen.

In Abschnitt 4 wurde argumentiert, dass sich der hohe Anteil jüdischer Mitglieder im Zentrum des Netzwerks möglicherweise darauf zurückführen lässt, dass sie über ein höheres Bildungsniveau verfügen und dass jüdische Mitglieder sich vor allem im Finanzsektor konzentrieren.

Wenn diese Hypothesen korrekt sind, können wir annehmen, dass das Judentum „an sich" keine oder doch nur eine geringe Erklärungskraft für die starke Überrepräsentation jüdischer Mitglieder in der Wirtschaftselite hat. Tatsächlich wären die Merkmale „Bankier" und „Bildungsniveau" als erklärende Variablen viel wichtiger und die Beziehung zwischen Zentralität im Netzwerk und Judentum wäre nur eine Scheinkorrelation. Wir können diese Thesen mit Hilfe unseres Datensatzes überprüfen.

Wir haben eine logistische Regression berechnet, deren Details im Anhang in Tabelle A3 dargestellt werden. Wir fassen die wichtigsten Ergebnisse zusammen:

- 1914 haben die Merkmale „Bankier" und „Adel" die stärkste Erklärungskraft dafür, dass eine Person zum Core A des Netzwerks gehört. Es folgen die Variablen „jüdische Abstammung" und „Kommerzienrat". Damit werden die Ergebnisse, die bereits in Tabelle 2 dargestellt wurden, bestätigt. Es wurden in einem zweiten Schritt Interaktions-Variablen in das Modell eingeführt. Sie messen den Einfluss von Merkmalskombinationen, also von jüdischen Mitgliedern, die gleichzeitig Bankiers sind oder Akademiker. Wenn das Judentum „an sich" nur eine Scheinvariable wäre, dann müsste es im

---

27 Vgl. Augustine (1991: 52); Münzel (2006: 123-134).
28 Über die späten Nachkommen der Familie Mendelssohn (cadet branch) berichtet Mosse (1989: 25): „ ... the Mendelssohn-Bartholdys spared no pains to distance themselves from their Jewish origins."
29 Ich möchte mich an dieser Stelle bei Martin Münzel bedanken, der die Informationen aus seinem Datensatz zur Verfügung gestellt hat, so dass Personen jüdischer Abstammung identifiziert werden konnten.

- Modell 2 seine Signifikanz verlieren und stattdessen müsste sich die Erklärungskraft auf die beiden Interaktions-Variablen „jüdische Abstammung x Akademiker" bzw. „jüdische Mitgliedschaft x Bankier" verlagern. Dies ist jedoch nicht der Fall. Die beiden Interaktions-Variablen sind nicht signifikant. Wenn sie in die Regressions-Gleichung eingefügt werden, *verstärkt* sich der Effekt der Variablen „jüdische Abstammung".
- 1928 verlieren die Variablen „Adel" und „Kommerzienrat" ihre Erklärungskraft: sie sind nicht mehr (oder kaum noch) signifikant. Das Merkmal „jüdische Abstammung" ist jetzt sehr signifikant und dies gilt auch, wenn die beiden Interaktions-Variablen eingefügt werden. Die Merkmalskombination „jüdische Abstammung x Akademiker" hat sogar ein negatives Vorzeichen, d.h. Personen mit dieser Merkmalskombination haben eine geringere Wahrscheinlichkeit, zum Zentrum des Netzwerkes zu gehören. Die Interaktion zwischen Judentum und Bankier hat das erwartete Vorzeichen, ist jedoch nur auf niedrigem Niveau signifikant. Dieser schwache Interaktions-Effekt erlaubt es nicht, die starke Präsenz jüdischer Mitglieder auf ihre Konzentration im Finanzsektor zurückzuführen.
- 1938 hat das Merkmal „jüdische Abstammung" zwar das erwartete hochsignifikante negative Vorzeichen, wegen der geringen Anzahl von Juden, die im Netz überlebt haben, ist dies jedoch nicht überraschend. Wir haben aus diesem Grund auch keine Interaktions-Effekte berechnet.

Von Bedeutung ist, dass die Anzahl der Positionen, die eine Person in der vorhergehenden Periode hatte, in allen Regressionen eine starke Erklärungskraft hat. Wir haben in die Gleichung für 1914 die Anzahl der Positionen eingefügt, die eine Person bereits 1896 hatte; 1928 haben wir die Anzahl der Positionen eingefügt, die eine Person schon 1914 hatte. Die hohe Signifikanz dieser Variable verweist auf die Bedeutung des Sozialkapitals. Personen, die viele Positionen im Netzwerk haben – d.h. über viel Sozialkapital verfügen – haben eine höhere Überlebenswahrscheinlichkeit im Netz. Dies bedeutet aber auch, dass die Überrepräsentation nicht auf jüdische Familientraditionen zurückgeführt werden kann, die bewirkt haben könnten, dass Positionen im Netz vererbt werden. Der „Netto"-Effekt der Variable *jüdische Abstammung* ist von solchen Wirkungen „gereinigt".

Zusammenfassend lässt sich sagen, dass es nicht gelungen ist, die Wirkung der Variablen *jüdische Abstammung* auf das Bildungsniveau oder auf die Tätigkeit als Bankier zu reduzieren. Im Gegenteil, die Regressionsanalysen zeigen, dass es eine kausale Beziehung zwischen dem Merkmal „Judentum" und der Zugehörigkeit zum Zentrum des Netzwerkes gibt, die nicht auf die (formale!) Bildung der jüdischen Mitglieder oder auf ihre Tätigkeit im Finanzsektor reduziert werden kann. Wir werden im nächsten Abschnitt einen weiteren Versuch unternehmen, eine Erklärung für diese Beziehung zu finden.

7. Gab es ein jüdisches Netzwerk?

Barry Supple hat die deutsch-jüdischen Investmentbanker in New York im späten 19. Jahrhundert untersucht. Er kommt zu dem Ergebnis, dass die Investment-Banken untereinander nicht nur durch Geschäftsbeziehungen, sondern auch durch Heirat und Verwandtschaft verbunden waren (Konnubium und Kommensalität). Jacob Schiff war nicht nur Geschäftsführer und Partner der Investment-Bank Kuhn & Loeb, sondern auch durch Heirat mit der

Familie Salomon Loeb verbunden. Sein Sohn heiratete eine Tochter von Sigmund Neustadt, ein Partner der Investment-Bank Hallgarten & Co. Paul Warburg heiratete ebenfalls eine Tochter von Salomon Loeb, Felix Warburg heiratete die Tochter von Jacob Schiff.

Cohen kommt in seiner Biographie über Jacob H. Schiff zu dem Ergebnis: „German Jewish bankers owed much of their success to the bonds of kinship." Und Supple behauptet in Bezug auf die jüdische Wirtschaftselite: „ ... families had coalesced into a homogeneous elite within but distinct from the larger society of New York City."[30] Die jüdischen Wirtschaftskreise entwickelten sich *innerhalb* der New Yorker Gesellschaft (Inklusion), aber sie blieben trotzdem unterschieden und von ihr *getrennt* (Exklusion).[31] Diese Ambivalenz von Inklusion und Exklusion ist der Bezugsrahmen für die Strukturanalysen, die in diesem Abschnitt präsentiert werden.

Auch in Deutschland waren die Privatbanken durch enge verwandtschaftliche Beziehungen miteinander verbunden. Köhler (2000: 138) weist darauf hin, dass die Privatbankiers durch Heirats-Allianzen ihr Eigenkapital erhöhen und ihre Geschäftsbeziehungen ausbauen konnten (Mitgift). Er zeigt aber auch, dass die Heiratskreise der jüdischen und nicht-jüdischen Privatbankiers weitgehend getrennt blieben (Endogamie). „Die eindeutige Mehrheit der jüdischen Privatbankfamilien begrenzte ihre Heiratskreise weiterhin auf die eigene konfessionelle Gruppe." Aus diesen Befunden lassen sich zwei Schlussfolgerungen ableiten:

- Erstens, wenn die jüdische Wirtschaftselite ihre Geschäftsbeziehungen sehr stark durch Heirat und verwandtschaftliche Beziehungen abgesichert hat, und wenn die Heiratskreise weitgehend auf die eigene konfessionelle Gruppe begrenzt waren (Endogamie), dann ist zu vermuten, dass auch die Netzwerke in einem gewissen Umfang „endogam" sind und sich aufgrund konfessioneller Zugehörigkeit abgrenzen lassen. Der Hinweis auf eine „homogeneous elite *within but distinct* from the larger society" lässt sich als eine Hypothese reformulieren: Die jüdische Wirtschaftselite hat nach *innen* ein sehr dichtes Beziehungsnetz aufgebaut, war mit der Umwelt jedoch nur sehr locker verbunden (loose coupling).

- Zweitens, wenn vor allem die Mitglieder der jüdischen Wirtschaftselite durch sehr enge Wirtschafts- und Verwandtschaftskontakte miteinander verbunden waren, könnte die Dominanz der jüdischen *big linker*, die in Tabelle 2 (oben) nachgewiesen wurde, ein statistisches Artefakt sein. Das Zentrum des Netzwerkes (Core A und B) wurde aufgrund *netzwerkanalytischer* Kriterien gebildet. Wenn aber insbesondere die jüdischen Mitglieder der Wirtschaftselite virtuose Netzwerker waren, ist es nicht weiter überraschend, dass sie im Zentrum unseres Netzwerkes dominant sind. In diesem Abschnitt soll also versucht werden, das Merkmal „Judentum" auf die besonders dichten Sozialbeziehungen *innerhalb* der jüdischen „community" zurückzuführen.

1914 gehören zum Core A (big linker) 251 Personen, 1928 sind es 398 Personen. Core A enthält die Personen mit den meisten Positionen im Netzwerk. Für beide Jahre wurde eine Verflechtungsmatrix berechnet, die für jede Person angibt, mit welchen anderen Personen sie im Core A verbunden ist (Treffpunkt in verschiedenen Aufsichtsräten). Zur Veranschau-

---

30 Cohen (1999: 6); Supple (1957: 145). Supple präsentiert die verwandtschaftlichen Beziehungen der deutsch-jüdischen Investment-Banker in einer Abbildung auf S. 165.
31 Vgl. dazu auch Beckert (2001: 265f.): „Elite anti-Semitism had sharpened by the late nineteenth century, and its strongest articulation was the partial exclusion of Jewish New Yorkers from the social world of which they once had been a part."

lichung kann nochmals auf die *Ausschnitte* aus diesen Matrizen in den Tabellen A1 und A2 hingewiesen werden.

Man kann die Personen in jeder Matrize nun sortieren, und zwar nach dem Kriterium jüdisches Mitglied (J), nicht-jüdisches Mitglied (NJ). Damit wird die Matrize in vier Submatrizen aufgeteilt. Eine schematische Darstellung gibt Tabelle 3.

Oben links findet sich die Submatrize, die *nur* die Beziehungen zwischen den jüdischen Mitgliedern der Wirtschaftselite enthält (intra-ethnische Verflechtung), unten rechts steht die Submatrize, die *nur* die Beziehungen zwischen den nicht-jüdischen Mitgliedern der Wirtschaftselite enthält. Oben rechts steht die Submatrize, die die Beziehungen zwischen den jüdischen und den nicht-jüdischen Mitgliedern enthält, unten links steht die Submatrize, die die Beziehung zwischen den nicht-jüdischen und den jüdischen Mitgliedern enthält. Wir können die Submatrizen A und D als „endogame" Matrizen, und die Matrizen B und C als „exogame" Matrizen bezeichnen. Mit der Hypothese endogamer Wirtschaftskreise wird behauptet, dass die endogamen Matrizen deutlich mehr Kontakte pro Person enthalten – im Vergleich zu den exogamen Matrizen.[32]

Mit der Hypothese, dass die Dominanz der jüdischen Mitglieder im Netzwerk darauf zurückzuführen ist, dass sie und *nur sie* Netzwerkvirtuosen waren, wird implizit behauptet, dass die Anzahl der Kontakte pro Person in der Matrix A deutlich höher ist – im Vergleich zur Matrix D.

Die Matrizen wurden für die Jahre 1914 und 1928 berechnet. Tabelle 3 enthält die Ergebnisse, die am Beispiel des Jahres 1928 erläutert werden. Die Matrize A (J↔ J) enthält 3442 Beziehungen, die es zwischen den 98 jüdischen Mitgliedern des Netzwerkes gibt. Die Dichte beträgt 0,21, d.h. 21% der möglichen Beziehungen sind realisiert. Um den Unterschied zwischen „Beziehungen" und „Personen" zu verdeutlichen, werden zunächst drei Beispiele erläutert:

- Jacob Goldschmidt traf Curt Sobernheim in 11 Aufsichtsräten (J ↔ J).
- Fritz Thyssen traf Oscar Schlitter in 9 Aufsichtsräten (NJ ↔ NJ).
- Albert Vögler traf Paul Silverberg in 11 Aufsichtsräten (NJ ↔ J).

Wenn *Beziehungen* berechnet werden, gibt es zwischen J. Goldschmidt und C. Sobernheim insgesamt 11 Beziehungen. Wenn Kontakte zu *Personen* berechnet werden, zählen diese Beziehungen nur als 1 Kontakt zwischen zwei Personen. Im Durchschnitt hat ein jüdisches Mitglied 35,1 Beziehungen zu den anderen jüdischen Mitgliedern, aber nur zu 20,8 anderen Personen. Die Differenz zwischen 35,1 Beziehungen und 20,8 Kontakten zu anderen Personen ist der Anteil der Mehrfachbeziehungen, der in der Matrize (J ↔ J) relativ hoch ist, nämlich 40,8%. In der Matrize D (NJ ↔ NJ) beträgt dieser Anteil für 1928 nur 28%. Dies bedeutet, dass jüdische Mitglieder dazu tendieren, bei den Wahlen/Kooptationen zum Aufsichtsrat eher jüdische Mitglieder zu berufen. Dies führt im Ergebnis dazu, dass sich immer wieder dieselben (jüdischen) Mitglieder in den Aufsichtsräten treffen.

---

32 Vgl. dazu auch das Konzept „homophily in social networks" in McPherson (2001).

Tabelle 3: Beziehungen zwischen jüdischen und nicht-jüdischen Mitgliedern des Netzwerks 1914 – 1928

A. J ↔ J	1914	1928	B. J ↔ NJ	1914	1928
Anzahl Beziehungen	1492	3442	Anzahl Beziehungen	2035	5918
Dichte	0,24	0,21	Dichte	0,13	0,14
Ø Anzahl Beziehungen	23,7	35,1	Ø Anzahl Beziehungen	32,3	60,4
Ø Anzahl Personen	14,9	20,8	Ø Anzahl Personen	25,3	42,1
Mehrfachbezieh. (%)	37,0	40,8	Mehrfachbezieh. (%)	21,6	30,3
Dimension	63x63	98x98	Dimension	63x188	98x300

C. NJ ↔ J	1914	1928	D. NJ ↔ NJ	1914	1928
Anzahl Beziehungen	2035	5918	Anzahl Beziehungen	3874	14604
Dichte	0,13	0,14	Dichte	0,09	0,12
Ø Anzahl Beziehungen	10,8	19,7	Ø Anzahl Beziehungen	20,6	48,7
Ø Anzahl Personen	8,5	13,8	Ø Anzahl Personen	17,6	35,0
Mehrfachbezieh. (%)	21,6	30,3	Mehrfachbezieh. (%)	14,8	28,0
Dimension	188x63	300x98	Dimension	188x188	300x300

J ↔ J: Beziehung der jüdischen Mitglieder untereinander
J ↔ NJ: Beziehung von jüdischen zu nicht-jüdischen Mitgliedern
NJ ↔ J: Beziehung von nicht-jüdischen zu jüdischen Mitgliedern
NJ ↔ NJ: Beziehung der nicht-jüdischen Mitglieder untereinander
Analysen beziehen sich auf alle Personen, die dem Core A zugerechnet wurden.
Für 1914: ∑63J+188NJ = 251; für 1928: ∑98J+300NJ = 398. Alle Beziehungen sind *ungerichtet*.

Beispiele für eine Konzentration jüdischer Mitglieder in den Aufsichtsräten sind die Metallgesellschaft (57%), AEG (46%), Ullstein AG (100%).[33] Diese Tendenz wird auch in Tab. A1 im Anhang sichtbar. Von den 20 Mitgliedern dieses Core mit der höchsten Verflechtungsdichte sind 17 jüdischer Abstammung, die sich immer wieder in unterschiedlichen Aufsichtsräten treffen.

Die Matrix D (NJ ↔ NJ) zeigt, dass die 300 nicht-jüdischen Mitglieder untereinander 14604 Beziehungen haben, im Durchschnitt 48,7 Beziehungen pro Person. Im Durchschnitt haben sie Kontakte zu 35 anderen nicht-jüdischen Personen. Damit wird deutlich, dass nicht nur die jüdischen Mitglieder, sondern auch die nicht-jüdischen Mitglieder *Netzwerkvirtuosen* sind. In dieser Hinsicht gibt es keinen Unterschied zwischen den beiden Fraktionen des Netzwerkes: Juden und Nicht-Juden sind Teil der „Deutschland AG" und sie operieren im Modell des kooperativen Kapitalismus.[34]

Der hohe Anteil der jüdischen Mitglieder im Zentrum des Netzwerkes (Tabelle 2) kann also nicht auf unterschiedliche Verflechtungsstrategien zurückgeführt werden. Juden wie Nicht-Juden sind im kooperativen Kapitalismus Netzwerk-Spezialisten. Allerdings ist der Anteil der Mehrfachbeziehungen in der Matrix D deutlich geringer (28%). Dies bedeu-

---

33 Vgl. Münzel (2006: 350, 374, 398); Prozentzahlen für das Jahr 1928.
34 Die Dichte ist in der Submatrix D (NJ ↔ NJ) deutlich geringer als in der Matrix A (J ↔ J), nämlich 0,12. Allerdings ist die Matrize der nicht-jüdischen Mitglieder deutlich größer (300x300). Große Netzwerke haben eine geringere Dichte als kleine Netzwerke. (Kontakte kosten Zeit, und das Zeitbudget jeder Person ist begrenzt.) Die beiden Netzwerke wurden daher auf Basis der durchschnittlichen Anzahl von Beziehungen/Kontakten pro Person verglichen.

tet, dass die Tendenz, immer wieder dieselben Personen in Aufsichtsräte zu berufen, weniger ausgeprägt ist.

Die Matrizen B (J ↔ NJ) und C (NJ ↔ J) sind identisch. Sie enthalten die Beziehungen zwischen jüdischen und nicht-jüdischen Mitgliedern, also die „exogamen" Kontakte. 1928 hatten die 98 jüdischen Mitglieder 60,4 Beziehungen zu nicht-jüdischen Mitgliedern; die 188 nicht-jüdischen Mitglieder hatten 19,7 Beziehungen zu jüdischen Mitgliedern. Damit wird auch deutlich, dass die beiden Fraktionen des Netzwerkes untereinander sehr dicht verflochten waren. Die Formel, die Supple vorschlägt, nämlich „within but distinct", liefert keine zutreffende Beschreibung für diese Verflechtungsstruktur. Die jüdischen Mitglieder waren keine isolierte Fraktion des Netzwerkes, sondern waren über viele „exogame" Beziehungen in das Netzwerk der „Deutschland AG" integriert. Ihre Liquidierung nach 1933 war ein Prozess, der sehr viele nicht-jüdische Zuschauer hatte.

Die Inklusion jüdischer Mitglieder in das Netzwerk der deutschen Wirtschaftselite kann am Beispiel von Paul Silverberg illustriert werden. P. Silverberg hatte 1928 im Netz 25 Aufsichtsratsmandate, darunter in den Vereinigten Stahlwerken, Demag, RWE, Harpener Bergbau, Universum Film, etc. Diese Mandate brachten ihn zu 171 Personen in Kontakt, die zum Core A des Netzwerks gehören. Von diesen 171 Personen waren 40 jüdische Mitglieder (= 23,4%). Dies entspricht fast genau dem Anteil jüdischer Mitglieder, der insgesamt im Core A vertreten ist (24,6%). Insofern ist das Netzwerk von P. Silverberg „repräsentativ".

Tabelle 4: „Starke" Beziehungen (5+) von Paul Silverberg

Kontakte	Anzahl	Kontakte	Anzahl
Schlitter Oscar*	14	Oppenheim SimonAlfred	5
Hagen Louis	11	Sobernheim Curt	5
Vögler Albert*	11	Fickler Erich	5
Goldschmidt Jacob	7	Krawehl Otto	5
Flick Friedrich*	7	Pferdmenges Robert*	5
Stein JohannHeinrich*	7	Sempell Oscar*	5
Thyssen Fritz*	7	Siemens CarlFriedrich	5
Fürstenberg Carl	5	Wolff Otto*	5

Unterstrichene Namen: jüdische Mitglieder; Anzahl: Anzahl der Aufsichtsräte, in denen P. Silverberg gemeinsam mit dieser Person vertreten war.
* : Personen gehörten 1938 zum Zentrum des Netzwerkes mit der höchsten Verflechtungsdichte (vgl. Tab. A2 im Anhang). Zum Begriff „starke" Beziehung vgl. Granovetter (1973).

Tabelle 4 zeigt die Personen, die Paul Silverberg in wenigstens fünf Aufsichtsräten traf. Unterstrichene Personen-Namen zeigen die jüdischen Mitglieder in diesem Netz der „starken" Beziehungen. Johann-Heinrich Stein war Gesellschafter der J.H. Stein Privatbank in Frankfurt. Bei dieser Bank wurde das Sonderkonto S des Freundeskreises der Wirtschaft, später Freundeskreis Reichsführer SS, geführt.[35] J.H. Stein gehört 1938 zum Zentrum des

---

35 Quelle: http://de.wikipedia.org/wiki/Bankhaus_J._H._Stein (August 2007).

Netzwerkes mit der höchsten Verflechtungsdichte, zusammen mit Albert Vögler und Fritz Thyssen (vgl. Tabelle A2, Anhang).

8. Heterogenität der Interessen

Zahlreiche Studien zur Verbandsforschung haben gezeigt, dass es kein uniformes „kapitalistisches" Interesse gibt, das den Interessen der Gewerkschaften als geeinte Front gegenüberstände. Vielmehr sind die Interessen der Kapitalseite ausdifferenziert und stehen in Konkurrenz gegeneinander. Beispiele dafür sind der Konflikt zwischen der *Korporation der Kaufmannschaft von Berlin* (gegr. 1820) und dem *Verein Berliner Kaufleute und Industrieller* (gegr. 1879), der von C. Biggeleben dokumentiert wurde. Die Interessenkonflikte zwischen dem *Centralverband Deutscher Industrieller* (gegr. 1876) und dem *Bund der Industriellen* (gegr. 1895) wurden von H. Kaelble und H.P. Ullmann analysiert. Nach der Vereinigung dieser beiden Verbände zum *Reichsverband der Deutschen Industrie* (1919) wurden die Konflikte internalisiert und innerhalb des Reichsverbandes ausgetragen.[36]

Zu den Aufgaben der Verbände gehört es, ein verhandlungsfähiges „Interesse" der Kapitalseite zu formulieren, das als Forderung oder Abwehrreaktion an Politiker und Gewerkschaften kommuniziert werden kann. Das Netzwerk, das die Großunternehmen verbindet, ist kein Interessenverband. Wir werden aber zeigen, dass das Führungspersonal der Interessenverbände aus dem Netzwerk rekrutiert wurde. Im Netzwerk können gemeinsame Interessen *vor*formuliert und dann an Interessenverbände kommuniziert werden.

Die Gelsenkirchner Bergwerks AG war 1928 über ihre Vorstände und Aufsichtsräte mit 156 anderen Unternehmen verbunden. Wir bezeichnen diese Zahl als den *degree* eines Unternehmens. Der *degree* kann zwei verschiedene Bedeutungen haben:

Man kann zunächst argumentieren, dass die Beziehungen, die zu 156 Unternehmen hergestellt werden, das soziale Kapital der Bergwerks AG darstellen. In diesem Netzwerk von Vorständen und Aufsichtsräten können Informationen ausgetauscht werden; es entwickelt sich Vertrauen unter Personen, die einander ähnlich sind; es kann Unterstützung und Hilfe im Falle von Krisen mobilisiert werden (z.B. Kredite). Aus dieser Perspektive kann der *degree* mit den Begriffen Kooperation, Vertrauen und Reziprozität charakterisiert werden.

Verglichen mit der Berliner Kindl Brauerei, die 1928 nur einen *degree* von 10 hatte (d.h. über das Netz nur mit 10 anderen Unternehmen in Beziehung stand), war das Sozialkapital der Gelsenkirchner Bergwerks AG deutlich höher. Zugleich war aber auch die Heterogenität der in ihrem Aufsichtsrat vertretenen Interessen deutlich größer. Dies ist die zweite Perspektive, unter der man den *degree* eines Unternehmens analysieren kann. Je höher der *degree*, umso größer ist die Wahrscheinlichkeit, dass sich in den Hintergrund-Erwartungen, die durch Vorstände und Aufsichtsräte vertreten werden, Interessenkonflikte kumulieren.

Es ist wenig sinnvoll zu behaupten, bei jeder Aufsichtsratssitzung der Bergwerks AG seien die Interessen von 156 anderen Unternehmen „präsent" gewesen. Keine der anwesen-

---

36 Biggeleben (2006); Kaelble (1967); Ullmann (1976). Zum Reichsverband der Deutschen Industrie vgl. Wolff-Rohé (2001) und Grübler (1982). Vgl. dazu auch Offe/Wiesenthal (1980), die behaupten, dass die *interne* Interessenheterogenität der Gewerkschaften höher sei als die der Arbeitgeberverbände. Streeck (1991) kritisiert diese These.

den Personen wäre in der Lage gewesen, die zahlreichen Mandate der anderen Mitglieder des Aufsichtsrats auch nur vollständig aufzuzählen. Die 156 Unternehmen bilden einen Pool von ökonomischen Interessen, die selektiv von einzelnen Personen in den Aufsichtsrat hineingetragen werden können, um anstehende Entscheidungen zu beeinflussen oder um das eigene Abstimmungsverhalten zu legitimieren.

Simmel hat gezeigt, dass sich die Beziehung zwischen zwei Personen (Dyade) verändert, wenn eine dritte hinzutritt. Wenn es innerhalb der Dyade Streit gibt, kann der *Tertius* zwei verschiedene Rollen spielen: Er kann zum Schiedsrichter und Vermittler werden und versuchen, einen Kompromiss auszuhandeln. Auf diese Weise sichert er den Bestand der Gruppe und ihre interne Kohäsion. Der Dritte kann den Konflikt aber auch opportunistisch zu seinen Gunsten ausbeuten: *Duobus litigantibus tertius gaudet.*[37]

1928 saßen insgesamt 65 Personen im Vorstand/Aufsichtsrat der Gelsenkirchner Bergwerks AG, die zusammen eine Beziehung zu 156 anderen Unternehmen hergestellt haben. Im Falle von Interessenkonflikten konnten sie die Rolle des Vermittlers oder des *tertius gaudens* übernehmen. Viele ökonomische Kreise „kreuzten" sich im Aufsichtsrat der Bergwerk AG und eröffneten für die Mitglieder unterschiedliche strategische Optionen.[38]

Allerdings ist folgende Einschränkung zu berücksichtigen: Die meisten Personen trafen sich auch in anderen Aufsichtsräten und standen wechselseitig unter Dauerbeobachtung. Die Rolle des *tertius gaudens* kann aber nur einmal gespielt werden; danach sind das Vertrauenskapital und die Reputation verspielt.[39] Im Netz der Wirtschaftselite werden aber wiederholte Spiele gespielt. Kooperation ist unter diesen Bedingungen auch für einen rationalen Egoisten eine rationale Strategie.

Es ist also plausibel anzunehmen, dass die meisten Mitglieder des Netzwerks häufiger die Rolle des Vermittlers und seltener die Rolle des *tertius gaudens* gespielt haben. Vor allem Personen, die zum Zentrum des Netzwerks gehörten, einer ständigen Gruppenkontrolle unterlagen und für viele Jahre im Netz präsent waren, ist diese Annahme sinnvoll. Dies bedeutet nicht, dass das Verhalten der Mitglieder und ihre spezifische Form der Interessenverfolgung aus der Perspektive einer *anderen* sozialen Klasse in irgendeinem Sinne „akzeptabel" gewesen wäre. Die Mitglieder des Elite-Netzwerks haben das „generalized interest of the capitalist class" vertreten.

Zwischen der Ebene der Unternehmen und den formalen Interessenverbänden gibt es nicht nur das Netzwerk, sondern auch zahlreiche Clubs und Vereinigungen, wie z.B. die Ruhrlade oder den Club von Berlin. Auch diese Vereinigungen sind „Treffpunkte" der Wirtschaftselite, die der Vorverhandlung und Konfliktschlichtung dienen können.[40] Der Unterschied zum hier analysierten Netzwerk sollte jedoch nicht übersehen werden. Das Netzwerk versammelt sich in den Aufsichtsräten in jeweils wechselnder Zusammensetzung. Der Aufsichtsrat (als Kollegium) trifft verbindliche Entscheidungen mit Rechtsfolgen. Dies

---

37 Simmel (1968): „der Unparteiische und der Vermittler" (S. 77ff.); der „Tertius gaudens" (S. 82ff.).
38 Zu diesen Personen gehörten u. a.: J. Flechtheim, F. Flick, J. Goldschmidt, L. Hagen, E. Kirdorf, R. Pferdmenges, K. Poensgen, A. Salomonsohn, P. Silverberg, J.H. Stein, F. Urbig, A. Vögler, H. Waldthausen
39 Zu dem von L. Katzenellenbogen ausgelösten Finanzskandal im „Netzwerk des Vertrauens" vgl. Fiedler (2000).
40 Zur Ruhrlade vgl. Luntowski (2000). Mitglieder des Berliner Club waren z.B. die Geheimen Kommerzienräte Bleichröder, Conrad, Hansemann, Gelpcke, Borsig und Mendelssohn; weiterhin Georg von Siemens (Deutsche Bank), Carl Friederich von Siemens, Dr. Werner von Siemens, Carl Bosch und Carl Duisberg (I.G. Farben), Adelbert Delbrück, usw.

unterscheidet ihn von einem informellen Diskussionszirkel, in dem Entscheidungen diskutiert und vorbereitet, aber nicht rechtsverbindlich entschieden werden können.

Die zwei Interpretationen, die für den *degree* eines Unternehmens gegeben wurden, können mit den Konzepten Homogenität und Heterogenität in Beziehung gesetzt werden. Durch Selektion und multiple Inklusion „homogenisiert" das Netzwerk seine Mitglieder in Bezug auf persönliche Merkmale, wie z.B. symbolisches Kapital (Adlige, Titular-Räte) oder schulisches Kapital (Professionalisierung). Ein durch Sozialisation und Bildung vermittelter Habitus und die damit hergestellte Homogenität der Gruppe ist die Basis für Vertrauen und Kompromissbereitschaft. In diesem Kontext kann dann die Heterogenität der Interessen, die sich auf Grund multipler Organ-Mitgliedschaften in den Aufsichtsräten kreuzen, durch Verhandlung reduziert und Konflikte können entscheidungsfähig gemacht werden.

Verstärkt wird dieses Argument durch die Tatsache, dass ein hoher Anteil des Führungspersonals der Interessenverbände aus dem Netzwerk der *big linker* rekrutiert wurde. Wir haben die Vorstands- und Präsidiumsmitglieder des Reichsverbandes der Deutschen Industrie (RDI) für den Zeitraum 1919-1933 in eine Datenbank aufgenommen.[41] Dies waren insgesamt 198 Vorstandsmitglieder, davon waren 60 Personen zugleich im Vorstand *und* im Präsidium. Die Ergebnisse sind im Anhang in Tabelle A4 aufgelistet: 47% der Vorstandsmitglieder waren auch Mitglied des Elite-Netzwerks. Sie hatten 1928 im Durchschnitt 3,9 Positionen. 14% der Vorstandsmitglieder waren jüdischer Abstammung. Bei den Präsidiumsmitgliedern wird die Beziehung zwischen Elite-Netzwerk und Interessenverband noch deutlicher: 66,7% waren Mitglied des Elite-Netzwerks; sie hatten 1928 im Durchschnitt 5,2 Positionen; 12,5% der Präsidiums-Mitglieder waren jüdischer Abstammung. Ein Vergleich mit Tabelle 2 zeigt weiterhin, dass die jüdischen Mitglieder im Interessenverband deutlich unterrepräsentiert waren (im Vergleich zu ihrer Position im Elite-Netzwerk). Jüdische Unternehmer und Manager wurden also in Aufsichtsräte rekrutiert. Die Führungspositionen des RDI waren jedoch eher politische Positionen und damit wurde die Integrations-Grenze für jüdische Unternehmer erreicht.

9. Zusammenfassung

In die hier untersuchte Periode fällt der Übergang vom Familien- zum Managerkapitalismus. Die Autoritäts- und Führungsstrukturen der Großunternehmen entkoppeln sich vom Familienverband und erhalten mit der Bürokratie und der Professionalisierung des Führungspersonals eine eigene Legitimationsgrundlage. An die Stelle der Familienbeziehungen tritt die durch Aufsichtsräte vermittelte Beziehung zwischen professionellen Managern.

Das Netzwerk zwischen Organisationen, das hier untersucht wurde, entsteht durch multiple Inklusion in die Vorstände und Aufsichtsräte der Großunternehmen. Es wurde mit einem *invisible college* verglichen, das vielen Zwecken dient. Im Netzwerk werden Konflikte internalisiert, es können Interessen gefiltert, aggregiert und an die Interessenverbände kommuniziert werden – deren Führungspersonal überwiegend aus dem Netzwerk rekrutiert wurde. Das Netzwerk ist ein Instrument des kooperativen Kapitalismus, das die Regulierung der Konkurrenz erleichtert und eine relativ stabile Form sozialer „Einbettung" für ökonomische Transaktionen bereitstellt.

---

41 Quellen: Grübler (1982: 475-483); Wolff-Rohé (2001: 437-454).

Die Selektionskriterien – die die Inklusion/Exklusion der Personen steuern – lassen eine Rangordnung symbolischer und kultureller Güter erkennen, die in einer Gesellschaft von Bedeutung sind. Bis zum Ersten Weltkrieg hat der Adelstitel und der Titel eines Geheimen Kommerzienrats eine zentrale Bedeutung für die Inklusion. In diesen Kriterien wird die Nähe der Wirtschaftselite zum politischen Machtapparat des Kaiserreichs sichtbar.

Nach dem 1. Weltkrieg verändern sich die Kriterien. Die Professionalisierung – soweit sie durch formale Bildungsabschlüsse gemessen werden kann – gewinnt an Bedeutung. Die charismatischen Unternehmer der Gründerzeit (Krupp, Borsig, Thyssen) machen professionellen Managern Platz. Es sind Juristen (vor allem in den Banken), Diplom-Ingenieure und Chemiker, die in die Vorstände und Aufsichtsräte der Großunternehmen gewählt/kooptiert werden. Das *invisible college* dient auch dem Informationsaustausch über technologische Innovationen, Patentanmeldungen und Produktinnovationen.

Die jüdischen Mitglieder hatten bis zum Ende der 1920er Jahre einen zentralen Platz im Netzwerk. Ihr Anteil war deutlich höher als es dem durchschnittlichen Anteil an der Bevölkerung entsprochen hätte. Damit stellte sich die Frage, über welche komparativen Vorteile eine ethnische Minderheit verfügte, die während der Untersuchungsperiode diskriminiert wurde, gleichzeitig aber ca. ein Viertel der Mitglieder im Zentrum des Elite-Netzwerks stellte. Es wurde gezeigt, dass wir diesen Erfolg nicht auf das höhere (formale) Bildungsniveau der jüdischen Mitglieder zurückführen können. Auch die Behauptung, jüdische Mitglieder seien überwiegend im Finanzsektor tätig gewesen und deshalb im Zentrum des Netzwerks präsent, ist keine hinreichende Erklärung. Schließlich wurde die Erklärung zurückgewiesen, dass jüdische Mitglieder – im Vergleich zu ihren nicht-jüdischen Peers – besondere Netzwerk-Virtuosen gewesen wären (Endogamie). Auch diese Erklärung trifft nicht zu. Jüdische wie nicht-jüdische Mitglieder haben dichte Kontakt-Netzwerke im System des kooperativen Kapitalismus aufgebaut. Beide Gruppen waren ein integraler Bestandteil der *Deutschland AG*. Es war nicht möglich, ein separates jüdisches Netzwerk zu identifizieren.

Damit wird deutlich, dass dieser Aufsatz keine überzeugende Erklärung für die Überrepräsentation jüdischer Mitglieder im Netzwerk liefern konnte. Es wurde aber gezeigt, dass die in der Literatur angebotenen Erklärungen (Bildung, Bankier, Endogamie) die Überrepräsentation *nicht* erklären können.

Anhang

Tabelle A1: Ausschnitt aus dem Verflechtungszentrum 1914

	Name	1	2	3	4	5	6	7	8	9	10	11	12	13	14	15	16	17	18	19	20
1	E.Gutmann		3	6	6	4	3	2	5	5	2	4	3	2	3	1	1	1	2	1	2
2	W.Rathenau	3		4	4	4	5	8	4	2	3	2	1	2	1	2	4	5	3	2	3
3	J.Stern	6	4		5	5	5	3	4	4		3	1	1	1	1	2	2	2	2	2
4	O.Oliven	6	4	5		5	2	3	5	5	3	3	1	2	3	1	2	1	5	1	3
5	M.Klitzing	4	4	5	5		3	3	5	3	5	4	2	2		2	2	1	3	2	3
6	C.Fürstenberg	3	5	5	2	3		8	2	3	1	1	1	3	2	3	3	4	1	3	1
7	E.Rathenau	2	8	3	3	3	8		3	2	2	1	1	2	1	2	4	3	2	2	2
8	A.Blaschke	5	4	4	5	5	2	3		3	1	3	1	3		2	2	1	3	1	3
9	E.Arnhold	5	2	4	5	3	3	2	3		1	2	1	1	3	1	1	1	1	2	1
10	W.Müller	2	3		3	5	1	2	1	1		2	2	1	4	2	1	1	1	1	1
11	D.J.Hoeter	4	2	3	3	4	1	1	3	2	2		2	2	1	1			1	1	1
12	H.Fischer	3	1	1	1	2	1	1	1	1	2	2		2	1	1	1	1	1	2	1
13	A.Salomonsohn	2	2	1	2	2	3	2	3	1	1	2	2			3	2	1	2	1	2
14	L.Hagen	3	1	1	3		2	1		3	4	1	1			1		1		2	
15	S.A.Oppenheim	1	2	1	1	2	3	2	2	1	2	1	1	3	1		1	2	1	1	1
16	H.Landau	1	4	2	2	2	3	4	2	1	1		1	2		1		3	2	2	2
17	F.Deutsch	1	5	2	1	1	4	3	1	1	1		1	1	1	2	3		1	2	1
18	J.Hamspohn	2	3	2	5	3	1	2	3	1	1	1	1	2		1	2	1		1	3
19	M.Kempner	1	2	2	1	2	3	2	1	2	1	1	2	1	2	1	2	2	1		1
20	D.Heinemann	2	3	2	3	3	1	2	3	1	1	1	1	2		1	2	1	3	1	

Die Matrix enthält 20 Personen, die 1914 zum Core B gehören und die untereinander am stärksten verflochten sind. Zahlen in den Zellen geben die Anzahl der Aufsichtsräte in verschiedenen Unternehmen, in denen sich die Personen jeweils treffen. Unterstreichung: nicht-jüdische Mitglieder des Netzwerks. Beispiel: E. Gutmann und J. Stern treffen sich in 6 verschiedenen Aufsichtsräten. Die Matrix ist symmetrisch, d.h. oberhalb und unterhalb der Diagonalen stehen dieselben Zahlen.

Tabelle A2:   Ausschnitt aus dem Verflechtungszentrum 1938

	Name	1	2	3	4	5	6	7	8	9	10	11	12	13	14	15	16	17	18	19	20
1	A. Vögler		6	11	4	10	6	3	3	5	6	7	5	7	2	1	6	2	1	4	2
2	K. Kimmich	6		2	4	2	3	4	6	6	5	2	6	2	1	4	4	3	2	2	0
3	F.Thyssen	11	2		2	8	5	2	2	2	5	5	1	6	2	1	1	2	1	4	0
4	F. Flick	4	4	2		3	4	5	5	4	2	3	3	1	3	3	1	2	3	1	1
5	E.Poensgen	10	2	8	3		5	3	1	2	5	4	1	6	2	2	0	1	1	4	1
6	G. Kneppe	6	3	5	4	5		2	1	1	5	3	2	5	1	1	1	1	1	2	1
7	J.H.Stein	3	4	2	5	3	2		2	3	2	3	2	1	3	3	0	2	2	1	1
8	C. Goetz	3	6	2	5	1	1	2		3	1	1	3	1	3	4	1	2	3	1	1
9	R. Pferdmenges	5	6	2	4	2	1	3	3		1	2	6	1	2	2	3	1	1	1	0
10	H. Flotow	6	5	5	2	5	5	2	1	1		4	2	4	0	2	1	2	1	3	0
11	O. Sempell	7	2	5	3	4	3	3	1	2	4		2	3	1	1	2	2	1	2	0
12	W. Carp	5	6	1	3	1	2	2	3	6	2	2		1	0	3	3	2	1	1	0
13	C. Rabes	7	2	6	1	6	5	1	1	1	4	3	1		0	1	0	1	1	4	0
14	M. Mosler	2	1	2	3	2	1	3	3	2	0	1	0	0		2	1	4	4	0	2
15	O.Wolff	1	4	1	3	2	1	3	4	2	2	1	3	1	2		1	2	2	1	1
16	O. Schlitter	6	4	1	1	0	1	0	1	3	1	2	3	0	1	1		1	1	0	1
17	J.J. Hasslacher	2	3	2	2	1	1	2	2	1	2	2	2	1	4	2	1		4	2	0
18	H. Schmitz	1	2	1	3	1	1	2	3	1	1	1	1	1	4	2	1	4		1	1
19	H. Wenzel	4	2	4	1	4	2	1	1	1	3	2	1	4	0	1	0	2	1		0
20	A.Olscher	2	0	0	1	1	1	1	1	0	0	0	0	0	2	1	1	0	1	0	

Die Matrix enthält 20 Personen, die 1938 zum Core B gehören und die untereinander am stärksten verflochten sind. Die Matrix enthält keine jüdischen Mitglieder. Die Matrix ist symmetrisch.

Tabelle A3: Logistische Regressionen

Abhängige Variablen	1914		1928		1938	
	Modell 1	Modell 2	Modell 1	Modell 2	Modell 1	Modell 2
Jüd.Abst.	$0{,}56^2$	$0{,}61^2$	$0{,}93^3$	$1{,}14^3$	$-1{,}75^3$	$-1{,}73^3$
Adel	$0{,}85^3$	$0{,}83^3$	0,27	0,28	(-0,16)	(-0,16)
KommerzR.	$0{,}46^2$	$0{,}48^2$	0,22	$0{,}23^1$	$0{,}29^1$	$0{,}28^1$
Akadem.	(0,17)	0,27	$0{,}70^3$	$0{,}82^3$	$0{,}43^2$	$0{,}35^2$
Bankier	$0{,}94^3$	$0{,}79^3$	$0{,}46^2$	$0{,}32^1$	$0{,}58^2$	(0,22)
Positionen	$0{,}82^3$	$0{,}82^3$	$0{,}43^3$	$0{,}43^3$	$0{,}31^3$	$0{,}31^3$
Jüd.xAkad	*	(-0,48)	*	$-0{,}65^1$	*	*
Jüd.xBank	*	(0,53)	*	$0{,}79^1$	*	*
Akad.xBank	*	*	*	*	*	$0{,}72^1$
Nagel R^2	0,17	0,17	0,16	0,17	0,16	0,16
N	1262		1922		1687	
Core A	251		398		350	

Abhängige Variable: Core A. Die abhängige Variable ist dichotom. 1: Person ist Mitglied des Core. 0: Person ist nicht Mitglied des Core.

Signifikanz-Niveau: ^{3}: $\alpha \leq 0{,}000$; ^{2}: $\alpha \leq 0{,}01$; ^{1}: $\alpha \leq 0{,}10$. Koeffizienten, die in Klammern gesetzt wurden, haben einen Standard-Fehler, der gleich groß oder größer ist als der Koeffizient selbst.

Nagel R^2 = Nagelkerke R^2 ist ein Maß für die Stärke der Beziehung zwischen den unabhängigen und der abhängigen Variablen. Es variiert zwischen 0 und 1 (vgl. dazu Nagelkerke 1991).

Core A: Anzahl der Personen, die zum Core A gehören. *N:* Umfang der Stichprobe.

Variable „Positionen": Für 1914 wurde für jede Person die Anzahl der Positionen kodiert, die diese Person 1896 im Netz der Großunternehmen hatte. Für 1928 wurde die Anzahl der Positionen kodiert, die die Person 1914 hatte, usw. Die Variable ist jeweils hoch signifikant. An dieser Variable werden die „Erträge" des sozialen Kapitals sichtbar: Eine Person, die bereits in der Vorperiode relativ viele Positionen hatte, gehört mehr als ein Jahrzehnt später (immer noch) zum Zentrum des Netzwerks.

Modell 1: Haupteffekte der Variablen.

Modell 2: Einfluss der Interaktions-Variablen. Für 1938 wurden keine Interaktions-Variablen mit dem Merkmal „jüdische Abstammung" gebildet, weil die Anzahl dieser Personen zu gering war.

Die Koeffizienten in der Tabelle sind „logits": Signifikante positive Koeffizienten bedeuten, dass eine Person mit diesem Merkmal eine höhere Wahrscheinlichkeit hat, Mitglied des Core A zu sein – im Vergleich zu einer Person, die dieses Merkmal nicht hat. Für 1914 beträgt der logit-Koeffizient für die Variable „jüdische Abstammung" 0,56; der Standard-Fehler beträgt 0,19; $\alpha \leq 0{,}03$. Für 1928 beträgt der Koeffizient für die Interaktions-Variable „Jüd. Abst. x Akad." -0,65; der Standardfehler beträgt 0,31; $\alpha \leq 0{,}037$. Dies bedeutet, dass Personen jüdischer Abstammung mit einem akademischen Bildungsabschluss 1928 eine signifikant geringere Chance hatten, Mitglied des Core A zu sein im Vergleich zu Personen, die diese Merkmals-Kombination nicht hatten. Bemerkenswert ist, dass sich der logit-Koeffizient für die Variable „jüdische Abstammung" erhöht, wenn die beiden Interaktions-Variablen eingeführt werden. 1914 erhöht er sich von 0,56 auf 0,61, 1928 von 0,93 auf 1,14. Auch dies ist ein Hinweis darauf, dass die Variable „jüdische Abstammung" nicht auf die Merkmale „Bildung" oder „Bankier" zurückgeführt werden kann.

Die Logit-Koeffizienten in Tabelle A3 können durch eine einfache Transformation in odds-ratios umgewandelt werden. 1914 beträgt der *logit*-Koeffizient für die Variable „Bankier" 0,94. Exp(0,94) = 2,55 (odds ratio).

Tabelle A4: Vorstand und Präsidium Reichsverband der Deutschen Industrie (1919-33)

	Vorstand	Präsidium
Alle (N)	198	60
Big Linker (%)	47,0	66,7
Ø Pos (1928)	3,9	5,2
Jüd. Mitgl. (%)	14,0	12,5

Beispiel: 47% der Personen, die zwischen 1919 und 1933 Mitglieder des Vorstands des RDI waren, gehörten auch zum Core A unseres Netzwerks (big linker). Für Mitglieder des Präsidiums erhöht sich dieser Anteil auf 66,7%. Ø Pos (1928): Durchschnittliche Anzahl der Positionen, die die Vorstands-/Präsidiumsmitglieder im Netz hielten.

Literatur

Augustine, Dolores, 1991: Die wilhelminische Wirtschaftselite: Sozialverhalten, soziales Selbstbewußtsein und Familie, 2 Bände. Berlin: Freie Universität Berlin (Dissertation).
Beckert, Sven, 2001: The monied metropolis: New York City and the consolidation of the American bourgeoisie, 1850–1896. New York: Cambridge University Press.
Bergeron, Louis, 1991: Les Rothschild et les autres. Paris: Parrin.
Berghoff, Hartmut, 1991: Englische Unternehmer 1870-1914. Göttingen: Vandenhoeck & Ruprecht.
Berghoff, Hartmut, 1994: Aristokratisierung des Bürgertums? Vierteljahresschrift für Sozial- und Wirtschaftsgeschichte 81: S. 178-204.
Bernstein, Lisa, 1992: Opting out of the legal system: Extralegal contractual relations in the diamond industry. Journal of Legal Studies 21: S. 115-157.
Biggeleben, Christof, 2006: Das ‚Bollwerk des Bürgertums': Die Berliner Kaufmannschaft 1870-1920. München: Beck.
Bonacich, Phillip, 1987: Power and centrality: A family of measures. American Journal of Sociology 92: S. 1170-82.
Botticini, Maristella und Zvi Eckstein, 2005: Jewish occupational selection: Education, restrictions, or minorities? Journal of Economic History 65: S. 922-948.
Burt, Ronald, 1999: Entrepreneurs, distrust and third parties: A strategic look at the dark side of dense networks. S. 213-244 in: Levine, John et al. (Hg.): Cognition in organizations. London: Erlbaum Publishers.
Cohen, Naomi, 1999: Jacob H. Schiff. Hanover: Brandeis University Press.
Crozier, Michel, 1963: Le phénomène bureaucratique. Paris: Seuil.
Durkheim, Emile, 1984: Die Regeln der soziologischen Methode. Frankfurt: Suhrkamp.
Fiedler, Martin, 2000: Netzwerke des Vertrauens. S. 93-115 in: Ziegler, Dieter (Hg.): Großbürger und Unternehmer. Göttingen: Vandenhoeck & Ruprecht.
Fiedler, Martin und Bernhard Lorentz, 2003: Kontinuitäten in den Netzwerkbeziehungen der deutschen Wirtschaftselite zwischen Weltwirtschaftskrise und 1950. S. 51-74 in: Berghahn, Volker et al. (Hg.): Die deutsche Wirtschaftselite im 20. Jahrhundert. Essen: Klartext.
Gehlen, Boris, 2007: Paul Silverberg (1876 – 1959): Ein Unternehmer. Stuttgart: F. Steiner.
Gillespie, Richard, 1991: Manufacturing knowledge: A history of the Hawthorne experiments. Cambridge: Cambridge University Press.
Granovetter, Mark 1973: The strength of weak ties. American Journal of Sociology 78: S. 1360-80.
Granovetter, Mark, 1985: Economic action and social structure: The problem of embeddedness. American Journal of Sociology 91: S. 481-510.
Grübler, Michael 1982: Die Spitzenverbände der Wirtschaft und das erste Kabinett Brüning. Düsseldorf: Droste.
Hilferding, Rudolf, [1910]1955: Das Finanzkapital. Berlin: Dietz.

Hommelhoff, Peter, 1985: Eigenkontrolle statt Staatskontrolle. S. 53-105 in: Schubert, Werner und Peter Hommelhoff (Hg.): Hundert Jahre modernes Aktienrecht. Berlin: de Gruyter.
Kaelble, Hartmut, 1967: Industrielle Interessenpolitik in der Wilhelminischen Gesellschaft: Centralverband Deutscher Industrieller 1895-1914. Berlin: de Gruyter.
Kaelble, Hartmut, 1985: Wie feudal waren die deutschen Unternehmer im Kaiserreich? S. 148-171 in: Tilly, Richard (Hg.): Beiträge zur quantitativen vergleichenden Unternehmensgeschichte. Stuttgart: Klett-Kotta.
Kaudelka-Hanisch, Karin, 1993: Preußische Kommerzienräte in der Provinz Westfalen und im Regierungsbezirk Düsseldorf 1810-1918. Dortmund: Gesellschaft für Westfälische Wirtschaftsgeschichte.
Köhler, Ingo, 2000: Wirtschaftsbürger und Unternehmer: Zum Heiratsverhalten deutscher Privatbankiers im Übergang zum 20. Jahrhundert. S. 116-143 in: Ziegler, Dieter (Hg.): Großbürger und Unternehmer. Göttingen: Vandenhoeck & Ruprecht.
Laidler, Harry, 1931: Concentration of control in American industry. New York: Crowell Publ.
Lévi-Strauss, Claude, [1947]1967: Les structures élémentaires de la parenté. Berlin: Mouton de Gruyter.
Luhmann, Niklas, 1995: Inklusion und Exklusion. S. 237-264 in: ders.: Soziologische Aufklärung, Bd. 6. Opladen: Westdeutscher Verlag.
Luntowski, Gustav, 2000: Hitler und die Herren an der Ruhr. Frankfurt: Lang.
Macaulay, Stewart, 1963: Non-contractual relations in business. American Sociological Review 28: S. 55-69.
McPherson, Miller et al., 2001: Birds of a feather: Homophily in social networks. Annual Review of Sociology 27: S. 415-444.
Mosse, Werner E., 1989: The German-Jewish economic élite. Oxford: Clarendon Press.
Münzel, Martin, 2006: Die jüdischen Mitglieder der deutschen Wirtschaftselite 1927-1955. Paderborn: Schöningh.
Nagelkerke, Nico, 1991: A note on a general definition of the coefficient of determination. Biometrika 78: S. 691-92.
Offe, Claus und Helmut Wiesenthal, 1980: Two logics of collective action. Political Power and Social Theory 1: S. 67-115.
O'Rourke, Kevin und Jeffrey Williamson, 2000: When did globalization begin? Washington: NBER Working Paper No. W7632.
O'Rourke, Kevin und Jeffrey Williamson, 2001: Globalization and history. Cambridge: MIT-Press.
Rathenau, Walther, 1897: Höre Israel! Die Zukunft 5: S. 454-462 (verfügbar: http://germanhistorydocs.ghi-dc.org/sub_document.cfm?document_id=717&language =german)
Schubert, Werner und Peter Hommelhoff, 1987: Die Aktienrechtsreform am Ende der Weimarer Republik. Berlin: de Gruyter.
Scott, John, 1991: Social network analysis. London: Sage.
Simmel, Georg, 1968 [1908]: Soziologie: Untersuchungen über die Formen der Vergesellschaftung. Berlin: Duncker & Humblot.
Solla Price, Derek de, 1963: Little science, big science. New York: Columbia University Press.
Sombart, Werner, 1920: Die Juden und das Wirtschaftsleben. München: Duncker & Humblot.
Streeck, Wolfgang, 1991: Interest heterogeneity and organizing capacity: Two logics of collective action? S. 161-198 in: Czada, Roland und Adrienne Windhoff-Héritier (Hg.): Political choice, institutions, rules, and the limits of rationality. Frankfurt: Campus.
Supple, Barry, 1957: A business elite: German-Jewish financiers in nineteenth-century New York. Business History Review 31: S. 143-178.
Ullmann, Hans-Peter, 1976: Der Bund der Industriellen. Göttingen: Vandenhoeck & Ruprecht.
Useem, Michael, 1978: The inner group of the American capitalist class. Social Problems 25: S. 225-240.
Wellhöner, Volker, 1989: Großbanken und Großindustrie im Kaiserreich. Göttingen: Vandenhoeck & Ruprecht.
Windolf, Paul, 2006: Unternehmensverflechtungen im organisierten Kapitalismus. Zeitschrift für Unternehmensgeschichte 51: S. 191-222.
Windolf, Paul, 2007: Die ungleiche Verteilung des Sozialkapitals. Jahrbuch für Wirtschaftsgeschichte, Heft 2: S. 197-228.
Wixforth, Harald, 1995: Banken und Schwerindustrie in der Weimarer Republik. Köln: Böhlau.
Wolff-Rohé, Stephanie, 2001: Der Reichsverband der Deutschen Industrie 1919-1924/25. Frankfurt: Lang.
Ziegler, Dieter, 1998: Die Aufsichtsräte der deutschen Aktiengesellschaften in den zwanziger Jahren. Zeitschrift für Unternehmensgeschichte 43: S. 194-215.
Ziegler, Dieter, 2000: Kontinuität und Diskontinuität der deutschen Wirtschaftselite 1900 bis 1938. S. 31-53 in: ders. (Hg): Großbürger und Unternehmer. Göttingen: Vandenhoeck & Ruprecht.

Globalisierung und Entgrenzung – Die Auflösung der ‚Deutschland AG'

Jürgen Beyer

1. Einleitung

Kleinanleger waren in Deutschland in der Vergangenheit aufgrund eines geringen rechtlichen Aktionärsschutzes nur sehr selten mehrheitlich im Eigentümerkreis von Unternehmen vertreten, weshalb die Kontrolle der Praxis der Unternehmensführung in einem engmaschigen Netzwerk der Unternehmensverflechtung vor allem von Finanzunternehmen und Großaktionären übernommen wurde. Die Verflechtungsbeziehungen gehörten zu den bemerkenswertesten Charakteristiken der deutschen Unternehmenslandschaft, sodass sich für diese auch die Bezeichnung „Deutschland AG" etablierte. Infolge ihrer vergleichsweise hohen Beteiligungen hatten die Eigentümer im Netzwerk der Deutschland AG ausgeprägte Interessen an einer *aktiven* Kontrolle und bedurften deshalb keines umfassenden gesetzgeberischen Schutzes.[1] Ihre Kontrollambitionen konzentrierten sich zudem nicht – wie im angloamerikanischen Verständnis von Corporate Governance – auf die Einschränkung möglichen opportunistischen Verhaltens der angestellten Manager, sondern sie zielten auf eine weitergehende Reduzierung der Unsicherheit der Unternehmen. Unwillkommene Übernahmen aus dem Ausland ließen sich im Netzwerk der Deutschland AG in abgestimmter Weise abwehren, Unternehmenskrisen konnten gemeinschaftlich aufgefangen und strukturelle Schieflagen ganzer Wirtschaftszweige mittels von Banken gesteuerter Restrukturierung beseitigt werden. Das enge Beziehungsnetzwerk zwischen den größten Unternehmen unterstützte darüber hinaus die Begrenzung der Konkurrenz zwischen inländischen Wettbewerbern.[2]

Im letzten Jahrzehnt hat sich das vormals so charakteristische Netzwerk der Unternehmensverflechtung weitgehend aufgelöst. Zur Veranschaulichung zeigt Abbildung 1 die Kapitalverflechtungen, die im Jahr 1996 zwischen den hundert größten deutschen Unternehmen bestanden haben. Der Kontrast zu dem in Abbildung 2 dargestellten Verflechtungsbeziehungen des Jahres 2005 belegt, dass das ehemals dicht verflochtene Netzwerk, in das viele der größten Unternehmen eingebunden waren, zu einer losen Struktur weniger, kaum mehr verschränkter Verflechtungsbeziehungen zerfallen ist (Abbildung 2).[3] Mit dem

---

1   Vgl. Kotz 1979; La Porta et al. 1997; Shleifer/Vishny 1986.
2   Die Vorstellung, wonach unterschiedliche Firmen mit dem gleichen Produkt untereinander in Konkurrenz treten sollten, bezeichnete zum Beispiel der in den sechziger Jahren amtierende, frühere Vorstandsvorsitzende der Bayer AG Kurt Hansen explizit als „unökonomisch", vgl. Abromeit 1990, S.63.
3   Das Versicherungsunternehmen Allianz erscheint als einzig verbliebener „Hauptknotenpunkt" des Netzwerkes. Doch auch dieses Unternehmen hat in diesem Zeitraum viele Beteiligungen drastisch reduziert und sich von anderen gänzlich getrennt. Als Versicherungsunternehmen mit Deckungsstock trennt sich die Allianz nicht abrupt, wie andere Unternehmen, sondern sukzessive von der Rolle eines langfristig orientierten Finanzinvestors, vgl. Jung/Kunowski 2007.

Abschied von der Deutschland AG löste sich das frühere, national begrenzte System der Corporate Governance auf. Die deutschen Großunternehmen sind nun stattdessen in die Kontrollstrukturen eines globalen „Finanzmarktkapitalismus"[4] eingebunden. Der Beitrag veranschaulicht, was an die Stelle des einstigen Kontrollsystems getreten ist (Teil 1). Danach werden die Implikationen der Entwicklung diskutiert, wobei insbesondere auf die neue Definitionsmacht der Finanzmarktakteure, die Teilhabe an globalen Risiken, die Vermarktlichung der Unternehmenskontrolle, die Entstehung neuer sozialer Ungleichheiten und die Neudefinition der sozialen Verantwortung von Unternehmen eingegangen wird (Teil 2). Der abschließende Schlussteil (Teil 3) setzt sich mit der Frage auseinander, ob der Finanzmarktkapitalismus die noch immer gegebene Vielfalt der nationalen marktwirtschaftlichen Systeme letztlich beseitigen wird.

2. Finanzmarktkapitalismus als neuer Orientierungsrahmen

Wie in einer umfangreichen Debatte zu den verschiedenen Spielarten des Kapitalismus belegt wurde, kann die institutionelle Einbettung von Marktwirtschaften in erheblicher Weise variieren.[5] Die Entwicklung der verschiedenen marktwirtschaftlichen Systeme ist allerdings mehr oder minder eng miteinander verkoppelt. Einige Entwicklungen nehmen ungeachtet der unterschiedlichen nationalen Ausgangssituationen das Ausmaß von globalen Phänomenen an.[6] Verantwortlich für die Auflösung des netzwerkbasierten Systems der deutschen Unternehmenskontrolle ist eine ebensolche systemübergreifende Entwicklung, nämlich die Verbreitung finanzmarktorientierter Vorstellungen der Unternehmensführung und -kontrolle. Aufgrund der globalen Bedeutung dieser Entwicklung spricht man auch vom neuen Regime des Finanzmarktkapitalismus.

---

4 Windolf 2005.
5 Einen Überblick geben: Jackson/Deeg 2006.
6 Eine übergreifende Entwicklung war beispielsweise die Einführung einer auf Arbeitsteilung und Technisierung beruhenden, tayloristisch-fordistischen Produktionsweise, die dann in der Folgezeit wieder zur Grundlage von institutionellen Differenzen (z.B. japanisches Lean-Production-System) und erneuten Verbreitungsschüben wurde.

Globalisierung und Entgrenzung 305

Abbildung 1: Kapitalverflechtungen in Deutschland 1996

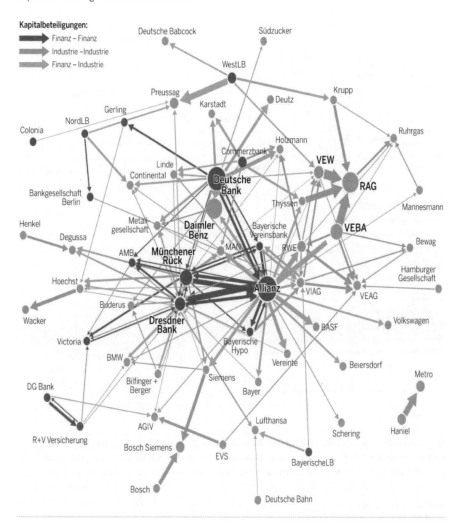

Quelle: Handelsblatt.

Abbildung 2: Kapitalverflechtungen in Deutschland 2005

Quelle: Handelsblatt.

Der Ausgangspunkt des Verbreitungsprozesses des Finanzmarktkapitalismus war der nordamerikanische Raum. Als Reaktion auf eine ökonomische Krise und die wachsende Konkurrenz asiatischer Unternehmen kam es dort in den achtziger Jahren zu einer finanzmarktorientierten Änderung der Kontrollvorstellungen.[7] Die wirtschaftliche Schwäche ließ sich mit Hilfe der zu jener Zeit noch neuartigen finanzwissenschaftlichen Prinzipal-Agenten-Theorie deuten, die zugleich eine neue Handlungsorientierung anbot.[8] Es setzte sich ein Verständnis der Unternehmenskontrolle durch, bei dem das Verhältnis zwischen den Aktionären eines Unternehmens und dem Management im Vordergrund steht. Andere Interessen am Unternehmen als jene der Eigentümer wurden fortan als nachrangig bewertet. Zur

---

7   Vgl. Fligstein 2001; Zorn et al. 2005.
8   Vgl. Fama 1980; Jensen/Meckling 1976.

Minderung oder gar Beseitigung des Kontrollproblems der Aktionäre wird, dieser Konzeption zufolge, auf die den Unternehmen beim Börsengang auferlegte Verpflichtung zur Transparenz sowie auf die disziplinierende Kraft des Kapitalmarktes vertraut. Die Aktienkursentwicklung wird unter der Annahme, dass sich darin alle öffentlich erhältlichen Informationen über das aktuelle und zukünftige Ertragspotenzial eines Unternehmens widerspiegeln, als geeigneter Indikator der Leistung des Managements aufgefasst. Daher wird eine enge Kopplung zwischen diesem Indikator und der Unternehmensfinanzierung, der Eigenständigkeit des Unternehmens und der Entlohnung der Führungskräfte angestrebt. Die Praktiken der amerikanischen Unternehmen haben sich diesem Verständnis von Unternehmenskontrolle angepasst. Die externe Kapitalbeschaffung mittels Anleihen entspricht der Erwartung, dass Unternehmen Finanzmittel nur zu erhöhten Kapitalkosten zur Verfügung gestellt werden, wenn diese am Aktienmarkt wenig erfolgreich sind. Die zuweilen „feindlichen" Übernahmeaktivitäten auf dem Markt für Unternehmenskontrolle werden als legitimer Wettbewerb zwischen verschiedenen Managementteams um das Recht angesehen, die Ressourcen einer Unternehmung zu kontrollieren. Mit erfolgsabhängigen Aktienoptionen als wichtigem Einkommensbestandteil der Manager trachten die Unternehmen schließlich danach zu signalisieren, dass die Interessen von Eigentümern und Management in hohem Maße übereinstimmen.[9]

In Deutschland setzt sich diese Kontrollvorstellung zeitverzögert erst in den neunziger Jahren durch.[10] Wie im amerikanischen Fall war eine ökonomische Krise der Anlass für die Infragestellung der etablierten Praktiken der Unternehmenskontrolle. Die Rede von der *deutschen Krankheit* machte nun die Runde,[11] was die Unternehmensverflechtungen unter Rechtfertigungsdruck setzte. Sie wurden jetzt mit Bankenmacht, mangelnder Transparenz und nicht marktkonformem Verhalten gleichgesetzt und nicht mehr als Nebenaspekt einer erfolgreichen sozialen Marktwirtschaft toleriert. Wie im amerikanischen Kontext fungierten Investmentbanker und Manager aus den Finanzabteilungen von Unternehmen als Vorreiter der Entwicklung. Es war insbesondere ihr stetig steigender Einfluss in den Unternehmen, der die Verbreitung und Durchsetzung der neuen finanzmarktorientierten Vorstellungen wesentlich vorantrieb.[12] Der bereits in Gang befindliche Auflösungsprozess der Deutschland AG wurde ab Mitte der neunziger Jahre dann durch mehrere gesetzgeberische Maßnahmen (Finanzmarktförderungsgesetz 1994, KonTraG 1998, Steuerreform 2000/2001, Wertpapiererwerbs- und Übernahmegesetz 2002 usw.) zusätzlich befördert. Für die politischen Reformüberlegungen war von Bedeutung, dass die amerikanischen Wirtschaft ihre Krise überwinden konnte und zu einer neuen ökonomische Stärke gelangt war.

Gegen den Wandel formierte sich kein erheblicher Widerstand. Die Bevölkerung gewöhnte sich vergleichsweise rasch an Börsenkurse in den Nachrichten,[13] die Geldanlage in Investmentfonds und selbst an die zunächst ungewohnten feindlichen Unternehmensübernahmen. Die Interessenvertreter der Beschäftigten verhielten sich eher ambivalent, da sie

---

9 Vgl. Levmore 2001.
10 Vgl. Beyer/Höpner 2003; Streeck 2003.
11 Vgl. Schmidt 1999.
12 Vgl. Beyer 2006; Fiss/Zajac 2004.
13 Eine Börsenberichterstattung im deutschen Fernsehen gibt es erst seit 1989. Was zunächst als Programmpunkt des gemeinsamen Mittagsmagazins der öffentlichen Sender ARD und ZDF begann, hat sich bei diesen inzwischen zum festen Bestandteil der abendlichen Hauptnachrichtensendungen entwickelt. Der 1992 gegründete private Nachrichtensender N-TV berichtet durchgehend vom Börsengeschehen, wobei die aktuellen Kurse per Laufband stets im Bild eingeblendet sind.

die mit den neuen Kontrollvorstellungen einher gehende Entwicklung zu höherer Transparenz mehr begrüßten als fürchteten.[14] Der Wechsel in Richtung eines anderen Systems der Unternehmenskontrolle erschien weder als riskant, noch als kategorisch ablehnenswert. Vielmehr bildet sich in der Gesellschaft die adaptive Erwartung aus, dass die Wirtschaftsordnung den neuen Gegebenheiten einer internationalisierten Weltwirtschaft angepasst werden müsste.

3. Implikationen des Wandels

Die Implikationen der Abkehr von der Deutschland AG und der Hinwendung zum globalen Corporate-Governance-System des Finanzmarktkapitalismus sind wegen des fundamentalen Wechsels des Entwicklungspfades überaus vielfältig.[15] Im Folgenden werden fünf Tendenzen ins Zentrum der Überlegungen gerückt: (1) die neue Definitionsmacht der Finanzmarktakteure, (2) die Teilhabe an globalen Risiken, (3) die Vermarktlichung der Unternehmenskontrolle, (4) die Entstehung neuer sozialer Ungleichheiten und (5) die Neudefinition der sozialen Verantwortung von Unternehmen.

3.1 Die Definitionsmacht der Finanzmarktakteure

Zu den einflussreichsten Kernunternehmen der Deutschland AG gehörten in der Vergangenheit insbesondere Banken, die mit der zinsgünstigen Vergabe von langfristigen Unternehmenskrediten eine wichtige Schlüsselfunktion im deutschen Corporate-Governance-System ausübten. Die Verflechtungsbeziehungen der Banken, sei es über Anteilskapital oder über Mandatsträger, dienten ursprünglich vor allem der Reduzierung der Kreditvergaberisiken. Über Aufsichtsratsmandate konnten diese Informationen über den Zustand von Unternehmen gewinnen, die weit über die gesetzlich geforderte Publikationspflicht hinausreichten. Kapitalbeteiligungen und die Position des Aufsichtsratsvorsitzenden erhöhten die Chance, dass bei Krisensituationen direkt in die Unternehmensführung eingegriffen werden konnte. Der risikomindernde Vorteil der Verflechtung wurde zum Teil über vergleichsweise niedrige Zinsen und langfristige Verträge an die kreditnehmenden Unternehmen weitergereicht, so dass auf diese Weise anhaltende Beziehungen zu Großunternehmen aufgebaut wurden.[16]

Aufgrund der Beziehungen zu sehr vielen Unternehmen entwickelte sich aus dem Kreditsicherungsinteresse eine strategische Orientierung zu Gunsten der Koordinierung bzw. Regulierung von Konkurrenzverhältnissen.[17] Mittels ihrer vielfältigen Verflechtungsbeziehungen gelang es den Banken im auf dem Netzwerk beruhenden deutschen Corporate-Governance-System „eine spezifische Form ökonomischer Rationalität" durchzusetzen.[18] Sie waren nicht daran interessiert, dass ihre Schuldner riskante Strategien der Profiterhöhung verfolgten. Stattdessen war ihnen insbesondere die verlässliche Rückzahlungsfähigkeit der kreditnehmenden Unternehmen wichtig. Diese Kontrollorientierung bewirkte, dass

---

14 Vgl. Höpner/Jackson 2001.
15 Vgl. Beyer 2005 zur institutionellen Pfadabhängigkeit und zur dennoch möglichen fundamentalen Veränderung.
16 Vgl. Cable 1985.
17 Vgl. Windolf/Beyer 1995.
18 Vgl. Windolf 2005, S. 22.

die Strategien der Unternehmen eher an Umsatzmaximierung, denn an Profitmaximierung und eher auf den Erhalt des „organizational slack" als Risikopuffer,[19] denn auf die Ausschüttung hoher Aktionärsrenditen ausgerichtet waren.[20] Die von den Banken unterstütze Form der ökonomischen Rationalität wurde durch komplementäre Bilanzierungs- und Insolvenzregelungen zusätzlich gefördert.

Mit ihrem Rückzug aus der Deutschland AG haben die deutschen Großbanken ihre einstige unternehmensübergreifende Definitionsmacht bezüglich der Ziele der Unternehmensführung verloren. Sie haben die Koordinationschancen im Verflechtungsnetzwerk gegen die Aussicht auf höhere eigene Renditen eingetauscht. Eine kurze Zeit lang konnte man davon ausgehen, dass sich im Gegenzug die Attraktivität des Aktienbesitzes für Kleinaktionäre nachhaltig verbessert hätte. Ohne die in „Common law"-Ländern bestehende Möglichkeit zivilrechtlicher Sammelklagen – mit Aussicht auf zum Teil exorbitant hohe Entschädigungszahlungen – boten die verschiedenen neuen Gesetze zur Finanzmarktförderung allerdings keine hinreichende Absicherung gegen opportunistische Praktiken der Unternehmensführungen und andere andernorts ausgleichsfähige Marktrisiken.[21] Der Run auf die „Volksaktie" der Deutschen Telekom, der Börsenboom der 1990er Jahre und der Aufschwung des „Neuen Marktes" blieben somit ein kurzes Intermezzo der deutschen Wirtschaftsgeschichte. Die Kleinaktionäre konnten die entstandene Kontrolllücke nicht auffüllen und verließen nach häufig frustrierenden Erfahrungen wieder massenweise den Markt.[22]

So fiel die Definitionsmacht über die Ausrichtung der Unternehmensziele anderen Akteuren zu. An erster Stelle sind Investmentfonds als neue relevante Eigentümergruppe zu nennen. Diese stehen untereinander in Konkurrenz um höchstmögliche Renditen. Den Konkurrenzdruck übertragen die Investmentfonds auf die Unternehmen, an denen sie Anteile erworben haben und drängen die Unternehmensleitungen dementsprechend zur Erwirtschaftung möglichst hoher Erträge. Im Gegensatz zu den Eigentümerunternehmen der Deutschland AG besitzen Investmentfonds an jedem Unternehmen jeweils nur Anteile in der Höhe von zwei bis vier Prozent. Mit der Höhe des Unternehmensanteils sinkt die Chance von Eigentümern für ihren Besitz jederzeit einen Käufer zu finden. Beim Verkauf ihrer Anteile mussten die früheren Anteilseigner daher jeweils mit Kontrollabschlägen rechnen. Aufgrund ihrer geringeren Beteiligungen sind Investmentfonds diesbezüglich kaum beeinträchtigt. Sie können wie Kleinaktionäre stets die „Exit"-Option nutzen. Im Unterschied zu diesen lohnt sich für sie aber auch die Artikulation ihrer Interessen („Voice"), so dass sie bei deren Nichtberücksichtigung jeweils glaubhaft mit Abwanderung drohen können.[23] Hieraus ist den Investmentgesellschaften inzwischen in vielen Unternehmen ein nicht unbeträchtlicher Einfluss auf die Geschäftspolitik erwachsen. Verstärkt wird dieser dadurch, dass die verschiedenen Fonds im Prinzip häufig übereinstimmende Interessen bezüglich der Profitorientierung der Unternehmen haben und sie sich somit, wenn auch nicht unbedingt abgestimmt, so doch vielfach gemeinsam gegen unerwünschte Geschäftsstrategien wenden.

---

19 Vgl. Cyert/March 1963.
20 Vgl. Beyer/Hassel 2002; de Jong 1997.
21 Vgl. LaPorta et al. 2000.
22 Zwischen 1988 und 2000 hatte sich die Zahl der Aktionäre über 14 Jahren von 3.192.000 auf 6.211.000 fast verdoppelt. Seitdem haben sich die Aktionäre auf die heutige Anzahl von 4.240.000 verringert, vgl. DAI-Factbook 2007.
23 Vgl. Hirschman 1974; Windolf 2005.

Einige Private-Equity-Gesellschaften und aktivistische Hedge-Fonds[24] belassen es nicht bei der „Exit"-Drohung. In ihrer Strategiewahl sind diese Marktakteure weitgehend uneingeschränkt, so dass nicht immer völlig klar ist, welche Ziele sie im konkreten Fall verfolgen. Bei günstiger Zusammensetzung des Eigentümerkreises eines Anlageobjektes nutzen sie die Übernahmeanfälligkeit von Unternehmen aber zum Teil in aggressiver Weise zur Einflussnahme aus. In Einzelfällen kann ihre Macht so groß werden, dass eine mittel- bis langfristige strategische Planung durch das Management kaum mehr vorgenommen werden kann. Zuweilen fällt es auch schwer, die Praktiken dieser Finanzmarktakteure noch als Kontrollleistung wahrzunehmen, da diese sich mehr oder weniger unverholen Unternehmenswerte aneignen, ohne auf die Überlebensfähigkeit des attackierten Unternehmens Rücksicht zu nehmen.[25] Dies brachte ihnen auch einen Vergleich mit einer „Heuschreckenplage" ein.[26] Die Ansiedlung der Gesellschaften auf den Caymen Islands oder den Bahamas verschafft vielen Hedge- und Private-Equity-Fonds nicht nur steuerliche Vorteile, sondern es ermöglicht ihnen auch das Ausnutzen der dort bestehenden rechtlichen Freiräume.

Eine bedeutende Rolle im Hinblick auf die Beeinflussung der Unternehmensstrategien ist nach der Auflösung der Deutschland AG auch Ratingagenturen und Analysten zugefallen. Investoren erwarten von diesen klare Einschätzungen bezüglich der Risiken und Renditechancen einer Geldanlage. Ratingagenturen beurteilen Emittenten danach, mit welcher Wahrscheinlichkeit sie ihren Zins- und Tilgungsleistungen nachkommen können. Die Agenturen kontrollieren hierbei, ob Unternehmen Bilanzierungsvorschriften einhalten, Quartalszahlen pünktlich veröffentlichen und die Geschäftsstrategie transparent darstellen. Dadurch erleichtern sie institutionellen Anlegern das Exit- und Voice-Vorgehen.[27] Sie wirken auch maßgeblich an der Konstruktion von Kreditderivaten mit, indem sie im Auftrag von Investmentbanken Ratings für deren strukturierte Produkte vergeben. Die Risikobewertungen der Ratingagenturen sind somit eine wesentliche Entscheidungsgrundlage für globale Finanzmarkttransaktionen. Dies gilt auch für die Kauf- und Verkaufsempfehlungen von Analysten. Deren Bewertungen beruhen auf der Einschätzung von Ereignissen, die bestimmte Unternehmen beeinflussen könnten, auf verlautbarten ökonomischen Kerndaten der Unternehmen, auf dem Kursverlauf der Vergangenheit und auf der Beurteilung der Geschäftspolitik von Unternehmen. Im Fluss eines kontinuierlichen Stroms von Informationen bilden die Analysten Erwartungen bezüglich des Verhaltens von Aktien- und Wertpapierhändlern und anderen Investoren aus – und damit auch über das Verhalten „des

---

24 Hedge-Fonds verwalten weltweit rund 1500 Milliarden Dollar und sind in den USA beispielsweise für mehr als 30 Prozent der täglichen Wertpapiertransaktionen verantwortlich (vgl. „Die Reifeprüfung" Die Zeit Nr. 34, 16. August 2007, S. 20). Die Strategien dieser Fonds sind höchst unterschiedlich. Einige Fonds, die so genannten *Quants* sind auf die Erzielung kurzfristiger Gewinne spezialisiert – sie rechnen nicht in Jahren, sondern in Tagen, wenn nicht in Minuten und handeln mit Aktien, Devisen und anderen schnell umschlagbaren Wertpapieren. *Aktivistische* Hedge-Fonds versuchen hingegen nach dem Einstieg in Unternehmen eine aktive Rolle in der Unternehmenspolitik zu spielen. Sie spekulieren auf hohe Ausschüttungen, Restrukturierungsgewinne oder auch auf die beschleunigte Insolvenz von Unternehmen.
25 Vgl. Blome-Drees/Rang 2006.
26 „Heuschrecke" ist eine inzwischen gängige Metapher für Private-Equity-Gesellschaften und Hedge-Fonds. Der Begriff geht auf eine Äußerung des damaligen SPD-Vorsitzenden Franz Müntefering zurück, der sich am 17. April 2005 in einem Interview mit der Zeitung „Bild am Sonntag" folgendermaßen äußerte: „manche Finanzinvestoren verschwenden keinen Gedanken an die Menschen, deren Arbeitsplätze sie vernichten – sie bleiben anonym, haben kein Gesicht, fallen wie Heuschreckenschwärme über Unternehmen her, grasen sie ab und ziehen weiter. Gegen diese Form von Kapitalismus kämpfen wir."
27 Vgl. Windolf 2005.

Marktes". Ihre Bewertungen wirken sich mehr oder minder eindeutig auch auf das aus, was als legitime Praxis der Unternehmensführung gilt. Die Ächtung der Diversifizierung durch die Einberechnung eines „conglomerate discount" kann hier beispielhaft als eine der offensichtlichsten Sanktionen angeführt werden.

Eine wichtige Implikation des Abschieds von der Deutschland AG ist, dass die angesprochenen Finanzmarktakteure einen Großteil der Definitionsmacht über die allgemeine Ausrichtung der Unternehmensführung gewonnen haben. Einige Unternehmen können sich dieser Macht aufgrund geringer Finanzmarktabhängigkeit zwar entziehen – das Risiko, sich abweichend gegenüber den im „organisationalen Feld"[28] üblich gewordenen Praktiken zu verhalten, müssen sie dann allerdings ertragen.

3.2 Die Teilhabe an globalen Risiken

Die Abkehr vom einstigen Corporate-Governance-System hat auch dazu geführt, dass die Unternehmen sehr viel stärker als zu früheren Zeiten globalen Risiken ausgesetzt sind. Allzu deutlich wurde dies in der aktuellen Subprime-Krise, in der die Mittelstandsbank *IKB* und die sächsische Landesbank *SachsenLB* fast in die Insolvenz getrieben worden wären und die anderen Finanzunternehmen stark in Mitleidenschaft gezogen wurden.[29] Die Krise am amerikanischen Immobilienmarkt konnte deutsche Finanzinstitute derart stark beeinflussen, weil diese ihre Strategien auf finanzmarktorientiertes Handeln umgestellt hatten. Statt durch möglichst engen Kontakt die Informationsasymmetrie zwischen Kreditnehmer und Kreditgeber zu mindern, setzen die Banken nun darauf, Risiken möglichst breit zu streuen und an Investoren weiterzugeben. Das mitunternehmerische Risiko langfristiger Unternehmenskredite wird eher gescheut, stattdessen werden die Risiken aus Krediten verbrieft, d.h. auf Tranchen unterschiedlichen Risikogehalts verteilt und an den Kapitalmarkt weitergereicht. Damit landen die Risiken bei Investoren, die keine Detailkenntnis über die konkrete Situation der Kreditnehmer haben können. Die Investoren müssen sich auf die Bestimmung der Risikoklassen der emmitierenden Institute und die Einschätzungen von Ratingagenturen verlassen, die das Risiko der Tranchen bewerten. Über den Kapitalmarkt werden die Risiken anschließend global verteilt, weshalb diese im Krisenfall weltweit Probleme auslösen können.

Bei einer erheblichen Fehlbewertung des Risikos kann es Finanzinstitute in doppelter Weise treffen. Zum einen treten Finanzunternehmen auch als Investoren auf. Nur ein Teil der verbrieften Risiken lässt sich an Privatkunden weiterreichen. Je nach Risikoklasse werden die Tranchen daher auch von Banken, Hedge-Fonds, Versicherern oder Pensionsfonds gekauft. Zum zweiten kann der Verbriefungsmechanismus in Krisen gänzlich zum Stocken kommen. Mit „Zitronen"[30] will dann niemand mehr handeln und das Weiterreichen der Risiken ist nicht mehr möglich. In der Subprime-Krise ist dieses Szenario eingetreten. Die Banken wickeln ihre Verbriefungsgeschäfte über Zweckgesellschaften ab. Bei Verbriefungen werden Forderungen so aus der Bilanz ausgelagert und in einem Portfolio gebündelt. In den vergangenen Jahren hatten zahlreiche Banken auf diese Weise für ihre Kunden Spezial-

---

28 Vgl. DiMaggio/Powell 1983.
29 Die Insolvenz der IKB Bank ließ sich nur durch eine Intervention der Bankenaufsicht und milliardenschwere Garantien der staatlichen Kreditanstalt für Wiederaufbau sowie eines Konsortiums deutscher Banken verhindern. Die SachsenLB wurde per Notverkauf von der Landesbank Baden-Württemberg übernommen.
30 Vgl. Akerlof 1970.

fonds aufgelegt. Diese Fonds investierten in Anleihen, die mit Einnahmen aus US-Hypothekendarlehen besichert waren. Diese Investitionen refinanzierten die Fonds zum größten Teil über kurzfristige Schuldverschreibungen, so genannte Commercial Papers. Da die Subprime-Krise immer weitere Kreise zog und immer mehr Märkte angesteckt wurden, waren Großinvestoren wie Versicherer und Pensionsfonds nicht mehr bereit, den Banken die Commercial Papers für die Refinanzierung der Fonds abzukaufen. Am Geldmarkt zögerten die Banken, sich gegenseitig Geld zu leihen – weil, aufgrund der Logik der Risikoverteilung, ungewiss war, welche Bank in welcher Höhe von den Zahlungsausfällen im US-Hypothekenmarkt betroffen war. Die Refinanzierung von Kreditrisiken über kurzfristige Schuldverschreibungen kam fast vollständig zum erliegen. Die Banken, die für ihre Zweckgesellschaften bürgen mussten, waren gezwungen, die Darlehen in die eigenen Bücher zu nehmen um Liquiditätsgarantien für die Spezialfonds zu erfüllen. Banken mit ungenügender Eigenkapitalausstattung konnten die Kreditausfälle nicht mehr bewältigen. So reichte beispielsweise bei der *SachsenLB* das Eigenkapital der Bank von 1,3 Milliarden Euro nicht mehr, um mögliche Kreditausfälle ihrer drei in die Krise geratenen irischen Zweckgesellschaften in Höhe von insgesamt 26 Milliarden Euro abzudecken.

Größere Krisen wirken sich im Finanzmarktkapitalismus weltweit aus und können auch rasch Märkte infizieren, die scheinbar weit entfernt sind, z.B. in der aktuellen Subprime-Krise kaum im US-Immobilienmarkt oder dessen Finanzprodukten engagiert waren. Die stark kreditfinanzierten Firmenkäufe von Finanzinvestoren bekommen beispielsweise Probleme, weil die Banken ihr Geld nur noch zu deutlich schlechteren Konditionen anbieten können. Vor allem Private-Equity-Firmen haben es aktuell sehr schwer, Beteiligungen und Übernahmen zu attraktiven Konditionen zu realisieren.[31] Die Neubewertung der Risiken zieht aber auch ansonsten weite Kreise. Kreditpakete und Aktien, Unternehmensanleihen und selbst exotische Wertpapiere aus fernen Ländern müssen anders eingeschätzt werden, wenn die Finanzierungsmechanismen ins Stocken geraten. In der Hochphase der Deutschland AG waren die deutschen Finanzunternehmen von ihrem Verständnis her noch „Financiers der deutschen Wirtschaft"[32] und die Risikovermeidung war vor allem auf den nationalen Markt fokussiert. Im entgrenzten Finanzmarktkapitalismus können die Probleme amerikanischer Hausbesitzer nicht nur deutsche Banken unerwartet heftig treffen, sondern auch die ganze Weltwirtschaft erschüttern.

3.3 Die Vermarktlichung der Unternehmenskontrolle

In der deutschen Tradition „waren große Kapitalgesellschaften niemals nur Veranstaltungen ihrer Eigentümer zur Mehrung ihres Privatvermögens, sondern immer auch quasi-öffentliche Einrichtungen, die einem politisch definierten – nationalen – Gesamtinteresse zu dienen hatten".[33] Den Aktionären gehörten zwar die Aktien, aber die Unternehmen waren nicht nur ihnen, sondern auch einer Vielzahl anderer Interessenten verpflichtet.[34] Sie waren

---

31 Vgl. „Mega-Deals stark gefährdet", Handelsblatt Nr. 164, 27.08.2007, S. 26 und „Hartes Ringen um jeden Cent", Handelsblatt Nr. 179, 17.09.2007, S. 19.
32 Borscheid 1990, S. 430.
33 Streeck/Höpner 2003, S. 11.
34 Das deutsche Corporate-Governance-Modell galt daher als typisches Stakeholder-System. Ein am Stakeholder orientiertes Unternehmen achtet darauf, dass die verschiedenen Interessen der Stakeholder bei der Strategiefindung berücksichtigt werden. Dies umfasst so unterschiedliche Ziele wie Lohngerechtigkeit und

zudem nicht frei von politischer Einflussnahme. Die Politik nutzte die Strukturen der Deutschland AG, um die Verträglichkeit der Unternehmensentscheidungen mit gesamtgesellschaftlichen Belangen, wie z.B. der Beschäftigungssicherung, zu erhöhen. Der Staat war interventionsfähig und nahm die Großunternehmen der Deutschland AG in die Pflicht. Hierfür lassen sich über Jahrzehnte hinweg eine Vielzahl an Beispielen nennen: Die staatlich angeregten Investitionen der Versicherungswirtschaft in die Kohle- und Stahlindustrie in den Jahren 1950/51, der Eingriff in die Preisgestaltung bei Volkswagen im Jahr 1962, der Druck zur Erhaltung des Gerling-Konzerns gegen den Widerstand des Haupteigentümers Hans Gerling im Jahr 1974, die Intervention zur Verhinderung der Veräußerung von Teilen des angeschlagenen AEG-Konzerns an ausländische Interessenten in den Jahren ab 1982, die Bankenmilliarde als Beitrag zur Sanierung der ostdeutschen Wirtschaft 1993 und schließlich die auf politischen Druck durchgeführte vorläufige Rettung des krisengeschüttelten Holzmann-Konzern im Jahr 1999.[35]

Im neuen System der Unternehmenskontrolle kann man die Rettung von angeschlagenen Unternehmen durch andere Unternehmen hingegen kaum mehr erwarten – außer es beruht auf einzelwirtschaftlichem Kalkül.[36] Das nur noch lose geknüpfte Netzwerk der Unternehmensverflechtung kann keine gesamtwirtschaftliche Koordination mehr gewährleisten und der Staat kann die Unternehmen, die sich auf die Verfolgung einzelwirtschaftlicher Ziele zurückgezogen haben, nicht mehr zu gesamtwirtschaftlich orientiertem Verhalten bewegen. Durch die Auflösung des Verflechtungsnetzwerks und die Umorientierung der Großbanken hat der Staat die Ansprechpartner für industriepolitische Interventionen eingebüßt.

Der Aspekt der Unternehmenskontrolle hat durch die Abdankung der Deutschland AG eine Bedeutungsverschiebung erfahren. Die Kontrollvorstellungen und auch die unternehmensrechtlichen Bestimmungen in Deutschland[37] zielten ursprünglich auf die Einbettung der Unternehmen in die Gesellschaft. Im neuen Corporate-Governance-Modell geht es stattdessen primär um die Einbettung der Unternehmen in den Markt, auf dem sie auch selbst als Gut gehandelt werden. Die Unternehmen sind vom Verständnis her zur besonderen Marktsphäre[38], zur transaktionskostengünstigen Institution[39] oder zum Bündel von Vertragsbeziehungen[40] geworden, und als solche werden sie primär im Hinblick auf ihre ökonomische Effizienz bewertet. Die Legitimität der Herrschaftsausübung in der Organisation ist an die Profitabilität rückgebunden und wird nicht unabhängig von dieser gedacht. Die Herstellung von Gütern und die Beschäftigung von Arbeitnehmern sind kein Wert mehr an sich. Wenn Profitschwellen von 10, 20 oder mehr Prozent Kapitalrendite nicht überschrit-

---

Arbeitsplatzsicherheit für die Beschäftigten, hohe Qualität für die Kunden und Kreditsicherheit für die Gläubiger, vgl. Allen et al. 2007; Kelly et al. 1997; Vitols 2004.
35 Vgl. Höpner, 2003, S.305.
36 Dies musste z.B. die Kirch-Gruppe in jüngster Vergangenheit schmerzlich erfahren. Wegen Überschuldung mussten die *Kirchmedia* und die *KirchPayTV* im Jahr 2002 Insolvenz anmelden. In den folgenden Monaten wurde die Firmengruppe zerschlagen. Einen großen Teil übernahm der US-Investor Haim Saban. Deutsche Großbanken hatten sich trotz öffentlicher Debatten geweigert, lediglich nationale Lösungen für die Kirch-Krise in Betracht zu ziehen. Nach Meinung von Leo Kirch verursachte eine bewusste Äußerung über die mangelnde Kreditwürdigkeit des Unternehmens durch den Deutsche Bank Manager Rolf-Ernst Breuer die Insolvenz.
37 Vgl. Klages 2007.
38 Vgl. Alchian/Demsatz 1972.
39 Vgl. Williamson 1990.
40 Vgl. Jensen/Meckling 1976.

ten werden können, findet die Investition nicht statt oder erscheint als illegitim. Dies hat auch zur Folge, dass Regelungen, die ursprünglich die Einbettung der Unternehmen in die Gesellschaft befördern sollten (wie z.B. die Mitbestimmungsregelungen) nun in der Beweislast stehen, tatsächlich als „beneficial constraint"[41] zu wirken, also kompatibel mit der Effizienzlogik des Marktes zu sein. So wurden die parallel zur Auflösung der Deutschland AG geführten normativen Debatten um die Kriterien „guter" Unternehmenskontrolle („good governance") rasch zur Auseinandersetzung um effiziente Leitungsstrukturen, optimale Aufsichtsratsgrößen und den ökonomischen Nutzen der Aufsichtsratsmitbestimmung.[42]

3.4 Die Entstehung neuer sozialer Ungleichheiten

Nach dem Ende der Deutschland AG ist die Vergütung der Vorstandsvorsitzenden börsennotierter Aktiengesellschaften auf das Hundertfache des durchschnittlichen Arbeitnehmereinkommens angestiegen, während vor kurzer Zeit noch maximal das Zwanzig- bis Dreißigfache üblich war.[43] In nahezu allen deutschen Großunternehmen wurden variable Vergütungssysteme eingeführt, durch welche die Vorstände *zusätzliche* Einkünfte erhalten können, die das ursprüngliche Grundgehalt z. T. um ein Vielfaches übersteigen. Dieses Ausmaß der erhöhten Entlohnung ließ sich nur durch die Verpflichtung auf eine aktionärsorientierte Unternehmensführung und die mehr oder minder direkte Kopplung der variablen Vergütungsbestandteile an den Aktienkurs legitimieren. Die Abkehr vom alten Kontrollsystem Deutschland AG war demnach eine Voraussetzung für den deutlichen Anstieg der Managementgehälter.

Der exorbitante Anstieg ist allerdings keine Entwicklung, die nur Deutschland betreffen würde, sondern er hängt direkt mit dem System der marktbasierten Unternehmenskontrolle zusammen. Verantwortlich für den Anstieg ist insbesondere, dass die Manager entsprechend der zugrunde liegenden Bewertungslogik nun auch aus Statusgründen besonders hohe Gehälter anstreben und sich durch den Verweis auf „den Markt" auch legitimiert fühlen können.[44] Im früheren System der Deutschland AG standen sie in Konkurrenz um den Einfluss in der Verflechtungsstruktur. Die Maximierung des persönlichen Einkommens versprach nicht unbedingt hohes Prestige. Inzwischen ist dies anders. Die Anerkennung im finanzmarktorientierten Kontrollsystem ist eng an monetäre Größen geknüpft. Unter der Annahme effizienter Marktmechanismen wird der beste Manager die höchste Entlohnung erhalten. Deswegen müssen alle Manager zur Signalisierung ihres Marktwertes darum bemüht sein, jeweils möglichst hohe Entlohnungen zu erzielen. Anders als beispielsweise bei Arbeitern und Angestellten gibt es bei Managern keinen Zusammenhang zwischen Bildung und erworbenen Qualifikationen, die Gehaltsdifferenzen erklären könnten. Bei Managern wird die Entlohnung daher selbst zum Signal. Auf dieses Signal zu verzichten würde entweder die eigenen Leistungen relativieren oder die Wirksamkeit des Marktmechanismus in Frage stellen.

Wenn man davon ausgeht, dass insbesondere Wertpapierhändler institutioneller Investoren den Kurs von Aktien beeinflussen, dann kann man sich zudem fragen, ob diese Ak-

---

41 Vgl. Streeck 1997.
42 Vgl. Höpner 2004; Jürgens/Lippert 2005; von Werder 2005.
43 Vgl. Hickel 2004.
44 Vgl. Hartmann 2006, S.454.

teure eine besondere Eignung als Kontrollkorrektiv mitbringen. Ethnographische Studien über diesen Personenkreis kommen zu dem Ergebnis, dass die Wertpapierhändler schon meist in jungen Jahren ähnlich viel wie die Vorstandsmitglieder von Aktiengesellschaften verdienen, sie in starkem Maße selbstinteressierte Nutzenmaximierung betreiben und extrem materialistisch orientiert sind, was sich auch in opportunistischem Verhalten gegenüber den Peers äußert. Ein Zitat eines Wertpapierhändlers macht dies allzu deutlich: „Money is everything in this business. Whatever money you make is what you're worth".[45] Genau diejenigen Personen, die eigentlich dafür da sein sollten, die Manager in punkto Gehälter zu kontrollieren, sind selbst fixiert auf besonders hohe Entlohnungen. Für Gerechtigkeitserwägungen bezüglich großer Einkommensdifferenzen sind sie wenig sensibilisiert.

In ökonomischer Betrachtung werden die Anstiege bei den Bezügen der Manager als Risikoausgleich für die unsicher gewordenen Leitungspositionen interpretiert. Wegen des Anstiegs der Wahrscheinlichkeit von feindlichen Übernahmen und frühzeitiger Vertragsbeendigung drängen – gemäß dieser Sicht – die Manager auf erhöhte Entlohnungen, die sie am Markt durchsetzen können, da sich der Wettbewerb um die besten Führungskräfte gleichzeitig verschärft hat. Die neuen, größeren Ungleichheiten zwischen Management und Beschäftigtenentlohnung entstehen, weil das Marktrisiko der übrigen Beschäftigten gleichfalls ansteigt, ohne dass diese jedoch einen Risikoausgleich geltend machen könnten. Zu Zeiten der Deutschland AG ließ die Fokussierung auf große Umsatzzahlen vielfältige Quersubventionierungen zu, von denen die Kernbelegschaften profitieren konnten, da die Großunternehmen vergleichsweise sichere Arbeitsplätze garantieren konnten. Die zumeist breit aufgestellten Unternehmen konnten Nachfrageschwankungen in der Regel absorbieren und waren nicht zur schnellen Beschäftigungsanpassung gezwungen. In den auf Kernkompetenzen beschränkten, finanzmarktorientierten Shareholder-Value-Unternehmen wirken sich die Zerstörungsrisiken des Marktes hingegen sehr viel schneller aus. Die Anpassungslast müssen nun die Arbeitnehmer direkt tragen, da die Organisationen die Marktabschirmung reduziert haben. Entwertet wurden vor allem die unternehmensspezifischen Qualifikationen der früher dauerhaft an die Unternehmen gebundenen Arbeiter und Angestellten. Im Gegensatz zu den Managern, die über unternehmensübergreifende Qualifikationen verfügen, bekommen die Beschäftigen in der Regel keinerlei Ausgleich für die neuen Risiken. Der wissenschaftliche Diskurs um Arbeitskraftunternehmer,[46] Bastelexistenzen,[47] und entgrenzte Beschäftigungsverhältnisse[48] spiegelt die gewachsene Unsicherheit der Arbeitnehmer wider.

Die Aktionäre, die sich zu Zeiten der Deutschland AG lediglich mit „angemessenen" Renditen begnügen mussten, können hingegen vom Wandel profitieren. Der Wertschöpfungsanteil der Unternehmen, den die Aktionäre für sich beanspruchen können, ist durch die Umorientierung auf das neue System der Unternehmenskontrolle größer geworden.[49] Da es sich bei den Aktionären um eine vergleichsweise kleine gesellschaftliche Gruppe handelt, erhöht dieser Effekt, wie auch die unterschiedliche Einkommensentwicklung bei Arbeitnehmern und Führungskräften, die soziale Ungleichheit in der Gesellschaft.[50]

---

45 Abolafia 2002, S.105.
46 Vgl. Voß/Pongratz 1998.
47 Vgl. Beck 2000; Hitzler/Hohner 1994.
48 Vgl. Arthur 1994.
49 Vgl. Beyer/Hassel 2002.
50 Vgl. Hradil 2005 zum „neuen" Anstieg der sozialen Ungleichheit.

3.5 Die Neubestimmung der sozialen Verantwortung

Die soziale Verantwortung von Großunternehmen wurde im Kontext der Deutschland AG primär in nationalstaatlicher Perspektive gedeutet. Nationale Stakeholdergruppen waren in die Kontrollstrukturen der Unternehmen eingebunden worden, sodass das Handeln zu Lasten Dritter bzw. die Externalisierung von Kosten institutionell eingeschränkt wurde. Darüber hinaus gab es informelle Vorstellungen darüber, wann ein Unternehmen den gesellschaftlich verantwortlichen Bereich verlässt. „Weder der Freikauf von rechtlichen Verpflichtungen, wie beim Verkauf der Mobilfunksparte von Siemens an BenQ, noch die Entlassung tausender Beschäftigter bei gleichzeitigem Rekordgewinn, wie bei der Deutschen Bank, wären in diesem Kontext akzeptiert worden".[51] Die Irritationen, die aktionärsorientierte Praktiken heute in der Gesellschaft auslösen, sind der Nachhall vormals gültiger ethischer Erwartungen an unternehmerisches Handeln. Die Ankündigung von Rekordgewinnen und gleichzeitige Entlassungen sind aber *kein* Widerspruch für Unternehmen, die nur ihren Aktionären gegenüber verpflichtet sind. Gedeutet als Signal für die Fortsetzung einer erfolgreichen Restrukturierung kann die Nachricht für Aktionäre gar zu einem Grund zur Freude werden.

Enttäuschte Erwartungen in der Gesellschaft führen allerdings zur Unsicherheit darüber, welche soziale Verantwortung Unternehmen überhaupt zu tragen bereit sind. Deswegen wird der Wandel der Unternehmenskontrolle von einer Konjunktur des Aspekts der „Corporate Social Responsibility" begleitet. Die Unternehmen müssen der Öffentlichkeit gegenüber verstärkt Auskunft darüber geben, welche Position sie zur sozialen Verantwortung und zur Nachhaltigkeit einnehmen und welchen Beitrag sie diesbezüglich leisten. Adressiert wird die Auskunft der Unternehmen nun allerdings an eine internationale Öffentlichkeit, da es insbesondere internationale Nichtregierungsorganisationen und transnationale soziale Bewegungen wie das Weltsozialforum sind, die das Thema auf der Agenda halten. Hierdurch, und weil die alten Normen der Deutschland AG nicht mehr gelten, findet eine Verschiebung der Bedeutung von sozialer Verantwortung statt. Gesellschaftliche Verantwortung verlagert sich vom nationalen hin zum transnationalen Kontext. Kinderarbeit in Schwellenländern wird thematisch aufgewertet, während die Erhaltung von Arbeitsplätzen in Deutschland an Bedeutung verliert. Soziale Verantwortung wird im Zuge der Diskussion um „Corporate Social Responsibilty" zudem gezielt umgedeutet, weil sich Unternehmen, wie z.B. diejenigen, die sich in „econsense" engagieren,[52] aktiv an der Interpretation des Begriffes beteiligen. Als Signal haben die Verlautbarungen zur Nachhaltigkeit und zu „CSR" zudem längst Eingang in die Bewertung auf dem Aktienmarkt gefunden. Spezialfonds richten sich an Kundengruppen, die bei ihrer Geldanlage auf diese Aspekte achten. Als Information unter den vielen anderen, die den Kursverlauf der Aktien beeinflussen, gewinnt soziales Verhalten für finanzmarktorientierte Unternehmen insbesondere dann an Relevanz, wenn es sich an den Börsen positiv niederschlägt. Dass es dies kann, belegen eine Reihe von Studien.[53] Die Vermarktlichung der Unternehmensethik ist diesbezüglich im vollen Gange[54] und auch eine Folge des Prozesses, der das Ende der Deutschland AG herbeigeführt hat.

---

51 Vgl. Hiß 2007, S.14
52 Econsense ist ein branchenübergreifendes Netzwerk führender, global tätiger Unternehmen und Organisationen der deutschen Wirtschaft, vgl. http://www.econsense.de.
53 Vgl. Hillman/Keim 2001; Orlitzky et al. 2003.
54 Vgl. Senge 2007.

4. Schluss: Am Ende der nationalen Vielfalt?

Das deutsche System der Unternehmenskontrolle hat sich im Laufe der 1990er Jahre in fundamentaler Weise geändert. Deutliches Kennzeichen dieser Entwicklung ist die inzwischen eingetretene weitgehende Auflösung des vormals dicht geknüpften Netzwerks der Unternehmensverflechtung. Statt in einem nationalen Netzwerk sind die deutschen Großunternehmen nun in die Kontrollstrukturen eines globalen Finanzmarktkapitalismus eingebunden. Vergleichbare Tendenzen, wie die im Text angesprochene neue Definitionsmacht der Finanzmarktakteure, die Teilhabe an globalen Risiken, die Vermarktlichung der Unternehmenskontrolle, die Entstehung neuer sozialer Ungleichheiten und die Neudefinition der sozialen Verantwortung von Unternehmen lassen sich nicht nur in Deutschland, sondern auch in anderen Industrieländern beobachten. Angesichts dieser Entwicklung drängt sich die Frage auf, ob die Vielfalt der nationalen marktwirtschaftlichen Systeme durch den Finanzmarktkapitalismus letztlich beseitigt wird. Ist nach dem Ende der sozialistischen Wirtschaftsregime nun auch das Ende der „Varieties of Capitalism" in Sicht?

Für diese Deutung spricht, dass sich viele der ehemals gegebenen Differenzen zwischen marktwirtschaftlichen Systemen nicht als veränderungsresistent erwiesen haben. So plausibel die verschiedenen Erklärungen für institutionelle Beharrung, wie z.B. Pfadabhängigkeit[55], institutionelle Komplementarität[56] und komparative Vorteilsnahme[57] auch waren, letztlich lässt sich die Verbreitung finanzmarktorientierter Praktiken mit ihnen nur schwer in Übereinstimmung bringen. Nichts desto trotz soll an dieser Stelle vor einer allzu vereinfachenden Deutung des institutionellen Wandels gewarnt werden. Aus dem Umstand, dass eine gemeinsame Entwicklungstendenz vieler marktwirtschaftlicher Systeme derzeit besonders augenfällig wird, kann man nicht schließen, dass das Ende der nationalen Vielfalt marktwirtschaftlicher Systeme gekommen ist. Die Auflösung der Deutschland AG und die Abkehr vom einstigen Corporate Governance System beruhten beispielsweise nicht ausschließlich auf einem externen, quasi unausweichlichen Veränderungsdruck. In den sich umorientierenden Unternehmen und in den politischen Kreisen, welche die institutionellen Rahmenbedingungen zu verändern begannen, wurden jeweils bewusste Entscheidungen gegen die Fortsetzung der einstigen Entwicklungslinie getroffen. Wenn dieselben Akteure, die den Wandel herbeigeführt haben, später zu Opfern dieser Entwicklung werden können (wie der ehemalige Vorstandsvorsitzende der Deutschen Börse AG Werner G. Seifert[58] oder der sich früh zur Shareholder-Value-Orientierung bekennende DaimlerChrysler-Manager Jürgen Schrempp) oder anschließend die Auswirkungen ihrer Entscheidungen beklagen,[59] dann zeigt dies, dass es auch genügend Anlass für institutionelle Korrekturen gibt, die je nach gemachter Erfahrung in den verschiedenen Nationalstaaten unterschiedlich aussehen können. Gerade in Umbruchsituationen ist die Gefahr der Unterschätzung der kontingenten Möglichkeiten besonders groß. Die gesellschaftlichen Akteure nehmen die Veränderung der Situation wahr und verhalten sich zu ihr: es wird gegengesteuert, unterstützend eingegriffen, in innovativer Weise auf das Neue reagiert oder auch auf verschüttet geglaubte noch ältere Traditionen zurückgegriffen. Die Benennung der Implikationen des

---

55 Vgl. Pierson 2000; Ziegler 2005.
56 Vgl. Crouch et al. 2005.
57 Vgl. Hall/Soskice 2001, Allen 2006.
58 Vgl. Fromm/Aretz 2006, Seifert/Voth 2006.
59 Die „Heuschreckendebatte" der Sozialdemokratie fügt sich in das Bild der politisch höchst paradoxen Finanzmarktreformen, vgl. Höpner 2007.

Wandels bleibt daher stets eine Momentaufnahme. Die aktuellen Diskussionen um die Regulierung der Hedge- und Private-Equity-Fonds, die Überprüfung der Rating-Verfahren, die Besteuerung von Aktienerträgen, die Begrenzung der Managementvergütung und die lauter werdende diffuse Kritik an den „Globalisierungsfolgen" deuten darauf hin, dass die neuen Kontrollvorstellungen nicht von allen gesellschaftlichen Akteuren als selbstverständliche „objektive Wirklichkeit"[60] akzeptiert werden. Aus Reaktionen und Gegenreaktionen können sich neue Differenzen ergeben. So wäre es möglich, dass aktuelle Nebenlinien, wie die Stärkung des Familienbesitzes in deutschen Großunternehmen,[61] für eine zukünftige neue Vielfalt der marktwirtschaftlichen Systeme bedeutsam werden. „Homogenisierung und Differenzierung sind zwei Seiten einer Medaille".[62] In homogenisierenden Umbruchprozessen sind die zukünftigen Differenzierungslinien perspektivisch lediglich noch undeutlich im Hintergrund verborgen oder aber ihre Grundlagen werden just in den Phasen beschleunigten Wandels neu gelegt.[63] Aufgrund der Deutlichkeit der Abwendung der einstigen Kernunternehmen von der Deutschland AG und der bereits umfassend geänderten institutionellen Rahmenbedingungen lässt sich aber zumindest eines mit Sicherheit ausschließen, nämlich, dass die neuen Besonderheiten des deutschen Corporate-Governance-Systems, die alten sein werden.

Literatur

Abolafia, Mitchel Y., 2002: Making Markets: Opportunism and Restraint on Wall Street. S. 94-111 in: Biggart, Nicole Woolsey (Hg.): Readings in Economic Sociology. Malden: Blackwell.

Abromeit, Heidrun, 1990: Government-Industry Relations in West Germany. S. 61-83 in: Chick, Martin (Hg.): Governments, Industries and Markets. Aspects of Government-Industry Relations in the UK, Japan, West Germany and the USA since 1945. Aldershot: Edward Elgar.

Akerlof, George A., 1970: The Market for ‚Lemons': Quality Uncertainty and the Market Mechanism. Quarterly Journal of Economics 84: S. 488-500.

Alchian, Armen A. und Harold Demsetz, 1972: Production, Information Costs, and Economic Organization. American Economic Review 62: S. 777-795.

Allen, Franklin et al., 2007: Stakeholder Capitalism, Corporate Governance and Firm Value. Paper presented at the European Finance Association Meeting, Ljubljana, 22.-25. August.

Allen, Matthew M.C., 2006: The Varieties of Capitalism Paradigm – Explaining Germany's Comparative Advantage? Houndsmills: Palgrave.

Arthur, Michael B., 1994: The Boundaryless Career: A New Perspective for Organizational Inquiry. Journal of Organizational Behaviour 15: S. 295-306.

Beck, Ulrich, 2000: Schöne neue Arbeitswelt, Vision: Weltbürgergesellschaft. Frankfurt/Main: Campus.

Berger, Peter L. und Thomas Luckmann, 1980: Die Gesellschaftliche Konstruktion der Wirklichkeit – Eine Theorie der Wissenssoziologie. Frankfurt/Main: Fischer.

---

60 Vgl. Berger/Luckmann 1980.
61 Zur Beteiligungen der Porsche AG (mit einer Eigentümerfamilie im Hintergrund) an der Volkswagen AG, vgl. Krenn 2006.
62 Zelizer 2000, S.315.
63 Vgl. Howlett/Rayner 2006 zur punktualistischen Deutung institutionellen Wandels und Gould/Eldrige 1977 zu den evolutionsbiologischen Grundlagen des punktualistischen Ansatzes.

Beyer, Jürgen, 2005: Pfadabhängigkeit ist nicht gleich Pfadabhängigkeit! Wider den impliziten Konservatismus eines gängigen Konzepts. Zeitschrift für Soziologie 34/1: S. 5-21.

Beyer, Jürgen, 2006: Vom ‚kooperativen Kapitalismus' zum Finanzmarktkapitalismus – eine Ursachenanalyse. S. 35-57 in: Brinkmann, Ulrich et al. (Hg.): Endspiel des Kooperativen Kapitalismus. Wiesbaden: VS Verlag.

Beyer, Jürgen und Anke Hassel, 2002: The Effects of Convergence: Internationalization and the Changing Distribution of Net Value Added in Large German Firms. Economy and Society 31: S. 309-332.

Beyer, Jürgen und Martin Höpner, 2003: The Disintegration of Organised Capitalism: German Corporate Governance in the 1990s. West European Politics 26: S. 179-198.

Blome-Drees, Johannes und Reiner Rang, 2006: Private Equity-Investitionen in deutsche Unternehmen und ihre Wirkungen auf die Mitarbeiter. (http://www.boeckler.de/pdf/mbf_finanzinvestoren_grohe.pdf (Abfrage: 10.05.2007))

Borscheid, Peter, 1990: 100 Jahre Allianz. Hamburg: Glöss.

Cable, John, 1985: Capital Market Information and Industrial Performance: The Role of West German Banks. Economic Journal 95: S. 118-132.

Crouch, Colin et al., 2005: Dialogue on Institutional complementarity and political economy. Socio-Economic Review 3(2): S. 359-382.

Cyert, Richard M. und James G. March, 1963: A Behavioral Theory of the Firm. Englewood Cliffs: Prentice-Hall.

DAI 2007: Factbook 2007 (http://www.dai.de/internet/dai/dai-2-0.nsf/dai_statistiken.htm)

de Jong, Henk W., 1997: The Governance Structure and Performance of Large European Corporations. Journal of Management and Governance 1: S. 5-27.

DiMaggio, Paul J. und Walter W. Powell, 1983: The Iron Cage Revisited: Institutional Isomorphism and Collective Rationality in Organizational Fields. American Sociological Review 48: S. 147-160.

Fama, Eugene, 1980: Agency Problems and the Theory of the Firm. Journal of Political Economy 88: S. 288-307.

Fiss, Peer C. und Edward J. Zajac, 2004: The Diffusion of Ideas over Contested Terrain: The (Non)Adoption of a Shareholder Value Orientation among German Firms. Administrative Science Quarterly 49: S. 501-534.

Fligstein, Neil, 2001: The Architecture of Markets – An Economic Sociology of Twenty-First-Century Capitalist Societies. Princeton: Princeton University Press.

Fromm, Sabine und Hans-Jürgen Aretz, 2006: Institutioneller Wandel als Hybridisierung. Die Entwicklung der globalen Börsenindustrie und der Konflikt um die Deutsche Börse AG. Berliner Journal für Soziologie 16 (3): S. 371-392.

Gould, Stephen J. und Nilles Eldrige, 1977: Punctuated Equilibria: The Tempo and Mode of Evolution Reconsidered. Paleobiology 3: S. 115-151.

Hall, Peter A. und David Soskice, 2001: An Introduction to Varieties of Capitalism. S. 1-68 in: Hall, Peter A. und David Soskice (Hg.): Varieties of Capitalism: The Institutional Foundations of Comparative Advantage. Oxford: Oxford University Press.

Hartmann, Michael, 2006: Vermarktlichung der Elitenrekrutierung? Das Beispiel der Topmanager. S. 431-454 in Münkler, Herfried et al. (Hg.): Deutschlands Eliten im Wandel. Frankfurt/Main: Campus.

Hickel, Rudolf, 2004: Sind die Manager ihr Geld wert? Blätter für deutsche und internationale Politik 10/2004: S. 1197-1204.

Hillman, Amy J. und Gerald Keim, 2001: Shareholder Value, Stakeholder Management, and Social Issues: What's the Bottom Line? Strategic Management Journal 22: S. 125-139.

Hirschman, Albert O., 1974: Abwanderung und Widerspruch. Tübingen: Mohr.

Hiß, Stefanie, 2007: Corporate Social Responsibility – Über die Durchsetzung von Stakeholderinteressen im Shareholder-Kapitalismus. Berliner Debatte Initial 18: S. 6-15.

Hitzler, Ronald und Anne Hohner, 1994: Bastelexistenz. Über subjektive Konsequenzen der Individualisierung. S. 307-315 in: Beck, Ulrich und Elisabeth Beck-Gernsheim (Hg.): Riskante Freiheiten. Frankfurt am Main: Suhrkamp.

Höpner, Martin, 2003: Der organisierte Kapitalismus in Deutschland und sein Niedergang. in: Politik und Markt, PVS Sonderheft 34: S. 300-324.

Höpner, Martin, 2004: Mitbestimmung unter Beschuss: Die Mitbestimmungsdebatte im Licht der sozialwissenschaftlichen Forschung. Max-Planck-Institut für Gesellschaftsforschung, MPIfG Discussion Paper 04/8.

Höpner, Martin, 2007: Corporate Governance Reform and the German Party Paradox. Comparative Politics 39 (4): S. 401-420.

Höpner, Martin und Gregory Jackson, 2001: Entsteht ein Markt für Unternehmenskontrolle? Der Fall Mannesmann. Leviathan 29: S. 544-563.

Howlett, Michael und Jeremy Rayner, 2006: Understanding the Historical Turn in the Policy Sciences. Policy Sciences 39 (1): S. 1-18.

Hradil, Stefan, 2005: Warum werden die meisten entwickelten Gesellschaften wieder ungleicher? Kölner Zeitschrift für Soziologie und Sozialpsychologie. Finanzmarktkapitalismus. Sonderheft 45: S. 460-483.
Jackson, Gregory und Richard Deeg, 2006: How Many Varieties of Capitalism? Comparing the Comparative Institutional Analyses of Capitalist Diversity. Max-Planck-Institut für Gesellschaftsforschung, MPIfG Discussion Paper 06/2.
Jensen, Michael C. und William H. Meckling, 1976: Theory of the Firm: Managerial Behavior, Agency Costs, and Ownership Structure. Journal of Financial Economics 3: S. 305-360.
Jung, Helga und Stefan Kunowski, 2007: Neuausrichtung der ‚Deutschland AG' – eine Retrospektive der Allianz SE. In: Glaum, Martin et al. (Hg.): Internationalisierung und Unternehmenserfolg – Wettbewerb, organisatorischer Wandel und Corporate Governance. Stuttgart: Schäffer-Poeschel: im Erscheinen.
Jürgens, Ulrich und Inge Lippert, 2005: Kommunikation und Wissen im Aufsichtsrat. Wissenschaftszentrum Berlin, WZB Discussion Paper SP III 2005-301.
Kelly, Gavin et al., 1997: Stakeholder Capitalism. Basingstoke: Palgrave Macmillan.
Klages, Philipp, 2007: Die Wiederentdeckung schlafender Alternativen in der Rechtslehre. Das Beispiel des Begriffs der Aktiengesellschaft. Berliner Debatte Initial 18: S. 75-82.
Kotz, David M., 1979: The Significance of Bank Control over Large Corporations. Journal of Economic Issues 13: S. 407-426.
Krenn, Karoline, 2006: Der Porsche-Einstieg bei VW und das ‚Modell Deutschland' – Leben Totgesagte länger? S. 264-280 in: Brinkmann, Ulrich et al. (Hg.): Endspiel des Kooperativen Kapitalismus? Wiesbaden: VS Verlag.
La Porta, Rafael et al.,1997: Legal Determinants of External Finance. Journal of Finance 52: S. 1131-1150.
La Porta, Rafael et al., 2000: Investor Protection and Corporate Governance. Journal of Financial Economics 58: S. 1-25.
Levmore, Saul, 2001: Puzzling Stock Options and Compensation Norms. University of Pennsylvania Law Review 149: S. 1901-1940.
Orlitzky, Marc et al., 2003: Corporate Social and Financial Performance: A Meta-Analysis. Organization Studies 24: S. 403-441.
Pierson, Paul, 2000: Increasing Returns, Path Dependence, and the Study of Politics. American Political Science Review 94 (2): S. 251-267.
Schmidt, Helmut, 1999: Rezepte gegen die deutsche Krankheit. S. 823-831 in: Gräfin Dönhoff, Marion et al. (Hg.): ZEIT-Geschichte der Bonner Republik 1949-1999. Reinbek: Rowohlt.
Seifert, Werner G. Hans-Joachim Voth, 2006: Invasion der Heuschrecken. Intrigen – Machtkämpfe – Marktmanipulationen. Berlin: Econ.
Senge, Konstanze, 2007: Ist Corporate Social Responsibility ein ökonomischer Wert? Berliner Debatte Initial 18: S. 47-55.
Shleifer, Andrei und Robert W. Vishny, 1986: Large Shareholders and Corporate Control. Journal of Political Economy 94: S. 461-488.
Streeck, Wolfgang, 1997: Beneficial Constraints: On the Economic Limits of Rational Voluntarism. S. 197-219 in: Hollingsworth, J. Rogers und Robert Boyer (Hg.): Contemporary Capitalism: The Embeddedness of Institutions. Cambridge: Cambridge University Press.
Streeck, Wolfgang, 2003: The Transformation of Corporate Organization in Europe: An Overview. S. 4-44 in: Touffut, Jean-Phillipe (Hg.): Institutions, Innovation and Growth. Cheltenham: Edward Elgar.
Streeck, Wolfgang und Martin Höpner, 2003: Einleitung: Alle Macht dem Markt? S. 11-59 in: Streeck, Wolfgang und Martin Höpner (Hg.): Alle Macht dem Markt? Frankfurt/Main: Campus.
Vitols, Sigurt, 2004: Negotiated Shareholder Value: The German Variant of an Anglo-American Practice. Competition and Change 8 (4): S. 357-374.
von Werder, Axel, 2005: Ist die Mitbestimmung ein Hemmschuh für deutsche Unternehmen im internationalen Wettbewerb? S. 275-300 in: Brandt, Werner und Arnold Picot (Hg.): Unternehmenserfolg im internationalen Wettbewerb. Stuttgart: Schäffer-Poeschel.
Voß, Günter G. und Hans J. Pongratz, 1998: Der Arbeitskraftunternehmer. Eine neue Grundform der Ware Arbeitskraft? Kölner Zeitschrift für Soziologie und Sozialpsychologie 44: S. 131-158.
Williamson, Oliver E, 1990: Die ökonomischen Institutionen des Kapitalismus, Tübingen: Mohr.
Windolf, Paul, 2005: Was ist Finanzmarkt-Kapitalismus? Kölner Zeitschrift für Soziologie und Sozialpsychologie. Finanzmarktkapitalismus. Sonderheft 45: S. 20-57.
Windolf, Paul und Jürgen Beyer, 1995: Kooperativer Kapitalismus: Unternehmensverflechtungen im internationalen Vergleich. Kölner Zeitschrift für Soziologie und Sozialpsychologie 41: S. 1-36.
Zelizer, Viviana A, 2000: Die Farben des Geldes. Vielfalt der Märkte, Vielfalt der Kulturen. Berliner Journal für Soziologie 10(3): S. 315-332.

Ziegler, Dieter, 2005: Das deutsche Modell bankorientierter Finanzsysteme (1848-1957). Kölner Zeitschrift für Soziologie und Sozialpsychologie. Finanzmarktkapitalismus. Sonderheft 45: S. 276-293.
Zorn, Dirk et al., 2005: Managing Investors: How Financial Markets Reshaped the American Firm. S .141-162 in: Knorr-Cetina, Karin und Alex Preda (Hg.): The Sociology of Financial Markets. Oxford: Oxford University Press.

7   Arbeitsbeziehungen und Inklusion

Mitbestimmung in globalen Finanzmärkten – Inklusion/Exklusion durch institutionalisierte Mitbestimmung

Hermann Kotthoff

Die Mitbestimmung ist in Deutschland ein Symbol für Inklusion in der Arbeitswelt schlechthin geworden. Sie entfaltet ihre Inklusionsleistung als Teil eines umfassenderen Institutionengerüsts, zu dem vor allem eine spezifische Form der corporate governance gehört. Diese war u.a. dadurch gekennzeichnet, dass das Zusammenspiel von Banken und Unternehmensmanagement eine langfristige Bindung des Kapitals an ein Unternehmen sicherstellte und dadurch die Voraussetzungen für soziale Bindungen an Standort und Betrieb schuf, die den so genannten Rheinischen Kapitalismus auszeichnen. Die kapitalseitigen Elemente dieses Institutionengerüsts haben sich verändert. Gehen damit auch zwangsläufig die spezifischen sozialen und arbeitnehmerseitigen Elemente verloren? Ist die Inklusionsleistung der Mitbestimmung am Ende?

Diese Frage ist in den vergangenen Jahren häufig gestellt, aber unterschiedlich beantwortet worden. Anhänger der Konvergenztheorie und der Pfadabhängigkeit streiten miteinander. Neuerdings gewinnen Stimmen an Gewicht, die eine Vermischung von Elementen aus beiden Systemen annehmen und von hybriden Formen sprechen.

Ich beschränke mich hier auf die betriebliche Mitbestimmung, d.h. auf die vom Staat per Gesetz geschaffenen Institutionen Betriebsrat und Unternehmensmitbestimmung im Aufsichtsrat, obwohl in der Diskussion die überbetrieblichen Elemente der Industrial Relations wie Flächentarifvertrag und organisatorische und politische Macht der Gewerkschaften im Vordergrund stehen. Zwischen Betriebsrat und Gewerkschaft besteht eine Arbeitsteilung (duales System), nach der für die überbetrieblichen Fragen, insbesondere die Tarifpolitik, die Gewerkschaft zuständig ist und für die betrieblichen (personal-, sozial- und arbeitspolitischen) Fragen der Betriebsrat. Weil der Betriebsrat kein tarifpolitischer Akteur ist, besitzt er kein Streikrecht, wie umgekehrt die Gewerkschaft betriebsverfassungsrechtlich kein Akteur der betrieblichen Mitbestimmung ist. In der Unternehmensmitbestimmung ist sie jedoch Akteur, da sich die Arbeitnehmerbank im Aufsichtsrat aus betrieblichen sowie aus überbetrieblichen Vertretern zusammensetzt, wobei letztere von der Gewerkschaft entsandt werden. Innerhalb der Arbeitsteilung besteht aber faktisch eine wechselseitige Unterstützung und gemeinsame Orientierung, ja in vielen Fällen eine enge Symbiose zwischen Betriebsräten und Gewerkschaft, die auch durch die gesetzlichen Regelungen ermöglicht und ermuntert wird. Durch umfangreiche Beratungs- und Qualifizierungsangebote setzen die Gewerkschaften die Betriebsräte erst in die Lage, ihren Aufgaben in der betrieblichen Mitbestimmung gerecht zu werden. Umgekehrt stellen Betriebsratsmitglieder die Mehrheit der Delegierten in den Gremien der gewerkschaftlichen Willensbildung (Verwaltungsstellenvorstand, Tarifkommission, Gewerkschaftstag). Die organisatorische Verschränkung und soziale Vernetzung beider Vertretungsinstitutionen auf der Grundlage einer rechtlichen und ordnungspolitischen Trennung ist das Kennzeichen des dualen Systems.

Diese Verschränkung vorausgesetzt wende ich mich im Folgenden nur der Seite der betrieblichen Mitbestimmung zu, denn es erscheint mir fruchtbar und möglich, sie in ihrer relativen Eigenständigkeit zu betrachten.

Wenn wir vom „deutschen Modell" der Industriellen Beziehungen reden, dann ist damit gemeint, dass hier die Arbeitsbeziehungen in intensiver Weise im Rahmen eines spezifischen Leitbildes von Sozialer Integration reflektiert wurden. Der Charakteristik dieses Leitbildes möchte ich zuerst nachgehen. Dann werde ich darstellen, welches die typischen Inklusionsleistungen der Mitbestimmung bisher waren/sind, und wo möglicherweise strukturell ihre blinden Flecken hinsichtlich Inklusion/Exklusion liegen. Und schließlich geht es zentral um die Markierung von Problemzonen, an denen ihre bisherige Inklusionsleistung durch die finanzmarkt-orientierte Unternehmensführung infrage gestellt wird. Die Begriffe Inklusion und Integration sind verwandt, aber nicht synonym. Inklusion bezeichnet die rechtlich-formelle und statuspolitische Seite der Einbeziehung der Beschäftigten in das Wirtschafts- und Sozialsystem, insbesondere die Konstitution von Mitgliedschaftsrollen, die Partizipationsrechte und statusgemäße Ansprüche begründen (Bürgerrechte). Soziale Integration bezeichnet die sozial-moralische und kulturelle Einbindung der Beschäftigten in die Sozialordnung, die dadurch verändert und zugleich eine gemeinsame wird.

1. Leitbild Mitbestimmung

Das Leitbild Mitbestimmung ist in Deutschland schon im Vormärz (vor 1848) entstanden, d.h. bevor überhaupt die Hochindustrialisierung hier begonnen hatte. Man kann überspitzt formulieren: zuerst war die Idee der Mitbestimmung da, danach der moderne Großbetrieb. Das Anschauungsmaterial waren die sozialen Missstände in England. Es gab eine „weit verbreitete Kritik der romantischen Staats- und Wirtschaftslehre am liberalen Individualismus und das Bestreben nach gesellschaftlicher Korporierung des Arbeiters in das überkommene Ständewesen." (Teuteberg 1981, S. 10). Wesentlich ist, dass dies stattfinden sollte über „die Einbürgerung des Arbeiters in Betrieb und Wirtschaft" (ebd. S. 10), wobei die Betonung auf Betrieb liegt. Denn die Ursache für den Konflikt wurde vor allem in der „zunehmenden Distanz zwischen Unternehmer und Arbeitern im Betrieb" (ebd. S. 72) erblickt.

Die Betonung der konkreten Nahbeziehung zwischen Unternehmer und Arbeiter macht den wesentlichen Unterschied des Leitbilds Mitbestimmung z.B. zur angelsächsischen Tradition aber auch zum Modell des abstrakt-universellen Klassenkonflikts aus. Nicht allein der Kampf um materielle Interessen, nicht nur die Brot- und Butterfragen waren das Problemfeld, sondern die Herrschaftspraxis im Betrieb, ein menschenwürdiger Führungsstil, oder – wie Teuteberg sagt – eine „dialogische Form der Herrschaft". Mitbestimmung ist daher nicht allein auf Interessenvertretung reduzierbar. Am Ort der Produktion, am Brennpunkt der Entfremdung der Klassen, im Nahbereich der unmittelbaren Begegnung sollte der Arbeiter auf Augenhöhe mit dem Arbeitgeber agieren und als mündiger Bürger anerkannt sein. Es ging um „anständige Menschenbehandlung" entsprechend den kulturellen und sozialen Standards der Zeit. Die Grundlage war ein Begriff vom Betrieb als einem Sozialverband, als einem Gemeinwesen. Unternehmer und Arbeiter haben moralisch etwas miteinander zu tun, sie bilden eine auf Reziprozität gegründete „moral community". An der Gestaltung dieser community mitzuwirken macht den Betriebsbürger aus.

Die Belegschaft des Betriebs wird als ein Ganzes konzipiert, eine Sichtweise, die der deutschen Konzeption von „Gemeinschaft" und der französischen von „solidarité" (E. Durkheim) nahe kommt. Daher ist der Betriebsrat nicht ein Delegierten-Komitee von partikularen pressure-groups, sondern er vertritt die Belegschaft als Ganzes. Innerhalb der Grenzen des Betriebs ist sein Handlungsauftrag somit *universalistisch* geprägt: er repräsentiert *alle*, die drin sind, ungeachtet aller Unterschiede. Die Frage, was er für solche tun kann, die nicht drin sind, bleibt insoweit offen. Hier wird bereits deutlich, dass die Grenze des Betriebs als Gemeinwesen für die Inklusionsfähigkeit der Mitbestimmung von ausschlaggebender Bedeutung ist. Vor einigen Jahren hatte ich selbst einmal die Formulierung gewagt: „Wo kein Betrieb, da kein Betriebsrat" (Kotthoff 1995). Es wird zu prüfen sein, ob die Erfahrungen, die seither mit der finanzmarkt-orientierten Unternehmensführung gemacht wurden, diese These bestätigen.

Seit der Weimarer Republik ist die Mitbestimmung von den Gewerkschaften adaptiert worden, und damit stärker als vorher in das Wirkungsfeld des Leitbilds „Gegenmacht" des gewerkschaftlichen Interessenkampfes geraten. Die Symbiose mit den Gewerkschaften hat aber nicht zu einer Auflösung der ursprünglichen Konstruktionsprinzipien der Mitbestimmung geführt. Ihr stark sozialintegrativ geformter institutioneller Kern ist über die historischen Phasen hindurch bis heute erstaunlich stabil geblieben.

Die klassische Theorie eines Bürgerstatus der Arbeitnehmer stammt von T. H. Marshall (1950). Er nennt die drei Stadien individuelle, politische und soziale Bürgerrechte, die nicht nur zeitlich aufeinander folgen, sondern die sich jeweils auf dem Boden des Vorausgehenden entwickeln. Die sozialen Bürgerrechte begründen die „industrial citizenship". Diese Inklusionsform scheint auf den ersten Blick übereinzustimmen mit dem Status des Betriebsbürgers. Bei genauerem Hinsehen zeigt sich jedoch, dass Marshall ausschließlich überbetriebliche wohlfahrtsstaatliche Errungenschaften wie Einführung der Schulpflicht, Entstehung der Gewerkschaften und Tarifverhandlungen im Auge hat, jedoch nicht die Gestaltung der sozialen Nahbeziehungen zwischen Unternehmer und Arbeiter am Ort der Produktion. Ein Begriff vom Betrieb als einer moral community ist ihm – und vermutlich der englischen Theorietradition generell – fremd.

Am Ende seiner berühmten Abhandlung zeigt sich Marshall irritiert darüber, dass trotz industrial citizenship das Niveau der spontanen Streiks und die Militanz der Arbeiter nicht domestiziert werden konnte. Er kann die „englische Krankheit" seiner Zeit, die fehlgeschlagene kulturelle und moralische Inklusion der Arbeiter in die englische Gesellschaft, nicht Theorie-immanent erklären, weil er den Aspekt der sozialen Integration im Prozess der Inklusion vernachlässigt. Er verlässt die bis dahin so glänzende Analyse und begibt sich in den Bereich des Moralisierens: er gibt den Arbeitern die Schuld für die Misere. Sie hätten keinen „sense of obligation", also kein Pflicht- bzw. Gemeinwohlbewusstsein, und keinen „sense of community membership based on a civilization which is a common possession" (ebd. S. 40). Marshall konstatiert demnach das Fehlen einer für Arbeiter und Unternehmer gemeinsamen Zivilisation, aber er erwägt nicht, dass die Nahbeziehungen im Betrieb ein strategischer Ort für die Entstehung einer solchen integrierenden Zivilisation sein kann. Dieser Unterschied zwischen der industrial citizenship und dem Betriebsbürgerstatus kennzeichnet prägnant die spezifische potentielle Inklusionsleistung der Mitbestimmung, die darauf beruht, dass Inklusion durch Integration ergänzt wird.

2. Bisherige Inklusionsleistungen der Mitbestimmung

Die spezifischen Inklusionsleistungen der Mitbestimmung variieren beträchtlich entsprechend den besonderen Inklusionserfordernissen der jeweiligen Zeit. Die Institution hat sich flexibel den unterschiedlichen Herausforderungen und historischen Phasen angepasst, ohne bisher den Rahmen ihrer Konstruktionsprinzipien zu verlassen.

Heute ist weitgehend in Vergessenheit geraten, dass die Betriebsräte in den Trümmer- und Hungerjahren nach 1945 – damals auf der Grundlage von Betriebsverfassungsgesetzen der Länder – sehr beachtliche Inklusionsleistungen vollbrachten, indem sie in unkonventioneller Weise entscheidend mithalfen beim Wiederaufbau der zerstörten Fabriken, bei der notdürftigen Ankurbelung der Produktion, der Versorgung der ausgehungerten Belegschaften mit Lebensmitteln, und dann Anfang der 50er-Jahre bei der Beschaffung von dringend gesuchten Arbeitskräften.

Mit der Einführung der Montan-Mitbestimmung 1951 verbanden die Gewerkschaften und Teile der SPD die weitreichendende systemüberwindende Vorstellung eines ersten Schrittes auf dem Weg zu einer sozialistischen Wirtschaftsdemokratie. Bereits wenige Jahre nach der Einführung stellte Otto Neuloh eine ganz andere Praxis fest, nämlich einen „Neuen Betriebsstil", genauer: „Abschaffung des Preußentons" („Schluss mit Brüllen, Schnauzen, Meckern, der Betrieb ist kein Kasernenhof"), „zeitgemäße Menschenbehandlung und sachliche Führung", sowie „gleiche Augenhöhe" sind die Kernbegriffe der Beschreibung (Neuloh 1960, S.184 ff). Es ist die Einlösung des ursprünglichen Inklusionsversprechens, nämlich der Förderung von „Menschenwürde im Betrieb" oder konkreter ausgedrückt: die Überwindung des deutschen Autoritarismus an der Werkbank, der Beginn einer Liberalisierung der Arbeitgeber-Arbeitnehmerbeziehungen in erstaunlichem Ausmaß.

In der kurz darauf einsetzenden Zeit des Niedergangs der Kohle- und Stahlindustrie veränderte sich die Inklusions-Anforderung schlagartig in eine andere Richtung. Die mit Abstand wichtigste Inklusionsleistung der Montan-Mitbestimmung in dieser Phase war fraglos die Erfindung von personalpolitischen Instrumenten zur sozialverträglichen Abwicklung des Personalabbaus. Die Aussage: ohne Mitbestimmung stünde das Ruhrgebiet in Flammen, ist wahrscheinlich ein nicht übertriebenes Inklusionsurteil. Ab Mitte der 70er-Jahre bis heute ist Personalabbau bzw. dessen Verhinderung und Beschränkung zum Generalthema der Mitbestimmung in der gesamten Wirtschaft geworden: Verhandeln von Sozialplänen, Standortsicherungsverträgen, Regelungen zur Frühpensionierung, Abfindungsaktionen, Auffanggesellschaften etc. ist sozusagen zum Einmaleins der Betriebsräte in fast allen Branchen geworden. Die eigentliche Inklusionsleistung besteht darin, dass für ältere Arbeitnehmer Instrumente des Statusübergangs gefunden wurden, so dass die Betroffenen nach dem Verlust des Arbeitsplatzes und damit der Betriebsbürgerschaft nicht in einen statuslosen Zustand fallen, sondern außerhalb des Betriebes eine kompensatorische Nische im Kontext der Industriebürgerschaft einnehmen können.

Wie sehr Entstehungsbedingungen zu Untergangsbedingungen werden können, zeigt das Beispiel Frühpensionierung. Die massenhafte Anwendung dieser Status-Überleitung galt den Mitbestimmungsakteuren als das Glanzlicht ihrer Inklusionsarbeit. Die damit verbundene Externalisierung der Kosten der Frühpensionierungen an den Wohlfahrtsstaat hat aber nach Meinung vieler Experten dessen Leistungsfähigkeit überfordert. In dieser „Plünderung" der Sozialkasse sieht z.B. W. Streeck die „Götterdämmerung" und die „dunkle Kehrseite" des deutschen Modells, die zur Erosion des Korporatismus beigetragen habe (Streeck 2005, S. 158).

Die andere Hauptbeschäftigung der Betriebsräte in derselben Phase wirtschaftlicher Entwicklung war ihre produktive Mitarbeit bei den nicht endenden Modernisierungs- und Restrukturierungswellen, um den Betrieb fit zu machen und so die Arbeitsplätze zu sichern. Die Beteiligung des Betriebsrats bei jeder dieser Reorganisationswellen hat ihren Niederschlag gefunden in der Betriebsratsforschung: von den Qualitätszirkeln und der Gruppenarbeit, über lean production, fraktale Fabrik, Profitcenter, Arbeitszeitflexibilisierung, betriebliche Lohnflexibilisierung, Ausgliederung von Serviceeinheiten bis hin zu heutigen Maßnahmen der Re-Zentralisierung ist sein Verhalten in zahlreichen Studien bestens dokumentiert. Das Ergebnis ist: einige Betriebsräte beteiligen sich aktiv als Co-Manager (vor allem in den Großunternehmen der industriellen Kernbranchen), die Mehrheit stellt sich zumindest nicht dagegen und trägt so ebenfalls zu einer effizienten Umsetzung der Maßnahmen bei. Die Mehrheit der Forscher wirft den Betriebräten eine zu unkritische Haltung gegenüber den jeweiligen Modernisierungsmaßnahmen und ein zu großes Entgegenkommen gegenüber dem Management vor. Die Betriebsräte selbst aber sehen in ihrer proaktiven oder hinnehmend-unterstützenden Rolle bei Restrukturierungen ein weiteres Glanzlicht der Mitbestimmung. Zwar sehen sie ihren Gestaltungsspielraum bei den Entscheidungen als sehr eng an, was dieses Zitat einer Betriebsrätin aus einem Großbetrieb verdeutlicht: „Der Betriebsrat weiß, dass er Grundsatzentscheidungen (der Modernisierung) nicht beeinflussen kann. Sie können nur dafür sorgen, dass das, was kommt, in einem einigermaßen vernünftigen Rahmen bleibt. Sie können also nur Schadensbegrenzung machen." (Mitbestimmung 1997, S. 41) Aber sie sind selber zu Ökonomisten geworden. Die Sicherung der Arbeitsplätze im Betrieb durch wirtschaftlichen Erfolg ist ihr oberstes Ziel. Soziale Schutzpolitik sei in Zeiten hoher Arbeitslosigkeit Wirtschaftspolitik. Darum sind sie Katalysator des Organisationswandels und zugleich dessen soziale Korrekturinstanz geworden.

Die Inklusionsleistung der Betriebsräte wird beispielhaft sichtbar bei der Eingliederung von „benachteiligten" Gruppen in die Belegschaft wie behinderte, gesundheitlich angeschlagene, leistungseingeschränkte Beschäftigte und ausländische Arbeitskräfte. Sofern die *Behinderten und Leistungseingeschränkten* nicht ohnehin unter die sozialverträglichen Regelungen für ältere Arbeitnehmer fielen, weil sie noch zu jung dafür waren, bestand die Integration darin, belastungsärmere, geschütztere Arbeitsplätze im Betrieb für sie bereitzustellen oder im Zusammenwirken mit der staatlichen Sozialpolitik durch unterstützende Maßnahmen, z.B. Umgestaltung des Arbeitsplatzes oder Umschulung, ihre Arbeitsfähigkeit zu erhalten. In vielen Betrieben, insbesondere großen, hatte die Personal- und Sozialpolitik wohlfahrtsstaatliche Züge. Durch den Einfluss der Betriebsräte gelang es, das normative Gerüst einer Arbeits- und Sozialpolitik zu sichern, in der die Rücksichtnahme gegenüber der beeinträchtigten und älteren Arbeitskraft institutionalisiert war (vgl. Kotthoff/Ochs, 1989).

In einer aktuellen Untersuchung stellt W. Schmidt (2006) einen hohen Grad der Integration von Beschäftigten *ausländischer Herkunft* im Betrieb fest. „Gestützt wird die soziale Integration der ausländischen Beschäftigten durch ... die Vorgaben des Managements und nicht zuletzt durch die Arbeit der Betriebräte. (Sie) vertreten eine Linie, die sich als ‚betrieblicher Universalismus' bezeichnen lässt. Darin eingeschlossen ist die Gültigkeit gleicher Regeln für die Beschäftigten unabhängig von deren Herkunft. Die Institution des Betriebsrats als einheitliche ... Interessenvertretung der Beschäftigten im Betrieb macht Formen partikularer, auch ethnisch ausgerichteter Interessenformierung wenig erfolgversprechend." (Schmidt 2006, S. 259) Diese Ausführungen Schmidts lesen sich wie eine Bestätigung der Konstruktionsprinzipien der „einheitlichen/universalistischen" Leitidee Mitbestimmung aus der Zeit des Vormärz.

Zusammenfassend lässt sich feststellen, dass die Mehrzahl der Betriebsräte nach 1945 Entscheidendes beigetragen hat zur Integration der Beschäftigten in eine betriebliche Zivilisation. Sie haben den Zweck, für den sie erfunden wurden, nämlich Anerkennung eines Betriebsbürgerstatus der Belegschaft, faire Behandlung, betriebliche Sozialpolitik, und Versachlichung der Herrschaftsausübung erfüllt. Wenn vom „Kapitalismus mit einem menschlichen Gesicht" die Rede ist, dann gehören sie zuvörderst zu denen, die dies hervorgebracht haben. Ihre zugleich integrierende und wirtschaftsfriedliche Rolle steht außer Zweifel und wird ihnen von allen Seiten bestätigt.

Jedoch ist diese sozialintegrative Leistung eingeschränkt auf den sozial gehaltvollen Begriff vom Betrieb als einer moral community. Die Leistungen beziehen sich auf die, die drin sind, die Insider, die Stammbelegschaft, auf jene, die einen festen Arbeitsvertrag haben. Im Innern hält dieses System fast jede Diversität aus. Nach Außen aber hat es eine dicke Haut. Die Solidarität der Betriebsräte erstreckt sich nicht auf die Integration von Arbeitslosen in den Betrieb. Durch die Bildung von internen Arbeitsmärkten wird diese Abschottungstendenz nach Außen erhöht.

3. Mitbestimmung und finanzmarktorientierte Unternehmensführung

Es gibt drei mögliche Gefahrenzonen für das Inklusionspotential der Mitbestimmung durch die in den vergangenen Jahren auch in Deutschland mehr und mehr etablierte Finanzmarktorientierung der Unternehmensführung: a) Versuche, die bestehenden Mitbestimmungsrechte abzuschaffen oder abzuschwächen, weil sie mit einer solchen Steuerung grundsätzlich konfligiere; b) die Abstimmung des Finanzkapitals mit den Füßen, und zwar sowohl die Auswanderung deutscher Unternehmen in ein anderes Land (Verlegung des Firmensitzes) als auch das Fernbleiben ausländischen Kapitals vom deutschen Standort; und c) die innere Aushöhlung/Erosion der Mitbestimmung durch ihre Formschwäche, Machtverlust der Akteure und Funktionshindernisse.

3.1 Die Abschwächung des Mitbestimmungsrechts

Die Mitbestimmung ist in Deutschland keineswegs harmonisch eingeführt worden. Es gab regelmäßig heftige politisch-parlamentarische Auseinandersetzungen vor der Verabschiedung eines Mitbestimmungsgesetzes. Die Wirtschaftsverbände bekämpften sie als wirtschaftsschädlich, den Gewerkschaften gingen einige Gesetzesinitiativen nicht weit genug. Jedoch, nachdem ein Gesetz verabschiedet war, passten sich beide Seiten erstaunlich schnell der neuen Situation an. Es wurde nicht nachgetreten. So herrschte über lange Perioden Frieden an der Mitbestimmungsfront. Aus diesem Muster „vorher unversöhnlich – nachher business as usual" sind die Wirtschaftsverbände seit ca. fünf Jahren in Bezug auf das Gesetz zur Unternehmensmitbestimmung 76 ausgestiegen. Mit dem Hinweis auf den Wandel der Finanzmärkte, auf die Zunahme grenzüberschreitender Fusionen, auf das Urteil des Europäischen Gerichtshofes über die Niederlassungsfreiheit in Europa attackieren BDI und BDA die paritätische Mitbestimmung im Aufsichtsrat vehement als singulären Standortnachteil im internationalisierten Kapitalismus, als Abschreckung ausländischer Direktinvestitionen, als „Irrtum der Geschichte" (Rogowski). Sie legten einen Reformvorschlag vor, der die Abschaffung der Parität und den Rückzug auf die Drittel-Parität vorsieht. Die Gewerkschaften sahen sich in die Defensive gedrängt, zumal sie selber nach 1976 wenig prickelnde Werbung für Idee und Praxis der Unternehmensmitbestimmung gemacht hatten. Das Thema war abgehakt.

Zur Klärung des Veränderungsbedarfs setzte die Bundesregierung nach mehr als 30 Jahren wiederum eine Biedenkopf-Kommission ein. Die wissenschaftlichen Mitglieder der Kommission kamen Ende 2006 zu dem Ergebnis, dass *kein grundsätzlicher Änderungsbedarf* bei der 76er-Mitbestimmung bestehe. Sie stelle kein Hindernis für eine erfolgreiche finanzkapitalistische Steuerung der Unternehmen dar. Sie wirke überwiegend neutral auf die wirtschaftlichen Effizienzkriterien, teilweise sogar positiv, aber keineswegs negativ (KMdU 2006).

Der Bericht wird überwiegend als ein Etappensieg der Gewerkschaft gewertet. Aus meiner Sicht ist die Veränderung der Verhandlungsgrundlage der Kommission aufschlussreicher als das Ergebnis selbst. Der Arbeitgeberseite ist es gelungen, die Definitionsmacht in der Mitbestimmungsfrage zu übernehmen und die Beweislast umzudrehen. Nicht mehr Inklusion steht im Vordergrund, sondern Profit. Die Mitbestimmung muss beweisen, dass sie sich unter den finanzkapitalistischen Bedingungen rechnet. Es scheint auf die Gleichung hinauszulaufen: der Börsenkurs ist der Kurs der Unternehmensmitbestimmung.

Vereinzelte Stimmen im Arbeitgeberlager und in der ihnen nahe stehenden Wissenschaft machen mit ihren Attacken auch nicht Halt vor dem Betriebsverfassungsgesetz, das mehr noch als die Aufsichtsratsmitbestimmung als konsensueller Inbegriff der Mitbestimmung gilt. So fordert Wolfgang Franz, Leiter des ZEW und Mitglied des Sachverständigenrates, eine Privatisierung des Betriebsrats: er soll nur auf einer freiwilligen Vertragsbasis Bestand haben, nicht als gesetzlicher Zwang. Sinnigerweise schiebt Franz die Forderung nach, dass die Arbeitnehmer die Kosten der Amtsführung des Betriebsrats zur Hälfte per Lohnabzug tragen sollen. „Freiwilligkeit und Kostenteilung bewirken eine international wettbewerbsfähige betriebliche Mitbestimmung." (Franz 2004)

Aktuell kann man davon ausgehen, dass die bestandsgefährdenden Attacken auf die bestehenden Mitbestimmungsgesetze vorerst abgewendet sind. Hinsichtlich der Unternehmensmitbestimmung durch die Biedenkopf-Kommission. Hinsichtlich des BetrVG wurde 2001 eine Novellierung durchgebracht, die den Betriebsrat widerstandsfähiger machen soll gegen einige exkludierende Folgen der globalisierten Wirtschaft, indem es stärker an die neuen netzwerkartigen Betriebsformen angepasst wurde, z.B. durch das Recht auf Bildung von Standortbetriebsräten und Regionalbetriebsräten. Generell wurde die Gründung von Betriebräten in kleinen Betrieben erleichtert und deren Arbeitsmöglichkeiten durch Freistellung verbessert.

3.2 Die neuere Forschung zur Unternehmensmitbestimmung

Die Ökonomisierung des Mitbestimmungsdiskurses findet ihr direktes Echo in der Forschung zur Unternehmensmitbestimmung. Fast alle Untersuchungen der letzten Jahre beziehen sich auf die ökonomische und nicht mehr auf die Integrationsfunktion. Sowohl die Studien über die Praxis der Aufsichtsrats-Mitbestimmung, als auch Studien über das Urteil ausländischer Investoren über den mitbestimmten Standort Deutschland kommen – wie bereits erwähnt – zu dem Schluss, dass sie nicht wirtschaftsschädlich ist.

Höpner (2001) berichtet, dass die Arbeitnehmervertreter im Aufsichtsrat z.B. die Umstellung der Buchführung auf US-GAAP aktiv unterstützten; ebenso die Steigerung der Managergehälter, über die sie im Personalausschuss des Aufsichtsrats mitentscheiden; sie haben in den meisten Fällen dem Portfoliomanagement (Reduzierung auf die Kernkompetenz) zugestimmt. Es trifft nicht zu, dass die Insider (Management und Arbeitnehmervertreter) eine Koalition gegen die Outsider (Aktionärsvertreter) bilden, sondern in vielen Fällen ziehen die Arbeitnehmervertreter mit den Aktionärsvertretern an einem Strang gegen das Management. Von potentiellen Übernehmern wird die Mitbestimmung nicht mehr als Giftpille gesehen. Höppner gelangt zu dem Schluss:

„Der wirtschaftlichen Effizienz der Unternehmen steht die Mitbestimmung ... nicht im Wege. Ob und unter welchen Bedingungen sie ein hinreichendes Instrument zur Verpflichtung der Unternehmen auf mit öffentlichen Interessen vereinbare Ziele ist, bleibt eine offene Frage." (Höpner 2004) Sharehoder Value und Mitbestimmung sind durchaus nicht unvereinbar.

Zum selben Ergebnis gelangt Frick, nämlich

„ ..., dass weder die Einführung, noch die konkrete Handhabung des (76er) Mitbestimmungsgesetzes einen Unternehmenswert reduzierenden Einfluss hat, ... und dass die Existenz eines Betriebsrats mit einer signifikant höheren Arbeitsproduktivität einhergeht." (Frick 2005, S. 437).

Vitols (2001) befragte ausländische Tochterunternehmen in Deutschland nach ihren Erfahrungen mit der Mitbestimmung. Das Management sieht keine negativen Wirkungen, und keines der befragten Unternehmen würde wegen der Mitbestimmung erwägen, Deutschland zu verlassen. Boston Consulting befragte die 100 umsatzstärksten US-Unternehmen in Deutschland und kam zu demselben Ergebnis (manager magazin 2007). Und McKinsey befragte potentielle ausländische Investoren und stellte ebenfalls fest, dass die Mitbestimmung kein Standortnachteil ist (McKinsey 2002).

Diejenigen Studien, die das Verhalten der Arbeitnehmervertreter im Aufsichtsrat untersuchten, vermitteln den Eindruck, dass diese das, was von den Aktionärsvertretern eingebracht wird, nicht nur widerwillig schlucken, sondern großenteils aktiv mittragen.

Auch wenn die Frage nach der Inklusionswirkung der Unternehmensmitbestimmung nicht mehr gestellt wird, so deuten einige Forscher zumindest mögliche Folgen an, z.B. Höpner/Jackson (2002, S. 364) mit der Formulierung:

„Das Regelwerk der Mitbestimmung hat sich nicht verändert, und doch ist die Institution nicht mehr dieselbe ... (Der) Druck der Märkte ist in sie hineingekrochen und hat sie so weit verändert, dass ein Aktivist der 70er-Jahre sie nicht mehr wiedererkennen würde."

Ich will hier nur auf zwei solcher Veränderungen hinweisen.

Das *Portfoliomanagement* als Motor des Marktes für Unternehmensteile, für Fusionen, Aufkäufe, Verkäufe, Aufsplitterungen und Auslagerungen ist eine entlang der Wertschöpfungskette gefällte Selektion der Unternehmenseinheiten auf der Achse Inklusion-Exklusion. Es ist eine Grenzziehung zwischen Einheiten mit guten und mit weniger guten Arbeitsbedingungen und Arbeitsbeziehungen. Es werden Bereiche minderer Bindung, minderer Sicherheit, minderer Inklusion geschaffen. Für die Einheiten in der Peripherie bedeutet dies eine Ent-Betrieblichung, eine tendenzielle Auflösung des Betriebs als Gemeinwesen. Dass diese Gefährdung der Existenzbedingung der Mitbestimmung im Namen der Mitbestimmung problemlos möglich ist, gehört zu den Dingen, die die Aktivisten der 70er-Jahre nicht verstehen würden. Mehrere der erwähnten Untersuchungen berichten, dass die Arbeitnehmervertreter im Aufsichtsrat hier weitgehend widerstandslos mitspielen, weil sie sich dadurch eine erhöhte Arbeitsplatzsicherheit für die verbleibende Kernbelegschaft erhoffen, der sie sich in besonderer Weise verpflichtet fühlen. Die sich mehrenden Berichte über misslungene Fusionen sind ein Zeichen dafür, welche Störquelle die Unterschätzung des Sozialgebildes Betrieb sein kann.

Eine andere Frage, an der sich symbolhaft die Umwertung der Werte zeigt, sind die exorbitanten Steigerungen der Managerbezüge. Diese aus Mitbestimmungssicht bisher zweitrangige Frage wird zu einem Stein des Anstoßes nicht weil sie objektiv hohe Relevanz besitzt, sondern weil sie ein krasses Symbol für den Auszug des Managements aus dem bisherigen Sozialzusammenhang ist. Denn wenn das Gehalt eine Relation von Wertschätzungen ausdrückt, dann ist das Top-Management zum „Außerirdischen" geworden. Das Koordinatensystem des Gerechtigkeitsempfindens ist verkantet. Dass mitbestimmende Arbeitnehmervertreter das absegnen und keine Sensibilität haben für diese neue Dimension des „Ihr-da-oben-Wir-da-unten" deutet auf einen Verfall der Mitbestimmungsmoral hin, oder wie T. H. Marshall es für England in den 50er-Jahren festgestellt hat, für einen „Missklang zwischen Gewerkschaftsfunktionären und Arbeitern" (Marshall 1950, S. 78).

3.3 Auswanderung: die Flucht vor der Unternehmensmitbestimmung

Mit der Errichtung der europäischen Wirtschafts- und Währungsunion verband sich bei den deutschen Wirtschaftsverbänden die Hoffnung, der Unternehmensmitbestimmung zu entkommen, sei es durch die Möglichkeit, den rechtlichen Firmensitz in ein Land ohne Mitbestimmung zu verlagern, vor allem aber dadurch, dass die EU ein allgemeinverbindliches europäisches Gesellschaftsrecht schafft, dass keine paritätische Mitbestimmung beinhaltet.

Nach einem langen Prozess der Auseinandersetzung hat die EU diese Fragen durch die Richtlinie über die Europäische Aktiengesellschaft (SE) im Jahr 2004 und durch die Verschmelzungsrichtlinie („10. Gesellschaftsrechtliche Richtlinie über die Verschmelzung von Kapitalgesellschaften") 2005 geklärt. Aus Sicht der deutschen Arbeitnehmer und Gewerkschaften ist das Ergebnis unerwartet positiv: ein Rückfall hinter die 76er-Mitbestimmung ist für deutsche Unternehmen nicht möglich, der Fluchtweg ist abgeschnitten – es sei denn, zwei Drittel der Arbeitnehmervertreter stimmen dafür, eine Konstellation die unwahrscheinlich ist. Zwar wird die Arbeitnehmerbeteiligung nicht staatlich vorgeschrieben, sondern zum Gegenstand freiwilliger Verhandlungen gemacht, aber die Verhandlungsprozedur wird vorgeschrieben. Wenn nach sechs Monaten keine freiwillige Vereinbarung zustande kommt, dann tritt die Auffangregelung in Kraft, die besagt, dass der Ist-Zustand festgeschrieben wird.

Die Verschmelzungsrichtlinie gilt für Unternehmen, die keine Aktiengesellschaften sind. Hier gilt grundsätzlich die Regelung des Mitgliedsstaates, in dem das verschmolzene Unternehmen seinen Sitz hat. Dies trifft jedoch nicht für Unternehmen mit mehr als 500 Beschäftigten zu, wenn in ihnen bisher eine weitergehende Mitbestimmungsregelung gegolten hat. Dann nämlich findet die Regelung der SE Anwendung. Auch dies ist aus deutscher Sicht eine Besitzstandswahrung, denn für Unternehmen unter 500 Beschäftigten galt auch bisher keine paritätische Mitbestimmung.

Auf keinen Fall unerwähnt bleiben darf die schon mehr als zehn Jahre (1994) zurückliegende Einführung des Europäischen Betriebsrats (EBR), der auf der Ebene der betrieblichen Arbeitnehmervertreter eine transnationale Ausdehnung von Beteiligungsrechten darstellt, die auch mehr und mehr genutzt wird (Kotthoff 2006).

Aus deutscher Sicht ist festzustellen, dass in der EU die formal-rechtliche Absicherung und Transnationalisierung von Beteiligungsrechten erhebliche Fortschritte gemacht hat. Der Satz: das Kapital ist mobil, die Arbeitnehmer nicht, gibt den Sachverhalt daher nicht richtig wieder. Denn bezogen auf die Beteiligungsrechte der Beschäftigten kann das Kapital innerhalb von Europa nicht mehr opportunistisch handeln. Und die Verlegung des Firmensitzes in andere Kontinente erscheint gegenwärtig eher irreal.

3.4 Auswirkungen der finanzmarktorientierten Unternehmenssteuerung auf den Betriebsrat: Erosion von Innen?

Schon seit längerem wurde auf Gewerkschaftsseite befürchtet, das infolge von „Globalisierung und shareholder value" der Deckungsgrad der Institution Betriebsrat abnehmen würde. Diese Vermutung konnte bisher aber nicht bestätigt werden. Entgegen verbreiteten Annahmen war und ist die Deckungsrate des Betriebsrats konstant niedrig in Deutschland: aktuell gibt es nur in 11% aller privatwirtschaftlichen Betriebe mit mehr als 5 Arbeitnehmern einen Betriebsrat, in denen insgesamt ca. 45% aller Arbeitnehmer beschäftigt sind (Ellguth 2006). Der ausschlaggebende Faktor ist die Größenklasse: von den Betrieben mit weniger als 20 Beschäftigten hat kaum ein Betrieb einen Betriebsrat, in denen mit 21-100 Beschäftigten nur eine Minderheit, in Betrieben mit 101-200 Beschäftigten haben immerhin zwei Drittel einen, und in den Betrieben mit mehr als 200 Beschäftigten 80% und mehr.

Die Betriebsratsforschung unterscheidet schon seit langem entsprechend der Vertretungswirksamkeit und damit auch der Integrationswirksamkeit verschiedene Betriebsratstypen. Es gab und gibt in Deutschland nicht den Einheits-Betriebsrat, sondern eine hohe Variation. Meine eigene sechsstufige Typologie reicht vom „ignorierten Betriebsrat", der nur auf dem Papier steht, bis zum „Betriebsrat als korporatistische Ordnungsmacht", den man auch als Co-Manager bezeichnen kann. Zwischen den 70er- und 90er-Jahren haben die vertretungswirksamen Typen stark zugenommen. Die betriebliche Mitbestimmung hatte in dieser Zeit einen beachtlichen Aufschwung. Gegen Ende der 90er-Jahre wurde von vielen gemutmaßt, dass auf Grund der hohen Arbeitslosigkeit, Verringerung der Verteilungsspielräume und der zahlreichen Umstrukturierungen das Machtverhältnis in den Betrieben zu Ungunsten des Betriebsrats sich verschoben habe, dass er dadurch an den Rand gedrückt und seine Integrationsfähigkeit beschnitten worden sei. Empirische Studien aus dieser Zeit konnten aber keine Veränderung der Beziehungskultur zwischen Management und Betriebsrat bestätigen (vgl. Frege 2002; Müller-Jentsch/Seitz 1998). Obwohl die Mitbestimmungsthemen und die Verhandlungsmasse sich veränderten, blieb die zuvor erreichte Beziehungsstruktur der Konfliktpartnerschaft erhalten. Die Betriebsräte werden in stärkerem Maße mit einbezogen in die Veränderungsprozesse. Andererseits sind ihre Möglichkeiten, die Richtung dieser Prozesse umzubiegen und substantiell inhaltlich-gestaltend auf sie einzuwirken, begrenzt. Sie legen den effizienzsteigernden Maßnahmen, so schmerzlich sie sein mögen, keine Hindernisse in den Weg, sie begleiten die Umstrukturierungen kooperativ, weil sie keine bessere Alternative sehen, die vorhandenen Arbeitsplätze zu sichern. Kritiker sagen: sie begleiten was ohnehin geschieht.

Diese Konstellation ist aber nicht neu. Wie in anderen wirtschaftlichen Phasen auch fördert der Betriebsrat einerseits die Entfaltung der ökonomischen Rationalität und betreibt andererseits Schadensbegrenzung. Beides zusammen versteht er als einen Beitrag zur Sozialintegration. Er stärkt auch in schwierigen Zeiten die moral community der Belegschaft, fördert Leistungsbereitschaft und commitment und er sucht sozialverträgliche Regelungen für die von Exklusion bedrohten Insider. Wenn sich das Management sozialverträglichen Lösungen versperrt und sein Handeln als unfair empfunden wird, dann kennt auch das als besonders kooperativ angesehene deutsche System der betrieblichen Mitbestimmung Fälle von härtester Konfrontation.

Gefährdungen der integrativen Rolle des Betriebsrats sind weniger zu erwarten aus den unterschiedlichen sachlichen Herausforderungen seines Handelns in unterschiedlichen wirtschaftlichen Phasen, sondern aus Veränderungen der betrieblichen Sozialordnung, d.h. auf strukturellen Veränderungen dessen, was den Begriff Betrieb ausmacht.

Jürgen Kädtler (2006) hat die Veränderungen der betrieblichen Mitbestimmung nicht lediglich auf pauschale Wandlungsbegriffe wie Globalisierung und Flexibilisierung bezogen, sondern auf die konkreten finanzmarktorientierten Unternehmenspolitiken in den drei großen deutschen Chemiekonzernen. Im Unterschied zu den zu einem früheren Zeitpunkt durchgeführten Untersuchungen von Frege, Müller-Jentsch/Seitz, und mir stellt er in zwei der drei erforschten Unternehmen eine gravierende Verschiebung im Verhältnis Management-Betriebsrat fest. Die Ausgangssituation war, dass in allen drei Fällen eine betriebliche Mitbestimmung entsprechend dem Typ „Der Betriebsrat als korporatistische Ordnungsmacht" (Kotthoff 1994) vorherrschte, also der am stärksten sozialpartnerschaftliche, kooperative und einflussreiche Typus. Die Befunde fallen für jedes der Unternehmen anders aus: bei der BASF sind die Handlungsbedingungen des Betriebsrats eher gestärkt als geschwächt; bei Bayer sind sie in der Erosion begriffen; bei den Nachfolgeunternehmen von Hoechst sind sie aufgelöst und in einen anderen Typus übergegangen. Diese Varianten entsprechen spiegelbildlich der Variation in der Rigorosität der finanzmarktkapitalistischen Umgestaltung der Konzerne. Das Management von Hoechst diente sich geradezu vorauseilend für Übernahmen und Fusionen an und betrieb konsequent eine Zerschlagung des alten Konzernverbundes, damit auch des sozialen Verbundes, und damit wiederum der wichtigsten Voraussetzungen für das Weiterfunktionieren des bisherigen Typs der betrieblichen Mitbestimmung. Bei Bayer widersetzten sich Vorstand und Konzernbetriebsrat gemeinsam mehrere Jahre dem starken von außen kommenden Druck in Richtung Portfoliomanagement. Diese Barriere hielt nicht stand. Mit dem Wechsel in der Person des Vorstandsvorsitzenden erfolgte eine Steuerung streng nach Finanzmarktgesichtspunkten. „Betriebsgemeinschaftliche Züge der traditionellen Unternehmenskultur wurden gezielt aufgegeben zugunsten einer Individualisierung der Arbeitsbeziehungen auf Basis von Renditekennziffern" (Kädtler 2006, S. 195). Kädtler bezeichnet den Wandel bei Bayer und Hoechst als „Amerikanisierung", als „Desaster" und „tiefen Bruch". Empirisch stützt er diese Aussagen vor allem auf die Veränderung des persönlichen Verhältnisses der jeweiligen Spitzen-Repräsentanten zueinander: Vorstandsvorsitzender und Arbeitsdirektor auf der Managementseite, Betriebsvorsitzender und seine engsten Stützen auf der anderen Seite. Die Top-Manager sind aus den besonderen sozialen Beziehungen zu einzelnen Standorten im Stammland ausgestiegen, sie gehen zu allen Standorten auf gleich große Distanz. Das Management verhält sich nicht mehr (standort-)patriotisch. „Wo das Gewicht lokaler Arbeitnehmervertretungen von der besonderen Loyalität des Top-Managements gegenüber bestimmten Standorten abhängt ... geht organisatorische Globalisierung unmittelbar zu Lasten der Arbeitnehmervertretung" (ebd. S. 57).

Nur die BASF bleibt der Verbundstrategie treu, der Hauptstandort am Stammsitz erfuhr durch ein eigenes im Vorstand vertretenes Standortmanagement eine Aufwertung, und damit auch der Standort-Betriebsrat.

Die Studie macht deutlich wie die Finanzmarktorientierung die Struktur der Beziehung zwischen Top-Management und Betriebsrat verändert. Weniger deutlich wird, an welchen konkreten Stellen dadurch das sozialintegrative Vermögen des Betriebsrats eingeschränkt wurde, zumal die Standorte als „Betrieb" und die sozialen Kollektive der Standortbelegschaften überwiegend erhalten blieben. Mir scheint, dass die Hauptwirkung auf den Betriebsrat darin besteht, dass er sich von einem vertretungswirksamen Typ in einen anderen vertretungswirksamen Typ verwandelt, nämlich von der „korporatistischen Ordnungsmacht", wo er wie auf einem Tandem in engem Einverständnis mit einem stark sozialpartnerschaftlich eingestellten Management Einfluss auf die Betriebsratspolitik ausübt, hin zum „standfesten Betriebsrat", d.h. einer Form von kooperativer Distanz, in der der Betriebsrat dem defensiv eingestellten Management in einer stärker konfliktorientierten Art als vorher als Widerpart gegenübertritt. Auch der „standfeste Betriebsrat" ist eine wirksame Realisierung des Leitbilds Mitbestimmung, auch wenn seine sozialintegrativen Leistungen auf einem weniger komfortablen Weg erreicht werden. Daher würde ich mich scheuen, bei diesem Typenwechsel von einem „Desaster" zu sprechen, so lange nicht schwerwiegende des-integrierende Wirkungen für die Beschäftigten auftreten. Dem Typ „Ordnungsmacht" entspricht schätzungsweise ein Fünftel der Betriebsräte in Deutschland. Die Aussage müsste demnach lauten, dass der Betriebsrat von zwei der drei Chemieriesen nicht mehr zu dieser Gruppe gehört.

3.5 Exklusion von Mitbestimmung in Unternehmen und Sektoren mit prekärer Arbeit

Prekäre Arbeitsbedingungen wie Befristung, Leiharbeit, abhängige Selbstständigkeit usw. gibt es in fast allen Wirtschaftssektoren. Sie sind aber besonders verbreitet in der Branche Groß- und Einzelhandel, die finanzmarktgesteuert ist, im Transportwesen, Hotel- und Gaststättengewerbe und Reinigungsdienste – Wirtschaftsbereiche, in denen der Einzel- oder Familieneigentümer vorherrscht. Demnach gibt es offensichtlich ganz unterschiedliche Verursachungskontexte von Prekarität. Unabhängig von der Verursachungsart schlägt Prekarität der Arbeits- und Beschäftigungsbedingungen unmittelbar durch auf die Struktur der Interessenvertretung. Auch sie nimmt eine prekäre Form an.

Einen Einblick in diese Bereiche geben die Arbeiten von Sydow/Wirth (1999) die die Industriellen Beziehungen in Netzwerkunternehmen untersucht haben. Sie sprechen von „einem dramatischen Machtverlust der Interessenvertretung, der das bundesdeutsche System der industriellen Beziehungen nachhaltig verändern wird." (S. 167) Wirth (2007) hat eine Längsschnittuntersuchung über 15 Jahre zur Betriebratsarbeit in Warenhäusern durchgeführt. Die Arbeit ist großenteils unter der strategischen Führung eines lokalen Unternehmens externalisiert in viele kleine rechtlich selbstständige, aber wirtschaftlich abhängige Netzwerkunternehmen. Ein Betriebsrat existiert nur in dem stabilsten Teil dieses Systems, dem fokalen Unternehmen selbst. Die Situation ist dadurch gekennzeichnet, dass am selben Ort (Warenhaus) Beschäftigte unterschiedlicher Firmen arbeiten, die im klassischen Sinn kein Betrieb sind und auch sozial keine Belegschaft bilden. Der Betriebsrat des Warenhauses kümmert sich nicht um die Inklusion der externalisierten Beschäftigten, die er nicht persönlich kennt, über die er keine Informationen hat, und die er nicht als wirkliche Kollegen ansieht. Sie sind uninteressant für ihn, weil er sich weiterhin als Betriebsrat und nicht als Netzwerkrat versteht.

Eine Inklusion unter dem Leitbild Mitbestimmung sieht Wirth hier nicht mehr als Erfolg versprechend an, vielmehr plädiert er für ein völlig anderes Muster: Öffentlichkeit und Kunden einbeziehen, d.h. Einschalten von Politik und Prominenz in der Gemeinde, und vor allem Aufruf zum Kaufboykott.

Diese Empfehlung für ein Umschwenken auf ein völlig anderes Interessenvertretungsmodell als es die Mitbestimmung darstellt wird tendenziell durch eine ländervergleichende Untersuchung von Artus (2007) unterstützt. Die Autorin hat die Mitbestimmung in zahlreichen Filialen eines großen deutschen Discounters in Deutschland und in Frankreich untersucht. Die Arbeitsbedingungen sind in den deutschen und französischen Filialen gleich: die Beschäftigten – 90% Frauen – sind fast alle befristet, auf Teilzeit und in Schicht eingestellt. Die Bezahlung ist zwar tariflich, aber es herrscht eine strukturelle personelle Unterbesetzung und hohe und rigide Leistungsstandards verbunden mit einem extrem autoritären und willkürlichen Führungsstil, für den die Franzosen einen Sammelbegriff haben: La pression. Das Motto lautet: willig und billig.

Von den 2.500 Filialen in Deutschland haben nur 5 einen Betriebsrat. Initiativen zur Betriebsratsgründung werden im Keim erstickt. In Frankreich existieren dagegen in allen 17 Regionalbezirken Delegues du personell und Delegues syndicaux, weil sie vom Gesetz zwingend vorgeschrieben sind, was von staatlichen Inspektoren überwacht wird, aber die Wirksamkeit dieser Gremien ist marginal, so dass hinsichtlich der institutionalisierten Beteiligung zwar ein formaler, aber kaum ein praktischer Unterschied zwischen den beiden Ländern besteht. Und dennoch ist die Interessenvertretung in den französischen Filialen deutlich wirkmächtiger als in Deutschland aufgrund von spontanen Streiks und kurzfristigen Arbeitsniederlegungen, die häufig und regelmäßig vorkommen. In Frankreich besteht ein individuelles Streikrecht, und darauf aufbauend eine entwickelte Streikkultur. Das vom Streik geprägte Beziehungsmuster zum Management macht diesem klar, dass es Grenzen der Willkür gibt, an die es sich auch stärker als in Deutschland hält.

Daraus ist der Schluss zu ziehen, dass das allgemein als schwächer eingeschätzte französische System speziell für den Bereich der prekären Beschäftigung Inklusionsvorteile gegenüber der deutschen Mitbestimmung hat, da es besser geeignet ist, eine komplette Negation von Beschäftigteninteressen zu verhindern (Artus 2007, S. 23).

3.6 Inklusion von Wissensarbeitern durch Mitbestimmung?

Neben dem Bereich der prekären Arbeit ist auf dem entgegengesetzten Spektrum, dem Bereich der vergleichsweise stabilen und privilegierten Hochqualifiziertenarbeit (Experten, Hochqualifizierte, „Wissensarbeiter") die Mitbestimmung ein Randphänomen. Alle vorliegenden Untersuchungen belegen, dass die qualifizierten und hochqualifizierten Belegschaftsteile in den großen Betrieben, die traditionell einen – freilich von der Arbeiter- und Tarifangestelltenbelegschaft dominierten – Betriebsrat haben, von der Institution Betriebsrat zwar eine positive Meinung, aber so viel wie nichts mit ihm zu tun haben. Ihr Interessenmodell ist ausschließlich individuell und autonom: sie sehen sich als unentbehrliche und geschätzte Leistungsträger im Unternehmen und glauben ihre Interessen am besten selbst vertreten zu können. Die Wissensarbeiter exkludieren sich quasi selbst aus der Mitbestimmung.

In den Kleinbetrieben der New Economy mit einem hohen Anteil an Wissensarbeitern war vor dem Branchen-Crash die Distanz zur Mitbestimmung noch größer als in den etablierten Großunternehmen. Nach dem Crash sind zwar in einer nennenswerten Zahl von Betrieben Betriebsräte gegründet worden, aber es ist kaum anzunehmen, dass diese eine Rolle spielen, die annähernd dem Bild entspricht, das Industriesoziologen traditionell vom Betriebsrat haben.

Bemerkenswert ist in diesem Zusammenhang, dass in dem neuen Biedenkopf-Gutachten die Probleme der Mitbestimmung im prekären Sektor nicht vorkommen. Dagegen wird den Wissensarbeitern und der Bedeutung der Mitbestimmung gerade für sie das gesamte Schlusskapitel gewidmet. Die Abhängigkeit der Unternehmen von den Hochqualifizierten werde zunehmen. Darum sei die Bindung dieser Wissensarbeiter an das Unternehmen eine der größten zu lösenden Aufgaben der Zukunft. Wörtlich heißt es: „Die Unternehmen werden sich gezwungen sehen, dem durch einen Ausbau der Bindungen ihrer Funktions- und Leistungsträger an das Untenehmen und deren Identifikation mit dem Unternehmen entgegenzuwirken. Ihrer stärkeren Beteiligung an der unternehmerischen Willensbildung wird dabei eine wichtige Rolle zukommen." (KMdU 2006, S. 49) Die Kommission macht sich hier vehement stark für eine Inklusion der Wissensarbeiter unter dem Leitbild Mitbestimmung ohne zu verdeutlichen, wie dieses Leitbild den Wissensarbeitern, die sich im Kontext des Leitbildes eines „beitragsorientierten Leistungsträgers" bereits inkludiert sehen, vermittelt werden kann.

Die prekär Beschäftigten und die Hochqualifizierten sind aus völlig unterschiedlichen Gründen von einer Inklusion durch Mitbestimmung weit entfernt: die einen können nicht, die anderen wollen nicht. Aber gerade diese beiden Beschäftigtengruppen sind die mit dem höchsten Wachstum. In den industriellen Kernbereihen wird die Mitbestimmung dagegen weiterhin eine bedeutende Rolle als Inklusionsfaktor spielen.

Am weitesten entfernt von einer Inklusion durch Mitbestimmung sind die Arbeitslosen. Sie fallen aus dem Blickfeld der institutionellen Mitbestimmung noch weiter heraus als die prekär Beschäftigten. Das liegt nicht nur an einer unzureichenden Praxis der Mitbestimmung, sondern an ihrer Konstruktion. Deshalb stellt sich die Frage: hat die Mitbestimmung einen Konstruktionsfehler? Ist der Betriebsbürgerstatus nicht ein Hindernis für die Lösung der schwerwiegenden Inklusionsprobleme heute, nämlich Arbeitslosigkeit und prekäre Beschäftigung? Wäre ein Umschwenken z.B. auf das französische Modell, das neben der institutionellen Beteiligung auch spontane Streiks legitimiert, wirksamer?

Darüber, welche Auswirkungen die aktuelle Finanzmarktkrise und die wirtschaftliche Rezession auf die weitere Entwicklung der Mitbestimmung haben werden, kann gegenwärtig freilich nur spekuliert werden. Zwei Szenarien sind möglich. Das erste besagt, dass durch die in der Rezession engeren Handlungsspielräume der Unternehmen auch die Handlungsspielräume und der Einfluss der Mitbestimmung enger werden. Das zweite Szenarium besagt, dass durch eine jetzt zu erwartende Pendelbewegung in Richtung real- statt primär finanzwirtschaftlich induzierter und längerfristig orientierter Unternehmensstrategien und einer damit verbundenen stärken Rückbesinnung auf die soziale Einbettung wirtschaftlichen Handelns die Mitbestimmung an Bedeutung gewinnen wird. Wenn die Folge der aktuellen Finanzkrise die Vertrauenskrise ist, dann spricht vieles dafür, dass die Mitbestimmung, deren „Kernkompetenzen" die Erzeugung von Vertrauen, die Inklusion und Integration der Beschäftigten, und die Bodenhaftung wirtschaftlichen Handelns sind, aktuell bleibt.

Literatur

Abel, Jörg und Peter Ittermann, 2006: Strukturen und Wirksamkeit von Beschäftigtenpartizipation in Neue-Medien-Unternehmen. S. 197-222, in: Artus, Ingrid et al. (Hg.): Betriebe ohne Betriebsrat. Informelle Interessenvertretung in Unternehmen. Frankfurt/Main: Campus.

Artus, Ingrid, 2007: Prekäre Interessenvertretung. Ein deutsch-französischer Vergleich von Beschäftigtenrepräsentation im niedrig entlohnten Dienstleistungsbereich. Industrielle Beziehungen 1: S. 5-29.

Ellguth, Peter, 2006: Betriebe ohne Betriebsrat. Verbreitung, Entwicklung, Charakteristika. S. 43-80, in: Artus, Ingrid et al. (Hg.): Betriebe ohne Betriebsrat. Informelle Interessenvertretung in Unternehmen. Frankfurt/Main: Campus.

Franz, Wolfgang, 2004: Betriebliche Mitbestimmung nur noch freiwillig. Frankfurter Allgemeine Zeitung, 30.3.2004: S. 16.

Frege, Carola, 2002: Transforming German workplace relations: quo vadis cooperation? Unpublished draft: Rutgers University.

Frick, Bernd, 2005: Kontrolle und Performance der mitbestimmten Unternehmen. Kölner Zeitschrift für Soziologie und Sozialpsychologie. Finanzmarktkapitalismus. Sonderheft 4: S. 418-440.

Höpner, Martin, 2004: Unternehmensmitbestimmung unter Beschuss. Die Mitbestimmung im Lichte sozialwissenschaftlicher Forschung. Industrielle Beziehungen 4: S. 347-376.

Höpner, Martin, 2001: Corporate governance in transition. MPIfG Discussion Paper 5.

Höpner, Martin und Gregory Jackson, 2002: Das deutsche System der Corporate Governance zwischen Persistenz und Konvergenz. KZfSS 2/2002: S. 362-368.

Kädtler, Jürgen, 2006: Sozialpartnerschaft im Umbruch. Industrielle Beziehungen unter den Bedingungen von Globalisierung und Finanzmarktkapitalismus. Hamburg: VSA.

Kommission zur Modernisierung der deutschen Unternehmensmitbestimmung (KMdU), 2006: Bericht der wissenschaftlichen Mitglieder der Kommission, Dezember 2006.

Kotthoff, Hermann, 2006: Lehrjahre des Europäischen Betriebsrats. Zehn Jahre transnationale Arbeitnehmervertretung. Berlin: edition sigma.

Kotthoff, Hermann, 1994: Betriebsräte und Bürgerstatus. Wandel und Kontinuität betrieblicher Mitbestimmung. München: Rainer Hampp.

Kotthoff, Hermann, 1995: Betriebsräte und betriebliche Reorganisation. Zur Modernisierung eines alten Hasen. Zeitschrift Arbeit 4: S. 425-447.

Kotthoff, Hermann und Peter Ochs, 1989: Ausgliederung oder Integration. Behinderte und Leistungsgeminderte im Betrieb. Saarbrücken: ISO.

Kronauer, Martin, 2002: Exklusion. Die Gefährdung des Sozialen im hoch entwickelten Kapitalismus. Frankfurt: Campus.

Manager magazin, 2007: 4. American Chamber Business Barometer von Boston Consulting. 28.03.2007.

Marshall, Thomas H., 1950: Citizenship and Social Class. Cambridge: Cambridge University Press.

McKinsey (Hg.), 2002: Global Investor Opinion Survey: Key Findings.

Mitbestimmung, 1997: Längerer Atem macht sich bezahlt. Ein Interview mit der Siemens-Betriebsratsvorsitzenden Birgit Grube. Mitbestimmung 1997, S. 40-42.

Müller-Jentsch, Walther und Beate Seitz, 1998: Betriebsräte gewinnen Konturen: Ergebnisse einer Betriebsrätebefragung im Maschinenbau. Industrielle Beziehungen 5: S. 361-387.

Neuloh, Otto, 1960: Der neue Betriebsstil. Tübingen: JCB Mohr.

Sadowski, Dieter, 2002: Personalökonomie und Arbeitspolitik. Stuttgart: Schäffer-Poeschel.

Schmidt, Werner, 2006: Kollegialität trotz Differenz. Betriebliche Arbeits- und Sozialbeziehungen bei Beschäftigten deutscher und ausländischer Herkunft. Berlin: edition sigma.

Stichweh, Rudolf, 2005: Inklusion und Exklusion. Studien zur Gesellschaftstheorie. Bielefeld: Transcript.

Streeck, Wolfgang, 2005: Nach dem Korporatismus: neue Eliten, neue Konflikte. MPIfG Working Papers 4.

Sydow, Jörg und Carsten Wirth, 1999: Von der Unternehmung zum Unternehmensnetzwerk – Interessenvertretungsfreie Zonen statt Mitbestimmung? S. 157-184, in: Müller-Jentsch, Walther (Hg): Konfliktpartnerschaft. München: Rainer Hampp.

Teuteberg, Hans-Jürgen, 1981: Mitbestimmung. Ursprünge und Entwicklungen. Wiesbaden: Gloria Müller.

Vitols, Sigurt, 2001: Unternehmensführung und Arbeitsbeziehungen in deutschen Tochterunternehmen großer ausländischer Untenehmen. Hans Böckler Stiftung.

Windolf, Paul, 2002: Die Zukunft des Rheinischen Kapitalismus. Kölner Zeitschrift für Soziologie und Sozialpsychologie. Organisationssoziologie. Sonderheft 42: S. 414-442.

Wirth, Carsten, 2007, Modularer Einzelhandel und industrielle Beziehungen, Vortrag auf der GIRA-Jahrestagung Jena 27./28.Nov.2007.

Inklusions- und Exklusionsmechanismen gewerkschaftlicher Mitgliedschaft – Ein europäischer Vergleich

Bernhard Ebbinghaus, Claudia Göbel und Sebastian Koos

1. Einleitung

Die europäischen Gewerkschaftsbewegungen sehen sich heute mit einem stetigen Schwinden ihrer Mitgliederbasis konfrontiert. Dieser Abwärtstrend vollzieht sich in den Ländern Europas jedoch nicht in gleicher Weise, vielmehr variiert der gewerkschaftliche Organisationsgrad im historischen und europäischen Vergleich beträchtlich.

Der gewerkschaftliche Organisationsgrad als Anteil der Erwerbspersonen, die über eine formale Mitgliedschaft in Gewerkschaften verfügen, stellt ein wesentliches Indiz für die Inklusion bzw. Exklusion von Interessengruppen in den Arbeitsbeziehungen demokratischer Marktwirtschaftssysteme dar. Inklusion und Exklusion verstehen wir hier als ein dichotomes Begriffspaar,[1] das die Integration in oder den Ausschluss von gewerkschaftlicher Interessenvertretung bezeichnet. Thema des vorliegenden Beitrags sind die Mechanismen der Inklusion (bzw. Exklusion) von Arbeitnehmerinteressen durch (Nicht-)Mitgliedschaft in Gewerkschaften.

Im theoretischen Teil verwenden wir das Konzept der In-/Exklusion als analytischen Rahmen für die Beschreibung und Erklärung der Mitgliedschaft in ökonomischen Interessenverbänden. Wie wir zeigen werden, eröffnet dieser Theorieansatz eine neue Perspektive auf die Analyse der Mitgliedschaft in Gewerkschaften, die sich gut mit den in der Forschungsliteratur postulierten Erklärungsfaktoren verknüpfen lässt. Im empirischen Teil überprüfen wir die zentralen Erklärungsfaktoren anhand von Daten aus dem European Social Survey von 2002/03, der einen Vergleich von 19 europäischen Ländern (inklusive eines Ost-/West-Vergleichs Deutschlands) erlaubt. Im Fokus stehen hier die Probleme der Mitgliedschaft bei spezifischen Arbeitsmarktgruppen, die Schwierigkeiten beim Zugang der Gewerkschaften zum Betrieb sowie der Einfluss von außergewerkschaftlichen Mitgliedschaften (Sozialkapital). Als Desiderat dieser vergleichenden Analyse entwickeln wir eine Typologie von makroinstitutionellen Kontextfaktoren, die die auffälligen Länderunterschiede im gewerkschaftlichen Organisationsgrad und den betrieblichen Vertretungsstrukturen erklären. Im Fazit ordnen wir schließlich die zentralen Erklärungsfaktoren der Gewerkschaftsmitgliedschaft den Mechanismen der fremd- bzw. selbstbestimmten Inklusion und Exklusion zu. Die theoretische Fruchtbarkeit eines in- und exklusionstheoretischen Zugangs zeigt sich hier besonders in der Analyse der mangelnden Interessenvertretung von atypisch Beschäftigten und Arbeitslosen.

---

1 Vgl. Stichweh 2005.

2. Inklusion und Exklusion als analytischer Rahmen

2.1 Inklusion und Exklusion als Mitgliedschaftslogik

Bisher wurde der systemtheoretische Ansatz der Inklusion und Exklusion kaum auf die Analyse von Mitgliedschaftsphänomenen angewendet. In Anlehnung an Stichweh verstehen wir unter Inklusion und Exklusion „die Form der Bezeichnung oder Adressierung von Personen"[2] in einem Sozialsystem wie der Interessenrepräsentation von Arbeitnehmern durch Gewerkschaften. Diese „Adressierung" wird durch die spezifische Logik jeder „Wertsphäre"[3] bestimmt bzw. durch die „autonome Regulierung"[4] der jeweiligen Funktionssysteme gesteuert. Als Mechanismus einer solchen Regulierung lässt sich im Bereich der Wirtschaft vor allem die Marktkonkurrenz benennen. Korporatistische Ansätze sehen jedoch, neben dem Markt, noch eine weitere wichtige Regulierungsinstanz im Wirtschaftssystem, die der Verbände.[5] Sie weisen darauf hin, dass wirtschaftliche Interessen nicht allein durch die „unsichtbare Hand" des Marktes zum Ausgleich gebracht werden, sondern auch durch die „ausgehandelte gegenseitige Abstimmung (Konzertierung) [...] innerhalb und zwischen einer begrenzten und feststehenden Gruppe von Interessenverbänden".[6] Ein Beispiel hierfür ist die Festsetzung von Löhnen, die nicht nur durch Angebot und Nachfrage am Arbeitsmarkt, sondern auch durch Verhandlungen von Tarifparteien (sowie durch den Staat) beeinflusst wird. Wer hierbei zu den Interessenverbänden zählt, die verhandeln, und wessen Interessen in den Verhandlungsprozess einfließen, ist eine Frage der Inklusion bzw. Exklusion, die zunächst über die Mitgliedschaft in und Repräsentation durch Gewerkschaften entschieden wird.

Allen Interessenverbänden ist dabei gemeinsam, „dass sie sowohl Mitglieder haben als auch Mitglieder sind".[7] Aus ihrer intermediären Funktion folgt, dass sie „mit mindestens zwei gleich wichtigen Umwelten zur gleichen Zeit interagieren"[8]: zum einen mit ihren Mitgliedern und zum anderen mit ihrer institutionellen Umgebung, die sich aus anderen Verbänden und dem Staat zusammensetzt. Die Interaktion mit diesen beiden Umwelten erfolgt nach zwei Logiken, die Schmitter und Streeck ({1981} 1999) als Mitgliedschafts- und Einflusslogik bezeichnet haben. Die *Mitgliedschaftslogik* erfordert von Interessenverbänden auf der einen Seite, genügend Anreize für eine Mitgliedschaft zu schaffen, weil Mitglieder die Ressourcen liefern, die für ihre Tätigkeit notwendig sind. Die Mitgliederstärke und der geschickte Einsatz von Ressourcen verhelfen den Verbänden dann dazu, von ihrer institutionellen Umwelt als Adressat und Verhandlungspartner anerkannt zu werden. Gemäß der *Einflusslogik* sind sie auf die Zustimmung der verbandlichen und staatlichen Akteure in den Verhandlungssystemen angewiesen, in die sie eingebunden sind, weil sie ihnen Einfluss auf kollektive Problemlösungen und Organisationshilfen zur Gewinnung von neuen Mitgliedern verschaffen und garantieren. Beide Logiken können in Konflikt geraten und müssen durch die Interessenverbände stets ausbalanciert werden.[9]

---

2 Stichweh 2005: 179.
3 Vgl. Weber [1922]1972.
4 Luhmann 1994: 28.
5 Vgl. Streeck/Schmitter 1996.
6 Ebd.: 134.
7 Streeck 1987: 472.
8 Ebd.: 473.
9 Vgl. Schmitter/Streeck 1999.

Entsprechend dieser Unterscheidung erfolgen Inklusion und Exklusion in den Arbeitsbeziehungen also auf zwei Ebenen: Auf der Mikroebene erfolgt die „Adressierung" von Personen als formale Mitgliedschaft in einer Gewerkschaft. Damit sind alle Arbeitnehmer, die keine derartige „Bezeichnung" in Form einer Mitgliedschaft aufweisen, exkludiert. Sie beteiligen sich nicht an der Interessenvermittlung, weswegen ihre Interessen innerorganisatorisch auch nicht berücksichtigt werden. Auf der Makroebene der Arbeitsbeziehungen sind bloß diejenigen Assoziationen inkludiert, die zur „begrenzten und feststehenden" Gruppe der Organisationen gehören, die an der Konzertierung zwischen Verbänden und Staat beteiligt sind. Beide Ebenen hängen, wie oben angedeutet, eng miteinander zusammen. Im Folgenden wollen wir uns jedoch hauptsächlich auf die verbandliche „Logik der Mitgliedschaft"[10] als Inklusions- und Exklusionsmechanismus konzentrieren.

2.2 Formen der Mitgliedschaft und Nicht-Mitgliedschaft

Um unsere nachfolgende Analyse gewerkschaftlicher Mitgliedschaft zu strukturieren und in den oben skizzierten in-/exklusionstheoretischen Rahmen einzufügen, bedienen wir uns einer analytischen Vierfeldertabelle, die von Weiß (2006) entwickelt wurde. Weiß betrachtet zwei Dimensionen: (1.) Exklusion vs. Inklusion und (2.) Fremdbestimmung vs. Selbstbestimmung. Die erste Dimension bezieht sich „auf die Richtung des sozialen Geschehens (aus der Gruppe hinaus oder in die Gruppe hinein), die zweite auf die Verortung der treibenden Kraft in diesem Prozess".[11] Auf diese Weise ergeben sich vier Möglichkeiten der Mitgliedschaft bzw. Nicht-Mitgliedschaft durch (1A) Fremdexklusion, (2A) Selbstexklusion, (1B) Fremdinklusion und (2B) Selbstinklusion, die wir im Folgenden unter Bezugnahme auf die in der Forschungsliteratur bekannten Ansätze zur Erklärung gewerkschaftlicher Mitgliedschaft erläutern werden.[12]

Tabelle 1: Fremd-/Selbst- und Ex-/Inklusion

	Exklusion (A)	**Inklusion (B)**
Fremd- (1)	(1A)	(1B)
Selbst- (2)	(2A)	(2B)

Quelle: Weiß 2006: 240.

Weiß stellt treffend fest, dass „wegen seiner Problem- und Konflikttrachtigkeit" der Fall der *Fremdexklusion* (1A) „in der Soziologie auf besonderes Interesse"[13] stößt. Dahinter verbirgt sich die soziale Tatsache, dass Individuen nicht immer nur durch ihr eigenes Wirken aus sozialen Systemen, Organisationen oder Gruppen ausgeschlossen werden, sondern eine Exklusion oft auch struktur- bzw. systembedingt ist (was gemeinhin als ungerecht bewertet wird). Wir wollen im Folgenden dann von Fremdexklusion sprechen, wenn die Nicht-

---

10 Vgl. Schmitter/Streeck 1999.
11 Weiß 2006: 239.
12 Vgl. Ebbinghaus/Visser 1999; Schnabel 2003; Wallerstein/Western 2000.
13 Weiß 2006: 241.

Mitgliedschaft auf die un-/beabsichtigten Folgen des Handelns der Gewerkschaften oder anderer Dritter zurückzuführen ist. So können sie etwa hohe Mitgliedsbeiträge erheben und dadurch den Ausschluss von Personen provozieren. Geldknappheit alleine mag aber nicht der Grund sein, warum z.B. viele Arbeitslose die 1,53 € im Monat für eine Mitgliedschaft in der IG Metall nicht aufwenden. Fremdexklusion kann auch dann eintreten, wenn die Gewerkschaften die Belange bestimmter Gruppen aus strategischen oder strukturellen Gründen nicht berücksichtigen und stattdessen vornehmlich die besser organisierten Klientelgruppen adressieren.[14] Aus der Grundgesamtheit der Erwerbspersonen sind das in der Regel die industrielle Kernbelegschaft und die langfristig beschäftigten Angestellten im öffentlichen Dienst. Zu den unterrepräsentierten, marginalisierten Gruppen zählen dagegen atypisch Beschäftigte, Arbeitslose und Geringqualifizierte, Frauen und jüngere Arbeitnehmer, die wegen ihrer unterschiedlichen Interessen und Beschäftigungsverhältnisse sehr viel schwerer zu organisieren und zu vertreten sind.[15] Für sie blieben im Falle der Fremdexklusion nur zwei Handlungsoptionen übrig: Sie könnten ihre Stimme erheben („voice"[16]), d.h. ihren Anspruch auf Inklusion offensiv einfordern, oder abwandern („exit"[17]), das heißt z.B. sich selbst organisieren. Wegen der hohen Startkosten, die mit der Gründung einer Organisation verbunden sind, wird diese Option allerdings nur selten gewählt.[18]

Selbstexklusion (2A) findet im Unterschied zur Fremdexklusion aus „freien Stücken" statt, d.h. Individuen entscheiden selbst, ob sie sich einer Gewerkschaft anschließen oder aus dieser austreten. Diese Form der Exklusion wird oft in ökonomischen, „rational-choice" orientierten Erklärungsansätzen beschrieben.[19] Diese Erklärungen gehen von der grundlegenden Annahme aus, dass Arbeitnehmer nutzenmaximierend handeln und sich dementsprechend immer dann gegen die Mitgliedschaft in einer Gewerkschaft entscheiden, wenn die (Opportunitäts-)Kosten der Mitgliedschaft ihren Nutzen übersteigen.[20] Darüber hinaus ist die Gewerkschaftsmitgliedschaft nach Olson (1965) mit einer zusätzlichen Strukturschwäche behaftet, die er im so genannten „freerider" (Trittbrettfahrer) Problem beschreibt: Gewerkschaften produzieren Kollektivgüter (z.B. bessere Arbeitsbedingungen, höhere Löhne, kürzere Arbeitszeiten), von deren Nutzen die Nicht-Mitglieder nicht ausgeschlossen werden können. Folglich ist es für sie rational, keinen eigenen Beitrag zu leisten

---

14 So ist von Olson (1965) darauf hingewiesen worden, dass die Organisations- und Handlungsfähigkeit von Gewerkschaften durch die Interessenheterogenität ihrer Klientel eingeschränkt ist, weswegen einige Gewerkschaften die Strategie wählen, ihren Mitgliederkreis auf kleinere und homogenere Organisationseinheiten zu begrenzen. Organisationsprobleme struktureller Natur können zudem in kleinen Unternehmen auftreten, u.a. weil die Kosten einer Etablierung in diesem Bereich den erwarteten Nutzen für die Gewerkschaft übersteigen (vgl. u.a. Schnabel/Wagner 2005: 6).
15 Vgl. Ebbinghaus 2006.
16 Vgl. Hirschman 1970.
17 Vgl. ebd.
18 Letztlich müsste man jedoch, um von Fremdexklusion sprechen zu können, belegen, dass Gewerkschaften bestimmte Gruppen tatsächlich „nicht adressieren". Diesen Nachweis können wir allerdings im Rahmen der hier angestrebten Analyse nicht antreten, weil dieser neben einer Studie der Mitgliedschaft eine systematische Erforschung von gewerkschaftlichen Strukturen und Strategien erfordern würde. Im Allgemeinen muss also davon ausgegangen werden, dass Gewerkschaften nicht explizit am Ausschluss, sondern im Gegenteil an einer umfassenden Organisierung von Erwerbspersonen interessiert sind, aber faktisch diese sozialen Gruppen nicht erreichen. Für die Gewerkschaften konstitutiv ist einzig die Verweigerung der Mitgliedschaft von Arbeitgebern, tatsächlich gibt es jedoch in einigen Ländern Selbständige, die auch Gewerkschaftsmitglieder sind.
19 Vgl. Hechter 1987; Olson 1965.
20 Vgl. Schnabel 2003.

und darauf zu hoffen, dass andere dies tun. Erklärungsbedürftig bleibt, warum sich zahlreiche Erwerbspersonen trotz dieses kollektiven Handlungsproblems für eine Gewerkschaftsmitgliedschaft entscheiden (siehe hierfür Fremd- und Selbstinklusion).

Im Folgenden bezeichnen wir extern bedingte Ursachen der Mitgliedschaft als *Fremdinklusion* (1B). Hierzu zählen etwa diverse Zwangsmaßnahmen, die von Gewerkschaften in bestimmten Ländern in der Vergangenheit erfolgreich durchgesetzt werden konnten, um ihre Mitgliederbasis zu sichern. So wurde bspw. in Großbritannien – bis zu dessen Verbot in den 1980er Jahren – der „closed shop" praktiziert. Als „closed shop" bezeichnet man einen Betrieb, in dem Arbeitnehmer und Arbeitgeber eine Vereinbarung getroffen haben, die letztere dazu verpflichtet, nur Gewerkschaftsmitglieder einzustellen.[21] Die Tatsache, dass diese „closed shops" selten sind, lässt allerdings darauf schließen, dass für die Mitgliederrekrutierung und -bindung ein weiterer Ausweg aus dem Kollektivgutproblem ausschlaggebender ist: das Angebot von Klubgütern (z.B. Streikgeld, Rechtsberatung, Weiterbildung), von denen ausschließlich Mitglieder profitieren. Mit der Zwangsmitgliedschaft und den selektiven Anreizen (*selective incentives*) wären damit zwei bedeutende Formen der Fremdinklusion genannt. Als eine dritte wichtige strukturelle Bedingung für die erfolgreiche Mitgliedergewinnung muss schließlich die gewerkschaftliche Repräsentation am Arbeitsplatz ergänzt werden,[22] die einen großen Einfluss auf die Rekrutierung von Mitgliedern hat und der wir deswegen im empirischen Teil (3.2) besondere Aufmerksamkeit widmen werden.

Schließlich kann eine Mitgliedschaft auch durch *Selbstinklusion* (2B) erfolgen, d.h. auf einer freiwilligen Entscheidung für den Eintritt in eine Gewerkschaft beruhen. Diese kann wiederum einerseits auf eher wertrationalen Motiven basieren. In diesem Fall erfolgt die Mitgliedschaft in einer Gewerkschaft aus ideologischen und identitätsstiftenden Überzeugungen oder aus Solidarität.[23] Andererseits können auch eher zweckrationale Motive der Durchsetzung eigener Interessen, der persönlichen Einflussnahme, des Strebens nach sozialer Anerkennung oder des Zugangs zu kollektiven und privaten Gütern dahinterstecken. Darüber hinaus wirkt sich die Einbindung in soziale Netzwerke in der Familie, am Arbeitsplatz, in der Nachbarschaft oder im Freundeskreis, die gewerkschaftsfreundlich sind, begünstigend auf die Sozialisierung und Internalisierung von kollektiven Organisationsnormen aus. Schließlich dürfte Sozialkapital in Form von mehrfachen Mitgliedschaften in zivilgesellschaftlichen Organisationen – als persönliche Ressource[24] und als gesellschaftlicher Kontext[25] – einen positiven Einfluss auf die Gewerkschaftsmitgliedschaft haben.

3. Inklusion und Exklusion in Gewerkschaften in Europa

Vor diesem theoretischen Hintergrund werden wir im Folgenden unter Verwendung von Daten der ersten Welle des European Social Survey von 2002/03 einen Überblick über die Inklusions- und Exklusionstendenzen in der gewerkschaftlichen Mitgliedschaft und betrieb-

---

21 Vgl. Olson 1965.
22 Vgl. Ebbinghaus/Visser 1999; Hancké 1993.
23 Solidarische Gefühle können wiederum aus „sozialem Brauch" (*social custom*, vgl. Akerlof 1980; Visser 2002) oder sozialen Erwartungsnormen (Hechter 1987) entstehen.
24 Vgl. Portes 1998.
25 Vgl. Putnam 2000.

lichen Vertretung in 19 europäischen Ländern geben.[26] Unsere Untersuchung schließt neben den Arbeitnehmern auch teilweise die Arbeitslosen mit ein, berücksichtigt jedoch nicht die ehemals Beschäftigten (Rentner). Für die Messung des Organisationsgrades eines Gewerkschaftssystems wird deshalb der Anteil der abhängigen Erwerbspersonen berechnet, die in einer Gewerkschaft Mitglied sind. Der so ermittelte Organisationsgrad gibt folglich Auskunft über den Grad der Inklusion (bzw. Exklusion) von abhängigen Erwerbspersonen durch formale (Nicht-) Mitgliedschaft in Gewerkschaften.

3.1 Nationale Unterschiede

Zunächst möchten wir einen ersten Eindruck von der Inklusion (bzw. Exklusion) von Arbeitnehmern und Arbeitslosen durch (Nicht-) Mitgliedschaft in wirtschaftlichen Verbänden geben (siehe Abbildung 1). Hierbei gehen wir über die reine Betrachtung von Gewerkschaften hinaus und zeigen auch den Anteil der in anderen (außergewerkschaftlichen) Verbänden organisierten Erwerbspersonen.

Auch wenn die meisten organisierten Arbeitnehmer und Arbeitslosen Mitglied in einer Gewerkschaft sind, ist doch ein nicht unerheblicher Anteil von ihnen auch in gewerkschaftsähnlichen Organisationen und anderen Berufsverbänden engagiert. Verwendet man einen solchen, um außergewerkschaftliche Verbände erweiterten, Organisationsbegriff als Inklusionsmaß, zeigt sich, dass Frankreich das am wenigsten organisierte Land mit einem Organisationsgrad von nur etwa 15 Prozent aller abhängigen Erwerbspersonen und Dänemark das am stärksten organisierte Land ist, in dem annähernd 90 Prozent der Arbeitnehmer und Arbeitslosen organisiert sind. Zwischen diesen beiden Extrempunkten variiert der gesamte Organisationsgrad über die hier beobachteten Länder beträchtlich.

---

26 Detaillierte Informationen zum Datensatz und zu den eigenen Berechnungen finden sich in Ebbinghaus et al. (2008).

Abbildung 1: Wirtschaftliche Interesseninklusion von abhängigen Erwerbspersonen in

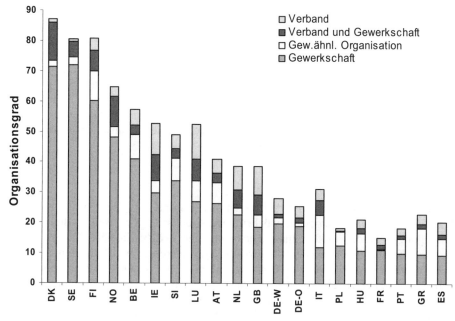

Europa, ESS 2002/03 (Angaben in Prozent)

Quelle: European Social Survey 2002/03; eigene Auswertungen. Hinweis: Der in diesem Beitrag zugrunde gelegte Organisationsgrad berechnet sich aus der Mitgliedschaft in einer „Gewerkschaft" und in einem „Verband und Gewerkschaft".

Allgemein lässt sich sagen, dass die abhängigen Erwerbspersonen in den skandinavischen Ländern am besten organisiert sind und zwar überwiegend, aber nicht ausschließlich in Gewerkschaften. Die mittel- und westeuropäischen Länder bilden mit deutlichem Abstand das Mittelfeld, und am rechten unteren Ende des Inklusionsraumes befinden sich die schwach organisierten, süd- und osteuropäischen Länder. Auffallend ist, dass die Gewerkschaften und gewerkschaftsähnlichen Organisationen zwar die Hauptorganisationsformen abhängiger Erwerbspersonen sind. In vielen Ländern spielen jedoch auch außergewerkschaftliche Mitgliedschaften in Berufs- und Wirtschaftsverbänden eine vergleichsweise bedeutende Rolle in der Organisation von Arbeitnehmerinteressen (z.B. Finnland, Irland, Luxemburg, Großbritannien, südliche Länder). Im Folgenden werden wir, trotz dieses interessanten Befunds, nur die gewerkschaftliche Mitgliedschaft betrachten.

3.2 Exklusion sozialer Gruppen

Die soziale Zusammensetzung der abhängigen Erwerbspersonen, die das Hauptorganisationspotenzial der Gewerkschaften darstellen, hat sich im Übergang von der Industrie- zur Dienstleistungsgesellschaft verändert, sie ist heterogener geworden. Mit dem sektoralen Wandel nahm die Zahl der Angestellten im privaten Dienstleistungssektor und der weiblichen Arbeitskräfte zu, während der Anteil der Beschäftigten im industriellen Sektor der Produktion stark zurückging. Neben der „Feminisierung" stellen auch die zunehmende „Atypisierung" der Beschäftigung in Europa[27] und die Verbreitung von individualistischen Wertorientierungen die Organisation von Arbeitnehmerinteressen vor neue und schwierige Herausforderungen.[28] Atypisch Beschäftigte, Arbeitslose, Geringqualifizierte, Frauen und junge Erwerbspersonen bilden die Bestandteile eines postindustriellen Neoproletariats mit differenzierten Arbeitsverhältnissen und Interessen. Doch trotz zunehmender Bemühungen, sich gegenüber diesen „neuen" sozialen Risikogruppen[29] zu öffnen, gelingt es den Gewerkschaften nach wie vor leichter, ihre klassische Klientel, die meist männlichen Industriearbeiter und Angestellten im öffentlichen Dienst, zu rekrutieren und zu vertreten.[30] Dass die Risikogruppen durchaus mobilisierungsfähig sind, zeigen die Organisationserfolge in einigen europäischen Ländern.

3.2.1 Exklusion von atypisch Beschäftigten

In der Regel bezeichnet man ein Arbeitsverhältnis dann als „atypisch", wenn es im Hinblick auf die vertraglich festgelegte wöchentliche Arbeitszeit, die zeitliche Befristung der Beschäftigung und/oder weitere materielle, rechtliche und betriebliche Integrationsstandards vom „Normalarbeitsverhältnis" abweicht. Die Interessen und Bedürfnisse von atypisch Beschäftigten werden von den Gewerkschaften oft nur mangelhaft repräsentiert. Diese Defizite liegen auf der einen Seite darin begründet, dass viele Gewerkschaften atypische Beschäftigungsformen lange Zeit aus ideologischen Gründen ablehnten und nach wie vor bei der strategischen Wahl zwischen der Verteidigung der bisherigen Klientel und der Öffnung für neue Mitgliedersegmente intern in Konflikt geraten. Auf der anderen Seite führt die mangelnde Repräsentation von Interessen atypisch Beschäftigter wiederum dazu, dass „traditionelle" Gewerkschaften für sie wenig attraktiv bleiben. Diese Gruppe scheint daher in einem „under-representation dilemma"[31] zu stecken, welches zu einem großen Teil auch strukturell bedingt ist. Für Gewerkschaften sind atypisch Beschäftigte schwerer erreichbar, weil sie überwiegend in nur schlecht organisierten Sektoren oder kleineren Unternehmen beschäftigt sind, außerdem dürften atypisch Beschäftigte in einer Gewerkschaftsmitgliedschaft weniger Vorteile sehen, gerade weil sie seltener unter den Schutz von Tarifverträgen und sozialversicherungspflichtiger Beschäftigung fallen.[32]

Für die vergleichsweise geringeren Mitgliedschafts- und damit Partizipationschancen von atypisch Beschäftigten sprechen auch die Ergebnisse des European Social Survey (siehe Tabelle 2).[33] Die Normalarbeitnehmer bilden hier mit 30-50 Prozent den größten Teil der Befragten, und sie weisen in fast allen europäischen Ländern einen überproportionalen gewerkschaftlichen Organisationsgrad auf. Bis auf wenige Ausnahmen, wie Finnland, Belgien, Frankreich und Griechenland, zeigen die atypisch Beschäftigten eine geringere Orga-

---

27 Vgl. EU-Com. 2006.
28 Vgl. Hassel 1999; Ebbinghaus 2002.
29 Vgl. Bonoli 2006.
30 Vgl. Ebbinghaus/Visser 2000.
31 Ebbinghaus 2006: 138.
32 Ebd.
33 Auf der Basis der hier verwendeten Daten können allerdings nur Aussagen zu einem Teil der atypisch Beschäftigten getroffen werden, namentlich den Teilzeitbeschäftigten und den Arbeitnehmern mit befristeten Arbeitsverträgen. Informationen zu den Rekodierungen finden sich bei Ebbinghaus et al. (2008).

nisationsneigung, die insgesamt jedoch deutlich größer ist als die der Arbeitslosen. In Westdeutschland sind im Vergleich zu 26 Prozent der Normalarbeitnehmer nur 14 Prozent der atypisch Beschäftigten gewerkschaftlich organisiert. Zwar sind die Unterschiede im Osten von Deutschland nicht ganz so markant, aber auch hier ist der Anteil der atypisch Beschäftigten, die angaben, in den vergangenen 12 Monaten Mitglied in einer Gewerkschaft gewesen zu sein, geringer. Ein noch klareres Ergebnis zeigt sich, wenn man den Organisationsgrad der abhängig Beschäftigten mit befristeten Arbeitsverträgen gesondert betrachtet. Diese sind im Vergleich zu den Teilzeit- und Normalbeschäftigten seltener gewerkschaftlich organisiert. Die Auswertung deutet zudem darauf hin, dass in den Ländern, in denen die Normalarbeitnehmer stärker organisiert sind, auch die atypisch Beschäftigten eine höhere Organisationsneigung aufweisen, und vice versa. Die nordischen Länder lehren uns also, dass es grundsätzlich möglich ist, atypisch Beschäftigte zu mobilisieren.

Tabelle 2: Gewerkschaftliche Organisationsgrade in Europa nach Beschäftigungsverhältnissen, ESS 2002/03 (Angaben in Prozent)

Land		Alle	N	Teilzeit*	Befristet*	Arbeitslos	Frauen	Alter 16-34
Dänemark	DK	83,7	843	76,1	75,9	74,5	85,8	71,1
Schweden	SE	77,2	1085	69,4	59,8	63,1	79,8	61,7
Finnland	FI	67,3	931	66,9	67,4	43,6	72,5	60,1
Norwegen	NO	58,2	1117	49,0	45,4	9,1	60,7	43,2
Belgien	BE	44,0	657	46,3	39,3	41,2	41,9	39,5
Irland	IE	38,4	705	37,3	37,4	14,8	33,5	28,9
Slowenien	SI	36,9	575	38,9	15,2	5,2	40,7	23,1
Luxemburg	LU	34,1	551	26,9	25,6	3,9	23,0	25,4
Österreich	AT	29,4	1024	25,3	27,5	7,0	23,9	19,2
Niederlande	NL	28,7	1009	23,6	14,6	14,8	24,2	15,2
G. Britannien	GB	25,3	969	22,4	9,8	6,0	26,2	15,4
BRD (West)	DE-W	21,0	774	15,2	11,9	7,7	12,2	16,1
BRD (Ost)	DE-O	20,6	525	27,2	9,4	13,0	18,3	11,4
Italien	IT	17,1	385	18,7	10,2	2,4	13,1	13,4
Polen	PO	12,9	760	21,9	5,0	0,5	14,9	6,0
Ungarn	HU	12,8	552	6,1	9,4	0,0	14,5	8,5
Frankreich	FR	12,7	657	14,3	--	2,8	12,9	4,1
Portugal	PT	11,3	551	19,0	2,0	4,6	10,3	7,9
Griechenland	GR	11,2	624	19,9	9,5	0,0	10,6	6,3
Spanien	ES	11,1	615	11,9	5,4	4,7	8,6	5,6

Quelle: European Social Survey 2002/03; eigene Auswertungen; N = Anzahl der Befragten (nur abhängige Erwerbspersonen 16-64).
* *Definition Normalarbeitnehmer: wöchentliche Arbeitszeit von mindestens 35 Stunden und unbefristeter Arbeitsvertrag; --: keine Angaben.*

3.2.2 Exklusion von Arbeitslosen

Die nordischen Länder Finnland (44 Prozent), Schweden (63 Prozent) und Dänemark (75 Prozent) sowie Belgien (41 Prozent) weisen im europäischen Vergleich die höchsten Organisationsgrade von Arbeitslosen auf. Damit bestätigt sich die positive Wirkung von „Gent-Systemen"[34] bei der gewerkschaftlichen Organisation von Arbeitslosen. Diese liegt darin begründet, dass für Beschäftigte in Ländern, in denen die Arbeitslosenversicherung von den Gewerkschaften mitverwaltet wird, zusätzliche Anreize für eine Gewerkschaftsmitgliedschaft bestehen, auch wenn sie de jure keine zwingende Bedingung für einen Anspruch auf Arbeitslosengeld darstellt. Dies dürfte auch erklären, warum im insgesamt gut organisierten Norwegen nur 9 Prozent der Arbeitslosen Mitglied in einer Gewerkschaft sind, denn hier ist, wie in den anderen Ländern ohne Gent-System, eine staatliche Arbeitslosenversicherung verpflichtend vorgeschrieben. In den süd- und osteuropäischen Ländern sind Arbeitslose entweder gar nicht (Griechenland, Ungarn) oder kaum (Polen, Italien, Frankreich, Luxemburg, Portugal, Spanien) gewerkschaftlich organisiert. In Bezug auf den Organisationsgrad von Arbeitslosen liegt Deutschland im europäischen Mittelfeld, wobei der Anteil von Arbeitslosen, die Mitglied in einer Gewerkschaft sind, in den neuen Bundesländern (13 Prozent) höher ist als in den alten (8 Prozent). Im Allgemeinen lässt sich feststellen, dass in Ländern ohne Gent-System Arbeitsplatzverluste infolge von personen- oder betriebsbedingten Kündigungen auch mit einem Rückgang in den Mitgliederzahlen der Gewerkschaften einhergehen und die mangelnde Repräsentation von Arbeitslosen verschärfen.[35]

3.2.3 Repräsentation von Frauen

Die nordischen Länder Dänemark, Schweden, Finnland und Norwegen sind nicht nur führend in der Beteiligung von Frauen am Erwerbsleben, sondern auch in ihrer gewerkschaftlichen Einbindung. Erstens gelten die skandinavischen Gewerkschaften als Vorreiter in der Öffnung gewerkschaftlicher Führungspositionen für Frauen. Zweitens übertreffen hier die weiblichen Erwerbspersonen sogar die männlichen „Kollegen" in ihrer Organisationsneigung, obwohl auch in diesen Ländern Frauen sehr viel häufiger in Teilzeit arbeiten (siehe Tabelle 2). Der höhere Beschäftigtenanteil von Frauen im gewerkschaftlich gut organisierten staatlichen Dienstleistungssektor erklärt zudem den Vorsprung vor den Männern in Großbritannien. Auch in Slowenien, Polen und Ungarn ist ein größerer Prozentsatz von Frauen Mitglied in einer Gewerkschaft. Dagegen existiert in den kontinentaleuropäischen Ländern weiterhin eine z. T. erhebliche geschlechtsspezifische Mobilisierungs- und Vertretungslücke. Während in Österreich und den Niederlanden ein Drittel der männlichen Erwerbspersonen gewerkschaftlich organisiert ist, ist von den weiblichen Arbeitnehmern bzw. Arbeitsuchenden nur etwa jede Vierte Mitglied in einer Gewerkschaft. Luxemburg weist noch deutlichere Differenzen im gewerkschaftlichen Organisationsgrad von Männern (41 Prozent) und Frauen (23 Prozent) auf, und auch in Deutschland treten die Geschlechterunterschiede klar zu Tage: In Westdeutschland wiesen Männer vor der deutschen Wiederver-

---

34 Vgl. Ebbinghaus/Visser 1999; zuerst Rothstein 1992.
35 Wir verzichten an dieser Stelle auf eine Darstellung unserer Ergebnisse zur Organisationsneigung von Geringqualifizierten, weil diese aufgrund von kleinen Fallzahlen in Dänemark, Norwegen, Großbritannien und Deutschland unzuverlässig sind. Es kann allerdings davon ausgegangen werden, dass diese in den meisten europäischen Ländern (außer Polen und Griechenland) nur leicht unter dem nationalen Organisationsgrad der Erwerbspersonen liegt.

einigung einen doppelt so hohen Bruttoorganisationsgrad (inklusive Rentner) auf als Frauen.[36] Daran hat sich bis heute nichts geändert: Im Westen ist nur jede achte Arbeitnehmerin – im Vergleich zu etwa jedem dritten Arbeitnehmer – Mitglied in einer Gewerkschaft, wohingegen in Ostdeutschland kaum geschlechtsspezifische Unterschiede in der gewerkschaftlichen Organisation bestehen. Diese Differenzen sind teils auf den höheren Beschäftigtenanteil von Frauen in schwach organisierten Tätigkeiten und Branchen zurückzuführen, teils liegen sie auch in einer auf die männlichen Vollzeitbeschäftigten ausgerichteten Gewerkschaftspolitik begründet. Die niedrigen Organisationsgrade in den südeuropäischen Ländern hängen zudem mit der insgesamt geringeren Erwerbsbeteiligung von Frauen zusammen.

3.2.4 Gewerkschaftliche Mitgliedschaft im Lebensverlauf

Die Mitgliedschaft in Gewerkschaften variiert im Lebensverlauf: Der Eintritt in das Arbeitsleben, besonders die Zeit der Ausbildung und Übernahme in ein festes Beschäftigungsverhältnis, gilt als wichtigstes Werbungsfenster für Gewerkschaften. Im späteren Verlauf treten zunehmend Probleme bei der Rekrutierung auf. Während der Familiengründungsphase verlassen manche Mitglieder die Gewerkschaften, und am Ende des Arbeitslebens steigt die Wahrscheinlichkeit, nicht nur den Arbeitsplatz, sondern auch die gewerkschaftliche Mitgliedschaft aufzugeben, obwohl in vielen Ländern besondere Tarife einen Anreiz für den Verbleib als passives Mitglied schaffen.[37]

Der gewerkschaftliche Organisationsgrad in der Altersklasse der 16- bis 34-Jährigen ist in allen europäischen Staaten unterproportional, variiert jedoch deutlich im Ländervergleich (siehe Tabelle 2). Während in Frankreich gerade einmal 4 Prozent der jüngeren Erwerbspersonen gewerkschaftlich organisiert sind, gaben in Dänemark fast Dreiviertel der 16- bis 34-Jährigen an, Mitglied in einer Gewerkschaft zu sein. Im Vergleich zu den über 55-jährigen Dänen, von denen 89 Prozent Gewerkschaftsmitglieder sind, sind das jedoch noch vergleichsweise „wenige". Die Ursachen für diese geringere Organisationsneigung von jungen Erwerbspersonen, durch die eine Überalterung der Gewerkschaften droht, sind vielschichtig. Sie liegen u.a. in den Schwierigkeiten vieler Jugendlicher begründet, eine Ausbildungsstelle oder einen Normalarbeitsplatz zu finden, werden aber auch oft durch individualistische Werthaltungen und veränderte Vorstellungen von Arbeit und Interessenvertretung erklärt. Jüngere Menschen könnten sich demnach eher mit Freizeitaktivitäten oder „neuen" sozialen Bewegungen identifizieren.

Zieht man empirische Studien in Betracht, die zeigen, dass die Wahrscheinlichkeit eines Beitritts in Gewerkschaften mit zunehmendem Alter abnimmt,[38] dann wird deutlich, dass ein niedriger Organisationsgrad bei den heute Jungen noch Jahrzehnte lang Auswirkungen auf die gewerkschaftliche Mitgliederentwicklung haben wird. Zuvor wird jedoch die Verrentung der gut organisierten Kohorten – die Altersklasse der 55- bis 64-Jährigen weist in der Mehrzahl der europäischen Länder den höchsten Organisationsgrad auf – für Mitgliederverluste sorgen.

---

36 Vgl. Ebbinghaus 2003.
37 Vgl. Ebbinghaus 2006: 132f.
38 Vgl. Klandermans/Visser 1995.

3.3 Institutionelle Erklärungen

Gewerkschaftliche Mitgliedschaft hängt nicht nur von individuellen Faktoren (z.B. Eigennutzerwägungen oder Wertorientierungen) ab, sondern auch von den Kontextbedingungen am Arbeitsplatz, sowie von weiteren, institutionellen wie strukturellen Faktoren, die außerhalb der Eigenverantwortung des Einzelnen liegen. In unserer Analyse konzentrieren wir uns auf drei wesentliche makroinstitutionelle Erklärungsfaktoren für die Variationen im gewerkschaftlichen Organisationsgrad: (1) der gewerkschaftliche Zugang zum Betrieb über starke faktische Vertretungsstrukturen bzw. juristische Regulierung (z.B. das deutsche Betriebsverfassungsgesetz), (2) die gewerkschaftliche Mitverwaltung der Arbeitslosenkassen (Gent-System) und (3) das in einer Gesellschaft vorhandene (außergewerkschaftliche) Sozialkapital.

Abbildung 2: Inklusion und Exklusion durch gewerkschaftliche Mitgliedschaft und/oder betriebliche Vertretung (in Prozent der Arbeitnehmer) in Europa, ESS 2002/03

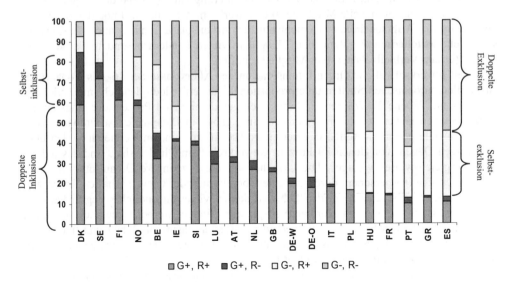

Quelle: European Social Survey 2002/03; eigene Berechnungen
Legende: G+: Gewerkschaftsmitglied;
R+: betriebliche Repräsentation;
G-: kein Mitglied;
R-: keine Repräsentation.

Inklusion (Exklusion) kann einerseits durch die (Nicht-)Mitgliedschaft in Gewerkschaften und anderseits durch das (Nicht-)Vorhandensein von betrieblichen Vertretungsstrukturen (z.B. in Deutschland der Betriebs- oder Personalrat) am Arbeitsplatz erfolgen. Der „Zugang" für Gewerkschaften zum Betrieb ist eine wichtige strukturelle Voraussetzung für die erfolgreiche Werbung von Mitgliedern vor Ort, und er ermöglicht es erst, die Mitgliederinteressen im Betrieb sichtbar zu vertreten.[39] Je eher Gewerkschaften einen Zugang zum Betrieb haben, desto höher sind auch ihre Rekrutierungschancen und die Möglichkeit, arbeitsplatznahe Leistungen für ihre Mitglieder zu erbringen. Diese Inklusion betrieblicher Vertretungsformen nimmt mit der Größe der Betriebe zu.[40] Somit ergibt sich im europäischen Vergleich ein positiver Effekt der Kontextbedingung „Vertretung am Arbeitsplatz" auf die gewerkschaftliche Mitgliedschaft, aber auch ein Zusammengehen von gewerkschaftlicher Nicht-Mitgliedschaft und fehlender betrieblicher Vertretung (siehe Abbildung 2). In den nordischen Ländern gehen gewerkschaftliche Mitgliedschaft und betriebliche Vertretung Hand in Hand (doppelte Inklusion), d.h. mehr als 60 Prozent der Arbeitnehmer sind Gewerkschaftsmitglieder und arbeiten in einem Betrieb mit gewerkschaftlicher Vertretung. Zudem ist der überwiegende Rest der Arbeitnehmer entweder in einem organisierten Betrieb oder aber zumindest selbst gewerkschaftlich organisiert (Dänemark). In den süd- und osteuropäischen Ländern ist dagegen (mit wenigen Ausnahmen) ein hoher Anteil der Arbeitnehmer ohne kollektiven Schutz: Sie sind weder gewerkschaftlich organisiert, noch haben sie eine betriebliche Vertretung am Arbeitsplatz (doppelte Exklusion). Immerhin sind circa 30-40 Prozent der nicht organisierten Arbeitnehmer durch betriebliche Vertretung und 10-20 Prozent durch Mitgliedschaft und Vertretung geschützt. Im Mittelfeld liegen sowohl duale Systeme mit Betriebsrat wie Deutschland und Österreich, als auch Systeme mit „shop stewards" wie Großbritannien und Irland bzw. Zwitterformen wie Belgien und Italien. Der Anteil derjenigen, die zwar von einer Repräsentation am Arbeitsplatz profitieren, aber als Trittbrettfahrer nicht zum Kollektivgut beitragen (Selbstexklusion), ist in den meisten Ländern mit mittlerem bis niedrigem Organisationsgrad besonders hoch (z.B. in Frankreich, Italien und den Niederlanden).

---

39 Vgl. Hancké 1993.
40 Für eine Diskussion des Betriebsgrößeneffekts siehe Ebbinghaus et al. (2008).

Abbildung 3: Gewerkschaftlicher Organisationsgrad und Makroinstitutionen in Europa, ESS 2002/03 (Angaben in Prozent)

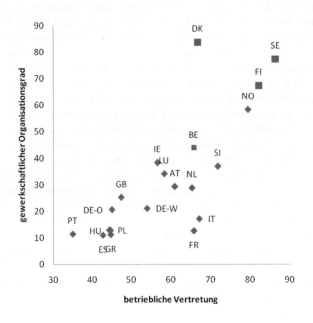

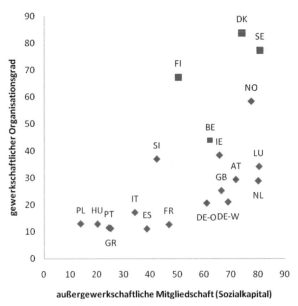

Quelle: European Social Survey 2002/03; eigene Auswertungen (siehe Tabelle 2). Gent-Systeme als Kästchen gekennzeichnet.

Abbildung 3 zeigt anhand von zwei Diagrammen den Zusammenhang zwischen gewerkschaftlichem Organisationsgrad und makroinstitutionellen Unterschieden. Im linken Diagramm ist die Beziehung zwischen gewerkschaftlichem Organisationsgrad und dem Anteil der Befragten mit betrieblicher Vertretung sowie den Ländern mit Gent-System (als Kästchen markiert) abgebildet. Besonders auffallend sind die Staaten mit gewerkschaftlicher Arbeitslosenkasse (Dänemark, Schweden, Finnland, sowie in einer Mischform Belgien), die dank dieses selektiven Anreizes die höchsten Organisationsgrade für ihr Land erreichen. Ansonsten zeigt sich ein linearer Zusammenhang zwischen Organisationsgrad und Zugang zum Betrieb. Der im Vergleich zu den nicht-nordischen Ländern hohe gewerkschaftliche Organisationsgrad von Belgien, Slowenien und Irland erklärt sich teilweise durch den mittleren Grad an betrieblicher Vertretung. Die nur geringen gewerkschaftlichen Organisationsgrade in Frankreich und Italien sind darauf zurückzuführen, dass es den dortigen Gewerkschaften trotz einer ebenfalls mittleren betrieblichen Vertretungsdichte nicht erfolgreich gelingt, formale Mitglieder zu rekrutieren. In den anderen Ländern von Süd- und Osteuropa sind sowohl betriebliche Vertretung als auch gewerkschaftliche Mitgliedschaft selten anzutreffen.

Tabelle 3: Typologie makroinstitutioneller Erklärungsfaktoren des Organisationsgrades

betriebliche Vertretungsdichte	außergewerkschaftliches Sozialkapital		
	hoch (>70%)	mittel (50-70%)	niedrig (<50%)
hoch (>70%)	Schweden* (77,2) Norwegen (58,2)	Finnland* (67,3)	Slowenien (36,9)
mittel (50-70%)	Dänemark* (83,7) Belgien* (44,0) Luxemburg (34,1) Österreich (29,4) Niederlande (28,7)	Irland (38,4) BRD (West) (21,0)	Italien (17,1) Frankreich (12,7)
niedrig (<50%)		Großbritannien (25,3) BRD (Ost) (20,6)	Polen (12,9) Ungarn (12,8) Portugal (11,3) Griechenland (11,2) Spanien (11,1)

Quelle: European Social Survey 2002/03; eigene Auswertungen.
* Gent-System; Organisationsgrad in Klammern.

Eine weitere Erklärung für die nationalen Unterschiede im gewerkschaftlichen Organisationsgrad bietet das in einer Gesellschaft vorhandene Sozialkapital (Abbildung 3, rechte Seite). Sozialkapital bezeichnet das Ausmaß der Partizipation in politischen sowie zivilgesellschaftlichen Assoziationen und die damit einhergehenden gemeinschaftlichen Orientierungen.[41] Robert Putnam[42] argumentiert, dass die Mitgliedschaft in Organisationen und Vereinen als ein Aspekt des Sozialkapitals eine wesentliche, integrative Funktion innerhalb von Gesellschaften erfüllt. Sie fördert kooperatives Verhalten, schafft Gemeinschaftssinn, Solidarität und zwischenmenschliches Vertrauen, für Putnam Faktoren, die auch für das Funktionieren demokratischer Institutionen wichtig sind.[43] Dieses Argument lässt sich auf das Funktionieren korporatistischer Institutionen übertragen. Demnach sollte das gesellschaftliche Sozialkapital einen positiven Einfluss auf den gewerkschaftlichen Organisationsgrad haben.[44] Die nordischen Länder (mit Ausnahme Finnlands) weisen nicht nur ein umfassendes Sozialkapital, sondern auch einen hohen gewerkschaftlichen Organisationsgrad auf. Umgekehrt zeigen viele Erwerbspersonen in süd- und osteuropäischen Ländern sowohl eine niedrige Neigung zur gewerkschaftlichen als auch zur außergewerkschaftlichen Organisation auf. Von diesen linearen Zusammenhängen weichen Länder im anglophonen Westeuropa (Großbritannien und Irland) und in Kontinentaleuropa (besonders Benelux und Westdeutschland) ab, in denen ein höherer Mitgliedschaftsanteil bei außergewerkschaftlichen als bei gewerkschaftlichen Assoziationen zu beobachten ist. Die Unterschiede im Sozialkapital der europäischen Gesellschaften rühren einerseits von vielfältigen sozialen, kulturellen und institutionellen Ursachen her,[45] die zum Teil auch die Unterschiede in der gewerkschaftlichen Organisation erklären können. Andererseits sind auch spezifische Erklärungen für die Abweichung von gewerkschaftlichen und außergewerkschaftlichen Mitgliedschaftsmustern notwendig. Wir konnten hier nur auf einen ersten makrostrukturellen Zusammenhang hinweisen. Weitere Analysen sind notwendig, um die mikrosozialen Mechanismen von Sozialkapital[46] aufzudecken.

4. Fazit: Tendenzen und Mechanismen der Inklusion und Exklusion

In unserer Untersuchung der Gewerkschaftsmitgliedschaft haben wir verschiedene theoretische Ansätze bemüht (siehe Kapitel 2.2 und zusammenfassend Tabelle 4), um die Fremd- bzw. Selbst-Exklusions- und Inklusionstendenzen über die Zeit und vor allem zwischen Ländern und sozialen Gruppen zu erklären. Als Mechanismus der *Fremdexklusion* (1A) sehen wir einerseits die strukturellen Opportunitätsdefizite benachteiligter Risikogruppen, die kaum Ressourcen und Möglichkeiten zur Partizipation besitzen, was sich durch das Repräsentationsdilemma noch weiter verschärft. Die Unterrepräsentation der „Outsider"-Interessen macht die Mitgliedschaft in Gewerkschaften für diese wenig attraktiv, und ihre niedrige innerverbandliche Repräsentation erschwert einen Strategiewechsel hin zu einer bewussten Öffnung gegenüber den nur schwach organisierten Gruppen.

---

41 In unserer Analyse haben wir Sozialkapital über die Anzahl der Mitgliedschaften der Befragten in politischen, kulturellen und sozialen Organisationen gemessen (vgl. Ebbinghaus et al. 2008).
42 Vgl. Putnam 2000.
43 Vgl. Putnam 2001.
44 Ein ähnliches Argument lässt sich auch auf der Individualebene machen. Es zeigt sich, dass Gewerkschaftsmitglieder in allen europäischen Staaten im Durchschnitt in mehr Organisationen und Vereinen sozial eingebunden sind als Nicht-Gewerkschaftsmitglieder (vgl. Ebbinghaus et al. 2008).
45 Vgl. Putnam 2001.
46 Vgl. Portes 1998.

Auf der institutionellen Ebene werden alle institutionellen Organisationshilfen, die durch staatliche Eingriffe, Kollektivvertragsregelungen oder eingespielte Praxis das Trittbrettfahrerproblem abmildern und die strukturellen Opportunitätsdefizite ausgleichen können, als *Fremdinklusion* (1B) bestimmt. Im Fall der nordischen und belgischen Gewerkschaften wurde auf die Rolle der Gewerkschaften bei den Arbeitslosenkassen als ein selektiver Anreiz verwiesen. Zudem existiert in diesen Ländern noch ein leichterer Zugang für Gewerkschaften zum Betrieb, der die gewerkschaftliche Rekrutierung, aber auch Dienstleistungen für Mitglieder vor Ort ermöglicht. Zwang in Form des „closed shop" ist als Organisationshilfe jedoch eher zweischneidig. Das hat der Fall Großbritannien gezeigt: Als hier in den 1980er Jahren die „closed shops" verboten wurden, konnten sich die Gewerkschaften nicht länger auf die Loyalität der (unfreiwilligen) Mitglieder verlassen.

Tabelle 4: Mechanismen der Fremd-/Selbst- Ex-/Inklusion

	Exklusion (A)	**Inklusion (B)**
Fremd- (1)	*Repräsentationsdilemma & Opportunitätsdefizite von Risikogruppen* (Frauen, atypisch Beschäftigte, Arbeitslose, Geringqualifizierte, etc.)	*Institutionelle Organisationshilfen* (Gent-System als selektive Anreize; gewerkschaftlicher Zugang zum Betrieb, „closed shop" als Zwang)
Selbst-(2)	*Trittbrettfahrerproblem & Wertewandel* (individualistische Orientierung von Jungen und Qualifizierten)	*Soziale Normen & soziale Netz<-werke* (kollektive Orientierung, Sozialkapital)

Die *Selbstexklusion* (2A) durch freiwilligen Nichteintritt in oder Austritt aus Organisationen, die kollektive Güter produzieren, ist als Trittbrettfahrerproblem allgemein bekannt, trifft aber besonders auf die sozialen Gruppen zu, die strukturell in der Lage wären sich zu beteiligen (also nicht fremdexkludiert sind), aber dies aus zweckrationalen Erwägungen nicht tun. Besonders die qualifizierten Arbeitnehmergruppen mit individuellen Aufstiegschancen sind so weniger geneigt, eine kollektive Mobilisierungsstrategie zu wählen. Der Wertewandel hin zu einer individualistischen Orientierung und das Repräsentationsdilemma erklären auch den zunehmenden Rückgang gewerkschaftlicher Organisation unter den jüngeren Kohorten. Die einmal „verlorenen Generationen" können kaum mehr geworben werden.

Umgekehrt hängt die (freiwillige) *Selbstinklusion* (2B) sehr stark vom sozialen Kontext des Individuums ab. Bestimmte soziale Normen prägen kollektive Orientierungen und Solidaritätsvorstellungen. Diese wurden bisher in bestimmten soziokulturellen Milieus durch Familie und Freundeskreis vermittelt, aber auch am Arbeitsplatz unter Kollegen früh erlernt. Die sozialen Netzwerke sind hiermit entscheidend für die Chancen, nicht nur kollektive Orientierungen und Erwartungen vermittelt zu bekommen, sondern auch Informationen über Interessenorganisationen und Aufforderungen zum „Mitmachen" zu erhalten. Somit sind in Gesellschaften mit hohem Sozialkapital die Voraussetzungen der Organisation von Arbeitnehmerinteressen besser, vor allem dann, wenn es spezifische soziokulturelle Milieus mit bindendem Sozialkapital gibt.

Mit einer Auswertung des European Social Survey 2002/03 konnten wir diese Mechanismen zumindest durch den Querschnittsvergleich über die verschiedenen Länder mit unterschiedlichen institutionellen und strukturellen Kontexten untersuchen und einzelne soziale Risikogruppen näher analysieren. Unsere Analyse der Organisation von Arbeitnehmerinteressen mithilfe des European Social Survey ist jedoch, darauf soll hier abschließend noch einmal hingewiesen werden, als eher explorativ einzustufen. Weitere Untersuchungen wären notwendig, um die einzelnen Mechanismen genauer zu identifizieren und die langfristigen Entwicklungslinien sowie die Organisationsstärke durch unterschiedliche Ressourcenausstattung zu berücksichtigen. Unser Beitrag zeigt aber die Fruchtbarkeit eines Inklusions- und Exklusionstheoretischen Ansatzes für die Erklärung der nationalen und gruppenspezifischen Unterschiede in der Organisation von Arbeitnehmerinteressen.

Literatur

Akerlof, George A., 1980: A Theory of Social Custom, of Which Unemployment May Be One Consequence. Quaterly Journal of Economics 4: S. 749-775.
Bonoli, Giuliano, 2006: The Politics of the New Social Policies. Providing Coverage Against Social Risks in Mature Welfare States. S. 3-26 in: Armingeon, K. und G. Bonoli (Hg.): The Politics of Postindustrial Welfare States: Adapting Postwar Social Policies to New Social Risks. London: Routledge,
Ebbinghaus, Bernhard, 2002: Trade Union's changing role: memebership erosion, organisational reform, and social partnership in Europe. Industrial Relations Journal 33 (5): S. 465-483.
Ebbinghaus, Bernhard, 2003: Die Mitgliederentwicklung deutscher Gewerkschaften im historischen und internationalen Vergleich. S. 174-203 in: Schroeder, W. und B. Weßels (Hg.): Die Gewerkschaften in Politik und Gesellschaft der Bundesrepublik Deutschland. Ein Handbuch. Wiesbaden: Westdeutscher Verlag.
Ebbinghaus, Bernhard, 2006: Trade Union movements in post-industrial welfare states. Opening up to new social interests? S. 123-143 in: Armingeon, K. und G. Bonoli (Hg.): The Politics of Postindustrial Welfare States: Adapting Postwar Social Policies to New Social Risks. London: Routledge,
Ebbinghaus, Bernhard et al., 2008: Mitgliedschaft in Gewerkschaften: Inklusions- und Exklusionstendenzen in der Organisation von Arbeitnehmerinteressen in Europa. MZES Working Paper.
Ebbinghaus, Bernhard und Jelle Visser, 1999: When Institutions Matter: Union Growth and Decline in Western Europe, 1950-1995. *ESR* 15 (2): S. 1-24.
EU-Com. (Hg.), 2006: Employment in Europe 2006.
Hancké, Bob, 1993: Trade Union Membership in Europe 1960-90: Rediscovering Local Unions. British Journal of Industrial Relations 31 (4): S. 593-613.
Hassel, Anne, 1999: Gewerkschaften und sozialer Wandel. Mitgliederrekrutierung und Arbeitsbeziehungen in Deutschland und Großbritannien. Baden-Baden: Nomos.
Hechter, Michael, 1987: Principles of Group Solidarity. Berkeley: University of California Press.
Hirschman, Albert O., 1970: Exit, Voice, and Loyalty: Responses to Decline in Firms, Organizations, and States. Cambridge: Harvard University Press.
Klandermans, Bert und Jelle Visser (Hg.), 1995: De vakbeweging na de welvaartsstaat. Assen: Van Gorcum.
Luhmann, Niklas, 1994: Inklusion und Exklusion. S. 15-45 in: Berding, H. (Hg.): Nationales Bewußtsein und kollektive Identität. Frankfurt/Main: Suhrkamp.

Olson, Mancur, 1965: The Logic of Collective Action: Public Goods and the Theory of Groups. Cambridge: Harvard University Press.

Portes, Alejandro, 1998: Social Capital: Its Origins and Applications in Modern Sociology. Annual Review of Sociology 24: S. 1-24.

Putnam, Robert D., 2000: Bowling Alone. The Collapse and Revival of American Community. New York: Simon & Schuster.

Putnam, Robert D. (Hg.), 2001: Gesellschaft und Gemeinsinn: Sozialkapital im internationalen Vergleich. Gütersloh: Verlag Bertelsmann Stiftung.

Rothstein, Bo, 1992: Labor-market Institutions and Working-class Strength, S. 33-56 in: Steinmo, S. et al. (Hg.): Structuring Politics: Historical Institutionalism in Comparative Analysis. New York: Cambridge University Press.

Schmitter, Philippe C. und Wolfgang Streeck, 1999: The Organization of Business Interests. Studying the Associative Action of Business in Advanced Industrial Societies. MPIfG Discussion Paper 99.

Schnabel, Claus, 2003: Determinants of Trade Union Membership. S. 12-43 in: Addison, J.T. and C. Schnabel (Hg.): International Handbook of Trade Unions. Cheltenham: Edward Elgar.

Schnabel, Claus und Joachim Wagner, 2005: Determinants of Trade Union Membership in 18 EU Countries: Evidence from Micro Data, 2002/03. Institute for the Study of Labor (IZA) Discussion Paper 1464: S. 1-24.

Stichweh, Rudolf, 2005: Inklusion und Exklusion. Studien zur Gesellschaftstheorie. Bielefeld: Transcript Verlag.

Streeck, Wolfgang, 1987: Vielfalt und Interdependenz. Überlegungen zur Rolle v. intermediären Organisationen in sich ändernden Umwelten. Kölner Zeitschrift für Soziologie und Sozialpsychologie 39 (3): S. 471-495.

Streeck, Wolfgang und Philippe C. Schmitter, 1996: Gemeinschaft, Markt, Staat – und Verbände? S. 123-164 in: Kenis, P. und V. Schneider (Hg.): Organisation und Netzwerk. Institutionelle Steuerung in Wirtschaft und Politik. Frankfurt/Main: Campus.

Visser, Jelle, 2002: Why Fewer Workers Join Unions in Europe: A Social Custom Explanation of Membership Trends. British Journal of Industrial Relations 40 (3): S. 403-430.

Wallerstein, Michael und Bruce Western, 2000: Unions in Decline? What Has Changed and Why. Annual Review of Political Science 3: S. 355-377.

Weber, Max, [1922]1972: Wirtschaft und Gesellschaft. Grundriss der Verstehenden Soziologie. Tübingen: J.C.B. Mohr.

Weiß, Johannes, 2006: Über Selbstexklusion und Verständigungsverweigerung. Soziologisches Jahrbuch. Trento: Italienisch-Deutsche Gesellschaft für Soziologie. S. 239-245.

8 Zusammenfassung

Wo stehen wir in der Soziologie der Inklusion und Exklusion?

Rudolf Stichweh

1. Keine grundlagentheoretische Kontroverse

Die Lektüre des vorliegenden Bandes verrät, dass die Autoren keine grundlagentheoretische Kontroverse gesucht und geführt haben. Es handelt sich primär um Studien aus dem Bereich angewandter Sozialforschung, wie es auch der Untertitel des Buches vermuten lässt. Die Unterscheidung von „Inklusion" und „Exklusion" ist offensichtlich ohne größere Probleme über theoretische Grenzlinien hinweg zu gebrauchen.

Dennoch lassen sich theoretische Minimalverständnisse nicht vermeiden und sind auch leicht zu identifizieren. Zwei Varianten sind in diesem Buch zu finden. Viele Autoren argumentieren rollentheoretisch. Der Begriff der Inklusion bezieht sich dann auf Bündel von Erwartungen, die an Beteiligte gerichtet werden und die als Teilnahmeerwartungen Mitgliedschaftsrollen konstituieren[1]. Die Alternative zu dieser rollentheoretischen Auffassung ist das kommunikationstheoretische Verständnis von Inklusion und Exklusion, das die Systemtheorie benutzt. Dieses zielt eine elementarere Ebene des Strukturaufbaus des Sozialen an und spricht von Inklusion bereits dort, wo psychische Systeme in der Umwelt der Kommunikation durch kommunikative Adressierung temporär in das System hineingezogen werden. Es wird unmittelbar einleuchten, dass dieses kommunikations- und das rollentheoretische Verständnis in keiner Weise miteinander konfligieren, Kommunikative Adressierung einerseits und deren Verdichtung zu Erwartungsbündeln andererseits sind nicht Annahmen zweier verschiedener und miteinander konkurrierender Theorien. Sie sind vielmehr Phasen im laufenden Strukturaufbau und Strukturumbau sozialer Systeme. Neben diesen kommunikations- und rollentheoretischen Auslegungen könnte man vielleicht in diesem Buch als dritte theoretische Option eine netzwerktheoretische Interpretation von Inklusion und Exklusion entdecken. Aber erneut lässt sich daraus keine Kontroverse machen. Inklusion in Netzwerke meint vermutlich, dass man mehr als einmal kommunikativ adressiert worden ist und dass sich diese Adressierung auch wiederholen könnte, ohne dass deshalb bereits eine Rollenzuschreibung erfolgt sein muss. Die Faktizität der wiederholten Adressierung schreibt allein auf der Basis der Tatsache, dass sie durch bestimmte andere vorgenommen worden ist und durch weitere andere nicht erfolgt ist, eine Position in einem Netzwerk zu, ohne dass diese im Sinne einer systemweiten Konsolidierung von Rollenerwartungen gedeutet werden müsste. In einem solchen Verständnis läge die netzwerktheoretische Variante gewissermaßen in der Mitte zwischen dem kommunikations- und dem rollentheoretischen Verständnis.

Eine andere interessante gesellschaftstheoretische Gemeinsamkeit, die man in den Aufsätzen registrieren kann, besteht darin, dass deutlicher, als dies noch vor einigen Jahren sichtbar war, die Unterscheidung von Inklusion und Exklusion als eine Unterscheidung

---

1   Siehe etwa bei Kotthoff oder bei Ebbinghaus, Göbel und Koos.

verstanden wird, die etwas betrifft, was prinzipiell innerhalb der Gesellschaft stattfindet. Also ist das rollen-, netzwerk- und kommunikationstheoretische Verständnis auch auf die Exklusionsseite der Unterscheidung von Inklusion und Exklusion auszudehnen. Exklusion bedeutet nicht mehr primär, dass keine Kommunikationen adressiert werden, keine Netzwerkzugehörigkeiten und keine Rollenerwartungen erschlossen werden können, obwohl diese negativen Beschreibungen auch möglich sind und Exklusion immer etwas mit negativ eingefärbten Diskontinuitäten in der Kommunikation und in der Erwartungsbildung zu tun hat. Aber zugleich ist zu betonen, dass Exklusion im heute prominenten Verständnis dieses Begriffs sich vor allem darauf bezieht, dass die kommunikative Adressierung sich im Stil ändert, die Netzwerke ausgetauscht werden und innergesellschaftliche Exklusionsrollen entstehen. Das heisst nicht, dass die negative Charakterisierung der Exklusion aufgegeben würde und diese eine gleichwertige, symmetrisch neben die Inklusion tretende Version der sozialen Realität verkörpern würde. Die negative Charakterisierung der Exklusion wird vielmehr gespalten, und die Exklusion tritt in zwei Varianten auf. In der einen dieser Varianten wird die Exklusion als ein vorübergehender Zustand gesehen. Sie wird instrumentell gehandhabt, wird gleichsam als ein therapeutisches Verfahren verstanden, als ein temporärer Ausschluss mittels dessen derjenige, der diesem Ausschluss unterworfen wird, durch umfassende Behandlung in die Gesellschaft zurückgeführt werden soll. Vom Strafverfahren über das Insolvenzverfahren bis zum Strukturanpassungsprogramm des IWF gibt es viele Prozesse in der Gegenwartsgesellschaft, die dieser Logik der inkludierenden Exklusion gehorchen. Die zweite Variante der Exklusion ist diejenige, in der die Exklusion gleichsam auf Dauer gestellt wird und zwar dadurch, dass die exkludierten Elemente sich in einem nicht mehr zur Disposition stehenden oppositionellen oder gegenstrukturellem Verhältnis zur Gesellschaft einrichten. Dies wäre beispielsweise der Fall eines Terrorismus, der an der Gesellschaft nicht mehr wirklich etwas ändern will; der chiliastischen religiösen Bewegung, die alle Erwartungen in eine Zeit jenseits der weltlichen Zeit verlagert. Dabei entstehen ihrerseits starke soziale Zusammenhänge; aber in Sozialsystemen, die ihrer inneren Logik nach von der gegenstrukturellen Position zur Gesellschaft abhängen.

Eine konzeptionell wichtige Unterscheidung, die in diesem Band beispielsweise in dem Beitrag von Ebbinghaus, Göbel und Koos produktiv eingesetzt wird, ist diejenige, die die Unterscheidung von Inklusion und Exklusion mit der Fremd/Selbst-Unterscheidung kreuzt. Es ist wichtig, dass man das Verhältnis von Fremd- und Selbstwahlen symmetrisiert. Gerade in einer Gesellschaft, die Exklusion in wichtigen Hinsichten für illegitim erachtet, wächst die Bedeutung von Selbstexklusion als einer häufig vorkommenden Form – und tritt weiterhin die Bedeutung der dritten Position zwischen „Fremd" und „Selbst" hervor, jener Exklusion, die einfach nur passiert, ohne dass man sie auf eine Absicht von „Fremd" oder „Selbst" zurechnen könnte. Man kann hier auch mit einem Begriff, der die Unterscheidung von Inklusion und Exklusion übergreift, von Sozialisation sprechen und meint dann jenes sich in Sozialsystemen absichtslos vollziehende Geschehen, das die Teilnehmer im Resultat entweder in Inklusions- oder in Exklusionsrollen plaziert.

2. Der Fall der funktionalen Differenzierung

Analytisch wird im Zentrum einer jeden Forschung, die sich mit Inklusion und Exklusion beschäftigt, die Frage der funktionalen Differenzierung stehen. Es scheint unbestritten, dass – soweit wir über die moderne Gesellschaft reden – es in keinem Fall um Inklusion und

Exklusion im Verhältnis zum Gesellschaftssystem geht, sondern um Inklusionen und Exklusionen, die einzelne Funktionssysteme der modernen Gesellschaft betreffen und um Verkettungen und Präponderanzen unter diesen Funktionssystemen und den von ihnen geregelten Inklusionen und Exklusionen.

Drei Gesichtspunkte sind hinsichtlich funktionaler Differenzierung vor allem zu betonen: a) Wachstum der Funktionssysteme auf der Basis von Globalisierung und Universalisierung; b) Interdependenzen und Interdependenzunterbrechungen zwischen Funktionssystemen; c) Hypothesen hinsichtlich potentieller Primate einzelner Funktionssysteme und ihrer Medien.

a. Das erste ist die enorme Wachstumsdynamik vieler Funktionssysteme im zwanzigsten Jahrhundert, die hauptsächlich dafür verantwortlich ist, dass uns heute die Pluralität der Funktionssysteme als eine unabweisbare Strukturbeschreibung der modernen Gesellschaft vor Augen steht. So war beispielsweise der Komplex von Schul- und Hochschulerziehung noch in der frühneuzeitlichen Gesellschaft und auch im 19. Jahrhundert ein zwar für Elitenbildung wichtiger, aber gesamtgesellschaftlich ziemlich kleiner institutioneller Komplex. Das ändert sich im zwanzigsten Jahrhundert dramatisch. In den Vereinigten Staaten beispielsweise wächst in den nur achtzig Jahren zwischen 1890 und 1970 der Anteil der Bevölkerung, der eine zwölfjährige Schulausbildung bis zum Abschluss der High School durchläuft, von ca. 3% auf 80%.[2] Man kann diese Wachstumsdynamik in Termini von Universalisierung und Globalisierung beschreiben, d.h. als Gleichzeitigkeit weltweiten kommunikativen Ausgreifens der Funktionssysteme und der potentiellen Einbeziehung einer jeden einzelnen Person in die Kommunikationen der Funktionssysteme. Diese Universalisierung des kommunikativen Zugriffs der Funktionssysteme schließt im 20. Jahrhundert in allen Funktionszusammenhängen auch die Frauen ein, so dass die Geschlechterdifferenz weltweit dadurch an Bedeutung gewinnt, dass sie in den Funktionssystemen nicht mehr als Gesichtspunkt der Strukturbildung benutzt werden kann und damit erstmals als eine Leitdifferenz sichtbar wird, die orthogonal zu funktionaler Differenzierung als primärem Gesichtspunkt der Strukturbildung in der Weltgesellschaft steht.

Die über Globalisierung und Universalisierung laufende Wachstumsdynamik der Funktionssysteme ist in diesem Buch in keinem Beitrag explizit das Thema, aber sie taucht in vielfältigen Hinsichten auf. Die Wirtschaft einer bestimmten Region der Weltgesellschaft lässt sich nicht mehr als Netzwerk von Beteiligungen und Verflechtungen organisieren (siehe Beyer und vergleiche für die geschlossenen Kommunikationskreise in der deutschen Wirtschaft des Kaiserreichs und der Weimarer Republik Windolf). Die Wirtschaft wird damit gewissermaßen „entbettet" und in globale Kommunikationszusammenhänge hineingestellt. Als zentral erweisen sich die Publikumsbegriffe der Funktionssysteme, weil mittels dieser die Form der Realisierung der Universalität der Funktionssysteme definiert wird. Stäheli analysiert dies am Beispiel des Finanzpublikums, das aus der Sicht erfahrener, professioneller Investoren an Finanzmärkten als Masse perzipiert wird, für deren Inklusion in das System der Finanzkommunikation drei Varianten skizziert werden. Entweder wird die Masse als Gefahr für die Rationalität der Finanzmärkte perzipiert, was Versuche des Wiederausschlusses dieser Masse aus der Partizipation an Finanzmärkten motivieren kann. Oder sie wird in

---

2 Goldin und Katz 2008.

der Investitionsstrategie der Kontrarier bewusst als täuschungs- und nachahmungsanfällige Masse eingebaut, die einem die Chance bietet, mittels eines sich absichtsvoll der Nachahmung entziehenden Investitionsverhaltens Gewinne zu erzielen. Die vermutete Irrationalität der Masse ist dann der indirekte Rationalitätsgarant des sich in seinem Verhalten als rational und professionell empfindenden Kontrariers. Oder und drittens, die Rationalität der Masse wird so gedeutet, dass sie als Population mit einer Vielzahl diverser Investitionsstrategien gedeutet wird. Dies ist der bei weitem positivste Begriff der Masse, der die Rationalität der Finanzmärkte in der reichen Mikrodiversität der nur dem Anschein nach homogenen Masse vermutet.

Im Blick auf Politik finden sich ähnliche Auffassungen der Masse in Reitmayers Aufsatz zur Weltwirtschaftskrise und ihren Folgen für die politische Inklusion in Deutschland. Demokratie, deren erster Institutionalisierungsversuch in Deutschland in den Jahren nach 1929 scheitert, setzt ein affirmatives Verständnis massenhafter politischer Inklusion voraus, für das erneut eine Auslegung von Mikrodiversität als der Form politischer Rationalität optimal wäre. Stattdessen aber wird die Weimarer Republik zwischen zwei antagonistischen Konzepten von Masse zerrieben, die sich nur in ihrer prinzipiellen Gegnerschaft zur Demokratie treffen. Einerseits die traditionale, konservative Position, die ein ständisches korporatistisches Modell der Elitenherrschaft an die Stelle der Massendemokratie setzen will. Andererseits die nationalsozialistische Position, die eine Masse, die als in sich nicht differenzierte Volksgemeinschaft gedeutet wird, für ihre Zwecke zu instrumentalisieren versteht. Formal ist dies der Position der Kontrarier ähnlich; man funktionalisiert jene postulierten Eigentümlichkeiten der Masse, die anderen als ein gravierendes Problem erscheinen; nur, dass die nationalsozialistische Elite ihr Handeln als angemessene Verwirklichung des kollektiven Massenwillens versteht, also nicht etwa ein konträres Verhältnis zum „Massenwillen" artikuliert.

b. Der nächste wichtige Punkt betrifft Interdependenzen und Interdependenzunterbrechungen zwischen Funktionssystemen. Es scheint unumstritten, dass, sofern man überhaupt von Funktionssystemen sprechen will, Interdependenzunterbrechungen eingerichtet oder beobachtbar sein müssen. Es darf beispielsweise nicht der Fall sein, dass nur berühmte Schriftsteller und Rockstars erotische Erfolge erringen; es muss auch eine Autonomie der Intimbeziehungen und des Erotischen geben, die jedem eine Chance bietet, sofern man sich die Gesetze dieser Sphäre zu eigen zu machen bereit ist. Andererseits sind Interdependenzen zwischen Erfolgen und Misserfolgen in bestimmten Funktionssystemen und Erfolgen und Misserfolgen in bestimmten anderen Funktionssystemen unabweisbar. Es hat einerseits für uns etwas Befriedigendes, dass eine arbeitslose, geschiedene, junge, nie publiziert habende Autorin sich an ihrem selbstgewählten Arbeitsplatz in den Cafés von Edinburgh nicht nur literarischen Ruhm, sondern auch noch eine Milliarde britische Pfund und mehr zusammenschreiben kann, wie es andererseits unseren Prinzipien und Gerechtigkeitsvorstellungen widerspricht, dass viele andere Arbeitslose nicht nur wirtschaftliche Probleme haben[3], sondern in der Folge auch aus vielfältigen anderen Funktionszusammenhängen herausfallen. Eine

---

3 Rein wirtschaftliche Armut kann ja durchaus absichtsvoll gesucht werden und sogar als „Armutsgelübde" normativ erwartet werden.

in ihrem Selbstwertgefühl verletzte Psyche ist dafür eine wichtige intervenierende Variable (siehe Diewald und Pollmann-Schult).[4]

Eine interessante Diskussion von Interdependenzen findet sich bei Hartmann. Dieser sieht seine Befunde hinsichtlich der Bedeutung von Herkunft für den Aufstieg in wirtschaftliche Führungspositionen auch als eine Kritik an der Theorie funktionaler Differenzierung. Man könnte sich fragen, ob die von ihm beschriebenen Sachverhalte nicht eine in die entgegensetzte Richtung gehende Deutungsvariante zulassen. Die extreme Abhängigkeit des Zugangs zu wirtschaftlichen Führungspositionen von akademischen (in diesem Fall nahezu ausschließlich: universitären) Abschlüssen, die sich in der Moderne abzeichnet und die auch Hartmann berichtet, kann unter anderem als eine Einschränkung der Autonomie des Ökonomischen verstanden werden. Es stellt sich eine strukturelle Kopplung mit dem Erziehungswesen ein, die bedingt, dass man in den Organisationen des Erziehungswesens ziemlich erfolgreich gewesen sein muss, um je eine Führungsposition in Wirtschaftsorganisationen erlangen zu können. Demgegenüber wirkt die von Hartmann diagnostizierte Herkunftsabhängigkeit als die zu Erziehungsabhängigkeit hinzutretende Variable eigentlich nicht wie eine Überformung ökonomischer Gesichtspunkte durch eine wirtschaftsfremde Schichtungsstruktur. Diejenigen Eliten, die hier Selbstrekrutierung und Selbstergänzung betreiben, sind keine funktionssystemübergreifenden Eliten, die ihren Nachwuchs in alle gesellschaftlichen Sphären plazieren. Es handelt sich viel eher um eine spezifisch ökonomische Führungsschicht, die Auswahlgesichtspunkte geltend macht, die sie kompetent verwalten zu können glaubt, und die sich nicht allein von „Entscheidungen" des Erziehungswesens abhängig machen will. Insofern könnte man diesen Fall auch als Geltendmachen der Eigenweltlichkeit des Ökonomischen deuten.

Eine Parallele zu dieser Diskussion bietet der Fall der „legacies" in amerikanischen Eliteuniversitäten, den Karabel untersucht.[5] „Legacies" sind die Kinder von Alumni, die, in einem im übrigen extrem kompetitiven Zulassungssystem, eine deutlich bessere Zugangschance besitzen als fast alle anderen Gruppen von Kandidaten. Auch die Kinder von Alumni müssen in Zulassungsprüfungen bestimmte Punktwerte erreichen; aber der für Zulassung erforderliche Schwellenwert liegt signifikant niedriger als bei anderen Gruppen von Bewerbern. Man kann dies als das *Interesse einer Organisation an sich selbst* deuten (siehe dazu unten im Abschnitt 3 zu Organisationen); im Blick auf Funktionssysteme aber liegt die Bemerkung nahe, dass in diesem Fall die Privilegierung wie die Selbstbegünstigung einer funktionssystemübergreifenden Elite wirkt, oder mit den Worten eines amerikanischen Senators (und Vizepräsidentschaftskandidaten), „a birthright out of 18th-century British aristocracy, not 21st-century American democracy."[6]

c. Der dritte für den Zusammenhang von funktionaler Differenzierung und Inklusion/Exklusion wichtige Gesichtspunkt betrifft die Frage des Primats bestimmter Funktionssysteme und der diesen Funktionssystemen zugrundeliegenden symbolisch generalisierten Medien der Kommunikation. Behauptungen hinsichtlich des Primats bestimmter Funktionssysteme finden wir in der soziologischen Literatur häufig. „Primat"

---

4   In psychologischen Termini geht es um Kontrollüberzeugungen und „self-efficacy", vgl. Bandura 1997
5   Ausführlich in dem Buch, von dem hier nur ein kleiner Ausschnitt übersetzt ist, Karabel 2006, zusammenfassend S. 550-1.
6   John Edwards (2004), zit. bei Karabel 2006, 551.

eines Funktionssystems würde vermutlich bedeuten, dass die Inklusionen und Exklusionen als über mehrere Systeme hinweg verkettete Prozesse hauptsächlich über die Struktur und das Kommunikationsmedium eines dieser Funktionssysteme der modernen Gesellschaft gesteuert werden. Ansprüche dieser Art sind beispielsweise für die Religion, die Wirtschaft, die Politik und seit Fritz Machlup und Daniel Bell auch für Erziehung und Wissenschaft angemeldet worden.[7] Spricht man spezifischer von Inklusion und Exklusion hätte es auch eine gewisse Plausibilität, von einem Primat von Familienleben und Intimbeziehungen auszugehen, weil über mehrere Systeme hinwegreichende Prozesse der verketteten Exklusion oft in diesem System der Familien- und Intimbeziehungen ihren Ausgang nehmen, wie umgekehrt oft betont worden ist, beispielsweise in der Sozialtheorie Pierre Bourdieus, dass eine starke Stellung einer Person in mehreren sozialen Systemen sich oft der familialen Weitergabe entscheidender Ressourcen verdankt.

Mit Überlegungen dieses Typs experimentiert in diesem Buch vor allem der Text von Christoph Deutschmann, der die Wirtschaft und insbesondere deren Kommunikationsmedium Geld als ein Universalmedium der modernen Gesellschaft zu deuten versucht. Zugleich findet man aber auch in den Texten von Hillmert, Hartmann und Karabel eine Reihe von Argumenten, die man konkurrierend zu Deutschmann so auslegen könnte, dass wegen der immer stärkeren Abhängigkeit einer Vielzahl gesellschaftlicher Zugangsmöglichkeiten von Erziehungs- und Schulerfolgen eine gesellschaftsweit privilegierte Stellung des Erziehungssystems in der Zuweisung von Inklusionen und Exklusionen gegeben ist. Und schließlich scheint es eine plausible Interpretation des Textes von Uta Gerhardt, ihn in dem Sinne zu verstehen, dass er zumindest implizit für einen Primat des Politischen in modernen Gesellschaften plädiert.

Wenn man sich das Gesamt dieser Argumentationsmöglichkeiten vergegenwärtigt, spricht einiges dafür, sich selbst nicht in diesem Duktus zu engagieren und statt dessen einerseits auf struktureller Ebene die Luhmannsche Position der Unvertretbarkeit und wechselseitigen Irreduzibilität aller Funktionssysteme zu favorisieren, sich andererseits angesichts der Pluralität der angemeldeten Primatsansprüche gewissermaßen diskurstheoretisch für dieses Genre zu interessieren und danach zu fragen, unter welchen Umständen und mit welchen argumentativen Ressourcen Primatsansprüche für ein Funktionssystem reklamiert worden sind. Die Semantik des Vorrangs bestimmter Funktionsssysteme gegenüber anderen Funktionssystemen würde dann als eine relevante Selbstbeschreibung der modernen Gesellschaft aufgefasst. Eine der unter diesen Voraussetzungen interessant werdenden Fragen ist beispielsweise, ob es Funktionssysteme gibt, für die ein solcher Vorrang hinsichtlich der Regulierung vielfältiger Inklusionen und Exklusionen nie behauptet worden ist, und wovon es abhängt, dass Postulate dieses Typs entstehen. Wie sieht es mit dem Funktionssystem der Kunst aus? Ist die Kunst zu sehr mit privilegierten gesellschaftlichen Gruppierungen verknüpft (siehe in diesem Band Rössel)? Wie verhält es sich im Funktionssystem Sport? Bewegt sich der Sport innerhalb der für ihn wichtigen Unterscheidung von Ernsthaftigkeit und Spiel noch zu sehr auf der Seite des Spiels, so dass selbst professionelle Sportler mit

---

7   Siehe Machlup 1962 bzw. Bell 1973. Für Recht und Massenmedien würde man bei Parsons bzw. Luhmann Argumente finden, Parsons 1977 bzw. Luhmann 1996.

Millioneneinkommen nach verlorenen Wettkämpfen manchmal sagen, es handle sich doch nur um ein Spiel?

3. Organisationen in Funktionssystemen

Die Weltgesellschaft der Gegenwart ist in entscheidenden Hinsichten auch Organisationsgesellschaft. Das liegt vermutlich daran, dass nach dem Funktionssystem die formale Organisation das „zweitbeste" Strukturprinzip ist, dem es gelingt, lokale und regionale Beschränkungen der Kommunikation zu überwinden.[8] Soweit sie diese Leistung erbringen, kann die Bedeutung von Organisationen für die Inklusion und Exklusion in die Funktionssysteme groß sein. Man kann dies gut an den drei Organisationstypen studieren, die in diesem Buch eine Rolle spielen: Gewerkschaften (Ebbinghaus, Göbel, Koos; Kotthoff), Wirtschaftsunternehmen (Windolf, Beyer, Hartmann), Eliteuniversitäten (Karabel, Hartmann). Gewerkschaften und Eliteuniversitäten bilden in gewisser Hinsicht Pole: Gewerkschaften stehen im Prinzip jedem Erwerbstätigen (und auch Arbeitslosen) für Mitgliedschaft offen, aber sie haben heute in vielen Ländern massive Probleme mit der Mitgliederrekrutierung; Eliteuniversitäten dagegen sind, dort, wo es sie gibt, im Vergleich dazu jene Organisationen, in denen jeder Mitglied sein möchte, in die aber kaum jemand hineingelangt.[9] Gewerkschaften haben offensichtlich teilweise die Fähigkeit zur Vermittlung von Inklusionsmöglichkeiten in andere Sozialsysteme und Funktionskontexte verloren. Der Wohlfahrtsstaat ist in vielen Hinsichten an ihre Stelle getreten, und der Text von Ebbinghaus, Göbel und Koos belegt, dass der gewerkschaftliche Organisationsgrad dort am höchsten ist, wo Gewerkschaftsmitgliedschaft noch unmittelbar mit wohlfahrtsstaatlichen Funktionen (Arbeitslosenkassen etc.) verknüpft ist. Anders als die Wirtschaftsunternehmen haben die Gewerkschaften den Schritt zur weltweiten Reichweite ihrer inklusionsvermittelnden Leistungen nicht geschafft, und dies ist vermutlich die größte Gefahr für ihre künftige gesellschaftliche Bedeutung.

Genau umgekehrt verhält es sich mit der Eliteuniversität. Die drei Universitäten, die Karabel untersucht, Harvard, Yale und Princeton, waren noch in den ersten Jahrzehnten des 20. Jahrhunderts in vielen Hinsichten regionale und nicht einmal nationale Institutionen, mit einem regionalen Netzwerk von „feeder schools", aus dem sie die meisten ihrer Studenten rekrutierten. Heute sind sie „Weltuniversitäten", mit weltweiter Anziehungskraft, und sie verstehen sich auch zunehmend als solche, was sich gut daran zeigt, dass alle drei am Anfang des 21. Jahrhunderts das Prinzip der „need blind admission", d.h. einer Zulassung, die die Bedürftigkeit des Studienbewerbers erst nach der Zulassungsentscheidung prüft, auf Bewerber aus allen Ländern der Welt ausgedehnt haben.[10] Die inklusionsvermittelnde Leistungsfähigkeit dieser Elitecolleges und -universitäten ist so groß, dass man den aufgenommenen Studierenden – ironisch oder ernsthaft – erklären kann, dass sie eigentlich nichts mehr tun müssen, weil das Faktum der Aufnahme bereits den Lebenserfolg garantiert.[11]

---

8 Vgl. Stichweh 2007.
9 In den USA handelt es sich um 40.000 bis 60.000 jener ca. 2,8 Millionen, die jährlich einen High School Abschluss erreichen, von denen ca. 1,8 Millionen ihre Ausbildung am College fortsetzen (siehe Abbott 2002).
10 Karabel 2006, 548 und 672, Fn. 48.
11 So sagt es auch – weder ironisch noch ernst – Abbott 2002, der eine relativ klassische, aber bemerkenswert formulierte Bildungsidee in die hier sich auftuende Lücke zu schieben versucht.

Bei extrem knappen, zudem durch organisatorische Entscheidung verwalteten, Möglichkeiten der Inklusion in Mitgliedschaftsrollen, wie dies in Harvard, Yale und Princeton der Fall ist, entstehen im Lauf des 20. Jahrhunderts bemerkenswerte Strukturen der Verwaltung dieser Knappheit der Inklusionschancen. In Karabels Analysen treten vor allem zwei Gesichtspunkte hervor. Den ersten dieser Gesichtspunkte könnte man *das Interesse der Institution an sich selbst* und an der Kontinuierung ihrer kulturellen und sozialen Rolle und ihrer Bildungstradition nennen.[12] Wir haben oben bereits das seltsame Moment der Privilegierung der „legacies" (der Kinder von Alumni) erwähnt. In einer verwandten Linie liegen die Zugangsprivilegien für Kinder jetziger und früherer Professoren. Die Auszeichnung des Sports als einer symbolischen Selbstdarstellung der Universität ist ein drittes verwandtes Moment, erneut mit erstaunlichen Zugangschancen für junge Männer (viel seltener Frauen), die ansonsten nie eine Institution dieses Typs zu erreichen imstande wären. Schließlich gibt es das als Teil einer Bildungsidee verstandene Leitthema der inneren Diversität einer Population, das dafür verantwortlich ist, dass Harvard, Yale und Princeton einen komplizierten Mix verschiedener Gruppen anstreben und nicht einfach eine meritokratische Selektion derjenigen, die bei Tests am besten abschneiden.

Neben diesen ersten Gesichtspunkt der Selbstkontinuierung der Institution tritt zweitens eine in die Zulassungspraktiken eingebaute „Theorie" der gesellschaftlichen Umwelt der Universität. Zu dieser „Theorie" gehört die Praxis der „affirmative action", die insbesondere auf eine Repräsentation von Schwarzen und der indianischen Bevölkerung in einem Umfang, der dem nationalen Bevölkerungsanteil entspricht, achtet; zweitens die Institutionalisierung der Beobachtung anderer Minoritäten, insbesondere der jüdischen Bevölkerung der Vereinigten Staaten und in jüngsten Jahren der asiatischen Bevölkerung der USA[13]; drittens die Herstellung von Geschlechtergleichheit, die den führenden amerikanischen Universitäten in wenigen Jahrzehnten nach der erstmaligen Zulassung von Frauen zum Studium gelungen ist; viertens die Nichtberücksichtigung oder Nichtthematisierung sozialer Ungleichheit, was dazu führt, dass nach wie vor die Chancen eines Kindes aus einer einkommensschwachen Familie auf einen Studienplatz an einer Eliteuniversität minimal sind. Die Privilegierung von Ethnizität und Gender als zu beachtender gesellschaftlicher Strukturen, im Unterschied zu Strukturen der sozialen Ungleichheit unter Schichten, ist eine genuin „gesellschaftstheoretische" Entscheidung, die diese Organisationen treffen.

Ein anderer Typus von Organisation, der für die gesellschaftliche Behandlung von Inklusion und Exklusion von großer Bedeutung ist, die Organisationen der inkludierenden Exklusion (oder: Organisationen der Exklusionsverwaltung) werden zwar in konzeptionellen Aufsätzen des Bandes (insb. Bohn; Stichweh) diskutiert, spielen aber in den empirischen Analysen des Buches keine große Rolle. Eine Ausnahme ist der Text von Buhr und Leibfried, in dem der ambivalente Status der Organisationen der inkludierenden Exklusion darin sichtbar wird, dass viele von Arbeitslosigkeit Betroffene auf Sozialleistungen verzichten, weil sie offenbar weniger die Arbeitslosigkeit selbst, als vielmehr das Einwandern in den Betreuungsbereich der Organisationen der inkludierenden Exklusion als faktische und symbolische Bestätigung der Exklusion erfahren.

---

12   Mit Blick auf eine völlig andere Fragestellung – die soziale Funktion von „endowments" – formuliert ähnlich auch Hansmann 1990.

13   In beiden Hinsichten gab und gibt es informelle Quoten, aber keine offiziellen Quoten. Karabels Leitthese ist, dass der ca. 1920 einsetzende Versuch, den schnell wachsenden Anteil der jüdischen Studenten zu begrenzen, der Auslöseanlass für die Entstehung der komplexen Zulassungsregimes unserer Tage gewesen ist.

4. Migration und Raum

Die wesentlichen Prozesse der Inklusion und Exklusion in der Weltgesellschaft der Gegenwart sind kommunikative Prozesse. Daneben gibt es Migrationen, die Personen und Kollektive von der Bindung an einen bestimmten Punkt im Raum lösen und sie an einem anderen Punkt im Raum (temporär) neu verankern.[14] In Termini von Inklusion und Exklusion leuchtet ein, dass Migrationen hochriskant sein können. Gerade, soweit vorhandene Inklusionsrollen nicht global unterschiedslos aktiviert und ausgeübt werden können, liegt im Akt der dauerhaften Migration das Risiko eines multiplen Ausschlusses mit großen Schwierigkeiten des Wiedereinschlusses. Eine sehr interessante Fallstudie zu einem den meisten von uns erstaunlich wenig bekannten Sachverhalt legt Uta Gerhardt vor. Die Zwangsmigration (= Vertreibung) von mindestens 12 Millionen Deutschen aus Mittel- und Osteuropa auf das Territorium des gleichzeitig erst neu entstehenden Staates Bundesrepublik Deutschland. Wie auch immer man rechnet – in absoluten oder relativen Zahlen –, dies ist eine der quantitativ großen Migrationen der Weltgeschichte, und es ist ein bemerkenswertes Phänomen, dass schon zwanzig Jahre nach diesem Vorgang die früheren Migranten nur in wenigen Situationen noch als solche zu erkennen waren. Dabei war die Exklusion zunächst einmal weitreichend: Unterbringung in Lagern; Einschränkungen der Mobilität; keine Arbeitserlaubnis; die Überzeugung einer großen Zahl der einheimischen Deutschen, dass es sich bei den Migranten nicht um Deutsche handle. Zwei in dem Aufsatz von Gerhardt sichtbar werdende Bedingungen dieser schnellen Inklusion möchte ich hervorheben: Es wäre in dieser speziellen Flucht- und Vertreibungssituation denkbar gewesen, dass die vielfältig exkludierten Vertriebenen für eine oppositionelle Strategie optieren, die zu Organisationen der exkludierenden Inklusion (siehe zu diesem Begriff den Text von Stichweh) geführt hätte, die dauerhafte Opposition und Devianz institutionalisiert hätten. Das ist aber nicht geschehen, die Vertriebenenverbände und auch die zeitweilig einflussreiche Partei der Vertriebenen (BHE) fungierten faktisch als inklusionsvermittelnde Organisationen in jenem Sinne, den wir im vorhergehenden Abschnitt am Beispiel von Gewerkschaften und Hochschulen diskutiert haben.

Die zweite Erfolgsbedingung hat etwas damit zu tun, dass jener Staat, in dem die Inklusion gegenüber den Tendenzen zu Exklusion die Oberhand gewann, selbst erst ein im Entstehen befindlicher Staat war. Die Bundesrepublik gab es noch nicht oder sie war in ihrem Staatsbildungsprozess; die eigentliche Macht lag bei den Besatzungsbehörden und deren Handeln – das dokumentiert Gerhardt eindrucksvoll – hat konsistent auf Inklusion hingewirkt. Die Lösung von einem bestimmten Abschnitt im Raum (die zwangsweise Migration) hat im Resultat also nicht die Inklusion in neue Sozialräume verhindert.

Raum wird dort wichtig, wo es sich um im Raum lokalisierte Ressourcen handelt. Die Vertriebenen konnten kaum etwas mitnehmen, insofern waren Exklusionen zunächst einmal wahrscheinlich. Andererseits konnten sie Wissen, Kompetenzen, technische Sonderfertigkeiten, die in ihnen inkorporiert waren, auch über die langen Migrationsdistanzen mit sich transportieren, und in diesen transportablen personalen Ressourcen und den zugehörigen Handlungsbereitschaften lag vermutlich eine dritte Bedingung der sich schließlich durchsetzenden multiplen Inklusion. Der Text von Häussermann und Kronauer behandelt eine andere Beziehung zum Raum. Es geht um städtische Situationen und soziale Gruppen und Individuen, die über wenig eigene Ressourcen verfügen, außer denjenigen, die in sozia-

---

14 Vgl. Stichweh 2005.

len Nahräumen verfügbar sind. Entsprechend sind auch die Bewegungsradien der betreffenden Personen und Gruppen eingeschränkt. Einerseits ist diese enge räumliche Begrenzung, diese Bindung an einen kleinen Raum, eine Restriktion, andererseits verkörpert sie die Form sozialer Sicherheit, die auch diesen Personen und Gruppen zur Verfügung steht, solange sie die Nahräume ihrer Lebensführung nicht verlassen.

Ein letztes bemerkenswertes Beispiel im Zusammenhang von Migration, Raum und Kommunikation behandelt der Text von Diewald und Pollmann-Schult. Dabei handelt es sich um die zweite große Diskontinuität in der Geschichte der Bundesrepublik Deutschland. Erneut sind es sechzehn Millionen Menschen, die diesmal nicht das Territorium wechseln, sondern mit dem Territorium ihres früheren Staates in einen anderen versetzt werden. Dies war primär ein kommunikatives Geschehen, nicht ein Migrationsvorgang. In Sozialräumen, die in basalen Hinsichten unverändert geblieben sein dürften, gilt auf einmal eine andere politische Ordnung, eine andere Wirtschaftsordnung, eine andere Rechtsordnung, eine andere Erziehungsordnung etc. Es scheint so zu sein, dass, im Vergleich zu der Fallstudie von Gerhardt, dieser zweite Fall der Substitution einer Ordnung durch eine andere Ordnung viel schwieriger und konfliktreicher verlaufen ist und verläuft. Die zugehörigen Analysen dieser Entwicklung aus der Sicht einer Soziologie der Inklusion und Exklusion sind überwiegend wohl noch nicht geschrieben, aber es scheint plausibel, dass wir in diesem Fall damit zu tun haben, dass in der Transformation dieser Sozialordnung sowohl die Inklusionen wie die Exklusionen zugenommen haben, so dass Ambivalenz die beherrschende Einstellung gegenüber den neuen Mustern des Sozialen geworden sein dürfte.

Literatur

Abbott, Andrew, 2002: „Welcome to the University of Chicago, 2002." (http://www.ditext.com/abbott/abbott_aims.html).
Bandura, Albert (ed.), 1997: Self-Efficacy in Changing Societies. Cambridge: Cambridge University Press.
Bell, Daniel, 1973: The Coming of the Post-Industrial Society. New York: Basic Books.
Goldin, Claudia und Lawrence F. Katz, 2008: The Race between Education and Technology. Cambridge, Mass. / London: The Belknap Press of Harvard University Press.
Hansmann, Henry, 1990: Why Do Universities Have Endowments? Journal of Legal Studies 19 (1): S. 3-42.
Karabel, Jerome, 2006: The Chosen. The Hidden History of Admission and Exclusion at Harvard, Yale and Princeton. Boston / New York: Houghton Mifflin.
Luhmann, Niklas, 1996: Die Realität der Massenmedien. Opladen: Westdeutscher Verlag.
Machlup, Fritz, 1962: The Production and Distribution of Knowledge in the United States. Princeton / N.J.: Princeton University Press.
Parsons, Talcott, 1977: Law as an Intellectual Stepchild. Sociological Inquiry 47 (3-4): S. 11-58.
Stichweh, Rudolf, 2005: Migration, Weltgesellschaft und Weltkommunikation. Zur strukturellen Einbettung von Migration in Entwicklungsphasen der Weltgesellschaft. S. 145-159 in: Stichweh, Rudolf: Inklusion und Exklusion. Studien zur Gesellschaftstheorie. Bielefeld: Transcript.
Stichweh, Rudolf, 2007: The Eigenstructures of World Society and the Regional Cultures of the World. S. 133-149 in: Rossi, Ino (Hg.), Frontiers of Globalization Research: Theoretical and Methodological Approaches. New York: Springer.

Autorinnen und Autoren

Jürgen Beyer, geb. 1964, Professor für Soziologie, insbesondere Wirtschafts- und Organisationssoziologie an der Universität Hamburg und geschäftsführender Direktor des Centrums für Globalisierung und Governance Hamburg.
Forschungsgebiete: Vergleichende Kapitalismusforschung, Pfadabhängigkeit, Governance fundamentalen gesellschaftlichen Wandels.
Veröffentlichungen: Unternehmen zwischen Aktionsinteresse und sozialer Verantwortung, Themenheft der Zeitschrift „Berliner Debatte Initial", 18 4/5, 2007 (zus. mit Stefanie Hiß); Pfadabhängigkeit, Frankfurt/New York 2006; Gesellschaft mit beschränkter Hoffnung? Über Reformfähigkeit und die Möglichkeit rationaler Politik, Wiesbaden 2004, (zus. mit Petra Stykow).

Hans-Peter Blossfeld, geb. 1954 in München, Professor für Soziologie an der Universität Bamberg, ist seit August 2008 Geschäftsführender Direktor des Instituts für bildungswissenschaftliche Längsschnittforschung (INBIL) in der Universität Bamberg und Leiter des Nationalen Bildungspanels (NEPS). Er ist darüber hinaus seit 2003 Leiter des Staatsinstituts für Familienforschung an der Universität Bamberg.
Forschungsgebiete: Bildungs-, Arbeitsmarkt- und Familienforschung sowie Theorie und Methoden des der Lebensverlaufsforschung und des internationalen Vergleichs.
Veröffentlichungen: Globalization, Uncertainty and Youth in Society (2005, zusammen mit Karin Kurz, Erik Klijzing und Melinda Mills, Routledge) Globalization, Uncertainty and Women's Careers (2006, zusammen mit Heather Hofmeister, Edward Elgar), Globalization, Uncertainty and Men's Careers (2006, zusammen mit Melinda Mills und Fabrizio Bernardi, Edward Elgar) und Globalization, Uncertainty and late Careers in Society (2006, zusammen mit Sandra Buchholz und Dirk Hofäcker, Routledge).

Cornelia Bohn, Professorin für Soziologie an der Universität Luzern. Frühjahr 2009 Gastwissenschaftlerin an der University of Chicago.
Forschungsgebiete: Soziologische Theorien, Historische Semantik, Inklusions- und Exklusionsforschung, Geldtheorie.
Veröffentlichungen: Prozesse von Inklusion und Exklusion: Identität und Ausgrenzung, Trient 2006 (hg.mit A. Hahn); Inklusion, Exklusion und die Person, Konstanz 2006; Inklusion und Exklusion: Theorien und Befunde; Soziale Systeme 2008.

Sandra Buchholz, geb. 1976, wissenschaftliche Assistentin an der Universität Bamberg. 2003-2005 wissenschaftliche Mitarbeiterin im international vergleichenden Forschungsprojekt „GLOBALIFE: Lebensverläufe im Globalisierungsprozess" an der Universität Bamberg; 2005-2007 wissenschaftliche Mitarbeiterin im DFG-Projekt „flexCAREER: ein internationaler Vergleich der Veränderung sozialer Ungleichheiten" am Staatsinstitut für Familienforschung Bamberg.
Forschungsinteressen: Lebensverlaufsforschung, internationaler Vergleich, soziale Ungleichheiten, quantitative Methoden (insbesondere Längsschnittmethoden).

Petra Buhr, geb. 1960, Dr., wissenschaftlichen Mitarbeiterin am Institut für empirische und angewandte Soziologie der Universität Bremen.
Forschungsgebiete: Armut und soziale Grundsicherung, Gesundheits- und Versorgungsforschung, Familienentwicklung.
Veröffentlichungen: Gebührenrecht im sozialgerichtlichen Verfahren, Baden-Baden 2009 (mit B. Braun, A. Höland und F. Welti); Pflegearbeit im Krankenhaus, St. Augustin 2008 (mit B. Braun und R. Müller); Dynamik von Armut, Wiesbaden 1995

Christoph Deutschmann, geb. 1946, Professor für Soziologie an der Universität Tübingen, 2008/2009 Scholar-in-Residence am Max Planck-Institut für Gesellschaftsforschung in Köln.
Forschungsgebiete: Arbeits- und Wirtschaftssoziologie.
Neuere Veröffentlichungen: Kapitalistische Dynamik. Eine gesellschaftstheoretische Perspektive, Wiesbaden 2008; Postindustrielle Industriesoziologie. Theoretische Grundlagen, Arbeitsverhältnisse und soziale Identitäten, Weinheim 2002; Die Verheißung des absoluten Reichtums. Zur religiösen Natur des Kapitalismus, Frankfurt/M 1999, 2. Aufl. 2001.

Martin Diewald, geb. 1958, Professor für Soziologie mit dem Schwerpunkt Sozialstrukturanalyse an der Universität Bielefeld.
Forschungsgebiete: Sozialstruktur und soziale Ungleichheit, soziale Netzwerke, Familie und Beruf, postsozialistische Transformation.
Veröffentlichungen: After the Fall of the Wall (mit Karl Ulrich Mayer und Anne Goedicke), Stanford 2006; Arbeitsmarktungleichheiten und die Verfügbarkeit von Sozialkapital. Die Rolle von Gratifikationen und Belastungen. KZfSS Sonderband 47, 2007; The Sociology of the Life Course and Life Span Psychology: Integrated Paradigm or Complementing Pathways? (mit Karl Ulrich Mayer), Amsterdam 2009.

Bernhard Ebbinghaus, geb. 1961, Professor für Makrosoziologie und Direktor des Mannheimer Zentrums für Europäische Sozialforschung, Universität Mannheim.
Forschungsgebiete: Vergleichende Analyse von Wohlfahrtsstaaten und Arbeitsbeziehungen.

Veröffentlichungen: Reforming Early Retirement in Europe, Japan and the USA, Oxford 2006, 2008; (mit Jelle Visser) European Trade Unions in Western Europe since 1945, London 2000.

Uta Gerhardt, geb. 1938, Professor für Allgemeine Soziologie an der Universität Heidelberg (Lehrstuhl für Soziologie II). Zahlreiche Forschungsaufenthalte und Gastprofessuren in den USA.
Forschungsgebiete: Soziologiegeschichte mit Schwerpunkt Georg Simmel – Max Weber – Talcott Parsons, Transformation Deutschlands durch Besatzungsherrschaft nach dem Zweiten Weltkrieg.
Veröffentlichungen: Soziologie der Stunde Null (2005), Denken der Demokratie (2007), Soziologie im zwanzigsten Jahrhundert (2009).

Claudia Göbel, geb. 1980, wissenschaftliche Mitarbeiterin am Lehrstuhl für Makrosoziologie, Universität Mannheim.
Forschungsgebiete: Vergleichende Analyse von Wohlfahrtsstaaten und sozialen Bewegungen.
Dissertationsprojekt zum Thema: Soziale Lage und kollektive Interessenorganisation von prekär Beschäftigten in Europa.

Michael Hartmann, geb. 1952, Professor für Soziologie an der TU Darmstadt.
Forschungsgebiete: Eliten, Management und Hochschulentwicklung, jeweils im internationalen Vergleich.
Veröffentlichungen: Der Mythos von den Leistungseliten Frankfurt/M. 2002, Elitesoziologie, Frankfurt/M. 2004, Sociology of Elites, London 2006, Eliten und Macht in Europa, Frankfurt/M. 2007.

Hartmut Häussermann, geb. 1943, Professor für Stadt- und Regionalsoziologie von 1993-2008 an der Humboldt-Universität zu Berlin.
Forschungsgebiete: Stadtentwicklung und -politik, sozialräumliche Ungleichheit, Wohnungsversorgung.
Veröffentlichungen: Stadtpolitik (zus. mit D. Läpple und W. Siebel), Frankfurt a. M. 2008; An den Rändern der Städte. Armut und Ausgrenzung (zus. mit. M. Kronauer und W. Siebel), Frankfurt a. M. 2. Aufl. 2005; Stadtsoziologie: Eine Einführung (zus. mit W. Siebel), Frankfurt a. M., New York 2004.

Steffen Hillmert, geb. 1969, Professor für Soziologie mit den Schwerpunkten Methoden der empirischen Sozialforschung und Sozialstrukturanalyse an der Universität Tübingen. 2005/06 Kennedy Memorial Fellow, Harvard University.

Forschungsgebiete: Lebensverlauf, Bildung, Beruf, soziale Ungleichheit, Gesellschaftsvergleich, Methoden.

Veröffentlichungen u.a.: Ausbildungssysteme und Arbeitsmarkt, Wiesbaden 2001; Geboren 1964 und 1971 (mit Karl Ulrich Mayer), Wiesbaden 2004.

Jerome Karabel, Professor für Soziologie, University of California, Berkeley.

Forschungsgebiet: Soziologie der Erziehung.

Veröffentlichungen: The Chosen: The Hidden History of Admission and Exclusion at Harvard, Yale, and Princeton, 2005; The Diverted Dream: Community Colleges and the Promise of Educational Opportunity (zus. mit Steven Brint), 1989; Power and Ideology in Education (Hg. zus. mit A.H. Halsey), 1977.

Sebastian Koos, geb. 1978, wissenschaftlicher Mitarbeiter am Lehrstuhl für Makrosoziologie, Universität Mannheim.

Forschungsgebiete: Vergleichende Analysen wirtschaftlichen Handelns, Moralökonomische Ansätze.

Veröffentlichungen: Religion und der Geist des Kapitalismus im modernen Europa, VDM, 2008.

Hermann Kotthoff, geb. 1943, apl. Professor für Industrie– und Organisationssoziologie an der Technischen Universität Darmstadt, ehem. Leiter des ISO-Instituts Saarbrücken.

Forschungsgebiete: Industrielle Beziehungen, Managementsoziologie.

Veröffentlichungen: Die Leistungsträger. Führungskräfte im Wandel der Firmenkultur, Berlin 2008; Betriebliche Sozialordnung als Basis ökonomischer Leistungsfähigkeit, in: Beckert, J., Deutschmann, Ch. (Hrsg.), Wirtschaftssoziologie, KZfSS-Sonderband, Wiesbaden 2009; Family Business and Family Change, in: Bluhm K., Schmidt, R. (eds), Change in SMEs. Toward a New European Capitalism? Houndsmills 2008.

Martin Kronauer, geb. 1949, Professor für Gesellschaftswissenschaft an der Hochschule für Wirtschaft und Recht Berlin.

Forschungsgebiete: soziale Ungleichheit, Armut und Stadt, Wandel der Erwerbsarbeit.

Veröffentlichungen: Flexicurity (zus. mit G. Linne), Berlin 2. Aufl. 2007; An den Rändern der Städte. Armut und Ausgrenzung (zus. mit H. Häussermann und W. Siebel), Frankfurt a. M. 2. Aufl. 2005; Exklusion, Frankfurt a. M., New York 2002.

Stephan Leibfried, geb. 1944, Professor für Politikwissenschaft und Sozialpolitik an der Universität Bremen, Ko-Direktor des Zentrums für Sozialpolitik und Sprecher des Sonderforschungsbereichs 597 „Staatlichkeit im Wandel" an der Universität Bremen.

Forschungsgebiete: Staatlichkeit, Wohlfahrtsstaat – vergleichend, Europäisierung, Globalisierung.
Veröffentlichungen: Zeit der Armut, Frankfurt a.M. 1995; Standort Europa, Frankfurt a.M. 1998; Welfare State Futures, Cambridge 2001; Transformationen des Staates, Frankfurt a.M. 2006; Welfare States: Construction, Deconstruction, Reconstruction, Cheltenham 2008; Transforming the Golden-Age Nation-State, Basingstoke 2008.

Matthias Pollmann-Schult, geb. 1973, Wissenschaftlicher Assistent an der Universität Bielefeld.
Forschungsgebiete: Erwerbsverhalten im Familien- und Haushaltskontext, Fehlallokation auf dem Arbeitsmarkt.
Veröffentlichungen: Familiengründung und gewünschter Erwerbsumfang von Männern – Eine Längsschnittanalyse für die alten Bundesländer, ZfS 2008; Ausmaß und Struktur von arbeitnehmerinduzierter Abstiegsmobilität, KZfSS 2006.

Morten Reitmayer, geb. 1963, Wissenschaftlicher Mitarbeiter an der Universität Trier.
Forschungsgebiete: Ideengeschichte, Wirtschafts- und Unternehmensgeschichte, Sozialgeschichte deutscher Eliten im 19. und 20. Jahrhundert.
Veröffentlichungen: Bankiers im Kaiserreich, Göttingen 2000; Unternehmen am Ende des „goldenen Zeitalters" (hg. gemeinsam mit Ruth Rosenberger), Essen 2008; Elite. Sozialgeschichte einer politisch-gesellschaftlichen Idee in der frühen Bundesrepublik, München 2009.

Jörg Rössel, geb. 1968, Professor für Soziologie an der Universität Zürich. 2003/04 John F. Kennedy Fellow am Center for European Studies der Harvard Universität.
Forschungsgebiete: Sozialstrukturanalyse, Soziologische Theorie, Empirische Kultursoziologie, Politische Soziologie.
Veröffentlichungen: Sozialstrukturanalyse. Eine kompakte Einführung. Wiesbaden, 2009. Die visuelle Wahrnehmbarkeit sozialer Ungleichheit, ZfS 2008 (mit Simone Pape und Heike Solga). Conditions for the Explanatory Power of Lifestyles, European Sociological Review 2008.

Urs Stäheli, Ordinarius für Soziologie an der Universität Basel. Promotion an der University of Essex; Wiss. Assistent an der Universität Bielefeld; Gastprofessuren in Stanford, Kopenhagen und Köln.
Forschungsgebiete: gegenwärtige Sozial- und Kulturtheorien zwischen Poststrukturalismus und Systemtheorie, Kulturen der Ökonomie und eine kommunikationstheoretische Analytik des Populären.
Veröffentlichungen u.a.: Soziologie der Nachahmung und des Begehrens. Materialien zu Gabriel Tarde. (Hg. mit Christian Borch) (Suhrkamp 2009); Spektakuläre Spekulation. Das Populäre der Ökonomie (Suhrkamp 2007); Hg. m. R. Stichweh, Inclusion/Exclusion and

Socio Cultural-Identities (Lucius 2002); Sinnzusammenbrüche. Eine dekonstruktive Lektüre von Niklas Luhmanns Systemtheorie (Velbrück 2000); Poststrukturalistische Soziologien (transcript 2000).

Rudolf Stichweh, geb. 1951, Professor für Soziologie an der Universität Luzern und Rektor der Universität. 2005/6 Fellow am Wissenschaftskolleg Berlin.
Forschungsgebiete: Theorie der Weltgesellschaft; Soziologie des Fremden; Soziokulturelle Evolution; Soziologie der Wissenschaft und der Universitäten; Systemtheorie.
Veröffentlichungen: Die Weltgesellschaft. Soziologische Analysen 2000; Inklusion und Exklusion: Studien zur Gesellschaftstheorie 2005; Der Fremde: Studien zur Soziologie und Sozialgeschichte, 2009.

Paul Windolf, geb. 1946, Professor für Soziologie an der Universität Trier. 2005/06 Fellow am Wissenschaftskolleg Berlin.
Forschungsgebiete: Unternehmensverflechtung, vergleichende Strukturanalyse von Wirtschaftssystemen.
Veröffentlichungen: Corporate Networks in Europe and the United States, Oxford 2002; Finanzmarkt-Kapitalismus. Wiesbaden 2005 (Sonderheft der KZfSS); Eigentümer ohne Risiko, ZfS 2008.

Das Grundlagenwerk für alle Soziologie-Interessierten

> in überarbeiteter Neuauflage

Das *Lexikon zur Soziologie* ist das umfassendste Nachschlagewerk für die sozialwissenschaftliche Fachsprache. Für die 4. Auflage wurde das Werk völlig neu bearbeitet und durch Aufnahme zahlreicher neuer Stichwortartikel erheblich erweitert.

Das *Lexikon zur Soziologie* bietet aktuelle, zuverlässige Erklärungen von Begriffen aus der Soziologie sowie aus Sozialphilosophie, Politikwissenschaft und Politischer Ökonomie, Sozialpsychologie, Psychoanalyse und allgemeiner Psychologie, Anthropologie und Verhaltensforschung, Wissenschaftstheorie und Statistik.

Werner Fuchs-Heinritz /
Rüdiger Lautmann /
Otthein Rammstedt /
Hanns Wienold (Hrsg.)

Lexikon zur Soziologie
4., grundl. überarb. Aufl.
2007. 748 S. Geb. EUR 39,90
ISBN 978-3-531-15573-9

Erhältlich im Buchhandel
oder beim Verlag.
Änderungen vorbehalten.
Stand: Januar 2009.

www.vs-verlag.de

Abraham-Lincoln-Straße 46
65189 Wiesbaden
Tel. 0611.7878-722
Fax 0611.7878-400